J. von Staudingers
Kommentar zum Bürgerlichen Gesetzbuch
mit Einführungsgesetz und Nebengesetzen
Buch 4 · Familienrecht
§§ 1616–1625
(Rechtsverhältnis zwischen den Eltern und dem Kind
im Allgemeinen)

Kommentatorinnen und Kommentatoren

Dr. Christoph Althammer
Professor an der Universität Regensburg

Dr. Georg Annuß, LL.M., M.A.
Rechtsanwalt in München, Außerplanmäßiger Professor an der Universität Regensburg

Dr. Christian Armbrüster
Professor an der Freien Universität Berlin, Richter am Kammergericht a. D.

Dr. Arnd Arnold
Professor an der Universität Trier, Dipl.-Volksw.

Dr. Karin Arnold
Wiss. Mitarbeiterin an der Universität Tübingen

Dr. Markus Artz
Professor an der Universität Bielefeld

Dr. Martin Avenarius
Professor an der Universität zu Köln

Dr. Ivo Bach
Professor an der Universität Göttingen

Dr. Christian Baldus
Professor an der Universität Heidelberg

Dr. Wolfgang Baumann
Rechtsanwalt und Notar a. D. in Wuppertal, Professor an der Bergischen Universität Wuppertal

Dr. Winfried Bausback
Professor a. D. an der Bergischen Universität Wuppertal, bayerischer Staatsminister der Justiz a. D., Mitglied des Bayerischen Landtags

Dr. Oliver Becker
Notarassessor Notarkammer Pfalz

Dr. Roland Michael Beckmann
Professor an der Universität des Saarlandes, Saarbrücken

Dr. Andreas Bergmann
Professor an der Fernuniversität in Hagen

Dr. Falk Bernau
Richter am Bundesgerichtshof, Karlsruhe

Dr. Felix Berner, M. Jur.
Akad. Rat a. Z., Privatdozent an der Universität Tübingen

Dr. Martin Bialluch, LL.M.
Rechtsanwalt in Hamburg

Dr. Stephanie Bialluch-von Allwörden
Notarin in Hamburg

Dr. Marcus Bieder
Professor an der Universität Osnabrück

Dr. Werner Bienwald †
Professor an der Evangelischen Fachhochschule Hannover, Rechtsanwalt in Oldenburg

Dr. Tom Billing
Rechtsanwalt in Berlin

Dr. Reinhard Bork
Professor (em.) an der Universität Hamburg

Dr. Jan Busche
Professor an der Universität Düsseldorf

Dr. Georg Caspers
Professor an der Universität Erlangen-Nürnberg

Dr. Dr. h. c. Tiziana Chiusi
Professorin an der Universität des Saarlandes, Saarbrücken

Dr. Michael Coester, LL.M.
Professor an der Universität München

Dr. Dr. h. c. Dagmar Coester-Waltjen, LL.M.
Professorin an der Universität Göttingen

Dr. Johanna Croon-Gestefeld, LL.M.
Professorin an der Universität Lüneburg

Dr. Thomas Diehn, LL.M.
Notar in Hamburg, Lehrbeauftragter an der Universität Hamburg

Dr. Katrin Dobler
Richterin am Oberlandesgericht Stuttgart

Dr. Heinrich Dörner
Professor an der Universität Münster

Dr. Werner Dürbeck
Vorsitzender Richter am Oberlandesgericht Frankfurt a. M., Honorarprofessor an der Universität Frankfurt a. M.

Dr. Anatol Dutta, M. Jur.
Professor an der Universität München

Dr. Christina Eberl-Borges
Professorin an der Universität Mainz

Dr. Dres. h. c. Werner F. Ebke, LL.M.
Professor an der Universität Heidelberg

Dr. Jan Eickelberg, LL.M. †
Professor an der Hochschule für Wirtschaft und Recht, Berlin

Jost Emmerich
Richter am Oberlandesgericht München

Dr. Volker Emmerich
Professor an der Universität Bayreuth, Richter am Oberlandesgericht Nürnberg a. D.

Dr. Cornelia Feldmann
Rechtsanwältin in Freiburg i. Br.

Dr. Matthias Fervers
Professor an der Universität zu Kiel

Dr. Timo Fest, LL.M.
Professor an der Universität Erlangen-Nürnberg

Dr. Karl-Heinz Fezer
Professor em. an der Universität Konstanz, Honorarprofessor an der Universität Leipzig, Richter am Oberlandesgericht Stuttgart a. D.

Dr. Philipp S. Fischinger, LL.M.
Professor an der Universität Mannheim

Dr. Holger Fleischer
Direktor am Max-Planck-Institut für ausländisches und internationales Privatrecht in Hamburg, Professor an der Bucerius Law School, Hamburg

Dr. Robert Freitag, Maître en droit
Professor an der Universität Erlangen-Nürnberg

Dr. Jörg Fritzsche
Professor an der Universität Regensburg

Dr. Tobias Fröschle
Professor an der Universität Siegen

Dr. Susanne Lilian Gössl, LL.M.
Professorin an der Universität Bonn

Dr. Beate Gsell, Maître en droit
Professorin an der Universität München, Richterin am Oberlandesgericht München

Dr. Thomas Gutmann, M. A.
Professor an der Universität Münster

Dr. Martin Gutzeit
Professor an der Universität Gießen

Dr. Martin Häublein
Professor an der Universität Innsbruck

Dr. Johannes Hager
Professor an der Universität München

Dr. Felix Hartmann, LL.M.
Professor an der Freien Universität Berlin

Dr. Wolfgang Hau
Professor an der Universität München, Richter am Oberlandesgericht München a. D.

Dr. Rainer Hausmann
Professor an der Universität Konstanz

Dr. Stefan Heilmann
Vorsitzender Richter am Oberlandesgericht Frankfurt, Honorarprofessor an der Frankfurt University of Applied Sciences

Dr. Jan von Hein
Professor an der Universität Freiburg i. Br.

Dr. Jörn Heinemann
Notar a. D. in Neumarkt i.d. Opf., Professor an der Hochschule für Wirtschaft und Recht, Berlin

Dr. Christian Heinze
Professor an der Universität zu Köln

Dr. Stefan Heinze
Notar in Köln

Dr. Tobias Helms
Professor an der Universität Marburg

Dr. Silas Hengstberger, LL.B.
Wiss. Mitarbeiter an der Universität Mannheim

Dr. Dr. h. c. mult. Dieter Henrich
Professor an der Universität Regensburg

Dr. Carsten Herresthal, LL.M.
Professor an der Universität Regensburg

Christian Hertel, LL.M.
Notar in Weilheim i. OB.

Dr. Stephanie Herzog
Fachanwältin für Erbrecht in Würselen

Dr. Clemens Höpfner
Professor an der Universität zu Köln

Dr. Bernd von Hoffmann †
Professor an der Universität Trier

Dr. Rainer Hüttemann
Professor an der Universität Bonn

Dr. Martin Illmer, M. Jur.
Richter am Landgericht Hamburg, Privatdozent an der Bucerius Law School

Dr. Florian Jacoby
Professor an der Universität Bielefeld

Dr. Ulrich von Jeinsen
Rechtsanwalt und Notar in Hannover, Honorarprofessor an der Universität Hannover

Dr. Dagmar Kaiser †
Professorin an der Universität Mainz

Dr. Bernd Kannowski
Professor an der Universität Bayreuth

Dr. Christoph A. Kern, LL.M.
Professor an der Universität Heidelberg

Dr. Christian Kesseler
Notar in Düren, Honorarprofessor an der Universität Trier

Dr. Walter Klein
Rechtsanwalt in Köln

Dr. Fabian Klinck
Professor an der Universität Bochum

Dr. Frank Klinkhammer
Richter am Bundesgerichtshof a.D., Karlsruhe, Honorarprofessor an der Universität Marburg

Dr. Steffen Klumpp †
Professor an der Universität Erlangen-Nürnberg

Dr. Jürgen Kohler
Professor an der Universität Greifswald

Dr. Sebastian Kolbe
Professor an der Universität Bremen

Dr. Stefan Koos
Professor an der Universität der Bundeswehr München

Dr. Lena Kunz, LL.M.
Privatdozentin an der Universität Heidelberg

Dr. Steffen Kurth, LL.M.
Rechtsanwalt, Fachanwalt für Erbrecht, Notar und Fachberater für Unternehmensnachfolge (DStV e.V.) in Bielefeld

Dr. Friederike Lang
Richterin am Oberlandesgericht Celle

Dr. Clemens Latzel
Privatdozent an der Universität München

Dr. Arnold Lehmann-Richter
Professor an der Hochschule für Wirtschaft und Recht Berlin

Dr. Saskia Lettmaier, B.A., LL.M.
Professorin an der Universität Hamburg, Richterin am Schleswig-Holsteinischen Oberlandesgericht in Schleswig

Stefan Leupertz
Richter a. D. am Bundesgerichtshof, Honorarprofessor an der TU Dortmund

Dr. Johannes Liebrecht
Professor an der Universität Zürich

Dr. Jan Lieder, LL.M.
Professor an der Universität Freiburg i. Br., Richter am Schleswig-Holsteinischen Oberlandesgericht

Dr. Dimitrios Linardatos
Professor an der Universität des Saarlandes, Saarbrücken

Dr. Martin Löhnig
Professor an der Universität Regensburg

Dr. Dirk Looschelders
Professor an der Universität Düsseldorf

Dr. Stephan Lorenz
Professor an der Universität München

Dr. Sigrid Lorz
Professorin an der Universität Greifswald

Dr. Katharina Lugani
Professorin an den Universitäten Düsseldorf und Linz

Dr. Tobias Lutzi, LL.M., M. Jur.
Professor an der Universität Augsburg

Dr. Gerald Mäsch
Professor an der Universität Münster, Richter am Oberlandesgericht Hamm a. D.

Dr. Robert Magnus
Professor an der Universität Bayreuth

Dr. Ulrich Magnus
Professor an der Universität Hamburg, Affiliate des MPI für ausländisches und internationales Privatrecht, Hamburg, Richter am Hanseatischen Oberlandesgericht zu Hamburg a. D.

Dr. Mark Makowsky
Professor an der Universität Mannheim

Dr. Peter Mankowski †
Professor an der Universität Hamburg

Dr. Dr. h. c. Heinz-Peter Mansel
Professor an der Universität zu Köln

Dr. Peter Marburger †
Professor an der Universität Trier

Dr. Wolfgang Marotzke
Professor an der Universität Tübingen

Dr. Sebastian A. E. Martens
Professor an der Universität Passau

Dr. Dr. Dr. h. c. mult. Michael Martinek, M.C.J.
Professor an der Universität des Saarlandes, Saarbrücken, Honorarprofessor an der Universität Johannesburg, Südafrika

Dr. Annemarie Matusche-Beckmann
Professorin an und Vizepräsidentin der Universität des Saarlandes, Saarbrücken, Stellv. Richterin am Verfassungsgerichtshof des Saarlandes

Dr. Felix Maultzsch, LL.M.
Professor an der Universität Frankfurt a. M.

Dr. Johannes Meier
Akad. Rat a. Z. an der Universität Marburg

Dr. Patrick Meier
Notar in Bischofsheim i.d. Rhön, Privatdozent an der Universität Würzburg

Dr. Dr. Detlef Merten
Professor an der Deutschen Universität für Verwaltungswissenschaften Speyer

Dr. Tanja Mešina
Staatsanwältin, Stuttgart

Dr. Rudolf Meyer-Pritzl †
Professor an der Universität zu Kiel, Richter am Schleswig-Holsteinischen Oberlandesgericht in Schleswig

Dr. Morten Mittelstädt
Notar in Hamburg

Dr. Oliver Moufang
Rechtsanwalt in Frankfurt a. M., Honorarprofessor an der Hochschule Wiesbaden

Dr. Peter O. Mülbert
Professor an der Universität Mainz

Dr. Hans-Heinrich Nöll
Rechtsanwalt in Hamburg

Dr. Jürgen Oechsler
Professor an der Universität Mainz

Dr. Hartmut Oetker
Professor an der Universität zu Kiel, Richter am Thüringer Oberlandesgericht in Jena a. D.

Wolfgang Olshausen
Notar a. D. in Rain am Lech

Dr. Dirk Olzen
Professor an der Universität Düsseldorf

Dr. Sebastian Omlor, LL.M., LL.M.
Professor an der Universität Marburg

Dr. Gerhard Otte
Professor an der Universität Bielefeld

Dr. Frank Peters †
Professor an der Universität Hamburg, Richter am Hanseatischen Oberlandesgericht zu Hamburg a. D.

Dr. Christian Picker
Professor an der Universität Tübingen

Dr. Andreas Piekenbrock
Professor an der Universität Heidelberg

Dr. Jörg Pirrung †
Richter am Gericht erster Instanz der Europäischen Gemeinschaften i. R., Honorarprofessor an der Universität Trier

Dr. Paul Popescu
Rechtsanwalt in Köln

Dr. Maximilian Freiherr von Proff zu Irnich
Notar in Köln

Dr. Lukas Rademacher M. Jur.
Professor an der Universität zu Kiel

Dr. Thomas Raff
Notar in Ludwigshafen

Dr. Manfred Rapp †
Notar a. D., Landsberg am Lech

Dr. Dr. h.c. Dipl. math. Thomas Rauscher
Professor a. D. an der Universität Leipzig, Professor h.c. an der Eötvös Loránd Universität Budapest

Dr. Peter Rawert, LL.M.
Notar in Hamburg, Honorarprofessor an der Universität zu Kiel

Dr. Wolfgang Reetz
Notar in Köln

Eckhard Rehme
Vorsitzender Richter am Oberlandesgericht Oldenburg i. R.

Dr. Moritz Renner
Professor an der Universität Mannheim

Dr. Tilman Repgen
Professor an der Universität Hamburg

Dr. Robin Repnow, M.A.
Akademischer Mitarbeiter an der Universität Heidelberg

Dr. Bettina Rentsch, LL.M.
Professorin an der Freien Universität Berlin

Dr. Philipp Reuß, M. Jur.
Professor an der Universität Göttingen

Dr. Christoph Reymann, LL.M. Eur.
Notar in Landsberg am Lech, Professor an der Privaten Universität Liechtenstein

Dr. Reinhard Richardi
Professor an der Universität Regensburg, Präsident a. D. des Kirchlichen Arbeitsgerichtshofs der Deutschen Bischofskonferenz, Bonn

J. von Staudingers
Kommentar zum Bürgerlichen Gesetzbuch mit Einführungsgesetz und Nebengesetzen

Buch 4
Familienrecht
§§ 1616–1625
(Rechtsverhältnis zwischen den Eltern und dem Kind
im Allgemeinen)

Neubearbeitung 2026
von
Katharina Lugani

Redaktorin
Christine Budzikiewicz

ottoschmidt – De Gruyter · Berlin

Die Kommentatorinnen und Kommentatoren

Neubearbeitung 2026
§§ 1616–1625: KATHARINA LUGANI

Neubearbeitung 2020
§§ 1616–1625: KATHARINA LUGANI

Neubearbeitung 2015
§§ 1616–1625: KATHARINA HILBIG-LUGANI

Neubearbeitung 2007
§§ 1616–1625: MICHAEL COESTER

Dreizehnte Bearbeitung 2000
§§ 1616–1625: MICHAEL COESTER

Sachregister

DR. ANDREAS PICHLMEIER,
Regensburg

Zitierweise

STAUDINGER/LUGANI (2026) Vorbem 1 zu §§ 1616–1625
STAUDINGER/LUGANI (2026) § 1616 Rn 1

Zitiert wird nach Paragraph bzw Artikel und Randnummer.

Hinweise

Der **Staudinger ist online auf juris** abrufbar. Nähere Angaben dazu finden Sie auf www.staudinger-bgb.de.

Der **Stand der Bearbeitung** ist März 2026.

Am Ende eines jeden Bandes befindet sich eine Übersicht über den aktuellen Stand des Gesamtwerks STAUDINGER.

Die Deutsche Nationalbibliothek verzeichnet diese Publikation in der Deutschen Nationalbibliografie; detaillierte bibliografische Daten sind im Internet über http://dnb.dnb.de abrufbar.

ISBN 978-3-8059-1404-8

Satz: jürgen ullrich typosatz, Nördlingen.

Druck und Bindearbeiten: CPI books GmbH, Leck.

Umschlaggestaltung: Bib Wies, München.

♾ Gedruckt auf säurefreiem Papier, das die DIN ISO 9706 über Haltbarkeit erfüllt.

Fragen zur allgemeinen Produktsicherheit:
productsafety@degruyterbrill.com

Inhaltsübersicht

* Zitiert wird nicht nach Seiten, sondern nach Paragraph bzw Artikel und Randnummer; siehe dazu auch „Zitierweise“.

Titel 4
Rechtsverhältnis zwischen den Eltern und dem Kind im Allgemeinen

Vorbemerkungen zu §§ 1616–1625

Schrifttum

ACIKALIN/STEINER, Gesetz zur Änderung des Ehenamens- und Geburtsnamensrechts – Relevanz in der notariellen Praxis, NotBZ 2025, 121
ANTOMO, Was bleibt übrig vom EGBGB? Stand und Perspektiven des familienrechtlich relevanten IPR im EGBGB, FamRZ 2025, 1
ARNDT, Die Geschichte und Entwicklung des familienrechtlichen Namensrechts in Deutschland unter Berücksichtigung des Vornamensrechts (2004)
AYDIN, „Was bedeutet denn dein Name?" – Türkische Personennamen im Wandel der Zeit, StAZ 2017, 132
vBARGEN, Verdeckte Namensänderung, StAZ 2001, 73
vBARY, Namensrecht: Warum einfach, wenn's auch kompliziert geht?, ZRP 2023, 98
dies, Änderungen im Namensrecht ab 1. Mai 2025, StAZ 2024, 225
dies, Das öffentlich-rechtliche Namensrecht in grenzüberschreitenden Sachverhalten unter Berücksichtigung der Reform des privaten Namensrechts vom 1. Mai 2025, IPRax 2025, 468
BATTES, Der Weg aus der Sackgasse. Vorschlag für eine gründliche Reform des deutschen Namensrechts, FamRZ 2008, 1037
BECK, Änderung der familienrechtlichen Gesetzgebung und die Konsequenzen für das öffentliche Namensrecht, FPR 2002, 138
BEITZKE, Die Einbenennung im deutschen und ausländischen Recht, StAZ 1969, 287
BERGER, Erwerb und Änderung des Familiennamens (2001) (dazu WAGNER-KERN, StAZ 2003, 5)
BERKL, Das Gesetz zum Ausbau der Hilfen für Schwangere und zur Regelung der vertraulichen Geburt – unter besonderer Berücksichtigung der personenstandsrechtlichen Konsequenzen, StAZ 2014, 65
dies, Bestimmung der Vornamen und des Familiennamens durch die zuständige Verwaltungsbehörde im Falle einer vertraulichen Geburt, StAZ 2017, 148
BERNDT-BENECKE, Das 2. Personenstandsrechts-Änderungsgesetz (2. PStRÄndG) mit Ausblick auf die „Ehe für alle", StAZ 2017, 257
dies, Gesetz zur Änderung der in das Geburtenregister einzutragenden Angaben, StAZ 2019, 65
BOCKSTETTE, Änderung der Allgemeinen Verwaltungsvorschrift zum Personenstandsgesetz, StAZ 2021, 289
BORNHOFEN, Das Gesetz zur Reform des Personenstandsrechts, StAZ 2007, 33
ders, Selbstbestimmung im standesamtlichen Verfahren nach § 45b PStG. Wandlung der Erklärungsnorm zur Verfahrensvorschrift, StAZ 2024, 325
BOTTHOF, Kindeswohlprüfungen im neuen Namensrecht, StAZ 2025, 101
BUDZIKIEWICZ, Flüchtlinge im internationalen Personenstandsrecht, StAZ 2017, 289
CAMPELL, Reform des Namensrechts, NJW-Spezial 2024, 132
COESTER, Fortschritt oder fortgeschrittene Auflösung im Recht des Personennamens, StAZ 1984, 298
ders, Verdeckte Namensänderungen, StAZ 2001, 229
ders, Das Kind muss einen Namen haben, Jura 2007, 348
ders, Nochmals – Namenserstreckung gemäß § 1617c Abs 2 BGB bei Feststellung der Vaterschaft des vormaligen Ehemanns der Mutter, StAZ 2007, 184

ders, Die rechtliche Behandlung von im Ausland geschlossenen Kinderehen – Zugleich Besprechung von OLG Bamberg 12. 5. 2016, StAZ 2016, 257

Coester-Waltjen, Geschlecht – kein Thema mehr für das Recht?, JZ 2010, 852

dies, Das Recht auf (Kenntnis der eigenen) Abstammung, FF 2017, 224

dies, Entwicklungen im Familienstatusrecht: Abstammung – Geschlecht – Name, StAZ 2024, 65

Deutscher Ethikrat, Stellungnahme Intersexualität, 14. 2. 2012, BT-Drucks 17/9088

Dieckmann, Zur Namensführung des Kindes, StAZ 1982, 266

Diederichsen, Ehe- und Familienname nach dem 1. EheRG, NJW 1976, 1169

ders, Das Recht der Vornamensgebung, NJW 1981, 705

ders, Der Vorname – Identifikationssymbol oder Pseudonym, StAZ 1989, 337

ders, Vornamensgebung als Aufgabe für den Gesetzgeber, in: FS Henrich (2000) 101

Döring, Der Rufname – jeder kennt ihn, nur das Gesetz nicht, DVBl 2018, 560

ders, Ein Vornamensproblem in Europa, JR 2018, 75

Dörner, Das elterliche Recht zur Wahl des Vornamens, StAZ 1973, 237

ders, Timpe und die magische Sieben – Liberalisierungstendenzen im Vornamensrecht, StAZ 1980, 170

Duden, Das Selbstbestimmungsgesetz – neue Aufgaben für die Standesämter, StAZ 2024, 257

Dutta, Reform des Namensrechts?, ZRP 2017, 47

ders, Die Namensregelungsobsession geht weiter – Der Referentenentwurf eines Gesetzes zur Änderung des Ehenamens- und Geburtsnamensrechts, FamRZ 2023, 817

ders, Die neue beschränkte Namensmündigkeit, FamRZ 2025, 77

ders, Identitätspolitik durch Sonderprivatrecht?, ZEuP 2025, 443

Dutta/Frank/Freitag/Helms/Krömer/Pintens, Ein Name in ganz Europa – Entwurf einer Europäischen Verordnung über das Internationale Namensrecht, StAZ 2014, 33

Enste, Die Namensänderung nach § 3 Abs 1 NÄG unter besonderer Berücksichtigung der sogenannten Stiefkinderfälle (Diss Münster 1983)

Erbarth, Grundzüge des Gesetzes zur Änderung des Ehenamens- und Geburtsnamensrechts und des Internationalen Namensrechts, FamRB 2025, 208

Ferrand, Neueste Entwicklungen im französischen Familien- und Personenrecht, FamRZ 2023, 1428

Ficker, Das Recht des bürgerlichen Namens (1950)

Fischer, Modernisierung des Familienrechts – Ein Überblick über die aktuellen rechtlichen Änderungen und Reformvorhaben, MDR 2024, 1223

Flindt, Gutgläubig gelebte Statusverhältnisse – Vertrauensschutz im deutschen Namens-, Ehe- und Abstammungsrecht (Diss Marburg 2022)

ders, Namensersitzung – Geklärtes und Ungeklärtes, StAZ 2023, 198

Franck, Das neue schwedische Namensrecht – eine vergleichende Darstellung unter besonderer Berücksichtigung deutsch-schwedischer Rechtsfälle, StAZ 2020, 97

Frank, Namensrechtliche Probleme bei Adoptionen, StAZ 2008, 1

ders, Namenserteilung durch eine minderjährige Mutter nach § 1617a Abs 2 BGB. Stellungnahme des Wissenschaftlichen Beirats des Bundesverbandes der Deutschen Standesbeamtinnen und Standesbeamten, StAZ 2008, 265

ders, Personenstandsrechtliche Fragen bei der Vertauschung von Kindern, StAZ 2015, 225

ders, Rechtsvergleichende Untersuchung zu Lebend-, Tot- und Fehlgeburten, StAZ 2017, 266

ders, Der Name des Adoptivkindes bei einer Auslandsadoption, StAZ 2018, 202

ders, Namensrecht und Namenskollisionsrecht in England und in den USA, StAZ 2020, 232

Frauenstein/Kümmel/Reichard, Die öffentlich-rechtliche Namensänderung (1981)

Freitag, Für mehr Rechtswahlfreiheit im Internationalen Namensrecht! Kollisionsrechtliche Anmerkungen zum Referentenentwurf zur Neuregelung des Namensrechts, IPRax 2023, 347

Gaaz, Ausgewählte Probleme des neuen Eheschließungs- und Kindschaftsrechts, StAZ 1998, 241

ders, Verdeckte Namensänderung, StAZ 2000, 357
ders, Probleme der Einbenennung nach § 1618 BGB, FPR 2002, 125
ders, Zum Recht des Kindesnamens in Europa, StAZ 2008, 365
ders, Der Doppelname als Menschenrecht? – Zum Recht des Kindesnamens in Europa, in: FS R Frank (2008) 381
Gernhuber, Kindeswohl und Elternwille im Recht des Vornamens, StAZ 1983, 265
Gössl, Die Anwendung des § 22 Abs 3 PStG auf intersexuelle Personen – Rechtsvergleichender Hintergrund, Auslegung und Reformperspektiven, StAZ 2018, 40
dies, Reform des Namensrechts – große Sprünge oder kleine Schritte?, ZRP 2020, 183
Grünberger, Ein Plädoyer für ein zeitgemäßes Transsexuellengesetz, StAZ 2007, 357
Heistermann, Namensänderung des Kindes, FamRZ 2003, 279
Helms, Gesetz zur Einführung des Rechts auf Eheschließung für Personen gleichen Geschlechts – Auswirkungen auf das Familien- und Personenstandsrecht, StAZ 2018, 33
Henrich, Der Erwerb und die Änderung des Familiennamens unter besonderer Berücksichtigung von Fällen mit Auslandsberührung (1983)
ders, Die Angleichung im internationalen Namensrecht – Namensführung nach Statutenwechsel, StAZ 2007, 197
Hepting, Folgeprobleme der Kindschaftsrechtsreform: Legitimation, Abstammung und Namenserteilung, StAZ 2002, 129
ders, Grundlinien des aktuellen Familiennamensrechts, FPR 2002, 115
ders, Angleichung im internationalen Namensrecht – Was tun bei fehlenden Vor- und Familiennamen?, StAZ 2001, 257
ders, Deutsches und Internationales Familienrecht im Personenstandsrecht (2010)
Hettich, Neubestimmung des wichtigen Grundes für eine öffentlich-rechtliche Namensänderung?, NVwZ 2025, 1135
Horenkamp, Abstammung und Namenführung eines Kindes, welches nach dem Tod der Mutter geboren wurde, StAZ 2019, 184
Horn, Erste Überlegungen zur Reform des Namensrechts, NZFam 2021, 764
Jäger-Maillet, Gesetz zur Änderung des Ehenamens- und Geburtsnamensrechts und des Internationalen Namensrechts im Überblick, JAmt 2025, 168
Janzen/Schulz, Zurück in die Zukunft: Ein Überblick über die Möglichkeiten zur Anpassung bestehender Namen an das neue Namensrecht, FamRZ 2025, 835
Jokisch, Das Gesetz zur Änderung des Ehenamens- und Geburtsnamensrechts und des internationalen Namensrechts – die neue Freiheit?, jM 2025, 178
Kaiser, Die eingetragene Lebenspartnerschaft – Status und Personenstand, StAZ 2006, 65
Kemper, Das neue Namensrecht 2025, FuR 2024, 502
ders, Namensrecht im Wandel – Die neue Rechtslage zur Änderung des Ehenamens- und Geburtsnamensrechts und des internationalen Namensrechts, MDR 2025, 689
Keuter, Entwicklungen im Statusrecht 2024, FamRZ 2025, 733
Kienemund, Neuere Entwicklungen im Namensrecht, NZFam 2017, 1073
dies, Das Gesetz zur Änderung des Namensrechts, NJW 2025, 1153
Klippel, Der zivilrechtliche Schutz des Namens. Eine historische und dogmatische Untersuchung (1985)
Kluesener, Der Rechtspfleger als Namensrichter des § 1618 S 4 BGB – Einbenennung des Stiefkindes, RPfleger 2002, 233
Kneip, Zur Namensführung in deutsch-spanischen Ehen, StAZ 1979, 251
Koritz, Namensrecht in den USA – Warum keine middle names in Deutschland?, FPR 2010, 22
Koumaros, Die Einbenennung des nichtehelichen Kindes (Diss Freiburg 1976)
Kumme, Die Einbenennung des nichtehelichen Kindes durch den leiblichen Vater – Anmerkungen zu zwei Gerichtsentscheidungen, ZBlJugR 1979, 343
Lang, Aktuelle Einbenennungsprobleme vor dem Hintergrund des Kinderrechteverbesserungsgesetz, FPR 2010, 23
Leeb/Weber, Die Einbenennung des Kindes nach § 1618 BGB, RPfleger 2013, 241
Lettmaier, Personennamen und Recht in

Großbritannien aus rechtswissenschaftlicher Sicht, StAZ 2015, 289
dies, Notwendigkeit einer Reform des (Familien-)Namensrechts? Rechtsvergleichende Betrachtungen, FamRZ 2020, 1
dies, Kritische Überlegungen zum Referentenentwurf des Bundesministeriums der Justiz: Entwurf eines Gesetzes zur Änderung des Ehenamens- und Geburtsnamensrechts, NZFam 2023, 625
Lipek, Grundsätze der Vornamenswahl bei deutschen Kindern, StAZ 1989, 357
M Lipp/Wagenitz, Das neue Kindschaftsrecht (1999)
V Lipp, Vers une européanisation du droit du nom?, Festvortrag auf der Assemblée Générale der Commission Internationale de l'État Civil (2007)
ders, Namensrecht und Europa, in: FS R Frank (2008) 393
ders, Namensrecht und Europa – Die Entscheidung Grunkin-Paul II und ihre Folgen für das deutsche Namensrecht, StAZ 2009, 1
Löhnig, Späte Moderne in der Vornamensgebung, FPR 2010, 27
ders, Die namensrechtlichen Folgen einer Adoption: Fremdkörper im geltenden Namensrecht, FamRZ 2012, 679
ders, Für einen Paradigmenwechsel im Namensrecht, ZRP 2022, 12
Loos, Namensänderungsgesetz (2. Aufl 1996)
Lugani, Auf dem steinigen Weg zum echten Doppelnamen – Überlegungen aus Anlass des Entwurfs eines „Gesetzes zur Änderung des Ehe- und Geburtsnamenrechts – Echte Doppelnamen für Ehepaare und Kinder" vom 1. 4. 2020, StAZ 2021, 161
dies, Müller-Lüdenscheidt als Chance – Doppelname als Rechts- und Reformproblem, NJW 2024, 133
Lugani/Huynh, in: Wollenschläger (Hrsg), Europäischer Freizügigkeitsraum – Unionsbürgerschaft und Migrationsrecht (EnzEuR Bd 10) (2020) § 10 Freizügigkeit und IPR
Machulla-Notthoff, Die Probleme bei der Einbenennung von Stiefkindern und Scheidungshalbwaisen, § 1618 BGB, ZFE 2009, 94
Majer, Aus Ahmed Mustafa wird Albert Mustermann – Eindeutschung des Namens jenseits der kollisionsrechtlichen Namensangleichung nach Art 47 EGBGB, StAZ 2018, 80
Mayer, Die Bestellung eines Verfahrensbeistands, jM 2016, 272
Mertens, Das Namensänderungsgesetz (Diss Marburg 2018)
dies, Über Sinn und Unsinn der öffentlich-rechtlichen Namensänderung – sieben Fragen zum NamÄndG, StAZ 2018, 329
Muscheler, Stieffamilie, Status und Personenstand, StAZ 2006, 189
Nappenbach, Das Recht der Vornamensgebung – Zwischen „Sturmwind" und „Sonne", StAZ 1998, 337
Neumann, Namensrecht: Das neue Namensrecht bietet mehr Flexibilität und Freiheiten, FK 2025, 119
Oelkers/Kreutzfeld, Die Ersetzung der Einwilligung nach § 1618 S 4 BGB, FamRZ 2000, 645
Oeter, Intangible Cultural Heritage in Need of Protection: The Case of Regional and Minority Languages, in: Lagrange/Oeter/Uerpmann-Wittzack (eds), Cultural Heritage and International Law: Objects, Means and Ends of International Protection (2018) 59
ders, Conventions on the Protection of National Minorities, in: Schmahl/Breuer (eds), The Council of Europe: Its Law and Policies, Oxford: Oxford Univ. Press (2017) 542
ders, Der Schutz nationaler Minderheiten im Völkerrecht, in: Rüdiger Wolfrum (Hrsg), Gleichheit und Nichtdiskriminierung im nationalen und internationalen Menschenrechtsschutz (2002) 187
Ott, Die Auswirkungen auf die Namensführung bei Adoptionen durch das Gesetz zur Änderung des Ehenamens- und Geburtsnamensrechts und des Internationalen Namensrechts, BWNotZ 2024, 329
Otto, Wer hat Angst vor Müller-Lüdenscheidt? Vom (bisherigen) Scheitern einer Legalisierung „echter Doppelnamen" in Deutschland, StAZ 2019, 257
Pieper, Namensänderung von Stiefkindern und Scheidungshalbwaisen, FuR 2003, 394
Pintens, Die Anwendung des belgischen, französischen und niederländischen Namensrechts

durch den deutschen Standesbeamten, StAZ 1984, 188
ders, Belgien: Neues Namensrecht, StAZ 2016, 92
ders, Der Personenname in der romanischen Rechtsfamilie, StAZ 2016, 65
Pitzko, Die Reform des Ehe- und Geburtsnamensrecht sowie des Internationalen Namensrechts, NZFam 2025, 473
Plobner/Markurt, Hintergründe zum Gesetz über die Selbstbestimmung in Bezug auf den Geschlechtseintrag, StAZ 2024, 193
Raschauer, Namensrecht (1978)
Rentsch/Valentiner, Das neue Selbstbestimmungsgesetz – eine Bestandsaufnahme, NJW 2024, 3407
Ruthe, Die Neuordnung des Namensrechts – Eine Darstellung unter kritischer Würdigung der namensrechtlichen Bestimmungen des Ersten Gesetzes zur Reform des Ehe- und Familienrechts (EheRG 1), FamRZ 1976, 409
Schmiegelt, Ersetzung der Zustimmung zur Einbenennung – zu Verfahrensfragen und dem Begriff der Erforderlichkeit, RPfleger 2022, 101
Schmitz, Schrotschussprinzip im Namensrecht, FamRZ 2024, 1329
Schmitz/Bauer, Spannungsverhältnis zwischen bürgerlich-rechtlicher Namenskontinuität und öffentlich-rechtlicher Namensänderung bei Scheidungskindern, StAZ 2001, 99
Schmitz/Bornhofen, Die Allgemeine Verwaltungsvorschrift zum Personenstandsgesetz – Zur neuen Konzeption, StAZ 2010, 321
Schmitz/Bornhofen/Müller, Allgemeine Verwaltungsvorschrift zum Personenstandsgesetz: PStG-VwV mit Erläuterungen (2010)
vSchorlemer, Die zivilrechtlichen Möglichkeiten der Namensänderung (1998)
Schwab, Personenname und Recht, StAZ 2015, 354
ders, Gleichberechtigung und Name, FamRZ 2025, 401
ders, Der Bindestrich um Recht: Prolegomina zu einer Juristischen Hyphenologie, FamRZ 2025, 494
Schwimann, Kollisions- und sachrechtliche Behandlung einer Namenserteilung („Namensgebung") bei nichtehelichen Kindern, ÖJZ 1977, 85
Seebach, Das neue Namensrecht in der Volljährigenadoption, RNotZ 2025, 262
Seibicke, Einige Bemerkungen zur Vornamensgebung aus sprachwissenschaftlicher Sicht – Zum Beschluß des AG Tübingen vom 30-1-1986 („Shantala"), StAZ 1986, 161
ders, Vornamen – Impressionen und Irritationen eines Germanisten, StAZ 1992, 329
ders, Das Problem der Bindestrich-Vornamen, StAZ 1995, 322
ders, Historisches Deutsches Vornamenbuch (1996)
ders, Vornamen (2002)
Sieberichs, Das unbestimmte Geschlecht, FamRZ 2013, 1180
ders, Die diversen Geschlechter, FamRZ 2019, 329
Simon, Der Name des Kindes als Zeichen gestörter Familienverhältnisse, StAZ 1974, 197
Sperling, Familiennamensrecht in Deutschland und Frankreich. Eine Untersuchung der Rechtslage sowie namensrechtlicher Konflikte in grenzüberschreitenden Sachverhalten (2012)
vSpoenla-Metternich, Namenserwerb, Namensführung und Namensänderung unter Berücksichtigung von Namensbestandteilen (1997)
Stenz, Die geschichtliche Belastung des geltenden deutschen Namensänderungsrechts, StAZ 2001, 61
Stölzel, Kommentar zum Personenstandsgesetz (1939)
Teklote, Neues Namensrecht bei Adoptionen – Auswirkungen des Gesetzes zur Änderung des Ehenamens- und Geburtsnamensrechts und des Internationalen Namensrechts v 11. 6. 2024, FamRZ 2025, 1001
Theilen, Intersexualität, Personenstandsrecht und Grundrechte, StAZ 2014, 1
Thomas, Öffentlich-rechtliche Namensänderungen, StAZ 2010, 33
Wagenitz, Neues Recht in alten Formen: Zum Wandel des Kindesnamensrechts, FamRZ 1998, 1545
Wagner-Kern, Staat und Namensänderung (2002)
Wall, Vertrauensschutz im Namensrecht und Rechtsscheinsträger – ein Beitrag zur Systematisierung des „Vertrauenselements", StAZ 2023, 33

ders, Der Name nach der Adoption nach der Namensrechtsreform – Notarrelevante Neuerungen im Namenssachrecht und im IPR, DNotZ 2025, 245
Weber, Namenserwerb und Namensänderung bei Kindern, NZFam 2015, 4
Wendt, Eingriff in das Recht auf Vornamenswahl, FPR 2010, 12
Willutzki, § 1618 BGB – eine schwierige Aufgabe für alle!, KindPrax 2000, 76
Winkler von Mohrenfels, Verfassungswidrige Einbenennung, FamRZ 1983, 546
Wuttke, Bundesmeldegesetz schafft endgültig Rufnamen ab – Grund zur Namensänderung?, StAZ 2016, 301
ders, Der neue § 45a PStG (Vornamenssortierung) – eine kritische Betrachtung, StAZ 2019, 193
H Zimmermann, Personenstandsrechtliche Behandlung eines in einer Babyklappe tot aufgefundenen Kindes, StAZ 2018, 95
ders, Von Mutter Adam und Ehemann Eva – Fragen der Eintragung von Namen nach Erklärungen nach dem Selbstbestimmungsgesetz in die Geburtenregister von Kindern und in Eheregister, StAZ 2025, 73
A Zimmermann/Vollmar, Grundlagen des Namensrechts am Beispiel des Deadnamings, JuS 2025, 622
Zwissler, Probleme bei der Einbenennung, § 1618 BGB, FPR 2004, 64.

Systematische Übersicht

Alphabetische Übersicht

I. Gesetzliche Konzeption der §§ 1616–1625 BGB

Die Überschrift des 4. Titels bezeichnet weniger ein positives Regelungsprogramm **1**
des Gesetzgebers, sondern ist eher negativ die Zusammenfassung solcher Vorschriften, die in den folgenden Titeln nicht untergebracht werden konnten oder sollten. Das **Rechtsverhältnis zwischen Eltern und Kind „im Allgemeinen"** bezeichnet die Beziehungen, die allein durch die gegenseitige abstammungsrechtliche Zuordnung entstehen, unabhängig von der rechtlichen Struktur der Familien oder der Minderjährigkeit des Kindes. Der 4. Titel ist in sich sehr ungleich gewichtet – mit den gesetzgeberisch stark bewegten und praktisch überaus relevanten namensrechtlichen Vorschriften auf der einen Seite und überkommenen Vorschriften, zu denen seit Jahren keine neuen Entscheidungen ergangen sind, auf der anderen Seite.

Zum Rechtsverhältnis zwischen Eltern und Kind „im Allgemeinen" **im weiteren Sin-** **2**
ne gehören noch zahlreiche andere Regelungen, wie zB § 207 Abs 1 Nr 2 lit a) BGB (Verjährungshemmung), ferner die im 3. Titel (§§ 1601 ff BGB) behandelte Unterhaltspflicht, diverse Regelungen im *Prozess- und Verfahrensrecht*, vgl § 383 Abs 1 Nr 3 ZPO iVm § 29 Abs 2 FamFG bzw iVm § 113 Abs 1 S 2 FamFG, § 52 Abs 1 Nr 3 StPO, im *Kollisionsrecht* (Art 21 EGBGB, Art 15 ff KSÜ), im *Strafrecht* zB §§ 11

Abs 1 Nr 1 lit a) Var 1, 35 Abs 1, 169 ff, 221 Abs 2 Nr 1, 235 f, 247, 258 Abs 6 StGB und im *öffentlichen Recht* vor allem die Regelungen des Staatsangehörigkeitsgesetzes 1999 (BGBl I 1618), insbesondere §§ 4 ff StAG. Auch zahlreiche Normen über den Ausschluss von der Ausübung von Ämtern zählen hierher (etwa § 48 Abs 1 Nr 3 BDG, § 18 Abs 1 Nr 1 BVerfGG, § 155 Nr I Nr 3 GVG, § 17 SchiedsG, § 22 Nr 3 StPO, § 41 Nr 3 ZPO, ähnlich §§ 3, 6, 7, 26 BeurkG).

3 Der 4.wie auch die folgenden Titel betreffen grundsätzlich nur das rechtliche Eltern-Kind-Verhältnis gegründet auf wechselseitiger rechtlicher Zuordnung gemäß §§ 1591 ff BGB (2. Titel) oder gemäß §§ 1741 ff BGB (7. Titel). Das Phänomen (nur) **sozialer oder psychologischer Elternschaft** hat im Gesetz keine eigenständige geschlossene Regelung gefunden (vgl aber punktuell §§ 1632 Abs 4, 1682, 1685 Abs 2, 1688 BGB sowie die Erl zu diesen Vorschriften). Während die Rechtsstellung von Pflegeeltern kontinuierlich verbessert worden ist, sind die Beziehungen von Stiefeltern und Stiefkindern mit dem „kleinen Sorgerecht" der § 1687b BGB, 9 Abs 1–4 LPartG nur ansatzweise geregelt. Die **nur biologische Elternschaft** hat bezüglich des Vaters vor nicht allzu langer Zeit eine erste tentative (§ 1600 Abs 1 Nr 2, Abs 2, 3 BGB; § 1686a BGB, zuvor nur über § 1685 Abs 2 BGB), bezüglich der Mutter (vgl § 1591 BGB) noch gar keine Regelung erfahren (denkbar allenfalls § 1685 Abs 2 BGB) (abstammungsrechtliche Entwürfe der 20. Legislaturperiode, die dies zu ändern begannen, blieben bislang ohne Folge).

II. Inhaltlicher Überblick

4 Neben dem Namen des Kindes sind im 4. Titel die Grundnorm für das Eltern-Kind-Verhältnis – dh die gegenseitige Beistands- und Rücksichtspflicht (§ 1618 BGB), die Dienstpflicht des Hauskindes (§ 1619 BGB), eine Zweifelsregel für freiwillige Vermögensleistungen des volljährigen Hauskindes (§ 1620 BGB) sowie Regelungen über Ausstattungsleistungen der Eltern an die Kinder (§§ 1624, 1625 BGB) – enthalten.

III. Insbesondere: Kindesnamensrecht

1. Allgemeines

5 Das Recht des Kindesnamens (§§ 1616–1617i BGB) ist Teil des übergreifenden Rechtsgebiets **„Namensrecht"**. Zum Kindesnamensrecht in unserem Sinne gehören insbesondere noch §§ 1757, 1765, 1767 BGB, übergangsrechtliche Vorschriften (Art 224 § 3 EGBGB, Art 234 § 10 EGBGB, Art 229 § 67 EGBGB) sowie internationalprivatrechtlich die Vorschriften der Art 10, 47 und 48 EGBGB; mittelbar auch die Regelung des Ehenamens (§§ 1355–1355b BGB), weiterhin die Regelung des allgemeinen Namensschutzes (§ 12 BGB sowie seine wirtschaftlichen Entsprechungen, vgl Staudinger/Kannowski [2024] § 12 Rn 390 ff) und schließlich die öffentlich-rechtlichen Vorschriften insbesondere des PStG, der PStV, des NÄG und MNÄG.

6 Dieser übergreifende Charakter des Namensrechts und insbesondere seine **ambivalente Zuordnung zum Privat- und öffentlichen Recht** machen das Namensrecht zu einer schwierigen Materie. Hinzu kommen sachliche Komplizierungen, die durch namensrechtliche Reformen in Verbindung mit einer zunehmenden Dynamisierung und Internationalisierung der Familienverhältnisse bedingt sind, die zT aber auch schlicht

auf bürokratischem Perfektionismus bei unklaren und widersprüchlichen Zielvorgaben beruhen. Letztlich sind auch hier, wie allzu oft, die modernen Familienformen zu nennen, die wandelbarer und weniger ehezentriert als früher sind und denen sich das geltende Namensrecht unter Preisgabe von nicht nur Übersichtlichkeit anzupassen versucht. Aufgrund des theoretisch noch immer sehr hohen (durch jüngere Reformen indes stark ausgehöhlten) Stellenwertes der **Namenskontinuität** ist die Namensänderung nicht grundsätzlich zulässig, sondern grundsätzlich unzulässig; Namensänderungen knüpfen an familienrechtliche Ereignisse (Geburt, Heirat, Scheidung, Adoption, Erlangung oder Beseitigung der Vaterschaft, aber auch Erlangung der gemeinsamen Sorge) an. Diese Regelungstechnik führt zu einer erheblichen Kompliziertheit des Kindesnamensrechts. Zu diesen Namensänderungen aufgrund spezifischer (insbesondere familienrechtlicher) Ereignisse tritt die Abänderbarkeit des Namens nach öffentlichem Recht bei Vorliegen eines wichtigen Grundes (§ 3 NÄG). Einen wichtigen Grund stellt aber gerade nicht der **Wille** des Namensträgers dar (anders AG Namensrecht, Eckpunkte zur Reform des Namensrechts, StAZ 2020, 136 These 5 sowie § 2 Abs 1 Nr 11, § 3 Abs 1 Nr 8 östNÄG). Auch lässt sich oft keine vollständige **Wertungskohärenz** zwischen der zivilrechtlichen (Versagung einer) Namensänderung und der öffentlich-rechtlichen (Gewährung einer) Namensänderung herstellen (Hettich NVwZ 2025, 1135). Trotz oder gerade wegen der mit der Namensrechtsreform 2024 fortentwickelten Liberalisierung der Änderbarkeit des Namens sollte diese in deutlich weiterem Umfang erlaubt werden. Insgesamt steht die Kompliziertheit des Kindesnamensrechts in keinem vernünftigen Verhältnis zur Bedeutung der Thematik (so schon Diederichsen StAZ 1982, 274; Coester StAZ 1984, 298 ff; Henrich IPRax 1986, 333; Schwab FamRZ 1992, 1015; Hepting StAZ 1996, 1 ff; Hepting FPR 2002, 125 ff; Lettmaier FamRZ 2020, 1, 2). Das Namensrecht steht auch nach der Reform von 2024 noch unter erheblichem **Reformdruck**.

2. Gesetzesentwicklung

Nach der ursprünglichen Fassung des § 1616 BGB erwarb das Kind mit der Geburt den Familiennamen des Vaters, der nach § 1355 BGB auch gemeinsamer Ehename der Eltern war. Hieran änderte sich bis zum 1. 7. 1976, dem Inkrafttreten der namensrechtlichen Bestimmungen des **1. EheRG**, nichts Wesentliches, obschon die Fortgeltung des § 1616 BGB ab 1. 4. 1953 wegen Art 3 Abs 2 GG iVm Art 117 GG streitig war. Die inhaltliche Neugestaltung der §§ 1616–1618 BGB durch diese Reform baute auf der Ehenamensregelung in § 1355 BGB auf und verlor mit deren Nichtigerklärung durch das **BVerfG am 5. 3. 1991** (BGBl I 807; BVerfG 5. 3. 1991 – 1 BvL 83/86, NJW 1991, 1602) die Grundlage. Bis zur gesetzlichen Neuregelung galt **verfassungsgerichtlich dekretiertes** Übergangsrecht (dazu Boemke FuR 1991, 181 ff; Coester Jura 1991, 580 ff; Dethloff/Walther NJW 1991, 1575 ff; Giesen FuR 1993, 65 ff; zur begrenzten Fortwirkung der Übergangsregelung auch nach dem KindRG 1998 s Rn 9). 7

An seine Stelle trat sodann das **FamNamRG 1994** (in Kraft ab 1. 4. 1994). Die hierdurch neugefassten §§ 1616–1618 BGB regelten nunmehr auch den Kindesnamen bei verheirateten Eltern ohne Ehenamen und die Namensfolge des ehelichen Kindes bei elterlichen Namensänderungen. 8

Schon vier Jahre später wurde diese Reform durch das **KindRG 1998** überholt: Die Aufgabe des Statusunterschieds zwischen ehelichen Kindern und Kindern nicht mit- 9 einander verheirateter Eltern hatte zu einer Neukonzeption gezwungen, mit der auch inhaltliche Korrekturen und Akzentverschiebungen verbunden waren (vgl Diederichsen NJW 1998, 1977; Gaaz StAZ 1998, 241, 247; Wagenitz FamRZ 1998, 1545). Zum **Übergangsrecht** vgl Art 224 § 3 EGBGB: Nach dessen Abs 1 behält das Kind grundsätzlich den Namen, den es nach dem Recht vor dem 1. 7. 1998 erworben hat; Änderungstatbestände des Rechts nach dem KindRG 1998 (§§ 1617a Abs 2, 1617b, 1617c, 1618 BGB) sind aber auch auf altrechtliche Namen anzuwenden (vgl auch HWB/Wagenitz/Bornhofen Vorbem 4 ff zu §§ 1616 ff).

10 Die Konzeption des KindRG 1998 prägt bis heute die Gestalt der §§ 1616 ff BGB; punktuelle Änderungen erfolgten im Rahmen des **KindRVerbG 2002** und des **LPartG-Überarbeitungsgesetzes 2005**. Das **PStG** vom 19. 2. 2007 hat mit Wirkung vom 1. 1. 2009 die standesamtliche Namensregistrierung modernisiert (dazu Bornhofen StAZ 2007, 33 ff) und an den §§ 1616 ff BGB selbst nur terminologische Änderungen vorgenommen. Das **1. PStRÄndG 2013** ließ die §§ 1616 ff BGB unberührt.

11 Der während der 18. Legislaturperiode veröffentlichte Entwurf eines **Gesetzes** zur Reform des Scheinvaterregresses, **zur Rückbenennung** und zur Änderung des Internationalen Familienrechtsverfahrensgesetzes von 2016 (BR-Drucks 493/16; BT-Drucks 18/10343) hätte zu Änderungen an § 1618 aF BGB geführt, ein entsprechendes Gesetz ist indes nie in Kraft getreten.

12 Das **Eheöffnungsgesetz 2017** ließ das Kindesnamensrecht unberührt (zu den Auswirkungen auf den Ehenamen Helms StAZ 2018, 33, 35 und Kienemund NZFam 2017, 1073, 1073 f).

13 Das **Gesetz zur Bekämpfung von Kinderehen vom 17. 7. 2017** (BGBl I 2429) hat zu kleineren Änderungen in §§ 1617a und 1618 aF BGB geführt (Streichung des Wortes „unverheiratetes").

14 Das **2. PStRÄndG vom 17. 7. 2017** (BGBl I 2522), das Gesetz zur Umsetzung des Gesetzes zur Einführung des Rechts auf Eheschließung für Personen gleichen Geschlechts vom 18. 12. 2018 (BGBl I 2639) und das Gesetz zur Änderung der in das Geburtenregister einzutragenden Angaben vom 18. 12. 2018 (BGBl I 2635) führten zwar nicht zu Änderungen an §§ 1616 ff BGB, aber zur Änderung ihres Regelungsumfeldes im PStG.

15 Im Herbst 2018 hatten BMJV und BMI eine **„Arbeitsgemeinschaft Namensrecht"** eingesetzt, die als Reformziele Modernisierung – insbesondere Liberalisierung –, Beseitigung vorhandener Widersprüche, Schließung von Regelungslücken, Vereinfachung und Reduzierung des Normbestandes sowie Bündelung der Zuständigkeiten verfolgte (Pressemitteilung des BMI StAZ 2018, 360). Die AG Namensrecht legte 2020 ein Eckpunktepapier für eine Reform des Namensrechts vor (StAZ 2020, 136). Sie schlug vor, die namensrechtlichen Regelungen zum Erwerb und zur Namensänderung zu bereinigen und in einem Gesetz (zB im AT des BGB) zusammenzufassen (Thesen 1 und 2). Die Möglichkeiten zur Namensänderung, die bislang sehr zersplittert im BGB einerseits und im NÄG und Spezialgesetzen andererseits existieren, sollten zusammengefasst werden (These 4). Insgesamt sollten die Namensänderungsmöglichkeiten erweitert werden, denn die bisherige Dominanz der Namenskontinuität trage angesichts des allgemeinen Persönlichkeitsrechts und der Autonomie des Namensträgers nicht mehr im bisherigen Maße den verfassungsrechtlichen Anforderungen Rechnung (These 4 mit S 4). Der Namenserwerb bei Geburt und sämtliche Namensänderungen sollten einheitlich in der Zuständigkeit des Standesamts liegen, so dass die bisherige Zuständigkeitsspaltung zwischen Verwaltungsbehörden und Standesämtern entfällt (These 7). Der echte Doppelname sollte ermöglicht werden (These 3). Das Eckpunktepapier war insgesamt von einem starken Liberalisierungsgedanken getragen. Dies schlug sich einerseits in der Terminologie („anerkennenswerter Grund" statt „wichtiger Grund" zur Namensänderung) nieder, andererseits in der Ergänzung etablierter Änderungsfallgruppen um die anlasslose, nur auf dem Willen des Namensträgers beruhende Namensänderung ein Mal in zehn Jahren (These 5). Eine völlige Freigabe des Namens wurde also nicht geplant. Zwar hatte der Gedanke auf den ersten Blick etwas „Bestechendes" (Lettmaier FamRZ 2020, 1, 6), doch auf den zweiten befremdete die völlige Aufgabe der Kontinuität viele.

Der Koalitionsvertrag für die 20. Legislaturperiode (2021–2025) vom 7. 12. 2021 sah vor, das Namensrecht zu liberalisieren „z.B. durch die Einführung echter Doppelnamen" (Koalitionsvertrag „Mehr Fortschritt wagen", 2021, S 80). Am 11. 4. 2023 gab das BMJ einen Referentenentwurf „eines Gesetzes zur Änderung des Ehenamens- und Geburtsnamensrechts" in die Verbändeanhörung. Am 23. 8. 2023 legte es einen Regierungsentwurf vor (BT-Drucks 20/9041). Es folgten eine Rechtsausschussanhörung und eine Rechtsausschussfassung vom 10. 4. 2024 (BT-Drucks 20/10997). Am 12. 4. 2024 wurde das Gesetz im Bundestag beschlossen. Das Gesetz zur Änderung des Ehenamens- und Geburtsnamensrechts und des Internationalen Namensrechts vom 11. 6. 2024 (BGBl I Nr 185) trat am 1. 5. 2025 in Kraft. Es brachte weitreichende Änderungen an den §§ 1355, 1617, 1617a, 1617b, 1617c, 1618 aF BGB und führte die §§ 1355a, 1355b, 1617d, 1617e, 1617f, 1617g, 1617h, 1617i BGB neu ein. Die Reform war in mehrerlei Hinsicht Schlussstein einer sehr langen Entwicklung, insbesondere im Hinblick auf den Doppelnamen und die Rückbenennung. Es wurde keine Zusammenführung und Harmonisierung von öffentlich-rechtlichem und zivilrechtlichem Namensrecht erreicht, keine abstrahierende Vereinfachung und kein flexibles System der Namensbestimmung (Erbarth FamRB 2025, 208). Vielmehr setzte der unübersichtliche Normenbestand seine kasuistische Regelungstechnik fort und wurde noch unübersichtlicher (insbesondere durch eine mehr als Verdoppelung des Textbestandes und zahlreiche Binnenverweise). Die zum Teil „mit heißer Nadel" und „in letzter Sekunde" erarbeiteten Änderungen sind nicht sämtlich in sich stimmig. Widersprüche, Unsicherheiten und Lücken tun sich ebenso auf wie neue Streitfragen (Coester-Waltjen StAZ 2024, 65, 71). Gleichwohl hat die Reform zahlreiche als sehr positiv zu bewertende Neuerungen gebracht, insbesondere den echten Doppelnamen für Kinder und Ehegatten und zahlreiche Änderungstatbestände zur Anpassung an veränderte Familienkonstellationen – die lange geforderte Rückbenennung und eine Abhilfe für „Scheidungshalbwaisen" sind nur zwei unter ihnen. Positiv ist ferner die Stärkung der Geschlechtergleichheit im Ehe- und Geburtsnamenrecht (Acikalin/Steiner NotBZ 2025, 121, 124; zweifelnd Schwab FamRZ 2025, 401, 404). Grundsätzlich positiv ist auch die Öffnung für Namenstraditionen ausländischer Rechtsordnungen und nationaler Minderheiten sowie die Schaffung eines freien, einmaligen Namensänderungsrechts ab Volljährigkeit. Die Namensautonomie wurde durch die Reform deutlich gestärkt, aber es bleibt bei sehr kleinteiligen, vielfältigen Restriktionen (Coester-Waltjen StAZ 2024, 65, 71) und die genaue Grenzziehung des Mehr an Namensautonomie ist schwer nachvollziehbar, wie die Forderungen nach der Ausweitung der 16

Rückbenennungsmöglichkeit auf Fälle des §§ 1617, 1617a BGB, ebenso belegen wie die Diskussion um die Erstreckung der Möglichkeiten zur Schaffung, Änderung und Ablegung geschlechtsangepasster Namen auf Fälle jenseits Eheschließung, Geburt und Volljährigkeit für transidente Personen und Personen mit Varianten der Geschlechtsentwicklung. Das Kindeswohl steht typisiert hinter vielen neuen Änderungs- und Gestaltungsmöglichkeiten, ist aber nirgendwo als solches niedergelegt und die fehlende explizite Kindeswohlprüfung bei der Doppelnamenserteilung wurde zu Recht gerügt. Dass die schiere Anzahl von denkbaren Namenswechseln eines Kindes – insbesondere eines Elternteils mit einer bewegten Beziehungsbiographie – aus Perspektive des Kindeswohls problematisch sein kann, lässt sich in der geltenden Gesetzesstruktur nicht hinreichend berücksichtigen (allenfalls im Falle von Ersetzungsverfahren im Rahmen von § 1617d und § 1617e BGB) (Coester-Waltjen StAZ 2024, 65, 71).

17 Nach der Reform ist vor der Reform, die Diskussionen um das Familiennamensrecht werden nicht abklingen (ähnlich Schwab FamRZ 2025, 401, 404) und so heißt es im Koalitionsvertrag von CDU, CSU und SPD vom 5. 5. 2025 für die 21. Legislaturperiode „Wir strukturieren und vereinfachen das Namensrecht“ (Koalitionsvertrag „Verantwortung für Deutschland“, 2025, S 91 Zeile 2913). Neben mehr Ordnung und Abstraktion wäre dem Namensrecht eine noch stärkere Berücksichtigung der Namensautonomie zu wünschen.

3. Namensrechtliche Prinzipien und Grundbegriffe

a) Grundrechtliche Rahmung

18 Fest steht die Radizierung des Namens in Art 2 Abs 1 GG iVm Art 1 Abs 1 GG: Der Name einer Person wird als Ausdruck seiner Identität und Individualität vom allgemeinen Persönlichkeitsrecht geschützt (BVerfG 8. 3. 1988 – 1 BvL 9/85, BVerfGE 78, 38 Rn 45; BVerfG 24. 3. 1998 – 1 BvR 131/96 BVerfGE 97, 391 Rn 32; BVerfG 11. 4. 2001 – 1 BvR 1646/97 Rn 8, 10; BVerfG 21. 8. 2006 – 1 BvR 2047/03 BVerfGK 9, 48 Rn 15, 18; BVerfG 5. 5. 2009 – 1 BvR 1155/03 BVerfGE 123, 90 Rn 23; BGH 13. 11. 2019 – XII ZB 118/17, FamRZ 2020, 331 Rn 31; Dürig/Herzog/Scholz/Di Fabio, 107. EL März 2025, GG Art 2 Abs 1 Rn 203; Dreier/Barczak [4. Aufl 2023] GG Art 2 Abs 1 Rn 86). Der Einzelne hat kein uneingeschränktes Recht auf Beibehaltung seines bisher geführten Namens (BVerfG, 5. 5. 2009 – 1 BvR 1155/03, BVerfGE 123, 90 Rn 24). Doch Namensänderungen soll die Rechtsordnung nicht ohne gewichtigen Grund und nur unter Wahrung der Verhältnismäßigkeit anordnen. Das allgemeine Persönlichkeitsrecht steht dabei insbesondere im Zusammenspiel mit Ehe und Familie, Art 6 Abs 1 GG, Gleichheit, Art 3 Abs 1 GG und Gleichberechtigung der Geschlechter, Art 3 Abs 2 GG. Durch die einfachgesetzlichen Grenzen bei der Erteilung des Kindesnamens ist nicht das allgemeine Persönlichkeitsrecht der Eltern betroffen, denn es eröffnet, so das BVerfG, „kein Bestimmungsrecht über einen anderen Menschen“ (BVerfG 18. 3. 2002 – 1 BvR 2297/96 Rn 8). Vielmehr ist das Recht der Eltern, ihren Kindern einen Namen zu geben, Teil ihrer Sorgeverantwortung nach Art 6 Abs 2 GG (BVerfG 18. 3. 2002 – 1 BvR 2297/96 Rn 8; BVerfG 30. 1. 2002 – 1 BvL 23/96). Als solches ist es den Eltern im Interesse ihrer Kinder eingeräumt (BVerfG 18. 3. 2002 – 1 BvR 2297/96 Rn 8; BVerfG 30. 1. 2002 – 1 BvL 23/96) und sie haben bei seiner Ausübung folglich das Kindeswohl zu wahren. Obwohl namensrechtliche Regelungen mittelbare Auswirkungen auf die berufliche Betätigung haben, kommt ihnen keine berufsregelnde Tendenz zu (BVerfG 5. 5. 2009 – 1 BvR 1155/03, BVerfGE 123, 90 Rn 44).

Der grundrechtliche Schutz des Namens gehört zu den weniger gut ausgeleuchteten Arealen des Grundrechtsschutzes. Etwas weniger als dreißig Entscheidungen des BVerfG berühren diesen Bereich. Die freiheitsrechtliche, würdeorientierte Radizierung des Namensschutzes steht in deutlichem Kontrast zu seiner jahrzehntelang – und noch heute im Grundansatz – freiheitsverneinenden Ausgestaltung. Die genauen Anforderungen an die Verhältnismäßigkeit der Beschränkung des über das allgemeine Persönlichkeitsrecht vermittelten Grundrechtsschutzes sind ebenso unklar wie das Zusammenspiel mit insbesondere den Art 6 Abs 1, Abs 2, Art 3 Abs 1, Abs 2 GG. Dabei steht das deutsche Recht nicht allein. Auch in anderen Rechtsordnungen bedarf die Rechtslage noch näherer verfassungsrechtlicher Erforschung und Systematisierung (s nur C.F.W. Larson Naming Baby: The Constitutional Dimensions of Parental Naming Rights, George Washington Law Review, Vol 80, p 159, 2011 http://ssrn.com/abstract=1747858). 19

b) Rechtliche Namensfunktionen und -prinzipien

Der Name einer Person hat herkömmlich drei Funktionen (vgl BVerfG 8. 3. 1988 – 1 BvL 9/85, BVerfGE 78, 38, 49; BVerfG 5. 3. 1991 – 1 BvL 83/86, FamRZ 1991, 535, 537; BVerfG 11. 4. 2001 – 1 BvR 1646/97, StAZ 2001, 207, 208; BVerfG 30. 1. 2002 – 1 BvL 23/96, FamRZ 2002, 307, 308; s auch EKMR 20. 5. 1996 – 28319/95, StAZ 2001, 39, 41; EGMR 6. 5. 2008 – 33572/02, StAZ 2008, 375, 477; BeckOGK-BGB/Kienemund [1. 11. 2025] § 1616 Rn 11 ff): 20

- Abstammungskennzeichnung (Prinzip: Namenseinheit in der vertikalen „Blutslinie“),
- Kennzeichnung familiärer Zugehörigkeit (Prinzip: Namenseinheit in der familialen Gruppe [„horizontal“]),
- Personenidentifikation, sowohl iS von Selbstidentifikation (psychologisch) wie auch Identifizierbarkeit von außen (Gesellschaft, Staat).

Mit Recht fügt insbesondere Dutta in jüngster Zeit eine vierte Funktion oder eine Unterfunktion der Selbstidentifikation an, die zunehmend an Bedeutung gewinnt:

- die Selbstdarstellungsfunktion des Namens (s nur Dutta ZRP 2017, 47, 50).

Mit den seit dem 1. 5. 2025 möglichen geschlechtsangepassten Ehe- und Geburtsnamen etwa werden einerseits stark traditionsgeprägte, rollenkonservative Eigenheiten kleinerer Gruppen geschützt und gefördert, andererseits liegt in dieser Anpassung letztlich auch ein Gebrauch und eine Stärkung der Selbstdarstellungsfunktion des Namens.

Die Funktionen können miteinander in **Konflikt** treten. Die erste und dritte Funktion verlangen nach Stabilität der Namensanknüpfung und Kontinuität der Namensführung (zur Bedeutung des Grundsatzes der Namenskontinuität s auch die Rspr zu § 3 Abs 1 NÄG, zB VG München 6. 8. 2014 – M 7 K 12.2715 Rn 36). Wenngleich Namenskontinuität wichtig ist, ist sie doch nicht Bestandteil des deutschen ordre public (Dutta FamRZ 2016, 1213, 1217; Janal GPR 2017, 67, 69). In der zweiten Funktion zeichnet der Name die Zusammengehörigkeit von Personen als Familiengemeinschaft nach und verlangt Namenseinheit in der Familie; doch je instabiler und vielgestaltiger die Familienkonstellationen werden (Scheidung, Wiederverheiratung, faktische Beziehungen), umso flexibler, dh 21 anpassungsfähiger muss auch der Name sein, will oder soll er die jeweiligen familiären Lebenssituationen richtig kennzeichnen (vgl zum Ganzen Klippel 351 ff; Arndt 43 ff; vSchorlemer 47 ff; Coester StAZ 1984, 298 ff; Hepting StAZ 1996, 1 ff; Hepting FPR 2002, 115). Gerade in modernen Familienformen geraten Namenskontinuität und familiäre Nameneinheit leicht miteinander in Konflikt (BeckOGK-BGB/Kienemund [1. 11. 2025] § 1616 Rn 17). Dementsprechend wurden die Prinzipien der Nameneinheit in der horizontalen und vertikalen Gruppe durch die Einführung des echten Doppelnamens zum 1. 5. 2025 gestärkt. Das Recht muss notwendigerweise einen Kompromiss zwischen Namenskontinuität und -flexibilität, zwischen den verschiedenen Kennzeichnungsfunktionen des Namens suchen. Es findet ihn beispielsweise in der großzügigen Eröffnung von Möglichkeiten zur anpassenden Namensänderung, verbunden mit der Option für das ältere Kind, davon keinen Gebrauch zu machen oder einmalig ein Namensänderungsrecht nach § 1617i BGB auszuüben. Kompromisscharakter tragen der Doppelname und der Begleitname. Dabei schwindet die Relevanz der Identifikationsfunktion aus Perspektive von Staat und Gesellschaft in jüngerer Zeit durch Instrumente wie die steuerliche Identifikationsnummer oder die Rentenversicherungsnummer, die die Identifikation einer Person anhand einer Nummer anstatt anhand der (ohnehin fehleranfälligen) Identifikation einer Person über ihren Namen erlauben (Dutta ZRP 2017, 47; Lettmaier FamRZ 2020, 1, 6). Doch die Sorge davor, dass Namensänderungen missbraucht werden, um sich der Strafverfolgung oder zivilrechtlichen Verpflichtungen zu entziehen, ist noch immer präsent (s in diesem Sinne etwa die Begründung bei VG Wiesbaden 10. 11. 2017 – 6 K 1114/15.WI Rn 49). Die namensrechtlichen Funktionen stehen nicht nur miteinander zum Teil in Widerstreit, sie können auch mit den allgemeinen Persönlichkeitsrechten aller Beteiligten, Art 2 Abs 1 iVm Art 1 Abs 1 GG, und dem Elternrecht, Art 6 Abs 2 GG, kollidieren (Dutta ZRP 2017, 47, 49; vgl BGH 13. 11. 2019 – XII ZB 118/17, FamRZ 2020, 331 Rn 28 ff).

c) Namensarten

22 Der Name einer Person besteht aus **Vornamen** und **Familiennamen** (vgl § 21 PStG, § 1355 Abs 1 BGB). Jede Person führt grundsätzlich einen Familiennamen und (mindestens) einen Vornamen (Henrich StAZ 2007, 197; Döring JR 2018, 76). Es bleibt auch nach der Namensrechtsreform 2024 dabei, dass „der Name nur gemäß der Namensstruktur deutschen Rechts gebildet werden kann, nach der der Name sich aus einem oder mehreren Vornamen und einem Familiennamen zusammensetzt" (BT-Drucks 20/9041, 63). Mit § 1617h BGB wird für die dänische Minderheit eine Art Mittelnamen-Mimikry erreicht, aber nicht von dieser Namensstruktur abgewichen. Der **„Familienname"** ist der individuelle **Nachname** einer Person, die Existenz einer Familie setzt er nicht voraus (vgl §§ 24, 25 PStG für familienlose Personen; rechtsvergleichend fällt auf, dass die Existenz eines Familiennamens nicht selbstverständlich ist – vgl für Slowenien Zadravec StAZ 2007, 155). Er begegnet in mehreren Spielarten:

23 Als **Geburtsname** ist er der personenstandsrechtlich, also öffentlich-rechtlich grundsätzlich maßgebliche Name (§ 1355 Abs 6 BGB), den eine Person bei der Geburt erwirbt (Mertens 21); er ergibt sich aus der (während der 110-jährigen Frist des § 5 Abs 5 Nr 2 PStG ständig fortgeschriebenen, § 27 Abs 3 PStG) Eintragung im Geburtenregister (§ 21 Abs 1 Nr 1 PStG) und ist gewissermaßen der individuelle „Grundname" einer Person. Bei Frauen wird er im täglichen Sprachgebrauch noch immer oft als „Mädchenname" bezeichnet. Der Geburtsname kann rechtlich durch einen aktuell „geführten Namen" (Rn 25) und faktisch durch den Gebrauchsnamen (Rn 28) überlagert sein (s bspw VG Hannover 7. 12. 2017 – 10 A 358/16 Rn 25 ff).

Zwei miteinander verheiratete Personen können einen ihrer Familiennamen als einheitliche Kennzeichnung ihrer ehelichen Lebensgemeinschaft wählen; der gewählte Name wird damit zum **Ehenamen**, dh zum gemeinsamen Familiennamen beider Gatten (§ 1355 Abs 1–4 BGB). Dieser verdrängt allerdings die bisherigen individuellen Namen der Gatten nicht völlig, sie bleiben hinter dem Ehenamen existent, werden also von ihm nur überlagert – sie werden zu **latenten Namen**. So kann zB der den Namen des anderen Teils ganz oder teilweise (Doppelname) übernehmende Gatte später seinen Geburtsnamen „reaktivieren", dh nach Auflösung der Ehe zu ihm zurückkehren (§ 1355 Abs 5 S 2 Nr 1 BGB) oder ihn auch nur dem Ehenamen hinzufügen (§ 1355a Abs 1 Nr 1 BGB). Auch der namensgebende Gatte trägt denselben Namen in zweierlei Qualität, als Ehenamen und als latenten Individualnamen: Letzterer kann sich – etwa in Namensfolge an die Eltern – ändern, auf den Ehenamen schlägt das nicht automatisch durch (§ 1617c Abs 3 BGB). 24

Gegenstück zum latenten Namen, aber auch zum Geburtsnamen ist der **geführte Name**: Es handelt sich um den – ungeachtet mehrerer „Namensschichten" – aktuell zu führenden, dh personenstandsrechtlich derzeit gültigen Namen (das kann ein Geburtsname, ein Ehename, ein früherer Ehename oder eine Namenskombination sein). Das Gesetz knüpft an zahlreichen Stellen an diesen geführten Namen an, insbesondere dann, wenn die Herstellung familiärer Namenseinheit bezweckt wird (s insgesamt §§ 1355 Abs 1 S 3, Abs 2 S 1 Nr 2, Abs 5 S 1 Nr 2, 1355a Abs 1 S 1 Nr 2, 1617 Abs 1 S 1 Nr 1, 1617a Abs 1, 1617b Abs 1 S 1, Abs 2 S 1, 1617d Abs 1 S 1 Nr 2, 1617e Abs 1 S 1 Nr 2 BGB). 25

Zudem kennt das Recht noch die Institution des **Begleitnamens** (auch: unechter Doppelname), der es erlaubt, verschiedene Namensfunktionen miteinander zu verbinden: Wer mit einem Ehenamen seine eheliche Zugehörigkeit ausdrücken will, kann dennoch mittels eines Begleitnamens auf seine Abstammung oder frühere familiäre Zugehörigkeit hinweisen (§ 1355a BGB). Ähnliches gilt für die Zugehörigkeit zur Adoptivfamilie und zur Ursprungsfamilie (§ 1757 Abs 3 S 1 Nr 2 BGB). Die rechtliche Figur eines „Begleitnamens" in engem Sinne liegt nur vor, wenn es sich um einen rein personenbezogenen, nicht tradierbaren und somit leichter ableg- oder austauschbaren Namensbestandteil handelt. Wird hingegen der Zusatzname zu einer gleichwertigen, dauerhaften Namenskomponente des Geburtsnamens (wie bei der Adoption, § 1757 Abs 3 S 1 Nr 2 BGB), entsteht ein echter, grundsätzlich untrennbarer Doppelname. 26

Mit der Namensrechtsreform 2024 erhielt der (echte) **Doppelname** viel Raum im deutschen Namensrecht. Im Gegensatz zum Begleitnamen ist ein echter Ehedoppelname derjenige Name, der aus den Namen beider Ehegatten gebildet, von beiden Ehegatten getragen wird und als solcher auch an die Kinder weitergegeben werden kann. Hinzu kommt der originäre, nicht weitergegebene Kindesdoppelname, der (insbesondere) von den Eltern, die nicht selbst einen gemeinsamen Doppelnamen führen, dem Kind gegeben wird. Das neue Recht seit 1. 5. 2025 sieht nun – nach jahrzehntelanger Verweigerung des echten Doppelnamens – noch im Verfahren 2008 war das Doppelnamensverbot aus deutscher Perspektive wichtig genug, um eine Ein- 27 schränkung der Freizügigkeit (Art 21 AEUV) zu rechtfertigen (EuGH 14. 10. 2008 – C-353/06 *Grunkin-Paul*, Rn 35, 38) – in den §§ 1355, 1617, 1617a, 1617b, 1617d, 1617e, 1617g, 1617h und 1617i BGB mehr als ein Dutzend verschiedene Möglichkeiten zur Schaffung eines Doppelnamens vor.

28 Keine rechtliche Namensart, aber vom Recht anerkannt, ist die Figur des **Gebrauchsnamens** (BVerfG 8. 3. 1988 – 1 BvL 9/85, FamRZ 1988, 587, 589; vgl Schwenzer FamRZ 1991, 390, 393; Coester Jura 1991, 580, 584). Hiervon spricht man bei einer tatsächlichen, mit dem Personenstandsrecht nicht übereinstimmenden Namensführung, die im gesellschaftlichen Bereich jedoch jedermann erlaubt ist (als Ordens- und Künstlername sogar Aufnahme in amtliche Ausweise, § 5 Abs 2 Nr 12 PAuswG, § 4 Abs 1 S 2 Nr 4 PaßG, s auch die Nennung auf Stimmzetteln nach § 45 Abs 1 S 4 BWO, die Speicherung in den Fahrerlaubnisregistern nach §§ 49 Abs 1 Nr 1, 57 Nr 1 FeV, die Speicherung im Melderegister nach § 3 Abs 1 Nr 5 BMG uvm). Die tatsächliche Verwendung eines solchen eigenmächtig gewählten Namens im Verwandten- und Bekanntenkreis kann keinen wichtigen Grund für eine Namensänderung nach § 3 (iVm § 11) NÄG auslösen (BayVGH 12. 4. 2017 – 5 ZB 16.718, BayVBl 2018, 350 Rn 10).

29 Einen **Rufnamen** gibt es **im Namensrecht nicht** (Berndt-Benecke StAZ 2017, 257, 261; Döring DVBl 2018, 560; Wendt FPR 2010, 12; BeckOGK-BGB/Kienemund [1. 11. 2025] § 1616 Rn 31). Er erfährt jedoch außerhalb des Namensrechts rechtliche Anerkennung, so etwa in § 118 Abs 1 S 2 SGB XII iVm § 3 Abs 2 S 1 SozhiDAV (Überprüfung der Sozialleistungsbezieher, Übermittlung des Rufnamens an die Vermittlungsstellen), in § 33 Abs 3 S 1 Nr 1 WoGG (Datenabgleich beim Wohngeld), § 11 Abs 3 S 2 AsylbLG und vielen anderen Normen über Datenmitteilungen iwS. Während er früher in Meldegesetzen der Länder aufgeführt war (s beispielsweise die Legaldefinition als gebräuchlicher Vorname in § 4 Abs 1 Nr 2 aF Meldegesetz Baden-Württemberg, so nun das Ausführungsgesetz, s sogleich), kennt ihn das zum 1. 11. 2015 in Kraft getretene Bundesmeldegesetz (dazu kritisch Wuttke StAZ 2016, 301; s auch Wuttke StAZ 2016, 170) unter diesem Namen nicht mehr (es erlaubt die Kennzeichnung gebräuchlicher Vornamen, bloß ohne dies als Rufnamen zu betiteln, s § 3 Abs 1 Nr 3 BMG, § 18 Abs 1 Nr 2 BMG, § 24 Abs 2 S 2 Nr 2 BMG, § 34 Abs 1 Nr 3 BMG, § 42 Abs 1 Nr 3 BMG, , § 44 Abs 1 S 1 Nr 2 BMG).

30 Namensrechtlich sind **alle Vornamen gleichwertig** (Gaaz/Bornhofen, PStG § 21 Rn 21; Berndt-Benecke StAZ 2017, 257, 261). Es steht in der freien und jederzeit änderbaren Entscheidung des Namensträgers oder seiner Sorgeberechtigten, welchen Vornamen er als Rufnamen oder gebräuchlichen Vornamen gebrauchen will (BGH 15. 4. 1959 – IV ZB 286/58, BGHZ 30, 132, 136; BayVGH 6. 5. 1997 – 5 B 97.180, StAZ 1997, 383, 384). Die Unterstreichung des als Rufnamen vorgesehenen Vornamens im Geburtenregister ist deshalb unzulässig (BGH 15. 4. 1959 – IV ZB 286/58, BGHZ 30, 132, 136 f; OLG Düsseldorf 3. 4. 1998 – 3 Wx 90/98, StAZ 1998, 343; HWB/Wagenitz/Bornhofen, Der Vorname Rn 4; für eine Wiedereinführung plädieren Gundrun StAZ 1986, 277, 278; Seibicke 30 ff; Seibicke StAZ 1992, 333; krit auch Diederichsen StAZ 1989, 339 und 377; Diederichsen, in: FS Henrich [2000] 101, 116 f). Eine Bestimmung oder Kennzeichnung eines Rufnamens findet heute nicht mehr statt (BT-Drucks 18/11612, 27; Gaaz/Bornhofen § 45a PStG Rn 1). Nach früherer Praxis bestehende Unterstreichungen sind gegenstandslos, sie sind deshalb auch nicht zu berichtigen (Hepting/Gaaz, PStG Rn IV-661; **aA** Danner StAZ 1965, 198). So kann es dazu kommen, dass der Bürger im Kontakt mit Dritten – Banken, Versicherungen, Fluggesellschaften etc – mit einem ihm fremden und ungebräuchlichen Vornamen angesprochen wird (BT-Drucks 18/11612, 27; Kienemund NZFam 2017, 1073, 1074).

Dem Bedürfnis nach der Hervorhebung des gebräuchlichen Vornamens unter mehreren kommt seit dem 1. 11. 2018 erfreulicherweise **§ 45a PStG** entgegen (eingefügt durch das 2. PStRÄndG v 17. 7. 2017 BGBl I 2522; zu ihm BT-Drucks 18/11612, 27; krit Wuttke StAZ 2019, 193), der es dem Namensträger mit mehreren Vornamen erlaubt, deren Reihenfolge durch Erklärung des Namensträgers gegenüber dem Standesamt neu zu bestimmen (sog **Vornamensortierung**). Erlaubt ist lediglich die Sortierung, nicht die Streichung oder Hinzufügung von Namen oder die Korrektur von Schreibweisen (BT-Drucks 18/11612, 27). Die Ausübung erfolgt ab dem vollendeten 14. Lebensjahr durch das Kind mit Zustimmung des gesetzlichen Vertreters (§ 45a Abs 2 PStG). Die Erklärung muss zumindest öffentlich beglaubigt werden, zur Beglaubigung oder Beurkundung ist auch der Standesbeamte im Stande (§ 45a Abs 1 S 3 PStG). 31

d) Anknüpfungspunkte für den Kindesnamen

Wie die Rechtsstellung des Kindes auch sonst (Wohnsitz, Staatsangehörigkeit) leitet sich sein Name grundsätzlich von den *Eltern* ab. Die Ehe der Eltern als solche oder der eheliche Status des Kindes sind nach Aufgabe dieser Kategorie durch das KindRG 1998 kein maßgeblicher Bezugspunkt mehr – auch im Namensrecht gilt „einheitliches“ Kindschaftsrecht für alle Kinder. Jedoch ist bei gemeinsamem Familiennamen, also **Ehenamen** der Eltern, dieser auch für das Kind maßgeblich (§§ 1616, 1617c Abs 1 BGB). Bei namensverschiedenen Eltern bedarf es, sofern nicht ein Doppelname gewählt wird, der Entscheidung zwischen den Elternnamen; maßgebliches Kriterium ist hier das **Sorgerecht**: Bei alleinigem Sorgerecht ist der maßgebliche Elternteil hierdurch bezeichnet (§ 1617a Abs 1 BGB), bei gemeinsamem Sorgerecht entscheidet die konsentierte Elternbestimmung (§§ 1617, 1617b Abs 1 BGB). 32

Ist schon der Ehename nicht unwandelbar (vgl § 1617c Abs 2 Nr 1 BGB), so hat das KindRG 1998 mit dem Kriterium des Sorgerechts eine instabile, variable Größe zum Maßstab erhoben. Das Problem der Namenskontinuität, aber auch der familiären Namenseinheit bei wechselnden Sorgerechtsverhältnissen hat der Gesetzgeber nicht überzeugend in den Griff bekommen. 33

Fehlt es an „Eltern“, an die angeknüpft werden könnte (**Findelkinder**, Personen mit unbekanntem Personenstand [Kaspar Hauser]), so bestimmt die zuständige Verwaltungsbehörde sowohl den Vor- als auch den Familiennamen des Kindes bzw der aufgefundenen Person (§§ 24 Abs 2, 25 PStG). Die Namensbestimmung bei Findelkindern nach §§ 24, 25 PStG ist vorläufig, wenn später die Mutter/die Eltern ausfindig gemacht wird/werden (OLG Köln 16. 10. 2014 – 2 Wx 146/14, StAZ 2015, 243). 34

Ähnlich wird bei der **vertraulichen Geburt** iS von §§ 25 ff SchKG vorgegangen; die zuständige Verwaltungsbehörde bestimmt Vor- und den Familiennamen des Kindes, § 21 Abs 2a S 2 PStG. Bei der Anzeige der Geburt sind die von der Mutter für das Kind vorgeschlagenen Vornamen mit anzugeben, § 18 Abs 2 PStG, § 26 Abs 1 Nr 2 SchKG (s dazu § 1616 Rn 31; zum Procedere in allen drei Fällen s Spindler StAZ 2012, 97). 35

36 Zunehmend werden auch die tatsächlich **gelebte Familie** und die tatsächlich **empfundene Bindung** Anknüpfungspunkte für den Geburtsnamen, dies spiegeln insbesondere die §§ 1617d und 1617e BGB sowie § 1617i BGB wider.

e) Namensfähigkeit des Kindes

37 Die Namensfähigkeit ist grundsätzlich **Teil der Rechtssubjektivität** und damit der Rechtsfähigkeit einer Person, die gemäß § 1 BGB von der Vollendung der Geburt bis zum Tod besteht. Das **lebendgeborene**, aber vor Namensbeurkundung gestorbene Kind hat seinen Namen entweder kraft Gesetzes erworben (§§ 1616, 1617 Abs 5, 1617a Abs 1 BGB) oder dieser ist von den sorgeberechtigten Eltern noch nachträglich zu bestimmen.

38 Das **totgeborene Kind** ist niemals Rechtssubjekt geworden (zur Abgrenzung von totgeborenem und nach der Geburt verstorbenem Kind s den Geburtsbegriff in Staudinger/Kannowski [2024] § 1 Rn 7 und im Kern ebenso 18.2 PStG-VwV; die *Lebend*geburt beschreibt § 31 Abs 1 PStV; während 18.2 PStG-VwV als Geburt das vollständige Ausscheiden des Kindes aus dem Mutterleib definiert [eine Durchtrennung der Nabelschnur ist nicht erforderlich], fordert § 31 Abs 1 PStV zusätzlich Lebensmerkmale – Herzschlag, natürliche Lungenatmung oder das Pulsieren der Nabelschnur; s rechtsvergleichend zu Lebend-, Tot- und Fehlgeburten Frank StAZ 2017, 266). Nach altem Recht war das totgeborene Kind nicht namensfähig. Hieraus erwuchsen vielfältige Beschwerden und psychologische Probleme der betroffenen Eltern (ausf mwNw Rixen FamRZ 1999, 265 ff). Die Situation ist seit dem 1. 7. 1998 in § 21 Abs 2 S 2, 3 PStG geregelt: Auf Wunsch eines (hypothetisch) sorgeberechtigten Elternteils ist auch der Vor- und/oder Familienname des totgeborenen Kindes *in das Geburtenregister einzutragen*; für eine nötige und mögliche Namensbestimmung durch die Eltern ist deren Einigung erforderlich (§ 1616 Rn 37 [Vorname]; zum Familiennamen § 1617 Rn 20, 74 [bei gemeinsam sorgeberechtigten Eltern], § 1617a Rn 40 [Erteilung des Vaternamens durch die hypothetisch alleinsorgeberechtigte Mutter]; zu den sich daraus ergebenden Problemen s Fachausschuss Standesbeamte Nr 4019, StAZ 2015, 25, 26; Fachausschuss Standesbeamte Nr 3817, StAZ 2008, 16). Damit gesellt sich das Namensrecht zu anderen (gesetzlichen oder außergesetzlichen) Vorverlagerungen der Rechtsfähigkeit auf den *nasciturus* (s auch HWB/Wagenitz/Bornhofen Vor §§ 1616 ff Rn 40 ff); ein Konflikt mit § 1 BGB liegt nicht vor (so aber Fachausschuss Standesbeamte Nr 4019, StAZ 2015, 25, 26).

39 Die **Fehlgeburt** (zur Abgrenzung von Totgeburt und Fehlgeburt s § 31 Abs 2 PStV – Totgeburt, wenn mindestens 500 Gramm oder Erreichen der 24. Schwangerschaftswoche; Besonderheiten bei Mehrlingsgeburten nach § 31 Abs 3 PStV; s zur Vorversion von § 31 PStV zwischen 2013 und 2018 [kein Lebensmerkmal und Gewicht von weniger als 500 g, anders bei Mehrlingen] Leeb/Weber StAZ 2013, 365; s rechtsvergleichend zu Lebend-, Tot- und Fehlgeburten Frank StAZ 2017, 266) profitiert nicht von der Regelung des § 21 Abs 2 PStG. Aber seit dem PStRÄndG 2013 (v 7. 5. 2013, BGBl I 1122) ist in § 31 Abs 2 S 4 PStV im Interesse der Eltern dieser Kinder vorgesehen, dass eine hypothetisch sorgeberechtigte Person dem Standesamt gegenüber die Fehlgeburt anzeigen und das Standesamt eine *Bescheinigung* ausstellen kann (Anlage 11 zur PStV), (die optisch einer Geburtsurkunde nicht unähnlich ist und) in die der/die vorgesehene/n Vorname(n) und der vorgesehene Familienname des Kindes (sic) (sowie das Geschlecht, der „Geburtstag“ und der „Geburtsort“) eingetragen werden (BT-Drucks 17/10489, 49 f). Die Neuregelung wird trotz der mit ihr einhergehenden Verbesserung der Si-

tuation der Eltern dieser Kinder noch als unzureichend kritisiert (Leeb/Weber StAZ 2013, 365, 368). In anderen Rechtsgebieten ist in jüngster Zeit zu beobachten, dass bei der rechtlichen Behandlung von Fehl- und Totgeburten zwischen beiden Gruppen weniger stark unterschieden wird (s etwa §§ 2 Abs 6 S 2, 3 Abs 4 MuSchG idF des Mutterschutzanpassungsgesetzes vom 24. 2. 2025, BGBl I Nr 59); dies wäre auch für das Namensrecht zu wünschen.

4. Name und Namensführung

Auf die Führung und die Respektierung seines Namens hat jedermann ein Recht (vgl § 1616 Rn 1, 23). Ob dem eine *Pflicht zur Namensführung* entspricht, war früher umstritten. Zu bejahen ist eine solche Pflicht heute nur für den öffentlich-rechtlichen Rechtsverkehr, während im privaten Rechtsverkehr und insbesondere im gesellschaftlichen Bereich – abgesehen von Täuschungen und anderweitigen Rechtsgutverletzungen – das **Prinzip der Namens- und Namensführungsfreiheit** gilt (BVerfG 8. 3. 1988 – 1 BvL 9/85, FamRZ 1988, 587, 589 f; Raschauer 249 ff; vgl Rn 18). Soweit im öffentlichen Bereich eine Namensführungspflicht besteht, bezieht sich diese auf eine personenstandsrechtlich korrekte Namensführung: Sie muss vollständig sein (ehemalige Adelsbezeichnungen) und der richtigen Schreib- und Ausspracheweise entsprechen (vgl BayObLG 4. 10. 1983 – 1 Z 27/83, StAZ 1984, 11; OLG Hamm 18. 5. 1983 – 15 W 41/82, StAZ 1983, 343; AG Krefeld 23. 9. 1983 – 35 III L 15/83, StAZ 1984, 17). Die Eigenberechtigung des Kindes am erworbenen Namen und die fehlende privatrechtliche Führungspflicht implizieren, dass das Kind nicht verpflichtet ist, den elterlichen Familiennamen beizubehalten oder aber Namensänderungen der Eltern zu folgen (vgl § 1617c Rn 12 ff). **40**

Die **Beurkundung** des Namens in den Personenstandsregistern ist im **PStG** geregelt (Überblick bei HWB/Wagenitz/Bornhofen vor §§ 1616 ff Rn 20 ff); mit dem 1. 1. 2009 ist das neue PStG vom 19. 2. 2007 an die Stelle des früheren Rechts getreten (Rn 10). Der Name gehört zum Personenstand einer Person (dh er führt kein losgelöstes Eigenleben) – dies ist die Konzeption der nun seit 2009 in § 1 Abs 1 PStG enthaltenen Definition, wonach Personenstand „die sich aus den Merkmalen des Familienrechts ergebende Stellung einer Person innerhalb der Rechtsordnung einschließlich ihres Namens“ ist (vgl Bornhofen StAZ 2007, 33, 35 f). **41**

5. Namensänderung nach dem NÄG

Das öffentlich-rechtliche Gesetz über die Änderung von Familiennamen und Vornamen (Namensänderungsgesetz – **NÄG**) (BGBl 1975 I 685, neugefasst durch Bek v 26. 3. 2021 I 738) ermöglicht eine **behördliche Änderung des Familiennamens einer Person**, wenn diese oder ihr gesetzlicher Vertreter es beantragt (§ 2 NÄG) und ein **„wichtiger Grund“** für die Änderung besteht (§ 3 NÄG). Der „wichtige Grund“ ist ein an objektiven Merkmalen ausgerichteter unbestimmter Rechtsbegriff, dessen Anwendung im verwaltungsgerichtlichen Verfahren in vollem Umfang zu überprüfen ist (st Rspr seit BVerwG 7. 12. 1962 – 7 C 123/661, BVerwGE 15, 183; BVerwG 14. 12. 1962 – VII C 140.61; BVerwG 29. 9. 1972 – 7 C 77/70, BVerwGE 40, 353; s aktuell nur VG Hannover 7. 12. 2017 – 10 A 358/16 Rn 22; VG Würzburg 25. 2. 2015 – W 6 K 14.2, StAZ 2016, 22 Rn 23). Ein „wichtiger Grund“ liegt vor, wenn im Rahmen einer Abwägung die schutzwürdigen Interessen der Namensträger an der Namensänderung die gegenläufigen privaten und öffentlichen Interessen an der Beibehaltung des Namens überwiegen, zu letzteren gehört insbeson- **42** dere dessen Ordnungsfunktion (BVerwG 3. 2. 2017 – 6 B 50/16, FamRZ 2017, 691 Rn 6; BVerwG 13. 9. 2016 – 6 B 12/16, juris Rn 12; OVG Mecklenburg-Vorpommern 11. 7. 2017 – 1 L 212/16, NordÖR 2017, 520 Rn 19; BayVGH 12. 3. 2018 – 5 C 17.1752 Rn 11). Für den **Vornamen** gilt Entsprechendes (§ 11 NÄG). Für Streitfragen ist der Verwaltungsrechtsweg eröffnet. Bei der Auslegung des Begriffs des „wichtigen Grundes" kann die Allgemeine Verwaltungsvorschrift zum Gesetz über die Änderung von Familiennamen und Vornamen **(NamÄndVwV)** vom 11. 8. 1980, zuletzt geändert durch Verwaltungsvorschrift vom 11. 2. 2014 (BAnz AT 18. 2. 2014 B2), ohne dass sie Bindungswirkung entfalten würde, als Ausdruck der allgemeinen Verkehrsauffassung herangezogen werden (BVerwG 16. 5. 1991 – 7 C 140/61, BVerwGE 15, 207; BayVGH 28. 10. 2004 – 5 B 04.692; VG Hannover 7. 12. 2017 – 10 A 358/16 Rn 23; VG Würzburg 25. 2. 2015 – W 6 K 14.2, StAZ 2016, 22 Rn 25; VG Würzburg 28. 1. 2015 – W 6 K 14.625, juris Rn 21).

43 Das **Verhältnis des öffentlich-rechtlichen Namensrechts zum Namensrecht des BGB** wird in Nr 27 Abs 1 der ergänzenden NamÄndVwV beschrieben:

> „Das Namensrecht ist durch die entsprechenden Vorschriften des bürgerlichen Rechts umfassend und – im Grundsatz – abschließend geregelt. Die öffentlich-rechtliche Namensänderung dient dazu, **Unzuträglichkeiten im Einzelfall** zu beseitigen. Sie hat Ausnahmecharakter. Dementsprechend ist vorrangig zu prüfen, ob das erstrebte Ziel nicht nur durch eine namensgestaltende Erklärung nach bürgerlichem Recht oder eine Verfügung des Vormundschaftsgerichts [jetzt Familiengerichts] erreicht werden kann."

Die öffentlich-rechtlichen Namensänderungsvorschriften dürfen nicht verwendet werden, um die zivilrechtlichen Vorgaben zu umgehen (B Thomas StAZ 2010, 33, 34; BayVGH 4. 11. 2014 – 5 C 14.2016, NJW 2015, 569 Rn 4). Der Verwaltungsrechtsweg über § 3 NÄG ist nicht der geeignete Weg, sich gegen die Vorschriften und Wertungen des bürgerlich-rechtlichen Namensrechts zu wenden (BVerfG 17. 9. 2008 – 1 BvR 1173/08, StAZ 2010, 207). Dies war insbesondere im Hinblick auf die Rückbenennungen und die „Scheidungshalbwaisen" bis zum 30. 4. 2025 ein strukturelles Problem. Bei der Abwägung zur Feststellung des **„wichtigen Grundes"** – ein vernünftiger genügt nicht (VG Berlin 15. 1. 2019 – 3 K 71.18, juris Rn 17) – sind die namensrechtlichen Wertungen des BGB zu berücksichtigen (VG Würzburg 25. 2. 2015 – W 6 K 14.2, StAZ 2016, 22 Rn 24); diese dürfen nicht revidiert oder umgangen werden (BVerwG 3. 2. 2017 – 6 B 50/16, FamRZ 2017, 691 Rn 6). Ein „wichtiger Grund" liegt vor, wenn die Abwägung aller für und gegen die Namensänderung streitenden Umstände ein Übergewicht der für die Änderung sprechenden Interessen ergibt (OVG Schleswig-Holstein 9. 9. 2019 – 4 O 25/19 Rn 5). Aspekte, die die Betroffenen schon bei der Namensgebung nach bürgerlichem Recht hätten berücksichtigen können, können grundsätzlich nicht später für eine öffentlich-rechtliche Namensänderung herangezogen werden (BayVGH 22. 6. 2016 – 5 BV 15.1819, juris Rn 17; VG München 21. 3. 2019 – M 30 K 18.174, juris Rn 14). Die Unzufriedenheit mit dem eigenen Namen an sich ist kein „wichtiger Grund" (s auch Nr 30 [2] NamÄndVwV), ebenso wenig die konfliktreiche Trennung der Eltern (VG Karlsruhe 7. 3. 2018 – 5 K 727/16, juris Ls), der fehlende Kontakt zum Vater, von dem sich der Name ableitet (VG Köln 12. 4. 2019 – 25 K 16213/17, juris Rn 23), oder die Gefahr des „Aussterbens" des begehrten Namens (VG München 19. 4. 2018 – M 30 K 17.5564 Rn 31). Die Angleichung an den Namen der Mutter kann bei einem sechsjährigen Kind gerechtfertigt sein, wenn diese für das Kind „existentiell wichtige" Bezugsperson ist (BVerwG 26. 9. 2022 – 6 B 17.22 StAZ 2023,

113). Seelische Belastungen können die Namensänderung rechtfertigen, aber nur, wenn sie verständlich und begründet sind; nicht hingegen, wenn sie sich als „übertriebene Empfindlichkeit" darstellen, doch den Grad einer behandlungsbedürftigen Krankheit müssen sie nicht erreichen (BayVGH 8. 1. 2019 – 5 ZB 18.1912, FamRZ 2019, 717 = StAZ 2020, 57).

Die **Neugestaltung** des zivilrechtlichen Namensrechts zum **1. 5. 2025** hat mittelbar auch für das öffentlich-rechtliche Namensrecht und im Rahmen dessen insbesondere für das Kriterium des **„wichtigen Grundes"** in § 3 NÄG Folgen. Die Liberalisierung des bürgerlichen Rechts wirkt sich dahingehend aus, dass auch die Schwelle für die öffentlich-rechtliche Namensänderung sinken sollte. Der Grundsatz der Namenskontinuität wurde im zivilrechtlichen Namensrecht so stark erodiert, dass er auch im öffentlich-rechtlichen Namensrecht geringeres Gewicht haben sollte. Die Belange der Antragsteller, die im zivilrechtlichen Namensrecht differenzierter und intensiver aufgegriffen werden, sollten auch im öffentlich-rechtlichen Namensrecht eine größere Rolle spielen. Dass der Gesetzgeber das öffentlich-rechtliche Namensrecht nicht reformierte, ist nicht als Bekräftigung einer strengen Linie zu werten. Der „wichtige Grund" ist daher fürderhin eher als „berechtigtes Interesse", „nachvollziehbarer Grund" oder „vernünftiger Grund" zu lesen (s insgesamt Hettich NVwZ 2025, 1135). Obschon es also bei der unbefriedigenden Zweigleisigkeit (Coester-Waltjen StAZ 2024, 65, 71) von öffentlich- und zivilrechtlichem Namensrecht bleibt, sollte also in gewisser Weise eine vorsichtige Maßstabsharmonisierung stattfinden. **44**

Allerdings ist mit dem BVerwG (BVerwG 20. 2. 2002 – 6 C 18/01, StAZ 2002, 205, 207) hinzuzufügen: „Die §§ 1616 [ff.] BGB enthalten *keine ausschließliche* Regelung des Kindesnamens; in vom BGB ungeregelt gebliebenen Konstellationen bleibt eine **Namensänderung nach § 3 NÄG ‚ohne weiteres zulässig'**". Damit ist die öffentlich-rechtliche Namensänderung insbesondere in Ausnahmekonstellationen, in atypischen Einzelfällen eröffnet (B Thomas StAZ 2010, 33, 34). Erforderlich für eine öffentlich-rechtliche Namensänderung ist somit ein besonderes, die eigene Situation des Namensträgers prägendes Interesse, das als solches nicht schon in die allgemeine gesetzliche Wertung, auf der der Name fußt, eingeflossen ist und dessen Berücksichtigung den bürgerlich-rechtlichen Wertungen nicht zuwiderläuft (BayVGH 4. 11. 2014 – 5 C 14.2016, NJW 2015, 569 Rn 6; BVerwG 3. 2. 2017 – 6 B 50/16, FamRZ 2017, 691 Rn 6). Für eine Korrektur des gesetzlichen Systems der §§ 1616–1617i BGB steht das NÄG folglich nicht zur Verfügung (tendenziell anders Gaaz StAZ 1998, 241, 247 ff). Der oft als zu restriktiv empfundene „wichtige Grund" hätte nach den Vorschlägen der AG Namensrecht durch einen „anerkennenswerten Grund" ersetzt werden können (AG Namensrecht, Eckpunkte zur Reform des Namensrechts, StAZ 2020, 136; s auch Hettich NVwZ 2025, 1135). **45**

Große Bedeutung hatte das NÄG zeitweise für das vom BGB zunächst offengelassene Problem der Einbenennung von Stiefkindern in die neue Ehe eines sorgeberechtigten Elternteils mit einem Dritten; das KindRG 1998 hat die Problematik in § 1618 BGB geregelt (s dazu § 1617e Rn 3). Große Bedeutung hatte es ferner für die Fälle der sogenannten **„Scheidungshalbwaisen"** (gemeint ist die Situation, dass der nach Elterntrennung allein sorgeberechtigte Elternteil vom Ehenamen zu einem früheren Namen zurückkehrt, § 1355 Abs 5 S 2 BGB und der Kindesname folgen soll), der **Trennungshalbwaisen** und der **einbenannten „Scheidungshalbwaisen"**. Nachdem ab dem 1. 5. 2025 die „Scheidungshalbwaisen" über § 1617d BGB, die Trennungshalbwaisen **46** zumindest über § 1617i BGB und die einbenannten „Scheidungshalbwaisen" über § 1617e Abs 4, 5 BGB ihre Namen ändern können, ist der Restanwendungsbereich erfreulicherweise deutlich kleiner. Es verbleiben die Fälle der **Pflegefamilien** (dazu sogleich Vor 47 zu §§ 1616–1625) und atypische Einzelfälle.

47 Zur Änderung des Kindesnamens in den Namen der **Pflegeeltern** s Nr 42 NamÄndVwV sowie Mertens (Mertens [2018] 81 ff). Sie setzt voraus, dass die Namensänderung dem Wohl des Kindes förderlich ist, das Pflegeverhältnis auf Dauer besteht und eine Annahme als Kind nicht oder noch nicht in Frage kommt (s aus der Rspr OLG Hamm 11. 4. 2011 – 8 UF 36/11, StAZ 2012, 145 und OVG NRW 3. 11. 2014 – 16 E 856/14 Rn 7 [Stärkung des Zugehörigkeitsgefühls zur Pflegefamilie]; VG Mainz 24. 4. 2015 – 4 K 464/14.MZ [Änderung in den Namen der Pflegeeltern bejaht; Maßstab Förderlichkeit und keine überwiegenden Interessen an der Beibehaltung, s Rn 26]; VG Neustadt 18. 2. 2019 – 5 K 1521/18. NW, JAmt 2019, 477 [Änderung in den Namen der Pflegefamilie zulässig, Maßstab Förderlichkeit und keine überwiegenden Interessen an der Beibehaltung, s Rn 11]; VG Bayreuth 30. 5. 2016 – B 1 K 16.219; VG Berlin 16. 1. 2018 – 3 K 571.16 [Maßstab Förderlichkeit und keine überwiegenden Interessen an der Beibehaltung, s Rn 44]; VG Darmstadt 3. 2. 1998 – 5 E 1837-96 3, NJW 1998, 2992 ff; auf Förderlichkeit abstellend OVG Münster 31. 8. 2010 – 16 A 3226/08, StAZ 2011, 19 Rn 40; s auch VG Freiburg 10. 11. 2011 – 4 K 160/11, FamRZ 2012, 1312 – Förderlichkeit und keine überwiegenden Interessen an der Beibehaltung). Wenn die nicht sorgeberechtigte Mutter von Anfang an keine Elternverantwortung getragen hat, ist das namensrechtliche Band zwischen ihr und dem (Pflege-)Kind in der Regel von geringerer Festigkeit (OVG Schleswig-Holstein 9. 9. 2019 – 4 O 25/19 Rn 6). Die AG Namensrecht hatte die Namensanpassung an eine geänderte sozial-familiäre Beziehung eines Kindes, beispielsweise bei einem Stief- oder Pflegekind, als Regelbeispiel eines anerkennenswerten Grundes für eine Namensänderung formuliert (AG Namensrecht, Eckpunkte zur Reform des Namensrechts, StAZ 2020, 136).

48 Die Stellung eines **Antrags auf Namensänderung nach § 3 NÄG** ist eine Angelegenheit von erheblicher Bedeutung iSd **§ 1628 BGB** (BGH 9. 11. 2016 – XII ZB 298/15, StAZ 2017, 141 Rn 8 m Anm Lugani FamRZ 2017, 122; Clausius FF 2017, 70; OLG Oldenburg 13. 8. 2014 – 13 UF 76/14, StAZ 2015, 147 Rn 8; OLG Stuttgart 11. 8. 2010 – 16 UF 122/10, StAZ 2011, 51 Rn 9; OLG Brandenburg 20. 4. 2015 – 10 UF 120/14 Rn 24, StAZ 2016, 111). Bei der Entscheidung nach §§ 1628, 1697a BGB ist die Erfolgsaussicht des Änderungsantrags mit einzubeziehen, weil eine Anstrengung von aussichtslosen Verfahren nicht im Interesse des Kindes liegen kann (BGH 9. 11. 2016 – XII ZB 298/15, StAZ 2017, 141 Rn 10); der Antrag nach § 1628 BGB ist dabei nach Ansicht des BGH nicht erst bei offensichtlicher Aussichtslosigkeit (in diesem Sinne OLG Stuttgart 29. 7. 2015 – 16 UF 117/15, FamRZ 2015, 2095 Rn 10; ähnlich OLG Karlsruhe FamRZ 2015, 1723 Rn 36; OLG Brandenburg StAZ 2016, 111 Rn 25), sondern bereits dann, wenn der Antrag nach § 3 NÄG nicht erfolgversprechend ist, abzulehnen (BGH 9. 11. 2016 – XII ZB 298/15, StAZ 2017, 141 Rn 10, 13). Dies ist nicht unproblematisch, darf doch die Entscheidung des Gerichts nach § 1628 BGB die Entscheidung der Verwaltungsbehörde nach dem NÄG nicht vorwegnehmen (OLG Oldenburg 13. 8. 2014 – 13 UF 76/14, StAZ 2015, 147 Ls 2). Doch gerade dieser in gewissem Umfang unvermeidbare Effekt der Vorwegnahme wird bei einer allzu sehr an die Erfolgsaussichten des Antrags nach § 3 NÄG zu oft erreicht (krit Lugani FamRZ 2017, 122 f). Außerdem führt das Vorgehen des BGH wegen fehlender Bindung der Verwaltungsbehörde an die familiengerichtliche Entscheidung hinsichtlich des Vorliegens der Voraussetzungen von § 3 NÄG (OLG Brandenburg 20. 4. 2015 – 10 UF 120/

14, StAZ 2016, 111 Rn 25) zu einer Verdoppelung der Feststellung der relevanten Tatsachen und der Prüfung des § 3 NÄG (OLG Karlsruhe FamRZ 2015, 1723 Rn 38). Besser ist es daher, darauf abzustellen, ob nachvollziehbare Gründe vorliegen, die unter dem Gesichtspunkt des Kindeswohls eine Namensänderung als möglich erscheinen lassen (OLG Brandenburg 20. 4. 2015 – 10 UF 120/14, StAZ 2016, 111 Rn 25).

6. Internationale Bezüge

Kollisionsrechtlich beurteilte sich der Name einer Person bislang grundsätzlich nach 49 ihrem Heimatrecht, Art 10 Abs 1 aF EGBGB (ausf Darstellung bei Staudinger/Hausmann [2024] Art 10 EGBGB Rn 364 ff; vgl Henrich, in: GS Lüderitz [2000] 273 ff; HWB/Henrich Teil C. II.). Mit der Namensrechtsreform 2024 kam es zu einem Wechsel der Grundanknüpfung. Diese Änderungen wurden „in letzter Minute“ eingeführt und sind das Ergebnis einer längeren und etwas ungewöhnlichen Entwicklung. Ursprünglich wurde im April 2023 ein Referentenentwurf an die üblichen Interessengruppen versandt, der neben einer Synopse und weiteren Anhängen auch einen Vorschlag zur Reform des internationalen Namensrechts, basierend auf einem Vorschlag des Deutschen Rates für IPR, enthielt. Dieser Vorschlag war nicht Bestandteil des Referentenentwurfs selbst, sondern wurde als zusätzliche Anlage 3 präsentiert. Was nun Gesetz geworden ist, war damals bereits angedacht, erschien jedoch zu diesem Zeitpunkt eher wie ein unverbindlicher Denkanstoß. Im Regierungsentwurf war von diesem Vorschlag keine Rede mehr; stattdessen wurden abweichende Änderungen an Artikel 10 EGBGB ins Auge gefasst, während die grundlegende Neuausrichtung fallen gelassen wurde. Sie tauchte indes, basierend auf der Anhörung im Rechtsausschuss, in der Beschlussempfehlung des Rechtsausschusses überraschend und in voller Tragweite wieder auf.

Die grundlegende Neuerung betrifft die Anknüpfung des Namensrechts. Während 50 bisher die Staatsangehörigkeit einer Person maßgeblich war, ist es nun der gewöhnliche Aufenthalt. Diese neue objektive Anknüpfung, geregelt in Art 10 Abs 1 EGBGB, verweist ausdrücklich auf das Sachrecht (!) der Rechtsordnung des gewöhnlichen Aufenthalts. Der Sachnormenverweis in Abs 1 EGBGB soll Verweisungsketten vermeiden und stattdessen direkt auf das materielle Namensrecht des Aufenthaltsstaats abzielen. Laut Gesetzesbegründung soll dies sogenannten „hinkenden Namensführungen“ entgegenwirken, die entstehen, wenn ausländische Rechtsordnungen weiterhin auf die Staatsangehörigkeit abstellen.

Ein weiteres Merkmal des neuen Art 10 EGBGB ist die Wandelbarkeit dieses Sta- 51 tuts: Bei einem Wechsel des gewöhnlichen Aufenthalts unterliegt eine Person künftig dem Namensrecht der neuen Rechtsordnung. Das Prinzip der Namenskontinuität bleibt jedoch gewahrt, sodass ein einmal erworbener Name grundsätzlich erhalten bleibt. Diese Regelung wird in Artikel 47 EGBGB näher ausgestaltet. Auch bei der subjektiven Anknüpfung gibt es Neuerungen: Die Rechtswahlmöglichkeiten wurden deutlich ausgeweitet. Ehegatten können nun das Recht der Staatsangehörigkeit von einem von ihnen (Art 10 Abs 2 S 1 Nr 1 EGBGB) sowie nicht mehr nur den gemeinsamen gewöhnlichen Aufenthalt als maßgebliches Recht, sondern auch den gewöhnlichen Aufenthalt eines einzelnen Ehegatten wählen (Art 10 Abs 2 S 1 Nr 2 EGBGB). Für Sorgeberechtigte, die eine Rechtswahl für ihr Kind treffen, bestehen nun Wahlmöglichkeiten zugunsten des Rechts der Staatsangehörigkeit eines Elternteils (Art 10 Abs 3 S 1 Nr 1 Var 1 EGBGB), des Kindes (Art 10 Abs 3 S 1 Nr 1 Var 2 EGBGB), des Namenserteilenden (Art 10 Abs 3 S 1 Nr 3 EGBGB) und zugunsten deutschen Rechts bei gewöhnlichem Aufenthalt eines Elternteils im Inland (Art 10 Abs 3 S 1 Nr 2 EGBGB). Neu ist auch die Möglichkeit der individuellen Rechtswahl zugunsten der eigenen Staatsangehörigkeit – ein Gegengewicht zur neuen Paradigmenverschiebung hin zur Aufenthaltsanknüpfung (Art 10 Abs 4 EGBGB).

52 Ein **einheitliches Kollisionsrecht** in Europa besteht noch nicht, ein akademischer Entwurf hierzu (Dutta et al StAZ 2014, 33) blieb bislang ohne konkrete Folge. Ob und inwieweit das **Recht auf Freizügigkeit** innerhalb der **EU** zu einer Modifikation des deutschen Kollisionsrechts und des Sachrechts nötigt, ist zurzeit noch stark in der Entwicklung begriffen. Die Judikatur des EuGH hierzu wächst schnell an und ein kohärentes umfassendes Bild will sich noch nicht einstellen (Lugani/Huynh, in: Wollenschläger, Europäischer Freizügigkeitsraum – Unionsbürgerschaft und Migrationsrecht [EnzEuR Bd 10] [2020] § 10 Freizügigkeit und IPR):

53 Der EuGH hat in *Garcia Avello* für den Namen von Doppelstaatern mehr Flexibilität der nationalen Rechte gefordert, damit eine Person nicht in verschiedenen Mitgliedsstaaten verschiedene Namen führen müsse (EuGH 2. 10. 2003 – C-148/02, IPRax 2004, 339 ff [*Garcia Avello,* betr ein belgisch-spanisches Kind]; dazu Frank StAZ 2005, 161 ff; Henrich, in: FS Heldrich [2005] 667 ff), und der (erste) Fall „Niebüll" hat die weitergehende Frage aufgeworfen, ob nicht der in einem Mitgliedsstaat wirksam erworbene Name in allen anderen Mitgliedsstaaten „anzuerkennen", dh zu übernehmen sei (EuGH 27. 4. 2006 – C-96/04, IPRax 2006, 402 [ohne Sachentscheidung]; Schlussantrag Jacobs IPRax 2005, 440, 444; Henrich IPRax 2005, 422, 424; Coester-Waltjen IPRax 2006, 392 ff; Mansel RabelsZ 70 [2006] 651). Als nationale Reaktionen hierauf kommen nicht nur generelle Änderungen des Kollisions- oder Sachrechts in Betracht, sondern auch eine gezielte Abhilfe in Einzelfällen nach dem NÄG (so der belgische Gesetzgeber nach dem „Garcia Avello"-Urteil).

54 In dem aus § 1617 aF BGB früheren abgeleiteten Doppelnamenverbot für das Kind sah der EuGH in der Entscheidung *Grunkin-Paul* (seiner zweiten Entscheidung im früheren Niebüll-Fall) eine Verletzung des Rechts auf Freizügigkeit (Art 21 AEUV; EuGH 14. 10. 2008 – C-353/06, StAZ 2009, 9 *Grunkin-Paul*; Vorlage des AG Flensburg 16. 8. 2006 – 69 III 11/06, StAZ 2007, 369; GA Sharpston Schlussanträge 24. 4. 2008 – C-353/06, StAZ 2008, 274; zum Urteil etwa V Lipp StAZ 2009, 1 sowie Kroll-Ludwigs JZ 2009, 153; ausf Staudinger/Hausmann [2024] Art 10 EGBGB Rn 497 ff und 559 ff; im Anschluss OLG München 19. 1. 2010 – 31 Wx 152/09, StAZ 2010, 77; keinen Verstoß gegen Art 8, 14 EMRK im Doppelnamenverbot sah der EGMR in seiner Entscheidung vom 6. 5. 2008 [EGMR 6. 5. 2008 – 33572/02, StAZ 2008, 375, hierzu Gaaz StAZ 2008, 365, 366 f]): Lehnen die Behörden eines Mitgliedstaats es ab, den (hier: aus den Nachnamen der Eltern gebildeten Doppel-)Namen „anzuerkennen", wenn dieser Name in einem anderen Mitgliedstaat bestimmt und eingetragen wurde, in welchem das Kind geboren wurde und seitdem wohnt, kann dies eine Verletzung von Art 21 AEUV darstellen. Das Kind hatte, wie seine Eltern, die deutsche Staatsangehörigkeit. Während aus deutscher Sicht deutsches Namensrecht Anwendung fand (vgl Staatsangehörigkeitsanknüpfung des Art 10 Abs 1 aF EGBGB), wandten die dänischen Behörden dänisches Recht als Recht des gewöhnlichen Aufenthalts an und bildeten aus den elterlichen Namen *Grunkin* und *Paul* den Doppelnamen *Grunkin-Paul* (Details bei Sharpston StAZ 2008, 274, 276; um einen „echten Doppelnamen" handelte

es sich jedoch im Fall des OLG München 19. 1. 2010 – 31 Wx 152/09, StAZ 2010, 77). Der EuGH wies darauf hin, dass ein hinkendes Namensverhältnis zu erheblichen Nachteilen bei vielen alltäglichen Handlungen im öffentlichen wie im privaten Bereich führen kann, wenn das Kind faktisch zwei verschiedene Namen hat und so bspw ständig Zweifel an dieser oder jener Identität und den Verdacht von Falschangaben ausräumen muss (EuGH 14. 10. 2008 – C-353/06 Rn 25 ff, StAZ 2009, 9 *Grunkin-Paul*). So entwickelte der EuGH in *Grunkin-Paul* das **Prinzip der Einnamigkeit** (Wall StAZ 2009, 261; 2010, 225) und ein **Anerkennungsgebot**. Auch hier wurde als Reaktion nach der damaligen lex lata auf das NÄG verwiesen (v Lipp StAZ 2009, 1, 8). Ob die Eltern die Möglichkeit gehabt hätten, einen dem deutschen Namensrecht konformen Namen für das Kind zu wählen (nach Art 10 Abs 3 EGBGB), spielte für die gemeinschaftsrechtliche Problematik keine Rolle (OLG München 19. 1. 2010 – 31 Wx 152/09, StAZ 2010, 77, 78 sowie e silentio EuGH 14. 10. 2008 – C-353/06, StAZ 2009, 9 *Grunkin-Paul*). Aus *Grunkin-Paul* und den früheren Urteilen folgt, dass der europarechtliche Schutz des erworbenen Namens dann greift, wenn der Name nach ausländischem Recht wirksam erworben ist und wenn er im Heimatstaat oder im Staat des gewöhnlichen Aufenthalts des Betroffenen erworben wurde (v Lipp StAZ 2009, 1, 7).

In Reaktion auf die Entscheidung *Grunkin-Paul* wurde **Art 48 EGBGB** geschaffen, **55**
der zunächst noch recht spezifisch auf diese Sachverhaltskonstellation zugeschnitten war und in der Fassung nach der Namensrechtsreform 2024 aufgrund des Wechsels in der Grundanknüpfung in Abs 1 S 1 und S 2 vorsieht, dass, wenn der Name einer Person deutschem Recht unterliegt, diese durch Erklärung gegenüber dem Standesamt den Namen wählen kann, der in einem Mitgliedstaat der Europäischen Union in ein Personenstandsregister eingetragen ist, wenn die Person bei der Eintragung ihren gewöhnlichen Aufenthalt in diesem Mitgliedstaat hatte oder wenn sie diesem Mitgliedstaat angehört (ohne dass der Vorrang der deutschen oder effektiven Staatsangehörigkeit gölte), sofern dies nicht mit wesentlichen Grundsätzen des deutschen Rechts offensichtlich unvereinbar ist. Nach der zutreffenden deutschen Auslegung ist eine Namensänderung nach Art 48 EGBGB ausgeschlossen, wenn der Namenserwerb rechtswidrig erfolgte (BGH 20. 2. 2019 – XII ZB 130/16, FamRZ 2019, 967 m Anm Wall FamRZ 2019, 971 und Kroll-Ludwigs NJW 2019, 2277; so schon Vorinstanz KG Berlin 19. 1. 2016 – 1 W 460/15, StAZ 2016, 243); dies entspricht auch der Rechtsprechung des EuGH: In *Freitag* hob der EuGH mehrmals hervor, dass es sich um einen „rechtmäßig erworbenen Familiennamen" handeln müsse (EuGH 8. 2. 2017 – C-541/15 *Freitag* FamRZ 2017, 1175 Tenor, Rn 2, 26, 30, 39, 40, 47). Die Rspr hat bislang die Erstreckung der *Grunkin-Paul*-Grundsätze auf Eintragungen in Geburtsstaaten außerhalb der EU verweigert (OLG München 19. 5. 2014 – 31 Wx 130/14, juris Rn 14). Sie hat außerdem klargestellt, dass *Grunkin-Paul* Ausdruck einer Grund*freiheit* ist und nicht dazu zwingt, den Namen der Ersteintragung zu führen, wenn der Namensträger dies nicht wünscht (KG 14. 9. 2015 – 1 W 473/13, StAZ 2016, 110, insoweit nicht beanstandet von BGH 20. 7. 2016 – XII ZB 489/15, FamRZ 2016, 1747).

In der Entscheidung *Sayn-Wittgenstein* (EuGH 22. 10. 2010 – C-208/09 *Sayn-Wittgenstein*, **56**
StAZ 2011, 77 = FamRZ 2011, 1486, hierzu Kroll-Ludwigs GPR 2011, 242 und Wall StAZ 2011, 203) hielt der EuGH die aus der Nicht-Anerkennung eines nach dem Recht eines anderen Mitgliedstaates erlangten Adelstitels resultierenden Beschränkungen der Freizügigkeit (Art 21 AEUV) für gerechtfertigt. Dies begründete er maßgeblich damit, dass die Beschränkung in einem angemessenen Verhältnis zu dem von ihr verfolgten

Zweck – insbesondere der Gleichbehandlung – stehe. Die Entscheidung weist in der Begründung einige Unterschiede zu *Grunkin-Paul* auf (Lehmann/Grimm LMK 2011, 318018). In der Entscheidung *Runevič-Vardyn* (EuGH 12. 5. 2011 – C-391/09, StAZ 2011, 274, s hierzu Nordmeier IPRax 2012, 31) befasste sich der Gerichtshof mit dem Einklang der Weigerung litauischer Behörden, den Vor- und Nachnamen in eine den polnischen Schreibregeln entsprechende Form umzuschreiben, mit Art 21 AEUV.

57 In einer nicht unähnlichen Fallkonstellation zur Entscheidung *Sayn-Wittgenstein* hatten sich die Gerichte in *Bogendorff von Wolffersdorff* (EuGH 2. 6. 2016 – C-438/14 *Bogendorff von Wolffersdorff*, FamRZ 2016, 1239) mit einer Person ursprünglich deutscher, später auch britischer Staatsangehörigkeit zu befassen, der bei Geburt in Karlsruhe 1963 der Name „Nabiel Bagdadi" gegeben wurde, die zwischenzeitlich in Deutschland den Namen „Nabiel Peter Bogendorff von Wolffersdorff" erlangt und die in England über eine in der London Gazette veröffentlichte Erklärung (sog **deed poll** – zum Institut etwa Frank StAZ 2020, 232) wirksam nach britischem Recht den Namen „Peter Mark Emanuel Graf von Wolffersdorff Freiherr von Bogendorff" erworben hatte. Das Standesamt Karlsruhe weigerte sich, diesen Namen nach Art 48 EGBGB einzutragen. Über Zweifel an der Erheblichkeit der Freizügigkeitsbeeinträchtigung (deutsche Regierung in EuGH 2. 6. 2016 – C-438/14 *Bogendorff von Wolffersdorff*, FamRZ 2016, 1239 Rn 41) setzte sich der EuGH hinweg (EuGH 2. 6. 2016 – C-438/14 *Bogendorff von Wolffersdorff*, FamRZ 2016, 1239 Rn 47). Dabei dürfte der Namensdivergenz zur Tochter, die inzwischen einen deutschen Pass auf den Namen „Larissa Xenia Gräfin von Wolffersdorff Freiin von Bogendorff" hatte, größere Relevanz beigemessen werden als den sonstigen vorgetragenen Nachteilen (s auch Janal GPR 2017, 67, 68). Für die Einschlägigkeit des ordre public-Vorbehalts (Art 48 Abs 1 S 2 EGBGB) wurde aus deutscher Perspektive Art 109 Abs 3 S 2 WRV herangezogen, der vorsieht, dass Adelsbezeichnungen nur als Teil des Namens gelten und nicht mehr verliehen werden dürfen. Die NamÄndVwV wird so ausgelegt, dass wegen Art 109 Abs 3 S 2 WRV ein Familienname mit Adelsbezeichnung nur „ausnahmsweise" gewährt werden soll (BVerwG 11. 12. 1996 – 6 C 2.96, juris Rn 13; BVerwG 17. 5. 1993 – 6 B 13/93, juris Rn 2); etwa, wenn eine „besonders gewichtige soziale Beziehung", eine „in Wirklichkeit gelebte enge Beziehung" zu einem Träger des gewünschten Namens besteht (BVerwG 11. 12. 1996 – 6 C 2/96, NJW 1997, 1594; BGH 9. 1. 2019 – XII ZB 188/17, FamRZ 2019, 613 Rn 12; VG Würzburg 28. 1. 2015 – W 6 K 14. 625, juris Rn 22 mwNw). Dahinter steht die Überzeugung, dass im Prinzip jedes staatliche Handeln – gerade die öffentlich-rechtliche Namensänderung nach dem NÄG – missbilligt wird, das zur Schaffung neuer Adelsbezeichnungen oder zum Wiederaufleben erloschener Adelsbezeichnungen führt (BGH 9. 1. 2019 – XII ZB 188/17, FamRZ 2019, 613 Rn 13; für ein abschlägig beschiedenes Namensänderungsbegehren – von „X" zu „von X" s VG München 20. 4. 2016 – M 7 K 15.2736, StAZ 2017, 145). Hinter Art 109 Abs 3 S 2 WRV steht der Gleichheitsgrundsatz (EuGH 2. 6. 2016 – C-438/14 *Bogendorff von Wolffersdorff*, FamRZ 2016, 1239 Rn 69); dass das Vorgehen der deutschen Stellen nicht als primärrechtswidrig eingestuft wurde, beruht also nicht auf einem Schutz von Grundwerten des deutschen Namensrechts im engeren Sinne (krit daher Rauscher LMK 2016, 381541). Die Rechtfertigung durch den ordre public lag in *Sayn-Wittgenstein* näher als in *Bogendorff*, da Österreich immerhin Adelsprädikate ganz abgeschafft hatte, während in Deutschland lediglich ihre Neuverleihung, nicht aber ihre Weitergabe unzulässig ist. Der Generalanwalt wies zu Recht auf die Paradoxie hin, Adelsprädikate einerseits als gleichheitswidrig und unrepublikanisch eindämmen zu wollen, andererseits aber gerade so zu verfahren, dass Adelsprädikatsträger

vor einer Inflation dieser Namensbestandteile geschützt werden (GA Wathelet Rn 107; so auch Dutta FamRZ 2016, 1213, 1218 und Janal GPR 2017, 67, 69). Doch sah der EuGH in *Bogendorff* letztlich davon ab, die Rechtfertigung tatsächlich zu prüfen, weil er der Ansicht ist, die Beurteilung der Verhältnismäßigkeit der deutschen Handhabung von Art 48 EGBGB im konkreten Fall verlange eine „Analyse und Abwägung verschiedener rechtlicher und tatsächlicher Aspekte, die dem betroffenen Mitgliedstaat eigen sind, wozu das vorlegende Gericht besser in der Lage ist als der Gerichtshof" (EuGH 2. 6. 2016 – C-438/14 *Bogendorff von Wolffersdorff*, FamRZ 2016, 1239 Rn 78). So lässt der EuGH die Frage der Rechtfertigung der Nichtanerkennung des in England erworbenen Namens durch den ordre public im Ergebnis offen; der BGH nach ihm – so wie zuvor das AG Karlsruhe (AG Karlsruhe 19. 8. 2016 – UR III 26/13, IPRspr 2016, Nr 5, 12–15) und das OLG Karlsruhe (OLG Karlsruhe 30. 3. 2017–11 W 107/16 [Wx], FamRZ 2017, 1532) – vollzieht den Schritt der Subsumtion unter die Rechtfertigungsvoraussetzungen und gelangt zur ordre public-Widrigkeit der Anerkennung des in England erworbenen Namens (BGH 9. 1. 2019 – XII ZB 188/17, FamRZ 2019, 613 m Anm Lugani LMK 2019, 419553; s auch BGH 14. 11. 2018 – XII ZB 292/15, StAZ 2019, 77 m Anm Otto StAZ 2019, 71; OLG Jena 1. 2. 2016 – 3 W 439/15, StAZ 2016, 114).

In der Rechtssache *Mirin* (EuGH 4. 10. 2024 – C-4/23) bejahte der EuGH in einem Fall, **58** der Elemente des (Vor-)Namens und des Geschlechts in sich vereinte, einen Verstoß gegen Art 20 und 21 AEUV, „gelesen im Licht der Art 7 und 45" der Grundrechtecharta, wenn ein Mitgliedstaat (Rumänien) seinen Staatsangehörigen verweigert, die Änderung des Vornamens und der Geschlechtsidentität (Deed Poll und Gender Recognition Certificate), die in einem anderen Mitgliedstaat (Vereinigtes Königreich) während der Ausübung seines Rechts auf Freizügigkeit und freien Aufenthalt rechtmäßig erworben wurde, anzuerkennen und in die Geburtsurkunde des Betroffenen einzutragen.

Neben diesen namensbezogenen Entscheidungen des EuGH sind weitere Entschei- **59** dungen zu benachbarten statusbezogenen oder statusnahen Rechtsinstituten wie Geschlecht, Abstammung und Ehe zu beachten (EuGH 5. 6. 2018 – C-673/16 *Coman*; EuGH 14. 12. 2021 – C-490/20*Pancharevo*; EuGH 24. 6. 2022 – C-2/21 *Rzecznik*; derzeit anhängig EuGH C-713/23 *Trojan*), die gemeinsam mit den namensrechtlichen Entscheidungen die Ausgestaltung von Art 21 AEUV und seine Bedeutung für den primärrechtlichen Namensschutz kontinuierlich formen und weiterentwickeln.

Probleme können sich ergeben, wenn **fremde Namensformen**, die im Ausland wirk- **60** sam erworben worden sind, ins deutsche Recht zu integrieren sind (etwa bei Einbürgerung, Eheschließung oder Geburt eines Kindes mit deutscher Staatsangehörigkeit). Diese Probleme sind durch **Angleichung** entweder auf kollisionsrechtlicher oder/und auf materiell-rechtlicher Ebene zu bewältigen (ausf mit umfass Nachw Hepting StAZ 2001, 257 ff; materiell-rechtliche Angleichung in LG Frankfurt/M 6. 3. 2002 – 2/9 T 416/01, StAZ 2003, 113 f; LG Tübingen 2. 10. 2003 – 5 T 326/02 AG, FamRZ 2004, 730 f). Der zum 1. 1. 2009 in Kraft getretene Art 47 EGBGB räumt den Betroffenen weitgehende Gestaltungsfreiheit ein. Für wichtige Fallgruppen fremder Namensformen – nämlich die Patronyme (nun Parentonyme) und die Mittelnamen des skandinavischen Sprachraums – hat sich das Gesetz mit der Reform 2024 partiell geöffnet, indes nur zugunsten der friesischen und dänischen nationalen Minderheit in Deutschland (vgl §§ 1617g und 1617h BGB).

§ 1616
Geburtsname bei Eltern mit Ehenamen

Das Kind erhält den Ehenamen seiner Eltern als Geburtsnamen.

Materialien: E I § 1495; E II § 1511 rev § 1596; E 3 § 1594; Mot IV 712; Prot I 7519; Prot II Bd 4, 535; NEhelG Art 1 Nr 18; EheRG Art 1 Nr 23; FamNamRG Art 1 Nr 2; KindRG Art 1 Nr 7.

Schrifttum

S Vorbem zu §§ 1616–1625.

Systematische Übersicht

Alphabetische Übersicht

I. Normbedeutung

Die Vorschrift regelte traditionell den Namenserwerb des ehelichen Kindes (zur Verbreitung eines dem deutschen entsprechenden Regelungsmodells in Europa GAAZ StAZ 2008, 365, 368 f). Die Anknüpfung des alten Rechts an den Status des Kindes konnte nach dem Übergang zu einem einheitlichen Kindesrecht durch das KindRG 1998 nicht mehr aufrechterhalten werden (BT-Drucks 13/4899, 70; BT-Drucks 13/8511, 71). Dennoch trägt der heutige § 1616 BGB der Situation besonders Rechnung, dass die Eltern einander geheiratet und einen Ehenamen gewählt haben: Mit der Wahl eines Ehenamens betonen die Eheleute gegenüber der Umwelt ihre gemeinsame Verbundenheit, die ihre individuelle Personalität überlagert. Der Gesetzgeber darf, um „die Zugehörigkeit des Kindes zu den Eltern im Namen zum Ausdruck bringen zu können, … die Ableitung des Kindesnamens vom elterlichen Namen vorsehen“. Daher ist „[d]ie Ausgestaltung des Geburtsnamensrechts … von der Gestaltung des Namensrechts der Eltern vorgeprägt“ und „[d]as Recht der Eltern zur Bestimmung des Geburtsnamens ihres Kindes aus Art 6 Abs 2 GG … im Gesamtzusammenhang des namensrechtlichen Gefüges und der bei seiner Ausgestaltung zu wahrenden Grundrechtspositionen zu betrachten“ (BVerfG 30. 1. 2002 – 1 BvL 23/96, BVerfGE 104, 373 Rn 49). Das Persönlichkeitsrecht des Kindes umfasst keinen Anspruch auf eigene Wahl des Geburtsnamens; das Namensbestimmungsrecht für ein Kind ist ein Wahlrecht der Eltern (BVerfG 19. 12. 2007 – 1 BvR 1821/02 Rn 14, FamRZ 2008, 496). Zur rechtlich wie namensmäßig symbolisch verfestigten Gemeinschaft der Eltern/Ehegatten gehören untrennbar die Kinder, die aus ihr hervorgehen: „Das Kind hat gegenüber den Eltern ein Recht auf den Familiennamen, der sich aus dem Ehenamen der Eltern ableitet und die Zugehörigkeit des Kindes zur Familie ausweist“ (BGH 2. 3. 1979 – IV ZB 41/78, FamRZ 1979, 467, 468; vgl WAGENITZ FamRZ 1998, 1545). Die **gesamtfamiliäre Namenseinheit** ist gesetzliches Idealbild geblieben (BVerfG 30. 1. 2002 – 1 BvL 23/96, FamRZ 2002, 307, 308), auch wenn die Ehe der Eltern als bloße Voraussetzung des – allein maßgeblichen – Ehenamens ihren eigenständigen Stellenwert im Normkonzept verloren hat (vgl Rn 14 ff). Der Leitbildcharakter der familiären Namenseinheit zeigt sich auch daran, dass die Maßgeblichkeit des elterlichen Ehenamens in § 1616 BGB eine „starke Anknüpfung“ für den Kindesnamen ist, die sich gegenüber anderen Anknüpfungen des Kindesnamensrechts durchsetzt: etwa gegenüber einem früheren Namenserwerb auf anderer Grundlage (§ 1617c Abs 1 BGB, vgl § 1617c Rn 6, § 1617b Rn 43, dem Wahlrecht bei neubegründetem gemeinsamen Sorgerecht (§ 1617b Rn 5), dem Grundsatz der Namenseinheit von Geschwistern (§ 1617 Rn 78 f) oder dem System der §§ 1617c Abs 2 Nr 2, 1617e BGB (§ 1618 Rn 45, vgl § 1617b Rn 10 ff). 1

II. Tatbestand

1. Kind

Die Vorschrift ist nicht, wie die Altfassungen seit 1970, auf das „eheliche Kind“ beschränkt, sondern bezieht sich grundsätzlich auf **alle Kinder**. Zwar ergibt sich aus dem Erfordernis eines Ehenamens der Eltern, dass diese vor der Geburt des Kindes geheiratet haben müssen (bei nachträglicher Heirat: § 1617c Abs 1 BGB); weder muss jedoch bei der Kindesgeburt die Ehe noch bestehen noch eine Vaterschaftszuordnung nach §§ 1592 Nr 1 oder 1593 BGB erfolgt sein (siehe noch Rn 4, 15). Zum totgeborenen Kind siehe Rn 21. 2

2. Ehename seiner Eltern

a) „Seiner“ Eltern

3 Es müssen gerade die beiden Personen, die dem Kind gemäß §§ 1591 ff BGB als **Elternteile** zugeordnet sind, als gemeinsamen Familiennamen einen Ehenamen gewählt haben. Es genügt nicht, wenn jeder Elternteil einen Ehenamen aus einer anderen Ehe in dieser Ehe mit dem anderen Elternteil fortführt (§ 1355 Abs 1 S 3 BGB), selbst wenn dieser zufällig (etwa bei Massennamen) übereinstimmt. Mangels gemeinsamer Elternschaft scheidet auch eine (analoge) Anwendung des § 1616 BGB auf **Lebenspartnerschaftsnamen** aus (bei Stiefkindadoption und Sukzessivadoption nach § 9 Abs 7 LPartG wird allerdings der Lebenspartnerschaftsname gemäß § 1757 Abs 1 BGB erworben; trotz des engen Verweises aus § 9 Abs 7 LPartG auf lediglich § 1757 Abs 2 S 1 BGB sind nach zutreffender hM alle einschlägigen Vorschriften des Adoptionsrechts anwendbar, vgl Staudinger/Voppel [2010] § 9 LPartG Rn 71 mwNw). Beide Eltern müssen bei Kindesgeburt noch leben (Rn 20).

4 Die Elternschaft muss **rechtlich feststehen** – bei bestehender Ehe gemäß §§ 1591, 1592 Nr 1 BGB (bei späterer Vaterschaftsanfechtung § 1617b Abs 2 BGB), bei inzwischen schon aufgelöster Ehe gemäß § 1593 BGB oder §§ 1592 Nr 2, 3, 1594 Abs 4 BGB (etwa bei geschiedenen, aber wiederversöhnten Eltern). Wird bei geschiedenen Eltern die Vaterschaft erst nach der Geburt anerkannt oder gerichtlich festgestellt, so kann das Kind bei seiner Geburt noch nicht den (nachehelich fortgeführten, § 1355 Abs 5 S 1 BGB) Ehenamen seiner Eltern nach § 1616 BGB erwerben. Der dann einstweilig (idR nach § 1617a Abs 1 BGB) erworbene Name wird jedoch mit rechtlicher Etablierung der Vaterschaft rückwirkend durch den Namen nach § 1616 BGB verdrängt (§ 27 Abs 3 Nr 1 Hs 1 PStG).

b) Ehename

aa) Begriff

5 Der Begriff des **Ehenamens** folgt aus **§ 1355 BGB**, es handelt sich also um den Geburtsnamen eines der Ehegatten (§ 1355 Abs 2 S 1 Nr 1 BGB), um den bei Wahl des Ehenamens geführten Namen eines der Ehegatten (§ 1355 Abs 2 S 1 Nr 2 BGB) oder um einen aus Geburtsnamen oder aktuell geführten Namen der Ehegatten gebildeten Doppelnamen (§ 1355 Abs 2 S 1 Nr 3 BGB). Nicht zum Ehenamen iSd § 1616 BGB gehört ein nach § 1355a BGB hinzugefügter Begleitname – er ist (nach wie vor) nur persönlicher Namensbestandteil eines Elternteils und wird nicht nach § 1616 BGB auf die Kinder übertragen (Fachausschuss Standesbeamte StAZ 2001, 372: bei erst nachträglicher Vaterschaftsfeststellung und zwischenzeitlichem Erwerb des Doppelnamens der Mutter nach § 1617a Abs 1 BGB geht der Begleitnamensteil verloren).

6 Vom Kind erworben werden auch solche von beiden Eltern als Ehenamen geführte echte Doppelnamen, die nicht auf § 1355 Abs 2 S 1 Nr 3 BGB idF seit 1. 5. 2025 beruhen, sondern auf Herkunft, Namensverleihung nach dem NÄG oder ausländischem Recht beruhen oder auch auf den Vorschriften der §§ 1617, 1617a, 1617b BGB. Es kann sich auch um Hofnamen handeln, die von einem Elternteil nach dem RErbhG erworben worden waren und heute weitergeführt werden. Obwohl derartige Hofnamen ursprünglich an die Person des Namensträgers gebunden waren, wurden sie nach 1947 als echter Namensbestandteil fortgeführt und an die Kinder wei-

tergegeben (Gaaz/Bornhofen/Lammers § 21 PStG Rn 57; BVerwG 31. 1. 1969 – VII C 26/68, StAZ 1970, 57; OLG Hamm 10. 11. 1970 – 15 W 364/70, StAZ 1971, 138).

Das Kind erwirbt auch **andere Namenszusammensetzungen**, wenn sie echte Namensbestandteile sind. Hierzu gehört die Verbindung zweier Nachnamen mit dem Wort **„genannt“**, wobei es sich ebenfalls um eine Form überkommener Hofnamen handeln kann, aber auch um einen auf anderen Gründen beruhenden Namensgebrauch (Loos 43, 73; Loos StAZ 1968, 108). Da bei den „Genannt“-Namen die Qualität als echter Namensbestandteil fraglich sein kann, sind hier stets Nachforschungen über die Entstehungsgeschichte notwendig (LG Bielefeld 31. 1. 1980 – 3 T 419/79, StAZ 1981, 349 m Anm Drewello; AG Stuttgart 23. 4. 1975 – G 1 GR 7/74, StAZ 1976, 176). Auch Zwischen- oder Vaternamen nach **ausländischem Recht** können echte Namensbestandteile sein (Gaaz/Bornhofen/Lammers § 2 PStG Rn 13e). 7

Adelsnamen sind *Bestandteile des Familiennamens* (also nicht „Zwischenname“ oder Namenspartikel anderer Art; so aber Diederichsen, in: FS Henrich [2000] 101, 105), Art 109 Abs 3 S 2 WRV iVm Art 123 Abs 1 GG (BVerwG 13. 11. 1959 – VII C 147/57, BVerwGE 9, 323; BVerwG 11. 3. 1966 – VII C 85/63, BVerwGE 23, 344; BayObLG 2. 10. 2002 – 1 Z BR 98/02, StAZ 2003, 45; grundlegend vSpoenla-Metternich [1997] 105 ff [zur „Durchlaucht“ 128 f]; für die Zeit vor der WRV: Opet AcP 87 [1897] 331, 334 Fn 40; Raschauer 130 f). Adelsbezeichnungen dürfen seit Ende 1918 **nicht mehr verliehen, nur noch weitergegeben werden**, Art 109 Abs 3 S 2 WRV iVm Art 123 Abs 1 GG (OLG Naumburg 30. 8. 2013 – 2 Wx 20/12, juris Rn 21; im Wege öffentlich-rechtlicher Namensänderung sind Adelsnamen nur in seltenen Ausnahmefällen zu gewähren – siehe beispielsweise BVerwG 11. 12. 1996 – 6 C 2/96, StAZ 1997, 310; OVG Hamburg 11. 1. 2006 – 3 Bf 369/02, StAZ 2007, 46; VG Berlin 21. 5. 2010 – 3 K 9/09, StAZ 2010, 268). Der Name muss **1918 noch geführt** worden sein (Mertens [2018] 24). Daran fehlt es, wenn er bis dahin lange Zeit im Rechtsverkehr nicht mehr verwendet worden war (Bsp bei OLG Hamm 21. 9. 2006 – 15 W 257/05, StAZ 2007, 147 mwNw). Der Erwerb des Adelsnamens folgt allein bürgerlich-rechtlichen Grundsätzen (BayObLG 7. 12. 1979 – BReg 1 Z 50/79, FamRZ 1980, 445; Raschauer 130), richtet sich also nach §§ 1616–1617i BGB. Der Vorname ist der Adelsbezeichnung (Freiherr, Graf) konsequenterweise voranzustellen (RG 10. 3. 1926 – IV B 7/26, RGZ 113, 107, 115; A 1.3.3 PStG-VwV). 8

Inkonsequenterweise wird seit RG 10. 3. 1926 – IV B 7/26, RGZ 113, 107, 112 ff die Führung der *weiblichen Form* der Adelsbezeichnungen durch weibliche Familienangehörige zugelassen (festhaltend noch AG Freiburg iBr 11. 1. 2021 – 61 UR III 32/20 StAZ 2021, 218 m Anm Helms 2019; siehe auch BayObLG 2. 10. 2002 – 1 Z BR 98/02, StAZ 2003, 45, 46; A 1.3.3 PStG-VwV). Eine Tochter erwirbt mit der Geburt nach § 1616 BGB demnach den Namen „Gräfin X“ (während die „nichtadelige“ Frau Graf sich nicht Gräfin nennen darf – Schwab FamRZ 2025, 401, 403; nicht „Comtesse“, Peters StAZ 1959, 333) oder „Freiin X“ (AG Köln 23. 5. 1991 – 378 III 67/91, StAZ 1991, 284; Gaaz/Bornhofen/Lammers § 2 PStG Rn 14; Peters StAZ 1967, 225; krit wie hier vSpoenla-Metternich 130 ff, 151 ff; bei Heirat wandelt sich der Titel „Freiin“ zu „Freifrau“, siehe dazu Fachausschuss Standesbeamte StAZ 2012, 154; zu transgeschlechtlichen Personen siehe Rn 62; A 1.3.3 PStG-VwV). Mit sprachlichen Gründen gar nicht mehr zu rechtfertigen ist es, wenn der Tochter von „Ritter X“ nur der Name „von X“ zugebilligt wird (BayObLG 17. 2. 1967 – BReg 2 Z 72/66, StAZ 1967, 185; OLG Düsseldorf 30. 12. 1996 – 3 Wx 347/95, FamRZ 1997, 1554 f). Dem Geist der verfassungsrechtlichen Bestimmungen entspricht es schließlich, auch den sogenannten „persönlichen Adel“ und Primogenituradel als Frage der Namensführung zu qualifizieren und bür- 9 gerlichen Erwerbsgrundsätzen zu unterstellen (vSpoenla-Metternich 148 ff; **aA** BayObLG 20. 5. 1980 – BReg 1 Z 42/80, StAZ 1981, 187; BayObLG 22. 6. 1984 – BReg 1 Z 45/83, StAZ 1984, 339).

10 **Ausländische Adelsbezeichnungen** (zB „Count“, „Earl“, „Duke“) werden nicht übersetzt, wenn sie nach dem anzuwendenden materiellen Namensrecht Bestandteil des Familiennamens sind (siehe A 1.3.5 PStG-VwV; Gaaz/Bornhofen/Lammers § 2 PStG Rn 14–14c mit einem Überblick über ausländisches Recht; zu spanischen Adelsbezeichnungen Rau StAZ 1980, 177 f), sie werden auch nicht (wiederum inkonsequent zum deutschen Recht) in weiblicher Form geführt (AG Braunschweig 30. 4. 1971 – 31 III 16/71, StAZ 1971 339 [„Jonkher/Jonkvrouwe“], dazu Anm StAZ 1972, 119). Anredeformeln wie „Durchlaucht“, „Hoheit“ oder „Exzellenz“ sind kein Teil des Namens. Wer nach dem auf ihn anwendbaren Recht keinen Adelstitel führen darf, ist ohne ihn einzutragen (A 1.3.5 PStG-VwV).

11 **Akademische Grade** sind „Namenszusatz eigener Art“, nicht aber Namensbestandteile, und gehen deshalb nicht auf das Kind über (Gaaz/Bornhofen/Lammers § 2 PStG Rn 15; Raschauer 132 f, 150 ff; siehe Gaaz/Bornhofen/Lammers, § 21 PStG Rn 37, § 27 PStG Rn 69). Akademische Grade sind seit dem PStG vom 19. 2. 2007 überhaupt nicht mehr in Personenstandsregistern zu beurkunden (BGH 4. 9. 2013 – XII ZB 526/12, StAZ 2013, 377; ausführlich Berkl StAZ 2013, 177; sa 59.2.1 und 76.3.3 PStG-VwV).

12 Auch **Pseudonyme**, selbst wenn sie ausnahmsweise einmal von Eheleuten gemeinsam geführt werden, werden nicht vom Kind erworben. Das Pseudonym, das sich die Mutter bei der vertraulichen Geburt nach §§ 25 ff SchKG gibt (§ 26 Abs 1 Nr 1 SchKG), erscheint nicht im Geburtseintrag; das Pseudonym wird für die Vermittlung der Schwangeren an eine geburtshilfliche Einrichtung und für den Herkunftsnachweis nach § 26 Abs 2 SchKG benötigt (Gaaz/Bornhofen/Lammers § 21 PStG Rn 66, § 18 PStG Rn 33 f).

bb) Zeitpunkt

13 Maßgeblich für die Anknüpfung an den Elternnamen ist der **Zeitpunkt der Kindesgeburt** (arg e contr §§ 1617 Abs 3, 1617a Abs 1, 1617c Abs 1 BGB). Wird ein Ehename erst später bestimmt, geht er zwar auch auf das Kind über, aber nur *ex nunc* gemäß § 1617c Abs 1 BGB; bis dahin bleibt es bei dem Namen des Kindes, den es gemäß §§ 1617, 1617a oder 1617b Abs 1 BGB erworben hatte. Eine Ausnahme wird aus rechtspraktischen Gründen nur dann zu machen sein, wenn die Eltern einen Ehenamen zwar erst nach der Geburt, aber noch vor deren Beurkundung durch das Standesamt bestimmt haben – dann kann der Ehename von vornherein als Geburtsname des Kindes eingetragen werden. Gleiches sollte im Ergebnis gelten, wenn die Geburt schon beurkundet wurde, aber die Namensbestimmung nach § 1617 Abs 1 BGB noch ausstand, als ein Ehename gewählt wurde.

cc) Tragweite des Ehenamens als Anknüpfungspunkt

14 § 1616 BGB setzt mit dem Merkmal „Ehename“ zwar eine Elternehe voraus, sie gehört aber nicht mehr zum unmittelbaren Normtatbestand, sondern bildet nur noch den entstehungsgeschichtlichen Hintergrund des allein maßgeblichen Anknüpfungspunktes „Ehename“. Dieser setzt nur in seiner Entstehung, nicht aber in seinem Fortbestand eine Elternehe voraus (§ 1355 Abs 5 S 1 BGB). Ehename und Ehe sind

deshalb im praktischen Regelfall deckungsgleich, können aber auseinanderdriften. Hieraus folgt zweierlei:

Da das Gesetz allein auf den „Ehenamen“ zur Zeit der Geburt abstellt, kann in § 1616 BGB nicht das einschränkende Merkmal einer „ehelichen Zeugung“ des Kindes (iS einer Vaterzuordnung kraft Ehe, §§ 1592 Nr 1 oder 1593 BGB) hineingelesen werden. Statt „Ehelichkeit“ ist der „gemeinsame Familienname“ der Eltern (§ 1355 Abs 1 S 1 BGB) der allein maßgebliche Bezugspunkt. **15**

Von einem als Anknüpfungspunkt für den Kindesnamen tauglichen „Ehenamen“ iSd § 1616 BGB ist *nur* dann, aber auch *immer* dann auszugehen, **wenn die Eltern des Kindes in der Vergangenheit miteinander einen Ehenamen gewählt hatten und dieser bei der Geburt noch geführt wird**. Der Gemeinschaftsname der Personen, aus deren Verbindung das Kind stammt, lebt dann noch fort; mit der Anknüpfung an ihn wird Namenseinheit der Familie hergestellt. Folgende Fallgruppen verdeutlichen dies: **16**

§ 1616 BGB ist jedenfalls **nicht einschlägig**, wenn **17**

- der Vater vor der Geburt verstorben und die Mutter bei der Geburt gemäß § 1355 Abs 5 S 2 BGB bereits zu einem früheren Namen zurückgekehrt ist (str, **aA** MünchKommBGB/vSachsen Gessaphe § 1616 Rn 10, wie hier Grüneberg/Götz § 1616 Rn 1 mit § 1617a Rn 5);

- bei Kindesgeburt beide inzwischen geschiedenen Eltern den Ehenamen schon abgelegt haben (gemäß § 1355 Abs 5 S 2 BGB oder im Zusammenhang mit einer Neuheirat gemäß § 1355 Abs 1, 2 BGB).

§ 1616 BGB nimmt nicht Bezug auf eine frühere Ehe oder einen früheren Ehenamen, sondern nur auf einen zur Zeit der Kindesgeburt aktuell **geführten Namen**. Der Bezug auf einen schon abgelegten Ehenamen würde Namensverschiedenheit von Kind und Eltern erzwingen; die Zielvorstellung des Gesetzgebers – „familiäre Namenseinheit“ – würde so in ihr Gegenteil verkehrt.

Daraus folgt, dass § 1616 BGB demgegenüber **anzuwenden** ist, wenn die Ehe bei Geburt schon geschieden ist, aber **beide Eltern den Ehenamen noch fortführen** (BT-Drucks 13/4899, 90; Wagenitz FamRZ 1998, 1545; Fachausschuss Standesbeamte StAZ 2001, 180 und 216; Fachausschuss Standesbeamte StAZ 2005, 328, 329). Dem ist gleichzustellen der – eher seltene – Fall, dass ein Elternteil zunächst neu geheiratet und den Namen gewechselt hatte, dann – nach Scheidung auch dieser neuen Ehe – zum Ehenamen der vorigen Ehe zurückkehrt, sich mit dem früheren Partner wieder versöhnt (mit oder ohne Ehe) und dann das Kind gezeugt wird. Das Gleiche gilt, wenn die geschiedenen Eltern in neuen Ehen ihren Ehenamen aus der gemeinsamen Erstehe fortführen (§ 1355 Abs 1 S 3 BGB) und das Kind außerehelich gezeugt wird (Etablierung der Vaterschaft vorausgesetzt). Gemeinsame Elternschaft und gemeinsamer Name haben im System der §§ 1616 ff BGB also absoluten Vorrang; das Sorgerecht ist in §§ 1617–1617b BGB nur eine Hilfsanknüpfung, auf die es bei Namensgemeinsamkeit der Eltern nicht ankommt (anders NK-BGB/Czeguhn/Schmitz § 1616 Rn 6). **18**

19 Als **Zweifelsfälle** sind die Situationen einzustufen, in denen bei Kindesgeburt **nur noch ein Elternteil den Ehenamen führt**.

Erste Variante: Bei Kindesgeburt ist die Elternehe schon geschieden und ein Elternteil zu einem früheren Namen zurückgekehrt, der andere Elternteil führt den Ehenamen aber noch fort (typische Konstellation: Mannesname ist zum Ehenamen gewählt worden, nach Scheidung kehrt die Frau zu ihrem vorehelichen Namen zurück; Vaterschaft des früheren Ehemannes gemäß § 1592 Nr 2 oder 3 BGB). Hier könnte daran gedacht werden, dass der Ehename jedenfalls in der Person eines Elternteils noch fortlebt und deshalb als Anknüpfungspunkt für den Kindesnamen grundsätzlich zur Verfügung steht. Gesamtfamiliäre Namenseinheit ist ohnehin nicht mehr zu erreichen. Mit dem Bezug auf den Ehenamen würde nicht nur teilweise Namenseinheit Eltern/Kind hergestellt, sondern auch auf die frühere Gemeinschaft der Eltern verwiesen. Gegenläufige Wertungen des Gesetzes und praktische Überlegungen stehen einer solchen Sicht dennoch entgegen: Die *Namenseinheit in der sozialen Lebensgemeinschaft* von Elternteil und Kind hat Vorrang vor der (nur auf das Abstammungsband hinweisenden) Namenseinheit mit einem abwesenden Elternteil; als Hilfsanknüpfung bei namensverschiedenen Eltern verwendet das Gesetz das *Sorgerecht* (§§ 1617, 1617a Abs 1, 1617b Abs 1 BGB, auch §§ 1617d, 1617e, 1617g Abs 2, 1617h Abs 2 BGB). Die starre Anknüpfung an einen einseitig noch fortgeführten Ehenamen würde diese Wertungsgesichtspunkte ignorieren. In obiger typischer Konstellation würde das Kind bei der alleinsorgeberechtigten (§ 1671 Abs 1 BGB) oder hauptsorgeberechtigten (§ 1687 Abs 1 BGB) Mutter aufwachsen, aber den Namen des Vaters tragen. Dieses den Kindesinteressen nicht entsprechende Ergebnis kann nur vermieden werden, wenn – bei aufgelöster Elternehe zur Zeit der Geburt – **§ 1616 BGB nur angewendet wird, wenn gesamtfamiliäre Namenseinheit noch erreicht werden kann** (Beispiele: Rn 18). Im Konflikt zwischen zwei Elternnamen muss dagegen das **Sorgerecht** den Ausschlag geben. Das Kind erhält demnach, wenn bei Geburt der Ehename nicht mehr von beiden geschiedenen Elternteilen fortgeführt wird, **bei Alleinsorge eines Elternteils seinen Namen nach § 1617a Abs 1 BGB, bei gemeinsamem Sorgerecht nach § 1617 BGB** (Lipp/Wagenitz Rn 6; HWB/Wagenitz/Bornhofen Rn 13; NK-BGB/Czeguhn/Schmitz Vorbem zu §§ 1616 ff Rn 2). Letzteres wird regelmäßig auf einen Zwangsdoppelnamen ex lege und sodann ggf eine familiengerichtliche Zuweisung des Namensbestimmungsrechts nach § 1617 Abs 4 BGB hinauslaufen, da eine Einigung der Eltern kaum zu erwarten ist; das Gericht hat hier jedoch im Fall seiner Intervention nach § 1617 Abs 4 S 4 BGB – anders als sonst – ein klares, gesetzlich vorgezeichnetes Entscheidungskriterium: Analog §§ 1617a Abs 1, 1687 Abs 1 BGB weisen die (ordnungsgemäßen) Betreuungsverhältnisse auf den namensgebenden Elternteil.

20 **Zweite Variante**: Der Ehemann und Vater ist vor der Kindesgeburt gestorben, die Mutter ist beim Ehenamen geblieben. Hier wird verbreitet vom Fortleben des Ehenamens in der Person des einzig verbliebenen Elternteils und damit von der Anwendbarkeit des § 1616 BGB ausgegangen (Lipp/Wagenitz Rn 2; HWB/Wagenitz/Bornhofen Rn 7, 14; FamRefK/Wax Rn 3; Rauscher, FamR 914). Erwirbt das Kind den Mutternamen jedoch als „Ehenamen“, so ist damit sein Name unwandelbar festgelegt (Änderungen des Ehenamens iSd § 1617c Abs 2 Nr 1 BGB sind nicht mehr möglich), späteren Namenswechseln der Mutter (etwa nach § 1355 Abs 5 S 2 BGB) könnte das Kind nicht nach § 1617c Abs 2 Nr 2 BGB folgen. Um nicht die konfliktreichen Fälle

der Namensverschiedenheit in nachehelichen Teilfamilien unnötig weit auszudehnen, ist deshalb die Sicht vorzuziehen, dass das Kind den Mutternamen als deren Individualnamen nach § 1617a Abs 1 BGB erwirbt (Grüneberg/Götz § 1616 Rn 1 mit § 1617a Rn 5). Mit Auflösung der Ehe ist der Gemeinschaftsname – äußerlich unverändert – zum Individualnamen geworden, der zur Disposition des Namensträgers gemäß § 1355 Abs 5 BGB steht (vgl BT-Drucks 7/650, 119).

III. Rechtsfolgen

Das Kind erwirbt den Ehenamen der Eltern im Moment seiner Geburt **kraft Gesetzes** 21 als „Geburtsnamen" (zum Begriff siehe § 1355 Abs 6 BGB), die Eintragung im Geburtenregister durch das Standesamt (§ 21 Abs 1 Nr 1 PStG) ist lediglich deklaratorisch (allgM, vgl nur Jauernig/Budzikiewicz § 1616–1617c Rn 11). Der Kindesname kann späteren Änderungen des Ehenamens (nach Adoption, § 1757 Abs 1 BGB) folgen (§ 1617c Abs 2 Nr 1 BGB), muss es aber nicht (§ 1617 Abs 1 BGB entsprechend) – er ist zum grundsätzlich **eigenständigen Individualnamen** des Kindes geworden und kann in einer späteren Ehe des Kindes als Ehename weitergegeben werden (§ 1355 Abs 2 BGB). Bei **Totgeburt** des Kindes erfolgt die Namenseintragung nur auf elterlichen Antrag, § 21 Abs 2 S 2 PStG. Bei **Fehlgeburt** können die Eltern eine Bescheinigung nach § 31 Abs 2 S 4 PStV iVm Anlage 11 PStV ausstellen lassen, in der die „vorgesehenen" Vor- und Familiennamen aufgeführt werden können (siehe rechtsvergleichend zu Lebend-, Tot- und Fehlgeburten Frank StAZ 2017, 266).

Im Konflikt zwischen Namenseinheit mit den Eltern (§ 1616 BGB) oder Geschwis- 22 tern (vgl § 1617 Abs 5 BGB) setzt sich § 1616 BGB durch: Ist bei Kindesgeburt schon ein Geschwister mit einem Geburtsnamen vorhanden, der vom jetzigen Ehenamen der Eltern verschieden ist, so wird nicht an den Geschwisternamen, sondern an den Ehenamen der Eltern angeknüpft. Haben die Eltern beispielsweise erst zwischen der Geburt des ersten und des zweiten Kindes einen Ehenamen bestimmt oder ihren Ehenamen geändert und hat sich das erste Kind (das einen anderen Namen nach §§ 1617, 1617a BGB trägt) dem nicht angeschlossen (§ 1617c Abs 1, 2 Nr 1 BGB), so ist seine Entscheidung gegen Namenseinheit mit den Eltern eine höchstpersönliche, die nicht zu Lasten des nachgeborenen Geschwisters geht.

IV. Vorname

1. Allgemeines

Das Recht des Vornamens ist **gesetzlich nicht ausdrücklich geregelt**. Das mit Art 2 23 Abs 1 GG iVm Art 1 Abs 1 GG geschützte Persönlichkeitsrecht des Kindes umfasst das Recht auf Erhalt eines Vornamens und dessen Schutz (BVerfG 5. 12. 2008 – 1 BvR 576/07, FamRZ 2009, 294 Rn 13 [„Kiran"]). Die §§ 1616 ff BGB gelten nicht, auch nicht analog (vgl nur OLG Karlsruhe 19. 2. 2016 – 5 UF 171/15, StAZ 2016, 377 Rn 28). Das BGB-Namensrecht knüpft nach der Namensrechtsreform 2024 für die Geburtsnamen nach friesischer Tradition an den Vornamen an (§ 1617g Abs 1 Nr 1, Abs 3, 4 BGB), regelt ihn aber über die schmale Fallgruppe der Parentonyme hinaus nicht. Die Untergliederung des Personennamens in Vor- und Familiennamen begegnet in Deutschland etwa seit dem 14. Jahrhundert (Loos 159; Herrmann AcP 45 [1862] 153, 157; siehe auch Seibicke StAZ 1992, 329 ff). In frühen Gemeinschaften hatten die Menschen nur persönliche Namen (Vornamen), die Nachnamen entwickelten sich aus Beinamen, die wegen vielfältiger Vornamensgleichheit in enger werdenden sozialen Verhältnissen dem Vornamen hinzugesetzt wurden (Herrmann AcP 45 [1862] 153, 157; Seibicke StAZ 2006, 52). Die heutige Funktionsverteilung zwischen Vor- und Nachnamen wird eher umgekehrt gesehen: Der Vorname als Individualname dient der Unterscheidung innerhalb einer Familie und von anderen Trägern desselben Familiennamens sowie der Kennzeichnung des Trägers als eigene Persönlichkeit (BGH 15. 4. 1959 – IV ZB 286/58, BGHZ 30, 132, 135; Loos 159; Seibicke 1 f; Opet AcP 87 [1897] 324). Weist der *Familienname* demnach schwerpunktmäßig auf die Einbindung einer Person in seine soziale/verwandtschaftliche Umwelt hin, so dient der *Vorname* nach inzwischen verfestigter Rechtsprechung des BVerfG **ausschließlich dem Ausdruck der Individualität einer Person**, dh er bezeichnet den Einzelnen und unterscheidet ihn von anderen, er hilft dem Kind, seine Identität zu finden und seine Individualität zu entwickeln (BVerfG 12. 1. 1982 – 2 BvR 113/81, BVerfGE 59, 216, 226; BVerfG 8. 3. 1988 – 1 BvL 9/85, StAZ 1988, 164, 167; BVerfG 30. 1. 2002 – 1 BvL 23/96, StAZ 2002, 72, 76; BVerfG 18. 2. 2004 – 1 BvR 193/97, StAZ 2004, 104, 106; BVerfG 28. 1. 2004 – 1 BvR 994/98, StAZ 2004, 109; BVerfG 3. 11. 2005 – 1 BvR 691/03, StAZ 2006, 50, 52; BVerfG 6. 12. 2005 – 1 BvL 3/03, StAZ 2006, 102, 104; BVerfG 5. 12. 2008 – 1 BvR 576/07, FamRZ 2009, 294, 295 [„Kiran"]). Es können demnach eine **Individualisierungsfunktion**, bezogen auf die Identitätsfindung und -kennzeichnung, und eine **Unterscheidungsfunktion** des Vornamens jedenfalls idealtypisch unterschieden werden. Letztere kann sowohl aus staatlicher wie auch privater Sicht definiert werden, die Kennzeichnungsfunktion des Vornamens enthält sowohl ein privatrechtliches und persönlichkeitsrechtliches Element (BVerfG 3. 11. 2005 – 1 BvR 691/03, StAZ 2006, 50, 52) wie auch ein etatistisches. Dabei scheint der rechtliche Stellenwert des staatlichen/gesellschaftlichen Ordnungsinteresses derzeit noch nicht endgültig geklärt.

24 Stärker noch als der Familienname ist der Vorname mit **Sitten, Gebräuchen** und der allgemeinen **sprachlichen Entwicklung** verflochten. Der Vorname hat deshalb daran teil, dass er nicht gesetzlichen Abläufen, sondern ständiger Veränderung aufgrund einer unerfassbaren Zahl von kulturellen, sozialen und psychosozialen Faktoren unterliegt. Das Recht des Vornamens korrespondiert deshalb eng mit der Namensgeschichte und den Sprachwissenschaften; die Gerichte holen nicht selten sprachwissenschaftliche Gutachten ein. Die Bewegung, die das Recht der Vornamensgebung in den letzten Jahren erfasst hat, ist nicht zuletzt auf die intensiven Impulse der Medien, die zunehmende Auslandsverflechtung, die Internationalisierung von Sprache und Kultur sowie eine stärkere Fokussierung auf Selbstverwirklichung und -identifikation der Einzelnen zurückzuführen (OLG Hamburg 24. 9. 1979 – 2 W 37/79, StAZ 1980, 193, 194; OLG Hamm 17. 6. 2004 – 20 W 92/04, NJOZ 2004, 3038, 3040; vgl auch Müller StAZ 2003, 263, 265; Müller StAZ 2004, 193, 195; Herrmann AcP 45 [1862] 153, 156).

2. Erteilung des Vornamens

a) Erteilungszuständigkeit

25 Die Vornamensgebung gehört zum Kreis der Rechte und Pflichten, die aus dem in Art 6 Abs 2 GG verankerten **Sorgerecht** für das Kind fließen (BVerfG 30. 1. 2002 – 1 BvL 23/96, StAZ 2002, 72, 76; BVerfG 3. 11. 2005 – 1 BvR 691/03, StAZ 2006, 50, 51; BVerfG 5. 12. 2008 – 1 BvR 576/07, FamRZ 2009, 294 [„Kiran"]; zweifelnd Diederichsen, in: FS Henrich [2000] 101, 102, 117 [Berücksichtigung auch der Interessen des nicht sorgeberechtigten Elternteils]; siehe noch Rn 49 ff); bei einer Aufspaltung von gesetzlicher Vertretung und Personensorge steht

die Vornamensgebung dem Personensorgeberechtigten zu (Mot 4, 712; BGH 4. 2. 1959 – IV ZR 151/58, BGHZ 29, 256, 257; BGH 15. 4. 1959 – IV ZB 286/58, BGHZ 30, 134, 138; BGH 17. 1. 1979 – IV ZB 39/78, BGHZ 73, 239, 240). Die Vornamensgebung ist – wie die elterliche Sorge generell – nicht nur Recht, sondern auch **Pflicht des Sorgeberechtigten.** Dem entspricht auf Seiten des Kindes ein aus Art 2 Abs 1 GG iVm Art 1 Abs 1 GG fließendes **Recht auf Erhalt eines Vornamens** (BVerfG 30. 1. 2002 – 1 BvL 23/96, StAZ 2002, 72, 76; BVerfG 3. 11. 2005 – 1 BvR 691/03, StAZ 2006, 50, 52; BVerfG 18. 2. 2004 – 1 BvR 193/97, BVerfGE 109, 256, 266; ggf besteht sogar eine Pflicht zur nachträglichen Vornamenserteilung, KG Berlin 11. 8. 1992 – 1 W 5611/91, StAZ 1993, 9, 11). Die Vornamenserteilung ist dem Standesamt mit der Geburt des Kindes anzuzeigen, spätestens aber während des auf die Beurkundung der Geburt folgenden Monats (§§ 18, 22 PStG). Für die Fristberechnung gelten §§ 187, 188, 193 BGB entsprechend (18.1.1 PStG-VwV). Zur Erzwingung der Anzeigepflicht kann ein Zwangsgeld verhängt werden, § 69 PStG (näher Sachse StAZ 2001, 181 ff; Fachausschuss Standesbeamte StAZ 2009, 84), im Notfall muss dem Kind zum Zweck der Vornamensgebung ein Pfleger bestellt werden (AG Bremen 11. 7. 1973 – 44 VII A 18/69, StAZ 1974, 130; Diederichsen NJW 1981, 706; eine Namenserteilung durch die Behörde nach § 25 PStG kommt nicht in Betracht).

Steht den Eltern die Personensorge gemeinsam zu, so **erteilen** sie auch den Vor- **26**
namen **gemeinsam**, wobei es sich um eine Angelegenheit von erheblicher Bedeutung handelt (BGH 15. 4. 1959 – IV ZB 286/58, BGHZ 30, 132, 134; OLG Hamm 25. 9. 1995 – 15 W 291/95, StAZ 1996, 208; OLG Brandenburg 9. 3. 2016 – 9 UF 10/16, juris Rn 3; OLG Nürnberg 29. 3. 2018 – 11 W 2245/17, StAZ 2019, 84 Rn 15; Schilling NJW 2007, 2333, 2334). Rechtsgeschäftliches Gestaltungsinstrument ist dabei, wie auch sonst bei elterlichen Sorgeentscheidungen, die **elterliche Einigung** (Nappenbach StAZ 1998, 337; Diederichsen NJW 1981, 706; zur Rechtsnatur der elterlichen Einigung allgemein Gernhuber/Coester-Waltjen § 61 Rn 11 ff), die **konstitutiv** ist, die **keiner Form** bedarf (BayObLG 28. 12. 1994 – 1 Z BR 83/94, StAZ 1995, 106, 107; OLG Zweibrücken 2. 11. 1979 – 3 W 120/79, StAZ 1980, 194, 195; OLG Frankfurt 25. 10. 2018 – 20 W 153/18 Rn 31; OLG Nürnberg 29. 3. 2018 – 11 W 2245/17, StAZ 2019, 84 Rn 15; Gaaz/Bornhofen/Lammers § 21 PStG Rn 74) und die **vor der Erteilung frei widerruflich** ist (vgl nur OLG Brandenburg 9. 3. 2016 – 9 UF 10/16, juris Rn 4).

Die Anzeige des Namens an das Standesamt (§ 21 Abs 1 Nr 1 PStG) bedeutet nicht **27**
den Zugang einer rechtsgestaltenden Willenserklärung (§ 130 BGB), sondern ist – wie die nachfolgende Eintragung ins Geburtenregister – rein **deklaratorisch** (BayObLG 14. 6. 1999 – 1 Z BR 77/99, StAZ 1999, 331, 332; OLG Hamm 7. 12. 2011 – 15 W 585/10, StAZ 2012, 206 Rn 8; siehe aber Rn 33; OLG Frankfurt 25. 10. 2018 – 20 W 153/18 Rn 31). Die **Einigung der Sorgeberechtigten** ist nicht nur die entscheidende, sondern auch die unverzichtbare materiell-rechtliche Basis einer wirksamen Vornamenserteilung. Auch ein eingetragener Name ist ohne die erforderliche Einigung – etwa nur auf die Anzeige eines Elternteils hin – „nicht erteilt“, dh das Kind ist nicht Namensträger geworden (aus § 54 Abs 1 PStG folgt immerhin die widerlegliche Vermutung, dass die erforderliche Elterneinigung vorgelegen hat, BayObLG 28. 12. 1994 – 1 Z BR 83/94, StAZ 1995, 106, 107; OLG Zweibrücken 2. 11. 1979 – 3 W 120/79, StAZ 1980, 194, 195; OLG Nürnberg 29. 3. 2018 – 11 W 2245/17, StAZ 2019, 84 Rn 15; OLG Düsseldorf 7. 9. 2023 – I-3 Wx 65/23, StAZ 2024, 111 Rn 15). Allerdings kann die Einigung und damit die materiell-rechtliche Basis der Namenseintragung nachgeschoben werden (Diederichsen NJW 1981, 706), mit der Folge, dass das Geburtenregister fortan richtig ist. Ist die personenstandsrechtliche Identität der Mutter ungeklärt, hindert dies die Eintragung des von ihr erteilten Vornamens nicht

(BayObLG 16. 11. 2004 – 1 Z BR 084/04, StAZ 2005, 45, 47; OLG Hamm 15. 4. 2004 – 15 W 90/04, StAZ 2004, 201, 202; Fachausschuss Standesbeamte StAZ 2006, 151 f mwNw).

28 **Streiten sich die gemeinsam sorgeberechtigten Eltern**, kommt keine behördliche Entscheidung nach § 25 PStG in Betracht, vielmehr ist ein Anwendungsfall des **§ 1628 BGB** gegeben (OLG Hamm 25. 9. 1995 – 15 W 291/95, StAZ 1996, 208; OLG Dresden 13. 1. 2004 – 21 [10] UF 821/03, OLG-NL 2004, 164; AG Duisburg 21. 5. 1996 – 12 III 85/95, StAZ 1997, 74, 75; OLG Karlsruhe 19. 2. 2016 – 5 UF 171/15, StAZ 2016, 377 Rn 28; OLG Brandenburg 9. 3. 2016 – 9 UF 10/16, juris Rn 5; OLG Oldenburg 13. 8. 2014 – 13 UF 76/14, StAZ 2015, 147 Rn 8 [für den Familiennamen]; OLG Nürnberg 30. 7. 2018 – 10 UF 838/18 [für den Vor- und Familiennamen]; Jauernig/Budzikiewicz § 1616–1617c Rn 11; Erman/Döll § 1628 Rn 10; jurisPK-BGB/Bullmann § 1628 Rn 35; Gernhuber/Coester-Waltjen § 61 Rn 19; Diederichsen NJW 1981, 705; vgl Edlbacher 53 f; bei Ruhen der elterlichen Sorge eines Teils vgl jedoch § 1673 Abs 2 S 3 BGB), in dessen Rahmen die Entscheidung zu treffen ist, die unter Berücksichtigung der tatsächlichen Gegebenheiten und Möglichkeiten sowie der berechtigten Interessen der Beteiligten dem Wohl des Kindes am besten entspricht (OLG Brandenburg 9. 3. 2016 – 9 UF 10/16, juris Rn 6). Die Entscheidung des Gerichts nach § 1628 BGB darf die Entscheidung der Verwaltungsbehörde nach dem NÄG nicht vorwegnehmen (OLG Oldenburg 13. 8. 2014 – 13 UF 76/14, StAZ 2015, 147 Ls 2). Bloßes Getrenntleben berührt das gemeinsame Bestimmungsrecht der Eltern nicht (§ 1687 Abs 1 S 1 BGB). Notfalls kann eine **Entscheidung nach § 1666 BGB** in Betracht kommen, denn das Fehlen eines klar bestimmten Vornamens kann eine erhebliche Kindeswohlgefährdung darstellen (OLG Karlsruhe 19. 2. 2016 – 5 UF 171/15, StAZ 2016, 377 Rn 28).

29 Steht die Personensorge **einem Elternteil allein** zu, so erteilt dieser den Vornamen des Kindes allein. Dies gilt zum einen nach Übertragung des Alleinsorgerechts gemäß § 1671 Abs 1 oder Abs 2 BGB (vgl OLG Zweibrücken 2. 11. 1979 – 3 W 120/79, StAZ 1980, 194, 195; Diederichsen NJW 1981, 705 f). Wegen der grundsätzlichen Bedeutung des Vornamens sollte das Erteilungsrecht jedoch nicht durch einstweilige Anordnung nach § 49 FamFG im (Scheidungsverfahren mit) Sorgerechtsstreit übertragen werden (vgl OLG Celle 21. 2. 1961 – 1 W 10/61, StAZ 1963, 276; Diederichsen NJW 1981, 706). Alleiniges Erteilungsrecht hat aber zum anderen die von vornherein alleinsorgeberechtigte Mutter (§ 1626a Abs 3 BGB; KG 6. 10. 2020 – 1 W 1042/20, StAZ 2021, 306 Rn 12; zur Nichtbeteiligung des Vaters OLG Hamm 27. 1. 1997 – 15 W 147/96, StAZ 1997, 235, 236; OVG Brandenburg 12. 10. 2004 – 4 A 580/03, StAZ 2005, 326 f; AG München 17. 3. 2009 – 722 UR III 11/09, StAZ 2010, 51). Doch wurde einem nicht sorgeberechtigten Vater – aus dem Elternrecht des Art 6 Abs 2 GG abgeleitet – eine Klagebefugnis gegen einen Namensänderungsbescheid, mit dem der zweite Vorname des Kindes – der seinem Taufnamen entsprach – abgeändert wurde (§§ 3, 11 NÄG), zugebilligt; dies wurde damit begründet, dass die Mutter durch Wahl des Vornamens, der eine Verbundenheit zum Vater dokumentiert und daher typischerweise auf gemeinsamer Willensbildung der Eltern beruht, ein Namensband zum Vater hergestellt hat, dessen Durchtrennung den Vater in seinem Elternrecht aus Art 6 Abs 2 GG verletzen kann (OVG NRW 31. 5. 2016 – 16 A 754/14, StAZ 2017, 185 Rn 44).

30 Findelkinder oder Personen mit ungewissem Personenstand erhalten ihren Vornamen von der Verwaltungsbehörde, §§ 24, 25 PStG. Bei der Bestimmung von Vor- und Nachnamen des **Findelkindes** ist die Verwaltungsbehörde frei, wobei jedoch Anhaltspunkten (wie einer Notiz beim Findelkind) nach Möglichkeit gefolgt werden

sollte (Gaaz/Bornhofen/Lammers, § 24 PStG Rn 8). Die Namensbestimmung bei Findelkindern nach §§ 24, 25 PStG ist vorläufig (vgl § 26 PStG), wenn etwa später die Mutter/die Eltern ausfindig gemacht wird/werden (OLG Köln 16. 10. 2014 – 2 Wx 146/14, StAZ 2015, 243). Bei der Bestimmung von Vor- und Nachnamen der **Person mit ungewissem Personenstand** können unter Umständen die bisher geführten Namen bestimmt werden (Gaaz/Bornhofen/Lammers, § 25 PStG Rn 14).

Ähnlich den Findelkindern wird bei einem **vertraulich geborenen Kind** (§§ 25 ff SchKG) vorgegangen, §§ 21 Abs 2a, 18 Abs 2 PStG, wobei jedoch die Mutter die von ihr gewünschten Vornamen angeben kann (Rn 39). Ist das Kind in einer Babyklappe abgegeben oder auf sonstige Weise anonym geboren worden, ohne dass das Verfahren nach §§ 25 ff SchKG eingehalten wurde, wird das Kind, wie bislang, als Person mit ungewissem Personenstand nach § 25 PStG behandelt (AG Bochum 4. 2. 2005 – 22 III 168/04, StAZ 2005, 206; Gaaz/Bornhofen/Lammers, § 25 PStG Rn 23 mwNw, auch zur Gegenansicht [§ 24 PStG]; zur rechtlichen Situation der Babyklappen siehe Frank StAZ 2012, 289). Ein – aus welchen Gründen auch immer – vornamensloser Volljähriger ist berechtigt, sich selbst einen Vornamen zu geben (Fachausschuss Standesbeamte StAZ 1997, 214). 31

b) Wirksamwerden und Wirkung der Erteilung

Bei Sorgeberechtigung beider Elternteile ist der Vorname dem Kind in dem Moment erteilt, in dem die Eltern sich **(formlos) geeinigt** haben. Die Einigung kann schon vor der Geburt des Kindes erfolgen, ihre Wirkung ist dann aufschiebend bedingt durch die Lebendgeburt des Kindes. Ist nur *ein* Erteilungsberechtigter vorhanden, so kann die Vornamenserteilung als rechtsgeschäftsähnliche Handlung nicht schon mit der inneren Entscheidung effektiv werden; aus Klarheitsgründen empfiehlt es sich hier, auf die Anzeige des Namens an das Standesamt abzustellen. Der Erteilungsberechtigte ist jedenfalls an eine „Einigung" mit dem nichtsorgeberechtigten Elternteil nicht gebunden (vgl BayObLG 15. 7. 1993 – 3 Z BR 128/93, StAZ 1993, 388, 389). 32

Die Äußerungen zur **Widerruflichkeit der Namenserteilung** sind nicht frei von Widersprüchen. Die Vornamenserteilung wird zwar mit der elterlichen Einigung effektiv, jedoch erst mit der Eintragung in das Geburtenregister unabänderlich (BGH 4. 2. 1959 – IV ZR 151/58, BGHZ 29, 256, 257 f; BayObLG 14. 6. 1999 – 1 Z BR 77/99, StAZ 1999, 331, 332; OLG Hamm 7. 12. 2011 – 15 W 585/10, StAZ 2012, 206 Rn 8; **aA** Raschauer 115). Dies widerspricht dem deklaratorischen Charakter der Eintragung nur scheinbar: Der Vorname hat – wie der Personenname schlechthin – zwei Komponenten: eine bürgerlich-rechtliche und eine öffentlich-rechtliche. Die *bürgerlich-rechtliche (insbesondere familienrechtliche) Seite* der Namenserteilung als Akt der elterlichen Sorge ist mit der elterlichen Einigung abgeschlossen, die Bindungs- und Widerrufsprobleme sind sodann in gleicher Weise zu beantworten wie auch sonst im Rahmen der elterlichen Sorgerechtsausübung (dazu Gernhuber/Coester-Waltjen § 61 Rn 11 ff). Die *öffentlich-rechtliche, insbesondere personenstandsrechtliche Fixierung* des Namens mit der Folge, dass Namensänderungen fortan nur noch im Verwaltungsrechtswege vorgenommen werden können, tritt mit der *Eintragung* ins Geburtenregister ein – damit ist der Vorname aus dem Dispositionsbereich der Eltern hinausgewachsen (OLG Hamm 12. 7. 1989 – 15 W 256/89, StAZ 1989, 376, 377; vgl auch AG Essen 26. 3. 1996 – 76 III 29/95, StAZ 1997, 40). 33

34 Streitig ist, ob noch die Möglichkeit einer **Anfechtung** der elterlichen Namenserteilung besteht, wenn letztere auf einem Willensmangel iSd §§ 119 ff BGB beruht. Nach hier vertretener Ansicht ist dies zu bejahen (in diesem Fall wird das Geburtenregister von Anfang an [§ 142 BGB] unrichtig, AG Mannheim 25. 7. 1960 – 1 UR III 209/60, StAZ 1960, 323, sodass es zu berichtigen ist; vgl LG Krefeld 30. 5. 1970 – 4 T 65/70, StAZ 1970, 315 zum Irrtum über das Geschlecht des Kindes; vgl auch Schader StAZ 1986, 179: **aA** LG Saarbrücken 17. 9. 2010 – 5 T 13/10, StAZ 2011, 244 Rn 14; OLG Hamm 7. 12. 2001 – 15 W 585/10, StAZ 2012, 206 Rn 14 ff mwNw; Gaaz/Bornhofen/Lammers, § 21 PStG Rn 23). Die Gegenansicht argumentiert, dass das Prinzip des Vertrauensschutzes und damit das Ziel der Sicherheit und Leichtigkeit des Rechtsverkehrs hier nicht eingreife (OLG Hamm 7. 12. 2011 – 15 W 585/10, StAZ 2012, 206 Rn 19) und dass das Interesse an der Rechtssicherheit überwiege (LG Saarbrücken 17. 9. 2010 – 5 T 13/10, StAZ 2011, 244 Rn 14). Eine alternative Konstruktion bei fehlerhafter Beratung bietet die Berichtigung im Wege eines „Folgenbeseitigungsanspruchs“ (dafür AG Gießen 23. 4. 2009 – 22 III 6/09, StAZ 2010, 2948 mwNw). Zur parallelen Problematik beim Nachnamen siehe § 1617 Rn 40. Einigkeit besteht, dass Motivirrtümer (außerhalb der Fallgruppe des § 119 Abs 2 BGB, etwa bei Verwechslung der als Namensvorbilder vorgesehenen Großväter, AG Mannheim 25. 7. 1960 – 1 UR III 209/60, StAZ 1960, 323) ebenso wenig zu einem Anfechtungsrecht führen wie der Wunsch der Eltern, ihre ursprüngliche Entscheidung zu revidieren (vgl LG Wuppertal 7. 8. 1973 – 6 T 137/73, StAZ 1974, 182; Diederichsen NJW 1981, 712).

35 Ist der Vorname wirksam erteilt und eingetragen worden, so ist er grundsätzlich **für die Lebenszeit** des Namensträgers **verbindlich** (BayVGH 6. 5. 1997 – 5 B 97.180, StAZ 1997, 383, 384; OLG Nürnberg 29. 3. 2018 – 11 W 2245/17, StAZ 2019, 84 Rn 16). Er hat sich dann „öffentlich-rechtlich verfestigt“ (OLG Nürnberg 29. 3. 2018 – 11 W 2245/17, StAZ 2019, 84 Rn 16). Diese Verbindlichkeit gilt auch für die Anzahl und die Schreibweise der Vornamen (OLG Hamm 29. 11. 1968 – 15 W 501/68, OLGZ 1969, 248, 249; OLG Hamm 25. 4. 1985 – 15 W 112/85, StAZ 1985, 208, 209; LG Wuppertal 7. 8. 1973 – 6 T 137/73, StAZ 1974, 182, 183; Diederichsen NJW 1981, 711). Die Reihenfolge ist nach **§ 45a PStG** abänderbar. Zu den Möglichkeiten der **Änderung des Vornamens** insb Rn 120 ff.

36 Etwaige spätere **Sorgerechtsänderungen** gemäß §§ 1671, 1696 Abs 1 BGB führen nicht zu einem Umbenennungsrecht (vgl Nappenbach StAZ 1998, 337; siehe auch AG Mönchengladbach 16. 7. 1987 – 15 III 44/87, StAZ 1987, 350: einmaliges Vornamensbestimmungsrecht). Auch nachträglicher Erwerb des gemeinsamen Sorgerechts (§ 1626a Abs 1, 2 BGB) sollte nicht zu einem Neubestimmungsrecht der Eltern analog § 1617b Abs 1 BGB führen (so aber Diederichsen, in: FS Henrich [2000] 101, 103, 117): Anders als beim Familiennamen erfolgt die Selbstidentifikation des Kindes mit seinem Vornamen schon sehr früh; der Persönlichkeitsschutz der §§ 1617b Abs 1 S 2, 3 , 1617c Abs 1 BGB setzt zu spät ein (fünf Jahre), ein Vetorecht hat das Kind überdies praktisch erst ab 14 Jahren. Auch die spätere Eintragung eines anderen Namens in einem ausländischen Register des Staates der Staatsangehörigkeit der Eltern und des Kindes beeinträchtigt die Verbindlichkeit der einmal erfolgten Eintragung nicht (OLG Hamm 21. 8. 2006 – 15 W 183/05, StAZ 2007, 175; zur Berichtigungsmöglichkeit siehe Rn 121).

c) Sonderfälle

37 Für das **totgeborene Kind** *kann* auf Wunsch der Eltern ein Vorname erteilt und eingetragen werden (§ 21 Abs 2 S 2 PStG). Auch dem **nach der Geburt gestorbenen Kind** kann, muss aber nicht ein Vorname erteilt werden; in letzterem Fall wird eingetra-

gen, dass das Kind „keinen Vornamen" erhalten hat (GAAZ/BORNHOFEN/LAMMERS § 21 PStG Rn 73). Die Vornamenserteilung richtet sich nach allgemeinen Grundsätzen (GAAZ/BORNHOFEN/LAMMERS, § 21 PStG Rn 65). Freilich sind bei der Namenwahl nicht im herkömmlichen Sinne Kindeswohlinteressen zu wahren. Gleichwohl wird die Namensgebung ihre psychologische Funktion für die Eltern in der Regel am besten erfüllen können, wenn ein „realistischer", zulässiger Name gewählt wird (beispielsweise nicht etwas wie „Sternenkind").

Die **Fehlgeburt** erhält keinen Vornamen nach § 21 Abs 2 PStG, aber es kann eine Bescheinigung mit den vorgesehenen Vornamen und Familiennamen nach § 31 Abs 2 S 4 PStV iVm Anlage 11 zur PStV ausgestellt werden (siehe Vorbem 39 zu §§ 1616–1625). 38

Im Fall der **vertraulichen Geburt** nach **§§ 25 ff SchKG** (Gesetz vom 28. 8. 2013 [BGBl I 3458]; dazu etwa BERKL StAZ 2014, 65) werden Vornamen und Familiennamen des Kindes von der zuständigen Verwaltungsbehörde bestimmt (§ 21 Abs 2a PStG; hierzu Fachausschuss Standesbeamte Nr 4048 StAZ 2017, 148). Das Personenstandsrecht behandelt die vertraulich geborenen Kinder in Anlehnung an die Findelkinder (Rn 31; GAAZ/BORNHOFEN/LAMMERS, § 21 PStG Rn 67). Die Mutter kann jedoch zuvor die von ihr gewünschten Vornamen angeben (§ 18 Abs 2 PStG, § 26 Abs 1 Nr 2, Abs 4 S 3 SchKG), sie werden von der Beratungsstelle an die geburtshilfliche Einrichtung und von dieser an das Standesamt weitergegeben (BT-Drucks 17/12814, 16, 19). Der Vornamenswunsch der Mutter ist die Grundlage für die behördliche Namensbestimmung, von ihrem Wunsch kann nur im Fall einer Kindeswohlgefährdung abgewichen werden (BT-Drucks 17/12814, 16; GAAZ/BORNHOFEN/LAMMERS, § 18 PStG Rn 35, § 21 PStG Rn 67). Dass bei einem von der Mutter geäußerten Vornamenswunsch überhaupt die Namensbestimmung durch eine Behörde erfolgt, soll der Rechtssicherheit dienen (BT-Drucks 17/12814, 16). Es ist auch insofern konsequent, als die elterliche Sorge der Mutter im Fall einer vertraulichen Geburt ruht (§ 1674a BGB). Das Standesamt, dem eine vertrauliche Geburt iSd §§ 25 ff SchKG angezeigt wird, hat dies dem Familiengericht mitzuteilen (§ 168g Abs 1 FamFG), um das Familiengericht in die Lage zu versetzen, tätig zu werden, beispielsweise einen Vormund zu bestellen (BT-Drucks 17/12814, 16). 39

3. Eintragung ins Geburtenregister

Der Sorgeberechtigte ist verpflichtet, den erteilten Vornamen dem Standesamt **anzuzeigen**. Auch die Anzeige kann formlos erfolgen, in der Praxis wird jedoch zur Vermeidung von Missverständnissen und aus Beweisgründen eine schriftliche, von beiden Eltern unterschriebene Erklärung verlangt (GAAZ/BORNHOFEN/LAMMERS, PStG Rn IV-672); das gilt auch bei Ausländerbeteiligung angesichts der Zweifelsfrage, wem nach ausländischem Recht die Namensgebung zusteht). 40

Die **Eintragung** ins Geburtenregister erfolgt gemäß § 21 Abs 1 Nr 1 PStG. Das Standesamt hat das Vorliegen einer elterlichen Einigung als Voraussetzung einer wirksamen Namenserteilung von Amts wegen zu überprüfen (§§ 51 Abs 1 S 1 PStG, 26 FamFG; siehe auch § 5 PStV – der Standesbeamte darf Eintragungen im Personenstandsregister und sonstige Beurkundungen erst vornehmen, wenn der zugrunde liegende Sachverhalt ermittelt und abschließend geprüft worden ist; OLG Zweibrücken 2. 11. 1997 – 3 W 120/79, StAZ 1980, 194, 195). Einzutragen sind *alle* erteilten Vornamen; 41

auch an die von den Eltern bestimmte Reihenfolge und Schreibweise ist das Standesamt gebunden.

42 **Lehnt das Standesamt** die Eintragung eines Vornamens **zu Unrecht ab**, so ist der Name dennoch erteilt und das Geburtenregister von Anfang an unrichtig (BayObLG 17. 11. 1977 – BReg 1 Z 59/77, BayObLGZ 1977, 274, 275 f; zur Verletzung von Elternrecht und Persönlichkeitsrecht des Kindes siehe Rn 50). Es ist auf Anweisung des Gerichts, das die Unrechtmäßigkeit der Ablehnung festgestellt hat, zu berichtigen (§§ 49 Abs 1, 48 PStG; BayObLG 10. 7. 1980 – BReg 1 Z 32/80, StAZ 1981, 23, 26; vgl Gaaz/Bornhofen/Lammers § 45 PStG Rn 37 und § 47 PStG Rn 28), dh der erteilte Name ist einzutragen.

43 Umgekehrt kann das Standesamt die Eintragung **zu Recht ablehnen**, wenn die elterliche Einigung fehlt (OLG Zweibrücken 2. 11. 1979 – 3 W 120/79, StAZ 1980, 194, 195) oder wenn der Name materiell-rechtlich unzulässig ist. Es ist hingegen nicht berechtigt, die Schreibweise (AG Rottweil 25. 9. 1992 – GR I-37/92, StAZ 1993, 194) oder die Reihenfolge (OLG Hamm 25. 4. 1985 – 15 W 112/85, StAZ 1985, 208 f) der Namen zu verändern oder die Anzahl der Namen zu reduzieren (LG Mönchengladbach 22. 6. 1984 – 5 T 399/83, StAZ 1985, 109 f; vgl LG Berlin 28. 1. 1999 – 84 T 664/98, StAZ 1999, 373, 374; unklar OLG Düsseldorf 3. 4. 1998 – 3 Wx 90/98, StAZ 1998, 343).

44 Dieses unstreitige Ergebnis wird auf zwei verschiedenen dogmatischen Wegen begründet: Einerseits wird registerrechtlich argumentiert, der materiell-rechtlich unzulässige Vorname sei bei fehlender Einigung oder materiell-rechtlicher Unzulässigkeit nicht wirksam „erteilt", sodass seine Eintragung das Geburtenregister unrichtig machen würde – zu einer derartigen Eintragung könne aber das Standesamt nicht verpflichtet sein (BayObLG 3. 11. 1972 – BReg 3 Z 69/72, StAZ 1973, 70; OLG Hamburg 24. 9. 1979 – 2 W 37/79, StAZ 1980, 193). Während hier das Ablehnungsrecht des Standesamts nur als Reflex des objektiven materiellen Rechts erscheint, stehen ihm nach anderer Auffassung positiv Überwachungs- und Abwehrfunktionen bezüglich elterlichen *Sorgerechtsmissbrauchs* zu, ähnlich der Funktion des Familiengerichts im Rahmen von § 1666 BGB. Die Legitimation zu dieser Funktionsübertragung auf das Standesamt ergebe sich daraus, dass die Standesämter das *„öffentliche Interesse"* zu wahren hätten, das inhaltlich jedoch auf Wahrung der Persönlichkeitsinteressen des Kindes hinauslaufe (OLG Zweibrücken 16. 9. 1983 – 3 W 79/83, StAZ 1983, 346).

45 Es stehen folgende **Rechtsmittel** zu Gebote: Lehnt das Standesamt die Eintragung eines Vornamens ab, kann gemäß § 49 Abs 1 PStG das Gericht angerufen werden. Eine gleichermaßen ablehnende Entscheidung des Gerichts unterliegt der Beschwerde, §§ 53 Abs 2, 51 Abs 1 S 1 PStG, § 48 FamFG; die Beschwerdeentscheidung unterliegt gemäß § 51 Abs 1 S 1 PStG, § 70 FamFG der Rechtsbeschwerde (zu Art und Umfang der Ermittlungen des Gerichts siehe etwa OLG Frankfurt 21. 11. 1997 – 20 W 8/95, StAZ 1998, 146, 147; insoweit kommen eine Heranziehung von Gutachten, Vornamensbüchern und bei Auslandsbezug auch Auskünfte der Botschaften in Betracht).

46 Wird ein Name **fehlerhaft** (zB fehlende Elterneinigung, unzulässiger oder unvollständiger Name) **eingetragen**, so ist das Geburtenregister von Anfang an **unrichtig** (BayObLG 14. 6. 1999 – 1 Z BR 77/99, StAZ 1999, 331, 332; OLG Hamm 27. 1. 1997 – 15 W 147/96, StAZ 1997, 235, 236; BayObLG 28. 12. 1994 – 1 Z BR 83/94, StAZ 1995, 106, 107; AG Berlin-Schöneberg 18. 1. 1996 – 70 III 370/95, StAZ 1997, 39, 40; AG Bremen 26. 11. 1993 – 62 III 18/91, StAZ

1994, 82). Das Namensgebungsrecht besteht fort (OLG Zweibrücken 2. 11. 1979 – 3 W 120/79, StAZ 1980, 194, 195; LG Frankenthal 2. 5. 1978 – 1 T 99/78, FamRZ 1978, 940 f).

4. Materiell-rechtliche Grundsätze der Vornamenserteilung

a) Grundlage und Grenzen elterlicher Bestimmung

Die Frage, *welche Vornamen* erteilt werden dürfen und wo die *Grenzen* des elterlichen Bestimmungsrechts liegen, hängt maßgeblich von dessen Rechtsgrundlage und rechtlicher Funktion ab. Insoweit herrscht jedoch nach wie vor wenig Klarheit; dementsprechend unübersichtlich, widersprüchlich und beliebig stellt sich die Judikatur im Vornamensrecht dar. 47

Nach traditioneller, durch den BGH geprägter Auffassung handelt es sich um ein **persönliches Freiheitsrecht der Eltern**, ausübbar in den Schranken, „die sich daraus ergeben, dass die Namensgebung die allgemeine Sitte und Ordnung nicht verletzen darf" (BGH 4. 2. 1959 – IV ZR 151/58, BGHZ 29, 256, 259; BGH 15. 4. 1959 – IV ZB 286/58, BGHZ 30, 132, 134; BGH 17. 1. 1979 – IV ZB 39/78, BGHZ 73, 239, 241; ähnlich offenbar auch noch BVerfG 31. 8. 1982 – BvR 684/82, StAZ 1983, 70, wo ein Eingriff an Art 2 Abs 1 GG [und nicht Art 6 Abs 2 GG] gemessen wird; dem BGH folgend OLG Hamm 29. 1. 1998 – 15 W 307/97, StAZ 1998, 322 f; OLG Hamm 25. 9. 1995 – 15 W 291/95, StAZ 1996, 208 f; OLG Hamm 15. 3. 1995 – 15 W 404/94, StAZ 1995, 236, 237; OLG Hamm 7. 10. 1993 – 15 W 57/93, StAZ 1994, 116 f; OLG Köln 5. 4. 1989 – 16 Wx 32/89, StAZ 1989, 285, 286; AG Deggendorf 22. 2. 1993 – 1 UR III 4/93, StAZ 1993, 357; AG Schwerin 9. 11. 1992 – 80 III-16/92, StAZ 1993, 321; Diederichsen NJW 1981, 709; vgl schon Herrmann AcP 45 [1862] 153, 158). Die unstreitige Zuweisung der Erteilungszuständigkeit an den oder die Sorgeberechtigten hatte zunächst nur rechtstechnische Bedeutung. Erst **im Rahmen der „Sitte und Ordnung"**, also im Range eines gesellschaftlichen Standards gewann das Persönlichkeitsrecht und Interesse des Kindes als künftiger Namensträger Bedeutung. Dementsprechend – wenngleich zunehmend – wurde das **Kindeswohl als *weitere* „Schranke"** angeführt (OLG Frankfurt 24. 11. 1998 – 20 W 149/98, StAZ 1999, 173; OLG Karlsruhe 9. 6. 1998 – 4 W 166/97, StAZ 1998, 344; OLG Celle 15. 12. 1997 – 18 W 14/97, StAZ 1998, 321; BayObLG 26. 3. 1997 – 1 Z BR 2/97, StAZ 1997, 207, 208; OLG Frankfurt 27. 1. 1995 – 20 W 441/93, StAZ 1995, 173, 174; BayObLG 7. 7. 1994 – 1 Z BR 35/94, StAZ 1994, 315 mwNw; OLG Zweibrücken 25. 11. 1992 – 3 W 212/92, StAZ 1993, 79, 80). 48

Dieser Grundansatz im Vornamensrecht ist wegen seiner rechtstheoretischen und rechtsdogmatischen Ungenauigkeit vermehrt auf **Kritik** gestoßen – die „allgemeine Sitte und Ordnung" ist nichts als eine Leerformel, die weder den rechtsdogmatischen Grund noch die Maßstäbe staatlicher Eingriffe in die elterliche Namensgebung kennzeichnet (Gernhuber StAZ 1983, 265 ff). Inhalt und Grenzen der elterlichen Bestimmungsmacht ergeben sich demgegenüber zwanglos und mit weit größerer Präzision, wenn die allgemein konsentierte Qualifizierung der **Vornamensgebung als Ausdruck des elterlichen Sorgerechts** konsequent zu Ende gedacht wird. Auf dieser Linie hat das **BVerfG** in nunmehr gefestigter Rechtsprechung dem Vornamensrecht ein verfassungsrechtlich determiniertes Gerüst unterlegt, das zu einem Umdenken auch im Zivilrecht nötigt. 49

Zu den **verfassungsrechtlichen Vorgaben** gehört: Die Vornamenserteilung ist eine Sorgemaßnahme für das Kind, die gemäß **Art 6 Abs 2 S 1 GG** „zuvörderst" den Eltern als Teil ihrer umfassenden Verantwortung für das Kind zugewiesen ist (BVerfG 30. 1. 50

2002 – BvL 23/96, StAZ 2002, 72, 76; BVerfG 28. 1. 2004 – 1 BvR 994/98, StAZ 2004, 109; BVerfG 3. 11. 2005 – 1 BvR 691/03, StAZ 2006, 50, 51; BVerfG 5. 12. 2008 – 1 BvR 576/07, FamRZ 2009, 294, 295 [„Kiran"]). Damit ist das vom BGH proklamierte „Freiheitsrecht der Eltern" bei der Namensgebung kein „persönliches", dh nicht Ausdruck elterlicher Handlungsfreiheit und Selbstverwirklichung iSd Art 2 Abs 1 GG (BVerfG 28. 1. 2004 – 1 BvR 994/98, StAZ 2004, 109, 110), sondern Teil der spezifischen Freiheit, die Eltern durch Art 6 Abs 2 GG im Dreiecksverhältnis Eltern-Kind-Staat zugewiesen ist: Im **Verhältnis zum Kind** handelt es sich um eine treuhänderisch gebundene Freiheit (BVerfG 3. 11. 2005 – 1 BvR 691/03, StAZ 2006, 50, 52; BVerfG 5. 12. 2008 – 1 BvR 576/07, FamRZ 2009, 294, 295 [„Kiran"]), die sich erschöpft in der pflichtgemäßen Konkretisierung der Kindesinteressen am Erhalt eines Vornamens, der dem Kind die Findung und den Ausdruck seiner Individualität ermöglicht. Dieses Kindesinteresse hat verfassungsrechtlichen Rang, es ist Teil seines allgemeinen **Persönlichkeitsrechts** aus Art 2 Abs 1 GG iVm Art 1 Abs 1 GG (BVerfG 30. 1. 2002 – 1 BvL 23/96, StAZ 2002, 72, 76; BVerfG 18. 2. 2004 – 1 BvR 193/97, BVerfGE 109, 256, 266; BVerfG 3. 11. 2005 – 1 BvR 691/03, StAZ 2006, 50, 52; BVerfG 5. 12. 2008 – 1 BvR 576/07, FamRZ 2009, 294, 295 [„Kiran"]). Dies ist der entscheidende Bezugspunkt der elterlichen Verantwortung gegenüber dem Kind; die Vornamenserteilung durch die Eltern ist treuhänderische Grundrechtswahrung für das Kind (vgl BVerfG 3. 11. 2005 – 1 BvR 691/03, StAZ 2006, 50, 52).

51 Im **Verhältnis zum Staat** gewährt Art 6 Abs 2 GG den Eltern in Form eines Konkretisierungs- und Bestimmungsvorrangs allerdings einen **echten Freiraum**; eine Eingriffslegitimation für Standesämter und Gerichte ergibt sich *ausschließlich* aus dem **staatlichen Wächteramt** gemäß Art 6 Abs 2 S 2 GG (BVerfG 30. 1. 2002 – 1 BvL 23/96, StAZ 2002, 72, 76; BVerfG 28. 1. 2004 – 1 BvR 994/98 StAZ, 2004, 109; BVerfG 3. 11. 2005 – 1 BvR 691/03, StAZ 2006, 50, 51; BVerfG 5. 12. 2008 – 1 BvR 576/07, FamRZ 2009, 294, 295[„Kiran"]): „Für einen darüber hinausgehenden Eingriff in das Elternrecht auf Bestimmung des Vornamens für ihr Kind bietet Art 6 Abs 2 GG keine Grundlage" (BVerfG 28. 1. 2004 – 1 BvR 994/98, StAZ 2004, 109; BVerfG 3. 11. 2005 – 1 BvR 691/03, StAZ 2006, 50, 51; BVerfG 5. 12. 2008 – 1 BvR 576/07, FamRZ 2009, 294, 295 [„Kiran"]; dem folgend OLG Hamm 18. 1. 2005 – 15 W 343/04, NJW-RR 2005, 874). Ein solcher Eingriff, dh die Verweigerung der Eintragung eines Namens, der das Kindeswohl *nicht* gefährdet, würde nicht nur das Elternrecht aus Art 6 Abs 2 S 1 GG verletzen, sondern gleichzeitig auch das Persönlichkeitsrecht des Kindes aus Art 2 Abs 1 GG iVm Art 1 Abs 1 GG, das durch die elterliche Namenswahl treuhänderisch ausgeübt worden ist (BVerfG 3. 11. 2005 – 1 BvR 691/03, StAZ 2006, 50, 52). Soweit allerdings das Wächteramt des Staates herausgefordert ist, berechtigt es staatliche Instanzen nicht nur zur Intervention, es *verpflichtet* sie sogar, „das Kind als Grundrechtsträger vor verantwortungsloser Namenswahl durch die Eltern zu schützen" (BVerfG 30. 1. 2002 – 1 BvL 23/96, StAZ 2002, 72, 76; BVerfG 3. 11. 2005 – 1 BvR 691/03, StAZ 2006, 50, 51).

b) Konsequenzen

aa) Im Allgemeinen

52 Die verfassungsrechtlichen Vorgaben des Art 6 Abs 2 GG sind familienrechtlich in §§ 1626 ff BGB umgesetzt. Die Ausübungsbefugnis der Elternverantwortung wird auf die Inhaberschaft des Sorgerechts konzentriert (verfassungsgemäß: BVerfG 29. 1. 2003 – BvL 20/99, NJW 2003, 955 ff) – dem entspricht die Zuweisung der Erteilungskompetenz für den Vornamen. Der Staat ist in Wahrnehmung seines Wächteramtes nach Art 6 Abs 2 S 2 GG nicht nur berechtigt, sondern auch verpflichtet, das Kind als

Grundrechtsträger vor verantwortungsloser Namenswahl durch die Eltern zu schützen (BVerfG 30. 1. 2002 – 1 BvL 23/96, BVerfGE 104, 373 Rn 43). Die Demarkationslinie zwischen Elternvorrang (Art 6 Abs 2 S 1 GG) und staatlichem Wächteramt (Art 6 Abs 2 S 2 GG) wird in **§ 1666 BGB** konkretisiert (BVerfG 29. 7. 1968 – 1 BvL 20/63, BVerfGE 24, 119, 144; BVerfG 18. 6. 1986 – 1 BvR 857/85, NJW 1986, 3129 f; Staudinger/Coester [2020] § 1666 Rn 3): Zentrales, staatliche Eingriffe auslösendes Tatbestandsmerkmal ist dort die **Gefährdung des Kindeswohls.** In Namensfragen ist speziell das „geistige oder seelische Wohl des Kindes" (§ 1666 Abs 1 BGB) berührt. Aus Respekt vor dem elterlichen Bestimmungsvorrang wird die Gefährdungsgrenze dort gezogen, wo eine **erhebliche Schädigung** des Kindes durch die elterliche Maßnahme droht; bloße Unzweckmäßigkeiten oder auch schlichte Pflichtwidrigkeiten unterhalb dieser Grenze legitimieren noch keinen Eingriff, sondern sind von dem Kind hinzunehmen (BVerfG 6. 12. 1972 – 1 BvR 230/70, BVerfGE 34, 165, 184; BVerfG 17. 2. 1982 – 1 BvR 188/80, BVerfGE 60, 79, 94; BVerfG 18. 6. 1986 – 1 BvR 857/85, BVerfGE 72, 122, 139 f).

Die Generalklausel des § 1666 Abs 1 BGB lenkt für die Konkretisierung der Gefährdungsgrenze bei allen elterlichen Sorgemaßnahmen und so auch im Vornamensrecht das Augenmerk auf zwei entscheidende Aspekte: 53

(1) die **Kindesinteressen** als die allein maßgebliche Beurteilungsperspektive, und

(2) die **Lebensumstände im jeweiligen Einzelfall** als Erkenntnisquelle für die Kindesinteressen (Staudinger/Coester [2020] § 1666 Rn 66).

bb) Im Besonderen

Aus Vorstehendem ergibt sich, dass die früher betonte allgemeine Sitte und Ordnung (Rn 48) als eigenständige Schranke elterlicher Namensgebungsfreiheit nicht (mehr) in Betracht kommt, die einschlägigen Rechtsprechungsgrundsätze sind überholt. Das Gleiche gilt für sonstige „öffentliche Belange" oder „öffentliche Interessen" hinsichtlich der Vornamensgebung (ebenso BeckOGK/Kienemund [1. 11. 2025] § 1616 Rn 76). 54

Das **BVerfG** ist insoweit nicht ganz klar: Einerseits wird der Schutz der *Kindesinteressen* als *ausschließliche* Legitimation für Staatseingriffe und Grenzen elterlicher Freiheit hervorgehoben (Rn 51); an anderer Stelle meint das BVerfG hingegen: „Das Namensrecht bedarf der Ausgestaltung, um der gesellschaftlichen Funktion gerecht zu werden, die der Name auch als Unterscheidungsmerkmal erfüllt" (BVerfG 6. 12. 2005 – 1 BvL 3/03, StAZ 2006, 102, 104) und es dürfe „in das Recht an dem Vornamen, der das Ergebnis der eigenen geschlechtlichen Identitätsfindung des Namensträgers ist und sie widerspiegelt, nur bei Vorliegen *besonders gewichtiger öffentlicher Belange* eingegriffen werden" (ebenda Rn 49, Hervorhebung durch Verfasserin). Der Kontext dieser Aussage (transgeschlechtliche Personen) zeigt jedoch, dass es insoweit nicht um die elterliche Freiheit zur Namensgebung geht, sondern um die Pflicht des Staates, erwachsenen Namensträgern durch Namensänderung die Möglichkeit zu eröffnen, ihre geschlechtliche Identität nach außen im Vornamen auszudrücken (Rn 136). In der Diktion des BVerfG lässt sich zuweilen nicht ganz klar zwischen den öffentlichen Interessen noch deutlich hervorhebenden Ausführungen zum Familiennamen (vgl nur „die soziale Ordnungsfunktion des Namens und das öffentliche Interesse an seiner Beibehaltung" – BVerfG 2. 5. 1989 – 1 BvR 762/86) und denen spezifisch nur zum Vornamen unterscheiden. Letztlich steht hier wie beim minderjährigen Kind das *Persönlichkeitsrecht* des 55

Namensträgers im Mittelpunkt – einmal als Grenze elterlicher Bestimmungsmacht, bei Erwachsenen als Richtpunkt einfachgesetzlicher Ausgestaltung des Namensrechts. Ein hiervon unabhängiges, eigenständiges „öffentliches Interesse“ oder eine „gesellschaftliche Funktion“ existieren im Vornamensrecht nicht (mehr). Konsequent urteilt das BVerfG an anderer Stelle: Dem Recht der Eltern zur Vornamenswahl für ihr Kind dürfe „*allein* dort eine Grenze gesetzt werden, wo seine Ausübung das Kindeswohl zu beeinträchtigen droht“, für einen „darüber hinausgehenden Eingriff in das Elternrecht auf Bestimmung des Vornamens für ihr Kind bietet Art 6 Abs 2 GG *keine Grundlage*“; beurteilen Standesämter oder Gerichte eine Namensgebung im Lichte einer angeblichen „Ordnungsfunktion“ des Namens oder „öffentlicher Belange“, so *verfehlen* sie den allein maßgeblichen Maßstab des Art 6 Abs 2 GG, insbesondere die notwendige Abwägung zwischen elterlichem Bestimmungsvorrang und Kindeswohl (BVerfG 3. 11. 2005 – 1 BvR 691/03, StAZ 2006, 50, 51; in dem Sinne schon Raschauer 116; Gernhuber StAZ 1983, 265, 267 f).

56 Auch eine Bindung der Eltern an **„Namensbräuche“**, schon vorhandene Vornamen, Namenskalender oder Vornamensbücher scheidet aus. Schließlich sind auch die **Motive der Eltern** nicht als solche Gegenstände rechtlicher Beurteilung: Auch wenn die Namensgebung zum Ausdruck elterlicher Weltanschauung, religiöser oder politischer Überzeugung, Nonkonformität oder sogar zu kommerziellen Zwecken missbraucht wird, kann es immer nur der *konkret erteilte Name selbst* sein, aus dem eine Gefährdung des Kindeswohls hergeleitet werden kann. Die hierfür zu fordernde *Erheblichkeit* der Interessenbeeinträchtigung zwingt im Übrigen zu **einer deutlichen Unterscheidung** von nur **törichten, geschmacklosen oder exotischen Namensgebungen**, die das Kind wie alle anderen entsprechenden Sorgemaßnahmen der Eltern auch als „Schicksal“ hinzunehmen hat, und solchen Namen, die es in der Identitätsfindung und im sozialen Verkehr unzumutbar beeinträchtigen (deutliche Unterscheidung bei OLG Schleswig 13. 8. 2005 – 2 W 110/03, StAZ 2003, 334, 335 [„Emelie-Extra“]). Angesichts einer von anderen Prämissen ausgehenden, oft bevormundend anmutenden Kontrollpraxis durch Standesämter und Gerichte wird insoweit ein Umdenken im Lichte von Art 6 Abs 2 S 2 GG unumgänglich sein.

57 Äußern Sitten und Gebräuche demnach keine eigenständige Bindungswirkung bei der Vornamensgebung, so sind sie doch andererseits nicht völlig bedeutungslos im Rahmen der allein maßgeblichen Prüfung, ob ein erteilter Name die Kindesinteressen erheblich beeinträchtigt. Eine Antwort kann sich nur unter Einbeziehung des gesamten sozialen und kulturellen Umfelds im konkreten Fall ergeben, und hierzu gehören auch die (unter Umständen partikular) bestehenden Namenssitten. Wenn die Gerichte, wie häufig, als Erkenntnishilfe Namensbücher oder namenskundliche Gutachten heranziehen, so kann es dabei nie darum gehen, ob ein Name bereits als solcher etabliert und damit „zulässig“ ist; wohl aber können die Bekanntheit einer Bezeichnung als „Vorname“ und die damit verbundenen Vorstellungen über den Namensträger bei der Beurteilung der Kindesinteressen von wesentlicher Bedeutung sein.

58 Die Verankerung des Namensgebungsrechts in der Elternverantwortung des Art 6 Abs 2 GG und die daraus folgende, im Innenverhältnis zum Kind treuhänderisch gebundene Freiheit der Eltern bis an die Grenze der Kindeswohlgefährdung, führt schließlich zwanglos auch zur grundsätzlichen Akzeptanz von **„Phantasienamen“**

(BGH 30. 4. 2008 – XII ZB 5/08, StAZ 2008, 282, 284 Rn 18; ERMAN/DÖLL § 1616 Rn 16): Statt sich an Namensvorbilder anzulehnen, können die Eltern auch neue Namen „erfinden" (DIEDERICHSEN, in: FS Henrich [2000] 101, 110 spricht von „künstlichen" Vornamen) – entweder anderweitig bekannte Worte, die erstmalig als Vorname verwendet werden oder völlig neue Wortbildungen. Entscheidend ist auch hier allein, ob die Kindesinteressen durch den Namen erheblich beeinträchtigt werden – die Neuheit des Namens ist daher grundsätzlich aussagelos („gut erfunden ist besser als schlecht nachgemacht"). Versuche, den Kreis der wählbaren Namen auf Kataloge usw zu begrenzen, haben sich in der Geschichte (Französische Revolution, Drittes Reich) ebenso als aussichtslos erwiesen wie in der von Globalisierung geprägten Gegenwart (wie hier die heute hM, vgl OLG Schleswig 13. 8. 2003 – 2 W 110/03, StAZ 2003, 334, 335; GERNHUBER/COESTER-WALTJEN § 55 Rn 37; HWB/WAGENITZ/BORNHOFEN, Der Vorname Rn 31, 36 ff; **anders** noch BGH 4. 2. 1959 – IV ZR 151/58, BGHZ 29, 256, 259).

5. Einzelfragen

a) Keine Geschlechtswidrigkeit

aa) Von Geschlechtsoffenkundigkeit zu fehlender Geschlechtswidrigkeit

Nach früherer hM und Gerichtspraxis muss der erteilte Vorname das Geschlecht des 59 Kindes erkennen lassen (sogenannte **Geschlechtsoffenkundigkeit** des Vornamens, BGH 15. 4. 1959 – IV ZB 286/58, BGHZ 30, 132, 135; BGH 17. 1. 1979 – IV ZB 39/78, 73, 239, 241; BVerwG 6. 12. 1968 – VII C 33.67, NJW 1969, 857, 858; OLG Frankfurt 21. 11. 1997 – 20 W 8/95, StAZ 1998, 146 f; OLG Frankfurt 29. 10. 1996 – 20 W 277/94, StAZ 1997, 69, jeweils mwNw; STAUDINGER/KANNOWSKI [2024] § 12 Rn 324; HWB/WAGENITZ/BORNHOFEN, Der Vorname Rn 40, 58 ff; DIEDERICHSEN NJW 1981, 706 f; DREWELLO StAZ 1983, 73). Zur Begründung wurde herkömmlich darauf verwiesen, dass dieses Erfordernis allgemein als selbstverständlich angesehen werde und auch vom Gesetzgeber vorausgesetzt worden sei (BVerfG 3. 11. 1982 – 1 BvL 25/80, StAZ 1983, 70; BGH 17. 1. 1979 – IV ZB 39/78, BGHZ 73, 239, 241; OLG Hamm 6. 11. 2003 – 15 W 52/03, StAZ 2004, 75; OLG Hamm 29. 1. 1998 – 15 W 307/97, StAZ 1998, 322, 323). Nach herkömmlicher Sicht gründete sich „unsere Sozialordnung in fast allen Teilbereichen auf eine nach Geschlechtern unterscheidende Rollenzuweisung" (DÖRNER StAZ 1973, 238). Da ein Geschlechtseintrag in den Personenstandsregistern nicht vorgesehen sei, gehe, so das frühere Verständnis, das PStG offensichtlich davon aus, dass sich allein aus den Vornamen die Geschlechtszugehörigkeit des Namensträgers ergebe (BGH 15. 4. 1959 – IV ZB 286/58, BGHZ 30, 132, 134; BVerwG 6. 12. 1968 – VII C 33. 67, NJW 1969, 857, 858; OLG Hamm 6. 11. 2003 – 15 W 52/03, StAZ 2004, 75; OLG Hamm 29. 1. 1998 – 15 W 307/97, StAZ 1998, 322, 323; OLG Frankfurt 27. 1. 1995 – 20 W 411/93, StAZ 1995, 173, 174; AG Mönchengladbach 17. 9. 1997 – 15 III 7/97, StAZ 1998, 347; DIEDERICHSEN NJW 1981, 707; zweifelnd allerdings jetzt DIEDERICHSEN, in: FS Henrich [2000] 101, 112 ff). Auch §§ 1 ff, 8, 9 Abs 3 S 2 des ehemaligen Transsexuellengesetz (TSG) basierten auf der Funktion von Vornamen, das Geschlecht des Namensträgers zu kennzeichnen (dazu noch Rn 136). Im Übrigen entspräche die Geschlechtsoffenkundigkeit des Vornamens auch den Bedürfnissen des Rechtsverkehrs: „Im Rechts- und Geschäftsverkehr würde es zu einer nicht tragbaren Verwirrung führen, wenn sich aus dem vollen Namen einer Person nicht ersehen ließe, ob es sich um einen Mann oder um eine Frau handelt" (BayObLG StAZ 1953, 109).

Kritik: Diese Begründungen können das frühere Erfordernis der Geschlechtsdeut- 60 lichkeit des Vornamens nicht mehr tragen. Um einen impliziten Grundsatz des PStG handelt es sich nicht: Das **Geschlecht ist personenstandsrechtliches Ordnungsmerkmal** im PStG (BVerfG 10. 10. 2017 – 1 BvR 2019/16, BVerfGE 147, 1 Rn 47). Das Geschlecht des Kindes wird grundsätzlich im Geburtenregister eingetragen (§ 21 Abs 1 Nr 3 PStG; ist keine Zuordnung möglich, entfällt die Angabe oder es kann „divers" eingetragen werden, § 22 Abs 3 PStG idF des Gesetzes vom 18. 12. 2018; siehe dazu Rn 136) und in der Geburtsurkunde angegeben (§ 59 Abs 1 Nr 2 PStG), Geschlechtsänderungen werden beurkundet (§ 27 Abs 3 Nr 4 PStG), Geschlechtsangaben berichtigt (§ 47 Abs 2 Nr 1 PStG), das Geschlecht der Ehegatten wird im Eheregister eingetragen (§ 15 Abs 1 Nr 2 PStG), das der Eltern im Geburtenregister (§ 22 Abs 1 Nr 4 PStG), das des Verstorbenen und seines Ehegatten im Sterberegister (§ 31 Abs 1 Nr 1 und Nr 3 PStG). Einer weiteren Information über das Geschlecht vermittelt über den Vornamen bedarf es angesichts dessen nicht. Und eine Begrenzung des elterlichen Rechts zur Vornamenswahl auf geschlechtsbezogene Namen folgt daraus nicht (BVerfG 5. 12. 2008 – 1 BvR 576/07, FamRZ 2009, 294, 295 [„Kiran"], siehe vorgehend OLG München 1. 2. 2007 – 31 Wx 113/06, StAZ 2007, 122).

61 Die **geschlechtsspezifische Rollenzuweisung in der Gesellschaft** lässt sich angesichts der Gleichberechtigung von Männern und Frauen, des Wandels der Anschauungen, vor allem aber unter der Herrschaft des Art 3 Abs 2 GG und des AGG heute als Argument nicht mehr halten (so auch Diederichsen, in: FS Henrich [2000] 101, 113; vgl schon AG Tübingen 26. 2. 1981 – 8 GR 22/81, StAZ 1981, 242 ff; AG Duisburg 21. 5. 1996 – 12 III 85/95, StAZ 1997, 74 f). Insgesamt hat die Trennlinie zwischen Männern und Frauen an Bedeutung verloren.

62 Auch der Umstand, dass **Intergeschlechtlichkeit** zunehmend in den Fokus juristischer, auch namensrechtlicher Überlegungen rückt, zeigt die Überholtheit des Konzepts der Geschlechtsoffenkundigkeit. Mit der Entscheidung des BVerfG zum Dritten Geschlecht (BVerfG 10. 10. 2017 – 1 BvR 2019/16, BVerfGE 147, 1 Rn 47) wurde die Überholtheit der strengen Dichotomie der Geschlechter auf Verfassungsebene anerkannt. Dass Intergeschlechtlichkeit kein passagerer Zustand ist, den es im Sinne einer klaren Zuordnung zum männlichen oder weiblichen Geschlecht zu überwinden gilt, zeigt auch die Einführung von § 1631e BGB, dessen Ziel es ist, die geschlechtsangleichenden Operationen an intergeschlechtlichen Kindern einzudämmen. Erkennt man an, dass nicht jede Person zweifelsfrei und vollständig dem weiblichen oder männlichen Geschlecht zugeordnet werden kann, ist es (auch über die Fälle intergeschlechtlicher Personen hinaus) nicht (mehr) überzeugend, stets offenkundig weibliche oder männliche Vornamen zu fordern. Die Regelungen zu inter- und transgeschlechtlichen Personen ergeben hier ein zweideutiges Bild: Prä 2024 ließ sich argumentieren, dass, wenn der Gesetzgeber mit § 45b Abs 1 S 3 aF PStG die Vornamensänderung bei intergeschlechtlichen Personen zulässt, die der „Harmonisierung der Vornamen mit der neu beurkundeten Angabe zum Geschlecht" dienen sollten (BT-Drucks 19/4669, 11), so musste, wenn der Geschlechtseintrag „divers" gewählt wurde, die Wahl eines geschlechtsneutralen Namens zwingend möglich sein. § 2 Abs 3 SBGG hingegen fordert für die Vornamenswahl bei transgeschlechtlichen, intergeschlechtlichen und non-binären Personen, dass die Vornamen „dem gewählten Geschlecht entsprechen" (zur Kritik an dieser offensichtlich missglückten Norm und der abweichenden Handhabung Rn 136).

63 Des Weiteren hat in sprachlicher Hinsicht die **Geschlechtsdeutlichkeit** von Vornamen aufgrund der **Internationalisierung** der Gesellschafts- und Familienstrukturen **drama-**

tisch abgenommen (AG Regensburg 21. 12. 2004 – UR III 36/04, StAZ 2005, 234, 235: „Der Geschlechtsoffenkundigkeit kommt in der heutigen Gesellschaft kein gesteigerter Wert mehr zu"; tendenziell ähnlich DIEDERICHSEN, in: FS Henrich [2000] 101, 112 ff; näher Rn 70 ff; ähnlich dem AG Regensburg auch LG Siegen 20. 1. 2009 – 4 T 268/08, StAZ 2010, 14 und OLG Frankfurt 17. 6. 2004 – 20 W 92/04, StAZ 2005, 14). Als Folge hatten die Rechtsstreite um die Geschlechtsdeutlichkeit einzelner Vornamen zwischenzeitlich ein rechtsökonomisch ganz unvernünftiges Volumen angenommen und weisen zudem einen äußerst spekulativen Charakter auf (insoweit krit auch DIEDERICHSEN, in: FS Henrich [2000] 101, 113 ff).

Vor allem aber **fehlt** es bereits an einer **tragfähigen rechtsdogmatischen Begründung** 64 eines Rechtsgebotes der „Geschlechtsoffenkundigkeit" des Vornamens: Wird mit dem BVerfG die Vornamenserteilung konsequent dem elterlichen Erziehungsvorrang gemäß Art 6 Abs 2 S 1 GG zugeordnet und – über das staatliche Wächteramt hinaus – der allgemeinen Sitte und Ordnung sowie den öffentlichen oder gesellschaftlichen Interessen keine eigenständige Begrenzungskraft für die Namensgebungsfreiheit der Eltern zuerkannt, dann müssen das Erfordernis der Geschlechtsdeutlichkeit aus den **Kindesinteressen**, genauer: aus dem Persönlichkeitsrecht des Kindes und ein Eingriff in das elterliche Bestimmungsrecht aus dem **staatlichen Wächteramt** begründet werden (in diesem Sinne beispielsweise BVerfG 5. 12. 2008 – 1 BvR 576/07, FamRZ 2009, 294, 295 [„Kiran"] und LG Bielefeld 19. 5. 2008 – 23 T 73/07, StAZ 2009, 81 Rn 12).

Hierbei sind die Äußerungen des **BVerfG** im Zusammenhang mit trans- und inter- 65 geschlechtlichen Perseonen zu berücksichtigen: Das verfassungsrechtliche Persönlichkeitsrecht einer Person umfasst auch das Recht auf *geschlechtliche Identität*, dh auf „Finden und Erkennen der eigenen geschlechtlichen Identität" (BVerfG 6. 5. 1997 – 1 BvR 409/90, BVerfGE 96, 56, 61; BVerfG 6. 12. 2005 – 1 BvL 3/03, StAZ 2006, 102, 104; BVerfG 18. 7. 2006 – 1 BvL 1/04, StAZ 2007, 9, 15; BVerfG 11. 1. 2011 – 1 BvR 3295/07, BVerfGE 128, 109 Rn 56). Hieran hat auch der Vorname Anteil: Er ist Mittel einerseits zur Identitätsfindung, andererseits zum *Ausdruck* der eigenen geschlechtlichen Identität gegenüber der Umwelt (BVerfG 26. 1. 1993 – 1 BvL 38/92, StAZ 1993, 109, 112; BVerfG 6. 12. 2005 – 1 BvL 3/03, StAZ 2006, 102, 104; BVerfG 18. 7. 2006 – 1 BvL 1/04, StAZ 2007, 9, 15; zust GRÜNBERGER JZ 2006, 517). Damit erweist sich „der Wunsch nach Ausdruck der eigenen Geschlechtlichkeit im Namen" (BVerfG 6. 12. 2005 – 1 BvL 3/03, StAZ 2006, 102, 104; S-H VG 26. 7. 2024 – 9 A 154/21, StAZ 2025, 245 Rn 45) als Teil des verfassungsrechtlichen Persönlichkeitsrechts, in das weder Staat noch Eltern eingreifen dürfen.

Zur Verknüpfung dieses persönlichkeitsrechtlichen Ansatzes mit dem elternrecht- 66 lichen bei der Vornamensgebung im Allgemeinen äußert sich das BVerfG weniger deutlich. So ist pauschal die Rede vom „Vornamen, dem in unserem Rechtskreis die Funktion zukommt, das Geschlecht des Namensträgers zum Ausdruck zu bringen" (BVerfG 6. 12. 2005 – 1 BvL 3/03, StAZ 2006, 102, 104); indem der geschlechtsdeutliche Name dem (abstrakt unterstellten) Wunsch der Person nach Ausdruck der eigenen Geschlechtlichkeit Rechnung trage, diene er „der Wahrung des Kindeswohls bei der Namenswahl" (BVerfG 6. 12. 2005 – 1 BvL 3/03, StAZ 2006, 102, 104; ähnlich BVerfG 5. 12. 2008 – 1 BvR 576/07, FamRZ 2009, 294, 295 [„Kiran"]). Umfasst sei „damit auch das Recht, in der empfundenen Geschlechtlichkeit mit Namen angesprochen und anerkannt zu werden und sich nicht im Alltag Dritten oder Behörden gegenüber hinsichtlich der eigenen Sexualität gesondert offenbaren zu müssen" (BVerfG 18. 7. 2006 – 1 BvL 1/04, StAZ 2007, 9, 15).

67 Die erkennbar aus dem Blickwinkel der Problematik transgeschlechtlicher Personen formulierten Äußerungen des BVerfG lassen – aus elternrechtlicher Sicht – eine klare Unterscheidung vermissen zwischen dem, was dem gesellschaftlich Üblichen und generalisierend auch dem Kindeswohl entspricht, und der Kennzeichnung der Grenze, ab der im Einzelfall von einer erheblichen Beeinträchtigung der Kindesinteressen ausgegangen werden kann. Das Gebot der Geschlechtsdeutlichkeit von Vornamen mag (als „positiver Standard") das generell Kindeswohlgemäße konkretisieren, es bezeichnet den Maßstab elterlichen Handelns iSd § 1627 BGB in Verantwortung vor dem Kind. Eine Kontrolle elterlicher Sorgemaßnahmen auf positive Kindeswohlverwirklichung findet aber in unserem Rechtssystem (Art 6 Abs 2 S 2 GG, § 1666 BGB) nicht statt; insoweit herrscht das Kindeswohl als „negativer", durch den Gefährdungsbegriff des § 1666 BGB verdeutlichter Standard. Im Lichte dieser Unterscheidung wird man feststellen können: Ein Vorname, der auf das Geschlecht hinweist, das das Kind nicht hat **(„geschlechtswidriger Vorname")**, belastet dieses im sozialen Kontakt voraussichtlich erheblich und ist als grundsätzlich kindeswohlwidrig rechtlich unzulässig. Wenn eine Person aufgrund der zunehmenden Internationalisierung möglicherweise Teile ihres Lebens in unterschiedlichen Kulturkreisen verbringt, ist durch nichts gewährleistet, dass der ursprünglich „geschlechtsoffenkundige" Name auch später noch den Assoziationen der jeweiligen Umwelt der betroffenen Person mit dem Namen entspricht (AG Bielefeld 4. 12. 2007 – 3 III 160/07, StAZ 2008, 108, 109). Entsprechendes gilt für den Wandel der Assoziationen mit einem Namen innerhalb eines Kulturkreises über einen Zeitraum von mehreren Jahrzehnten; eine solche Entwicklung lässt sich zu Beginn der Lebenszeit einer Person nicht absehen (AG Bielefeld 4. 12. 2007 – 3 III 160/07, StAZ 2008, 108, 109).

68 Bei einem **geschlechtsneutralen Vornamen** wird man daher nicht von einer belastenden Wirkung ausgehen können: Der vom BVerfG angesprochene Wunsch, die eigene (empfundene) Geschlechtlichkeit positiv im Namen zum Ausdruck zu bringen kann nicht generell bei allen Menschen, die sich dieser geschlechtlichen Identität gewiss sind und sie wie selbstverständlich nach außen hin leben, angenommen werden. Die „gesonderte Offenbarung" der Geschlechtszugehörigkeit wird im Behörden- und Rechtsverkehr auf nahezu allen personenbezogenen Formularen verlangt; vereinzelt häufigere Fragen bei Personen mit geschlechtsneutralen Vornamen mögen lästig sein – die Erheblichkeitsgrenze der Kindeswohlgefährdung wird dadurch aber nicht erreicht. Der in Einzelfällen bestehende Wunsch, mit dem Vornamen sich selbst oder der Umwelt gegenüber die Zugehörigkeit zu einem bestimmten Geschlecht positiv zu signalisieren, kann – aus dem allein maßgeblichen Blickwinkel des Kindesschutzes – ein generelles Gebot der Geschlechtskennzeichnung nicht rechtfertigen. Befriedigt der erteilte Vorname den im Einzelfall vorhandenen „Wunsch nach Ausdruck der eigenen Geschlechtlichkeit" nicht, so ist es Aufgabe der öffentlich-rechtlichen Namensänderung nach dem SBGG oder dem NÄG, in diesen Fällen dem Persönlichkeitsrecht des Namensträgers Genüge zu tun (so hatte der Antragsteller in BVerfG 6. 12. 2005 – 1 BvL 3/03, StAZ 2006, 102 seinen geschlechtsneutralen Namen „Kai" in „Karin Nicole" ändern lassen). Angesichts des erheblichen Aufwands, der zur Feststellung der Verwendung eines Vornamens im Ausland getrieben wird, ist schon der Begriff der Geschlechts*offenkundigkeit* fehl am Platze (AG Bielefeld 4. 12. 2007 – 3 III 160/07, StAZ 2008, 108, 109).

Damit ist als **Ergebnis** festzuhalten: Der Kindesschutz rechtfertigt ein **Verbot geschlechtswidriger Vornamen, nicht aber** – entgegen der früheren hM – **ein positives Gebot der Geschlechtsdeutlichkeit** (so schon Soergel/Heinrich § 12 Rn 98; Raschauer 118 f; Gernhuber/Coester-Waltjen § 55 Rn 37; Gernhuber StAZ 1983, 271; ebenso BeckOGK/Kienemund [1. 11. 2025] § 1616 Rn 86; jurisPK-BGB/Schwer/Hamdan § 1616 Rn 6; Erman/Döll § 1616 Rn 19; AG Regensburg 21. 12. 2004 – UR III 36/04, StAZ 2005, 234, 235; AG Bielefeld 4. 12. 2007 – 3 III 160/07, StAZ 2008, 108 [„Danny"]; in diese Richtung tendierend BVerfG 5. 12. 2008 – 1 BvR 576/07, FamRZ 2009, 294 [„Kiran"]; in diese Richtung auch Gaaz/Bornhofen/Lammmers, § 21 PStG Rn 25: Erkennbarkeit des Geschlechts üblich, aber nicht rechtlich geboten; der Ethikrat [BT-Drucks 17/9088, 40] sieht in der „Kiran"-Entscheidung des BVerfG eine Aufhebung des Gebots der Geschlechtsoffenkundigkeit; ebenso Grüneberg/Götz Einf v § 1616 Rn 10; dass diese Auslegung höchstrichterliche Bestätigung erhält, ist zu hoffen). Die Absenkung des Kontrollstandards stellt zudem die Staatskontrolle auf eine justiziable, von diffusen Spekulationen erheblich entlastete Basis und dient der Rechtsökonomie. Schließlich werden die persönlichkeitsrechtlichen und elternrechtlichen Argumentationslinien des BVerfG in sinnvolle Konkordanz gebracht. 69

bb) Einzelheiten

Der **Geschlechtsbezug eines Vornamens** folgt aus dem **allgemeinen Sprach- und Vornamensgebrauch**. Namensendungen auf -o und -a sind nicht zwingend für die Zuordnung zum männlichen bzw weiblichen Geschlecht (BGH 17. 1. 1979 – IV ZB 39/78, StAZ 1979, 238, 239 [„Aranya"]; OLG Düsseldorf 3. 4. 1998 – 3 Wx 90/98, StAZ 1998, 343, 344 [„Kioma"]; BayObLG 26. 3. 1997 – 1 Z BR 2/97, StAZ 1997, 207, 208 [„Uragano"]; BayObLG 10. 7. 1980 – BReg 1 Z 32/80, StAZ 1981, 23, 24, 26 [„Momo"]; OLG Köln 28. 6. 1996 – 16 Wx 71/96, StAZ 1997, 37, 38 [„Bo"]; OLG Brandenburg 18. 9. 2001 – 8 Wx 40/01, StAZ 2002, 42 [„Jona"]; Soergel/Heinrich § 12 Rn 98; Seibicke StAZ 1995, 44 f), sie können aber hilfreich für die Einordnung neuer oder unüblicher Namen sein (OLG Celle 15. 12. 1997 – 18 W 14/97, StAZ 1998, 321, 322 [„Maha"]; OLG Karlsruhe 10. 3. 1987 – 4 W 121/86, StAZ 1987, 224, 225 [„Padma"]; OLG Hamm 15. 11. 1982 – 15 W 160/82, StAZ 1983, 71 [„Korianda"]; AG Karlsruhe 16. 6. 1986 – UR III 44/86, StAZ 1986, 355 [„Ranjo"]). In jedem Fall gibt ein vorhandener Vornamensgebrauch dem Sprachklang gegenüber den Ausschlag (Dörner StAZ 1980, 171; vgl OLG Hamm 14. 3. 1995 – 15 W 404/94, StAZ 1995, 236, 237; OLG Hamm 7. 10. 1993 – 15 W 57/93, StAZ 1994, 116 f; zu „Luca" oder „Luka" OLG Hamm 18. 1. 2005 – 15 W 343/04, NJW-RR 2005, 874; OLG Frankfurt 17. 6. 2004 – 20 W 92/04, NJOZ 2004, 3038; AG Tübingen 29. 8. 1996 – 11 GR 142/96, StAZ 1999, 150; AG Freiburg 22. 8. 1994 – 14 UR III 76/94, StAZ 1995, 43 m krit Anm Seibicke; zur Problematik bei ausländischer Herkunft des Namens und der Kindesfamilie siehe Rn 118). 70

In Zweifelsfällen helfen **namenskundliche Gutachten** (Gesellschaft für deutsche Sprache in Wiesbaden, siehe auch www.gfds.de; Deutsche Gesellschaft für Namenforschung in Leipzig). Gegebenenfalls werden spezifische Institute – etwa für Turkologie – konsultiert (beispielsweise bei AG Arnsberg 31. 10. 2007 – 23 III 38/07, StAZ 2008, 77, 78) oder Auskünfte von Botschaften und Konsulaten eingeholt. Die Heranziehung des „Internationalen Handbuchs der Vornamen" ersetzt nicht die Einholung eines Gutachtens (OLG Schleswig 12. 3. 2008 – 2 W 273/07, StAZ 2009, 80 Rn 8). Der Erkenntniswert von Umfragen im Kollegen- und Freundeskreis des erkennenden Gerichts (AG Gießen 26. 9. 2007 – 22 III 30/07, StAZ 2008, 248; siehe AG Duisburg 21. 5. 1996 – 12 III 85/95, StAZ 1997, 74) dürfte überschaubar sein. Indes: Der BGH hat in der „Lütke"-Entscheidung Wikipedia bemüht (BGH 30. 4. 2008 – XII ZB 5/08, StAZ 2008, 282, 283 = FamRZ 2008, 1331 Rn 17). 71

72 Nicht selten ergeben Gutachten, dass ein Name in manchen Staaten **sprachübergreifend gegensätzlich geschlechtszugeordnet**, also teils als weiblicher, in anderen als männlicher Vorname verwendet wird (siehe etwa LG Bielefeld 19. 5. 2008 – 23 T 73/07, StAZ 2009, 81: „Kimi" wird in Japan weiblich, in Finnland männlich, insgesamt aber überwiegend männlich verwendet; ebenso „Andrea" und „Nicola" in Deutschland weiblich, in Italien männlich, „Sascha" in Deutschland eher weiblich, in osteuropäischen Staaten männlich).

73 Die Einstufung eines Vornamens als männlich, weiblich oder „neutral" kann sich im gesellschaftlichen Gebrauch **im Laufe der Zeit wandeln**. Geschlechtsdeutliche Namen können dadurch, dass sie zunehmend auch vom anderen Geschlecht getragen werden, zu neutralen Namen werden (AG Karlsruhe 7. 3. 1988 – UR III 18/88, StAZ 1988, 329, 330 [„Dominique"]; anders noch BayObLG 3. 11. 1972 – BReg 3 Z 69/72, StAZ 1973, 70); nicht ausreichend soll es jedoch sein, wenn ein an sich geschlechtsbezogener Vorname *vereinzelt* vom anderen Geschlecht getragen wird (OLG Hamm 29. 4. 2004 – 15 W 102/03, NJOZ 2004, 4297 [„Kai"]; OLG Hamm 18. 1. 2005 – 15 W 343/04, NJW-RR 2005, 874 f [„Luka"]; LG Bremen 26. 2. 1993 – 2 T 669/92, StAZ 1993, 355, 356 und LG Kassel 3. 3. 1989 – 3 [2] T 519/88, StAZ 1989, 286, 287 [„Sascha"]; AG Bremen 6. 5. 1991 – 63 III 11/91, StAZ 1991, 256 [„Ineke"]; vgl OLG Hamm 29. 1. 1998 – 15 W 307/97, StAZ 1998, 322, 323 [„Gerrit"]; Soergel/Heinrich § 12 Rn 98). Umgekehrt können neutrale Namen im Laufe der Zeit zu eindeutig geschlechtsbezogenen Vornamen werden (OLG Düsseldorf 24. 1. 1979 – 3 W 5/79, StAZ 1979, 169 und OLG Celle 8. 1. 1988 – 18 W 30/87, StAZ 1988, 106, anders AG Tübingen 23. 9. 1996 – 11 GR 153/96, StAZ 1997, 309, 310 [„Kai"]; LG Koblenz StAZ 1973, 15 [„Kirsten"]; AG Tübingen 12. 5. 1995 – 11 GR 76/95, StAZ 1995, 298 [„Nikita"]; LG Siegen 20. 1. 2009 – 4 T 268/08, StAZ 2010, 14 [„Nikita"]; Diederichsen NJW 1981, 707). Auch die „Umpolung" (vorwiegend ausländischer) Vornamen von männlich zu weiblich oder umgekehrt ist zu beobachten (OLG Frankfurt 27. 1. 1995 – 20 W 411/93, StAZ 1995, 173, 174 f [„Nicola Andrea"]; LG Mainz 2. 9. 1982 – 8 T 106/82, StAZ 1983, 15, 16 [„Nicola"]; AG Duisburg 7. 11. 1986 – 12 III 79/86, StAZ 1987, 104, 105 [„Andrea"]; Stenz StAZ 1980, 175; zu „Luca" siehe Rn 70, oder die nordischen bzw russischen Jungennamen „Helge" oder „Wanja", Diederichsen NJW 1981, 707; vgl auch BayObLG 10. 7. 1980 – BReg 1 Z 32/80, StAZ 1981, 23 f [„Mommo" ostfriesischer Jungenname, „Momo" Mädchenname]). Über den Geschlechtsbezug entscheidet auch hier das aktuelle Verständnis im Inland (HWB/Wagenitz/Bornhofen, Der Vorname Rn 54; Assoziation von „Kimi" als männlicher Vorname wegen des damaligen Formel 1-Weltmeisters Kimi Matias Räikkönen: LG Bielefeld 19. 5. 2008 – 23 T 73/07, StAZ 2009, 81 Rn 13; Assoziation von „Mika" als männlicher Vorname wegen des früheren Formel 1-Weltmeisters Mika Häkkinen: AG Gießen 26. 9. 2007 – 22 III 30/07, StAZ 2008, 248).

74 Ein auf das **gegenteilige Geschlecht** hinweisender Name ist als alleiniger Vorname nach allgemeiner Meinung unzulässig, weil er lächerlich oder belastend wirken würde (BGH 17. 1. 1979 – IV ZB 39/78, StAZ 1979, 238; OLG Hamm 18. 1. 2005 – 15 W 343/04, NJW-RR 2005, 874; AG Regensburg 21. 12. 2004 – UR III 36/04, StAZ 2005, 234, 235 f; LG Bielefeld 19. 5. 2008 – 23 T 73/07, StAZ 2009, 81 Rn 12, vgl schon Rn 69). Gleiches gilt für seine Erteilung in Verbindung mit anderen, geschlechtsspezifisch „richtigen" Namen, denn eine Verpflichtung, den geschlechtsdeutlichen Vornamen zu führen, besteht rechtlich nicht (vgl Rn 42), und in ihrer Kombination heben sich die erteilten Vornamen gegenseitig auf (BGH 15. 4. 1959 – IV ZB 286/58, BGHZ 30, 132 [„Bernhard Markus Antoinette"]; BGH 17. 1. 1979 – IV ZB 39/78, BGHZ 73, 239, 241 und OLG Karlsruhe 5. 9. 1980 – 11 W 18/80, StAZ 1981, 26 m krit Anm Dörner [„Aranya Marko"]; OLG Köln 5. 4. 1989 – 16 Wx 32/89, StAZ 1989, 285, 286 [„Arne-Josepha"]; OLG Hamm 15. 12. 1983 – 15 W 425/83, StAZ 1984, 129 [„Ben Philip Ana"]; LG Berlin 28. 1. 1999 – 84 T 664/98, StAZ 1999, 373, 374 [„Venus Victor"]; LG Münster 16. 11. 1995 – 5 T 1025/95, StAZ 1997, 213, 214 [„Frauke Jona"]; LG Bremen 12. 4. 1994 – 2 T 176/94, StAZ 1995, 43 [„Simona"], davon zu unterscheiden aber AG Bremen 26. 7. 1995 – 48 III 39/94, StAZ 1996, 46, 47 [„Daniel Simone"]; AG München 7. 7. 1992 – 126 III 526/91, StAZ 1993, 50 [„Julius Rosa"]; bedenklich daher AG Ravensburg 6. 2. 1991 – 1 GR 966/90, StAZ 1991, 321 m abl Anm Seibicke StAZ 1992, 43 [„Domino Carina"]). Ob bei drei Vornamen etwas Abweichendes gelten kann, ist zweifelhaft. Nur bei Maßgeblichkeit ausländischen Namensrechts kann anderes gelten (Rn 117). Auch die bewusste Hinzufügung eines weiblichen Vornamens zu einem männlichen Vornamen durch einen erwachsenen Mann mit der Begründung, er leide an einer Störung der Geschlechtsidentität, wurde abgelehnt (BayVGH 30. 6. 2015 – 5 BV 15. 456, StAZ 2016, 143 [iE ebenso nachgehend BVerwG 19. 5. 2016 – 6 B 38/15, StAZ 2017, 80 [„Alina"] – nicht unter Verkennung der Nähe zur TSG-Thematik, aber mit einer Argumentation, die sich mit den Ausführungen des BVerfG zur dritten Option in BVerfG 10. 10. 2017 – 1 BvR 2019/16, BVerfGE 147, 1 wohl zum Teil nur schwer vereinbaren lässt).

Geschlechtsneutrale Vornamen sind solche, die entweder von Personen beiderlei Ge- 75
schlechts geführt werden oder die als neue Namen, als Nachnamen (Zwischennamen) oder als Gegenstandsbezeichnungen (Appellativa) überhaupt keinen Geschlechtsbezug haben. Nach *hier vertretener und inzwischen herrschender Auffassung* bedeutet die mangelnde Geschlechtsdeutlichkeit als solche noch keine erhebliche Beeinträchtigung der Kindesinteressen iSd § 1666 BGB, so dass ein geschlechtsneutraler Vorname auch als einziger Vorname wirksam erteilt werden kann. Nach früherer, nicht mehr herrschender Auffassung sind geschlechtsneutrale Vornamen nur dann zulässig, wenn ihnen ein weiterer, geschlechtsdeutlicher Name hinzugefügt wird (BGH 15. 4. 1959 – IV ZB 286/58, BGHZ 30, 132, 134; BGH 17. 1. 1979 – IV ZB 39/78, BGHZ 73, 239, 241; OLG Hamm 18. 1. 2005 – 15 W 343/03, NJW-RR 2005, 874, 875; OLG Hamm 29. 1. 1998 – 15 W 307/97, StAZ 1998, 322, 323; OLG Hamm 7. 10. 1993 – 15 W 57/93, StAZ 1994, 116; OLG Schleswig 13. 8. 2003 – 2 W 110/03, StAZ 2003, 334, 335; AG Flensburg 14. 11. 2006 – 69 III 25/06, StAZ 2007, 179; KG Berlin 29. 3. 2006 – 1 W 71/05, StAZ 2007, 204; als Beispiel für den jüngeren Ansatz siehe AG Darmstadt 3. 4. 2025 – 50 III 8/25, StAZ 2025, 240 [„Luft Feli" als zulässiger Name für eine non-binäre Person]).

Wie bei der Verwendung von Nachnamen als Vornamen werden auch hinsichtlich 76
der Geschlechtswidrigkeit **Ausnahmen** zugelassen, die auf der Anerkennung übernommener, regional oder personell begrenzter **Gebräuche** beruhen.

Die bekannteste Ausnahme betrifft den Vornamen **„Maria" für Jungen**, der als Zu- 77
satzname neben anderen, das männliche Geschlecht klarstellenden Vornamen für katholische Namensträger üblich ist (BGH 15. 4. 1959 – IV ZB 286/58, BGHZ 30, 132, 135; LG Tübingen 9. 3. 1982 – 2 GR 42/81, StAZ 1982, 248, 249; Ficker 163; Gaaz/Bornhofen/Lammers, PStG Rn IV-737). Dies gilt auch in der Schreibweise mit Bindestrich (AG Traunstein 12. 6. 1992 – 10 UR III 61/92, StAZ 1992, 349; Seibicke StAZ 1995, 71; fraglich aber AG Mönchengladbach 17. 9. 1997 – 15 III 7/97, StAZ 1998, 347 [„Johannes-Marie"], vgl Rn 123). Zweifelhaft ist, ob die Führung des Namens „Maria" rechtlich von der katholischen Religionszugehörigkeit des Jungen abhängig zu machen ist. Im Fall einer evangelischen Transperson jedenfalls hat das BVerwG (BVerwG 6. 12. 1968 – VII C 33. 67, NJW 1969, 857, 858) den gewünschten Zusatznamen „Maria" abgelehnt (zu einer modernen Fortsetzung in einer ähnlichen Fallgestaltung BayVGH 30. 6. 2015 – 5 BV 15. 456, StAZ 2016, 143, bestätigend nachgehend BVerwG 19. 5. 2016 – 6 B 38/15, StAZ 2017, 80 [„Alina"]). Im Übrigen ist zu bemerken, dass die aus-

nahmsweise Zulassung von „Maria" für Jungen diesem Namen jedenfalls insoweit seine geschlechtskennzeichnende Wirkung nimmt, als er für *Mädchen* keine klarstellende Wirkung mehr entfalten kann neben einem anderen, nicht geschlechtsdeutlichen Namen (vgl BayObLG StAZ 1953, 109 [„Wilmar Maria"]; zweifelhaft daher AG Freiburg 22. 8. 1994 – 14 UR III 76/94, StAZ 1995, 43 m insoweit abl Anm SEIBICKE [„Luca Maria"]). *Andere* weibliche Namen, auch solche mit religiösem Bezug, dürfen Jungen *nicht* erteilt werden (BGH 15. 4. 1959 – IV ZB 286/58, BGHZ 30, 132, 134 [„Bernhard Markus Antoinette"]; BayObLG JW 1934, 1582 [„Konrad Maria Theresia"]; LOOS 162). Gleichfalls scheiden *männliche Vornamen* mit oder ohne religiösen Bezug *für Mädchen* grundsätzlich aus (BayObLG StAZ 1953, 109; LG Tübingen 9. 3. 1982 – 2 GR 42/81, StAZ 1982, 248; LOOS 162).

78 Eine zweite Ausnahme vom Verbot geschlechtswidriger Namen betraf einen auf eine einzelne Familie beschränkten Brauch: In Ehrung des Paten eines Vorfahren hatten seitdem alle weiblichen Mitglieder der Familie den zusätzlichen Vornamen **„Fürchtegott"** erhalten. Da im Entscheidungszeitpunkt über hundert weibliche Träger dieses Vornamens existierten, wurde die Fortsetzung dieses Brauchs zugelassen (OLG Hamburg StAZ 1967, 15; vgl aber Rn 76).

79 Eine dritte Ausnahme kann sich aus der Anerkennung von nach ausländischem Brauch erworbenen Namen ergeben. Darüber hinaus ist eine Aufweichung des herkömmlichen Prinzips der Geschlechtsoffenkundigkeit ohnehin zu beobachten, insbesondere bei ausländischen Vornamen und vor allem bei Fällen mit Auslandsbezug.

b) Individualkennzeichnung

80 Die Kindesinteressen können durch eine Namensgebung gefährdet sein, die die Grundfunktionen des Vornamens nicht gewährleistet: Individualisierung iS von Identitätsfindung und Unterscheidung sowie Selbstdarstellung gegenüber der Umwelt. Hieraus ergeben sich Grenzen in zweierlei Hinsicht:

aa) Geschwisterunterscheidung

81 Innerhalb einer Geschwistergemeinschaft darf **derselbe Vorname nicht zweimal** vergeben werden (LG Mannheim 16. 5. 1953 – 4 T 145/53, StAZ 1953, 158; ERMAN/DÖLL § 1616 Rn 18; GAAZ/BORNHOFEN/LAMMERS, PStG Rn IV-732 f; DANNER StAZ 1964, 116; DIEDERICHSEN NJW 1981, 709; DÖRNER StAZ 1973, 238 f; DREWELLO StAZ 1983, 72, 73; nicht unüblich, jedenfalls nicht kindeswohlgefährdend ist die Weitergabe des Vornamens der Eltern an die Kinder, vgl LG Mainz 30. 4. 1986 – 8 T 26/86, StAZ 1987, 18, wobei der als Vorname gebräuchliche Geburtsname der Mutter [„Philipp"] weitergegeben wurde, siehe ansonsten Rn 100). Diese Beschränkung soll nach mancher Auffassung auch dann gelten, wenn die mehreren Vornamen von Geschwistern nur in einem Namen zusammenfallen, denn dessen Zurückstellung als *„Zweitname"* sei rechtlich unverbindlich, nichts hindere die Geschwister daran, den identischen Vornamen als „Rufnamen" (dazu Vorbem 29 zu §§ 1616–1625) zu gebrauchen (AG Augsburg 27. 10. 1983 – 6 UR III 142/83, StAZ 1984, 130; GAAZ/BORNHOFEN/LAMMERS, PStG Rn IV-732 f; DIEDERICHSEN NJW 1981, 709 Fn 89; DREWELLO StAZ 1983, 72, 73); inzwischen ist es sogar möglich, den betreffenden Namen später nach § 45a PStG nach vorne zu sortieren. Hier scheint die Grenze zwischen – aus Sicht der Kindesinteressen – „bedenklicher" und „gefährdender" Namensgebung (Rn 118) nicht beachtet (konsequent gegenteiliger Meinung BayObLG 29. 10. 1985 – BReg 1 Z 65/85, StAZ 1986, 38 f unter anderem mit Verweis darauf, dass auch eine Weitergabe des Vornamens der Eltern an die Kinder möglich sei, zudem seien etwaige Verwechslungsgefahren hinzunehmen; ebenso AG Tübingen 15. 7. 1996 – 11 GR

100/96, StAZ 1996, 336, wonach vier Kinder einen identischen „Zweitnamen" tragen dürfen; nach Ansicht des AG Duisburg 26. 4. 1988 – 12 III 22/88, StAZ 1989, 11 f und des AG Freiburg 14. 6. 1985 – 12 UR III 39/85, StAZ 1985, 342, 343 können Geschwister sogar zwei identische Vornamen haben, wenn sie sich in ihrem dritten Vornamen unterscheiden; ebenso ERMAN/DÖLL § 1616 Rn 18). Nicht ausgeschlossen ist jedenfalls die Möglichkeit, Geschwistern verschiedene Abwandlungen desselben Stammnamens zu erteilen (LG Mannheim 16. 5. 1953 – 4 T 145/53, StAZ 1953, 158 [„Enrico" und „Harry"]; LOOS 165; DIEDERICHSEN NJW 1981, 709).

bb) Zahl der Vornamen

Die Kennzeichnungsfunktion des Vornamens ist auch berührt, wenn es um die **Zahl der erteilten Vornamen** geht. Grundsätzlich haben die Eltern auch insoweit freie Entscheidung (vgl schon HERRMANN AcP 45 [1862] 158 f). Bei Vornamensidentität zwischen Elternteil und Kind mag ein Zusatzname sogar im Kindesinteresse geboten sein. Versuche von Eltern in jüngerer Zeit, ihrem Kind eine größere Anzahl von Vornamen zu geben, werden allerdings von den Gerichten überwiegend unterbunden. Das OLG Düsseldorf (OLG Düsseldorf 3. 4. 1998 – 3 Wx 90/98, StAZ 1998, 343 f) hat eine Erteilung von 12 bzw 14 Vornamen beanstandet und die Ausführungen der Vorinstanz insofern gebilligt, als es eine „an elterliche Willkür grenzende Zumutung für das Kind" darstelle, mit einem „ganzen Arsenal von Vornamen" belegt zu sein; es erachtet eine regelmäßige Maximalzahl von **vier** bis **fünf Vornamen** für gerechtfertigt (ähnlich AG Hamburg StAZ 1970, 186; 1980, 198; STAUDINGER/KANNOWSKI [2024] § 12 Rn 332 [fünf bis sechs]; HWB/WAGENITZ/BORNHOFEN, Der Vorname Rn 64 ff; RASCHAUER 120; DIEDERICHSEN NJW 1986, 706 [vier]; anders noch AG Schöneberg 17. 8. 1979 – 70 III 295/79, StAZ 1980, 198). Das BVerfG hat diese Entscheidung gebilligt (Nichtannahmebeschluss des BVerfG 28. 1. 2004 – 1 BvR 994/98, StAZ 2004, 109, hierzu FA-Nr 3715, StAZ 2005, 20): Eine große Zahl (zudem exotisch klingender) Vornamen habe nicht nur erheblich belästigenden Charakter für das Kind, sondern erschwere auch seine Selbstidentifikation (vgl schon ZÖLLER FamRZ 1975, 615; StAZ 1978, 202; OLG Zweibrücken 16. 9. 1983 – 3 W 79/83, StAZ 1983, 346). Das Kind werde Schwierigkeiten haben, sich seine Namen korrekt zu merken, und werde wegen seiner Namen immer wieder auffallen. Dem ist beizupflichten. Das Kind hätte zudem Probleme in den nicht seltenen Fällen, in denen im amtlichen Verkehr *alle* Vornamen anzugeben sind (auch bei Einreise in andere Länder) – schon die Formulare bieten insoweit nur begrenzten Raum. 82

Die **zulässige Zahl** von Vornamen kann aber **nicht strikt** festgesetzt werden; es kommt auch insoweit stets auf den **Einzelfall** an, wann die Kindesinteressen erheblich beeinträchtigt sind (zutreffend Fachausschuss Standesbeamte StAZ 2005, 20, 21). Das BVerfG hat die Begrenzung der Namen auf fünf durch das OLG für vertretbar, wenngleich nicht zwingend erachtet. Es hob jedoch hervor, dass „die der angegriffenen Entscheidung zugrunde liegenden Wertungen mit Blick auf das Elternrecht der Beschwerdeführerin in verfassungsrechtlich vertretbarer Weise auch anders hätten ausfallen können" und dass „[d]em richterlichen Ermessen … ein gewisser Spielraum bleiben" müsse (BVerfG 28. 1. 2004 – 1 BvR 994/98, StAZ 2004, 109 Rn 10). Von Bedeutung können sein die Art der Vornamen (kurz und klar oder exotisch-kompliziert, vgl OLG Düsseldorf 3. 4. 1998 – 3 Wx 90/98, StAZ 1998, 343 f; Rn 82) oder Familientraditionen (etwa in ehemaligen Adelsfamilien, vgl OLG Köln 16. 11. 1987 – 16 Wx 121/87, StAZ 1988, 82; AG Hamburg StAZ 1979, 286; SEIBICKE StAZ 2005, 230 f) oder auch ausländische Gebräuche bei entsprechendem kulturellen Bezug (Rn 102). Auch die Frage, inwieweit **Bindestrich-Namen** oder sonstige Namenszusammensetzungen als ein oder zwei Namen zu werten sind, wird 83 nur im Einzelfall entschieden werden können (zum Problem Gernhuber StAZ 1983, 269; Seibicke StAZ 1995, 322; Seibicke StAZ 1998, 288 [zu OLG Schleswig 23. 11. 1997 – 2 W 145/97, StAZ 1998, 288]: Die Übergänge von „Anna-Louise" zu „LouAnn" bis „Annalouise" sind fließend [vgl Rn 87]; zur aktuellen Verbreitung von Bindestrich-Vornamen Rüdebusch StAZ 2022, 362).

c) Beeinträchtigungen des Kindesinteresses

84 Bei der Prüfung der Frage, ob ein Vorname das geistige oder seelische Wohl des Kindes gefährdet, ist auch rechtlich beachtlich, dass das gesellschaftliche Verständnis seit alters her den Namen nicht nur als willkürliches sprachliches Etikett eines Individuums ansieht, sondern dass immer wieder – und auch heute noch – mystische Wechselbeziehungen zwischen Person und Name vermutet werden (vgl nur H Krüger AcP 156 [1957] 232 ff; Enste 22 ff; die Belege aus der schöngeistigen Literatur sind Legion, als Beispiel nur Goethe, Werke [Hamburger Ausgabe, 12. Aufl 1981] Bd 3 S 47 [Faust 1. Teil], Bd 6 S 255 [Wahlverwandtschaften], Bd 8 S 428 [Wilhelm Meisters Wanderjahre], S 495 [Wilhelm Meisters Theatralische Sendung], Bd 9 S 407, 463 f [Dichtung und Wahrheit]; aus der neueren Literatur vgl die Zitate von Thomas Mann und John Steinbeck bei Dörner StAZ 1980, 170, 175). Das Recht des Kindes, auf dessen Wahrung sich das *Wächteramt* der Standesämter und Gerichte bezieht (Art 6 Abs 2 S 2 GG), geht darauf, nicht einen anstößigen, lächerlichen oder sonst belastenden Namen zu erhalten, der ihm die Selbstidentifikation erschwert und der zu herabsetzenden Reaktionen der Umwelt Anlass geben könnte. Kinderpsychologisch zutreffend das Schweizer Bundesgericht: „Kinder haben in aller Regel kein bewusstes Bedürfnis nach Originalität; sie leiden im Gegenteil darunter, wenn sie – auf welche Weise auch immer – unter ihresgleichen auffallen" (StAZ 1982, 219; eindringlich mahnend auch Seibicke 11 ff; vgl auch Diederichsen StAZ 1989, 337 f zum elterlichen Missbrauch bei der Vornamensgebung für funktionswidrige Zwecke).

aa) Anstößige und lächerliche Vornamen

85 Anstößige und lächerliche Vornamen verletzen das Kindesinteresse. Sie sind unzulässig und können nicht wirksam erteilt werden. Dies ist dann der Fall, wenn die Eltern sich für einen Vornamen entscheiden, der die naheliegende Gefahr begründet, dass er Befremden oder Anstoß erregen, den Namensträger der Lächerlichkeit preisgeben und ihn in der Entfaltung seiner Persönlichkeit beeinträchtigen wird (OLG Hamm 14. 3. 1995 – 15 W 404/94, StAZ 1995, 236, 237; OLG Hamm 25. 9. 1995 – 15 W 291/95, StAZ 1996, 208, 209). Hierher gehören entwürdigende Namen, die die Eltern dem Kind aus einer momentanen Verärgerung („Pillula", „Ogino", „Gin", vgl Seibicke 12; Diederichsen NJW 1981, 709) oder Euphorie („Suppakid" Rüdebusch StAZ 2016, 363, 370) heraus erteilen, die banale Gebrauchsgegenstände des täglichen Lebens bezeichnen oder Orte („Frank Furt" – Rüdebusch StAZ 2016, 363, 370) oder die triviale umgangssprachliche Floskeln sind. Anstößig nicht nur wegen der Symbolbedeutung des Namens ist auch die Verwendung medizinischer Krankheitsbezeichnungen („Gastritis", „Meningitis", Diederichsen NJW 1981, 708). Vom inhaltlichen Bezug her sind lächerlich „Schneewittchen" oder „Rotkäppchen" (BayObLG 10. 7. 1980 – BReg 1 Z 32/80, StAZ 1981, 23, 26 [als Beispiele]). Das Gleiche gilt für die Erteilung früherer oder ausländischer Adelsbezeichnungen als Vornamen (OLG Hamburg 10. 6. 1963 – 2 W 111/63, StAZ 1965, 75, 76 [„Princess Anne"]), aber auch sonstige Nachnamen können wegen ihrer Vornamensuntauglichkeit lächerlich wirken. Selbst schlichte Worte der Umgangssprache wie „Wiesengrund" (schw BG 25. 3. 1981 – A 535/80/st, StAZ 1982, 219), „Birkenfeld", „Rosenherz" (AG Nürnberg 12. 10. 1993 – UR III 198/93, StAZ 1994, 118), „Pfefferminze" (AG Traunstein 21. 12. 1995 – 3 UR III 2334/95, StAZ 1997, 40), „Schokominza" (Rüdebusch StAZ 2016, 363,

370), „Waldmeister" (OLG Bremen 20. 6. 2014 – 1 W 19/14, BeckRS 2014, 14116), „Holunder" (RÜDEBUSCH StAZ 2015, 329, 338) und wohl auch „Sonne" (AG Nürnberg 12. 10. 1993 – UR III 198/93, StAZ 1994, 118, indes aufgehoben durch BayObLG 7. 7. 1994 – 1 Z BR 35/94, StAZ 1994, 315 f – zulässig als weiterer Vorname für ein Mädchen) bergen wegen ihrer Banalität die Gefahr der Lächerlichkeit in sich. Problematischer sind insoweit ausländische Bezeichnungen (OLG Karlsruhe 5. 9. 1980 – 11 W 18/80, StAZ 1981, 26 [„Aranya" = Wald]; LG Saarbrücken 5. 1. 2001 – 5 T 789/00, StAZ 2001, 177 [„Sundance"]; AG Schöneberg 21. 12. 1987 – 70 III 387/87, StAZ 1988, 139 [„Moon Unit"]); zu bedenken ist, dass in anderen Sprachen häufig Alltagsbegriffe als Namen verwendet werden. Die Möglichkeit, dass das Kind mit seinem Namen in seiner Umwelt auf Probleme stößt, darf allerdings nicht allzu entfernt liegen. Als Grenzfall mag „Bavaria" gelten, ein in Bayern bisher nicht eingeführter Name, mit dem im Umgangsjargon allerdings eine „Frau mit üppigen Formen" bezeichnet wird (AG München 2. 6. 1981 – 135 III 167/81, StAZ 1981, 276: zulässig). Nicht ausreichend ist es jedenfalls, wenn ein negatives Vergleichswort nur regional bekannt war und nicht mehr zur modernen Umgangssprache in der Bundesrepublik gehört (OLG Zweibrücken 16. 9. 1983 – 3 W 79/83, StAZ 1983, 346, 347 [„Pumuckl" im Vergleich zu „Pomuchelskopp" = Dummkopf]; GAAZ/BORNHOFEN/LAMMERS, PStG Rn IV-795 halten hingegen „Pumuckl" schon allein für lächerlich).

Die Lächerlichkeit kann auch in der Verstümmelung eingeführter Namen liegen. 86
Grundsätzlich sind aber **Kurzformen** von Vornamen zulässig, wenn der Namenscharakter erhalten bleibt (LOOS 164; DIEDERICHSEN NJW 1981, 709 Fn 81; Beispiele: „Fritz", „Heinz", „Max", „Alex", „Grete", „Tom"; restriktiv SEIBICKE 30, 89), zumal sich sprachlich rasch verselbständigte Kurzformen entwickeln können, die dann als eigenständige Vornamen angesehen werden (wie „Joachim" – „Achim", „Johannes" – „Hannes"/„Hans", „Sebastian" – „Bastian"). Nicht wegen fehlenden Namenscharakters, wohl aber wegen ihres albernen Klangs unzulässig sind dagegen etwa „Fifi", „Mimi", „Do do" (LOOS, DIEDERICHSEN NJW 1981, 709 Fn 81; STÖLZEL 39; zumindest Zweifelsfall: OLG Köln 7. 7. 1999 – 14 WF 86/99, NJWE-FER 2000, 85 [„Büb", zugelassen]). Die bloße Sinnlosigkeit eines Vornamens (vgl zB AG Bremen 8. 2. 1991 – 62 III 76/90, StAZ 1991, 255 [„Tom Tom"]) legitimiert jedoch noch nicht einen Eingriff in das elterliche Bestimmungsrecht zum Wohl des Kindes (so aber AG Bremen 8. 2. 1991 – 62 III 76/90, StAZ 1991, 255; GAAZ/BORNHOFEN/LAMMERS, PStG Rn IV-765, wonach dies der herkömmlichen Ansicht entsprechen soll); dies gilt insbesondere unter dem Aspekt der Zulässigkeit von Phantasienamen, die allerdings nicht lächerlich wirken dürfen (LG Gießen 10. 10. 1997 – 7 T 552/96, StAZ 1999, 44 [„Mechipchamueh"]; AG Coburg 30. 11. 1989 – UR III 38/89, StAZ 1990, 73, 74 [„Stompie"]; entgegen LG Ravensburg 18. 3. 1985 – 1 T 20/85, StAZ 1985, 166 [wohl auch „Windsbraut"]).

Eine lächerliche Wirkung kann sich auch lediglich aus der **Schreibweise** oder Zusam- 87
mensetzung des Namens ergeben. Dies gilt etwa für das Weglassen des **Bindestrichs** bei „Heinzotto" (GAAZ/BORNHOFEN/LAMMERS, PStG Rn IV-757); lächerlich, jedenfalls aber belastend sind auch die Verbindung von mehr als zwei Namen mit Bindestrich (LG Bielefeld 23. 3. 1981 – 3 T 109/81, StAZ 1982, 46 [„Jan-Marius-Severin"] m Anm DREWELLO; LG Oldenburg 23. 2. 1990 – 5 T 1101/89, StAZ 1990, 262 [„Martin-Luther-King"]; unverständlich deshalb OLG Schleswig 23. 11. 1997 – 2 W 145/97, StAZ 1998, 288 [„Michiko-Carol-Lee-Ann-Prestige"]; siehe Rn 83; daher 21.2.1 PStG-VwV: die Verbindung mehrerer Vornamen soll nicht mehr als einen Bindestrich enthalten; zust GAAZ/BORNHOFEN/LAMMERS, § 21 PStG Rn 25) oder die Koppelung von zwei Doppelnamen durch Bindestrich („Hansjörg-Wolfdietrich", DREWELLO StAZ 1982,

46). Eine Mode, aber zumeist noch nicht kindeswohlwidrig, ist der exzessive Gebrauch des Trema und des „Æ" (Beispiele bei Rüdebusch StAZ 2016, 363, 370).

88 Angesichts moderner Entwicklungen in der Schriftsprache befremdet heute die Verwendung von **Binnenmajuskeln**, dh von Großbuchstaben mitten im Wort, nicht mehr – sie gefährdet deshalb auch nicht das Kindeswohl (OLG Jena 27. 8. 2003 – 6 W 400/03, StAZ 2004, 45 f [„LouAnn"] mit zust Anm Seibicke; vgl auch Rn 83).

bb) Namensuntaugliche Bezeichnungen

89 Wenn nach allgemeiner Ansicht „namensuntaugliche Bezeichnungen" nicht erteilt werden dürfen, so kann damit nicht gemeint sein, dass hier die elterliche Freiheit zur Namensgebung bis hin zu Phantasienamen eine eigenständige Grenze findet – letztlich liefe dies doch wieder auf eine Bindung an vorgegebene Namenskataloge oder eine Kontrolle unterhalb der Gefährdungsgrenze hinaus. Das schließt jedoch nicht aus, dass sich unter dem allein maßgeblichen Kriterium des Kindeswohls, konkretisiert anhand der Funktionen des Vornamens für das Individuum, bestimmte Bezeichnungen als schlechterdings namensuntauglich erweisen, auch wenn sich klare Abgrenzungen zu lächerlichen oder sonst belastenden Namen kaum ziehen lassen.

90 Hierher gehören zum Beispiel aus mehreren Worten bestehende **Programmsätze** wie „Frieden Mit Gott Allein Durch Jesus Christus" (zulassend OLG Bremen 10. 1. 1996 – 1 W 49/95, StAZ 1996, 86 mit abl Anm Seibicke StAZ 1997, 99; vgl Rn 116).

91 Auch unselbständige **Namenszusätze** wie „jr", „jun", „I", „II" usw haben keine Namensqualität und können weder allein noch in Verbindung mit anderen Vornamen erteilt werden (AG Hamburg 13. 8. 1979 – 60 III 210/79, StAZ 1980, 198; AG Köln 17. 11. 1978 – 78 III 142/75, StAZ 1979, 206; Diederichsen NJW 1981, 711; Dörner IPRax 1983, 289 Fn 19; anders offenbar LG Frankfurt 8. 3. 1990 – 2/9 T 899/89, NJW-RR 1990, 1094 und AG Frankfurt 30. 5. 1989 – 40 UR III R 204/88, StAZ 1991, 196 [Vorinstanz] für Ordnungszahlen, allerdings im Hinblick auf eine lange Familientradition, zust Erman/Döll § 1616 Rn 18; bei Maßgeblichkeit ausländischen Rechts siehe Rn 92; bei deutschem Namensrecht, aber Auslandsbezug Rn 94). Das gilt auch, wenn der Zusatz in ausgeschriebener Form („junior") oder wie ein Vorname („Junior") erteilt werden soll (zu letzterem AG Hamburg 13. 8. 1979 – 60 III 210/79, StAZ 1980, 198).

92 Unzulässig wegen der Gefahr von Täuschung und Irreführung sind auch akademische, kirchliche und sonstige **Titel** als Vornamen („Direktor", „Doktor", als Beispiel genannt in OLG Hamburg 10. 6. 1963 – 2 W 111/63, StAZ 1965, 75, 76; „Mayor", BGE 1. 1. 1945 – 71 I 366; „Seine Exzellenz" und „Seine Eminenz" – VG Würzburg 28. 1. 2015 – W 6 K 14.625, juris Rn 29; „Dr.", „Magister" und „Minister" – VG Würzburg 28. 1. 2015 – W 6 K 14.625, juris Rn 31).

93 Ferner kann **bloßen Silbenkombinationen** die grundsätzliche Eignung zur Personenkennzeichnung fehlen. Es ist Vorsicht geboten: Jeder Name besteht letztlich aus Silbenkombinationen und die Anschauungen, was als Personenname geeignet ist oder nicht, sind ständiger Wandlung unterworfen. Die grundsätzliche Freiheit zur Erfindung neuer Namen kann über den Einwand der „Silbenkombination" nicht aufgehoben werden. Auch anfängliche Zweifel werden erfahrungsgemäß schnell gegenstandslos: So kann etwa die gerichtliche Ablehnung einer „synthetischen" Silbenkombination wie „Jama" (zusammengesetzt aus „Jakob" und „Maria") dieser zu einem Bekanntheitsgrad verhelfen, der sie als Vorname künftig akzeptabel erscheinen lässt („Jama“ abgelehnt von KG StAZ 1931, 179; LG Münster 25. 3. 1965 – 5 T 865/64, NJW 1965, 1231, 1232; jetzt als „belegt“ aufgeführt in KNAURS Vornamenbuch [1984] 164; SEIBICKE 200; vgl auch „Insa“ [aus „Ingo“ und „Sabine“], SEIBICKE 191 [**aA** KNAUR Vornamenbuch [1984] 160]; „Hajo“ [aus „Hans“ und „Joachim“], SEIBICKE 183; „Angrit“ [aus „Anna“ und „Margit“]). Auch die *spiegelbildliche Umdrehung* vorhandener Vornamen nimmt diesen nicht unbedingt die Namensqualität (vgl LG Münster 23. 6. 1983 – 5 T 478/83, StAZ 1984, 129: „Max Amos Soma Xam“ [zugelassen]). Gleiches gilt für Buchstabenbezeichnungen wie „Alpha“ (AG Duisburg 22. 8. 1983 – 42 III 40/83, StAZ 1984, 281 m abl Anm DREWELLO StAZ 1985, 43 f) oder „Zeta“ (LG Aachen 27. 9. 1989 – 3 T 380/89, StAZ 1990, 197, 198 [zugelassen]).

Ein Buchstabe allein scheidet hingegen als „Name“ grundsätzlich aus (zu „Y“ vgl COESTER StAZ 1988, 215), es sei denn, es handelt sich um einen US-amerikanischen sogenannten „middle initial“ als zweiten Vornamen (KG Berlin 16. 3. 2017 – 1 W 115/16, StAZ 2017, 237 Rn 1; RÜDEBUSCH StAZ 2016, 363, 370). 94

Problematisch ist die Namensqualität bei bloßen **Ausrufen** oder sonstigen **umgangssprachlichen Floskeln** („Hallo“, „He!“, „He Duda“, grundsätzlich auch fremdsprachlich [argentinisch], LG München 5. 1. 1972 – 16 T 46/71, StAZ 1973, 88 [„Che“], siehe aber sogleich; vgl auch GERNHUBER StAZ 1983, 270: „Widu“, „Naja“) – solche Bezeichnungen können entwürdigend oder lächerlich wirken. Allerdings kann auch hier der soziale Gebrauch zu Ausnahmen führen. Wie auch Sachbezeichnungen (Rn 108 f) können insbesondere *fremdländische Ausrufe* Vornamensqualität erlangen, wenn sie durch einen Träger dieses Namens als Personenbezeichnung bekannt geworden sind („Che“). Nicht als Floskel im obigen Sinne wurde die Bezeichnung „Extra“ eingestuft, da sie einen eigenen Sinn habe (und in concreto mit einem herkömmlichen Namen verbunden war: „Emelie-Extra“, OLG Schleswig 13. 8. 2003 – 2 W 110/03, StAZ 2003, 334, 335 f). 95

Vornamensuntauglich sind darüber hinaus **unpersönliche Anredeformen** wie „Herr“, „Kumpel“, „Fräulein“, auch in ausländischer Form (OLG Braunschweig 14. 3. 1978 – 2 Wx 2/78, StAZ 1978, 184, 185 [„Pan“ = slawisch „Herr“]). 96

Auch unpersönliche **Kosenamen** wie „Hasi“ oder „Büb“ können lächerlich und belastend wirken und werden deshalb regelmäßig unzulässig sein (vgl aber OLG Köln 7. 7. 1999 – 14 WF 86/99, NJWE-FER 2000, 85 [„Büb“, zugelassen]). 97

Nach herkömmlicher Auffassung waren zur Individualkennzeichnung **Nachnamen** ungeeignet, wenn sie als Vornamen erteilt werden sollen. Üblicherweise wurde formuliert, dass es der Ordnungsfunktion des Namens widerspreche, einen Familiennamen als Vornamen zu wählen, da Vorname und Familienname deutlich zu unterscheiden seien – Verwechselungen mit dem wirklichen Familiennamen, die Vermittlung des Anscheins eines Doppelnamens und Hänseleien stünden zu befürchten (OLG Karlsruhe StAZ 1998, 298 [„Cezanne“]; OLG Karlsruhe 16. 5. 1986 – 11 W 17/86, StAZ 1986, 286, 287 [„Bräunche“]; OLG Frankfurt 3. 9. 1991 – 20 W 412/90, StAZ 1991, 314, 315 [„Holgerson“]; OLG Frankfurt 8. 2. 1985 – 20 W 373/84, StAZ 1985, 106 [„Schröder“], dazu bereits AG Darmstadt 22. 6. 1982 – 41 III 1/82, StAZ 1982, 281; OLG Düsseldorf 21. 6. 1985 – 3 W 20/85, StAZ 1985, 250 [„Hemmingway“], Vorinstanz LG Mönchengladbach 22. 6. 1984 – 5 T 399/83, StAZ 1985, 109; LG Würzburg 7. 1. 1987 – 3 T 2097/86, StAZ 1987, 139 [„Peterson“]; AG Bielefeld 29. 11. 1988 – 3 III 204/88, StAZ 1989, 379 [„Beauregard“]; ausführlich zum Grundgedanken AG Berlin-Schöne- 98 berg 10. 4. 1996 – 70 III 42/96, StAZ 1997, 16, 17; AG München 14. 9. 2006 – 721 UR III 127/06, StAZ 2007, 179 [„Lindbergh"]; zur Widerlegung dieses Arguments BGH 30. 4. 2008 – XII ZB 5/08, StAZ 2008, 282, 284 Rn 22 ff [„Lütke"]). Es helfe nicht, wenn der in Frage stehende Name nur als dritter Vorname neben zwei unproblematischen erteilt werden soll, denn alle Vornamen sind gleichwertig (AG München 14. 9. 2006 – 721 UR III 127/06, StAZ 2007, 179). Ebenso wenig führte es zu einer anderen Bewertung, dass der in Frage stehende Name in den USA als „middle name" verwendet wird (AG München 14. 9. 2006 – 721 UR III 127/06, StAZ 2007, 179, 180). Unschädlich sollte es allerdings sein, wenn bekannte Vornamen auch als Nachnamen vorkommen („Friedrich", „Bernhard", „Gabriel", „Thomas"; LG Mainz 30. 4. 1986 – 8 T 26/86, StAZ 1987, 18, 19: „Philipp"; „Heinrich"; „Walther") oder nur im Ausland als Familienname gelten (OLG Celle 25. 8. 1992 – 12 W 16/92, StAZ 1992, 378 [„Lafayette"], dazu bereits AG Koblenz 27. 1. 1984 – 32 III 12/84, StAZ 1984, 130; BayObLG 21. 11. 1991 – BReg 3 Z 190/91, StAZ 1992, 72 [„Wannek"]).

99 Diese Auffassung ist spätestens seit der „Anderson"-Entscheidung des BVerfG (3. 11. 2005 – 1 BvR 691/03, StAZ 2006, 50 ff) so allgemein nicht mehr haltbar. Mit der „Ordnungsfunktion des Namens" können Eingriffe in das elterliche Namensbestimmungsrecht nicht gerechtfertigt werden, die nötige Abwägung zwischen Elternrecht und Kindeswohl („Wächteramt des Staates") werde verfehlt (BVerfG 3. 11. 2005 – 1 BvR 691/03, StAZ 2006, 51). Dem hat sich der BGH 2008 in der „Lütke"-Entscheidung angeschlossen (BGH 30. 4. 2008 – XII ZB 5/08, StAZ 2008, 282 = FamRZ 2008, 1331 m Anm Henrich FamRZ 2008, 1333), die Instanzgerichte folgen (OLG Karlsruhe 7. 8. 2013 – 11 Wx 7/13, StAZ 2014, 51, 53 [„von P."]; OLG Frankfurt 3. 5. 2011 – 20 W 284/10, StAZ 2012, 19 [„Bock"]). Zwar bleibt es auch nach der „Anderson"-Entscheidung denkbar, dass einem typischen Familiennamen die *individuelle Kennzeichnungskraft eines Vornamens* fehlt oder dass die Gefahr einer *Verwechselung mit dem wirklichen Familiennamen* hervorgerufen wird – dies muss aber vom Gericht im Einzelfall konkret belegt werden (im Ausgangsfall hatte dies das OLG Karlsruhe 21. 2. 2003 – 11 Wx 101/02, StAZ 2004, 76 weder im Ansatz versucht noch waren entsprechende Gesichtspunkte beim Gesamtnamen „Anderson Bernd Peter K." erkennbar, BVerfG 3. 11. 2005 – 1 BvR 691/03, StAZ 2006, 51 f). Der BGH formulierte allgemeiner: Wegen Kindeswohlwidrigkeit unzulässig erscheint die Verwendung eines als Nachnamen bekannten Namens als Vornamen dann, wenn er dem Kind die „mit dem Vornamen einhergehende Identitätsfindung und Individualisierung" nicht ermöglicht (BGH 30. 4. 2008 – XII ZB 5/08, StAZ 2008, 282, 284 Rn 18).

100 Demnach steht der Umstand, dass ein Vorname auch als Nachname bekannt ist, einer wirksamen Erteilung nicht grundsätzlich entgegen. Bei der **Kindeswohlwidrigkeit bei Verwendung eines Nachnamens als Vornamen** gibt es verschiedene Fallgruppen. Sie kann sich zum einen aus dem **assoziativen Bezug** des Namens ergeben (AG Traunstein 10. 2. 1994 – 3 UR III 12/94, StAZ 1994, 317 [„Heydrich"]; AG München 1. 8. 1983 – III 248/83, StAZ 1983, 351 [„Puschkin"]). Die ***individuelle Kennzeichnungskraft*** eines Vornamens fehlt bei verbreiteten, typischen Nachnamen, die als Vornamen generell nicht verwendet werden (zB „Schröder", oder „Schmitz", vgl OLG Köln 5. 11. 2001 – 16 Wx 239/01, StAZ 2002, 43). ***Verwechslungsgefahr*** *zwischen Vor- und Familiennamen* kann vor allem entstehen, wenn dem Kind der Familienname des anderen Elternteils, von dem es seinen Familiennamen nicht ableitet, als Vorname erteilt wird: Vor allem im mündlichen Verkehr ist zB nicht unterscheidbar, ob ein Kind „Louise Schmitz Müller" oder „Louise Schmitz-Müller" heißt (vgl OLG Köln 5. 11. 2001 – 16 Wx 239/01, StAZ 2002, 43 [das Kind trug nach der Mutter den Familiennamen [hier geändert] „Müller", der Vater hieß „Schmitz"];

im Ergebnis ebenso KG 24. 11. 1998 – 1 W 1503/98, StAZ 1999, 171, 172; **anders** jedoch OLG Frankfurt 14. 2. 2000 – 20 W 190/94, NJW-RR 2000, 1170 f [„Birkenfeld"]; OLG Frankfurt 17. 2. 2000 – 20 W 450/98, NJW-RR 2000, 1171 [„Neukirchen"] und BGH 30. 4. 2008 – XII ZB 5/08, StAZ 2008, 282, 284, Rn 20 [„Lütke"] – nach Auffassung des BGH keine konkrete Kindeswohlbeeinträchtigung dargetan; für „Müller" als zulässigen Vornamen, wenn das Kind zwei weitere geschlechtseindeutige Vornamen hatte und insofern noch am überkommenen Merkmal der Geschlechtseindeutigkeit festhaltend OLG Köln 28. 5. 2020 – 15 W 374/19, StAZ 2021, 272; „Crossman" und „Mumford" als Vornamen abgelehnt – Rüdebusch StAZ 2015, 329, 338).

Andererseits kann gerade die über diesen Vornamen geschaffene besondere Verbindung des Kindes zu dem in diesem Namen repräsentierten Teil der Familie besonders **identitätsstiftend** und damit besonders kindeswohldienlich sein (OLG Karlsruhe 7. 8. 2013 – 11 Wx 7/13, StAZ 2014, 51, 53 [„von P."]). Hinzu kommt, dass Verwechselungsgefahr auch immer dann gegeben ist, wenn ein Vorname vergeben wird, der auch als Nachname verwendet wird („Martin", „Ludwig", „Michael", „Peter", „Thomas", „Ernst", „Stefan", „Jonas", „Alexander", „Jakob", „Anton", „Julius" usw, siehe OLG Karlsruhe 7. 8. 2013 – 11 Wx 7/13, StAZ 2014, 51, 53 [„von P."]). Das bedeutet gleichzeitig: Ist der Familienname des anderen Elternteils zufällig auch ein verbreiteter Vorname (vgl LG Mainz 30. 4. 1986 – 8 T 26/86, StAZ 1987, 18 [„Philipp"]), so wird die Gefährdungsgrenze des Kindeswohls durch die Erteilung des zusätzlichen Vornamens „Philipp" sicher nicht erreicht (das BVerfG sieht die Möglichkeit, dass das Kind einer konkreten Verwechslungsgefahr durch Gebrauch seiner anderen Vornamen ausweichen könnte, BVerfG 3. 11. 2005 – 1 BvR 691/03, StAZ 2006, 50, 52; vgl Rn 81). Auch kann eine Rolle spielen, ob der Klang des Namens dem eines herkömmlichen Vornamens ähnelt (BGH 30. 4. 2008 – XII ZB 5/08, StAZ 2008, 282, 284 Rn 18 – „Lütke" ähnele „Lüdecke" und „Ludger"); diese phonetische Nähe ist aber nicht stets erforderlich (OLG Karlsruhe 7. 8. 2013 – 11 Wx 7/13, StAZ 2014, 51, 53 [„von P."]; OLG Frankfurt 3. 5. 2011 – 20 W 284/10, StAZ 2012, 19 [„Bock"]). 101

Schon nach älterer Auffassung sind Nachnamen als Vornamen jedenfalls dann *zulässig*, wenn dies Ausdruck echter **Familientradition** ist *und* der **örtlichen Sitte** entspricht: So bei **Zwischennamen** in Ostfriesland und Schleswig (BGH 4. 2. 1959 – IV ZR 151/58, BGHZ 29, 256 = LM Nr 24 zu § 12 m Anm Johannsen [„ten Doornkaat"]; OLG Schleswig 14. 3. 1957 – 2 W 16/57, SchlHA 1957, 126 m Anm Richtert = StAZ 1957, 321 m Anm Ellgard [„Boysen"]; OLG Zweibrücken 25. 10. 1982 – 3 W 184/82, StAZ 1983, 31 [„Cajus Katte"]; Soergel/Heinrich § 12 Rn 100; Seibicke 27). Hierbei handelt es sich um Familiennamen von Vorfahren, die dem Kind neben einem anderen Vornamen erteilt werden können. Wie eng der regionale Bezug zu Ostfriesland oder Schleswig sein muss, bleibt unklar: Unerheblich soll sein, ob das Kind dort geboren worden ist und aufwächst, es soll ausreichen, wenn ein Elternteil dort aufgewachsen ist (OLG Zweibrücken 25. 10. 1982 – 3 W 184/82, StAZ 1983, 31). Diese Gesichtspunkte können weiterhin bedeutsam sein, wenn ein auch nach heute maßgeblicher Sicht bedenklicher Name legitimiert werden soll. 102

Zur Nachnamensproblematik gehört auch die Erteilung von (**früheren) Adelsbezeichnungen** als Vornamen (zur rechtlichen Qualifikation generell siehe Rn 8). Bezeichnungen wie „Graf", „Fürst", „Ritter" werden allgemein abgelehnt (OLG Hamburg 10. 6. 1963 – 2 W 111/63, StAZ 1965, 75 [„Princess Anne" oder „Prinzess Anne"]; LG Köln StAZ 1930, 83 [„Graf"]; VG München 22. 3. 2018 – M 30 K 17.832, juris Rn 14 [„Graf", dort obiter ebenso für „Lord", „Fürst", „Prinz", „Princess"]; OLG Braunschweig 14. 3. 1978 – 2 Wx 2/78, StAZ 1978, 184, 185; Loos 163; Peters StAZ 1968, 333). Hier schließt sich der Kreis zur Unerwünschtheit der Na- 103 mensänderung in Adelsbezeichnungen aufgrund der Wertung des Art 109 Abs 3 S 2 WRV (Vorbem 57 zu §§ 1616–1625). Dies gilt auch für entsprechende ausländische Bezeichnungen (OLG Zweibrücken 25. 11. 1992 – 3 W 212/92, StAZ 1993, 79, 80 [„Lord“]; vgl OLG Hamburg 10. 6. 1963 – 2 W 111/63, StAZ 1965, 75; Peters StAZ 1968, 333; Spitznamen wie „Count Basie“ oder „Duke Ellington“ können kein gegenteiliges Präjudiz liefern; siehe auch Seibicke 25 Fn 9). Die Unzulässigkeit folgt jedoch nicht aus vorgetäuschter „Standeszugehörigkeit“, die es nicht mehr gibt, oder aus Art 109 Abs 3 S 2 WRV iVm Art 123 GG (so OLG Hamburg 10. 6. 1963 – 2 W 111/63, StAZ 1965, 75; offengelassen von OLG Zweibrücken 25. 11. 1992 – 3 W 212/92, StAZ 1993, 79, 80), sondern weil es sich um einen typisierten und deshalb sprachlich vornamensuntauglichen Nachnamensbestandteil handelt, der überdies den Namensträger der Gefahr der Lächerlichkeit aussetzt (so auch OLG Zweibrücken 25. 11. 1992 – 3 W 212/92, StAZ 1993, 79, 80; zu letzterem OLG Hamburg 10. 6. 1963 – 2 W 111/63, StAZ 1965, 76). Gleiches gilt im Ergebnis für *Patronatsnamen* („Franz von Paul“, nach dem Stifter des Paulanerordens, vgl Kubitz StAZ 1984, 212): Sie wirken wie ein Nachname mit früherer Adelsbezeichnung.

cc) Belastender Namensbezug

104 **Belastend** für den Namensträger können sich vor allem **Assoziativnamen** auswirken, wobei ein inhaltlicher Bezug zu anderen Personen oder zu Gegenständen in Betracht kommt. Entscheidend ist dabei, welche Vorstellungen, Gegenstände und Personen die **Allgemeinheit** mit dem verwendeten Namen assoziiert, denn aus ihr sind die negativen Wirkungen des Namens zu befürchten (Gaaz/Bornhofen/Lammers, PStG Rn IV-795; Korb StAZ 1997, 16).

105 Die Entlehnung des Vornamens vom **Namen anderer Personen** entspricht hergebrachter Sitte und ist auch nicht tendenziell kindeswohlwidrig. Ob der Vorname eine Last für das Kind ist, hängt von der Stärke des Namensbezugs zu einem bestimmten früheren Träger (Gernhuber StAZ 1983, 270) und von der Einschätzung des Namensvorbilds in der sozialen Umwelt des Kindes ab. Unbedenklich ist demnach die Übernahme von Namen der Vorfahren, von Heiligennamen oder von Namen solcher Persönlichkeiten, die in der geschichtlichen Bewertung einen unverrückbar positiven Rang einnehmen. Bei Persönlichkeiten der jüngeren Vergangenheit und der Gegenwart ist hingegen Vorsicht geboten: Eltern missachten häufig das Kindesinteresse, wenn sie das Kind zum „lebenden Plakat“ ihrer aktuellen Überzeugungen oder kurzlebiger Moden machen (Seibicke 15; Nappenbach StAZ 1998, 339; Friedrichs StAZ 1929, 88) oder gar kommerziell zu verwerten suchen. Dies gilt insbesondere für *politische* Namensvorbilder; die Wechselfälle der Vergangenheit haben genügend warnende Beispiele geliefert (zu Beginn des 19. Jahrhunderts „Landsturmine“, „Gneisenauette“, Levy 8, 15; zum Dritten Reich vgl Diederichsen NJW 1981, 708: „Göbbelen“, „Fricklinde“; auch der Name „Adolf“ ist seit jener Zeit unpopulär; vgl auch AG Traunstein 10. 2. 1994 – 3 UR III 12/94, StAZ 1994, 317 [„Heydrich“]; zur Vornamensgebung im Nationalsozialismus Mahlburg StAZ 1985, 241 ff; „Swastika“ – Rüdebusch StAZ 2015, 329, 338). Nicht gleichermaßen skurril, aber wegen ihrer politischen Befrachtung ebenfalls abzulehnen sind Vornamen wie „Lenin“ (LG Mainz StAZ 1930, 84; Diederichsen NJW 1981, 708 f; **aA** AG Karlsruhe StAZ 1927, 262). Andere von der Rechtsprechung verworfene Namen würde man heute wohl weniger wegen des politischen Bezugs als kindeswohlwidrig einstufen, sondern allenfalls wegen mangelnder Individualisierungsfunktion, wenn ein kompletter Name als Vorname erteilt wird: so zB „Martin-Luther-King“ (LG Oldenburg 23. 2. 1990 – 5 T 1101/89, StAZ 1990, 262, 263) oder „Angela-Davis“ (AG Münster 8. 12. 1972 – 26 III 57/72, StAZ 1973, 167).

Auch außerhalb der politischen Sphäre kann sich der belastende Charakter eines Vornamens aus seinem **inhaltlichen Bezug** ergeben. Das gilt trotz Gebräuchlichkeit in Spanien und lateinamerikanischen Ländern für „Jesus" (LG Mönchengladbach 3. 1. 1985 – 5 T 487/84, StAZ 1985, 166; AG Bielefeld 30. 9. 1963 – 20 III 154/63, StAZ 1964, 165; **aA** OLG Frankfurt 24. 11. 1998 – 20 W 149/98, StAZ 1999, 173 unter Hinweis auf die fortschreitende Vermischung der Kulturen; auch Gaaz/Bornhofen/Lammers, PStG Rn IV-793; Seibicke StAZ 1999, 167 ff erachtet die Eintragung als Vorname für zulässig, um sogleich einzuschränken: „Alle deutschen Eltern seien daher eindringlich davor gewarnt, ihren Sohn Jesus zu nennen …"), „Christus" (trotz Gebräuchlichkeit in Griechenland) und selbstverständlich für „Judas", „Kain", „Satan", „Luzifer". Auch „Rasputin" wurde zu Recht abgelehnt (Diederichsen NJW 1981, 710; **aA** Dörner StAZ 1980, 172). 106

Eine erhebliche Rolle in der Praxis spielen aus der **Literatur** oder den **Medien** entlehnte Personennamen. Diesbezüglich kann allerdings stets nur die Wahrung des Kindesinteresses, nicht aber des kulturellen Niveaus Aufgabe der Gerichte sein (bedenklich insoweit die Argumentation des AG Darmstadt 3. 10. 1974 – 4 III 77/74, StAZ 1975, 134). Derartige Entlehnungen sind unbedenklich, wenn der Name nicht überwiegend negative Assoziationen hervorruft (zu restriktiv Gernhuber StAZ 1983, 270). Für zulässig gehalten wurden insoweit „Momo" (BayObLG 10. 7. 1980 – BReg 1 Z 32/80, StAZ 1981, 23), „Pumuckl" (OLG Zweibrücken 16. 9. 1983 – 3 W 79/83, StAZ 1983, 346), „Winnetou" (AG Darmstadt 3. 10. 1974 – 4 III 77/74, StAZ 1975, 134), auch „Galadriel" (OLG Köln 16. 9. 1976 – 16 Wx 101/76, StAZ 1977, 105), „Godot" (LG Hannover 14. 2. 1996 – 5 T 7/96, StAZ 1997, 15 m Anm Korb) und „Lenny" (AG Gießen 23. 4. 2009 – 22 III 6/09, StAZ 2010, 48 Rn 22) und – problematisch – „Khaleesi" (Rüdebusch StAZ 2015, 329, 338 – aus „Game of Thrones"; unzulässig hingegen „Luke Skywalker" – Rüdebusch StAZ 2016, 363, 370). Aus Perspektive des öffentlichen Namensrechts ist anzumerken, dass eine Änderung in den Namen bekannter Romanfiguren gerade nicht stattfinden soll (VG München 20. 9. 2017 – M 7 K 16.2615, juris Rn 25 [Vor- und Nachnamensänderung in „Oliver … Twist"]). Aus diversen Comic Serien wurden zugelassen „Speedy" (OLG Karlsruhe 9. 6. 1998 – 4 W 166/97, StAZ 1998, 344 f [„Speedy Gonzales"], ablehnend Seibicke StAZ 1999, 45), „Pebbels" (AG Bayreuth 17. 2. 1993 – UR III 26/92, StAZ 1993, 356 f [„Familie Feuerstein"]) und „Linus" bzw „Leines" (OLG Celle 30. 3. 2001 – 18 W 2/01, StAZ 2001, 327 [„Peanuts"]), abgelehnt dagegen „Verleihnix" (AG Krefeld 19. 10. 1989 – 32 III B 42/89, StAZ 1990, 200 [„Asterix und Obelix"]) und „Schröder" (AG Darmstadt 22. 6. 1982 – 41 III 1/82, StAZ 1982, 281 [„Peanuts"]). Zur Orientierung an Formel 1-Weltmeistern („Kimi", „Mika") siehe Rn 73. Auch Personennamen aus der **Mythologie** unterliegen den gleichen Grundsätzen und können nicht generell zurückgewiesen werden (OLG Frankfurt 29. 10. 1996 – 20 W 277/94, StAZ 1997, 69, 70 [„Nike"]; LG Berlin 28. 1. 1999 – 84 T 664/98, StAZ 1999, 373, 374 [„Venus"]; LG München 26. 8. 1968 – 16 T 16/68, StAZ 1969, 42 [„Europa"]; **aA** OLG Braunschweig 14. 3. 1978 – 2 Wx 2/78, StAZ 1978, 184 [„Pan"], krit dazu Dörner StAZ 1980, 172 mwNw), zumal viele mythologisch verwurzelte Namen völlig anerkannt sind (zB „Chloe", „Cynthia", „Daphne", „Delia", „Diana/e", „Helena/e", „Kassandra"). In Bezug auf die Lächerlichkeit (zB „Pluto", „Ajax") unterliegen sie keinen besonderen Maßstäben. 107

Problematischer als die Anknüpfung an vorgefundene Personennamen ist die Verwendung von **Gegenstandsbezeichnungen als Vornamen**. Hierunter ist das Aufgreifen sachlicher Bezeichnungen und Ausdrücke der gesamten natürlichen, sozialen, geistigen oder technischen Umwelt zu verstehen. Derartige Bezeichnungen als Vornamen verletzen das Kindeswohl dann, wenn sie **wegen ihres Inhalts oder ihrer Banalität** das 108

Kind voraussichtlich erheblich belasten. Sie verletzen das Kindeswohl jedoch dann nicht, wenn die eigentliche Sachbedeutung gegenüber der Namensfunktion zurücktritt (BayObLG 7. 7. 1994 – 1 Z BR 35/94, StAZ 1994, 315, 316; Soergel/Heinrich § 12 Rn 101) oder die Gegenstandsbezeichnung selbst von Personennamen entlehnt ist (zB „Mercedes“, Seibicke StAZ 2000, 372, 373). Gerade in diesem Bereich ist darauf zu achten, dass Geschmacksfragen und Kindeswohlgefährdung strikt unterschieden werden. Die ältere Rechtsprechung kann wegen Nichtbeachtung dieses Unterschieds nur mit äußerster Vorsicht als Präjudiz herangezogen werden. Bei sich selbst als non-binär identifizierenden Personen sollten besonders flexible Maßstäbe angelegt werden (AG Darmstadt 3. 4. 2025 – 50 III 8/25, StAZ 2025, 240 [„Luft Feli“ als zulässiger Name für eine non-binäre Person]).

109 Noch nicht kindeswohlgefährdend sind deshalb Bezeichnungen wie „Prestige“ (OLG Schleswig 23. 11. 1997 – 2 W 145/97, StAZ 1998, 288 f m abl Anm Seibicke), „Sonne“ (BayObLG 7. 7. 1994 – 1 Z BR 35/94, StAZ 1994, 315, 316), „Jazz“ (AG Dortmund 17. 8. 1998 – 40 III 31/98, StAZ 1999, 149, 150), „November“ (**aA** AG Tübingen 25. 1. 1995 – 11 GR 171/94 StAZ 1995, 176, 177; wie hier LG Bonn 13. 6. 2006 – 4 T 202/06, StAZ 2006, 362) oder „Woodstock“ (**aA** AG Ulm 3. 11. 1989 – GRA I 194/89–03, StAZ 1990, 74, 75); zweifelhaft indes bei „Borussia“, da die Allgemeinheit diesen Namen wohl im alltäglichen Sprachgebrauch mit Fußballvereinsnamen assoziiert (so AG Kassel 27. 9. 1996 – 765 III 56/96, StAZ 1997, 240). Unzulässig – weil belastend oder banal – erscheint es hingegen, wenn das Kind mit dem Namen von Gebrauchs- oder Konsumgegenständen oder von technischen Apparaten bezeichnet werden soll (LG Münster 25. 3. 1965 – 5 T 865/64, NJW 1965, 1231, 1232 [„Traktora“]; Buckenhüskes StAZ 1964, 313 [„Sputnik“]; LG Hamburg 23. 1. 1973 – 1 T 230/72, StAZ 1973, 165 [„Grammophon“]; Dörner StAZ 1980, 172 [„Pepsi-Cola“]; anders aber bei „Fanta“, der auch ein Vorname aus dem afrikanischen Kulturkreis ist, LG Köln 17. 9. 1998 – 1 T 198/98, StAZ 1999, 147, 148; auch bei „Mikado“ wird man nicht zwingend davon ausgehen müssen, dass die Namensfunktion gegenüber der eigentlichen Sachbedeutung zurücktritt, LG Braunschweig 11. 4. 1997 – 8 T 962/96, StAZ 1998, 209, 210; vgl Diederichsen, in: FS Henrich [2000] 101, 107 ff). Dies gilt umso mehr, wenn die Eltern die Namensgebung insoweit kommerziell zu verwerten suchen (vgl Süddeutsche Zeitung 28. 7. 2001 S 12: „Ein Kind namens Coke oder Microsoft“; Seibicke StAZ 2002, 161; Pfeifer GRUR 2001, 495) – auch hier allerdings entscheidet allein der Name im Lichte des Kindeswohls, nicht die Motivation der Eltern.

110 Geeigneter können **Namen aus der Geographie, Botanik oder den Naturwissenschaften** sein. In ersterer Hinsicht liefert „Florence Nightingale“ ein historisches Beispiel; in die gleiche Richtung zielen die für zulässig gehaltenen Vornamen „Taiga“ (AG Lüneburg 14. 10. 1975 – 4 T 91/75, StAZ 1976, 205), „Turpin“, „Sheila“ (= Himalaya-Berge, berichtet in LG Münster 25. 3. 1965 – 5 T 865/74, NJW 1965, 1231), „Oleander“ (AG Stuttgart 15. 9. 1983 – F 4 GR 405/83, StAZ 1983, 351, 352) „Chelsea“ (= Londoner Stadtteil, OLG Hamm 14. 3. 1995 – 15 W 404/94, StAZ 1995, 236, 237) oder „London“ (AG Berlin-Schöneberg 26. 10. 2011 – 70 III 230/11, StAZ 2012, 244 [zulässig, aber wohl auch wegen des Kompensationseffekts [Rn 75] des vorangestellten weiteren Vornamens „Marla“]). Weniger glücklich hingegen erscheint der Mädchenname „Sanfranziska“ (Gernhuber StAZ 1983, 270 will Städtenamen generell ausschließen; krit auch Seibicke 105 f).

111 Aus der **Botanik** haben sich insbesondere Blumennamen als Namen eingebürgert und sind nicht grundsätzlich zu beanstanden (für Mädchen „Erika“, „Viola“, „Linde“, „Jasmin“ [AG Nürnberg 10. 12. 1956 – 1 III 186/56, StAZ 1957, 128], „Azalee“ [AG Koblenz 17. 8.

1959 – 7 III 50/59, StAZ 1960, 241; zust DIEDERICHSEN NJW 1981, 710 f]; für Jungen „Oleander“ [AG Stuttgart 15. 9. 1983 – F 4 GR 405/83, StAZ 1983, 351 f m Hinweis auf „Narziß“]). Zu den allgemeinen Bezeichnungen „Wiesengrund“, „Birkenfeld“ (OLG Frankfurt 14. 2. 2000 – 20 W 190/94, NJW-RR 2000, 1170 f), „Waldmeister“ (OLG Bremen 20. 6. 2014 – 1 W 19/14, BeckRS 2014, 14116 – unzulässig) und „Pfefferminze“, die eher banal und lächerlich wirken, Rn 85.

Aus dem Bereich der **Chemie** ist der Metallname „Lanthan“ für einen Sohn hin- 112
genommen worden (AG Karlsruhe 8. 6. 1976 – 2 UR III 16/76, StAZ 1977, 49).

Demgegenüber wurde aus der **Tierwelt** die Bezeichnung „Moewe“ wegen der Asso- 113
ziation mit der Vogelgattung und deren negativer Assoziationen in heutigen Zeiten abgelehnt (BayObLG 16. 5. 1986 – BReg 3 Z 1/86, StAZ 1986, 248 f, Vorinstanz LG Würzburg 21. 8. 1985 – 3 T 322/85, StAZ 1986, 44, 45 m Anm SEIBICKE; zust DIEDERICHSEN StAZ 1993, 345, 351), während „Biene“ wegen überwiegend positiver Assoziationen zugelassen wurde (AG Nürnberg 27. 3. 2000 – UR III 283/99, StAZ 2001, 143, 144).

Soweit Sachbezeichnungen in **fremdsprachlicher Form** als Vornamen erteilt werden 114
sollen, tritt – jedenfalls bei Fällen ohne Auslandsbezug – diese Sachbedeutung in den Hintergrund; der Name gehört eher in die Kategorie der (zulässigen) „Phantasienamen“ (BGH 17. 1. 1979 – IV ZB 39/78, BGHZ 73, 239, 242 [„Aranya“ = Wald], dazu auch OLG Karlsruhe 5. 9. 1980 – 11 W 18/80, StAZ 1981, 26 m Anm DÖRNER; BayObLG 26. 3. 1997 – 1 Z BR 2/97, StAZ 1997, 207, 208 [„Uragano“ = Orkan]; LG Aachen 27. 9. 1989 – 3 T 380/89, StAZ 1990, 197, 198; LG Berlin 23. 12. 1997 – 84 T 864/97, StAZ 1998, 208 [„River“]; AG München 9. 12. 1991 – 167/91, StAZ 1992, 144; GAAZ/BORNHOFEN/LAMMERS § 12 PStG Rn 114; siehe OLG Hamm 12. 7. 1989 – 15 W 256/89, StAZ 1989, 376, 377 [„Decembres Noelle“]; OLG Düsseldorf 7. 11. 1988 – 3 Wx 437/88, StAZ 1989, 280 [„Sunshine“]; LG Saarbrücken 5. 1. 2001 – 5 T 789/00, StAZ 2001, 177 [„Sundance“]; siehe auch Rn 85).

dd) Kompensationseffekt zusätzlicher Vornamen

Es entspricht verbreiteter Auffassung, dass die Bedenklichkeit eines Vornamens da- 115
durch abgemildert werden kann, dass zusätzliche, unbedenkliche Vornamen erteilt werden (vgl DIEDERICHSEN, in: FS Henrich [2000] 101, 114 [„Kunstgriff der gegenseitigen Stützung von Vornamen“]). Bekanntestes, wenngleich inzwischen nicht mehr relevantes Beispiel, war die Zulässigkeit von „geschlechtsneutralen“ Namen, wenn ein geschlechtsdeutlicher Name beigefügt wird (dazu Rn 67 f). Bei geschlechtswidrigen Vornamen scheidet eine Kompensationswirkung allerdings nach allgemeiner Meinung aus (Rn 74). Auch in anderen Zusammenhängen kann es möglich sein, dass ein Kind – sollte es einen Vornamen aus irgendeinem Grund belastend oder unerwünscht finden – diesen Namen ohne Weiteres unbeachtet lassen und einen anderen erteilten Namen als „Rufnamen“ benutzen kann (zB BVerfG 3. 11. 2005 – 1 BvR 691/03, StAZ 2006, 50, 52 [„Anderson“]; OLG Köln 17. 3. 1999 – 16 Wx 37/99, NJWE-FER 2000, 85 [„Büb“]; LG Bonn 13. 6. 2006 – 4 T 202/06, StAZ 2006, 362 [„November“]; für den Fall des Nachnamens der Mutter, der dem Kind als dritter Vorname gegeben wird OLG Karlsruhe 7. 8. 2013 – 11 Wx 7/13, StAZ 2014, 51, 53 [„von P.“]). Inzwischen ist es möglich, dass das Kind die Vornamen nach eigenen Vorstellungen neu sortiert (§ 45a PStG).

ee) Vornamen aus anderen Kulturkreisen, insbesondere bei sonst fehlendem Auslandsbezug

116 Die Internationalisierung der Namensgewohnheiten, die steigende Anzahl von gemischtnationalen Ehen und der Aufenthalt von Ausländern in Deutschland haben zu einem sprunghaften Anstieg solcher Vornamen geführt, die aus anderen Kultur- und Sprachbereichen stammen (vgl OLG Frankfurt 27. 1. 1995 – 20 W 411/93, StAZ 1995, 173, 175; LG Gießen 10. 10. 1997 – 7 T 552/96, StAZ 1999, 44; Nappenbach StAZ 1998, 339). Im Grundsatz können einem Kind auch ausländische Vornamen erteilt werden, selbst wenn jeder sachliche Auslandsbezug fehlt und der Name bisher in der Bundesrepublik noch unbekannt ist (BGH 17. 1. 1979 – IV ZB 39/78, BGHZ 73, 239, 242 und OLG Karlsruhe 5. 9. 1980 – 11 W 18/80, StAZ 1981, 26, 27 [„Aranya"]; OLG Hamm 25. 9. 1995 – 15 W 291/95, StAZ 1996, 208, 209 [„Bodhi"]; OLG Hamm 14. 3. 1995 – 15 W 404/94, StAZ 1995, 236, 237 [„Chelsea"]; LG Köln 17. 9. 1998 – 1 T 198/98, StAZ 1999, 147, 148 [„Fanta"]; LG Verden 14. 5. 1964 – 1 T 78/64, MDR 1964, 847 [„Ildico"]; AG München 5. 8. 1988 – XII 159/88, StAZ 1988, 330 [„Lucky Indeko Tao"]; AG Gießen 23. 4. 2009 – 22 III 6/09, StAZ 2010, 48 [„Lenny"]; Staudinger/Kannowski [2024] § 12 Rn 326; Diederichsen NJW 1981, 709). Dies ergibt sich zwanglos aus der elterlichen Namensgebungsfreiheit – bis hin zu den (zulässigen) Phantasienamen. Kein Hindernis ist die Existenz deutschsprachiger Versionen des gleichen Namens, zB „Georg" für „Juri" oder „Andreas" für „Andrijan" (LG Münster 8. 8. 1957 – 5 T 865/64, NJW 1965, 1231, 1232). Auch „kulturelle Reinheit" der ausländischen Namen ist nicht erforderlich, es können Vornamen aus verschiedenen Ländern miteinander verbunden werden (OLG Celle 9. 7. 1975 – 12 Wx 25/75, StAZ 1976, 80 [„Malaika-Vannina", ostafrikanisch/korsisch]; LG Duisburg 28. 9. 1992 – 2 T 177/92, StAZ 1994, 117 [„Cosma-Shiwa", italienisch-indisch]). Allerdings unterstehen auch ausländische Vornamen den Grundsätzen und Grenzen des deutschen Vornamensrechts (BayObLG 3. 11. 1972 – BReg 3 Z 69/72, StAZ 1973, 70; LG Gießen 10. 10. 1997 – 7 T 552/96, StAZ 1999, 44; Staudinger/Kannowski [2024] § 12 Rn 236; bei echtem Auslandsbezug siehe Rn 93). Letztlich ist es deshalb gleichgültig, ob die erteilte Namensbezeichnung ein authentischer, wirklich gebrauchter Name in irgendeinem anderen Land ist (vgl LG Münster 23. 6. 1983 – 5 T 478/83, StAZ 1984, 129: bei afrikanischen Buschleuten): Ist der Name nicht *vorgefunden*, dann ist er *erfunden* – die Zulässigkeitskriterien sind dieselben. So würden zB in Deutschland befremdlich oder lächerlich der in England gebräuchliche Vorname „Princess" (OLG Hamburg 10. 6. 1963 – 2 W 111/63, StAZ 1965, 75) wirken, oder die in der früheren Sowjetunion erteilten Namen „Elektron", „Energia", „Industria", „Traktoria" (vgl Stenz StAZ 1980, 174).

117 Auch ausländische Namen dürfen nicht die Zugehörigkeit des Namensträgers zum **gegenteiligen Geschlecht** suggerieren. Mangels realen Auslandsbezugs bei den hier behandelten Fällen kann es insoweit nur auf die **Namenswirkung im Inland** ankommen – also den Sprachklang oder etwaige Assoziationen zu hier bekannten Namen. In einer deutschen Familie ohne Italienbezug kann dem Sohn also nicht der in Italien übliche Name „Andrea" erteilt werden. Eine Klarstellung durch zusätzliche Namen scheidet aus.

118 Eine **Eindeutschung ausländischer Namen** kann in der Regel **nicht verlangt** werden, auch nicht, wenn nahezu identische deutsche Sprach- und Schreibformen vorhanden sind (zur Eindeutschung slawisierter Vornamen bei Volksdeutschen Rn 94). Hier ist auf die Entwicklung im IPR hinzuweisen – Art 47 Abs 1 Nr 5 EGBGB *erlaubt* die Eindeutschung ausländischer Vornamen (näher, auch zu den sich daraus ergebenden Widersprüchen Staudinger/Hausmann [2024] Art 47 EGBGB Rn 78 ff und Hepting StAZ 2008, 161, 175). Darüber hinaus müssen sich Schreibweise und Aussprache des Vornamens nicht decken (OLG Hamm 14. 3. 1995 – 15 W 404/94, StAZ 1995, 236, 237 [„Chelsea"]; vgl aber Seibicke StAZ 1991, 312). Es kann beispielsweise ein Vorname gewählt werden, der auch diakritische Zeichen enthält, wenn er im Ausland mit und ohne diakritische Zeichen verwendet wird (so für das Trema in „Zoë" OLG München 14. 9. 2010 – 31 Wx 124/10, FGPrax 2010, 292 Rn 11). Die authentische Wiedergabe der ausländischen Schreibweise hat Grenzen: So kann etwa nicht verlangt werden, dass im Geburtenregister zusätzlich die Schreibweise des Namens in Großbuchstaben aufgenommen wird, um deutlich zu machen, dass der Name den Buchstaben „i"/„İ" mit einem diakritischen Zeichen enthält (das diakritische Zeichen zeigt sich nur beim Großbuchstaben; OLG Karlsruhe 12. 8. 2013 – 11 Wx 15/12, StAZ 2014, 110).

Umgekehrt kann den Eltern eine **Eindeutschung** des Namens oder nur seiner Schreibweise nicht **verwehrt werden** (OLG Hamm 12. 7. 1989 – 15 W 256/89, StAZ 1989, 376, 378 [„Noelle"]; vgl LG Augsburg 20. 1. 1998 – 4 T 4602/97, StAZ 1998, 345, 346 m abl Anm Seibicke StAZ 1999, 45 [„Roi"]; **aA** noch Diederichsen NJW 1981, 710 mwNw; Diederichsen, in: FS Henrich [2000] 101, 111 f). Dies folgt aus der grundsätzlichen Freiheit der Eltern, auch die Schreibweise des erteilten Vornamens zu bestimmen sowie aus dem Aspekt des Namenserfindungsrechts. Begrenzt ist die elterliche Freiheit wie auch sonst bezüglich des Verbots geschlechtswidriger Vornamen und sonstiger kindeswohlwidriger, insbesondere lächerlich wirkender Schreibweisen (abgelehnt wurden LG Bielefeld 10. 12. 1976 – 3 T 541/76, StAZ 1977, 199, 200 [„Ssonia" statt „Sonja"]; AG Kleve 22. 6. 1993 – 8 III 30/93, StAZ 1994, 288 [„Jenevje" statt „GeneviÉve"]; AG Braunschweig 20. 11. 1973 – 31 III 56/73, StAZ 1974, 156 [„Schanett" statt „Jeanette" oder „Janette", vgl LG Bremen 23. 2. 1976 – 9 T 574/75, StAZ 1977, 17]; zugelassen hingegen „Leines" statt „Linus", OLG Celle 30. 3. 2001 – 18 W 2/01, StAZ 2001, 327). Die Gebräuchlichkeit in Norddeutschland von Vornamen wie „Meik", „Maik", „Maike", „Meike", „Meiko" und „Maiko" (Seibicke StAZ 1968, 81 ff; vgl zu „Mike" auch OLG Frankfurt 29. 10. 1996 – 20 W 277/94, StAZ 1997, 69) zeigt allerdings, dass sprachlicher Purismus gegen den Wandel der Sprache und Namen keine Barriere zu errichten vermag. 119

6. Änderungen des Vornamens

Da der wirksam erteilte und eingetragene Vorname grundsätzlich für die Lebenszeit des Namensträgers **verbindlich** ist (Rn 35), sind Änderungen nur durch öffentlich-rechtliche Namensänderung möglich. Angesichts der oft wenig kindgerechten Namensgebungspraxis der Eltern und der großzügigen Haltung vieler Gerichte ist wiederholt gefordert worden, dem *Kind* mit Erreichung der Volljährigkeit ein *freies Änderungsrecht* einzuräumen (Dethloff FamR § 12 Rn 28; Wagenitz FamRZ 1998, 1545, 1553; HWB/Wagenitz/Bornhofen, Der Vorname Rn 29). Der Gesetzgeber hat zwar mit § 1617i BGB ein einmaliges Namensänderungsrecht eingeführt, dieses ist jedoch hinsichtlich der wählbaren Namen nicht frei und betrifft auch nicht den Vornamen. Angesichts der vielfältigen Namensänderungstatbestände – insbesondere seit dem 1. 5. 2025 für den Nachnamen – ist die Rigidität des Änderungsregimes für den Vornamen noch weniger erklärlich. Öffentliche Interessen an der Beibehaltung des Namens sind im Hinblick auf den Vornamen eher schwächer als im Hinblick auf den Nachnamen. Der Vorname ist noch „persönlichkeitsnäher" als der Nachname und hat daher noch größere Bedeutung für die Selbstentfaltung und Selbstidentifikation. Eine stärkere Liberalisierung (auch) des Vornamensänderungsrechts wäre wünschenswert. 120

a) Abgrenzung zur Berichtigung, §§ 47 f PStG

121 Von den Änderungsfällen ist die **Berichtigung des Namenseintrags** zu unterscheiden. Nach dem heutigen **§ 47 PStG** können fehlerhafte Übertragungen aus Urkunden sowie unrichtige oder unvollständige Eintragungen *ohne gerichtliche Mitwirkung* berichtigt werden, wenn der richtige Inhalt urkundlich aus Personenstandsregistern belegt werden kann (siehe BT-Drucks 16/1831 B 50, BT-Drucks 16/1831 A 36; Bornhofen StAZ 2007, 33, 40; zum gerichtlichen Verfahren im Personenstandsrecht siehe Jennissen StAZ 2012, 8). Unstreitig ist die Berichtigung jedoch **kein geeignetes Instrument zur Revision des ursprünglichen elterlichen Erteilungsbeschlusses** (zur Möglichkeit der *Anfechtung* der Erteilung siehe Rn 34). Die Berichtigung *auf gerichtliche Anordnung* hin regelt **§ 48 PStG**. Die Berichtigung nach § 48 PStG erfordert die Überzeugung des Gerichts von der Richtigkeit der beantragten Eintragung; hierfür genügt die Glaubhaftmachung nicht, es ist voller Beweis vonnöten (OLG Düsseldorf 1. 3. 2018 – 3 Wx 23/17, juris Rn 11; OLG Düsseldorf 4. 10. 2018 – 3 Wx 61/18, StAZ 2019, 273 Rn 16).

122 Der Begriff der Berichtigung ist gesetzlich nicht definiert. Eine Berichtigung ist möglich, wenn der Eintrag **von Anfang an unrichtig** war, entweder weil der materiellrechtliche Erteilungsakt völlig fehlte oder unwirksam war (so bei der Wahl und Eintragung eines unzulässigen und damit nicht erteilungsfähigen Namens – OLG Düsseldorf 24. 6. 2009 – I-3 Wx 33/09, StAZ 2010, 11, 12) oder zwar vorhanden war, aber inhaltlich nicht mit der Eintragung übereinstimmt, also der Eintrag im Geburtenregister mit dem damaligen tatsächlichen Willen der Eltern nicht in Einklang steht (OLG Hamm 7. 12. 2011 – I-15 W 585/10, StAZ 2012, 206 Rn 10), etwa wenn andere Vornamen als die erteilten oder nicht alle erteilten Vornamen eingetragen worden sind (Gaaz/Bornhofen/Lammers, § 21 PStG Rn 23). Dazu gehören auch Schreibfehler, also Abweichungen lediglich in der Schreibweise (LG Köln 16. 5. 2002 – 1 T 508/01, StAZ 2003, 113; AG Gießen 28. 12. 2004 – 22 III 53/04, StAZ 2005, 108 f, beide bezüglich türkischer Namen; OLG Köln 19. 3. 2010 – 16 Wx 5/10, StAZ 2010, 244 Rn 6 mit dem fiktiven Bsp „Wihlem" statt „Wilhelm"; OLG Karlsruhe 2. 8. 2022 – 19 W 87/21 [Wx], StAZ 2023, 82 – çan statt Can), möglich sind auch Fehler bei der Reihenfolge der Vornamen (OLG Düsseldorf 18. 5. 2012 – 3 Wx 78/12, StAZ 2012, 318 [„Aliya Esma" statt „Esma Aliya"]). An den Nachweis der Unrichtigkeit werden hohe Anforderungen gestellt – sie muss ohne jeden Zweifel feststehen (AG München 17. 3. 2009 – 722 UR III 11/09, StAZ 2010, 51 mwNw).

123 Abgrenzungsprobleme kann der Irrtum hinsichtlich der **Schreibweise des Namens** aufwerfen, wenn auch der tatsächlich eingetragene Name einer möglichen Schreibweise entspricht. Hierbei ist zu unterscheiden zwischen dem Fall des Irrtums der Eltern über – beispielsweise – die Üblichkeit der einen oder anderen Schreibweise, der *nicht* zur Berichtigung berechtigt (so im Fall OLG Hamm 7. 12. 2011 – 15 W 585/10, StAZ 2012, 206 Rn 12, in dem die Eltern den Angaben der Hebamme darüber, welche Schreibweise üblich sei, vertraut hatten) und dem Fall des Schreibfehlers der Eltern, der zur Berichtigung berechtigt (so im Fall des OLG Köln 19. 3. 2010 – 16 Wx 5/10, StAZ 2010, 244 – der Vater hatte irrig „Lena-Maria" statt der kroatischen Schreibweise „Lena-Marija" angegeben und konnte das Gericht überzeugen, dass es sich tatsächlich um einen Schreibfehler und nicht um einen Irrtum über die gewünschte Schreibweise handelte. Die Abgrenzung mag im Einzelfall Schwierigkeiten bereiten). Ersterenfalls handelt es sich um einen unbeachtlichen Motivirrtum (zur Anfechtung allgemein siehe Rn 34). Für die Abgrenzung zwischen Schreibfehler und Motivirrtum kann einen Anhaltspunkt darstellen, wie lange Kind und Eltern mit dem Namen gelebt haben; ersterer müsste idR recht bald entdeckt werden, zweiterer kann sich nachvoll-

ziehbar auch erst später herausstellen (richtig AG Lübeck 29. 11. 2006 – 3 III 64/06, StAZ 2007, 179 für den Fall der unbeanstandeten Hinnahme über viereinhalb Jahre; besonders die Fallkonstellation in OLG Köln 19. 3. 2010 – 16 Wx 5/10, StAZ 2010, 244 Rn 10, in der die Eltern den Fehler erst nach der Einschulung der Tochter bemerkten).

Im Zuge eines **zunehmenden Vertrauensschutzes** im Namensrecht (ausführlich Flindt Gutgläubig gelebte Statusverhältnisse – Vertrauensschutz im deutschen Namens-, Ehe- und Abstammungsrecht, 2022; Flindt StAZ 2023, 198; Wall StAZ 2023, 33; Hepting StAZ 2013, 1 ff und 34 ff; zum Zeitelement Wall StAZ 2020, 152) wird eine „Berichtigung" aber auch – gewissermaßen auf der Grenze zur echten Namensänderung – dann vorgenommen, wenn eingetragener Name und tatsächlich **langjährig geführter Name** auseinanderfallen und (1) die Namensführung sich über einen nicht unbedeutenden Zeitraum erstreckt (Zeitelement) und (2) der Namensträger auf die Richtigkeit des geführten Namens vertrauen durfte (Vertrauenselement). In diesem Fall steht auch dieser nicht eingetragene Name unter dem Schutz des allgemeinen Persönlichkeitsrechts der Verfassung (BVerfG 16. 12. 1981 – 1 BvR 898/79, BVerfGE 59, 128, 166; BVerfG 11. 4. 2001 – 1 BvR 1646/97, StAZ 2001, 207, 208 [„Singh"]; zum Umgang mit vertauschten Kindern unter Heranziehung der *Singh*-Rechtsprechung Frank StAZ 2015, 225, 227). Bei der Subsumtion ist Vorsicht geboten, eine holzschnittartige Betrachtung der in Betracht kommenden, höchst verschiedenen Fälle ist zu vermeiden (Fachausschuss Standesbeamte StAZ 2012, 151). Der eingetragene Name ist dann gewissermaßen **nachträglich unrichtig geworden**, so dass er gemäß § 48 PStG durch Gerichtsbeschluss berichtigt werden kann (LG Köln 16. 5. 2002 – 1 T 508/01, StAZ 2003, 113; AG Köln 26. 7. 2001 – 378 III 258/00, StAZ 2002, 82 f; Fachausschuss Standesbeamte StAZ 2012, 151; bejaht für einen zweiten Vornamen, den das Kind 17 Jahre lang trug, der aber in der Geburtsanzeige nicht angegeben wurde – OLG München 31. 8. 2023 – 31 Wx 77/23e StAZ 2024, 85). Der zusätzlich zur tatsächlichen Namensführung erforderliche **Vertrauenstatbestand** kann sich aus positivem behördlichen Handeln ergeben (etwa darin bestehen, dass der geführte Name mit ausländischen Personenstands- oder Taufregistern oder dem Pass- oder Personalausweiseintrag übereinstimmt – siehe LG Köln 16. 5. 2002 – 1 T 508/01, StAZ 2003, 113; AG Köln 26. 7. 2001 – 378 III 258/00, StAZ 2002, 82 f; ebenso AG Mönchengladbach 15. 2. 2016 – 15a III 1/16, StAZ 2016, 214; sehr restriktiv jedoch OLG Hamm 21. 8. 2006 – 15 W 183/05, StAZ 2007, 175: vorrangig Berichtigung und Namensänderung im Ausland mit anschließender Folgebeurkundung, § 27 Abs 3 PStG [§ 30 aF PStG]); inwieweit der durch reine soziale Akzeptanz begründete Rechtsschein genügt, ist problematisch (Hepting StAZ 2013, 1, 6). In diesem Fall kann das Persönlichkeitsrecht des Betroffenen das öffentliche Interesse am richtigen Namen überwiegen (vgl AG Mönchengladbach 15. 2. 2016 – 15a III 1/16, StAZ 2016, 214). Gelegentlich scheinen an den Vertrauenstatbestand keine allzu hohen Anforderungen gestellt zu werden (siehe beispielsweise OLG Köln 15. 2. 2012 – 16 Wx 17/11, StAZ 2012, 372 – tatsächliche Namensführung weicht von der Schreibweise ab, die sich seit jeher in allen Personenstandseinträgen der Familie findet). 124

In umgekehrter, aber nicht ganz paralleler Weise kann aber auch **die Berichtigung eines unrichtigen Namens ausgeschlossen** sein, wenn der Betroffene ihn viele Jahre lang gutgläubig geführt hat und eine Berichtigung daher sein Persönlichkeitsrecht verletzen würde (BVerfG 11. 4. 2001 – 1 BvR 1646/97 StAZ 2001, 207 *Singh;* AG München 19. 10. 2009 – 722 UR III 303/08, StAZ 2010, 210, 210 f [betreffend einen Nachnamen]; AG Lübeck 9. 1. 2008 – 3 III 98/07, StAZ 2008, 346 [betreffend einen Nachnamen; über sechsjährige Führung kann ausreichen]; AG Magdeburg 8. 10. 2007 – 13 UR III 24/05, StAZ 2009, 245 [betreffend einen Nachnamen; Führung „über Jahrzehnte"]). Das Persönlichkeitsrecht des Betroffenen ist mit 125 dem öffentlichen Interesse an der Richtigkeit der Eintragung in den Personenstandsregistern abzuwägen (BVerfG 11. 4. 2001 – 1 BvR 1646/97, StAZ 2001, 206, 207 [„Singh"]; OLG Köln 15. 2. 2012 – I-16 Wx 17/11, StAZ 2012, 372).

126 Eine anfängliche Unrichtigkeit iSd § 47 PStG kann ferner darin gesehen werden, dass die Namenserklärung auf einer nicht ausreichenden Tatsachengrundlage beruhte (bejaht in LG Saarbrücken 17. 9. 2010 – 5 T 13/10, StAZ 2011, 244). Kein Fall der fehlerhaften Eintragung liegt vor, wenn ein im deutschen Geburtenbuch eingetragener Vorname von dem später in der Türkei eingetragenen Vornamen abweicht (OLG Hamm 21. 8. 2006 – 15 W 183/05, StAZ 2007, 175). Zur Berichtigung bei intergeschlechtlichen Personen Rn 62, zum Berichtigungsverfahren §§ 47 ff PStG.

127 Die Berichtigung wird grundsätzlich nicht durch längeren Zeitablauf ausgeschlossen – die Ergänzung und Berichtigung (Fortführung) des Geburtenregisters ist grundsätzlich über 110 Jahre möglich (§ 5 Abs 5 Nr 2 PStG) (siehe OLG Köln 19. 3. 2010 – 16 Wx 5/10, StAZ 2010, 244 Rn 10). Bei der Anwendung von Verwirkungsgrundsätzen ist Zurückhaltung geboten (BayObLG 28. 12. 1994 – 1 Z BR 83/94, StAZ 1995, 106, 107; vgl schon OLG Frankfurt 21. 8. 1978 – 20 W 273/78, StAZ 1979, 67, 68).

b) Anwendungsbereich der öffentlich-rechtlichen Vornamensänderung

128 Bei der **Neusortierung der Vornamen nach § 45a PStG** ist grundsätzlich der Anwendungsbereich des NÄG eröffnet (str, wie hier BVerwG 9. 8. 2018 – 6 C 11/17, StAZ 2019, 214 Rn 9; **aA** Vorinstanz SächsOVG 4. 5. 2017 – 3 A 122/16, StAZ 2019, 241; **aA** auch die Gesetzesbegründung zum 2. PStRÄndG, BT-Drucks 18/11612, 27, zu Recht krit Kienemund NZFam 2017, 1073, 1074), doch seit Inkrafttreten des § 45a PStG ist dies die einschlägige Regelung zur Vornamensreihenfolgenänderung. Bereits zwischen seiner Verkündung im Juli 2017 und seinem Inkrafttreten im November 2018 waren die Wertungen des § 45a PStG bei einem Änderungsverfahren nach §§ 3, 11 NÄG zu berücksichtigen (BVerwG 9. 8. 2018 – 6 C 11/17 StAZ 2019, 214 Rn 8). Der rechtlich inexistente **Rufname** iSd gebräuchlichen Vornamens (Vorbem 29 zu §§ 1616–1625) lässt sich ohne Weiteres ändern. Auch der gesellschaftliche **Gebrauch nicht erteilter Vornamen** ist von der privatrechtlichen Namensführungsfreiheit gedeckt (Vorbem 40 zu §§ 1616–1625).

129 **Namensänderung** im hier gebrauchten Sinn ist nur die Abänderung des Nameneintrags im Geburtenregister und anderen Personenstandsregistern. Eine Änderung des oder der erteilten Vornamen umfasst begrifflich nicht nur die völlige Auswechslung des Vornamens, sondern auch die Streichung oder Hinzufügung einzelner Vornamen (BVerwG 24. 3. 1981 – 7 B 44/81, StAZ 1984, 131; BayVGH 6. 5. 1997 – 5 B 97.180, StAZ 1997, 383, 384; Loos 169; Diederichsen NJW 1981, 712), die Verbindung oder Lösung mehrerer Vornamen („Karlheinz", „Karl Heinz", „Karl-Heinz", Loos 169), sonstige Änderungen in der Schreibweise (BVerfG 11. 4. 2001 – 1 BvR 1646/97, StAZ 2001, 207 ff; OLG Köln 10. 3. 2003 – 16 Wx 15/03, FamRZ 2004, 272; Diederichsen NJW 1981, 712; abzugrenzen aber von der Berichtigung von Schreibfehlern, vgl Rn 121), die Eindeutschung ausländischer Vornamen („Hans" statt „Jean", „Peter" statt „Pjotr", Loos 169; Diederichsen NJW 1981, 712; siehe zum Ganzen auch Soergel/Heinrich § 12 Rn 104) oder die Wiederherstellung eines ursprünglich geführten Vornamens nach behördlicher Änderung (Brandhuber StAZ 1997, 293, 295). Einer Vornamensänderung bedarf es aber nicht, wenn noch kein Vorname besteht (KG Berlin 11. 8. 1992 – 1 W 5611/91, StAZ 1993, 9, 11). Zu Änderungen des erteilten Namens in obigem Sinne *vor* der Eintragung in das Geburtenregister siehe Rn 33. *Nach* der Eintra-

gung kann der Vorname des Kindes bei der **Adoption** geändert werden, § 1757 Abs 3 S 1 Nr 1 BGB (Staudinger/Helms § 1757 [2023] Rn 49 ff), er kann geändert werden nach **§ 11 NÄG** (dazu sogleich Rn 130), und nach **§ 2 Abs 3 SBGG**.

c) Vornamensänderung nach § 11 NÄG

Die Änderung von Vornamen (dazu gehört auch die Hinzufügung neuer Vornamen, BVerwG 26. 3. 2003 – 6 C 26/02, StAZ 2003, 240), ist nach §§ 11 iVm 1, 3 Abs 1 NÄG an das Vorliegen eines **„wichtigen Grundes"** gebunden; der bloße Wunsch nach einer Namensänderung reicht also noch nicht aus. Vielmehr liegt ein solcher nur dann vor, wenn die Abwägung aller für und gegen die Namensänderung streitenden schutzwürdigen Belange ein Übergewicht der für die Änderung sprechenden Interessen ergibt. Indes unterscheidet sich die Änderung des Vornamens von der Änderung des Familiennamens insoweit, als dem öffentlichen Interesse an der Beibehaltung des Vornamens gegenüber dem schutzwürdigen Interesse des Antragstellers an der Vornamensänderung ein geringeres Gewicht zukommt (zum Ganzen BVerwG 26. 3. 2003 – 6 C 26/02, StAZ 2003, 240, 241; BayVGH 6. 5. 1997 – 5 B 97.180, StAZ 1997, 383, 384; BayVGH 8. 5. 1992 – 5 B 92.25, StAZ 1992, 274, 275; BayVGH 3. 6. 1992 – 5 B 92.162, StAZ 1992, 349, 350; OVG Hamburg 11. 6. 1994 – Bf III 3/94, StAZ 1996, 180, 181; OVG Lüneburg 21. 8. 1986 – 7 A 36/85, StAZ 1987, 77, 79; Staudinger/Kannowski [2024] § 12 Rn 382; vgl auch Nr 62 NamÄndVwV). Bei der Abwägung kommt den öffentlichen Interessen, auf die Rücksicht zu nehmen ist, zwar ein Gewicht zu, aber ein geringeres Gewicht als bei der Änderung des Familiennamens (OVG Berlin-Brandenburg 18. 2. 2015 – OVG 5 M 61.14, juris Rn 3; OVG Berlin-Brandenburg 28. 7. 2017 – OVG 5 N 19.15 Rn 10). Wie beim Familiennamen, so gilt auch hier, dass grundsätzlich keine Umstände zugunsten der Änderung in die Abwägung einfließen können, die schon bei der ursprünglichen Namenswahl hätten berücksichtigt werden können (BayVGH 26. 2. 2014 – 5 B 12.2541, juris Rn 18; OVG Berlin-Brandenburg 18. 2. 2015 – OVG 5 M 61.14, juris Rn 5; BayVGH 12. 4. 2017 – 5 ZB 16.718, BayVBl 2018, 350 Rn 10). § 3 NÄG hat nicht den Zweck, etwaige Versäumnisse der Vergangenheit aufzufangen (BayVGH 26. 2. 2014 – 5 B 12.2541, StAZ 2015, 115 Rn 18). 130

Ein wichtiger Grund wurde insbesondere zur Förderung der **Integration** bejaht, wenn Eingebürgerte oder Ausländer mit Lebensmittelpunkt in der Bundesrepublik ihren ausländischen Vornamen eindeutschen wollten (Loos 171 f; vgl AG Mönchengladbach 12. 5. 1962 – 15 III 6/60, StAZ 1963, 333, 334; vgl aber OVG Münster 26. 1. 1990 – 10 B 3296/88, StAZ 1990, 206, 207). Umgekehrt wurde dem Begehren, einen sogenannten „middle name" (dazu Rn 98) zu führen, nicht entsprochen (BayVGH 8. 5. 1992 – 5 B 92.25, StAZ 1992, 274, 275). 131

Ferner kann die Hinwendung zu oder die Abkehr von einer **religiösen Überzeugung** für Namensänderungen relevant werden. Der Übertritt zum islamischen Glauben berechtigt zur Namensänderung, sofern die Ernsthaftigkeit des religiös begründeten Begehrens durch zusätzliche Umstände unterstrichen wird (BayVGH 3. 6. 1992 – 5 B 92.162, StAZ 1992, 349, 350; anders aber bei einer erneuten Änderung, OVG Hamburg 11. 6. 1994 – Bf III 3/94, StAZ 1996, 180, 181 f; die bloße Streichung eines zusätzlichen christlichen Vornamens wurde jedoch nicht zugelassen, BVerwG 24. 3. 1981 – 7 B 44/81, StAZ 1984, 131; vgl Loos 174 f; Diederichsen NJW 1981, 712). Dies gilt auch für den Übertritt in christliche Religionsgemeinschaften (BVerwG 26. 3. 2003 – 6 C 26/02, StAZ 2003, 240, 241 f [Voranstellung des katholischen Taufnamens wegen Hinwendung zum christlichen Bekenntnis gestattet]). Andererseits wurde die negative Religionsfreiheit nicht als ausreichend angesehen, um als Tauf- 132 namen mitgegebene christliche Vornamen gegen einen neutraleren Vornamen zu wechseln (BVerwG 19. 4. 2018 – 6 B 62/17, StAZ 2018, 353 Rn 7 – „Maria Hedwig" gegen „Gudrun"). Eine bloße „Identitätsveränderung" stellt hingegen keinen wichtigen Grund dar (VG Münster 14. 11. 1986 – 1 K 2269/85, StAZ 1987, 80 [Reinkarnationserfahrung]).

133 Weder die Häufigkeit eines Vornamens (BVerwG 9. 11. 1988 – 7 B 167/88, StAZ 1989, 13 [„Georg"], Vorinstanz BayVGH 2. 8. 1988 – 5 B 86.01820, StAZ 1988, 358, 359) noch die im Verwandten- und Bekanntenkreis übliche Verwendung der Kurzform eines Vornamens (BVerwG 1. 2. 1989 – 7 B 14/89, StAZ 1989, 263 [„Harry"]; OVG Berlin-Brandenburg 28. 7. 2017 – OVG 5 N 19.15 Rn 10) oder eines eigenmächtig gewählten Vornamens (OVG Berlin-Brandenburg 28. 7. 2017 – OVG 5 N 19.15 Rn 10) sind als wichtiger Grund anzuerkennen. Ebenso wenig vermag das Hinzufügen des Vornamens der verstorbenen Großmutter eine Vornamensänderung zu rechtfertigen (BayVGH 6. 5. 1997 – 5 B 97.180, StAZ 1997, 383, 384). Andererseits wurde im Fall einer eigenmächtigen Vornamensgebung durch die Pflegeeltern bei Aufnahme eines behinderten Problemkindes in die Pflegefamilie eine Vornamensänderung gebilligt (BVerwG 24. 4. 1987 – 7 C 120/86, StAZ 1987, 251, 254 m zust Anm Salgo, Vorinstanz OVG Lüneburg 21. 8. 1986 – 7 A 36/85, StAZ 1987, 77, 79). Schließlich wurde eine Namensänderung auch in einem Fall gewährt, in der ein nichtbeurkundeter Vorname **langjährig in gutem Glauben geführt** worden war (OVG Münster 11. 8. 1964 – II A 1324/63, StAZ 1965, 188; Loos 172; Diederichsen NJW 1981, 712). Überwiegend wird dieser Situation jedoch dadurch Rechnung getragen, dass ausnahmsweise eine *Berichtigung* des eingetragenen Namens zugelassen wird (Rn 121). Fehlt es am guten Glauben an die personenstandsrechtliche Richtigkeit der Namensführung, so ist diese zwar nicht – wie die Gerichte oft falsch formulieren – „illegal" (vgl OVG Münster 26. 1. 1990 – 10 B 3296/88, StAZ 1990, 206, 207), denn das Recht, einen „Gebrauchsnamen" zu führen, ist verfassungsrechtlich geschützt (Vorbem 40 zu §§ 1616–1625). Man kann auf diese Weise idR aber keinen „wichtigen Grund" für eine Namensänderung nach §§ 11, 3 NÄG setzen.

134 Der **gewünschte Name** muss den allgemeinen Grundsätzen über die Vornamensgebung entsprechen (vgl NamÄndVwV Nr 66–68). Insbesondere darf der gewünschte Vorname nicht „geschlechtswidrig", dh für das andere Geschlecht gebräuchlich sein. Der für männliche Personen ausnahmsweise zulässige Vorname „Maria" wurde einer Transperson verweigert (BVerwG 6. 12. 1968 – VII C 33.67, NJW 1969, 857 f). Ähnlich wurde es unter Berufung auf die Ordnungsfunktion einem Mann versagt, seinem männlichen Vornamen einen weiblichen hinzuzufügen, der sein Begehren damit begründet hatte, sich phasenweise als Mann und als Frau zu fühlen und durch den neuen Vornamen seinen Leidensdruck mindern zu können, indem er beide Geschlechter gleichberechtigt lebe (BayVGH 30. 6. 2015 – 5 BV 15.456, StAZ 2016, 143, bestätigend nachgehend BVerwG 19. 5. 2016 – 6 B 38/15, StAZ 2017, 80 [„Alina"]). **Geschlechtsneutrale Vornamen** sollen nach noch herrschender, aber nicht mehr haltbarer Auffassung (Rn 59 ff) der Hinzufügung eines geschlechtsdeutlichen anderen Vornamens bedürfen (OVG Münster 3. 12. 1962 – II A 721/60, StAZ 1964, 136; Loos 173).

135 Im Lichte der neueren Rechtsprechung des BVerfG zu trans- und intergeschlechtlichen Personen (näher Rn 136) steht das im Einzelfall vorhandene **Bedürfnis, seine Geschlechtsidentität im Vornamen auszudrücken**, unter verfassungsrechtlichem Schutz. Dies rechtfertigt zwar kein allgemeines Gebot der Geschlechtsdeutlichkeit von Vornamen (Rn 67), so dass geschlechtsneutrale Namen grundsätzlich auch allein erteilt werden können (Rn 75); wohl aber muss dem ernsthaften Wunsch nach *positiver* Kennzeichnung der Geschlechtszugehörigkeit schon im Vornamen im Einzelfall ein Ventil eröffnet werden – dieser Wunsch rechtfertigt regelmäßig die Annahme eines „wichtigen Grundes" iSd §§ 11, 3 NÄG.

d) Vornamensänderung trans- und intergeschlechtlicher sowie non-binärer Personen

Das von einem medizinisch veralteten, pathologisierenden Verständnis von Transgeschlechtlichkeit geprägte TSG (BT-Drucks 20/9049, 1) vom 10. 9. 1980 (BGBl I 1654), das gemessen am Umfang seines Normbestandes so oft vom BVerfG beanstandet wurde wie wenige andere Gesetze (siehe nur BVerfGE 88, 87 – Transsexuelle II; BVerfGE 115, 1 – Transsexuelle III; BVerfGE 116, 243 – Transsexuelle IV; BVerfGE 121, 175 – Transsexuelle V; BVerfGE 128, 109 – LPart vonTranssexuellen), wurde zum 1. 8. 2024 durch das Gesetz über die Selbstbestimmung in Bezug auf den Geschlechtseintrag vom 19. 6. 2024 (BGBl 2024 I Nr 206) (SBGG) abgelöst (BT-Drucks 20/9049; BT-Drucks 20/11004). Mit ihm wurde auch der zuvor auf intergeschlechtliche Personen beschränkte § 45b aF PStG, dem darob die Verfassungsmäßigkeit abgesprochen wurde (OLG Düsseldorf 11. 6. 2019 FamRZ 2019, 1663; AG Münster 16. 12. 2019 – 22 III 36/19, StAZ 2020, 147) und der auch im Hinblick auf die erforderlichen Nachweise Schwierigkeiten aufwarf (bspw BGH 10. 6. 2020 – XII ZB 451/19, StAZ 2020, 276), geändert und auf alle vom SBGG erfassten Personen erstreckt. Ziel des SBGG ist es, die personenstandsrechtliche Geschlechtszuordnung und die Vornamenswahl von der Einschätzung dritter Personen zu lösen und die Selbstbestimmung der betroffenen Person zu stärken und das Recht jeder Person auf Achtung und respektvolle Behandlung in Bezug auf die Geschlechtsidentität zu verwirklichen (§ 1 Abs 1 SBGG). Es umfasst trans- und intergeschlechtliche ebenso wie non-binäre Personen. Anders als das TSG setzt es keine medizinischen Maßnahmen mehr voraus (§ 1 Abs 2 SBGG). Danach kann jede Person, deren Geschlechtsidentität von ihrem Geschlechtseintrag im Personenstandsregister abweicht – was durch eine Versicherung zu belegen ist (§ 2 Abs 1 SBGG) –, gegenüber dem Standesamt erklären, dass die Angabe zu ihrem Geschlecht in einem deutschen Personenstandseintrag geändert werden soll, indem sie durch eine andere als der in § 22 Abs 3 PStG vorgesehenen Angaben ersetzt oder gestrichen wird. Mit der Erklärung nach § 2 Abs 1 SBGG sind die Vornamen zu bestimmen, die die Person zukünftig führen will und die dem gewählten Geschlechtseintrag „entsprechen" (§ 2 Abs 2 SBGG; zum *deadnaming* Zimmermann/Vollmar JuS 2025, 622). Dieses **Kongruenzgebot** wäre ein Rückschritt, es überzeugt aus den oben dargelegten Gründen nicht (so auch Rentsch/Valentiner NJW 2024, 3407, 3410 Rn 28 f; Duden StAZ 2024, 257, 260; Plobner/Markurt StAZ 2024, 193, 194; Bornhofen StAZ 2024, 325, 327). Die entsprechende Passage in der Gesetzesbegründung (BT-Drucks 20/9049, 36 – die Regelung bewirke, „dass die neuen Vornamen als zu dem Geschlechtseintrag passend erscheinen") wirkt wenig reflektiert. Daher ist das Kongruenzgebot zu reduzieren. So müssen etwa Personen mit dem Geschlechtseintrag „divers" keinen geschlechtsneutralen Vornamen wählen, sondern können weibliche oder männliche oder geschlechtsneutrale Vornamen wählen (Hepting/Dutta Familie und Personenstand, Rn V-967; Zimmermann FA-Nr 4319, StAZ 2025, 159, 160; OLG Nürnberg 15. 9. 2025 – 7 Wx 1222/25, Rn 39 ff). Wer den Geschlechtseintrag „männlich" wählt, kann männliche oder neutrale, wer den Geschlechtseintrag „weiblich" wählt, kann weibliche oder neutrale Vornamen wählen (Rundschreiben des BMI v 24. 9. 2024; Zimmermann FA-Nr 4319, StAZ 2025, 159). Eine Person kann bei der Vornamensänderung im Rahmen von § 2 Abs 2 SBGG die **Anzahl der Vornamen verringern oder erhö-** 136

hen (bis zur Obergrenze von ca fünf Namen, Rn 82, siehe nur Rundschreiben BMI v 14. 8. 2024, zust ZIMMERMANN FA-Nr 4319, StAZ 2025, 159, 160). Ab dem 14. Lebensjahr kann eine beschränkt geschäftsfähige Person die Erklärungen zu Geschlecht und Vornamen nur selbst abgeben, die erforderliche Zustimmung des gesetzlichen Vertreters kann durch das Familiengericht ersetzt werden, wenn die Änderungen dem Kindeswohl nicht widersprechen (§ 3 SBGG). Ob das Gesetz sich insgesamt bewährt, ist noch nicht klar; aufsehenerregende Missbrauchsfälle sind in der Tagespresse präsent (siehe auch HOFFMANN NJW 2025, 2057). Die Änderung des Geschlechtseintrags und des Vornamens unterliegt einer (nur) einjährigen Sperrfrist (§ 5 SBGG). Die Erklärungen sind persönlich vor dem Standesbeamten abzugeben und von diesem zu beurkunden (§ 45b Abs 1 S 1 PStG). Zuständig ist das Standesamt, das das Geburtenregister für die betroffene Person, deren Geschlechtseintrag und Vornamen geändert werden sollen, führt (§ 45b Abs 2 S 1 PStG).

e) Vornamensänderung nach BVFG und MNG

137 Die Ausnahmevorschrift des **§ 94 BVFG** für **Vertriebene und Spätaussiedler** sowie deren Ehegatten und Abkömmlinge, von der nur einmal Gebrauch gemacht werden kann (OLG Stuttgart 13. 3. 1997 – 8 W 84/97, StAZ 1997, 236, 237; LG Bremen 6. 11. 1997 – 2 T 566/1997b, StAZ 1998, 115) und die nicht zusätzlich zur öffentlich-rechtlichen Namensänderung gewährt werden kann (AG München 18. 4. 1994 – 77 III 181/94, StAZ 1995, 45), gilt nur dann, wenn der Name unter Anwendung ausländischen Namensrechts eine fremdländische Form erhalten hat (OLG Celle StAZ 1994, 120, 121; OLG Köln 9. 9. 2002 – 16 Wx 137/02, StAZ 2002, 368 f) bzw keine Entsprechung im deutschen Sprachbereich hat (näher HWB/WAGENITZ/BORNHOFEN, Der Vorname Rn 78, 79). Siehe dazu § 43 PStG. Wenn eine Namensangleichungserklärung nach § 94 BVFG abgegeben wurde, steht dies einem späteren Namensänderungsantrag nach § 3 NÄG grundsätzlich nicht entgegen (VG Stade 26. 9. 2016–1 A 1398/15, juris Rn 18; siehe VG Würzburg 20. 2. 2013 – W 6 K 11.551 und VG Düsseldorf 18. 2. 2011 – 24 K 1249/10).

138 Schließlich können Angehörige nationaler Minderheiten in Deutschland (Dänen, Sorben) nach dem **Minderheiten-NamensänderungsG 1997** (BGBl II 1406, siehe auch HWB/Gesetzestexte Nr 21) verlangen, ihre Vornamen in ihrer Minderheitensprache führen zu dürfen (näher HWB/WAGENITZ/BORNHOFEN, Der Vorname Rn 80 ff).

§ 1617
Geburtsname bei Eltern ohne Ehenamen und gemeinsamer Sorge

(1) Führen die Eltern keinen Ehenamen und steht ihnen die elterliche Sorge gemeinsam zu, so bestimmen sie durch Erklärung gegenüber dem Standesamt einen der folgenden Namen zum Geburtsnamen des Kindes:

1. den Familiennamen, den ein Elternteil zur Zeit der Erklärung führt, oder

2. einen aus den Namen (Nummer 1) beider Elternteile gebildeten Doppelnamen.

Im Fall des Satzes 1 Nummer 2 werden die für den Doppelnamen herangezogenen Namen durch einen Bindestrich verbunden, es sei denn, die Eltern bestimmen mit

der Erklärung nach Satz 1, dass die Namen nicht durch einen Bindestrich verbunden werden.

(2) Besteht der Name eines Elternteils, der nach Absatz 1 allein oder als einer der Namen eines Doppelnamens zum Geburtsnamen des Kindes bestimmt werden soll, aus mehreren Namen, so gilt zusätzlich:

1. im Fall des Absatzes 1 Satz 1 Nummer 1 können anstelle des gesamten Namens auch nur einer oder einige der Namen, aus denen der Name besteht, zum Geburtsnamen des Kindes bestimmt werden,

2. im Fall des Absatzes 1 Satz 1 Nummer 2 darf nur einer der Namen, aus denen der Name besteht, für die Bildung des Doppelnamens herangezogen werden.

(3) Eine nach der Beurkundung der Geburt abgegebene Erklärung muss öffentlich beglaubigt werden.

(4) Treffen die Eltern binnen eines Monats nach der Geburt des Kindes keine Bestimmung, so erhält das Kind einen in alphabetischer Reihenfolge aus den Namen (Absatz 1 Satz 1 Nummer 1) beider Elternteile gebildeten Doppelnamen. Besteht der Name eines Elternteils aus mehreren Namen, so wird der alphabetisch voranstehende Name für die Bildung des Doppelnamens herangezogen. Die herangezogenen Namen werden durch einen Bindestrich verbunden. Ergibt sich nach den Sätzen 1 bis 3 ein Geburtsname des Kindes, den zumindest ein Elternteil durch Erklärung gegenüber dem Standesamt ablehnt, so überträgt das Familiengericht das Recht zur Bestimmung des Geburtsnamens des Kindes einem Elternteil. Die Absätze 1 bis 3 und § 1617c Absatz 1 gelten entsprechend. Das Gericht kann dem Elternteil für die Ausübung des Bestimmungsrechts eine Frist setzen. Ist nach Ablauf der Frist das Bestimmungsrecht nicht ausgeübt worden, so erhält das Kind den sich nach den Sätzen 1 bis 3 ergebenden Geburtsnamen.

(5) Der von den Eltern oder einem Elternteil bestimmte Geburtsname gilt auch für ihre weiteren gemeinsamen Kinder.

Materialien: E I 1589; II § 1594; III § 1682; Mot IV 859; Prot IV 671 (alles zu § 1706 aF); NEhelG Art 1 Nr 19; 1. EheRG Art 1 Nr 24; FamNamRG Art 1 Nr 4; KindRG Art 1 Nr 7; PStRG 2007 Art 2 (16) Nr 9; EheGebNamRÄndG Art 1 Nr 2.

Schrifttum

S vor Vorbem zu §§ 1616–1625.

Systematische Übersicht

Alphabetische Übersicht

I. Einführung

1. Überblick

1 § 1617 BGB ist die zweite der drei großen Normen zum originären Geburtsnamenserwerb des Kindes – neben §§ 1616, 1617a BGB. Sie regelt den Fall der Eltern *ohne* Ehenamen, aber *mit* gemeinsamer Sorge. Die Norm enthält den Grundtatbestand der Namensbestimmung durch die Eltern nach § 1617 Abs 1–3 BGB mit Regelungen zu Bindestrich und Namenskürzung bei Doppelnamen, ferner eine mehrstufige Regelung bei Elternuntätigkeit oder Elterndissens nach § 1617 Abs 4 BGB sowie das Prinzip der Geschwisternamenseinheit in § 1617 Abs 5 BGB.

2. Entstehungsgeschichte

2 Die Norm findet ihren Vorläufer in § 1706 aF BGB und erhielt ihren jetzigen Standort mit dem NEhelG 1969. Weitere Umgestaltungen erfolgten mit dem 1. EheRG 1976, mit dem BetreuungsG 1990, mit dem FamNamRG 1993 und dem KindRG 1997 sowie dem PStRG 2007: Kaum eine Namensrechtsreform ließ § 1617 BGB unangetastet.

3 Zuletzt hat die Namensrechtsreform 2024 die Norm maßgeblich verändert, indem sie insbesondere in ihren Grundtatbestand des Abs 1 den Doppelnamen einfügte, Regeln zu Bindestrich und Namenskürzung schuf (die Referenzziel zahlreicher anderer

Normen geworden sind) den vorläufigen automatischen gesetzlichen Doppelnamen bei Elterndissens oder -untätigkeit einführte und den früheren Abs 3 (Sonderregeln bei Auslandsgeburt) strich. Die Öffnung für Doppelnamen erfolgte dabei schon im Referentenentwurf. Zwischen ebendiesem und Regierungsentwurf blieb der Normvorschlag weitgehend unverändert. Erst in der Rechtsausschussfassung (BT-Drucks 20/10997, 8) folgte dann die Umkehr des Regel-Ausnahme-Verhältnisses beim Bindestrich, der automatische Doppelname ex lege bei Untätigkeit oder Dissens und der Wegfall der Sonderregeln bei Auslandsgeburt.

3. Normbedeutung

Bei namensverschiedenen Eltern mit gemeinsamem Sorgerecht fehlt es an Kriterien, 4
an Hand derer dem Kind kraft Gesetzes der Mutter- *oder* der Vatername zugewiesen werden könnte. Den naheliegenden Gedanken, einen Doppelnamen zu bilden, hat der Gesetzgeber nun mit dem EheGebNamRÄndG 2024 aufgenommen. Die Sorgegemeinschaft der Eltern legt es nahe, ihnen die Verantwortung für die Festlegung des Kindesnamens zuzuweisen. Ein derart bestimmter Kindesname kann naturgemäß nicht ex lege im Moment der Geburt, sondern erst mit Vollzug der Namensbestimmung erworben werden. Daher muss die vorübergehende Namenlosigkeit des neugeborenen Kindes in Kauf genommen werden; bei langfristiger Namenlosigkeit ist gemäß Abs 4 im Kindesinteresse ein automatischer Doppelname und eine gerichtliche Interventionsmöglichkeit vorgesehen. Dieses Namensbestimmungsmodell gilt **nur für das erste gemeinsame Kind** der Eltern, der Name weiterer Kinder folgt ex lege, Abs 5.

II. Tatbestandliche Voraussetzungen des § 1617 BGB

1. Kein Ehename im Moment der Geburt

Voraussetzung für die Anwendbarkeit von § 1617 BGB ist zunächst, dass im **Moment** 5
der Geburt des Kindes kein Ehename besteht. Besteht in ebendiesem Zeitpunkt ein Ehename, gilt nicht § 1617 BGB, sondern § 1616 BGB. Wird ein Ehename nach der Geburt gewählt, ändert dies an der Anwendbarkeit von § 1617 BGB grundsätzlich nichts, der bestimmte Name wird lediglich ex nunc vom späteren Ehenamen abgelöst.

Unter den Tatbestand des § 1617 BGB fallen demgemäß folgende Konstellationen: 6

- Die Eltern sind miteinander verheiratet, führen aber keinen Ehenamen (§ 1355 Abs 1 S 3 BGB). Die Ehe endet erst mit Rechtskraft des Scheidungsbeschlusses, vorherige Drittanerkennung des Kindes nach § 1599 Abs 2 BGB und Sorgeerklärung nach § 1626a Abs 1 Nr 1 BGB (Staudinger/Coester [2020] § 1626b Rn 4, 11) berühren § 1617 BGB nicht (Fachausschuss Standesbeamte StAZ 2003, 217).

- Die Eltern sind nicht miteinander verheiratet, haben aber kraft pränataler Sorgeerklärung (§ 1626a Abs 1 Nr 1 BGB) oder kraft früherer Ehe gemeinsames Sorgerecht. War bei geschiedenen Eltern in der Ehe ein Ehename gewählt worden, muss dieser vor der Kindesgeburt zumindest von einer Seite schon abgelegt worden sein, anderenfalls greift § 1616 BGB (§ 1616 Rn 16).

2. Gemeinsames Sorgerecht im Moment der Geburt

a) Gemeinsames Sorgerecht

7 Nur gemeinsam sorgeberechtigte Eltern werden vom Gesetz auch namensrechtlich als gleichwertige Alternativen erachtet. Das alleinige Sorgerecht eines Elternteils weist auf diesen auch als namensrechtlichen Bezugselternteil hin, § 1617a Abs 1 BGB. Namenserwerb nach § 1617a BGB findet auch dann statt, wenn von zwei (für dieses Kind potenziell) sorgeberechtigten Eltern ein Teil vor der Geburt des Kindes stirbt. Sind beide Eltern vorverstorben, sollte man nicht über die hypothetischen Sorgeverhältnisse bei Kindesgeburt oder die Todesreihenfolge spekulieren. Bei gemeinsamem wie bei beiderseits fehlendem Sorgerecht sind die Eltern gleichrangig, sachgerecht ist eine Namensbestimmung durch den Vormund analog § 1617 Abs 1 BGB (zum Streitstand siehe § 1617a Rn 13 f). Gemeinsames Sorgerecht fehlt auch, wenn abgegebene Sorgeerklärungen unwirksam waren (§§ 1626e, 104 Nr 2 BGB).

8 Das **„kleine Sorgerecht" des § 1687b BGB** genügt nicht, schon da es einem Nicht-Elternteil zusteht. Angesichts der erweiterten Möglichkeit von teilgemeinsamer Sorge bedarf der Anwendungsbereich des § 1617 BGB jedoch einer sorgfältigen Abgrenzung.

9 **Leben gemeinsam sorgeberechtigte Eltern getrennt**, beschränkt **§ 1687 Abs 1 BGB** die gemeinsame Zuständigkeit auf Fragen von erheblicher Bedeutung, während für alltägliche Angelegenheiten der Betreuungselternteil allein zuständig ist. Da § 1687 BGB vom Grundsatz der gemeinsamen Verantwortung ausgeht und außerdem die Bestimmung des Familiennamens sicher nicht zur Alltagssorge gehört, steht die Kompetenzaufteilung des § 1687 Abs 1 BGB der Anwendung des § 1617 BGB nicht entgegen – die Eltern sind „gemeinsam sorgeberechtigt" iSd Vorschrift (Staudinger/Dürbeck [2023] § 1687 Rn 43; Lipp/Wagenitz § 1617 Rn 23, 61; HWB/Wagenitz/Bornhofen § 1617 Rn 52).

10 Schwieriger ist die Abgrenzung bei **teilgemeinsamem Sorgerecht** (Entstehungsgründe: § 1671 BGB oder teilweiser Sorgerechtsentzug bei einem Elternteil; s auch Staudinger/Coester [2020] § 1626a Rn 59, 60). Zwischen den beiden Sorgebereichen Personen- und Vermögenssorge entscheidet die **Personensorge**, weil die Namensbestimmung als Ausfluss gerade dieser Teilkompetenz anzusehen ist (Rn 14 f; vgl Schwab/Dutta, FamR Rn 788). § 1617 BGB ist also anwendbar, wenn die Personensorge beiden Eltern zusteht, und nicht anwendbar, wenn das gemeinsame Sorgerecht auf die Vermögenssorge beschränkt ist (dann § 1617a Abs 1 BGB). Ist **auch die Personensorge selbst nur teilgemeinsam** (etwa dergestalt, dass einzelne Teilbereiche wie Aufenthaltsbestimmungsrecht, medizinische Versorgung des Kindes oder Schulfragen einem Elternteil allein zugewiesen sind), so genügt es für die Anwendbarkeit des § 1617 BGB, wenn gerade **der Teil** der Personensorge in die gemeinsame Zuständigkeit fällt, **zu dem das Namensbestimmungsrecht zu rechnen ist** (vgl Schwab/Dutta, FamR Rn 788 [zu § 1618 BGB]). Diese Grundsätze gelten auch, wenn außerhalb des – für die Namensbestimmung maßgeblichen – gemeinsamen Sorgebereichs nicht ein Elternteil alleinsorgeberechtigt ist, sondern wegen Entzugs bei beiden Elternteilen ein Pfleger.

11 **Ruht das Sorgerecht** eines Elternteils, so kommt es nicht auf die Unterscheidung an, ob das Sorgerecht in der Substanz oder nur in der Ausübungsbefugnis verloren geht

(vgl STAUDINGER/COESTER [2020] § 1675 Rn 2): § 1617 BGB ist nicht anwendbar, der andere Elternteil ist iS von § 1617a Abs 1 BGB als alleinberechtigt anzusehen (§ 1678 Abs 1 Hs 1 BGB; LIPP/WAGENITZ § 1617 Rn 9; **aA** HWB/WAGENITZ/BORNHOFEN § 1617 Rn 9; GERNHUBER/COESTER-WALTJEN § 55 Rn 15; MünchKommBGB/vSACHSEN GESSAPHE § 1617 Rn 10). Anderes gilt im Hinblick auf einen **minderjährigen Elternteil**: Das Ruhen seines Sorgerechts erstreckt sich gemäß § 1673 Abs 2 S 2 BGB nicht auf die Personensorge, so dass in diesem allein maßgeblichen Sorgebereich die für § 1617 BGB nötige Sorgegemeinsamkeit mit dem anderen Elternteil zu bejahen ist (BeckOK-BGB/PÖCKER [1. 11. 2025] § 1617 Rn 3).

b) Maßgeblicher Zeitpunkt

Stichtag für den Bestand des gemeinsamen Sorgerechts ist, wie sich im Umkehrschluss aus § 1617a Abs 1, 1617b Abs 1 BGB klar ergibt, unstreitig die **Geburt des Kindes** (OLG Frankfurt 4. 2. 2005 – 20 W 274/04, StAZ 2005, 181; OLG Karlsruhe 19. 2. 2016 – 5 UF 171/15, StAZ 2016, 377 Rn 35; OLG München 30. 7. 2015 – 31 Wx 425/14, StAZ 2016, 49 Rn 7; LIPP/WAGENITZ § 1617 Rn 7; MünchKommBGB/vSACHSEN GESSAPHE § 1617 Rn 9; NK-BGB/CZEGUIIN/SCHMITZ § 1617 Rn 5; WAGENITZ FamRZ 1998, 1545). Bei nicht miteinander verheirateten Eltern setzt § 1617 BGB deshalb ein pränatales Vaterschaftsanerkenntnis (§ 1594 Abs 4 BGB) und sodann eine pränatale Sorgeerklärung (§ 1626b Abs 2 BGB) voraus (keine Sorgeerklärung ohne rechtlich etablierte Vaterschaft, STAUDINGER/COESTER [2020] § 1626b Rn 8), denn anderenfalls greift § 1626a Abs 3 BGB (alleiniges Sorgerecht der Mutter). Unter diesen Voraussetzungen können nicht nur verheiratete, sondern auch nicht miteinander verheiratete Eltern eine **pränatale Namensbestimmung** vornehmen (BeckOK-BGB/PÖCKER [1. 11. 2025] § 1617 Rn 4). Dies gilt auch für die Namensbestimmung durch Ehefrau und Erzeuger im Fall des § 1599 Abs 2 BGB. Bei **nachgeburtlicher Begründung des gemeinsamen Sorgerechts** sind zunächst § 1617a Abs 1 BGB, dann § 1617b Abs 1 BGB anzuwenden (OLG Karlsruhe 19. 2. 2016 – 5 UF 171/15, StAZ 2016, 377 Rn 36; ausnahmsweise Eintragung des Kindes sogleich mit dem gewählten Namen, wenn die Geburt noch nicht beurkundet war; nur im Einzelfall anders OLG Frankfurt 4. 2. 2005 – 20 W 274/04, StAZ 2005, 181 f). 12

Bei **nachgeburtlichem Verlust des gemeinsamen Sorgerechts** ist zu unterscheiden: Hatten die Eltern den Kindesnamen nach § 1617 Abs 1 BGB **schon wirksam bestimmt**, so ist der spätere Verlust des gemeinsamen Sorgerechts unerheblich; insbesondere erwächst dem dann Alleinsorgeberechtigten kein Neubestimmungsrecht. Anderes gilt nur bei *rückwirkendem* Wegfall des gemeinsamen Sorgerechts (wenn man entgegen § 1626e BGB eine Anfechtung der Sorgeerklärung zulässt, vgl STAUDINGER/COESTER [2020] § 1626e Rn 3). 13

War der Kindesname **noch nicht wirksam festgelegt**, so ändert der Wegfall des gemeinsamen Sorgerechts nichts an der Erforderlichkeit einer Namensbestimmung nach § 1617 BGB: Die Gleichwertigkeit der Elternnamen und die Wahlnotwendigkeit sind durch das gemeinsame Sorgerecht am Tag der Geburt begründet worden, ein Umschwenken auf § 1617a BGB ist ferner deshalb nicht möglich, weil auch diese Vorschrift auf die Sorgeverhältnisse bei der Geburt abstellt. Die Namensbestimmung steht den Eltern als Teil der Personensorge zu; wird nach Entstehung des Bestimmungsrechts ein Elternteil alleinsorgeberechtigt, so kann und muss er es allein ausüben (LIPP/WAGENITZ § 1617 Rn 8; WAGENITZ FamRZ 1998, 1545, 1546; zum früheren Recht LG Freiburg 19. 3. 1996 – 4 T 284/95, StAZ 1997, 239). Ist beiden Eltern das Personensorgerecht 14 entzogen worden, so hat der Pfleger oder Vormund des Kindes zwischen den Elternnamen zu wählen (HWB/Wagenitz/Bornhofen § 1617 Rn 18).

III. Namensbestimmung durch die Eltern, § 1617 Abs 1–3 BGB

1. Bestimmungsrecht

a) Rechtsnatur

15 Das Recht der Eltern zur Namensbestimmung in § 1617 BGB ist wie auch in den folgenden Vorschriften Emanation der **elterlichen Personensorge** gemäß § 1626 Abs 1 BGB (zur Vornamensbestimmung siehe § 1616 Rn 23 ff). §§ 1617 Abs 1, 1617a, 1617b Abs 1, 1617d Abs 1, 1617e Abs 1, Abs 4 Nr 1, 1617f Abs 2 S 1 und 1617g Abs 2 S 1 BGB verwenden das Sorgerecht als für die Auswahl des namensgebenden Elternteils maßgebliches Kriterium, und auch die Gesetzesverfasser haben die sorgerechtliche Qualität des Bestimmungsrechts klarstellend betont (BT-Drucks 12/3163, 13; BT-Drucks 13/4899, 70; BT-Drucks 13/8511, 71; BT-Drucks 20/9041, passim; vgl BayObLG 3. 9. 1996 – 1 Z BR 211/95, FamRZ 1997, 232, 234; LG Freiburg 19. 3. 1996 – 4 T 284/95, StAZ 1997, 239; Diederichsen NJW 1998, 1977, 1981). Dem folgt das BVerfG: Das Namenserteilungsrecht sei den Eltern „nicht im Interesse eigener Persönlichkeitsentfaltung, sondern allein im Rahmen ihrer Sorgeverantwortung nach Art 6 Abs 2 GG im Interesse ihrer Kinder eingeräumt" (BVerfG 30. 1. 2002 – 1 BvL 23/96, FamRZ 2002, 306, 308, 310 = BVerfGE 104, 373 Rn 67; BVerfG 18. 3. 2002 – 1 BvR 2297/96, FamRZ 2002, 877 Rn 8; BVerfG, 28. 1. 2004 – 1 BvR 994/98, BVerfGK 2, 258 Rn 11).

16 Bei der Ausübung des Bestimmungsrechts handeln die Eltern **nicht in Vertretung des Kindes** gemäß § 1629 BGB, sondern geben im Rahmen ihrer Sorgeverantwortung eine **eigene Erklärung für das Kind** ab (sogenannte „amtsähnliche Handlung", vgl Staudinger/Lettmaier [2020] § 1629 Rn 24 ff; iE auch Lipp/Wagenitz § 1617 Rn 19; HWB/Wagenitz/Bornhofen § 1617 Rn 41). Diese Unterscheidung ist wichtig für den minderjährigen Elternteil, § 1673 Abs 2 BGB (Rn 11 und Rn 36).

17 Die sorgerechtliche Qualifikation des Namensbestimmungsrechts hat Konsequenzen für die Entscheidungsfreiheit der Eltern: Die Eltern haben die Pflicht, die **Kindesinteressen** zu wahren (§§ 1626 Abs 1 S 1, 1627 S 1 BGB). IdR sind Kindesinteressen am einen oder anderen Elternnamen nicht erkennbar, im Einzelfall kann das aber anders sein (vgl für die gerichtliche Übertragungsentscheidung Rn 63). Doch selbst in diesen Fällen hat die Pflichtbindung der Eltern nur theoretische Bedeutung: Ihre Verletzung erreicht jedenfalls in aller Regel nicht die Gefährdungsgrenze des § 1666 Abs 1 BGB und löst deshalb keine staatliche Intervention aus (vgl aber Rn 4, 43. Ferner ist die Wirksamkeit der elterlichen Bestimmung nicht per se dadurch beeinträchtigt, dass sie den wohlverstandenen Kindesinteressen zuwiderläuft (vgl Staudinger/Coester [2020] § 1666 Rn 81 ff; Staudinger/Lettmaier [2020] § 1627 Rn 18).

b) Einzelheiten

18 Einzelne Folgerungen aus dieser Qualifizierung des Bestimmungsrechts sind zT bereits früher hervorgetreten:

- Maßgeblich für die Berechtigung zur Namensbestimmung sind die **sorgerechtlichen Verhältnisse zur Zeit der Ausübung des Bestimmungsrechts** (Rn 12 f).

– Bei gemeinsam sorgeberechtigten, aber **getrennt lebenden Eltern** ist gemäß § 1687 Abs 1 S 1 BGB eine **einvernehmliche Bestimmung** erforderlich (Rn 9).

– Ist das **Kind nach der Geburt verstorben**, so hat es eine Zeit lang gelebt und ist in das Geburtenregister einzutragen. Denn das Namensrecht wirkt als Teil des allgemeinen Persönlichkeitsrechts über den Tod hinaus fort (AG Kleve 28. 7. 2010 – 8 III 6/10, StAZ 2011, 215 Rn 41 für einen Fall nach § 1617a Abs 2 BGB). War bei gemeinsam sorgeberechtigten Eltern der Geburtsname noch nicht bestimmt, ist er von den Eltern als Akt „elterlicher Nachsorge" posthum zu bestimmen (Lipp/Wagenitz § 1617 Rn 27; vgl Staudinger/Coester [2023] § 1698b Rn 1). 19

– Ist das Kind **totgeboren oder in der Geburt verstorben**, so kann nach § 21 Abs 2 PStG auf Wunsch eines (hypothetisch) Personensorgeberechtigten dennoch ein Kindesname eingetragen werden (Vorbem 38 zu §§ 1616–1625; zur Fehlgeburt s Vorbem 39 zu §§ 1616–1625). Jeder (hypothetisch) Sorgeberechtigte ist allein antragsbefugt (Gaaz/Bornhofen/Lammers, PStG § 21 Rn 63). Für (hypothetisch) gemeinsam sorgeberechtigte Eltern bedeutet dies, dass sie den Namen gemäß § 1617 Abs 1 BGB einvernehmlich bestimmen müssen (keine familiengerichtliche Entscheidung nach Abs 4, s Rn 43 ff; keine Eintragung bei fehlendem Konsens, vgl 21.4.6 PStG-VwV). § 21 Abs 2 S 3 PStG stellt dies für verheiratete Eltern ohne Ehenamen klar. Nicht bedacht ist dabei der Fall, dass miteinander nicht verheiratete Eltern schon pränatale Sorgeerklärungen abgegeben hatten – hier ist § 21 Abs 2 S 3 PStG analog anzuwenden (Rixen FamRZ 1999, 265, 267). Selbst wenn **noch keine Sorgeerklärungen** abgegeben worden waren, sollte den Eltern (entsprechend Rn 19) ermöglicht werden, den Namen gemeinsam zu bestimmen (Rixen 268 will die Versicherung gegenüber dem Standesamt genügen lassen, dass die Eltern bei Lebendgeburt alsbald Sorgeerklärungen abgegeben hätten; zust Gaaz/Bornhofen/Lammers, PStG § 21 Rn 63 mit Hinweis darauf, dass mangels weiterer Rechtswirkungen der Namensbeurkundungen des totgeborenen Kindes auf die öffentliche Beurkundung der Sorgeerklärungen verzichtet werden kann). Entsprechendes gilt, wenn noch kein Vaterschaftsanerkenntnis abgegeben wurde. Auch das Vaterschaftsanerkenntnis zu einer Totgeburt hat lediglich registerrechtliche Wirkungen. Auch in derartigen Konstellationen sollte es daher möglich sein, dass die Eltern dem Kind den Familiennamen des Vaters geben (Fachausschuss Standesbeamte StAZ 2008, 16). 20

c) Grenzen: Persönlichkeitsrecht des älteren Kindes

Zu den Grundstrukturen des Kindesnamensrechts gehört der Schutz des älteren Kindes vor ihm unerwünschten Namenswechseln, im Einzelnen ausgestaltet in § 1617c Abs 1 S 2, 3 BGB (s ausführlich § 1617c Rn 12 ff) und anderwärts in Bezug genommen (§ 1617 Abs 4 S 5 BGB, § 1617a Abs 4 S 3 BGB, § 1617b Abs 1 S 3 BGB, § 1617b Abs 2 S 3 BGB, § 1617d Abs 2 S 1 Hs 2 BGB, § 1617e Abs 5 S 2 BGB, § 1617f Abs 2 S 4 Hs 2 BGB, § 1617g Abs 2 S 4 BGB und § 1617g Abs 4 BGB). In § 1617 Abs 1–3 BGB ist diese Grenze des elterlichen Bestimmungsrechts nicht angesprochen, da das Gesetz auf die alsbaldige Namensfestlegung nach der Geburt abzielt. Dennoch sind Ausnahmefälle denkbar, in denen die Namensbestimmung nach § 1617 Abs 1–3 BGB für ein über fünfjähriges Kind vorzunehmen ist. Ein solcher Fall kann eintreten, wenn man die Namensbestimmung nach Abs 1 für *anfechtbar* hält (dazu Rn 40) und die Anfechtung erst nach dem fünften Geburtstag des Kindes erklärt worden ist. Dann bedarf es noch einer gültigen Namensbestimmung nach § 1617 Abs 1 BGB; 21

zum Schutze des Kindes muss jedoch das **Anschlussmodell des § 1617c Abs 1 BGB analog** angewendet werden (Lipp/Wagenitz § 1617 Rn 25). Dabei sind die Eltern als Namensbestimmende nicht durch § 181 BGB gehindert, für das Kind zu handeln (Rn 16) – die Erklärungen sind gleichgerichtet gegenüber dem Standesamt abzugeben.

22 Eine absolute Grenze für die elterliche Bestimmungsmacht ist jedoch bei Volljährigkeit des Kindes erreicht: Sie erlischt ohne weiteres mit der elterlichen Sorge (§§ 2, 1626 Abs 1 S 1 BGB). Hier obliegt es dem Kind selbst, das bei seiner Geburt gemäß § 1617 Abs 1 BGB entstandene Namensbestimmungsrecht auszuüben (vgl § 1617c Rn 21). Eine Automatisierung und Erzwingung der Namensbestimmung analog Abs 4 wird, nach ergebnisloser Fristsetzung, auf eine gerichtliche Bestimmung des Mutter- oder des Vaternamens hinauslaufen müssen (Lipp/Wagenitz § 1617 Rn 26; anders HWB/Wagenitz/Bornhofen § 1617 Rn 58 [Fortführung des bisher faktisch geführten Namens]).

2. Zur Wahl stehende Namen

a) Grundsätze

23 Zur Wahl stehen beidseitig die **Familiennamen, die jeder Elternteil** zur Zeit der Erklärung führt (§ 1617 Abs 1 S 1 Nr 1 BGB), oder ein aus den im Zeitpunkt der Erklärung geführten Familiennamen beider Elternteile gebildeter **Doppelname** (§ 1617 Abs 1 S 1 Nr 2 BGB). Wird der Familienname eines Elternteils gewählt (Nr 1), tritt die Kennzeichnung der Zugehörigkeit zur sozialen Familiengruppe als Namensfunktion in den Vordergrund (Vorbem 20 zu §§ 1616–1625). Wird ein Doppelname gewählt (Nr 2), so besteht nicht nur vollständige Überschneidung mit der sozialen Familiengruppe, sondern es wird zudem die vertikale Zuordnung zur den beiden elterlichen Linien aufgezeigt. Übergangslose Verbindungen („Seelmanneggebert") sind unzulässig (BT-Drucks 20/9041, 46). Meshing – also das Verschmelzen von Namen – („Seelbert", „Eggemann") ist ebenfalls unzulässig (BT-Drucks 20/9041, 46; ein durch Meshing in den USA gebildeter Name wurde im konkreten Fall für anerkennungsfähig gehalten – Krömer StAZ 2021, 25). Die Reihenfolge der Namen ist beliebig (BeckOK-BGB/Pöcker [1. 11. 2025] § 1617 Rn 9).

24 Der **Zeitpunkt der Namensbestimmung** ist maßgeblich – hat sich ein Elternname zwischen Geburt und Erklärung nach Abs 1 geändert, so ist nur der jetzt aktuelle Name wählbar (Lipp/Wagenitz § 1617 Rn 13, 72). Die Wahl des bei Geburt geführten, jetzt aber abgegebenen Namens würde dem Kind einen Namen zuweisen, den keiner seiner Elternteile mehr führt. Im Ergebnis das Gleiche gilt, wenn **ein Elternteil zwischen Kindesgeburt und Namensbestimmung gestorben ist**: Hier wird nur noch ein Elternname geführt. Es bedarf zwar einer konstitutiven Namensbestimmung, da es insoweit auf die Verhältnisse zum Geburtszeitpunkt ankommt (Rn 12). Das Bestimmungsrecht steht jedoch nunmehr allein dem überlebenden Elternteil zu (§ 1680 Abs 1 BGB; Gernhuber/Coester-Waltjen § 55 Rn 15; Wagenitz FamRZ 1998, 1545, 1548; **aA** Rauscher, FamR Rn 918; vgl Rn 14) und ist inhaltlich auf dessen Namen beschränkt (**aA** HWB/Wagenitz/Bornhofen § 1616 Rn 40; HWB/Wagenitz/Bornhofen § 1617 Rn 50; Michalski FamRZ 1997, 977, 982). Pietätsgesichtspunkte haben hinter dem Interesse des Kindes an Nameneinheit in der gelebten Familiengemeinschaft und an potenzieller Namensfolge nach dem sorgeberechtigten Elternteil (§ 1617c Abs 2 Nr 2 BGB) zurückzutreten. Anders verhält es sich, wenn beide Eltern leben, das Bestimmungsrecht aber nur von einem Teil oder vom Vormund auszuüben ist (Rn 11, 14): Hier stehen beide El-

ternnamen zur Wahl (HWB/Wagenitz/Bornhofen § 1617 Rn 50). Das Gleiche muss gelten, wenn beide Eltern verstorben sind (vgl Rn 7 – Namenseinheit ist hier ohnehin nicht mehr erreichbar.

Uneinheitlich wird – hier ebenso wie bei den anderen Vorschriften zur Namenserteilung – beurteilt, ob es einer Namenserteilung entgegensteht, wenn die **Identität** und damit der **Name** von **Vater und/oder Mutter** (noch) **nicht nachweisbar** ist. Nach teilweise vertretener Ansicht scheidet die Namenserteilung aus, wenn kein Nachweis der Identität des Elternteils vorliegt (so LG Kiel 5. 7. 2010 – 3 T 6/06, StAZ 2011, 185 Rn 10; AG Paderborn 10. 2. 2010 – 3 III 10/09, StAZ 2010, 335 Rn 8 f; AG Tübingen 1. 12. 2015 – 10 UR III 21/15, StAZ 2016, 313 Rn 34; OLG München 26. 7. 2017 – 31 Wx 397/16, StAZ 2018, 89 Rn 8). Überzeugender ist der Ansatz, wonach es der Erteilung eines Namens nicht entgegensteht, dass die Identität von Vater und Mutter nicht nachweisbar ist; es macht lediglich die Aufnahme eines Vorbehalts (etwa „Namensführung nicht nachgewiesen" oder „Identität nicht nachgewiesen") nach § 35 Abs 1 PStV erforderlich (BGH 3. 2. 2021 – XII ZB 391/19 Rn 17 ff; KG 8. 8. 2017 – 1 W 187/17, 1 W 193/17 Rn 15 [zu § 1617 BGB]; ebenso AG Rottweil 24. 6. 2009 – 4 GRI 9/09, StAZ 2009, 340 = FamRZ 2010, 220 Rn 10; Erman/Döll § 1617 Rn 3); wird dieser Vorbehalt wieder gestrichen, handelt es sich nicht um eine Berichtigung nach §§ 47 f PStG, sondern um eine Folgebeurkundung nach § 27 Abs 3 PStG (LG Bamberg 19. 8. 2019 – 42 T 89/19, StAZ 2020, 377). 25

Weitere Konsequenz der vom Gesetz angestrebten Namenseinheit zwischen Eltern und Kind ist die Einschränkung der Wahl auf die **geführten Namen**. Dabei nimmt das Merkmal der „Namensführung" nicht auf den faktischen Gebrauch Bezug (etwa auf Pseudonyme, Gebrauchsnamen), sondern auf den **personenstandsrechtlich geführten Namen** (Lipp/Wagenitz § 1617 Rn 11; HWB/Wagenitz/Bornhofen § 1617 Rn 28; vgl Vorbem 25, 28 zu §§ 1616–1625; zust KG 8. 8. 2017 – 1 W 187/17, 1 W 193/17 Rn 15). Dies kann der Geburtsname, aber auch ein „erheirateter" Name sein. Dieser unterscheidet sich, wie der Vergleich von § 1355 Abs 2 S 1 Nr 1 und 2 BGB deutlich macht, vom Geburtsnamen, dh dem „Stammnamen", der von einem geführten Namen überlagert werden kann. Nur der Geburtsname wird im Geburtenregister eingetragen und fortgeschrieben (§ 1355 Abs 6 BGB; § 27 Abs 3 Nr 1 PStG), ein bei Heirat übernommener Ehename erscheint nur im Eheregister (§ 16 Abs 1 S 1 Nr 5 PStG). Er ist aber der aktuell „geführte" (und zu führende) Name (§ 1355 Abs 1 S 2 BGB), der folglich gemäß § 1617 Abs 1 S 1 BGB zum Kreis der wählbaren Namen gehört. Da der beiden Eltern gemeinsame Ehename schon nach § 1616 BGB auf das Kind übergeht, kommen, sofern die Eltern nicht ihre Geburtsnamen führen, für § 1617 Abs 1 BGB nur aus anderweitiger Ehe eines Elternteils erworbene Namen in Betracht. Es kann sich um eine frühere oder eine noch bestehende Ehe mit einem Dritten handeln (Diederichsen NJW 1998, 1977, 1981; Lipp/Wagenitz § 1617 Rn 12). Einen Schutz des Dritten vor Weitergabe „seines" Namens an ein ihm fremdes Kind sieht das Gesetz hier ebenso wenig vor wie bei Weitergabe an einen neuen Ehegatten (§ 1355 Abs 2 BGB; BVerfG 18. 2. 2004 – 1 BvR 193/97, FamRZ 2004, 515), denn es ist nicht mehr „sein" Name – sein Ehegatte (und jetzt Elternteil des Kindes) hat den Namen gemäß § 1355 Abs 1 BGB zu eigenem Recht erworben. 26

Mit § 1617 Abs 1 S 2 Nr 2 BGB entfiel somit zum 1. 5. 2025 das **frühere Doppelnamensverbot**, dem das BVerfG noch die Verfassungsmäßigkeit bescheinigte (BVerfG 3. 1. 2001 – 1 BvL 23/96, FamRZ 2002, 307; so auch BayVGH 4. 11. 2014 – 5 C 14.2016, NJW 2015, 27

569 Rn 4; krit dazu Sacksofsky FPR 2002, 121 ff; Gernhuber/Coester-Waltjen § 55 Rn 12). Es hatte bereits mit dem KindRG 1998 weitgehend seine Legitimationsgrundlage verloren. Erklärtes Ziel des Gesetzes war gewesen, die massenhafte Ausbreitung von Doppelnamen und die Folgeprobleme bei Heirat von Doppelnamensträgern zu verhindern (Namensketten, „Namenscocktail" von Teilnamen). Auch die Gerichte hielten es für legitim, „Doppelnamen weitgehend zurückzudrängen, damit das Namensgefüge in Deutschland möglichst unberührt bleibt und somit der Name seine identitätsstiftende Wirkung nicht verliert" (OLG Naumburg 25. 11. 1996 – 10 Wx 23/96, FamRZ 1997, 1234, 1237; vgl Diederichsen NJW 1994, 1089, 1092). Der Gestaltungsspielraum, den eine Generation „bei der Zulassung von Doppelnamen gewänne, ginge der folgenden Generation verloren", weil die Folgegeneration nicht mehr die gleichen Kombinationsmöglichkeiten hätte wie die vorhergehende Generation (so die deutsche Regierung in Verteidigung der alten deutschen Rechtslage in EuGH 14. 10. 2008 – C-353/06 *Grunkin-Paul*, FamRZ 2008, 2089 Rn 35). Das BVerfG hat diese Erwägungen als Legitimation für das Doppelnamenverbot akzeptiert (BVerfG 3. 1. 2001 – 1 BvL 23/96, FamRZ 2002, 307, 309). Der EuGH hingegen tat die Gefahr von Namensketten – als „auf Verwaltungsvereinfachung ausgerichtete Erwägungen" – als nicht hinreichenden Grund für eine Einschränkung des Freizügigkeitsrechts (Art 21 AEUV) ab (EuGH 14. 10. 2008 – C-353/06 *Grunkin-Paul*, FamRZ 2008, 2089 Rn 36). Auch den komplexen Namen von Herrn Bogendorff hat der EuGH als Rechtfertigung für die Nichtanerkennung nicht ernsthaft in Betracht gezogen (vgl EuGH 2. 6. 2016 – C-438/14 *Bogendorff von Wolffersdorff*, FamRZ 2016, 1239 Rn 52 [„Peter Mark Emanuel Graf von Wolffersdorff Freiherr von Bogendorff"]). Dementsprechend hatte die Entscheidung *Grunkin-Paul* in der deutschen Literatur die Forderungen nach der Liberalisierung des deutschen Namensrechts insbesondere im Hinblick auf die Zulassung von Doppelnamen wieder aufleben lassen (siehe nur Koritz FPR 2008, 629, 630). Zudem war die Argumentation mit dem „Namensgefüge" seit 1998 brüchig geworden: Da es nach dem KindRG 1998 möglich war, dass als tradierbarer Individualname eines Elternteils auch sein „unechter", dh aus Ehenamen und Begleitnamen zusammengesetzter, Doppelname in Frage kam und dieser in der Person des Kindes zu einem echten Doppelnamen mutierte (Rn 29) und das Gesetz ferner einen Doppelnamen des Kindes in § 1618 aF BGB (Einbenennung) als Kompromisslösung anbot, war das alte, doppelnamenfeindliche „Namensgefüge" in Deutschland (vgl BVerfG 3. 1. 2001 – 1 BvL 23/96, FamRZ 2002, 307, 309: grundsätzliche „Eingliedrigkeit des Familiennamens") ohnehin ins Wanken geraten und konnte das Doppelnamenverbot des § 1617 Abs 1 aF BGB umso weniger rechtfertigen. Zudem konnten (und können) die Eltern über eine kollisionsrechtliche Rechtswahl nach Art 10 Abs 3 EGBGB den Kindesnamen einem Recht unterstellen, das echte Doppelnamen kennt (so auch EuGH 14. 10. 2008 – C-353/06, FamRZ 2008, 2089 Rn 37). Auch rechtsvergleichend betrachtet stand Deutschland weitgehend isoliert – zuletzt ließen 21 von 27 EU-Mitgliedstaaten den Kindesdoppelnamen zu (Lettmaier FamRZ 2020, 1, 20). Das BVerfG hatte festgehalten, dass die Zulassung eines Doppelnamens „ebenso verfassungsgemäß" wie sein Verbot sei (BVerfG 3. 1. 2001 – 1 BvL 23/96, FamRZ 2002, 307, 309). In anderen europäischen Staaten ist es bereits möglich, auch Doppelnamen zum Namen des Kindes zu bestimmen (siehe nur § 155 Abs 1 S 2, Abs 2 S 3 ABGB, Art 109 sp Código civil und Art 49 sp LRC, Art 311–21 Abs 1 S 1 und Abs 4 fr Code civil). Die AG Namensrecht hatte sich dezidiert dafür ausgesprochen, die Wahl echter Doppelnamen – sei es als gemeinsamer Name der Ehegatten oder als Name eines gemeinsamen Kindes – zuzulassen (AG Namensrecht, Eckpunkte zur Reform des Namensrechts, StAZ 2020, 136). Nach zahlreichen erfolglosen Gesetzesentwürfen zur Einfüh-

rung des echten Doppelnamens (so etwa § 1355 Abs 2 BGB-E in BT-Drucks 7/650, 6; BT-Drucks 12/3163, 12; BT-Drucks 19/18314, passim; doppelnamensfreundlich auch die Rechtslage nach BVerfG 5. 3. 1991 – 1 BvL 83/86 und 24/88, BVerfGE 84, 9, hierzu HEPTING StAZ 1996, 1 von 1991–1993) konnte er sich nun mit der Namensrechtsreform 2024 umfassend durchsetzen. Nicht nur beim Ehenamen, sondern auch beim Kindesnamen kann die Einführung des Doppelnamens nicht nur konfliktreduzierend, sondern auch gleichheitsfördernd wirken, da sie die Repräsentanz der väterlichen und der mütterlichen Linie im Namen ermöglicht.

b) Bindestrich

Wenn die Eltern einen Doppelnamen wählen (§ 1617 Abs 1 S 1 Nr 2 BGB), werden **28** die für den Doppelnamen herangezogenen Namen durch einen Bindestrich verbunden, *es sei denn*, die Eltern bestimmen mit der Erklärung nach S 1, dass die Namen nicht durch einen Bindestrich verbunden werden (§ 1617 Abs 1 S 2 BGB). Das Weglassen des Bindestrichs ist in zahlreichen anderen Rechtsordnungen üblich. Relativ spät in der Gesetzesentstehung (erst in der Rechtsausschussfassung BT-Drucks 20/10997, 7) wurde die Entwurfsfassung, die den fehlenden Bindestrich als Regelfall definierte, noch geändert; nun muss ein „opt out" aus dem Bindestrich erklärt werden (ebenso beim Ehenamen, § 1355 Abs 2 S 2 BGB, inverses Regel-Ausnahmeverhältnis indes beim Begleitnamen, § 1355a Abs 1 S 4 BGB, bei dem wohl im Gesetzgebungsverfahren die Umstellung von „opt-in" auf „opt-out" vergessen wurde; für ein Vergessen spricht auch die Gesetzesbegründung BT-Drucks 20/10997, 35, die die Parallelität von §§ 1355 und 1617 BGB betont, aber § 1355a BGB nicht erwähnt). Der Bindestrich kann später vom volljährigen Kind jederzeit und mehr als ein Mal aufgenommen und abgelegt werden (§ 1617i Abs 4 BGB). Eine Ausnahme von der Bindestrichflexibilität bilden die Geburtsnamen nach der Tradition der friesischen und dänischen Minderheit, die stets ohne Bindestrich zu schreiben sind (§ 1617g Abs 1 Nr 2, § 1617h Abs 1 S 1 BGB). Erlaubt man das Weglassen des Bindestrichs, so nimmt man die Verwechslungsgefahr in Kauf, die daraus resultiert, dass viele deutsche männliche Vornamen auch nachnamenstauglich sind, so dass bei dreigliedrigen Namen nun nicht mehr unmittelbar deutlich ist, ob das zweite Glied der zweite Vorname oder der erste Nachnamensteil ist.

c) Mehrgliedrige Namen

Das Gesetz unterscheidet nicht nach der Art des Namens, den die Elternteile tragen. **29** Auch als mehrgliedriger Name kann er zum Geburtsnamen des Kindes bestimmt werden, etwa bei ehemaligen **Adelsnamen** (dazu § 1616 Rn 8; zu „Genannt-Namen" und ähnlichen Namenszusätzen § 1616 Rn 7) und bei **„unechten Doppelnamen"** (Name einschließlich Begleitnamen, § 1355a BGB). Der unechte Doppelname eines Elternteils sollte zum Kindesnamen bestimmt werden können; als Geburtsname des Kindes wird er zum echten Doppelnamen, der bei einer späteren Heirat des Kindes gemäß § 1355 Abs 2 BGB auch zum Ehenamen bestimmt werden kann (zum neuen Recht ab 2025 BeckOK-BGB/PÖCKER [1. 11. 2025] § 1617 Rn 6; ERMAN/DÖLL § 1617 Rn 6; zum alten Recht LIPP/WAGENITZ § 1617 Rn 11, 15; HWB/WAGENITZ/BORNHOFEN § 1617 Rn 36; NK-BGB/CZEGUHN/SCHMITZ § 1617 Rn 17; GERNHUBER/COESTER-WALTJEN § 55 Rn 13; **aA** Recht nach dem KindRG 1998; GRÜNEBERG/GÖTZ § 1617 Rn 4; RAUSCHER, FamR Rn 918; SCHLÜTER, FamR Rn 326; FamRefK/WAX § 1617 Rn 3; zum alten Recht auch noch COESTER FuR 1994, 5). Präexistente Mehrfachnamen eines Elternteils können über § 1617 Abs 1 S 1 Nr 1 BGB weitergegeben werden (BT-Drucks 20/9041, 48 f); sie können, müssen aber nicht, verkürzt werden (§ 1617 Abs 2 Nr 1 BGB). Diese Kürzungsmöglichkeit steht auch für Doppelnamen zu Gebote (BT-Drucks 20/9041, 48). Anderes gilt für Namen, die aus mehreren Wörtern bestehen (von den Wiesen), hier darf nur der gesamte Name als solcher herangezogen werden, eine Auswahl einzelner Worte ist nicht möglich (BT-Drucks 20/9041, 49; Erman/Döll § 1617 Rn 6; von Bary ZRP 2023, 98).

30 Bei der Einführung des Doppelnamens bedarf es Regelungen zur **Vermeidung von Namensketten**, denn ohne sie könnte es beispielsweise bereits in der fünften Generation zu sechzehnteiligen Namen kommen. Wenn der Name eines Elternteils, der zum Kindesgeburtsnamen werden oder in ihn Eingang finden soll, aus mehreren Namen besteht, so können, wenn der Name nur eines Elternteils gewählt wird (§ 1617 Abs 1 S 1 Nr 1 BGB) anstelle des gesamten Namens auch nur einer oder einige der Namen, aus denen der Name besteht, zum Geburtsnamen des Kindes bestimmt werden (§ 1617 Abs 2 Nr 1 BGB) und wenn ein Doppelname gebildet wird (§ 1617 Abs 1 S 1 Nr 2 BGB), darf nur einer der Namen, aus denen der Name besteht, für die Bildung des Doppelnamens herangezogen werden (§ 1617 Abs 2 Nr 2 BGB). Die Anzahl der Einzelnamen, aus denen der Geburtsdoppelname des Kindes neu gebildet werden darf, ist mithin auf zwei Namen beschränkt (BT-Drucks 20/9041, 49). So vermeidet das Gesetz die Entstehung von längeren als zweigliedrigen Namensketten. Die mit dem Kindesdoppelnamen gewonnene Verbindung mit beiden Elternlinien wird also typischerweise (spätestens, sofern nicht schon bei Aufnahme eines gemeinsamen Ehenamens) bei Geburt der Folgegeneration partiell aufgegeben werden (hierauf abstellend BT-Drucks 7/3119, 5). Gleichwohl ist die Lebensspanne zwischen der eigenen Geburt und der Geburt der Folgegeneration, während der das Kind und spätere Elternteil den Doppelnamen aus den beiden Elternlinien tragen kann, so lang, dass der Doppelname seine identifikationsstiftende und identitätsprägende Kraft entfalten kann.

d) Kindeswohlprüfung

31 Ein von den Eltern gebildeter Doppelname kann **lächerlich oder anstößig** wirken („Große-Flasche“, „Still-Stand“, „Lang-Weile“, „Edel-Schimmel“, „Gans-Klein“, „Schlau-Meier“ usw; siehe auch Dutta FamRZ 2023, 817, 820 – „Fleisch-Wolf“, „Große-Macke“; ferner von Bary ZRP 2023, 98 – Holz-Kopf, Hampel-Mann, Voll-Horst) oder in hohem Maße **unpraktikabel** sein (Nattenkemper genannt Toppenhöfer-Becker aus dem Siepen [in Anlehnung an von Bary ZRP 2023, 98 sowie BT-Drucks 20/9041, 49]) und so Gefahr laufen, das Kindeswohl zu beeinträchtigen. Dass Eltern solche Doppelnamen erteilen werden, liegt mit Blick auf die Erfahrungen im Vornamensrecht (§ 1616 Rn 84 ff) und bei Vor- und Nachnamenskombinationen („Rosa Schlüpfer“) leider nahe. Wie im Vornamensrecht kann dem in der elterlichen Sorge wurzelnden Recht der Eltern, ihrem Kind einen Namen zu geben, nur „dort eine Grenze gesetzt werden (kann), wo seine Ausübung das Kindeswohl zu beeinträchtigen droht“ (BVerfGE 104, 373, 385; BVerfGK 14, 479 Rn 12; BVerfGK 6, 316 Rn 14). Dieser Maßstab gilt, so die Gesetzesbegründung auch für die Wahl des Familiennamens (BT-Drucks 20/10997, 32). Eine **Kindeswohlprüfung** sollte daher, wie im Vornamensrecht bewährt (§ 1616 Rn 48, 51 f), von den Standesämtern durchgeführt werden (so auch BeckOGK-BGB/Kienemund [1. 11. 2025] § 1617 Rn 43). Dass sie im Gesetz nicht explizit angeordnet wird, schadet, wie auch im Vornamensrecht, nicht (ebenso BeckOK-BGB/Pöcker [1. 11. 2025] § 1617 Rn 11). Der Gesetzgeber legte in aller Deutlichkeit nieder, dass er von einer solchen Prüfung ausgeht; „Die derzeit im Hinblick auf Vornamen sowie Vor- und Familiennamenskombinationen bereits praktizierten Kontrollmöglichkeiten greifen auch bei künftigen Geburtsdoppelnamenskombinationen.“ (BT-Drucks 20/10997, 32). Daher kann das Standesamt

bei Kindeswohlgefährdung die Annahme der Erklärung verweigern, auf die Möglichkeit einer gerichtlichen Anweisung (§ 49 Abs 1 PStG) hinweisen oder von sich aus eine gerichtliche Entscheidung darüber herbeiführen (§ 49 Abs 2 PStG). Allzu hoch sollte die Grenze der Kindeswohlgefährdung nicht angesetzt werden, da die Wahl eines bestimmten Doppelnamens nicht in den Kernbereich der Sorgeausübung fallen dürfte; daher sind bereits unnötige Belastungen, nicht aber bereits alle ungewöhnlichen Namen zu beanstanden (BeckOK-BGB/Pöcker [1. 11. 2025] § 1617 Rn 12).

3. Ausübung des Bestimmungsrechts

a) Allgemeines

32 Die Namensbestimmung der Eltern ist eine familienrechtliche Willenserklärung, die grundsätzlich den allgemeinen Regeln für Willenserklärungen unterliegt (BayObLG 19. 2. 2004 – 1 Z BR 100/03, FamRZ 2004, 1227, 1228; OLG Nürnberg 27. 9. 2012 – 11 W 1654/12, StAZ 2013, 143 Rn 13; zu Geschäftsfähigkeit und Willensmängeln Rn 37 f, 40). Die Bestimmungserklärung ist von **beiden sorgeberechtigten Eltern** abzugeben, aber nicht notwendig gemeinsam, dh gleichzeitig oder auf einheitlicher Urkunde (Lipp/Wagenitz § 1617 Rn 29; Liermann FamRZ 1995, 199, 202; Michalski FamRZ 1997, 977, 980). Die Abgabe hat **persönlich** zu erfolgen, Stellvertretung ist ausgeschlossen. Auf Grund ihres statusbezogenen, rechtsgestaltenden Charakters ist sie **bedingungs- und befristungsfeindlich** (BeckOGK-BGB/Kienemund [1. 11. 2025] § 1617 Rn 59; Lipp/Wagenitz § 1617 Rn 30). Die Zulässigkeit pränataler Namensbestimmungen (Rn 12, 41) wird dadurch nicht berührt (Rechtsbedingungen der Geburt und des dann bestehenden gemeinsamen Sorgerechts; BeckOGK-BGB/Kienemund [1. 11. 2025] § 1617 Rn 43). Zur **Frist** für die Namensbestimmung s Rn 46 f.

33 Eine bestimmte **Form** ist grundsätzlich **nicht** vorgeschrieben, die Bestimmung kann also auch mündlich gegenüber dem Standesamt erfolgen. Erfolgt sie jedoch erst **nach der Beurkundung der Geburt**, bedarf sie der **öffentlichen Beglaubigung**, Abs 3. Dies kann nicht nur durch einen Notar geschehen (§ 129 BGB), sondern auch durch *jeden* Standesbeamten (§ 45 Abs 2 PStG). Für die öffentliche Beglaubigung genügt nicht die Anbringung des Dienstsiegels an der unterschriebenen Erklärung über den Namen des Kindes, die aus der Geburtsklinik übersandt wurde (OLG Frankfurt 2. 3. 2017 – 20 W 243/16, StAZ 2018, 88 Rn 20; s a §§ 39, 40 BeurkG).

34 Die Erklärungen sind „gegenüber dem Standesbeamten" abzugeben, sind also **amtsempfangsbedürftig** (§ 130 Abs 3 BGB). Zur Entgegennahme zuständig ist das für die Beurkundung der Geburt zuständige Standesamt (§ 45 Abs 2 S 1 PStG). Hat keine Beurkundung der Geburt in einem deutschen Geburtenregister stattgefunden, dann ist das Standesamt des Wohnsitzes oder des gewöhnlichen Aufenthalts des Erklärenden zuständig; fehlt ein Wohnsitz oder gewöhnlicher Aufenthalt im Inland, ist das Standesamt I in Berlin zuständig (§ 45 Abs 2 S 2 und 3 PStG). Der Zugang der Erklärung beim zuständigen deutschen Standesamt kann nicht durch den Zugang der Erklärung bei einem ausländischen Standesamt ersetzt werden (BGH 20. 7. 2016 – XII ZB 489/15, FamRZ 2016, 1747 Rn 27–30 [für § 1617a]). Bei vorgeburtlichen Erklärungen gibt es streng genommen noch keinen zuständigen Standesbeamten (Lipp/Wagenitz § 1617 Rn 33), dennoch werden solche Erklärungen mit der Geburt des Kindes wirksam, wenn das empfangende Standesamt dann zuständig ist. Gegebenenfalls ist die Namenserteilungserklärung nach § 133 BGB auszulegen (wirklicher Wille) (OLG

Hamm 2. 9. 2010 –15 Wx 213/10, 15 Wx 455/10, StAZ 2011, 242 Rn 20; OLG Nürnberg 27. 9. 2012 – 11 W 1654/12, StAZ 2013, 143 Rn 14; OLG Frankfurt 2. 3. 2017 – 20 W 243/16, StAZ 2018, 88 Rn 22), maßgeblich ist der Erklärungshorizont des Standesbeamten als Erklärungsempfänger (OLG Frankfurt 2. 3. 2017 – 20 W 243/16, StAZ 2018, 88 Rn 22).

35 Das **Wirksamwerden** der Namensbestimmung tritt erst mit Zugang der Erklärung auch des zweiten Elternteils ein (§ 130 Abs 1 BGB) und auch nur dann, wenn beide Erklärungen inhaltlich übereinstimmen. Ist eine Anschlusserklärung des Kindes erforderlich, muss auch diese vorliegen. Zwischenzeitlicher Tod oder Geschäftsunfähigkeit des Ersterklärenden hindern das Wirksamwerden nicht (§ 130 Abs 2 BGB). Bis zum Wirksamwerden der Bestimmung kann jeder Teil seine Erklärung widerrufen oder ändern, diese entfaltet keine Bindungswirkung (Lipp/Wagenitz § 1617 Rn 34), ebenso nicht interne Absprachen der Eltern (Lipp/Wagenitz § 1617 Rn 39). Zur Möglichkeit einer Anfechtung *nach* Wirksamwerden s Rn 40.

b) Kompetenzmängel

36 Ein **minderjähriger Elternteil** ist in seiner sorgerechtlichen Kompetenz zur Namensbestimmung nicht eingeschränkt (§ 1673 Abs 2 BGB, s Rn 11). An seiner Stelle können wegen der Höchstpersönlichkeit der Erklärung nicht seine Eltern als gesetzliche Vertreter handeln (Lipp/Wagenitz § 1617 Rn 36), ebenso wenig wie der andere Elternteil aufgrund einer Vollmacht für ihn handeln darf (Gaaz/Bornhofen/Lammers, PStG § 21 Rn 23). Die Erklärung des minderjährigen Elternteils bedarf zu ihrer Wirksamkeit **nicht der Zustimmung des gesetzlichen Vertreters** (BeckOGK-BGB/Kienemund [1. 11. 2025] § 1617 Rn 24; Staudinger/Coester [2020] § 1673 Rn 25 mwNw; HWB/Wagenitz/Bornhofen § 1617 Rn 74; MünchKommBGB/vSachsen Gessaphe § 1617 Rn 22; NK-BGB/Czeguhn/Schmitz § 1617 Rn 11; **aA** Lipp/Wagenitz § 1617 Rn 36, 64). Es kann auch nicht darauf verwiesen werden, dass das Kind bis zur Volljährigkeit bei *eigenen* Namensentscheidungen (Anschlusserklärungen) an die Zustimmung der Eltern gebunden ist (§ 1617c Abs 1 S 2 BGB): Hier ist der Minderjährige selbst betroffen, und damit die Sorgeverantwortung seiner Eltern; eine „Enkelsorge" in diesem Sinne gibt es nicht, die Entscheidung ist dem Minderjährigen aber, wie dargelegt, grundsätzlich persönlich und allein zugewiesen. Bei Dissens mit dem anderen Elternteil gilt, wie bei beiderseits volljährigen Elternteilen, Abs 4.

37 Bei **Geschäftsunfähigkeit eines Elternteils** ist zu unterscheiden: Lag sie schon bei Kindesgeburt vor, ruht die elterliche Sorge und bestand kein gemeinsames Sorgerecht (§ 1673 Abs 1 BGB), so ist § 1617 BGB statt § 1617a Abs 1 BGB einschlägig (§ 1617a Rn 9). Tritt die Geschäftsunfähigkeit nach der Kindesgeburt ein, kann der Elternteil das Namensbestimmungsrecht nicht ausüben, ihm fehlt sowohl die sorgerechtliche (§ 1673 Abs 1 BGB) wie die rechtsgeschäftliche Kompetenz (§ 104 Nr 2 BGB, § 105 Abs 1 BGB). Der andere Elternteil kann aufgrund der Höchstpersönlichkeit nicht aufgrund beispielsweise einer Vorsorgevollmacht für den geschäftsunfähigen Elternteil tätig werden (Gaaz/Bornhofen/Lammers, PStG § 21 Rn 23; ähnl Fachausschuss Standesbeamte StAZ 2011, 344, 345). Die Bestimmung obliegt dann allein dem anderen Elternteil (bei kürzerer Verhinderung § 1678 Abs 1 Hs 1 BGB, bei längerer Verhinderung Feststellung des Ruhens nach §§ 1674, 1678 Abs 1 Hs 1 BGB; vgl Rn 11).

38 Sind **beide Eltern** geschäftsunfähig geworden, so können aufgrund der Höchstpersönlichkeit nicht Betreuer oder andere Vertreter für sie entscheiden. Diesen obliegt die

Sorge für die Eltern selbst, nicht für deren Kinder (insoweit stehen sie Großeltern gleich). Für das *Kind* muss mangels sorgefähiger Eltern ohnehin ein Vormund bestellt werden; dieser nimmt dann auch die Namensbestimmung vor (Rn 7, 14, 24 und BeckOGK-BGB/Kienemund [1. 11. 2025] § 1617 Rn 62; Staudinger/Coester [2020] Vorbem 6 zu §§ 1673–1698b).

Geschäftsfähige **betreute Eltern** sind in ihrer Bestimmungskompetenz nicht eingeschränkt. Dies gilt nicht nur bei der „schlichten" Betreuung, sondern auch bei Anordnung eines Einwilligungsvorbehalts nach § 1825 BGB (ausf Staudinger/Coester [2020] § 1673 Rn 8–10 mwNw; vgl auch Staudinger/Bienwald [2018] § 1903 Rn 48; MünchKomm-BGB/Schneider § 1823 Rn 39; HWB/Wagenitz/Bornhofen § 1617 Rn 72; s näher zu namensrechtlichen Erklärungen bei Betreuungen Fröschle StAZ 2015, 130, 137 f). 39

c) Willensmängel

Die **Anfechtbarkeit** namensrechtlicher Erklärungen ist zu befürworten. Bei statusrelevanten, rechtsgestaltenden Willenserklärungen des Familienrechts ist zwar die Anfechtung wegen Willensmängeln regelmäßig ausgeschlossen – so bei der Eheschließung (vgl § 1314 BGB), Vaterschaftsanerkennung (§ 1598 BGB) oder bei Sorgeerklärungen (§ 1626e BGB). Auch ist bei der Namensbestimmung Entsprechendes angenommen worden, obwohl eine gesetzliche Regelung fehlt (BayObLG 19. 6. 1992 – 3 Z BR 28/92, StAZ 1992, 306, 307; BayObLG 20. 11. 1997 – 1 Z BR 40/97, StAZ 1998, 79; OLG Naumburg 25. 11. 1996 – 10 Wx 23/96, FamRZ 1997, 1234, 1236; OLG Stuttgart 18. 9. 1986 – 8 W 373/86, StAZ 1986, 354; OLG Zweibrücken 7. 9. 1999 – 3 W 193/99, StAZ 2000, 79 f; OLG Zweibrücken 7. 2. 2011 – 3 W 139/10, StAZ 2011, 341 Rn 9 für § 1617a Abs 2 BGB; **für** Anfechtbarkeit demgegenüber Lipp/Wagenitz § 1617 Rn 25, 38; HWB/Wagenitz/Bornhofen § 1617 Rn 75; zur entsprechenden Diskussion für die Ehenamenswahl nach § 1355 Abs 1, 2 s BayObLG 19. 6. 1992 – 3 Z BR 28/92, NJW 1993, 337, 338 mwNw; OLG München 23. 12. 2008 – 31 Wx 105/08, StAZ 2009, 78 Rn 13 [Anfechtbarkeit verneinend]; Staudinger/Voppel [2024] § 1355 Rn 60 ff [anfechtbar nur bei ganz offensichtlichen Irrtümer oder Restitutionsgründen iSv § 580 ZPO]). Dabei vermag der Hinweis auf den „verfahrensrechtlichen Charakter" der Erklärung (OLG Naumburg 25. 11. 1996 – 10 Wx 23/96, FamRZ 1997, 1234, 1236; OLG Zweibrücken 7. 2. 2011 – 3 W 139/10, StAZ 2011, 341 Rn 9) nicht zu überzeugen – es handelt sich um eine materiell-rechtliche Namensbestimmung im Rahmen der Personensorge, die lediglich formell beurkundet wird. Auch wird der Anfechtungsausschluss etwa bei der Sorgeerklärung kritisiert (Staudinger/Coester [2020] § 1626e Rn 3). Es sollte bedacht werden, dass es durchaus Fälle geben kann, in denen eine Anfechtung von Namenserklärungen sachgerecht erscheint – zB falsche oder unvollständige Belehrung oder Unterrichtung durch das Standesamt (zum Erfordernis einer Belehrung bei Abweichungen von der üblichen Schreibweise 21.2.2 PStG-VwV, zu dem einer Unterrichtung über die Optionen beim Familiennamen 21.3.1 PStG-VwV), Täuschung oder Drohung durch den anderen Elternteil oder durch Dritte oder Erklärungsirrtum (auch das OLG Naumburg will – in sich inkonsequent – „offensichtlichen Irrtum" oder Restitutionsgründe vorbehalten; ähnl BayObLG 19. 6. 1992 – 3 Z BR 28/92, StAZ 1992, 306, 307; OLG Zweibrücken 7. 9. 1999 – 3 W 193/99, StAZ 2000, 79, 80; vgl den Fall in AG Nürnberg 4. 7. 1995 – UR III 110/95, StAZ 1995, 296: alleinsorgeberechtigte Mutter kehrt gemäß § 1355 Abs 5 S 2 BGB zu früherem Namen zurück in Unkenntnis, dass der Kindesname dem nicht folgt). Das Namensrecht zeichnet sich durch völlige Abwesenheit eines Willensmängelregimes aus. Nimmt man hinzu, dass die Stabilität des Kindesnamens bereits im Recht nach dem KindRG 1998 erheblich geschwächt war und nach der Namensrechtsreform 2024 noch stärker beeinträchtigt ist, sollte diesen Konfliktlagen durch 40

Zulassung der Anfechtung Rechnung getragen werden (beim älteren Kind Persönlichkeitsschutz entsprechend § 1617c Abs 1 BGB) (so auch BeckOK-BGB/Pöcker [1. 11. 2025] § 1617 Rn 15 f). Zur parallelen Problematik und Position beim Vornamen siehe § 1616 Rn 34.

4. Wirkung der Namensbestimmung

a) Wirksamwerden

41 Die Namensbestimmung wird wirksam mit Zugang beider Elternerklärungen beim zuständigen Standesamt. Eine pränatale Bestimmung kann erst mit der Geburt des Kindes wirksam werden. Die Eintragung im Geburtenregister (§ 21 Abs 1 Nr 1 PStG) ist nur deklaratorisch (OLG Hamm 1. 9. 1994 – 15 W 229/94, FamRZ 1995, 439; OLG Hamm 14. 9. 2004 – 15 W 22/04, FamRZ 2005, 1009, 1010; Lipp/Wagenitz § 1617 Rn 40), sie ändert an der Wirksamkeit oder Unwirksamkeit des erteilten Namens nichts (HWB/Wagenitz/Bornhofen § 1617 Rn 77; anders möglicherweise bei in das Adoptionsdekret aufgenommener Namensbestimmung, BayObLG 23. 9. 2004 – 1 Z BR 080/04, FamRZ 2005, 1010 f). Die Namensbestimmung wird trotz allem nicht wirksam, wenn der gewählte Name nach § 1617 Abs 1 BGB nicht zulässig ist. Die Namenserteilungserklärung kann vor ihrem Zugang formlos widerrufen werden und muss von der Form her nicht die Namenserteilungserklärung spiegeln (eine schriftliche Erklärung kann also auch telefonisch widerrufen werden, OLG München 3. 12. 2014 – 31 Wx 434/14, StAZ 2015, 304 Rn 12 [für § 1617a BGB, aber auf § 1617 BGB übertragbar]).

b) Wirkung

42 Das Kind erwirbt den Namen rückwirkend ab dem Moment der Geburt. Es erwirbt ihn als Geburtsnamen, selbst wenn der tradierte Name in der Person des Elternteils ein „erheirateter" Name ist; ein unechter Doppelname des Elternteils wird zum echten Doppelnamen (Rn 29). Mit der Namensbestimmung ist der Kindesname an den „Namensstamm" des namensgebenden Elternteils oder – bei Wahl eines Doppelnamens – der Elternteile angebunden. Namensänderungen beim Bezugselternteil oder den Bezugselternteilen können eine Namensfolge des Kindes nach § 1617c Abs 2 Nr 2 BGB auslösen; ein Neubestimmungsrecht nach § 1617 Abs 1 BGB entsteht nicht. Namensänderungen beim anderen Elternteil (im Fall von § 1617 Abs 1 S 1 Nr 1 BGB) sind bedeutungslos. Bestimmen die Eltern später einen Ehenamen, verdrängt dieser gemäß § 1617c Abs 1 BGB ex nunc den nach § 1617 Abs 1 BGB bestimmten Namen (vorbehaltlich einer erforderlichen Anschlusserklärung durch das ältere Kind).

IV. Elterndissens oder -untätigkeit, § 1617 Abs 4 BGB

1. Grundzüge, Entstehung und Überblick

43 Die Notwendigkeit einer Namensbestimmung bei namensverschiedenen Eltern führt dazu, dass das Kind nicht mit der Geburt einen Namen erhält, sondern erst später – es ist zeitweilig namenlos (unbeschadet der Rückwirkung späterer Namensbestimmung, Rn 42). Es liegt primär in der Sorgeverantwortung der Eltern, diesen Zustand baldmöglichst zu beenden, da das Persönlichkeitsrecht des Kindes es erfordert, dass ihm „kurz nach seiner Geburt" ein Name erteilt wird (BVerfG 30. 1. 2002 – 1 BvL 23/96, FamRZ 2002, 307, 310). Das **Wächteramt des Staates** gemäß Art 6 Abs 2 S 2 GG ver-

pflichtet diesen deshalb zur Kontrolle und ggf Erzwingung dieser elterlichen Sorgemaßnahme. In § 1617 Abs 4 BGB hat die staatliche Wächterfunktion ihre konkrete Ausgestaltung erfahren. Dabei sind die S 1–3 ein atypisches Novum und die S 4–7 dogmatisch zwischen § 1628 BGB und § 1666 BGB anzusiedeln.

Die Regelung des § 1617 Abs 4 BGB in ihrer jetzigen Gestalt wurde überraschend erst in der Rechtsausschussfassung der Namensrechtsreform 2024 vorgeschlagen (BT-Drucks 20/10997, 8), ein umfassender externer Reflexionsprozess über Verbändeanhörung, Stellungnahmen, Rechtsausschussanhörung fand mithin nicht statt. Die bisherige Regelung hatte, ähnlich den aktuellen Sätzen 4–7, bei Untätigkeit eine gerichtliche Übertragung der Entscheidungskompetenz vorgesehen, ferner die Möglichkeit, diese Übertragung mit einer Fristsetzung zu verbinden und sodann für den Fall des fruchtlosen Ablaufs der Frist die Erteilung des Namens desjenigen Elternteils, dem das Bestimmungsrecht übertragen wurde. 44

Die Neuregelung sieht nun ein mehrschrittiges Verfahren vor: 45

- Schritt 1: Keine Bestimmung binnen eines Monats nach Geburt
- Schritt 2: Folge: Doppelname mit Bindestrich in alphabetischer Reihenfolge aus den Namen beider Elternteile; bei mehrgliedrigen Namen alphabetisch vorstehender relevant
- Schritt 3: Ggf Ablehnung eines Elternteils durch Erklärung gegenüber dem Standesamt. Ablehnung ist nicht fristgebunden.
- Schritt 4: Übertragung des Namensbestimmungsrechts durch das Familiengericht auf ein Elternteil, ggf mit Fristsetzung
- Schritt 5: Bei fruchtlosem Ablauf einer vom Gericht gesetzten Frist zur Ausübung des Namensbestimmungsrechts greift Schritt 2.

Die Gesetzesbegründung erläutert das mehrschrittige Verfahren, begründet es aber nicht. Eine konsensuale Bestimmung der Eltern (§ 1617 Abs 1–3 BGB) hat Vorrang.

2. Einzelerläuterung der Schritte nach § 1617 Abs 4 BGB

a) Keine Bestimmung binnen eines Monats nach Geburt

aa) Monatsfrist

Die Monatsfrist soll den Eltern einen **„Schonraum“** gewährleisten, innerhalb dessen sie sich ohne Druck auf einen ihrer Namen verständigen können; die Frist ist Ausdruck staatlichen Respekts vor dem Sorgeprimat der Eltern gemäß Art 6 Abs 2 S 1 GG und Zugeständnis an die außergewöhnliche tatsächliche Situation der Eltern in den Wochen nach der Geburt. Selbst auf Antrag eines Elternteils darf das Gericht nicht früher intervenieren (Lipp/Wagenitz § 1617 Rn 65), der Elternteil hat sich pflichtgemäß um Einvernehmen mit dem anderen Teil zu bemühen (§ 1627 BGB). Der ergebnislose Ablauf der Monatsfrist ist vom Standesamt dem Familiengericht anzuzeigen, § 168g Abs 2 FamFG. 46

47 Die Frist ist **keine Ausschlussfrist** – der Fristablauf beseitigt nur die Barriere für die nachfolgenden Schritte, hindert die Eltern aber nicht, später doch noch einvernehmlich einen Namen zu bestimmen. Die verspätete Namensbestimmung wird nach allgemeinen Grundsätzen durch Zugang beim zuständigen Standesamt wirksam (Rn 41).

bb) Keine Namensbestimmung

48 Dem Unterlassen jeglicher Namensbestimmung stehen **unwirksame Erklärungen** gleich, etwa nur einseitige oder nicht voll übereinstimmende Erklärungen (Weitergabe eines unechten Doppelnamens teils insgesamt, teils nur in einem Bestandteil). Unwirksam ist auch die Bestimmung eines unzulässigen Namens (vgl BayObLG 7. 9. 1995 – 1 Z BR 53/95, FamRZ 1996, 236; OLG Celle 8. 9. 1997 – 15 W 12/97, StAZ 1997, 375, 377; OLG Frankfurt 1. 2. 1996 – 20 W 25/96, FamRZ 1996, 819; LG München 20. 2. 1997 – 16 T 13187/96, StAZ 1997, 344 f). Auf die **Gründe** für die Unterlassung einer wirksamen Namensbestimmung und auf die **Schuld** der Eltern kommt es nicht an.

cc) Keine anderweitige Erledigung der Namensbestimmung

49 Die weiteren Schritte entfallen bei einer anderweitigen Namensfestlegung. Haben die Eltern inzwischen einen **Ehenamen** gewählt, so geht dieser kraft Gesetzes auf das Kind über (§ 1617c Abs 1 BGB) – dies zwar eigentlich nur ex nunc, mangels bisherigen Namenseintrags für das Kind kann aber gleich der Ehename als Geburtsname des Kindes eingetragen werden (§ 1616 Rn 13). Die Namenswahl hat sich auch erledigt, wenn die Eltern für ein **Geschwister** den Namen bestimmt haben – dieser Name wirkt nach § 1617 Abs 5 BGB kraft Gesetzes auf das Kind über.

dd) Gemeinsames Sorgerecht der Eltern

50 Das gemeinsame Sorgerecht der Eltern muss auch noch bei Einleitung des Gerichtsverfahrens und auch noch im Entscheidungszeitpunkt vorliegen, die Entscheidungsübertragung als „Stichentscheid" setzt zwei gemeinsam bestimmungsberechtigte Elternteile voraus. Ist die gemeinsame Sorgeberechtigung nach der Geburt weggefallen, so wird das Namensbestimmungsrecht vom dann allein Sorgeberechtigten oder vom Vormund/Pfleger ausgeübt.

b) Automatischer Doppelname ex lege

51 Mit Ablauf der Monatsfrist erhält das Kind ex lege einen in alphabetischer Reihenfolge aus den Namen (Abs 1 S 1 Nr 1) beider Elternteile gebildeten Doppelnamen. Womöglich ist die Regelung aus dem französischen Recht entlehnt. Art 311–21 Abs 1 S 3 fr Code civil sieht vor, dass im Fall einer Nichteinigung der Eltern das Kind den Namen beider Elternteile in alphabetischer Reihenfolge und begrenzt auf den jeweils ersten Familiennamen erhält. Im deutschen Recht ist der automatische Zwangsdoppelname ein Fremdkörper. Doch für den automatischen Doppelnamen ex lege lässt sich anführen, dass greifbare Kriterien für die Übertragung der Entscheidungsbefugnis sich in der jahrzehntelangen Praxis zu § 1617 Abs 2 aF BGB kaum finden ließen.

52 Das Kind bleibt bei diesem Namen, wenn die Eltern untätig bleiben. Problematisch ist freilich, dass bei einem automatischen Doppelnamen leicht Kombinationen denkbar sind, die sich schwer aussprechen lassen, unschön oder gar lächerlich klingen. (Eine Kindeswohlprüfung durch die Standesbeamten ist hier strukturell nicht möglich.)

c) Jederzeitiger Konsens der Eltern möglich

Nicht explizit im Gesetzestext beantwortet, doch aus der Gesetzesbegründung („ist es den Eltern nicht inzwischen gelungen, sich auf eine zulässige Bestimmung zu verständigen" – BT-Drucks 20/10997, 35) und der Handhabung nach früherem Recht wird deutlich, wie das Verfahren sich bei Bildung des alphabetischen Zwangsdoppelnamens mit nachfolgendem **Elternkonsens** verträgt: Sollten die Eltern ab einem gewissen Zeitpunkt zu einer einvernehmlichen Namensbestimmung willens und in der Lage sein, so sollte es nicht mehr der Inanspruchnahme der Familiengerichte nach § 1617 Abs 4 S 4 BGB bedürfen. Vielmehr sollten jederzeit die Eltern die Bestimmung nach § 1617 Abs 1–3 BGB wahrnehmen können. 53

d) Ablehnung

Jeder Elternteil kann den Zwangsdoppelnamen jederzeit „durch Erklärung gegenüber dem Standesamt" ablehnen (s auch BT-Drucks 20/10997, 35). Die Ablehnung muss öffentlich beglaubigt werden (§ 1617 Abs 4 S 5 iVm Abs 3 BGB) (BT-Drucks 20/10997, 35). 54

Da die Ablehnung nicht fristgebunden ist, kann sie während der gesamten Minderjährigkeit des Kindes ausgeübt werden – hier verbirgt sich also eine Änderungsmöglichkeit bzw ein Reserve-Neubestimmungsrecht der Eltern, das wahrzunehmen sich anbieten könnte, wenn die Eltern ohnehin nach § 1617 Abs 1 BGB einen alphabetischen Doppelnamen gewählt hätten. 55

e) Gerichtliches Verfahren und Übertragung

Wenn ein Elternteil den alphabetischen Zwangsdoppelnamen formgerecht ablehnt, so überträgt das Familiengericht das Recht zur Bestimmung des Geburtsnamens des Kindes einem Elternteil. Ein Antragserfordernis formulieren das Gesetz oder seine Begründung nicht. Es ist davon auszugehen, dass im Fall der Ablehnung das Familiengericht nach Mitteilung durch das Standesamt **von Amts wegen** tätig wird, so wie es auch nach dem Recht prä 1. 5. 2025 der Fall war. 56

Zuständig ist das **Familiengericht**; innerhalb des Gerichts entscheidet der **Richter** (§ 14 Abs 1 Nr 5 RPflG; Gernhuber/Coester-Waltjen § 55 Rn 16; vgl OLG Frankfurt 27. 2. 1996 – 20 W 227/95, FamRZ 1996, 819: Entscheidung des Rechtspflegers unwirksam). Es handelt sich um eine Kindschaftssache nach § 151 Nr 1 FamFG, denn das Recht der Eltern zur Bestimmung des Namens des Kindes ist Teil der elterlichen Sorge (MünchKomm-FamFG/Heilmann § 151 Rn 13). Die örtliche Zuständigkeit folgt aus § 152 FamFG, bei Anhängigkeit einer Ehesache aus § 153 FamFG; die internationale Zuständigkeit aus § 99 FamFG. 57

Im Verfahren sind die **Eltern persönlich anzuhören**, § 160 Abs 1 S 1 FamFG. Das Gericht hat auf eine einvernehmliche Regelung hinzuwirken, § 36 Abs 1 S 2 FamFG. Wird jetzt doch noch eine Einigung der Eltern erreicht, so sollte diese im Protokoll festgehalten werden; damit wird die nach § 1617 Abs 1 S 2 BGB erforderliche öffentliche Beglaubigung der Elternerklärungen ersetzt (§ 127a BGB). Wirksam wird die Namensbestimmung allerdings auch in diesem Fall erst mit *Zugang* beim zuständigen Standesamt. Damit ist das Verfahren erledigt. Kommt keine Einigung zustande, muss das Familiengericht einem Elternteil das Bestimmungsrecht übertragen. Die Möglichkeit eines gerichtlich gebilligten Vergleichs nach § 156 FamFG kann nur eröffnet sein, wenn sich die Problematik gerade anlässlich von Trennung und Scheidung stellt. 58

59 Das Gericht kann (wie bei § 1628 BGB) keine unmittelbare Sachentscheidung treffen, also den Kindesnamen bestimmen, sondern nur das Bestimmungsrecht einem Elternteil übertragen. Damit soll die Elternautonomie weitestmöglich respektiert werden. Da aber die Auswahl naturgemäß mit Blick auf die von den Eltern vertretenen Namensvorstellungen erfolgt, nimmt die Übertragungsentscheidung doch mittelbar die Sachentscheidung vorweg. Einen **Entscheidungsmaßstab** gibt Abs 4 nach wie vor nicht vor (s auch Botthoff StAZ 2025, 101). Der für familiengerichtliche Entscheidungen generell vorgegebene Maßstab des **Kindeswohls** gemäß **§ 1697a BGB** gilt zwar nicht direkt, da sich diese Vorschrift nur auf Entscheidungen nach dem 5. Titel (§§ 1626 ff BGB), nicht des hier betroffenen 4. Titels bezieht. Dennoch kann der Gedanke des § 1697a BGB **analog** herangezogen werden, **soweit Gesichtspunkte des Kindeswohls erkennbar sind**. Dies ist richterlichen Willkürentscheidungen allemal vorzuziehen. Aus dem Kindesinteresse ließe sich beispielsweise die Ausscheidung anzüglicher oder sonst sozial belastender Namen begründen bzw die Bevorzugung von selteneren Namen vor Massennamen oder von Einzelnamen vor (insbesondere unechten) Doppelnamen. Eine generelle Disqualifizierung nur „erheirateter" Namen erscheint hingegen auch im Hinblick auf eine missverständliche Abstammungskennzeichnung nicht gerechtfertigt, ebenso nicht die Bevorzugung deutscher Namen vor ausländischen oder überhaupt die Berücksichtigung der kulturellen Identität – welche diese für das Kind sein wird, ist nicht vorhersehbar. Die vorerwähnten Gesichtspunkte *können* für das Kindeswohl relevant sein, entscheidend sollte aber stets die konkrete Lebenssituation im Einzelfall sein. Im Übrigen und sogar im Regelfall sind jedoch **objektive Entscheidungskriterien** für den Richter **nicht erkennbar** – Abs 4 legitimiert eine „richterliche Willensentscheidung mit rechtsgestaltender Wirkung" (HWB/Wagenitz/Bornhofen § 1616 Rn 85; vgl Lipp/Wagenitz § 1617 Rn 69).

60 Der Beschluss ist nach allgemeinen Regeln grundsätzlich zu begründen (§ 38 Abs 3 S 1 FamFG, Ausnahmen siehe § 38 Abs 4 FamFG) und mit der Beschwerde anfechtbar (§ 58 Abs 1 FamFG). Die Entscheidung wird **wirksam** mit Bekanntgabe, § 40 Abs 1 FamFG. Bekannt zu geben ist der Beschluss an diejenigen Beteiligten, die von ihm in ihrer Rechtssphäre unmittelbar betroffen sind und deren Kenntnis nach dem Inhalt und Zweck des Beschlusses vordringlich ist. Dies werden in aller Regel beide Eltern als in ihren Rechten Betroffene (§ 7 Abs 2 Nr 1 FamFG) sein.

f) Wirkung der Übertragung

61 Die Übertragung konzentriert das Sorgerecht in der Person des begünstigten Elternteils, soweit das Recht zur Namensbestimmung betroffen ist (wie bei einer Teilübertragung nach §§ 1628 oder 1671 BGB). Der Bestimmungsberechtigte ist inhaltlich nicht gebunden, er hat dieselben **Wahlmöglichkeiten** wie zuvor beide Eltern gemäß Abs 1–3. Es steht ihm auch jetzt noch frei, intern Einvernehmen mit dem anderen Elternteil zu suchen. Stets muss es sich aber um einen **zum Zeitpunkt der Bestimmung geführten Namen** handeln, auch wenn dieser erst nach der gerichtlichen Entscheidung erworben worden ist.

62 Die **Ausübung des Bestimmungsrechts** hat dieselbe **Wirkung** wie eine gemeinsame Bestimmung nach Abs 1–3 – der Geburtsname des Kindes ist mit Zugang der Erklärung beim zuständigen Standesamt festgelegt. Handelte es sich um das erste Kind der Eltern, äußert die Namensbestimmung auch die **Bindungswirkung gemäß Abs 5 für weitere Geschwister**.

Unklar ist die Möglichkeit von **Änderungen der Übertragung vor Ausübung des Bestimmungsrechts**. Insoweit kann an folgende zwei Fallgestaltungen gedacht werden: Bei **Tod oder Sorgeverlust** des Berechtigten läge ein automatischer Übergang des Bestimmungsrechts auf den anderen Elternteil nahe. Allerdings war der Berechtigte insoweit *alleinbefugt;* für diesen Fall sehen die §§ 1678, 1680 BGB einen automatischen Übergang des Sorgerechts auf den anderen Elternteil nicht vor, vielmehr bedarf es einer gerichtlichen Übertragung. Beim Sorgerecht im Allgemeinen soll die Gerichtskontrolle kindeswohlwidrige Auswirkungen des Sorgerechtsübergangs abwehren (vgl Staudinger/Coester [2020] § 1678 Rn 12 ff, 1680 Rn 19 ff). Bei der Namensbestimmung sind solche Auswirkungen generell nicht zu befürchten, so dass – auch im Interesse der Vereinfachung – im Wege der teleologischen Reduktion der §§ 1678, 1680 BGB auf den gesetzlichen Übergang des Sorgerechts auf den anderen Elternteil gemäß §§ 1678 Abs 1 Hs 1, 1680 Abs 1 BGB abgestellt werden könnte (so Lipp/Wagenitz § 1617 Rn 73; HWB/Wagenitz/Bornhofen § 1617 Rn 130). Will man diesen Schritt nicht gehen, wäre bei Tod oder Sorgerechtsentzug eine familiengerichtliche Übertragung des Bestimmungsrechts auf den anderen Elternteil notwendig (§§ 1680 Abs 2 S 1 bzw 1680 Abs 3 mit Abs 2 S 1 BGB); ebenso bei Ruhen des Sorgerechts oder tatsächlicher Verhinderung gemäß §§ 1678 Abs 1 Hs 2, 1696 BGB. 63

Wählen die Eltern vor der Namensbestimmung einen **Ehenamen**, so wird dieser nach § 1617c Abs 1 BGB Geburtsname des Kindes. Allerdings bedarf es, wenn die Geburt schon eingetragen ist, für den Zeitraum zwischen Geburt und Namenserwerb nach § 1617c Abs 1 BGB noch einer Namensbestimmung – diese obliegt ohne weiteres noch dem Berechtigten. 64

g) Richterliche Fristsetzung

Das Familiengericht „kann" dem Berechtigten eine Frist zur Ausübung des Bestimmungsrechts setzen, dh die Fristsetzung liegt im **richterlichen Ermessen**. Richtpunkt für die Ermessensausübung war nach dem Recht prä 1. 5. 2025 der Schutz des Kindes vor länger dauernder Namenlosigkeit; nun wird er wohl im Schutz des Kindes vor lächerlichen (wie Rn 31) oder unpraktikablen Namen zu sehen sein. Die drohende Gefahr ist mithin geringer und der Richter im Ermessen freier als bis zum 30. 4. 2025. Die Ermessensfreiheit kann gleichwohl auch hier zur Pflicht schrumpfen, wenn vorauszusehen ist, dass der Elternteil sein Bestimmungsrecht nicht ausüben wird (etwa bei Beharren beider Eltern auf einen unzulässigen Namen) und der automatisch gebildete Doppelname lächerlich, anstößig oder grob unpraktikabel ist. 65

Die Fristsetzung kann, muss aber nicht **mit der Übertragungsentscheidung verbunden werden** – auch dies liegt im Ermessen des Gerichts. Erfolgt sie zunächst nicht, muss sich das Gericht über die Ausübung des Bestimmungsrechts nach angemessener Zeit vergewissern – eine nochmalige Mitteilungspflicht des Standesamtes von sich aus besteht nach § 168g Abs 2 FamFG nicht. Eine Übertragung mit gleichzeitiger Fristsetzung ist regelmäßig geboten, wenn die Nichtausübung des Bestimmungsrechts vorherzusehen ist. 66

Der **Beschluss** muss die **Fristdauer** festlegen – hierbei ist dem Berechtigten ein angemessener Entscheidungszeitraum einzuräumen. Das Ende der Frist sollte durch einen festen Kalendertermin bezeichnet werden, da im Hinblick auf die gesetzliche Folge des Fristablaufs Rechtsklarheit bestehen muss. Eine **Fristverlängerung** ist vor 67 ihrem Ablauf ohne weiteres möglich; nach Fristablauf ist allerdings die Folge des S 7 unrevidierbar eingetreten.

h) Wirkungen des ergebnislosen Fristablaufs, § 1617 Abs 4 S 7 BGB

68 Ist nach Ablauf der Frist das Bestimmungsrecht nicht ausgeübt worden, so erhält das Kind den sich nach § 1617 Abs 4 S 1–3 BGB ergebenden Geburtsnamen (und nicht mehr den Namen des Elternteils, dem das Bestimmungsrecht übertragen ist – so § 1617 Abs 2 S 4 BGB idF bis zum 30. 4. 2025). Es bleibt also beim automatischen Doppelnamen. Dabei war die Regelung bis zum 30. 4. 2025 durchaus sinnvoll und hätte sich auch mit der Logik des neuen § 1617 Abs 4 S 1–3 BGB gut vertragen.

69 Dem **Namenserwerb nach Abs 4 S 7** sollten dieselben Wirkungen wie einer elterlichen Bestimmung nach Abs 1–3 zukommen. Er ist definitiv und für nachträgliche Namensbestimmungen durch die Eltern gemäß § 1617 BGB ist jetzt kein Raum mehr (so für das alte Recht OLG Hamm 17. 7. 2003 – 15 W 459/02, FamRZ 2004, 731, 732; siehe aber Gernhuber/CoesterWaltjen § 55 Rn 16 Fn 53: „rechtspolitisch wenig sinnvoll"); auch das Familiengericht hat keine Gestaltungsmöglichkeiten mehr. Der Kindesname wirkt auch gemäß Abs 5 auf weitere Kinder des Elternpaares über.

V. Präjudizwirkung für Geschwister – Prinzip der Namenseinheit der Geschwister, Abs 5

1. Grundsatz

70 Der von den Eltern oder einem Elternteil bestimmte Geburtsname gilt auch für ihre weiteren gemeinsamen Kinder, Abs 5: Das Bestimmungsrecht erwächst den Eltern nicht für jedes ihrer Kinder neu – erstmalig ausgeübt, gilt der ausgewählte Name für die gesamte Folgegeneration. § 1617 Abs 5 BGB gilt qua systematischer Stellung für alle vorhergehenden Fälle nach § 1617 Abs 1–4 BGB (so auch schon für den früher „nachgelagerten" Fall des Elterndissenses, siehe nur Jauernig/Budzikiewicz § 1617 Rn 6) sowie qua Verweis § 1617b Abs 1 S 3 BGB. Hiermit will der Gesetzgeber, nachdem wegen der Namensverschiedenheit der Eltern das Ideal der gesamtfamiliären Namenseinheit nicht zu erreichen ist, wenigstens die **Namenseinheit der Geschwister** gewährleisten (zum rechtspolitischen Streit um diesen Grundsatz vgl [bejahend] BT-Drucks 11/4437; BT-Drucks 11/6187; BT-Drucks 12/617; Coester StAZ 1990, 287, 288; Coester FuR 1994, 1, 5; abl Boemke FuR 1991, 181, 187; Dethloff/Walther NJW 1991, 1575, 1578; Schwenzer FamRZ 1991, 390, 396; Schwenzer GutA 59. DJT [1992] A 59). Zumindest bei gleichlaufender gemeinsamer Sorge sollen die Kinder eines Elternpaares denselben Namen tragen (BT-Drucks 13/4899, 90; BGH 13. 11. 2019 – XII ZB 118/17, FamRZ 2020, 331 Rn 15). Dagegen greift der Grundsatz der Namenseinheit, wie sich am fehlenden Verweis von § 1617a BGB auf § 1617 Abs 5 BGB zeigt, nicht, wenn für die Geschwister keine gemeinsame elterliche Sorge besteht oder begründet wird (BGH 13. 11. 2019 – XII ZB 118/17, FamRZ 2020, 331 Rn 21). Das BVerfG hat dies als hinreichende Legitimation für die Einschränkung der elterlichen Gestaltungsfreiheit akzeptiert – unter Verweis auch auf die elterliche Pflichtbindung an das Kindeswohl; weder Art 6 Abs 2 GG noch Art 6 Abs 1 GG noch das allgemeine Persönlichkeitsrecht der Eltern oder der Kinder, Art 2 Abs 1 GG iVm Art 1 Abs 1 GG, sind verletzt (BVerfG 18. 3. 2002 – 1 BvR 2297/96, FamRZ 2002, 877; BGH 13. 11. 2019 – XII ZB 118/17, FamRZ 2020, 331 Rn 28 ff). Ob der Grundsatz angesichts seiner vielfältigen Aushöhlungen nicht zuletzt durch die Namensrechtsreform

überhaupt noch Bestand haben sollte, ist zu Recht bezweifelt worden (Coester-Waltjen StAZ 2024, 65, 71).

Dennoch hängt die Auslegung und Abgrenzung dieses Grundsatzes von dem *Stellenwert* ab, den man ihm im Kindesnamensrecht beizumessen bereit ist. Man könnte ihn sehr hoch ansetzen – geschwisterliche Namenseinheit als Restbastion eines weitgehend erodierten, aber nach wie vor gültigen Leitbilds (so tendenziell auch das BVerfG). Allerdings ist fraglich, ob damit (teilweise) bewahrt werden kann, was der Gesetzgeber selbst zunehmend preisgegeben hat: Die Kennzeichnungskraft des Namens ist nach dem KindRG 1998 und noch mehr nach der Namensrechtsreform 2024 erheblich geschwächt durch wandelbare Anknüpfungspunkte für den Kindesnamen (Elternname, Sorgerecht) und grundsätzliche Folgeänderungen beim Kind sowie zahlreiche Umbenennungsmöglichkeiten (§§ 1617a Abs 3, 1617b Abs 1, 1617d und 1617e BGB in unbegrenzter Wiederholung, §§ 1617f, 1617g, 1617h, 1617i BGB). Auch die grundsätzlich angestrebte Namenseinheit der Geschwister zerbricht am Persönlichkeitsschutz des § 1617c Abs 1 BGB: Über eine Folge in elterliche Namensänderungen entscheidet jedes ältere Kind für sich. Selbst die Namenseinheit der Eltern in Gestalt eines später bestimmten Ehenamens setzt sich gemäß § 1616 BGB gegenüber der Namenseinheit der Geschwister durch (vgl § 1616 Rn 22). Im Ergebnis gibt es kein übergreifendes Leitprinzip der Geschwisternamenseinheit mehr, vielmehr ist es nur noch eines unter verschiedenen, zT gegenläufigen Topoi im Kindesnamensrecht (vgl BayObLG 23. 9. 2004 – 1Z BR 080/04, FamRZ 2005, 1010, 1011; OLG Karlsruhe 8. 12. 2005 – 11 Wx 12/05, StAZ 2006, 211, 212). Zu diesen gehört auch die **familienautonome Gestaltungsfreiheit**, der das Recht großen Raum gewährt – dies ist ein von der elterlichen Persönlichkeitsverwirklichung (als maßgeblicher Gesichtspunkt abgelehnt vom BVerfG 18. 3. 2002 – 1 BvR 2297/96, FamRZ 2002, 877) zu unterscheidender Aspekt. In Zweifelsfällen muss, da das Gesetz selbst klare Linien vermissen lässt, dieser Gesichtspunkt ausschlaggebendes Gewicht erlangen (OLG Karlsruhe 8. 12. 2005 – 11 Wx 12/05, NJW-RR 2006, 441, 442). 71

2. Gesetzlicher Regelfall: Namensbestimmung für das erste Kind

Die Bindungswirkung des Abs 5 zielt auf die **Zukunft**: Die Namensfestlegung für das erste Kind soll auch für die „weiteren Kinder" gelten. Hierunter fallen in erster Linie alle **später geborenen**, gemeinsamen Kinder der Eltern (nicht aber einseitige Kinder eines Elternteils). Die Bindungswirkung erstreckt sich aber auch auf **gleichzeitig** (Zwillinge) oder **früher geborene** Kinder, sofern sie im Moment der Namensbestimmung noch keinen Geburtsnamen tragen oder ihr Geburtsname neu zu bestimmen ist (zB wegen erstmaliger Begründung gemeinsamen Sorgerechts, § 1626a Abs 1, 2 BGB). Die Namensbestimmung für *ein* Kind ist in dieser Situation de iure eine solche für *alle* vorhandenen Kinder. Einer Namensbestimmung gemäß Abs 1 steht eine Namenszuweisung kraft Gesetzes nach Abs 4 S 1–3, 7 gleich. 72

Ist das erste Kind ein **Adoptivkind**, so haben die Eltern den Namen entsprechend § 1617 Abs 1–3 BGB zu bestimmen (§ 1757 Abs 2 S 1 BGB); der Verweis aus § 1757 Abs 2 S 1 BGB richtet sich auch auf die Bindungswirkung des gewählten Namens gemäß § 1617 Abs 5 BGB für spätere, adoptierte oder leibliche Kinder (Lipp/Wagenitz § 1617 Rn 45). Eine Beifügung des Herkunftsnamens gemäß § 1757 Abs 3 S 1 Nr 2 73

BGB beim ersten Kind steht der Bindungswirkung nicht entgegen; diese beschränkt sich allerdings auf den von den Eltern abgeleiteten Namensteil.

74 Aus der Sicht **später geborener Kinder** präsentiert sich die Namensbindung **als präjudizieller Bestimmungsakt in der Vergangenheit**. Diese Kinder erwerben ihren Geburtsnamen (ceteris paribus) im Moment der Geburt kraft Abs 5 – dieser **Erwerb ex lege** verdrängt das Bestimmungsrecht der Eltern. Dies gilt auch für **später adoptierte Kinder** (kein Bestimmungsrecht nach § 1757 Abs 2 S 1 BGB; OLG Hamm 14. 9. 2000 – 15 W 270/00, FamRZ 2001, 859), unbeschadet einer Hinzufügung des Herkunftsnamens nach § 1757 Abs 3 S 1 Nr 2 BGB. Auch bei späterer **Totgeburt** ist der Kindesname festgelegt, die Eltern entscheiden nur, *ob* er eingetragen werden soll (§ 21 Abs 2 S 2, nicht S 3 PStG).

3. Erste Ausnahme: Keine Bindungswirkung für weitere Kinder, wenn Namenseinheit in der Familie nicht erreichbar

75 Das Bestimmungsrecht der namensverschiedenen Eltern weicht gemäß Abs 5 nur dann den Kindesinteressen, wenn – bei Namensübereinstimmung mit einem Elternteil – die Namenseinheit der Geschwister auf dem Spiel steht. Kann diese ohnehin nicht erreicht werden oder nur um den Preis einer Namensverschiedenheit zu beiden Eltern, bleibt es bei der Bestimmungsfreiheit der Eltern nach Abs 1–3. Dabei ist an folgende Fallgestaltungen zu denken:

– Das erste Kind ist vor der Geburt des zweiten Kindes verstorben (BeckOGK-BGB/Kienemund [1. 11. 2025] § 1617 Rn 110; Gernhuber/Coester-Waltjen § 55 Rn 14 Fn 45; Grüneberg/Götz § 1617 Rn 8; Michalski FamRZ 1997, 977, 981; **aA** HWB/Wagenitz/Bornhofen § 1617 Rn 85). Gleiches gilt für die Namensbestimmung beim ersten, totgeborenen Kind (Rn 20; BeckOGK-BGB/Kienemund [1. 11. 2025] § 1617 Rn 110; **aA** Rixen FamRZ 1999, 265, 267).

76 – Bei ihrem ersten Kind haben die nicht miteinander verheirateten Eltern keine Sorgeerklärungen abgegeben, es trägt den Namen des alleinsorgeberechtigten Elternteils nach § 1617a Abs 1 BGB (oder einen Teil davon, § 1617a Abs 2 BGB); Gleiches gilt beim zweiten Kind, jedoch hat der alleinsorgeberechtigte Elternteil dem Kind gemäß § 1617a Abs 3 BGB den Namen des anderen Elternteils oder einen Doppelnamen erteilt; jetzt wird ein drittes Kind geboren, die Eltern haben pränatal Sorgeerklärungen abgegeben. Hier kann Namenseinheit nur mit einem der Geschwister hergestellt werden, die Eltern haben insoweit uneingeschränktes Bestimmungsrecht nach § 1617 Abs 1–3 BGB (Lipp/Wagenitz § 1617 Rn 50). Haben die Eltern hingegen nicht nur für das dritte, sondern für alle Kinder gemeinsames Sorgerecht begründet, so wirkt der für das dritte Kind bestimmte Name gemäß Abs 5, § 1617b Abs 1 S 3 BGB auf die anderen Kinder ohne weiteres über. Es sind auch andere „Dreierkonstellationen" vorstellbar, zB: Das erste Kind erhält den Vaternamen als Ehenamen gemäß § 1616 BGB; nach Scheidung erhält das zweite Kind den Mutternamen nach § 1617a Abs 1 BGB; beim dritten Kind besteht gemeinsames Sorgerecht: Bestimmungsrecht der Eltern nach § 1617 Abs 1–3 BGB.

77 – Für das erste Kind ist ein Name nach § 1617 Abs 1 BGB bestimmt worden; einer Namensänderung des Bezugselternteils gemäß § 1617c Abs 2 Nr 2 BGB hat sich

das Kind gemäß § 1617c Abs 1 BGB nicht angeschlossen; jetzt wird ein zweites Kind geboren: Hier geraten Namensableitung von den Eltern und von Geschwistern in Konflikt.

- Das erste Kind führt einen anderen Namen als seine beiden Eltern. Für sich selbst konnte es diese Entscheidung treffen (§ 1617c Abs 1 BGB), nicht aber zu Lasten seines Geschwisters. Dessen Interesse an Namenseinheit mit einem Elternteil ist vorrangig: also keine Bindungswirkung gemäß Abs 5, sondern Bestimmungsrecht der Eltern gemäß Abs 1–3 (Lipp/Wagenitz § 1617 Rn 53; HWB/Wagenitz/Bornhofen § 1617 Rn 101; vgl AG Schöneberg 22. 10. 1994 – 70 III 162/94, StAZ 1995, 240; Fachausschuss Standesbeamte StAZ 2005, 328, 329).

4. Zweite Ausnahme: Keine Erstreckung auf weitere Kinder, die ihren Namen kraft Gesetzes erwerben

Abs 5 verdrängt spätere Bestimmungsrechte der Eltern nach § 1617 Abs 1 BGB oder Normen, die auf diese Vorschrift verweisen, nicht aber anderweitigen Namenserwerb weiterer Kinder kraft Gesetzes: **78**

- Gehen die Eltern vor der Zweitgeburt zu einem Ehenamen über (§ 1355 Abs 4 S 2 BGB), so erwirbt das zweite Kind seinen Familiennamen nach **§ 1616 BGB**, auch wenn das erste Kind einen anderen Namen trägt (HWB/Wagenitz/Bornhofen § 1617 Rn 89; Grüneberg/Götz § 1617 Rn 8 u 2 aE). Dieses kann seinerseits gemäß § 1617c Abs 1 BGB dem elterlichen Wechsel zum Ehenamen folgen und damit gesamtfamiliäre Namenseinheit herstellen (Grüneberg/Götz § 1617 Rn 2 aE); ist es älter als fünf Jahre, kann es die Namensfolge aber auch verweigern (Lipp/Wagenitz § 1617 Rn 46, 52).

- Besteht bei Geburt des zweiten Kindes weder Ehename der Eltern noch gemeinsames Sorgerecht, so erwirbt es kraft Gesetzes den Namen des alleinsorgeberechtigten Elternteils nach § 1617a Abs 1 BGB (Lipp/Wagenitz § 1617 Rn 46), eine Bindungswirkung gemäß § 1617 Abs 5 BGB scheidet aus (BGH 13. 11. 2019 – XII ZB 118/17, FamRZ 2020, 331 Rn 21; OLG Hamm 14. 9. 2004 – 15 W 22/04, FamRZ 2005, 1009 f). Die Eltern *können*, wenn das erste Kind den Namen des nicht sorgeberechtigten Elternteils trägt, Namenseinheit der Geschwister nach § 1617a Abs 3 BGB herstellen, müssen es aber nicht. Selbst wenn der alleinsorgeberechtigte Elternteil den Namen des nicht sorgeberechtigten Elternteils nach § 1617a Abs 3 BGB erteilt, ist dies keine „elterliche Namensbestimmung" iSd § 1617 Abs 1 BGB (BGH 13. 11. 2019 – XII ZB 118/17, FamRZ 2020, 331 Rn 21; OLG Hamm 14. 9. 2004 – 15 W 22/04, FamRZ 2005, 1009 f; OLG Karlsruhe 8. 12. 2005 – 11 Wx 12/05, StAZ 2006, 211; Grüneberg/Götz § 1617 Rn 8). Die Situation kann sich jedoch ändern und der Name des zweiten Kindes der Geschwisterbindung unterfallen, wenn später für das zweite Kind gemeinsame Sorge begründet wird (vgl Rn 82). **79**

5. Keine Bindung an vorhandene Geschwisternamen, die kraft Gesetzes erworben worden sind

Die Wirkung des § 1617 Abs 5 BGB ist beschränkt auf die von einem Elternteil oder den Eltern *bestimmte* Geburtsnamen. Ein generelles Prinzip der Namenseinheit von **80**

Geschwistern ist nicht angeordnet und auch nicht im System des Kindesnamensrechts impliziert. *Gesetzliche* Namenserwerbe von Kindern folgen ihren eigenen Regeln, sie präjudizieren auch nicht bei späteren Kindern eigentlich bestehende Bestimmungsrechte (OLG Hamm 14. 9. 2004 – 15 W 22/04, FamRZ 2005, 1009 f; **aA** Lipp/Wagenitz § 1617 Rn 49; Wagenitz FamRZ 1998, 1545, 1547; NK-BGB/Czeguhn/Schmitz § 1617 Rn 2). Lediglich (gesetzliche) Namensfestlegungen, die auf **autonomer Willensentscheidung** der Eltern oder eines Elternteils beruhen, sollen nur geschwistereinheitlich erfolgen; gleichgestellt ist allerdings die die elterliche Bestimmung ersetzende Zuweisung nach Abs 4 S 7 (Rn 69, 72; für Abs 2 S 4 aF BGH 13. 11. 2019 – XII ZB 118/17, FamRZ 2020, 331 Rn 18). Demgemäß ist abzugrenzen:

81 Hat das erste Kind nach § 1616 BGB den zum Ehenamen gewählten Vaternamen erhalten, kehrt die Mutter nach Scheidung zu einem früheren Namen zurück (§ 1355 Abs 5 S 2 BGB) und wird dann den wiederversöhnten, aber weiterhin getrennt lebenden Eltern ein weiteres Kind geboren, für das sie pränatal Sorgeerklärungen abgegeben haben, so präjudiziert der Name des ersten Kindes nicht den des zweiten Kindes – dieser ist nach § 1617 Abs 1–3 BGB zu bestimmen. Geht man lebensnah davon aus, dass das zweite Kind bei der Mutter aufwächst, so erscheint es durchaus sachgerecht, wenn durch Wahl des Mutternamens Nameneinheit in der sozialen Teilfamilie hergestellt werden kann.

Im Ergebnis Gleiches gilt, wenn das erste Kind seinen Namen nach § 1617a Abs 1 BGB trägt, beim zweiten Kind aber gemeinsames Sorgerecht der Eltern besteht: Hier kann durch Bestimmung nach § 1617 Abs 1 BGB der konkreten Familienkonstellation Rechnung getragen werden (vgl AG Schöneberg 22. 10. 1994 – 70 III 162/94, StAZ 1995, 240; HWB/Wagenitz/Bornhofen § 1617 Rn 92 ff; zu § 1617a Abs 1 BGB siehe Rn 16 ff).

82 Die **Bindungswirkung nach Abs 5** ist aber trotz gesetzlichen Namenserwerbs des ersten Kindes zu bejahen, **wenn sie durch eine Willensentscheidung der Eltern überlagert worden ist**. Dies gilt ohne weiteres bei **ändernden Namensbestimmungen** durch die Eltern: Hat das erste Kind seinen Namen zunächst nach § 1617a Abs 1 BGB erworben, haben die Eltern nach Begründung gemeinsamen Sorgerechts seinen Namen jedoch gemäß § 1617b Abs 1 BGB neu bestimmt, so gilt diese Bestimmung gemäß § 1617 Abs 5 BGB auch für alle weiteren Kinder (Lipp/Wagenitz § 1617 Rn 49; vgl § 1617b Rn 27).

83 *Keine* geschwistereinheitliche Umbenennung in diesem Sinne liegt jedoch vor, wenn dem ersten Kind statt des Namens des alleinsorgeberechtigten Elternteils nach § 1617a Abs 1 BGB der Name des nicht sorgeberechtigten Elternteils gemäß **§ 1617a Abs 3 BGB** erteilt worden ist. Mit den Gestaltungsmöglichkeiten des § 1617a BGB sollte den Eltern *auch* die Möglichkeit gegeben werden, ein unterschiedliches Aufwachsen der Kinder bei Mutter und Vater namensrechtlich nachzuzeichnen; eine Geschwisterbindung würde der bei § 1617a BGB typischerweise vorliegenden Teilfamiliensituation nicht gerecht (OLG Hamm 14. 9. 2004 – 15 W 22/04, FamRZ 2005, 1009, 1010; OLG Karlsruhe 8. 12. 2005 – 11 Wx 12/05, NJW-RR 2006, 441, 442; vgl § 1617a Rn 18). Auch die Mutternamenskürzung nach § 1617a Abs 2 BGB sollte, obschon es sich um eine Willensentscheidung handelt, die Bindungswirkung des § 1617 Abs 5 BGB nicht auslösen.

§ 1617a
Geburtsname bei Eltern ohne Ehenamen und Alleinsorge

(1) Führen die Eltern keinen Ehenamen und steht die elterliche Sorge nur einem Elternteil zu, so erhält das Kind den Familiennamen, den dieser Elternteil im Zeitpunkt der Geburt des Kindes führt, als Geburtsnamen.

(2) Besteht der Name des Elternteils, dessen Name nach Absatz 1 der Geburtsname des Kindes geworden ist und dem die elterliche Sorge für das Kind allein zusteht, aus mehreren Namen, so kann dieser Elternteil dem Kind durch Erklärung gegenüber dem Standesamt nur einen oder einige der Namen, aus denen der Name besteht, erteilen.

(3) Der Elternteil, dessen Name nach Absatz 1 oder 2 der Geburtsname des Kindes geworden ist und dem die elterliche Sorge für das Kind allein zusteht, kann dem Kind durch Erklärung gegenüber dem Standesamt den Familiennamen des anderen Elternteils oder einen aus den Familiennamen beider Elternteile gebildeten Doppelnamen erteilen. § 1617 Absatz 1 Satz 2 und Absatz 2 gilt entsprechend.

(4) Die Erteilung des Namens nach den Absätzen 2 und 3 bedarf, wenn das Kind das fünfte Lebensjahr vollendet hat, der Einwilligung des Kindes und in den Fällen des Absatzes 3 auch der Einwilligung des anderen Elternteils, es sei denn, dieser ist bereits verstorben. Die Erklärungen müssen öffentlich beglaubigt werden, die Erklärung nach Absatz 2 jedoch nur, wenn sie nach der Beurkundung der Geburt abgegeben wird. Für die Einwilligung des Kindes gilt § 1617c Absatz 1 Satz 2 entsprechend.

Materialien: KindRG Art 1 Nr 7; Kinderehenbekämpfungsgesetz Art 1 Nr 14; EheGebNamRÄndG Art 1 Nr 3.

Schrifttum

S vor Vorbem zu §§ 1616–1625.

Systematische Übersicht

Alphabetische Übersicht

I. Einleitung

1. Überblick

§ 1617a BGB ist nach § 1616 BGB und § 1617 BGB die letzte der drei Vorschriften, 1
die den originären Namenserwerb des Kindes regelt (neben §§ 1617g, 1617h BGB für die friesische und dänische Minderheit). Die Norm erfasst den originären Namenserwerb des Kindes von Eltern *ohne Ehenamen* und ohne gemeinsames Sorgerecht. Dabei kann das Kind entweder ex lege den Namen des alleinsorgeberechtigten Elternteils erhalten (§ 1617a Abs 1 BGB), wobei dieser Elternteil durch Erteilung den Namen verkürzen (§ 1617a Abs 2 BGB) oder den Namen des anderen

Elternteils oder einen Doppelnamen erteilen (§ 1617a Abs 3 BGB) kann. § 1617a Abs 4 BGB regelt Zustimmungserfordernisse und Form.

2. Entstehungsgeschichte

2 Die durch das KindRG 1998 maßgeblich geprägte Norm wurde durch das Kinderehenbekämpfungsgesetz 2017 geringfügig verändert. Mit dem EheGebNamRÄndG 2024 wurde § 1617a BGB insbesondere um die Verkürzungsmöglichkeit (§ 1617a Abs 2 BGB) sowie um die Möglichkeit der Erteilung eines Geburtsdoppelnamens (§ 1617a Abs 3 S 1 Var 2 BGB) erweitert.

3. Normbedeutung

3 Die Norm hat **Auffangcharakter**. Dies zeigt sich daran, dass ihr Tatbestand durch das Fehlen der vorrangigen Anknüpfungsmerkmale der §§ 1616, 1617 BGB definiert ist – kein Ehename und kein gemeinsames Sorgerecht der Eltern. Positiv verlangt die Vorschrift lediglich Alleinsorge eines der beiden Elternteile. Eine Ehe der Eltern ist weder erforderlich noch steht sie der Normanwendung entgegen. Der Auffangcharakter der Norm ist nicht ganz konsequent ausgestaltet – es fehlt eine gesetzliche Regelung für Kinder, die gar nicht unter elterlicher Sorge stehen (dazu Rn 12 ff).

II. Namen des Alleinsorgeberechtigten, § 1617a Abs 1 und Abs 2 BGB

1. Voraussetzungen des gesetzlichen Namenserwerbs, § 1617a Abs 1 BGB

a) Kein Ehename

4 Führen die Eltern im Moment der Geburt einen **Ehenamen**, ist unabhängig von den Sorgerechtsverhältnissen stets § 1616 BGB vorrangig. Fehlende Ehenamensführung ist in einer Vielzahl von Konstellationen denkbar: nicht miteinander verheiratete Eltern; verheiratete Eltern ohne Ehenamen (§ 1355 Abs 1 S 3 BGB); geschiedene Eltern, von denen zumindest ein Teil den Ehenamen abgelegt hat (§ 1355 Abs 5 S 2 BGB; vgl § 1616 Rn 19); ein verwitweter Elternteil, selbst wenn er den Ehenamen fortführt (§ 1616 Rn 20). Führt also ein Elternteil nach Scheidung noch den Ehenamen fort (§ 1355 Abs 5 S 1 BGB) und wird nach Scheidung das gemeinsame Kind geboren, greift § 1616 BGB, nicht § 1617a BGB (BeckOGK-BGB/Kienemund [1. 11. 2025] § 1617a Rn 7; Erman/Döll § 1617a Rn 3; jurisPK-BGB/Hamdan § 1617a Rn 8). Stets müssen es **„die Eltern“** sein, die einen Ehenamen als gemeinsamen Familiennamen führen; die alleinige Führung eines Ehenamens durch den alleinsorgeberechtigten Elternteil aus der Elternehe oder der Ehe mit einem Dritten genügt nicht, um die Anwendbarkeit des § 1617a BGB auszuschließen.

5 Maßgeblich für die Namensführung ist der **Zeitpunkt der Geburt**. Die spätere Bestimmung eines Ehenamens durch die Eltern ändert am gesetzlichen Namenserwerb nach § 1617a Abs 1 BGB nichts mehr, der Ehename verdrängt nur für die Zukunft den so erworbenen Namen (§ 1617c Abs 1 BGB; rückwirkender Eintrag des Ehenamens als Geburtsname des Kindes nur, wenn die Geburt noch nicht beurkundet war, § 1616 Rn 13).

b) Alleinsorge eines Elternteils

aa) Maßgeblicher Zeitpunkt

Die Alleinsorge eines Elternteils muss zum **Zeitpunkt der Geburt** bestehen. Haben 6 die Eltern in diesem Moment noch oder schon (möglich bei pränatalen Sorgeerklärungen, jurisPK-BGB/Hamdan § 1617a Rn 7) gemeinsames Sorgerecht und erwirbt erst danach ein Teil die Alleinsorge, so ist und bleibt § 1617 BGB anwendbar: Haben die Eltern den Kindesnamen nach dieser Vorschrift noch nicht bestimmt, übt nunmehr der Alleinsorgeberechtigte das Bestimmungsrecht allein aus (§ 1617 Rn 13 f; BeckOGK-BGB/Kienemund [1. 11. 2025] § 1617a Rn 14; Lipp/Wagenitz § 1617a Rn 5) – § 1617a BGB ist in keinem Fall anwendbar. Ist die Mutter vor der Geburt verstorben und etwa eine Vaterschaft noch nicht begründet, so findet § 1617a Abs 1 BGB analoge Anwendung (Horenkamp StAZ 2019, 184; Hepting/Dutta Familie und Personenstand, Rn IV-295).

Bestand bei der Geburt Alleinsorge eines Elternteils, so berühren **spätere Änderungen der sorgerechtlichen Verhältnisse** den Namenserwerb nach § 1617a Abs 1 BGB 7 nicht mehr. Ist *gemeinsames Sorgerecht* begründet worden, erwächst den Eltern nach § 1617b Abs 1 BGB ein Neubestimmungsrecht, aber nur für die Zukunft. *Sorgerechtswechsel* oder *Sorgerechtsverlust* hingegen sind für die Fortführung des nach § 1617a Abs 1 BGB erworbenen Namens bedeutungslos (BeckOGK-BGB/Kienemund [1. 11. 2025] § 1617a Rn 14; BeckOK-BGB/Pöcker [1. 11. 2025] § 1617a Rn 3; **aA** NK-BGB/Czeguhn/Schmitz § 1617a Rn 3 bei Sorgerechtswechsel *vor* Eintragung der Geburt) – das Gesetz ordnet keinen fortgesetzten Gleichlauf von Sorgerecht und Kindesnamen (iS einer „wandelbaren Anknüpfung“) an, vielmehr dienen die sorgerechtlichen Verhältnisse nur punktuell, im Moment der Geburt zur Identifizierung der namensgebenden oder namenbestimmenden Eltern. Der Name des so identifizierten Elternteils ist der fortan maßgebende Anknüpfungspunkt, auch bezüglich möglicher Namensänderungen (§ 1617c Abs 2 Nr 2 BGB). Das Kindesnamensrecht knüpft also nicht an das Sorgerecht an, sondern verwendet dieses nur als Hilfskriterium (vgl Lipp/Wagenitz § 1617a Rn 5; zur Kritik s noch Rn 25, 29 ff sowie § 1617b Rn 3).

bb) Anwendungsfälle und Abgrenzungen

Klassischer Anwendungsfall für Abs 1 ist die mit dem Vater **nicht verheiratete Mutter**, 8 der das alleinige Sorgerecht nach § 1626a Abs 3 BGB zusteht (insoweit ist die Vorschrift deckungsgleich mit § 1617 Abs 1 S 1 aF BGB). Dem Standesamt gegenüber weist die Mutter ihr Alleinsorgerecht durch ein Negativattest des Jugendamts nach, dass keine Sorgeerklärungen abgegeben worden sind (§ 1626d BGB; §§ 58 Abs 2, 87c Abs 1, 6 SGB VIII) (jurisPK-BGB/Hamdan § 1617a Rn 5).

Abs 1 ist aber auch anwendbar, wenn von zwei grundsätzlich gemeinsam sorgebe- 9 rechtigten Eltern **ein Teil schon vor der Geburt ausgefallen ist**, sei es durch Tod (dann Alleinsorge des Überlebenden nach § 1680 Abs 1 BGB), durch Sorgerechtsentzug (§§ 1666, 1680 Abs 3 iVm Abs 1 BGB; ausnahmsweise ist auch pränataler Sorgerechtsentzug möglich), durch rechtliche Verhinderung (ruhendes Sorgerecht, §§ 1675, 1678 Abs 1 Hs 1 BGB) oder aufgrund tatsächlicher Verhinderung (§ 1678 Abs 1 Hs 1 BGB). Problematisch erscheint der Namenserwerb nach § 1617a Abs 1 BGB hier allein in den Fällen des **ruhenden Sorgerechts**, denn dieses beeinträchtigt das Sorgerecht nur in seiner Ausübung, nicht aber in seiner Substanz (Staudinger/Coester [2020] § 1675 Rn 2); auch kann die Verhinderung jederzeit entfallen. Wer deshalb vor einer namensrechtlichen Disqualifizierung des nur verhinderten Elternteils scheut (so HWB/Wagenitz/Bornhofen § 1617a Rn 15), müsste jedoch § 1617 BGB anwenden; dies liefe wegen des Ausübungshindernisses aber auf ein alleiniges Bestimmungsrecht des anderen Elternteils hinaus und damit – nur etwas komplizierter – auf das gleiche Ergebnis, das § 1617a Abs 1, 3 BGB vorzeichnet (für § 1617 BGB BeckOGK-BGB/Kienemund [1. 11. 2025] § 1617a Rn 11; BeckOK-BGB/Pöcker [1. 11. 2025] § 1617a Rn 2; KG, 25. 1. 2022 – 1 W 18/21, 1 W 19/21 Rn 37 mwNw; jurisPK-BGB/Hamdan § 1617a Rn 6).

10 Unter Abs 1 fällt auch die Situation getrennt lebender, ehemals gemeinsam sorgeberechtigter Eltern, nachdem eine **Sorgerechtsübertragung gemäß § 1671 BGB** auf einen von ihnen stattgefunden hat (eine solche Übertragung sollte auch pränatal möglich sein, insbesondere nach § 1671 Abs 1 S 2 Nr 1 und Abs 2 S 2 Nr 1 BGB) (näher Staudinger/Coester [2020] § 1671 Rn 25; zust BeckOK-BGB/Pöcker [1. 11. 2025] § 1617a Rn 2; **aA** Erman/Döll § 1617a Rn 4 [juristische Sekunde]). Nicht ausreichend ist hingegen die bloße vorgeburtliche Trennung gemeinsam sorgeberechtigter Eltern; § 1687 Abs 1 S 2 BGB begründet keine Alleinsorge des Betreuungselternteils in Namensfragen (§ 1617 Rn 9).

11 Auch **teilweise Alleinsorge** eines Elternteils genügt für die Anwendbarkeit des § 1617a BGB, wenn sie den Teil der Personensorge betrifft, dem das Recht zur Namensentscheidung für das Kind zugehört (§ 1617 Rn 10 f) (allgM s nur BeckOGK-BGB/Kienemund [1. 11. 2025] § 1617a Rn 12; BeckOK-BGB/Pöcker [1. 11. 2025] § 1617a Rn 8). Zwar erfolgt der Namenserwerb nach Abs 1 kraft Gesetzes, bei aufgespaltenen Sorgebefugnissen äußert aber dieser Teil der Personensorge die für die namensrechtliche Zuordnung spezifische Kennzeichnungskraft. Im Übrigen hat der insoweit Alleinsorgeberechtigte die Kürzungsmöglichkeit nach Abs 2 (die freilich auch ein Fall der Erteilung ist) sowie die Erteilungsoption nach Abs 3 (Rn 23).

cc) Fehlende elterliche Sorge

12 Die §§ 1616 ff BGB sprechen nicht den Namenserwerb von Kindern an, die nicht unter elterlicher Sorge stehen. Die Regelungslücke wird zT abgedeckt für **Findelkinder**: Sie erhalten vorläufig (OLG Köln 16. 10. 2014 – 2 Wx 146/14, StAZ 2015, 243; BeckOGK-BGB/Kienemund [1. 11. 2025] § 1617a Rn 15) Vor- und Familiennamen durch die zuständige Verwaltungsbehörde nach § 24 Abs 2 PStG (neugeborene Kinder) oder § 25 PStG (ältere Kinder oder Volljährige ohne feststellbaren Personenstand); bei nachträglicher Ermittlung des Personenstands kann der Eintrag nach § 26 PStG korrigiert werden (jurisPK-BGB/Hamdan § 1617a Rn 11). Es besteht auch keine Regelungslücke, in der es auf das Sorgerecht nicht ankommt: Führen die Eltern einen **Ehenamen**, erwirbt das Kind diesen nach § 1616 BGB, auch wenn das Sorgerecht einem Vormund zusteht. Zur Namensgebung im Fall einer **vertraulichen Geburt** s § 1616 Rn 31; hier fehlt es nicht an der elterlichen Sorge, sie ruht lediglich (§ 25 Abs 1 SchKG, § 1674a BGB).

13 **Ungeregelt** bleiben jedoch andere Fälle, in denen sowohl Ehename wie auch elterliches Sorgerecht fehlen: beiderseits geschäftsunfähige (§ 1673 Abs 1 BGB) oder tatsächlich verhinderte Eltern (§§ 1675, 1678 BGB), auch pränataler Sorgerechtsentzug ist möglich (Rn 9). Das Gleiche gilt, wenn ein Elternteil vorverstorben ist und diese Hindernisse in der Person des Überlebenden bestehen oder wenn beide Eltern vor der Geburt verstorben sind.

Da kein gesetzlicher Namenserwerb nach §§ 1616, 1617a Abs 1 BGB möglich ist, bedarf es in all diesen Fällen der **Namensbestimmung**, die analog § 1617 BGB zu erfolgen hat (§ 1617 Rn 7). Das Bestimmungsrecht kann nur beim (gemäß §§ 1773, 1774 BGB zu bestellenden) **Vormund** liegen (oder beim Pfleger, wenn die elterliche Sorge nur partiell ausgefallen ist; Fachausschuss Standesbeamte StAZ 2002, 210; NK-BGB/Czeguhn/Schmitz § 1617a Rn 1; **aA** BeckOK-BGB/Pöcker [1. 11. 2025] § 1617a Rn 6 [hypothetisches Sorgerecht mit der Folge des § 1617a Abs 1 BGB bei unverheirateten Eltern]; ebenso BeckOGK-BGB/Kienemund [1. 11. 2025] § 1617a Rn 15 [bei hypothetischem Sorgerecht beider Eltern aufgrund von Heirat oder pränatal abgegebenen Sorgeerklärungen allerdings analoge Anwendung des § 1617 BGB mit Bestimmungsrecht des Vormunds oder Pflegers]; gemischter Ansatz [hypothetisches Sorgerecht, § 1617a Abs 1 BGB, Erteilung durch Vormund nach § 1617a Abs 2 BGB] jurisPK-BGB/Hamdan § 1617a Rn 10). Insoweit ist die Situation derjenigen gleichzustellen, in der zwei gemeinsam sorgeberechtigte Eltern erst *nach* der Geburt ausfallen: Auch hier übt der Vormund ihr Bestimmungsrecht aus. Zur Wahl stehen ihm beide von den Eltern geführte Namen und ein Doppelname; lebt nur noch ein Elternteil, kann nur dessen Name, bei beiderseits verstorbenen Eltern können wiederum beide Elternnamen gewählt werden. Die Erzwingung der Namensbestimmung erfolgt nach §§ 1802, 1862 BGB. 14

2. Rechtsfolge

a) Grundsätze

In Vorwegnahme des typischen Willens des Alleinsorgeberechtigten überlässt das Gesetz diesem nicht die Namenswahl, sondern weist dem Kind **ex lege** dessen Namen zu (bei ungeklärter Identität der Mutter ist deren Name mit entsprechendem Vorbehalt einzutragen, Fachausschuss Standesbeamte StAZ 2006, 151, 152 mNw abweichender Auffassungen); ein abweichender Wille kann über Abs 2 und 3 umgesetzt werden. Das Kind erwirbt den **bei der Geburt geführten Elternnamen** (zum Begriff Vorbem 25 zu §§ 1616–1625; § 1617 Rn 26), gleich auf welcher Rechtsgrundlage er beruht (BeckOGK-BGB/Kienemund [1. 11. 2025] § 1617a Rn 16; BeckOK-BGB/Pöcker [1. 11. 2025] § 1617a Rn 4; Erman/Döll § 1617a Rn 7). Erfasst ist nur der Familienname (so nun das Gesetz klarstellend; siehe zuvor BGH 5. 7. 2023 – XII ZB 155/20, BGHZ 237, 315 Rn 10). Es kann sich um die geschlechtsspezifische Form des Nachnamens des andersgeschlechtlichen Elternteils handeln (OLG München 5. 9. 2008 – 31 Wx 13/08, StAZ 2009, 11 = NJW-RR 2008, 1680 Rn 11 ff – griechischer Nachname der Mutter auf „a" statt „as" für einen Jungen; Fachausschuss Standesbeamte StAZ 2010, 273 – tschechischer Name der Mutter auf „ová" für einen Jungen). Seit Inkrafttreten des Art 47 EGBGB erscheint dies deswegen hinnehmbar, weil das Kind über eine Angleichungserklärung nach Art 47 EGBGB die Grundform des Namens erwerben kann (Fachausschuss Standesbeamte StAZ 2010, 273). Hinzu tritt für das Kind seit 2025 die nicht fristgebundene Anpassungsmöglichkeit nach § 1617f BGB, insbesondere wenn die Voraussetzungen des § 1617f Abs 1 Nr 2 und 3 BGB (Geschlechtsanpassung nach ausländischem Recht bei entsprechender Herkunft des Kindes oder des Namens) vorliegen. Es kann auch ein aus einer Drittehe erworbener Ehename sein („erheirateter Name"), selbst wenn diese Ehe noch besteht. Den falschen Anschein seiner Elternschaft mutet das Gesetz dem Ehegatten des alleinsorgeberechtigten Elternteils zu. Nicht nur ein echter Doppelname geht insgesamt auf das Kind über, sondern auch ein **unechter Doppelname** (§ 1355a BGB) und wird als dessen Geburtsname ein echter Doppelname (BT-Drucks 13/4899, 91: früherer Ausschluss des Begleitnamens sei „über- 15 holt“; vgl § 1617 Rn 29; HWB/Wagenitz/Bornhofen § 1617a Rn 29 ff; BeckOGK-BGB/Kienemund [1. 11. 2025] § 1617a Rn 16; BeckOK-BGB/Pöcker [1. 11. 2025] § 1617a Rn 4).

b) Vorrang vor der Geschwisternamenseinheit

16 Der gesetzliche Namenserwerb nach § 1617a Abs 1 BGB kann in Konflikt treten mit demjenigen nach § 1617 Abs 5 BGB. Auch nach dieser Vorschrift erwerben die „weiteren gemeinsamen Kinder“ den für das erste Kind bestimmten Namen kraft Gesetzes mit Geburt – auf die Sorgeverhältnisse zu diesem Zeitpunkt stellt das Gesetz nicht ab. Zu einer Überschneidung beider Vorschriften kann es beispielsweise in folgenden Fällen kommen:

- Die nicht miteinander verheirateten Eltern haben für ihr erstes Kind Sorgeerklärungen abgegeben und gemäß § 1617 Abs 1 BGB oder § 1617b Abs 1 BGB den Vaternamen zum Kindesnamen bestimmt. Vor Geburt des zweiten Kindes trennen sich die Eltern oder aus einem anderen Grund werden keine Sorgeerklärungen abgegeben, eine gerichtliche Übertragung der elterlichen Sorge nach § 1626a Abs 2 BGB findet nicht statt, die Mutter hat Alleinsorge nach § 1626a Abs 3 BGB: Erwirbt das zweite Kind den Mutternamen nach § 1617a Abs 1 BGB oder den Vaternamen nach § 1617 Abs 5 BGB?

- Die verheirateten, aber namensverschiedenen Eltern haben den Vaternamen zum Kindesnamen bestimmt (§ 1617 Abs 1 BGB); vor der Geburt des zweiten Kindes stirbt der Vater: § 1617a Abs 1 BGB oder § 1617 Abs 5 BGB?

17 Die Antwort ist **streitig**: Wegen des starken Gewichts der Namenseinheit von Geschwistern wird stellenweise § 1617 Abs 5 BGB der Vorrang eingeräumt. Andere halten dies für rechtspolitisch erwägenswert, aber gesetzlich nicht begründbar; nach dieser Auffassung wäre § 1617a Abs 1 BGB anzuwenden (Lipp/Wagenitz § 1617a Rn 7 Fn 1; FamRefK/Wax § 1617a Rn 2).

18 **Stellungnahme**: Auf den ersten Blick erscheint § 1617 Abs 5 BGB als die sinnvollere Lösung, sie liegt auch keineswegs außerhalb des gesetzlichen Systems, sondern ist Teil desselben – der Gesetzgeber hat den Normkonflikt lediglich übersehen. Als Sondergruppe innerhalb des Auffangtatbestandes von § 1617a Abs 1 BGB könnten die Geschwisterfälle § 1617 Abs 5 BGB als lex specialis zugewiesen werden. Dennoch sprechen ergebnisorientierte, systematische und historische Gründe gegen diese Lösung und **für § 1617a BGB**. In beiden obigen Beispielsfällen wächst das Kind in einer Teilfamilie mit der Mutter auf und hat regelmäßig ein starkes Interesse an Namensübereinstimmung mit dieser (ähnlich und zustimmend BGH 13. 11. 2019 – XII ZB 118/17, FamRZ 2020, 331 Rn 21). Die Namenseinheit zwischen sorgeberechtigtem Elternteil und Kind wiegt noch schwerer als die der Geschwister, sie wird aber allein durch § 1617a Abs 1 BGB ermöglicht. Bei gemeinsamem Sorgerecht der Eltern (§ 1617 BGB) kann von Harmonie auf Elternebene ausgegangen werden, sodass die Geschwistergemeinschaft erstrangiges Anliegen sein kann. Bei Alleinsorge ist vorrangig Namenseinheit in der Teilfamilie herzustellen. Sollte die Interessenlage in einzelnen Fällen anders sein, erlaubt § 1617a Abs 3 BGB ohne weiteres einen Wechsel zum Namen des anderen Elternteils. **§ 1617a BGB** erweist sich damit insgesamt als die **flexiblere und interessengerechtere Norm** (iE ebenso OLG Hamm 14. 9. 2004 – 15 W 22/04, FamRZ 2005, 1009, 1010; MünchKommBGB/vSachsen Gessaphe § 1617 Rn 28; NK-BGB/Cze-

GUHN/SCHMITZ § 1617a Rn 4; BeckOGK-BGB/KIENEMUND [1. 11. 2025] § 1617a Rn 66; BeckOK-BGB/PÖCKER [1. 11. 2025] § 1617a Rn 5; ERMAN/DÖLL § 1617a Rn 9; HEPTING/DUTTA Familie und Personenstand, Rn IV-299; LETTMAIER NZFam 2023, 625, 628; offenlassend BGH 5. 7. 2023 – XII ZB 155/20, BGHZ 237, 315, Rn 10; vgl § 1617 Rn 70, 83). Diese Lösung – Vorrang von § 1617a BGB vor § 1617 Abs 5 BGB – sollte einzelfallunabhängig auch gelten, wenn kein evident überwiegendes Interesse an der Namenseinheit zwischen Elternteil und Kind zulasten der Namenseinheit unter den Geschwistern ersichtlich ist (wie in der Sachverhaltskonstellation von BGH 13. 11. 2019 – XII ZB 118/17, FamRZ 2020, 331). Denn hier greift das systematische und historische Argument, dass § 1617a BGB nicht auf § 1617 Abs 5 BGB verweist (anders als § 1617b Abs 1 S 3 BGB; § 1617 Abs 5 BGB umspannt den gesamten § 1617 BGB, so dass es keines gesonderten Verweises aus § 1617 Abs 4 S 4, 5 BGB auf Abs 5 bedarf, anders als nach dem Recht prä 1. 5. 2025 aus § 1617 Abs 2 S 2 aF BGB auf Abs 1 aF) und dass der Gesetzgeber bei der Ausgestaltung des Prinzips der Namenseinheit der Geschwister diese auf die Situation ausrichten wollte, dass die betroffenen Kinder unter gemeinsamer elterlicher Sorge ihrer Eltern stehen (BT-Drucks 13/4899, 90; BGH 13. 11. 2019 – XII ZB 118/17, FamRZ 2020, 331 passim sowie Rn 15 und Rn 21).

3. Erteilung eines verkürzten Namens, § 1617a Abs 2 BGB

Wenn der nach Abs 1 zum Geburtsnamen gewordene Name des Elternteils aus mehreren Namen besteht (Doppel- oder Mehrfachnamen), so kann dieser Elternteil dem Kind durch Erklärung gegenüber dem Standesamt nur einen oder einige der Namen, aus denen der Name besteht, erteilen (§ 1617a Abs 2 BGB). Dies ist konsequent, werden dem alleinsorgeberechtigten Elternteil ohne Ehenamen so doch die gleichen Wahlmöglichkeiten wie gemeinsam sorgeberechtigten Eltern ohne Ehenamen (§ 1617 Abs 2 Nr 1 BGB) eingeräumt (BT-Drucks 20/9041, 50). 19

Eine **Frist** setzt das Gesetz nicht (ERMAN/DÖLL § 1617a Rn 10). Ein **Verbrauch** tritt nicht ein (so dass von einem Dreifach- auf einen Doppelnamen und sodann auf einen Einzelnamen gekürzt werden könnte). Die Verkürzung kann für jedes Geschwisterkind einzeln erklärt werden, es besteht **kein Zwang zur Geschwisternamenseinheit** nach § 1617 Abs 5 BGB für Verkürzungen bei mehreren Geschwistern, die einen Namen nach § 1617a Abs 1 BGB ex lege erhalten (so auch HEPTING/DUTTA Familie und Personenstand, Rn IV-302). 20

Die **Namenserteilungserklärung** folgt im Hinblick auf Amtsempfangsbedürftigkeit, öffentliche Beglaubigung, Standesamtszuständigkeit, Rechtsnatur und Geschäftsfähigkeit den üblichen Regeln (§ 1617 Rn 32 ff). Die Erklärung ist öffentlich zu beglaubigen, wenn sie nach der Geburt abgegeben wird (§ 1617a Abs 4 S 2 BGB). 21

Die Namenserteilung bedarf der Einwilligung des Kindes ab dessen fünftem Geburtstag, § 1617a Abs 4 S 1 Var 1 BGB. Für das fünf- und sechsjährige Kind kann die Option des Namensanschlusses allein von seinem gesetzlichen Vertreter ausgeübt werden. Für das beschränkt geschäftsfähige Kind zwischen sieben und 13 Jahren besteht eine konkurrierende Erklärungszuständigkeit entsprechend allgemeinen Grundsätzen, §§ 106 ff BGB. Die Zustimmungserklärung des gesetzlichen Vertreters (§§ 107, 108 BGB) bedarf nicht der für namensrechtliche Erklärungen vorgesehenen Form. Das Kind zwischen 14 und 17 Jahren kann die Zustimmung nur allein erklären 22 und bedarf hierfür der (wiederum nicht der namensrechtlichen Form unterliegenden) Zustimmung seines gesetzlichen Vertreters, § 1617a Abs 4 S 3 BGB iVm § 1617c Abs 1 S 2 BGB.

Ansonsten gilt für die Erklärung, das Wirksamwerden und die Wirkung das zu § 1617a Abs 3 BGB Auszuführende (Rn 52 ff).

III. Erteilung des Namens des anderen Elternteils, § 1617a Abs 3 und Abs 4 BGB

1. Normbedeutung

23 Die Namenserteilungsoptionen des Abs 3 stehen in engem Funktionszusammenhang mit Abs 1, denn sie ermöglichen eine privatautonome Korrektur der dortigen gesetzlichen Regelzuweisung. Der Korrektur anderweitiger Namenszuweisungen dient Abs 3 nicht (näher Rn 34 ff).

24 Die gedankliche Ausgangslage ist die gleiche wie nach altem Recht 1969–1998 (ausnahmsweise Erteilung des Vaternamens an das nichteheliche Kind, §§ 1617 Abs 1, 1618 Abs 1 S 1 Alt 2 aF BGB), nur ist der Anwendungsbereich der Norm erweitert auf **alle Kinder, die bei Geburt unter Alleinsorge eines Elternteils stehen, der nicht mit dem anderen Elternteil zusammen einen Ehenamen führt** (Rn 27 ff). Des Weiteren besteht ein **konzeptioneller Unterschied** zum älteren Recht, der jedoch mehr grundsätzlicher als praktischer Natur ist: Es erteilt nicht mehr (persönlichkeitsrechtlich) der Vater dem Kind seinen Namen (mit Zustimmung der Mutter), sondern (sorgerechtlich) der alleinsorgeberechtigte Elternteil (idR die Mutter) dem Kind den Namen des anderen Elternteils, naturgemäß mit dessen Zustimmung: Die persönlichkeitsrechtliche und sorgerechtliche Qualifikation von Erteilung und Zustimmung haben die Plätze getauscht (vgl BT-Drucks 13/4899, 92 f; BT-Drucks 13/8511, 73).

25 Insgesamt erscheint Abs 3 nur vordergründig stimmig, ist aber **rechtspolitisch wenig durchdacht**: Bei nach Geburt **gleichbleibenden Sorgerechtsverhältnissen** kann dem Kind der Name des nichtsorgeberechtigten Elternteils erteilt werden, idR also der Name des Elternteils, mit dem es nicht in Familiengemeinschaft lebt; ohne Not und Legitimation ermöglicht hier das Gesetz die Zerstörung der Namenseinheit in der gelebten Teilfamilie (zur Kritik an der „Vatereinbenennung" nach altem Recht s schon Staudinger/Coester[12] § 1618 Rn 4–7 mwNw). Bei einem **Wechsel des Sorgerechts** (und damit in aller Regel auch des Betreuungselternteils) verwehrt das Gesetz hingegen einen entsprechenden Namenswechsel, nicht einmal bei Elternkonsens kann der Kindesname dem Sorgerecht folgen (näher Rn 29 ff). Das Gleiche gilt, wenn der namensgebende Elternteil verstorben ist (vgl § 1617c Rn 45). Die Politik des Gesetzes ist damit bei Abs 3 für eine Vielzahl der Fälle **gegen die Namenseinheit** der tatsächlich gelebten **Eltern-Kind-Gemeinschaft** gerichtet – dies ist zumindest eine grobe Systemwidrigkeit gegenüber §§ 1616, 1617 Abs 1 S 1, 1617c, 1617d, 1617e BGB. Das Gleiche gilt hinsichtlich der **Namenseinheit der Geschwister**: Diese stellt keine Schranke für das Erteilungsrecht nach Abs 3 dar (Rn 16 ff).

2. Voraussetzungen

a) Kind

Es bedarf eines minderjährigen Kindes. Die Namenserteilung nach Abs 3 ist nicht möglich, wenn das Kind bereits verstorben oder volljährig ist (BeckOGK-BGB/Kienemund [1. 11. 2025] § 1617a Rn 40, 42; BeckOK-BGB/Pöcker [1. 11. 2025] § 1617a Rn 9; jurisPK-BGB/Hamdan § 1617a Rn 16). 26

b) Alleinsorge im Zeitpunkt der Erteilung

Für Abs 3 muss das Alleinsorgerecht, das nach Abs 1 zur Zeit der Geburt maßgeblich ist, auch noch **zur Zeit der Namenserteilung** bestehen (im Übrigen gelten die Ausführungen zu Abs 1 sinngemäß auch hier). Haben die Eltern nach der Geburt *gemeinsames Sorgerecht* begründet, können sie eine Korrektur des Namenserwerbs nach Abs 1 durch Neubestimmung nach § 1617b Abs 1 BGB bewirken § 1617a Abs 3 BGB ist nicht mehr anwendbar. 27

Ist dem bei Geburt Alleinsorgeberechtigten das Sorgerecht entzogen und auf einen Pfleger/Vormund übertragen worden (§§ 1666, 1680 Abs 3 mit Abs 2, 1773, 1809 BGB), so steht diesem die nunmehr sorgerechtlich zu qualifizierende Kompetenz nach Abs 3 zu (Rn 33; BeckOGK-BGB/Kienemund [1. 11. 2025] § 1617a Rn 34; HWB/Wagenitz/Bornhofen § 1617a Rn 52 f; Fachausschuss Standesbeamte StAZ 2002, 210). Dies ist sinnvoll vor allem in Fällen, in denen der nach Abs 1 namensgebende Elternteil verstorben oder auf andere Art aus dem Lebenskreis des Kindes verschwunden ist (zB Freiheitsstrafe) und das Kind Kontakt nur mit dem anderen, wenn auch nicht sorgeberechtigten Elternteil hat (bei Sorgerechtsübertragung auf diesen s Rn 29 ff). Natürlich bedarf es auch hier der Zustimmung des Elternteils, dessen Name erteilt werden soll, sofern er noch lebt, Abs 3 iVm Abs 4 S 1 Var 2. 28

c) Namensgleichheit zwischen alleinsorgeberechtigtem Elternteil und Kind

Der Alleinsorgeberechtigte kann den Familiennamen **„des anderen Elternteils“**, also des nichtsorgeberechtigten Elternteils erteilen, Abs 3 S 1. Abs 3 bietet deshalb keinen Ansatz für einen nach Sorgerechtswechsel (zB §§ 1671 Abs 2, 1680 Abs 2 BGB) sorgeberechtigt gewordenen Elternteil, dem Kind nunmehr *seinen* Namen zu erteilen. 29

Dies entspricht einer bewussten Entscheidung des Gesetzgebers des KindRG 1998: Noch der RegE 1996 (BT-Drucks 13/4899, 8 [§ 1617b Abs 2 BGB]) sah ein Neubestimmungsrecht nach Sorgerechtswechsel vor; diese Vorschrift wurde auf Vorschlag des Rechtsausschusses gestrichen (BT-Drucks 13/8511, 13). Der Kindesname sollte nicht wandelbar an die Sorgerechtsverhältnisse geknüpft sein, sondern – nach originärem Erwerb – möglichst kontinuierlich Bestand haben. 30

Dies ist ein rechtspolitisch grundsätzlich tragfähiger Gedanke – der Kindesname ist so dem (sorgerechtlichen) Kampf der Eltern um das Kind entzogen, und Namensstabilität ist noch immer ein hoher Wert im Namensrecht. Allerdings trägt das Gesetz selbst so erheblich zur Erosion der Namensstabilität bei (vgl nur §§ 1355 Abs 2, 5, 1617a Abs 3, 1617b Abs 1, 1617c–i BGB), dass eher die Anpassung des Familiennamens an die wechselnden Lebensverhältnisse als Grundsatz erscheint. Dieser schon bis zur Namensrechtsreform 2024 tragfähige Gedanke ist angesichts der zahlreichen Namensänderungsmöglichkeiten, die mit ihr eingeführt wurden, noch maß- 31 geblicher geworden. Außerdem führt das geltende Recht zu merkwürdigen, schwer erträglichen Ergebnissen: Der Name des nicht mit dem Kind zusammenlebenden Elternteils ist erteilungsfähig, der des für das Kind sorgenden Elternteils hingegen nicht. Bei sorgerechtlichem Wegfall des bei Geburt alleinsorgeberechtigten Elternteils kann dem Kind der Name des anderen Elternteils erteilt werden, wenn dieser kein Sorgerecht hat (Erteilung durch Vormund/Pfleger Rn 28), nicht aber, wenn (gem §§ 1678 Abs 2, 1680 Abs 2, 1696 BGB) das Sorgerecht auf ihn übergegangen ist. Diesen Widerspruch löste die Namensrechtsreform 2024 partiell durch die Ermöglichung der Erteilung von Doppelnamen in § 1617a Abs 3 S 1 BGB auf.

32 Bei der Problematik sollte auch im Auge behalten werden, dass *stets* nur ein von beiden Eltern *konsentierter* Namenswechsel zum Namen des anderen Elternteils oder zu einem Doppelnamen in Betracht kommt (Erteilung durch einen, Zustimmung durch den anderen Elternteil). Streitiges Gezerre um den Kindesnamen, wie es § 1617d Abs 2 S 3 BGB, § 1617e Abs 2 S 2 BGB, § 1617f Abs 2 S 3 BGB ermöglichen, kann nach der Konzeption des § 1617a Abs 3 BGB die Stabilität des Kindesnamens nicht gefährden.

33 Es ist verständlich, wenn angesichts des vorstehenden Gesamtbefundes die Gerichte versucht haben, die gesetzlich vorgezeichneten Ergebnisse zu umgehen (BayObLG 21. 4. 2004 – 1 Z BR 112/03, FamRZ 2005, 126; BayObLG 4. 7. 2000 – 1 Z BR 48/00, FamRZ 2000, 1435; OLG Celle 24. 8. 2001 – 18 W 11/00, StAZ 2002, 11; LG Bremen 4. 8. 1999 – 2 T 440/99b, 2 T 440/99, StAZ 1999, 337 f; Hepting StAZ 2002, 129, 142) – zum Teil auch nur für den Fall eines konsentierten Sorgerechtsübergangs von der Mutter auf den Vater (zB nach § 1671 Abs 2 BGB). Eine analoge Anwendung des § 1617a Abs 3 BGB oder eine Analogie zu § 1617e BGB scheiden jedoch sachlich wie mangels Gesetzeslücke aus – das Gesetz ist klar, aber verfehlt (so jetzt BGH 10. 8. 2005 – XII ZB 112/05, NJW 2005, 3498 f [in Aufhebung von BayObLG 21. 4. 2004 – 1 Z BR 112/03, FamRZ 2005, 126]; zuvor auch schon OLG Celle 24. 4. 2001 – 15 UF 96/00, StAZ 2002, 366; OLG Bremen 20. 6. 2003 – 1 W 23/03, 1 W 24/03, FamRZ 2003, 1687; BeckOGK-BGB/Kienemund [1. 11. 2025] § 1617a Rn 36; Lipp/Wagenitz § 1617a Rn 23). Die gelegentlich empfohlene Abhilfe durch öffentlich-rechtliche Namensänderung (§§ 1, 3 NÄG) (so BeckOGK-BGB/Kienemund [1. 11. 2025] § 1617a Rn 36) sollte konsequenterweise ausscheiden, weil es sich nicht um ein Einzelfallproblem handelt. Bei konsentierten Sorgerechtswechseln kann und muss die Mutter die Namenserteilung nach Abs 3 vor dem Wechsel vollziehen. Unter dem Aspekt des Gleichheitssatzes wie dem des Kindeswohls wurde sogar zu Recht an eine Verfassungswidrigkeit der Regelung gedacht (so vMünch/Kunig/Heiderhoff Art 6 GG Rn 146; iE abl OLG Bremen 20. 6. 2003 – 1 W 23/03, 1 W 24/03, FamRZ 2003, 1687; zum Ganzen auch § 1617b Rn 4). Abhilfe jedenfalls ab Volljährigkeit schafft seit dem 1. 5. 2025 § 1617i BGB, der einmalig den Wechsel zwischen den Elternnamen ermöglicht; hierbei ist das Kind jedoch auf die Zustimmung des Namensbezugselternteils angewiesen.

d) Kindesname nach Abs 1

34 Aus dem Funktionszusammenhang der Abs 1 und 3 des § 1617a BGB folgt, dass die Namenserteilung nach Abs 3 lediglich zur Korrektur des gesetzlichen Namenserwerbs nach Abs 1 dient – das Kind muss also im Moment der Erteilung noch einen **Namen nach § 1617a Abs 1 BGB** tragen (Lipp/Wagenitz § 1617a Rn 18; OLG Stuttgart 17. 1. 2012 – 8 W 15/12, StAZ 2013, 60, 61). Dies ist *auch* der Fall, wenn das Kind nach der Geburt einer Änderung des elterlichen Bezugsnamens nach Abs 1 gemäß **§ 1617c Abs 2**

Nr 2 BGB gefolgt ist (BeckOGK-BGB/Kienemund [1. 11. 2025] § 1617a Rn 37; Lipp/Wagenitz § 1617a Rn 19; Wagenitz FamRZ 1998, 1545, 1548), ebenso bei einer „nachziehenden Namenserteilung" gemäß § 1617e BGB oder wenn das Kind, das zunächst den Vaternamen nach § 1616 BGB oder § 1617 BGB erhalten hatte, nach rechtskräftiger Feststellung der Nichtvaterschaft gemäß § 1617b Abs 2 BGB auf den Mutternamen bei Geburt (§ 1617a Abs 1 BGB) zurückfällt (BeckOGK-BGB/Kienemund [1. 11. 2025] § 1617a Rn 37; Lipp/Wagenitz § 1617a Rn 19 und § 1617b Rn 33; HWB/Wagenitz/Bornhofen § 1617a Rn 37; Wagenitz FamRZ 1998, 1545, 1548).

Eine **Namenserteilung nach Abs 3 scheidet demgegenüber aus**, weil das Kind keinen Namen nach Abs 1 (mehr) führt, wenn eine der folgenden Fallgestaltungen gegeben ist: 35

- Das Kind hat seinen Geburtsnamen originär nach § 1616 BGB oder § 1617 BGB erworben, einschließlich eines Erwerbs nach § 1617 Abs 5 BGB.

- *Nach* Erwerb eines Namens nach § 1617a Abs 1 BGB

  - haben die Eltern einen Ehenamen bestimmt: Hier bestimmt sich der Kindesname allein nach § 1617c Abs 1 BGB;

  - haben die Eltern den Namen des Kindes nach § 1617b Abs 1 BGB neu bestimmt.

- Wenn das Kind einbenannt wurde (§ 1617e BGB) (BeckOK-BGB/Pöcker [1. 11. 2025] § 1617a Rn 7).

- Wenn dem Kind schon einmal der Name des anderen Elternteils nach § 1617a Abs 3 BGB erteilt worden ist: Hat nunmehr das Sorgerecht gewechselt, kann der Sorgeberechtigte nicht den Namen des ehemals sorgeberechtigten Elternteils erteilen (BeckOGK-BGB/Kienemund [1. 11. 2025] § 1617a Rn 38; Lipp/Wagenitz § 1617a Rn 18; HWB/Wagenitz/Bornhofen § 1617a Rn 41 – kein „Namens-Ping-Pong"). Ferner ist § 1617a Abs 3 BGB weder direkt noch analog anwendbar, wenn der alleinsorgeberechtigte Elternteil nach Trennung dem Kind seinen eigenen Namen erteilen möchte (VG München 6. 8. 2014 – M 7 K 12.2715 Rn 29 – das VG bejahte das Vorliegen eines wichtigen Grundes nach § 3 Abs 1 NÄG).

e) Erteilungszeitraum: Dauer der elterlichen Sorge

Die Namenserteilung nach Abs 3 kann nur für ein unter elterlicher Sorge stehendes Kind erfolgen. Dies ergibt sich nicht nur aus dem Gesetzeswortlaut, sondern auch aus der Qualifizierung der Namenserteilung als Akt der elterlichen Personensorge (Rn 43). 36

Für das **volljährige Kind** gibt es deshalb kein elterliches Namenserteilungsrecht. Das Erfordernis der Minderjährigkeit bezieht sich nur auf den Zeitpunkt der Vornahme der Sorgerechtshandlung, also der Abgabe der Erteilungserklärung – wird das Kind dann volljährig, bevor die Erklärung dem Standesamt zugegangen ist oder der andere Elternteil zugestimmt hat, schadet dies entsprechend dem Rechtsgedanken des § 130 Abs 2 BGB nicht (Lipp/Wagenitz § 1617a Rn 21; **aA** BayObLG 19. 2. 2004 – 1 Z BR 100/ 37

03, FamRZ 2004, 1227, 1228; LG München 10. 10. 2003 – 16 T 13205/03, StAZ 2004, 72, 74 f; wie hier jedoch für die Erbausschlagung durch die Eltern für das Kind OLG Karlsruhe 22. 7. 1965 – 5 W 134/64, FamRZ 1965, 573, 574); auch die eigene Zustimmung (Abs 4 S 1) kann das Kind dann allein abgeben (vgl Abs 4 S 3 und § 1617c Abs 1 S 2 BGB; vgl Rn 21; offenlassend BayObLG 19. 2. 2004 – 1 Z BR 100/03, FamRZ 2004, 1227, 1229). Dem volljährigen Kind steht – einmalig und unter dem Vorbehalt der Zustimmung des (sofern noch lebenden) Namensbezugselternteils – die Änderungsmöglichkeit des § 1617i BGB zu Gebote.

38 Eine **pränatale Erteilungserklärung** nach Abs 3 ist **grundsätzlich möglich** (Erman/Döll § 1617a Rn 13; jurisPK-BGB/Hamdan § 1617a Rn 19; FamRefK/Wax § 1617a Rn 5; Homeyer StAZ 2000, 53, 54; Fachausschuss Standesbeamte StAZ 2002, 210; zum alten Recht Staudinger/Coester[12] § 1618 Rn 46; wNw bei BayObLG 18. 3. 1983 – BReg 1 Z 83/82, FamRZ 1983, 949, 951; **aA** Kemper DAVorm 1999, 88) und wird mit Geburt und Zugang beim empfangszuständigen Standesamt wirksam. Diese Möglichkeit folgt aus einer Analogie zu §§ 1594 Abs 4, 1626b Abs 2 BGB, die Handlungsmacht des künftigen Sorgeberechtigten folgt aus § 1810 BGB. Dem kann nicht entgegengehalten werden, vor der Geburt gebe es kein empfangszuständiges Standesamt (so aber Lipp/Wagenitz § 1617a Rn 38); es genügt, wenn das Standesamt, dem gegenüber die Erklärung abgegeben worden war, später das für die Beurkundung der Geburt zuständige ist (§ 45 Abs 2 S 1 PStG). Dann erwirbt das Kind *mit der Geburt* den Namen des anderen Elternteils und es ist von vornherein dieser Name in das Geburtenregister einzutragen (NK-BGB/Czeguhn/Schmitz § 1617a Rn 4; BeckOK-BGB/Pöcker [1. 11. 2025] § 1617a Rn 7.1; HWB/Wagenitz/Bornhofen § 1617a Rn 91).

39 Allerdings erwirbt das Kind bei pränataler Erteilung stets nur *den* Namen, den der andere Elternteil *zur Zeit der Geburt* führt, nicht den zur Zeit der Erklärung, und auch dies nur unter der Voraussetzung, dass dann auch alle Voraussetzungen des Abs 3 erfüllt sind (zur Vaterschaftsfeststellung Rn 41). Haben die Eltern doch noch pränatale Sorgeerklärungen abgegeben, wird die zuvor erklärte Namenserteilung gegenstandslos; sie kann allenfalls in eine pränatale Namensbestimmung nach § 1617 Abs 1 BGB umgedeutet werden (§ 140 BGB).

40 Ein **totgeborenes Kind** erhält erst auf Wunsch der Eltern einen Namen (§ 21 Abs 2 S 2 PStG); statt § 1617a Abs 1 BGB muss dann auch Abs 3 anwendbar sein (§ 21 Abs 2 S 3 PStG ist auf die Zustimmung des anderen Elternteils analog anzuwenden) (ebenso BeckOK-BGB/Pöcker [1. 11. 2025] § 1617a Rn 10; Erman/Döll § 1617a Rn 20). Wegen vergleichbarer Situation und Interessenlage sollte Entsprechendes auch **bei alsbaldigem Tod des lebend geborenen Kindes** gelten. Es ist kein sachlicher Grund ersichtlich, Eltern eines totgeborenen Kindes namensrechtlich besser zu stellen, als Eltern eines kurz nach der Geburt verstorbenen Kindes, und wertungsmäßig ist die Abgrenzung zwischen einem Versterben „unter" der Geburt, also noch vor der Geburt iSv § 1 BGB, und unmittelbar danach kaum möglich (vgl AG Regensburg 9. 8. 2004 – UR III 38/04, StAZ 2005, 109 f; LG Hannover 5. 5. 2009 – 9 T 7/09, NdsRpfl 2009, 249 Rn 3; AG Kleve 28. 7. 2010 – 8 III 6/10, StAZ 2011, 215, Rn 41; ebenso OLG Düsseldorf 6. 10. 2014 – 3 Wx 38/14, StAZ 2015, 242 [indes über § 1617a BGB]; Gernhuber/Coester-Waltjen § 55 Rn 22 Fn 67; anders BayObLG 17. 7. 2000 – 1 Z BR 57/00, StAZ 2000, 370, 372; Erman/Döll § 1617a Rn 20; Lipp/Wagenitz § 1617a Rn 38). Die Namenserteilung stellt sich dann als Akt „elterlicher Nachsorge" dar (Staudinger/Coester [2023] § 1698b Rn 1), für die der Rechtsgedanke des § 21 PStG hinreichend Grundlage bildet. So wird zudem Gleichklang mit gemeinsam sorgeberechtigten Eltern hergestellt (vgl § 1617 Rn 20; vgl OLG Düsseldorf 6. 10. 2014 – 3 Wx 38/14, StAZ 2015, 242 Rn 21 und Ls – nach dem Gedanken des § 1617a BGB).

f) Rechtlich etablierter und noch lebender anderer Elternteil

Die **rechtliche Elternstellung** muss feststehen. „Anderer Elternteil" iSd § 1617a Abs 3 BGB ist in aller Regel der *Vater*. Als solcher kommt bei deutschem Abstammungsstatut nur ein Mann in Frage, dessen Vaterschaft nach §§ 1592 Nr 1–3, 1593 BGB feststeht (zur Mutterschaft § 1591 BGB). Das namensrechtliche Bekenntnis zum Kind setzt das statusrechtliche voraus; das bloße Nichtbestreiten der Vaterschaft genügt nicht, dem stehen die Stabilitätsbedürfnisse des Kindesnamens entgegen. Bei pränataler Namenserteilung (Rn 38) muss spätestens bei der väterlichen Zustimmung nach Abs 4 ein pränatales Vaterschaftsanerkenntnis gemäß § 1594 Abs 4 BGB vorliegen. Stellt sich später die Nichtvaterschaft heraus, ist die Namenserteilung von Anfang an unwirksam (Hepting/Dutta Familie und Personenstand, Rn IV-309). 41

Der andere Elternteil muss zur Zeit der Namenserteilung **noch leben** (vgl Hepting StAZ 2002, 129, 141 f; Lipp/Wagenitz § 1617a Rn 32; HWB/Wagenitz/Bornhofen § 1617a Rn 74; NK-BGB/Czeguhn/Schmitz § 1617a Rn 9; **aA** BeckOGK-BGB/Kienemund [1. 11. 2025] § 1617a Rn 45; FamRefK/Wax § 1617a Rn 4; Gernhuber/Coester-Waltjen § 55 Rn 23; Rauscher, FamR Rn 924). § 1617d BGB hilft in dieser Konstellation nicht weiter, da er das Bestehen eines Ehenamens voraussetzt. Es könnten zwar Fälle vorkommen, in denen eine postmortale Namenserteilung sinnvoll wäre (beide Eltern verstorben, das Kind wächst bei den Großeltern väterlicherseits auf). Häufiger bestünde aber die Gefahr sentimentaler Entscheidungen des Sorgeberechtigten, die die Namenseinheit in der gelebten Teilfamilie zerstören würde; problematisch wäre hier auch die Zustimmungskompetenz gemäß Abs 4. In Ausnahmefällen ist Abhilfe nach § 3 NÄG möglich. 42

3. Namenserteilung

a) Erteilungsberechtigung

Die Erteilungsberechtigung folgt aus der Personensorge für das Kind (ebenso wie das Bestimmungsrecht der Eltern nach § 1617 Abs 1 BGB, s § 1617 Rn 15; BayObLG 14. 8. 2002 – 1 Z BR 88/02, FamRZ 2002, 1729, 1730). 43

Die Berechtigung geht nicht dadurch verloren, dass ein früheres Kind bereits einen Namen nach § 1617a Abs 1 BGB trägt – **§ 1617 Abs 5 BGB ist nicht anwendbar** auf den *gesetzlichen* Namenserwerb des ersten Kindes (§ 1617 Rn 70 ff); der Gesetzgeber hat es versäumt, eine dem § 1617 Abs 5 BGB entsprechende Sicherung in § 1617a BGB einzubauen (vgl Rn 18; OLG Hamm 14. 9. 2004 – 15 W 22/04, FamRZ 2005, 1009, 1010; Fachausschuss Standesbeamte StAZ 2005, 49; **aA** Rauscher, FamR Rn 923). Die gesetzliche Namenserstreckung nach § 1617 Abs 5 BGB auf weitere Kinder greift auch umgekehrt nicht ein, wenn schon einem früheren Kind ein Name nach § 1617a Abs 3 BGB erteilt worden ist (§ 1617 Rn 83). 44

b) Erteilungserklärung

Die **Erteilungserklärung** steht hinsichtlich rechtsgeschäftlicher Kompetenz, Form, Empfangszuständigkeit usw einer **Namensbestimmungserklärung nach § 1617 Abs 1 BGB gleich** (s Einzelheiten deshalb § 1617 Rn 32 ff). Sie ist eine amtsempfangsbedürftige 45

Willenserklärung, die mit Zugang beim zuständigen Standesamt wirksam wird (BGH 20. 7. 2016 – XII ZB 489/15, FamRZ 2016, 1747 Rn 25; s auch § 1617 Rn 34). In der Unterzeichnung eines Geburtseintrags für ein ausländisches Zivilregister durch einen Elternteil kann daher keine Namenserteilung nach § 1617a Abs 3 BGB liegen (so aber KG 14. 9. 2015 – 1 W 473/13, StAZ 2016, 110, korrigiert durch BGH 20. 7. 2016 – XII ZB 489/15, FamRZ 2016, 1747). Die Namensbestimmungserklärung kann auch in einer Erklärung zur Mutterschaftsanerkennung erfolgen – § 1617a BGB verlangt nicht, dass die Namensbestimmungserklärung in einer nur diesem Zweck dienenden Urkunde erklärt wird (OLG Nürnberg 27. 9. 2012 – 11 W 1654/12, StAZ 2013, 143 Rn 11). Auch in der Zustimmung zu einer Vaterschaftsanerkennung, in der das Kind schon den Familiennamen des Vaters trägt, kann eine Namenserteilungserklärung der Mutter nach § 1617a BGB zu sehen sein (OLG Frankfurt 2. 3. 2017 – 20 W 243/16, StAZ 2018, 88 Rn 22). Sind der namenserteilende und/oder zustimmende Elternteil noch minderjährig, bedürfen sie für die Erteilung/Zustimmung nicht der Zustimmung ihres gesetzlichen Vertreters (Hepting/Dutta Familie und Personenstand, Rn IV-306).

c) Erteilbare Namen

46 Erteilbar ist zunächst der Name, den der andere Elternteil **zur Zeit der Namenserteilung führt** (zur Erteilung des eigenen Namens s Rn 29–33). Dies folgt aus einem Vergleich mit §§ 1617 Abs 1 S 1, 1617a Abs 1 BGB (OLG Hamm 2. 9. 2010 – 15 Wx 213/10, 15 Wx 455/10, StAZ 2011, 242 Rn 22; Lipp/Wagenitz § 1617a Rn 27; Grüneberg/Götz § 1617a Rn 7). Die Herkunft des Namens ist gleichgültig; es kann auch ein „erheirateter Name" sein, die Zustimmung des (früheren) Ehegatten des anderen Elternteils ist ebenso wenig erforderlich wie bei Abs 1 (BeckOGK-BGB/Kienemund [1. 11. 2025] § 1617a Rn 46; Lipp/Wagenitz § 1617a Rn 26; Wagenitz FamRZ 1998, 1545, 1548; Grüneberg/Götz § 1617a Rn 7). Auch ein Adoptivname des anderen Elternteils ist erteilbar. Trägt der andere Elternteil einen „unechten Doppelnamen", so kann dieser entweder in seiner Gesamtheit erteilt werden oder nur ein einzelner Bestandteil davon (insoweit gilt das Gleiche wie bei § 1617 BGB, s § 1617 Rn 29; **aA** Gernhuber/Coester-Waltjen § 54 Rn 24; Rauscher, FamR Rn 923). Der Verweis aus § 1617a Abs 3 S 2 BGB auf § 1617 Abs 2 Nr 1 BGB ermöglicht, ähnlich § 1617a Abs 2 BGB, die Beschränkung auf einen oder einige Namen bei Doppel- oder Mehrfachnamen.

47 Erteilbar ist ferner ein aus den Familiennamen der beiden Elternteile gebildeter **Doppelname**. Dies folgt der Logik des zum 1. 5. 2025 reformierten Rechts, das den Doppelnamen an zahlreichen Stellen ermöglicht, auch schon als originären Geburtsnamen des Kindes nach §§ 1355 Abs 2 S 1 Nr 3, 1616 BGB § 1617 Abs 1 Nr 2 BGB. Es wäre daher kaum zu vertreten gewesen, in der letzten der drei Vorschriften, die den originären Namenserwerb des Kindes regeln, keine Doppelnamensmöglichkeit vorzusehen. Der Doppelname vermittelt sinnvoll zwischen der Namenseinheit mit der väterlichen und der mütterlichen Linie. Der Verweis aus § 1617a Abs 3 S 2 BGB auf § 1617 Abs 1 S 2 BGB ermöglicht Doppelnamen mit (bei Schweigen) oder ohne (wenn erklärt) Bindestrich. Der Verweis aus § 1617a Abs 3 S 2 BGB auf § 1617 Abs 2 BGB verhindert Namensketten.

d) Zustimmungen, Abs 4

aa) des anderen Elternteils

48 Gem § 1617a Abs 4 S 1 BGB ist im Fall des Abs 3 die Zustimmung des anderen Elternteils erforderlich. Das Erfordernis einer Zustimmung des anderen, nichtsorge-

berechtigten Elternteils kann keine sorgerechtliche, sondern nur eine persönlichkeitsrechtliche Grundlage haben (OLG Karlsruhe 8. 12. 2005 – 11 Wx 12/05, StAZ 2006, 211, 212; MünchKommBGB/vSACHSEN GESSAPHE § 1617a Rn 28; BeckOGK-BGB/KIENEMUND [1. 11. 2025] § 1617a Rn 54; BeckOK-BGB/PÖCKER [1. 11. 2025] § 1617a Rn 11; FRANK StAZ 2008, 265, 267). Die Kombination von Erteilungserklärung und Zustimmung zeichnet zwar den elterlichen Konsens nach, den § 1617 Abs 1 BGB fordert, verlässt aber die sorgerechtliche Begründungsbasis (vgl LIPP/WAGENITZ § 1617a Rn 31; WAGENITZ FamRZ 1998, 1545, 1552; HWB/WAGENITZ/BORNHOFEN § 1617a Rn 68 wollen – nicht überzeugend – das Einwilligungserfordernis aus dem Kindeswohl begründen). Die Zustimmung kann pränatal erklärt werden (ERMAN/DÖLL § 1617a Rn 13). Eine Einwilligungsersetzung ist nicht möglich (krit ERMAN/DÖLL § 1617a Rn 12; LETTMAIER NZFam 2023, 625, 627). Eine ausländische Regelung, die entgegen § 1617a Abs 4 BGB nicht die Einwilligung des nicht sorgeberechtigten Elternteils fordert, verstößt nicht gegen den deutschen kollisionsrechtlichen ordre public (AG Halle/Saale 11. 1. 2011 – 65 III 19/10, IPRspr 2011, Nr 6, 17). Das Einwilligungserfordernis entfällt bei **Tod** des anderen Elternteils.

Die Zustimmung ist eine **höchstpersönliche Willenserklärung**, sie kann auch vom minderjährigen Elternteil nur selbst abgegeben werden, einer Zustimmung seines gesetzlichen Vertreters bedarf es nicht (BeckOK-BGB/PÖCKER [1. 11. 2025] § 1617a Rn 11; FRANK StAZ 2008, 265, 267; näher § 1617 Rn 32; **aA** BeckOGK-BGB/KIENEMUND [1. 11. 2025] § 1617a Rn 57.1; LIPP/WAGENITZ § 1617a Rn 32; HWB/WAGENITZ/BORNHOFEN § 1617a Rn 73). Betreuung oder Einwilligungsvorbehalt beeinträchtigen die Zustimmungskompetenz des Elternteils an sich nicht (näher § 1617 Rn 32; s näher zu namensrechtlichen Erklärungen bei Betreuungen FRÖSCHLE StAZ 2015, 130, 137 f). Ist der zustimmungsberechtigte Elternteil dauerhaft geschäftsunfähig, entfällt das Einwilligungserfordernis (**aA** BeckOGK-BGB/KIENEMUND [1. 11. 2025] § 1617a Rn 57.1; BeckOK-BGB/PÖCKER [1. 11. 2025] § 1617a Rn 11 [Zustimmung des Betreuers erforderlich]). 49

bb) des Kindes

Da die Namenserteilung während der gesamten Dauer der Minderjährigkeit zulässig ist und für das Kind eine Namensänderung bedeutet, sieht das Gesetz einen Persönlichkeitsschutz des Kindes vor ihm unerwünschten Namenswechseln ab Vollendung des fünften Lebensjahres vor. Es gilt das oben im Rahmen von § 1617a Abs 2 BGB Gesagte (Rn 22). 50

cc) Die Zustimmungserklärungen

Obwohl das Gesetz in Abs 4 von „Einwilligung" spricht, soll damit doch nur gesagt sein, dass die Namenserteilung ohne Zustimmung des anderen Elternteils oder des Kindes nicht wirksam werden kann; nicht erforderlich hingegen ist, dass die Zustimmung schon *vor* der Erteilungserklärung des sorgeberechtigten Elternteils vorliegt (materielle Mitwirkungsbefugnis) (jurisPK-BGB/HAMDAN § 1617a Rn 21). Es reicht also auch eine Genehmigung dieser Erklärung (vgl §§ 182–184 BGB; LG München I 10. 10. 2003 – 16 T 13205/03, StAZ 2004, 72, 73; BeckOGK-BGB/KIENEMUND [1. 11. 2025] § 1617a Rn 27, 54, 60; LIPP/WAGENITZ § 1617a Rn 37; HWB/WAGENITZ/BORNHOFEN § 1617a Rn 89; MünchKommBGB/vSACHSEN GESSAPHE § 1617 a Rn 30; offenlassend BayObLG 19. 2. 2004 – 1 Z BR 100/03, FamRZ 2004, 1227, 1229 unter Hinweis auf ältere Rspr). Im Übrigen gelten für die Zustimmung als familienrechtliche Willenserklärung die gleichen Grundsätze wie für elterliche Namensbestimmungen oder die Erteilungserklärung selbst. Hervorzuheben ist die **Amtsempfangsbedürftigkeit** auch der Zustimmungen, ihre Erklärung gegenüber 51 dem sorgeberechtigten Elternteil genügt nicht. Die Erklärung ist öffentlich zu beglaubigen (§ 1617a Abs 4 S 2 BGB).

e) Wirksamwerden und Wirkung

52 Die Namenserteilung wird **wirksam**, wenn dem zuständigen Standesamt (§ 45 Abs 2 PStG) die letzte der erforderlichen Willenserklärungen formgerecht zugegangen ist. Bei pränatalen Namenserteilungen muss noch die Kindesgeburt hinzutreten (Rn 38; Fachausschuss Standesbeamte StAZ 2002, 210; BeckOGK-BGB/Kienemund [1. 11. 2025] § 1617a Rn 60). Dann kann unmittelbarer Erwerb des Namens nach § 1617a Abs 3 BGB eintreten statt einer Abänderung des zuvor nach § 1617a Abs 1 BGB erworbenen Namens (Erman/Döll § 1617a Rn 11). Die Erklärungen müssen hierfür in den Verfügungsbereich des zuständigen Standesbeamten gelangen (OLG München 3. 12. 2014 – 31 Wx 434/14, StAZ 2015, 304 Rn 9). Die Beischreibung des erteilten Namens im Geburtenregister ist lediglich deklaratorisch (BeckOGK-BGB/Kienemund [1. 11. 2025] § 1617a Rn 60; jurisPK-BGB/Hamdan § 1617a Rn 33). Der Zugang der Erklärung beim zuständigen deutschen Standesamt kann nicht durch den Zugang der Erklärung bei einem ausländischen Standesamt ersetzt werden (BGH 20. 7. 2016 – XII ZB 489/15, FamRZ 2016, 1747 Rn 27–30 [für § 1617a BGB]).

53 Zugegangene Erklärungen sind, solange die Namenserteilung nicht wirksam geworden ist, **widerruflich** (BeckOGK-BGB/Kienemund [1. 11. 2025] § 1617a Rn 61; Lipp/Wagenitz § 1617a Rn 39; zum alten Recht Staudinger/Coester[12] § 1618 Rn 40 mwNw). Die Namenserteilungserklärung kann formlos widerrufen werden und muss von der Form her nicht die Namenserteilungserklärung spiegeln (eine schriftliche Erklärung kann also auch telefonisch widerrufen werden, OLG München 3. 12. 2014 – 31 Wx 434/14, StAZ 2015, 304 Rn 12). Im Übrigen hindert es das Wirksamwerden nicht, wenn der sorgeberechtigte Elternteil nach Abgabe der Erteilungserklärung stirbt, sein Sorgerecht verliert (§ 130 Abs 2, 3 BGB) oder das Kind volljährig wird (**aA** BeckOGK-BGB/Kienemund [1. 11. 2025] § 1617a Rn 62 [kein Wirksamwerden bei Volljährigwerden des Kindes vor Zugang beim Standesamt]). Die Erklärung ist nicht anfechtbar (Erman/Döll § 1617a Rn 18; jurisPK-BGB/Hamdan § 1617a Rn 19). Die Namenserteilung kann nicht mehr wirksam werden bei Vorversterben des Kindes oder des anderen Elternteils (Rn 32).

54 Die **Wirkung** der Namenserteilung besteht in einem **Namenswechsel des Kindes ex nunc** (BeckOGK-BGB/Kienemund [1. 11. 2025] § 1617a Rn 64; Grüneberg/Götz § 1617a Rn 10). Für die Vergangenheit bleibt es beim Namen nach Abs 1, der neue Name nach Abs 2 wird am Rande des Geburtenregisters vermerkt. War die Geburt noch nicht beurkundet (zB auch bei Auslandsgeburt), kann ausnahmsweise der erteilte Name von vornherein eingetragen werden (vgl § 1616 Rn 13). Eine Bindungswirkung für weitere Kinder entsprechend § 1617 Abs 5 BGB entfaltet die Namenserteilung nach § 1617a Abs 3 BGB nicht (Rn 18, 25 und § 1617 Rn 83; ebenso Hepting/Dutta Familie und Personenstand, Rn IV-308).

55 Der Name des anderen Elternteils ist fortan der „Bezugsname" für den Kindesnamen, nur seine **Änderungen** können eine Namensfolge des Kindes nach § 1617c Abs 2 Nr 2 BGB auslösen. Unabhängig von einer Änderung des Bezugsnamens kann sich der Kindesname auch dann ändern, wenn die Eltern einen anderslautenden Ehenamen bestimmen (§ 1617c Abs 1 BGB, s § 1617c Rn 7 ff) oder wenn der Mann, dessen Namen das Kind nach § 1617a Abs 3 BGB erhalten hat, sich später als

Nicht-Vater herausstellt (§ 1617b Abs 2 BGB; Näheres s § 1617b Rn 28 ff). Begründen die Eltern später gemeinsames Sorgerecht, so erwächst ihnen ein Recht zur Neubestimmung des Kindesnamens nach § 1617b Abs 1 BGB (§ 1617b Rn 3 ff).

§ 1617b
Name bei nachträglicher gemeinsamer Sorge oder Scheinvaterschaft

(1) Wird eine gemeinsame Sorge der Eltern erst begründet, wenn das Kind bereits einen Geburtsnamen führt, so kann dieser neu bestimmt werden. Hat das Kind das fünfte Lebensjahr vollendet, so ist die Bestimmung nur wirksam, wenn es sich der Bestimmung anschließt. § 1617 Absatz 1 bis 3 und 5 sowie § 1617c Absatz 1 Satz 2 gelten entsprechend.

(2) Wird rechtskräftig festgestellt, dass ein Mann, dessen Familienname Geburtsname des Kindes geworden ist, nicht der Vater des Kindes ist, so erhält das Kind auf seinen Antrag oder, wenn das Kind das fünfte Lebensjahr noch nicht vollendet hat, auch auf Antrag des Mannes den Familiennamen, den die Mutter im Zeitpunkt der Geburt des Kindes führt, als Geburtsnamen. Der Antrag erfolgt durch Erklärung gegenüber dem Standesamt, die öffentlich beglaubigt werden muss. Für den Antrag des Kindes gilt § 1617c Absatz 1 Satz 2 und Absatz 3 entsprechend.

(3) Erhält das Kind nach Absatz 2 den Familiennamen der Mutter als Geburtsnamen, so gilt § 1617a Absatz 2 und 4 entsprechend, wenn ihr Name aus mehreren Namen besteht.

Materialien: KindRG Art 1 Nr 7;
EheGebNamRÄndG Art 1 Nr 4.

Schrifttum

S vor Vorbem zu §§ 1616–1625.

Systematische Übersicht

Alphabetische Übersicht

I. Normbedeutung

1. Überblick

1 Die Vorschrift enthält in ihren ersten beiden Absätzen **zwei völlig verschiedene Tatbestände**, gemeinsam ist ihnen nur, dass es um eine Neubestimmung des Namens geht (BT-Drucks 13/4899, 91), sowie die Funktionsverbindung mit § 1617a Abs 1 BGB.

§ 1617b Abs 1 BGB ermöglicht den Eltern eines Kindes, das zunächst den Geburtsnamen durch Gesetz gemäß § 1617a Abs 1 BGB zugewiesen bekommen hat, nunmehr unbefristet eine autonome Namensbestimmung, wenn sie sich **zum gemeinsamen Sorgerecht zusammenfinden** – sie werden für die Zukunft so gestellt, wie wenn sie schon bei Geburt das gemeinsame Sorgerecht gehabt hätten (§ 1617 BGB). **§ 1617b Abs 2 BGB** hingegen regelt die namensrechtlichen Konsequenzen, wenn sich der Name des Kindes bisher – unmittelbar oder jedenfalls inhaltlich – von einem Scheinvater ableitete, dessen **Nicht-Vaterschaft** nun **rechtskräftig festgestellt** worden ist: Im Kindesinteresse gilt grundsätzlich Namenskontinuität, auf Antrag fällt das Kind jedoch auf den Mutternamen gemäß § 1617a Abs 1 BGB zurück. **§ 1617b Abs 3 BGB** ermöglicht die **Namenskürzung** bei mehrgliedrigen Mutternamen.

2. Entstehungsgeschichte

2 Die Norm wurde durch das KindRG 1998 eingeführt. Mit dem EheGebNamRÄndG 2024 entfielen insbesondere die frühere Dreimonatsfrist für die Erklärung nach Abs 1 und der Verweis auf § 1617c Abs 3 BGB, da der Gesetzgeber ihn seit der Abschaffung der in Deutschland geschlossenen Ehen Minderjähriger seit dem Kinderehenbekämpfungsgesetz von 2017 für überflüssig hielt (BT-Drucks 20/9041, 51; BT-Drucks 20/10997, 35), ergänzt wurde Abs 3.

II. Namenswahl bei nachträglicher Begründung gemeinsamen Sorgerechts, § 1617b Abs 1 BGB

1. Grundsätzliches

3 § 1617b Abs 1 BGB will die **Nachholung einer Namenswahl** ermöglichen, die bei anfänglichem gemeinsamem Sorgerecht nach § 1617 Abs 1 BGB möglich gewesen wäre, doch wegen der Alleinsorge eines Elternteils im Moment der Geburt durch den gesetzlichen Namenserwerb nach § 1617a Abs 1 BGB verdrängt war. Hierauf ist

§ 1617b Abs 1 BGB vom Normzweck her funktionell beschränkt – beruht der Kindesname auf elterlicher Bestimmung, so gibt § 1617b Abs 1 BGB auch nach der (Wieder-)Begründung gemeinsamen Sorgerechts kein Neubestimmungsrecht.

Die Vorschrift begegnet systematischer und rechtspolitischer **Kritik**. Die Anknüpfungspunkte des Geburtsnamens für das Kind sind grundsätzlich zeitlich fixiert, dh unwandelbar festgelegt auf den Zeitpunkt der Geburt: Ehename der Eltern (§ 1616 BGB), gemeinsame Sorge und Namensbestimmung (§ 1617 BGB), Alleinsorge eines Elternteils (§ 1617a BGB) (siehe daran jeweils anknüpfend §§ 1617g, 1617h BGB). Dem Wandel dieser Anknüpfungspunkte im Laufe der Zeit trägt das Gesetz unterschiedlich Rechnung: beim Ehenamen grundsätzlich (§ 1617c Abs 1, 2 Nr 1 BGB), beim Individualnamen nur eingeschränkt (§ 1617c Abs 2 Nr 2 BGB), beim Sorgerecht nur punktuell in § 1617b Abs 1 BGB. Im **Grundsatz** ist demnach **kein ständig herzustellender Gleichlauf von Sorgerechtsverhältnissen und Kindesname** vorgesehen, das Interesse des Kindes an der Namenskontinuität hat Vorrang (so ausdrücklich der Rechtsausschuss, BT-Drucks 13/8511, 73 in Korrektur des RegE, vgl BT-Drucks 13/4899, 91). So bleibt der Kindesname unberührt beim Wechsel von der gemeinsamen Sorge (Name nach § 1617 BGB) zur Alleinsorge (weder Neubestimmungsrecht des jetzt Alleinsorgeberechtigten noch § 1617a Abs 1 BGB; anders noch der RegE zum KindRG, BT-Drucks 13/4899, 8) oder beim Wechsel der Alleinsorge von einem Elternteil zum andern, etwa nach §§ 1671 Abs 2, 1678 Abs 2, 1680 Abs 2, 3, 1681, 1696 BGB. Diesen Grundsatz hat auch die Namensrechtsreform 2024 mit ihrer erheblichen Zunahme an Namensänderungstatbeständen nicht verändert. Nur für den (erstmaligen) Wechsel in das gemeinsame Sorgerecht meinte der Gesetzgeber, den Eltern die nach § 1617 Abs 1 BGB vorgesehene Namenswahl nachträglich eröffnen zu müssen. Ein tragfähiger *namensrechtlicher* Grund hierfür ist nicht ersichtlich, hier scheint die **sorgerechtliche Privilegierung gemeinsamen Sorgerechts** fortzuwirken (vgl Wagenitz FamRZ 1998, 1545, 1552): Die Wahlmöglichkeit in § 1617 Abs 1 BGB ist nicht Selbstzweck oder elternrechtliches Privileg, sondern im Kindesinteresse notwendige Bestimmung angesichts unterschiedlicher Elternnamen; sie ist eigentlich obsolet, nachdem das Kind kraft Gesetzes (§ 1617a Abs 1 BGB) einen Geburtsnamen erhalten hat, der zudem auch zu den Wahlmöglichkeiten des § 1617 Abs 1 BGB gehört hätte (§ 1617 Abs 1 S 1 Nr 1 BGB). Schließlich hätten die Eltern, falls sie den Namen des anderen Elternteils oder einen Doppelnamen bevorzugen, selbst ohne gemeinsames Sorgerecht den Kindesnamen insoweit ändern können (§ 1617a Abs 3 BGB). Mit der seit 1. 5. 2025 eingeräumten Möglichkeit zur Wahl eines Doppelnamens hilft § 1617b Abs 1 BGB den Eltern, „ihre über das Sorgerecht vermittelte Gemeinsamkeit im Kindesnamen zu manifestieren" (invers für die gegensätzliche Gesetzeslage prä 1. 5. 2025 Lipp/Wagenitz § 1617b Rn 6; vgl Wagenitz FamRZ 1998, 1545, 1549, 1552) – nicht nur im Wahlakt als solchem, sondern auch im Namen kann sich die neu gewonnene Sorgegemeinsamkeit der Eltern manifestieren. Damit stärkt die Wahlmöglichkeit des § 1617b Abs 1 BGB das *sorge- und namensrechtliche* Gemeinschaftsgefühl der Eltern. 4

2. Voraussetzungen

a) Bereits vorhandener Geburtsname des Kindes

aa) Überblick

Abs 1 will den Eltern eine Wahlmöglichkeit eröffnen, die sie bisher nicht hatten (Rn 1); die Vorschrift dient nicht dazu, Eltern, die bereits eine Entscheidung über den 5

Kindesnamen getroffen haben, eine Revision ihrer Entscheidung zu ermöglichen. Damit beschränkt sich der Anwendungsbereich des Abs 1 auf Kinder, die ihren Namen bisher **kraft Gesetzes** erworben haben. Da aus dem Kreis der insoweit in Betracht kommenden Vorschriften jedoch auch § 1616 BGB ausscheidet (Rn 6), bleiben im praktischen Ergebnis vor allem **Kindesnamen nach § 1617a Abs 1 BGB** (und §§ 1617g, 1617h BGB), die einer Abänderung nach § 1617b Abs 1 BGB unterliegen (BeckOGK-BGB/Kienemund [1. 11. 2025] § 1617b Rn 10; Lipp/Wagenitz § 1617b Rn 3, 6; zu anderen Anwendungsfällen s Rn 6 ff). Dem steht es gleich, wenn das Kind mit seinem nach § 1617a Abs 1 BGB erworbenen Namen zwischenzeitlich einer Namensänderung des Bezugselternteils gemäß **§ 1617c Abs 2 Nr 2 BGB** gefolgt ist (zu § 1617e BGB s Rn 10 ff) oder wenn es gemäß **§ 1617b Abs 2 BGB** auf den Mutternamen bei Geburt zurückgefallen ist (Lipp/Wagenitz § 1617b Rn 33; NK-BGB/Czeguhn/Schmitz § 1617b Rn 2; MünchKommBGB/vSachsen Gessaphe § 1617b Rn 5; vgl aber auch Rn 28 ff).

bb) Durch Abs 1 nicht korrigierbarer gesetzlicher Namenserwerb

6 **Nicht anwendbar** ist § 1617b Abs 1 BGB insbesondere bei einem **Ehenamen** der Eltern. Haben diese **nach der Kindesgeburt geheiratet** und dadurch nicht nur gemeinsames Sorgerecht begründet (§ 1626a Abs 1 Nr 2 BGB), sondern auch einen **Ehenamen gewählt**, so regelt **§ 1617c Abs 1 BGB als lex specialis** den Übergang dieses Namens auf das Kind (BeckOGK-BGB/Kienemund [1. 11. 2025] § 1617b Rn 11; Lipp/Wagenitz § 1617b Rn 4). Hatten die Eltern bei Geburt einen Ehenamen, sodass das Kind folglich schon bei Geburt seinen Namen nach § 1616 BGB erworben hat, und begründen die Eltern erst später gemeinsames Sorgerecht, so berührt dies nicht den Kindesnamen – die Anknüpfung nach § 1616 BGB ist unabhängig von den Sorgerechtsverhältnissen (s auch BeckOGK-BGB/Kienemund [1. 11. 2025] § 1617b Rn 11).

cc) Eingeschränkte Neuwahl bei vorheriger gemeinsamer Namensbestimmung

7 Wie sich § 1617b BGB zu vorherigen Namenserwerbstatbeständen verhält und welche Namenserwerbs- oder Namensbestimmungsmodi dabei Sperrwirkung entfalten, ist differenziert zu betrachten und im Einzelnen streitig. Es ist tragender Normzweck des Abs 1, den Eltern bei erstmaliger Begründung gemeinsamen Sorgerechts die gemeinsame Sorgeausübung auch noch bezüglich der Kindesnamensbestimmung zu ermöglichen, obwohl das Kind schon einen Namen erhalten hat.

(1) Verhältnis zur Namensbestimmung nach § 1617 BGB

8 Abs 1 ist deshalb nicht anwendbar, wenn die Eltern schon zur Zeit des originären Namenserwerbs gemeinsame Sorge (und Ausübungsberechtigung) hatten (BeckOGK-BGB/Kienemund [1. 11. 2025] § 1617b Rn 11; BeckOK-BGB/Pöcker [1. 11. 2025] § 1617b Rn 2). Damit scheidet Abs 1 nicht nur bei früherer gemeinsamer Namensbestimmung nach § 1617 Abs 1 BGB aus, sondern auch wenn die ursprüngliche Bestimmung nicht von beiden Eltern gemäß **§ 1617 Abs 1 S 1 BGB**, sondern wegen elterlichen Dissenses nach **§ 1617 Abs 4 BGB** erfolgt war (BeckOGK-BGB/Kienemund [1. 11. 2025] § 1617b Rn 11). Demgegenüber sollte den Eltern **doch ein Neubestimmungsrecht nach § 1617b Abs 1 BGB** zugestanden werden, wenn die ursprüngliche Namensbestimmung nach § 1617 BGB durch einen *Vormund oder Pfleger* erfolgte (**aA** BeckOK-BGB/Pöcker [1. 11. 2025] § 1617b Rn 2).

(2) Verhältnis zur Namensbestimmung nach § 1617a Abs 3 BGB

Elterliche Namensbestimmung, die § 1617b Abs 1 BGB ausschließt, **liegt** ferner **nicht vor** bei einer **Namenserteilung nach § 1617a Abs 3 BGB**, obschon freilich der Gesetzgeber bei Schaffung von § 1617b BGB in erster Linie § 1617a Abs 1 BGB vor Augen hatte (BeckOGK-BGB/Kienemund [1. 11. 2025] § 1617b Rn 12; Grüneberg/Götz § 1617b Rn 3; BGH 13. 11. 2019 – XII ZB 118/17, FamRZ 2020, 331 Rn 23; OLG Brandenburg 13. 9. 2006 – 13 Wx 27/05, StAZ 2007, 206, 207 Rn 13; vgl BT-Drucks 13/4899, 91). Die Namenserteilung nach § 1617a Abs 3 BGB setzt zwar de facto Konsens der Eltern voraus, wie § 1617b Abs 1 rechtlich Konsens voraussetzt, doch ist der Konsens hinter § 1617a Abs 3 BGB nicht Ausfluss gemeinschaftlicher elterlicher Sorgeausübung, wie es bei § 1617b BGB der Fall ist. Vielmehr dient die Zustimmung des anderen Elternteils lediglich dessen Persönlichkeitsrechtsschutz (BGH 13. 11. 2019 – XII ZB 118/17, FamRZ 2020, 331 Rn 25; BT-Drucks 13/4899, 90). Erst mit Erwerb des gemeinsamen Sorgerechts wird eine wahrhaft gemeinsame Namensbestimmung – nicht nur einseitige Namensbestimmung mit Zustimmungserfordernis – möglich, sie kann also **nicht schon** zuvor **„verbraucht“** sein. Außerdem gibt ein Bestimmungsrecht nach Abs 1 Gelegenheit, auf etwaige Änderungen der Familienverhältnisse – wie ein stärkeres „Zusammenrücken“ der Familie (BGH 13. 11. 2019 – XII ZB 118/17, FamRZ 2020, 331 Rn 25) – zu reagieren. 9

(3) Verhältnis zur Einbenennung nach § 1617e Abs 1 BGB

Eine differenzierte Beurteilung ist geboten bei **Einbenennungen nach § 1617e BGB** (siehe die Darstellung des Streitstands prä 1. 5. 2025 bei BGH 16. 12. 2015 – XII ZB 405/13, StAZ 2016, 139 Rn 7 ff). 10

(a) Nachziehende Einbenennung

Eine **nachziehende Einbenennung** (vgl § 1617e Rn 15), also der Fall, dass das Kind bisher den Namen des wiederheiratenden Elternteils getragen hat, ist funktional nichts anderes als eine Namensfolge des Kindes nach seinem Bezugselternteil gemäß § 1617c Abs 2 Nr 2 BGB, lediglich mit Zustimmung des Stiefelternteils, aber ohne die des anderen Elternteils (zust BGH 16. 12. 2015 – XII ZB 405/13, StAZ 2016, 139 Rn 17). Sie ist somit ein besonderer, von § 1617c Abs 2 Nr 2 BGB nicht erfasster Fall der Überwirkung einer Namensänderung des namensgebenden Elternteils (BGH 16. 12. 2015 – XII ZB 405/13, StAZ 2016, 139 Rn 17 aF mwNw). Folglich bleibt der Kindesname an den ursprünglich nach § 1617a Abs 1 BGB erworbenen Individualnamen des Bezugselternteils gebunden. Begründet dieser später mit dem anderen Elternteil gemeinsames Sorgerecht, so bietet § 1617b Abs 1 BGB grundsätzlich die Gelegenheit, der wiedergewonnenen Gemeinsamkeit auch durch Namenswahl Ausdruck zu verleihen (wie hier OLG Brandenburg 13. 9. 2006 – 13 Wx 27/05, StAZ 2007, 206, 207 Rn 13 und dem nicht entgegentretend Fachausschuss Standesbeamte StAZ 2009, 17; HWB/Wagenitz/Bornhofen § 1617b Rn 17; **aA** Lipp/Wagenitz § 1617b Rn 8; Wagenitz FamRZ 1998, 1545, 1548). Allerdings ist zu differenzieren: Haben die Eltern nach Auflösung der Stiefelternehe geheiratet und einen *Ehenamen* gewählt, folgt das Kind nach § 1617c Abs 1 BGB. Haben sie während des *Bestands der Stiefelternehe* gemeinsames Sorgerecht begründet, so steht ihnen der Kindesname *nicht* nach § 1617b BGB zur Disposition – die fortdauernde, von den Ehegatten konsentierte Integration des Kindes in die Stiefelternfamilie hat hier den Vorrang (Fachausschuss Standesbeamte StAZ 2005, 49, 50). Eine **Neubestimmung nach § 1617b Abs 1 BGB** kommt also nur in Betracht **nach Auflösung der Stiefelternehe** (so BGH 16. 12. 2015 – XII ZB 405/13, StAZ 2016, 139 [indes invers: „jedenfalls dann nicht zulässig, 11 wenn ... noch besteht", Rn 13, offener jedoch Rn 22]; zust Anm v vSACHSEN/GESAPPHE FamRZ 2016, 622, LUGANI LMK 2016, 376891 und WIEGELMANN FamRB 2016, 139; BeckOK-BGB/PÖCKER [1. 11. 2025] § 1617b Rn 2; krit BeckOGK-BGB/KIENEMUND [1. 11. 2025] § 1617b Rn 13.2 jedenfalls für den Fall, dass die Stiefelternehe bereits gescheitert ist und der Familienverbund tatsächlich nicht mehr gelebt wird; BGH 14. 1. 2004 – XII ZB 30/02, StAZ 2004, 131 steht nicht entgegen; in diesem Punkt ebenso auch schon die Vorinstanz zu BGH 16. 12. 2015 – XII ZB 405/13, OLG Zweibrücken 24. 6. 2013 – 3 W 12/13, juris Rn 12). Denn der Zweck der Einbenennung ist dann als erledigt anzusehen, wenn die Stieffamilie in dem Sinne nicht mehr besteht, dass die ihr zu Grunde liegende Ehe geschieden ist (so nun BGH 16. 12. 2015 – XII ZB 405/13, StAZ 2016, 139 Rn 22; ähnl Vorinstanz OLG Zweibrücken 24. 6. 2013 – 3 W 12/13, juris Rn 12). Eine weitere Differenzierung danach, ob die Eltern einen Ehenamen gewählt haben oder nicht, nimmt der BGH nicht vor.

(b) Erteilende Einbenennung

12 Bei **erteilender Einbenennung** (§ 1617e BGB Rn 15), wenn also das Kind bisher den Namen des anderen Elternteils führte und nun den namensrechtlichen Bezugselternteil wechselt, ist mit Zustimmung des anderen Elternteils (oder deren gerichtlicher Ersetzung, § 1617e Abs 2 S 2 BGB) der Bezugspunkt des Kindesnamens ausgetauscht worden: Statt des Individualnamens des anderen Elternteils ist dies nunmehr der Ehename aus der Stiefelternehe. Daran bleiben die Eltern auch bei späterer Begründung gemeinsamen Sorgerechts, selbst nach Auflösung der Stiefelternehe, gebunden (**aA** wohl BeckOGK-BGB/KIENEMUND [1. 11. 2025] § 1617b Rn 13). Nach Auflösung der Stiefelternehe oder bei Ausscheiden des Kindes aus dem stiefelterlichen Haushalt steht seit der Namensrechtsreform 2024 die Rückbenennung zu Gebote (§ 1617e Abs 4 BGB).

b) Begründung gemeinsamen Sorgerechts

13 Das gemeinsame Sorgerecht der Eltern darf erst begründet worden sein, nachdem das Kind bereits einen Geburtsnamen erworben hat (s aber auch Rn 24). Da gesetzlicher Namenserwerb nach § 1617a Abs 1 BGB stets im Moment der Geburt stattfindet, kommt es also auf die **nachgeburtliche Begründung des gemeinsamen Sorgerechts** an. Mögliche Fälle sind die **Heirat** der Eltern ohne Bestimmung eines Ehenamens (§ 1626a Abs 1 Nr 2 BGB), die Abgabe von **Sorgeerklärungen** für ein Kind, dessen Eltern bei der Geburt nicht miteinander verheiratet waren (zunächst Alleinsorge der Mutter und Muttername nach §§ 1626a Abs 3, 1617a Abs 1 BGB) und die gerichtliche Übertragung der elterlichen Sorge nach § 1626a Abs 2 BGB. Möglich ist auch der Wegfall einer früheren Verhinderung (§§ 1673, 1678 Abs 1 BGB, ERMAN/DÖLL § 1617b Rn 2; jurisPK-BGB/HAMDAN § 1617b Rn 5).

14 Es muss sich um den **erstmaligen Erwerb des gemeinsamen Sorgerechts** nach Kindesgeburt handeln.

15 Das gemeinsame Sorgerecht ist sowohl **Entstehungs- wie auch Bestandsvoraussetzung** des Neubestimmungsrechts, dh es muss auch noch dann bestehen, wenn das Bestimmungsrecht ausgeübt wird. Geht das gemeinsame Sorgerecht vorher wieder verloren (Tod eines Elternteils, Sorgerechtsentzug), so hat sich der Grund für eine Neubestimmung des Kindesnamens erledigt; eine Ausübung durch den Alleinsorgeberechtigten oder einen Vormund/Pfleger – wie bei § 1617 BGB – kommt nicht in Betracht, denn das Kind trägt schon einen Namen (BeckOGK-BGB/KIENEMUND [1. 11. 2025] § 1617b Rn 8; LIPP/WAGENITZ § 1617b Rn 14).

3. Wählbare Namen

a) Grundsatz

Für die nach Abs 1 S 1 inhaltlich scheinbar offene Neubestimmung verweist S 3 auf **§ 1617 Abs 1–3 und 5 BGB**, dh es stehen nur der von der Mutter oder vom Vater geführte Name oder ein daraus gebildeter Doppelname zur Auswahl. Den vom Kind schon geführten Namen können die Eltern nicht „neu bestimmen“ und das Neubestimmungsrecht ist in diesem Fall gegenstandslos (BGH 13. 11. 2019 – XII ZB 118/17, FamRZ 2020, 331 Rn 26). Im Einzelnen gelten die zu § 1617 BGB dargelegten Grundsätze (§ 1617 Rn 23 ff). 16

b) Maßgeblicher Zeitpunkt

Wählbar sind nur **zur Zeit der Neubestimmung geführte Namen** (Abs 1 S 3 iVm § 1617 Abs 1 S 1 BGB; Lipp/Wagenitz § 1617b Rn 10). Die Umbenennung darf nicht die teilweise Namenseinheit der Familie preisgeben. Vor der Neubestimmung abgelegte oder geänderte Namen stehen deshalb nicht mehr zur Wahl. 17

c) Problemfälle

aa) Verhältnis zu § 1617 Abs 5 BGB

Die Wahlfreiheit der Eltern kann **durch § 1617 Abs 5 BGB eingeschränkt** sein: Ist der Name des ersten Kindes nach § 1617 BGB bestimmt worden (auch gemäß § 1617 Abs 4 BGB oder § 1617b Abs 1 BGB, nicht aber bei gesetzlichem Erwerb nach § 1617 Abs 4 S 1–3 BGB [§ 1617 Rn 70 ff]), bestand bei der Geburt des zweiten Kindes Alleinsorge der Mutter (§ 1626a Abs 3 BGB) und hat dieses Kind deshalb seinen Namen nach § 1617a Abs 1 BGB erhalten (§ 1617a Rn 16 ff) und begründen die Eltern dann auch für das zweite Kind gemeinsames Sorgerecht, so ist ihr nach § 1617b Abs 1 BGB grundsätzlich entstehendes Neubestimmungsrecht gleichzeitig inhaltlich durch § 1617 Abs 5 BGB **gebunden bzw aufgehoben**: Stimmten die Namen der Kinder trotz unterschiedlicher Grundlagen inhaltlich überein, schließt § 1617 Abs 5 BGB eine andere Bestimmung durch die Eltern aus (**Sperrwirkung**, BeckOK-BGB/Pöcker [1. 11. 2025] § 1617b Rn 9). Waren die Namen der Kinder verschieden, entsteht die gesetzliche Präjudizwirkung des Erstnamens auf weitere Kinder gemäß § 1617 Abs 5 BGB zugleich mit dem Bestimmungsrecht; dieses ist nicht – wenngleich inhaltlich gebunden – auszuüben, vielmehr erwirbt das zweite Kind den Namen seines älteren Geschwisters kraft Gesetzes im Moment der Begründung des gemeinsamen Sorgerechts (BayObLG 9. 1. 2001 – 1 Z BR 137/00, FamRZ 2001, 856 f; Lipp/Wagenitz § 1617b Rn 12; Fachausschuss Standesbeamte StAZ 2004, 179; BeckOGK-BGB/Kienemund [1. 11. 2025] § 1617b Rn 19; BeckOK-BGB/Pöcker [1. 11. 2025] § 1617b Rn 9), vorbehaltlich allerdings des hier analog anzuwendenden Persönlichkeitsschutzes des älteren Kindes (vgl Rn 19, 26). Während auch das Verstreichenlassen der Dreimonatsfrist nach altem Recht prä 1. 5. 2025 die Sperrwirkung auslöste (BGH 13. 11. 2019 – XII ZB 118/17 Rn 13; BGH 2. 4. 2025 – XII ZB 633/24), dürfte nach Wegfall der Dreimonatsfrist davon auszugehen sein, dass diese Sperrwirkung entfällt, solange das Namensbestimmungsrecht nach § 1617b Abs 1 BGB nicht positiv ausgeübt wurde (so jurisPK-BGB/Hamdan § 1617b Rn 11; BeckOK-BGB/Pöcker [1. 11. 2025] § 1617b Rn 9.1). 18

bb) Verhältnis zu § 1617c Abs 2 Nr 2 BGB

Hat sich der elterliche Bezugsname gemäß § 1617a Abs 1 BGB geändert und ist dann ein gemeinsames Sorgerecht der Eltern begründet worden, so ist der Kindes- 19 name in zwei Schritten zu beurteilen: Zunächst regelt ausschließlich § 1617c Abs 2 Nr 2 BGB, ob das Kind der elterlichen Namensänderung folgt. Im zweiten Schritt kann eine Neubestimmung des so ermittelten Kindesnamens erfolgen (allerdings auch hier Persönlichkeitsschutz des Kindes entsprechend § 1617c Abs 1 BGB, s § 1617b Abs 1 S 2, 3 BGB).

cc) Verhältnis zu § 1617e Abs 1 BGB

20 Eine Namenswahl nach § 1617b Abs 1 BGB kommt hier nur in zwei Fällen in Betracht, nämlich für das nachziehend einbenannte (Rn 11) und für das nicht einbenannte Kind:

21 Ist das Kind kraft **Einbenennung** dem heiratsbedingten Namenswechsel seines sorgeberechtigten Elternteils gefolgt (vgl § 1617e BGB), so stehen die nach Auflösung der Stiefelternehe gemeinsam sorgeberechtigt gewordenen Eltern in derselben Situation wie ohne Einbenennung – das Kind trägt den Namen eines Elternteils, wählbar ist der andere Elternname oder ein Doppelname (Rn 11; vgl auch Rn 16).

22 **Ist das Kind nicht einbenannt worden**, führt es (wegen des Vorbehalts in § 1617c Abs 2 Nr 2 BGB) einen anderen Namen als sein sorgeberechtigter Elternteil, und zwar den originär nach § 1617a Abs 1 BGB erworbenen. Insofern könnte das Neubestimmungsrecht der Eltern aus § 1617b Abs 1 BGB zum Zuge kommen. Jedoch sollte dabei der von §§ 1617c Abs 2 Nr 2, 1617e BGB bezweckte Schutz des Stiefelternteils vor unfreiwilliger Weitergabe seines Namens an Stiefkinder (vgl § 1617c Rn 46 ff) nicht unterlaufen werden: Die gesetzliche Konzeption ist zwar verfehlt (§ 1617c Rn 48), aber als geltendes Recht zu respektieren. Die gemeinsam sorgeberechtigt gewordenen Eltern dürfen deshalb nicht den von dem Elternteil geführten Namen wählen, der mit dem Dritten verheiratet ist – dies würde auf eine **„kalte Einbenennung"** ohne Zustimmung des Dritten hinauslaufen (ähnlich Lipp/Wagenitz § 1617b Rn 11; **aA** HWB/Wagenitz/Bornhofen § 1617b Rn 25; ebenfalls BeckOGK-BGB/Kienemund [1. 11. 2025] § 1617b Rn 16 der allerdings in analoger Anwendung des § 1617e Abs 1 BGB die Zustimmung des Dritten verlangt). Es steht nur der Name des anderen Elternteils zur Wahl. Diese Wahl ist auch insofern sinnvoll, weil der Kindesname bisher mit keinem seiner Elternteile übereinstimmt. Bedenkenswert wäre eine Option zur Doppelnamensbildung mit dem aktuellen Kindesnamen analog § 1617b Abs 1 BGB iVm § 1617 Abs 1 S 1 Nr 2 BGB.

23 Von dieser Einschränkung werden die Eltern jedoch *frei*, wenn die **Stiefelternehe zum Zeitpunkt der Neubestimmung bereits aufgelöst** ist, der geschiedene Elternteil aber den in dieser Ehe erworbenen Namen noch fortführt (§ 1355 Abs 5 S 1 BGB). „Erheiratete Namen" können ohne Weiteres an Kinder weitergegeben werden, der geschiedene Stiefelternteil wird nicht mehr geschützt. Eine Konkurrenz zu § 1617e BGB besteht nicht mehr, weil eine Einbenennung nicht mehr möglich ist.

4. Neubestimmung durch die Eltern

a) Grundsätze

24 Hinsichtlich der **Bestimmungserklärungen** (Rechtsnatur, Form, Empfangszuständigkeit usw) gilt dasselbe wie bei § 1617 BGB (§ 1617 Rn 32 ff), dies folgt aus dem Verweis aus § 1617b Abs 1 S 3 BGB auf § 1617 Abs 1 BGB (Erklärung gegenüber dem Standesamt) und § 1617 Abs 3 BGB (öffentliche Beglaubigung). Die Erklärung ist befris-

tungsfeindlich. Trotz grundsätzlicher Bedingungsfeindlichkeit (§ 1617 Rn 32) kann die Bestimmung unter der Rechtsbedingung des künftigen gemeinsamen Sorgerechts erfolgen (OLG Frankfurt 4. 2. 2005 – 20 W 274/04, StAZ 2005, 181 f: aber Auslegung, ob wirklich schon Bestimmung iSd § 1617b Abs 1 BGB gewollt war – in concreto [Geburtsanzeige] abgelehnt). Der früher in § 1617b Abs 1 S 4 aF BGB enthaltene Verweis auf § 1617c Abs 3 BGB wurde vom Gesetzgeber angesichts der Abschaffung der Eheschließungsmöglichkeiten für Minderjährige im Inland (§ 1303 Abs 2–4 aF BGB bis 2017) für überflüssig gehalten (BT-Drucks 20/9041, 51).

Die Option der Eltern zur Umbenennung des Kindes ist nach der Namensrechtsreform 2024 **nicht mehr auf drei Monate nach Begründung des gemeinsamen Sorgerechts befristet.** Sinn der Vorschrift war es, schnell Klarheit über die namensrechtlichen Auswirkungen der neuen sorgerechtlichen Verhältnisse zu schaffen. Die Frist wurde jedoch in der Praxis immer wieder versäumt, was zu praktischen Problemen und Frustration führte. Auch stand die Vorschrift im Kontrast zu § 1617a BGB und § 1617c Abs 1 BGB, die keine derartige Frist vorsahen und vorsehen (BT-Drucks 20/9041, 50 f). Daher wurde die Regelung ersatzlos gestrichen. Das 2024 reformierte Recht hätte diesen Kontrast verschärft – auch § 1617d Abs 1 BGB, § 1617c Abs 1, 4 BGB, § 1617f BGB, § 1617g BGB, § 1617h BGB sehen keine Frist vor. 25

b) Anschlusserklärung des älteren Kindes, Abs 1 S 2, 3 iVm § 1617c Abs 1 S 2 BGB

Da die Neubestimmung des Namens zu einer Namensänderung führt, sieht das Gesetz denselben Schutz des Kindes vor unerwünschtem Namensverlust vor wie bei der Namensfolge nach elterlichen Namensänderungen: Ab fünf Jahren muss sich das Kind „anschließen" (Abs 1 S 2), was der Sache nach eine Zustimmung zur elterlichen Neubestimmung bedeutet; wegen der Einzelheiten ist auf § 1617c Abs 1 BGB zu verweisen (§ 1617c Rn 12 ff, 17 ff). Maßgeblicher Zeitpunkt für das Kindesalter ist, da es auf den effektiven Namenswechsel ankommt, der Moment, in dem die Neubestimmung wirksam wird, nicht die Veränderung im Sorgerecht (Erman/Döll § 1617c Rn 5). 26

c) Wirkung der Neubestimmung

Mit Wirksamwerden der Neubestimmung ändert sich der Kindesname für die Zukunft; im Geburtenbuch ist eine entsprechende Folgebeurkundung aufzunehmen, § 27 Abs 3 Nr 1 PStG (eine Änderung des Namens ist eine Änderung des Personenstands, § 1 Abs 1 S 1 PStG; ein Ersteintrag statt einer Folgebeurkundung ist vorzunehmen, wenn die Geburt noch nicht beurkundet war, vgl § 1617 Rn 12, 64). Handelte es sich um das erste Kind, für das die Eltern einen Namen bestimmt haben, tritt **für weitere Kinder** die **Bindungswirkung** des § 1617 Abs 5 BGB ein (vgl Rn 18 sowie § 1617 Rn 70; BayObLG 9. 1. 2001 – 1 Z BR 137/00, FamRZ 2001, 856 f; BeckOGK-BGB/Kienemund [1. 11. 2025] § 1617b Rn 29; Fachausschuss Standesbeamte StAZ 2004, 179). 27

III. Namensrechtliche Konsequenzen des Wegfalls der Vaterschaft, Abs 2

1. Grundsatz

Ist die Vaterschaft eines Mannes, der bisher gemäß § 1592 Nr 1, 2 BGB als Vater des Kindes galt, erfolgreich angefochten worden (§§ 1599 Abs 1, 1600 ff BGB, §§ 169 f FamFG) oder ist eine gerichtliche Vaterschaftsfeststellung (§§ 1592 Nr 3, 1600d 28

BGB) im Restitutionsverfahren aufgehoben worden (§ 185 FamFG), so ist die Vaterschaft rechtlich rückwirkend beseitigt (entsprechende Anwendung auf § 1599 Abs 2 BGB: Rn 33). Ist der Geburtsname des Kindes vom Namen des Mannes als vermeintlichem Vater abgeleitet gewesen, so ist hierfür – ebenfalls rückwirkend – die Grundlage entfallen. Nach altem Recht fiel das Kind automatisch auf den Mutternamen zurück (§ 1617 Abs 1 aF BGB), was idR mit einem Namenswechsel verbunden war (vgl Staudinger/Coester[12] § 1617 Rn 19; BeckOGK-BGB/Kienemund [1. 11. 2025] § 1617b Rn 31.1; ausführl zur intertemporalen Rechtslage Fachausschuss Standesbeamte StAZ 2006, 20 f). § 1617b Abs 2 BGB will demgegenüber das Kontinuitätsinteresse des Kindes an seinem Namen stärker schützen. Einen Namenswechsel muss das Kind nur erdulden, wenn es diesen selbst beantragt oder wenn wegen seines geringen Alters seine Identifikation mit dem Familiennamen und damit sein Kontinuitätsinteresse noch nicht stark ausgeprägt sind – in diesem Fall genügt ein Antrag des Scheinvaters, der sich auch namensrechtlich von dem Kind trennen will. Stets bedarf es also eines *Antrags* (des Kindes oder des Scheinvaters), ein Wechsel des Kindesnamens kraft Gesetzes findet niemals statt.

2. Tatbestand

a) Familienname des Scheinvaters als Bezugspunkt für den Geburtsnamen des Kindes

29 Der Kindesname muss *unmittelbar* an den Vaternamen anknüpfen; so bei Namensbestimmungen nach § 1617 Abs 1, 4 BGB oder § 1617b Abs 1 BGB oder bei Namenserteilung nach § 1617a Abs 3 BGB (in seltenen Ausnahmefällen auch nach § 1617a Abs 1 BGB) oder in den Fällen der §§ 1617g Abs 1, 1617h Abs 1 BGB. Hier kommt es nicht darauf an, ob es sich im Moment des kindlichen Namenserwerbs um den Geburtsnamen des Scheinvaters oder um seinen aus einer Vorehe erworbenen Namen handelte; auch durch Hinzufügung eines Begleitnamens gebildete Doppelnamen sind (als nunmehr echte Doppelnamen) auf das Kind übergegangen.

30 Es genügt aber auch eine nur *mittelbare* Herleitung des Kindesnamens vom Mannesnamen, nämlich wenn dieser gemäß § 1355 Abs 1 BGB zum **Ehenamen** bestimmt worden ist und als solcher gemäß §§ 1616 oder 1617c Abs 1 BGB auf das Kind übertragen worden ist (BeckOGK-BGB/Kienemund [1. 11. 2025] § 1617b Rn 33; Lipp/Wagenitz § 1617b Rn 21; NK-BGB/Czeguhn/Schmitz § 1617b Rn 7; Grüneberg/Götz § 1617b Rn 9, 13; **aA** Rauscher, FamR Rn 915). Hier geht es nach Wegfall der Vaterschaft nicht um Fortführung des Vaternamens oder Wechsel zum Mutternamen, sondern nur darum, ob das Kind den (auch von der Mutter geführten) Namen künftig weiterhin von der *Ehegemeinschaft* Mutter/Scheinvater ableiten will oder vom *Individualnamen* der Mutter. Ein Interesse des Kindes an der erstgenannten Alternative ist nicht denkbar, obschon die Anknüpfung an die (in aller Regel zerbrechende) Ehegemeinschaft den Kindesnamen nach § 1617d BGB nun nicht mehr praktisch versteinern würde, dh Namenseinheit in der sozialen Teilfamilie Mutter/Kind durchaus herstellbar wäre. Das Antragserfordernis des § 1617b Abs 2 BGB hat den Vorteil, dass es Kind und Mutter zur Kenntnisnahme und Auseinandersetzung mit den namensrechtlichen Konsequenzen nötigt; da das Antragsrecht unbefristet ist (Rn 39), drohen Rechtsverluste nicht.

31 **Zwischenzeitliche Änderungen des Bezugsnamens**, denen der Kindesname gemäß § 1617c Abs 2 Nr 1 oder 2 BGB gefolgt ist, unterbrechen die Ableitung des Kindesnamens vom Vaternamen nicht, sondern erhalten sie sogar aktuell aufrecht; sie ste-

hen der Anwendung des § 1617b Abs 2 BGB also nicht entgegen. Weniger klar, aber iE ebenso zu beurteilen, ist die Situation, wenn das ältere Kind sich einer Änderung des Bezugsnamens *nicht angeschlossen* hat (vgl § 1617c Abs 1 S 2, 3 BGB). Dann führt es zwar nicht mehr den aktuellen, sondern einen früheren Vaternamen als Geburtsnamen; der Wegfall der Vaterschaft beseitigt aber auch hierfür die Grundlage.

§ 1617b Abs 2 BGB ist auch anwendbar, wenn das Kind den vom Scheinvater abgeleiteten Namen inzwischen im Wege der Doppelnamensbildung **mit einem anderen Namen verbunden** hat – entweder mit dem eines Stiefvaters (§ 1617e Abs 1 S 1 Nr 2, Abs 3 BGB) oder der Adoptiveltern (§ 1757 Abs 3 S 1 Nr 2 BGB) oder des (ehedem) betreuenden Elternteils (§ 1617d Abs 1 Nr 2, Abs 3 S 1 Nr 2 BGB) oder dem seines Ehegatten (§ 1355 Abs 2 S 1 Nr 3, 1355a BGB). § 1617b Abs 2 BGB berechtigt auch das volljährige Kind zur Namenswahl (vgl Rn 39). 32

b) Rechtskräftige Feststellung der Nicht-Vaterschaft des namensprägenden Mannes

Siehe bereits Rn 28. Dem ist, obwohl vom Gesetz nicht erwähnt, ein Vaterschaftswechsel gemäß § 1599 Abs 2 BGB gleichzustellen (BeckOGK-BGB/Kienemund [1. 11. 2025] § 1617b Rn 36; BeckOK-BGB/Pöcker [1. 11. 2025] § 1617b Rn 10; jurisPK-BGB/Hamdan § 1617b Rn 18; HWB/Wagenitz/Bornhofen § 1617b Rn 70 ff; Hepting FPR 2002, 115, 120; NK-BGB/Czeguhn/Schmitz § 1617b Rn 8). 33

3. Antrag auf Wechsel zum Mutternamen

Der Kindesname bleibt vom Wegfall der Vaterschaft grundsätzlich unberührt, **nur auf Antrag** findet ein Wechsel in den Mutternamen statt. 34

Wird **kein Antrag** gestellt, bleibt der Mannesname weiterhin Anknüpfungspunkt für den Kindesnamen – auch im Hinblick auf **spätere Änderungen** dieses Bezugsnamens (§ 1617c Abs 2 Nr 1 BGB, wenn Ehename; § 1617c Abs 2 Nr 2 BGB in sonstigen Fällen; vgl BeckOGK-BGB/Kienemund [1. 11. 2025] § 1617b Rn 39; HWB/Wagenitz/Bornhofen § 1617b Rn 75). Stehen spätere Änderungen des Kindesnamens an, die *nicht* der Folge des Mannesnamens dienen, so ist zu unterscheiden: Ist es nach der Änderungsnorm gleichgültig, welchen Namen das Kind bisher getragen hat, so kann das Kind unmittelbar vom Mannesnamen in den neuen Namen wechseln. Dies ist vor allem der Fall, wenn auf eine neue Familiensituation reagiert werden soll: Ehenamen der Eltern, § 1617c Abs 1 BGB; erstmaliges gemeinsames Sorgerecht der Eltern, § 1617b Abs 1 BGB (vgl auch Rn 5); Einbenennung, § 1617e BGB (vBargen StAZ 2001, 73 f; Coester StAZ 2001, 229 f; **aA** Gaaz StAZ 2000, 357, 362; 2001, 74; Fachausschuss Standesbeamte StAZ 2002, 309 f); Scheidungskinder, § 1617d BGB. Baut aber eine Änderungsnorm (ausnahmsweise) darauf auf, dass das Kind bisher den *Mutternamen* trägt (so § 1617a Abs 3 BGB, § 1617a Rn 34 f), muss das Kind *zunächst* gemäß § 1617b Abs 2 BGB zu diesem zurückkehren, bevor ihm der Vatername erteilt werden kann (**aA** vBargen StAZ 2001, 73 f). Gleiches gilt bei Namensfolge nach § 1617c Abs 2 Nr 2 BGB (Mutter kehrt gemäß § 1355 Abs 5 S 2 BGB zu früherem Namen zurück), wenn der Mannesname als Ehename auf das Kind übergegangen war (Rn 30) – hier muss das Kind zunächst zum Individualnamen der Mutter wechseln, bevor es deren Namensänderung folgen kann (Fachausschuss Standesbeamte StAZ 2006, 266). In der Einwilligung eines Kindes ab fünf Jahren nach § 1617a Abs 4 BGB oder in seiner Anschlusserklärung gemäß § 1617c 35

Abs 2 S 2, Abs 1 BGB kann allerdings ohne weiteres *auch* ein Antrag iSd § 1617b Abs 2 BGB gesehen werden (Rn 41).

a) Antragsberechtigung

aa) Antrag des Mannes

36 Der Gesetzgeber hat zwischen den Interessen des Kindes an Namenskontinuität und dem Interesse des Scheinvaters an namensrechtlicher Distanzierung vom Kind einen Ausgleich gesucht. Demgemäß gilt folgende Unterscheidung:

37 **Bis zum Alter von fünf Jahren** liegt beim Kind noch keine starke Identifikation mit dem Familiennamen vor; innerhalb der Familie wird der Vorname gebraucht, mit der Außenwelt besteht noch kein wesentlicher und eigenständiger Kontakt (vgl Engler FamRZ 1971, 78; Koumaros 13; zur Fünf-Jahres-Grenze vgl auch § 1617a Abs 4 S 1, § 1617b Abs 1 S 2, § 1617c Abs 1 S 1, § 1617d Abs 2 S 1, § 1617e Abs 2 S 3, § 1617f Abs 2 S 4, § 1617g Abs 2 S 3, § 1617h Abs 2 S 2 iVm § 1617g Abs 2 S 3 BGB). Das gesteigerte Interesse des Kleinkinds an einer Namenseinheit mit dem Betreuungselternteil weist bei Vaterschaftsanfechtung aber gerade die Mutter auf. Jedenfalls mangels erheblicher Interessen des Kindes am Vaternamen **überwiegt deshalb das Distanzierungsinteresse des Scheinvaters**, sofern er darauf Wert legt (dh einen Antrag stellt).

38 **Ab dem fünften Geburtstag** tritt das Kind verstärkt in die Außenwelt (Kindergarten, Schule) und identifiziert sich zunehmend auch mit seinem Familiennamen. Deshalb dominiert von nun an das Kontinuitätsinteresse des Kindes, über das nur noch es selbst disponieren kann (§ 1617c Rn 12). Der Scheinvater hat keine Antragsberechtigung mehr, auch nicht mit Zustimmung des Kindes (er muss ein älteres Kind zur eigenen Antragstellung bewegen). Im praktischen Ergebnis erweist sich so das **Antragsrecht des Mannes** als auf die ersten fünf Lebensjahre des Kindes **begrenzt** (allgM, siehe nur BeckOGK-BGB/Kienemund [1. 11. 2025] § 1617b Rn 44; Jauernig/Budzikiewicz § 1616–1617c Rn 10).

bb) Antrag des Kindes

39 Das Kind kann **jederzeit** nach Wegfall der Vaterschaft den Namenswechsel beantragen, auch schon vor Erreichung des fünften Geburtstages und selbst nach Erreichung der Volljährigkeit (BT-Drucks 20/9041, 50; BeckOGK-BGB/Kienemund [1. 11. 2025] § 1617b Rn 42; Erman/Döll § 1617b Rn 4; jurisPK-BGB/Hamdan § 1617b Rn 21 f; Lipp/Wagenitz § 1617b Rn 28; Grüneberg/Götz § 1617b Rn 11). Es besteht **keine Frist** zur Antragstellung nach Wegfall der Vaterschaft (BeckOGK-BGB/Kienemund [1. 11. 2025] § 1617b Rn 42; BeckOK-BGB/Pöcker [1. 11. 2025] § 1617b Rn 12; Lipp/Wagenitz § 1617b Rn 28; HWB/Wagenitz/Bornhofen § 1617b Rn 76). Zur Kompetenz und Vertretung des Kindes s Rn 42.

cc) Kein Antragsrecht der Mutter

40 Ein eigenes Interesse der Mutter an einem Namenswechsel des Kindes wäre durchaus denkbar – insbesondere an Namenseinheit mit dem von ihr betreuten Kind oder an Kennzeichnung der wahren väterlichen Abstammung (über §§ 1616 oder 1617b Abs 1 BGB). Dennoch gesteht das Gesetz der Mutter kein eigenes Antragsrecht zu; als gesetzliche Vertreterin des Kindes (Grüneberg/Götz § 1617b Rn 11) kann sie jedoch auch ihre Interessen einbringen (FamRefK/Wax Rn 16). Dieser Ausweg versagt jedoch, wenn der Mutter das Vertretungsrecht für das Kind nicht zusteht. Zerbricht im Kon-

text der Vaterschaftsanfechtung die Ehe, so kann ein Namenswechsel des Kindes nach § 1617d BGB in Betracht kommen.

b) Antragstellung

aa) Antrag als Willenserklärung

Der „Antrag" hat die **gleiche rechtliche Qualität wie namensrechtliche Erklärungen**, eine behördliche oder gerichtliche Entscheidung über ihn ist nicht vorgesehen (Rn 43). Deshalb gelten die zu § 1617 BGB dargelegten Grundsätze hinsichtlich Rechtsnatur, Form, Empfangszuständigkeit, Geschäftsfähigkeit usw hier entsprechend, Abs 2 S 2, 3 (§ 1617 Rn 32 ff; § 1617c Rn 22 ff). Schließt sich das Kind, das noch den Namen des Scheinvaters trägt, unvermittelt der Namensänderung der Mutter oder einer Namensbestimmung seiner Eltern (nach §§ 1617a Abs 3, 1617b Abs 1, 1617d, 1617e BGB) an, so kann darin im Wege der *Auslegung* auch zugleich ein „Antrag" nach § 1617b Abs 2 BGB gesehen werden, der den Kindesnamen zunächst (für eine „logische Sekunde") auf den originären Mutternamen „zurückstellt" (Coester StAZ 2001, 229, 230; vgl auch Rn 35 und Rn 46). 41

bb) Handlungsfähigkeit und Vertretung des Kindes

Hinsichtlich der Handlungsfähigkeit des Kindes sind verschiedene **Altersstufen** zu unterscheiden: 42

- **Bis zum Alter von einschließlich sechs Jahren** kann allein der gesetzliche Vertreter den Antrag nach Abs 2 stellen (idR die gemäß § 1626a Abs 3 BGB sorgeberechtigte Mutter). Das Gleiche gilt für **geschäftsunfähige** Kinder (§§ 104 Nr 2, 105 Abs 1 BGB).

- **Zwischen sieben und 13 Jahren** kann gemäß § 107 BGB das beschränkt geschäftsfähige Kind entweder selbst mit Zustimmung seines gesetzlichen Vertreters oder dieser allein für das Kind handeln (vgl § 1617c Rn 19).

- Das minderjährige Kind **zwischen 14 und 17 Jahren** kann den Antrag **nur selbst** stellen, bedarf allerdings der Zustimmung des gesetzlichen Vertreters (§§ 1617b Abs 2 S 3 iVm 1617c Abs 1 S 2 BGB). Der Persönlichkeitsschutz des Kindes ist hier gewissermaßen durch ein Vetorecht des Kindes verstärkt (vgl § 1617c Rn 20).

- Das **volljährige** (und geschäftsfähige) Kind nimmt sein Antragsrecht allein wahr (Grüneberg/Götz § 1617b Rn 11).

4. Wirksamwerden und Wirkung des Antrags

a) Grundsatz

Der Antrag wird **wirksam mit Zugang** beim zuständigen Standesamt (beim Kindesantrag ggf erst bei Vorliegen auch der Zustimmung des gesetzlichen Vertreters) und **bewirkt** damit **ex lege den Namenswechsel des Kindes**. Es handelt sich deshalb der Sache nach um eine namensrechtliche Gestaltungserklärung, nicht um einen Antrag, über den zu entscheiden wäre (Rn 41). 43

b) Rückwirkender Erwerb des Mutternamens

44 Das Kind erwirbt den Namen, „den die Mutter im Zeitpunkt der Geburt des Kindes führt" – richtiger: „geführt hat". Damit soll der eigentlich angebrachte Namenserwerb des Kindes nach § 1617a Abs 1 BGB nachgezeichnet werden. Da faktisch jedoch eine Namensänderung vorliegt, ist ein entsprechender Randvermerk (nicht Originaleintrag) im Geburtenregister vorzunehmen (jurisPK-BGB/Hamdan § 1617b Rn 24). Der rückwirkende Bezug auf den Mutternamen zur Zeit der Geburt bedeutet im Einzelnen:

aa) Muttername identisch mit dem scheinväterlichen Bezugsnamen

45 Diese Situation ist gegeben, wenn die Mutter mit dem Scheinvater dessen Namen als **Ehenamen** gewählt hatte. Trotz Namensgleichheit von Mutter und Scheinvater ist § 1617b Abs 2 BGB dennoch nicht bedeutungslos: Es findet zwar kein aktueller Namenswechsel des Kindes statt (vorbehaltlich Rn 46 f), wohl aber eine **Auswechslung des Bezugspunkts für den Kindesnamen**: Statt des „Ehenamens" ist künftig der **Individualname der Mutter** maßgeblich (BeckOGK-BGB/Kienemund [1. 11. 2025] § 1617b Rn 49; BeckOK-BGB/Pöcker [1. 11. 2025] § 1617b Rn 15; Lipp/Wagenitz § 1617b Rn 21; HWB/Wagenitz/Bornhofen § 1617b Rn 87; Gaaz StAZ 2000, 357, 362; Fachausschuss Standesbeamte StAZ 2003, 86, 87). Dies gilt insbesondere für **Namensänderungen auf der Elternebene**; hier folgt der Kindesname nicht mehr dem Schicksal des Ehenamens (§ 1617c Abs 2 Nr 1 BGB), sondern dem Mutternamen nach **§ 1617c Abs 2 Nr 2 BGB**. Das wirkt sich vor allem bei Namenswechseln der Mutter nach Eheauflösung aus (§ 1355 Abs 5 S 2 BGB; vgl § 1617c Rn 25 ff, § 1617a Rn 21 ff sowie Rn 47; Fachausschuss Standesbeamte StAZ 2001, 275, 276). Da der Namenswechsel das Kind so stellt, wie wenn es bei Geburt seinen Namen nach § 1617a Abs 1 BGB erhalten hätte, sind darüber hinaus auch eine **Namenserteilung nach § 1617a Abs 3 BGB** oder eine **Neubestimmung des Namens nach § 1617b Abs 1 BGB** möglich (vgl Rn 5).

bb) Zwischenzeitliche Änderungen des Mutternamens

46 Mit dem Rückbezug auf den Mutternamen bei Geburt des Kindes will der Gesetzgeber nicht aktuelle Namensverschiedenheit von Mutter und Kind riskieren, sondern nur zunächst die dem § 1617a Abs 1 BGB entsprechende Ausgangsbasis für den Kindesnamen herstellen (Rn 44): Das Kind soll namensrechtlich so stehen, **wie wenn bei Geburt ein Erwerb nach § 1617a Abs 1 BGB erfolgt wäre**. Das bedeutet aber auch, dass das Kind allen (vom Geburtszeitpunkt aus gesehen) späteren Namensänderungen der Mutter nach den Grundsätzen des **§ 1617c Abs 2 Nr 2 BGB** folgt und damit nach § 1617b Abs 2 BGB **praktisch den Namen erhält, den die Mutter aktuell führt** (LG Köln 11. 9. 2001 – 1 T 319/01, StAZ 2002, 11 f; Rauscher, FamR Rn 922; NK-BGB/Czeguhn/Schmitz § 1617b Rn 13; Lipp/Wagenitz § 1617b Rn 21, 32; HWB/Wagenitz/Bornhofen § 1617b Rn 91; MünchKommBGB/vSachsen Gessaphe § 1617b Rn 30; BeckOGK-BGB/Kienemund [1. 11. 2025] § 1617b Rn 50; BeckOK-BGB/Pöcker [1. 11. 2025] § 1617b Rn 13; so schon zum alten Recht Staudinger/Coester[12] § 1617 Rn 19; Dieckmann StAZ 1982, 268; Mergenthaler StAZ 1981, 362, 363; Raschauer 180; zum geltenden Recht **aA** Gaaz StAZ 1998, 241, 248). Die schon überholten, nur für eine „logische Sekunde" eintretenden Namenswechsel können als „verdeckte Namensänderungen" bezeichnet werden (zum Begriff Gaaz StAZ 2000, 357 ff; vgl auch Rn 35, 41). Auf diese Weise wird Namenseinheit in der Teilfamilie von Mutter und Kind ermöglicht; die Namenssequenz ist im Randvermerk zum Geburtenregister nachzuzeichnen.

47 Praktisch wichtigster **Beispielsfall** ist die **Rückkehr** der Mutter vom Ehenamen **zu einem früheren Namen nach § 1355 Abs 5 S 2 BGB** nach Scheidung, aber noch vor rechtskräftiger Feststellung der Nicht-Vaterschaft. Hat sich die Mutter damit begnügt, nach § 1355a BGB dem Ehenamen einen **Begleitnamen** hinzuzufügen, so wird aus dem bisherigen Kindesnamen ein entsprechender (echter) Doppelname (vgl § 1617 Rn 29; Lipp/Wagenitz § 1617b Rn 32; Gaaz StAZ 2000, 357, 362). Allerdings gilt der **Ausschlusstatbestand des § 1617c Abs 2 Nr 2 BGB** auch in diesem Zusammenhang: In ehebedingte Namensänderungen der Mutter folgt der Kindesname nicht (dazu § 1617c Rn 46 ff). Hat also die Mutter nach Scheidung der Ehe mit dem Scheinvater einen Dritten (nicht den Kindesvater) geheiratet und dessen Namen als Ehenamen übernommen, so erwirbt das Kind (vorbehaltlich einer Einbenennung nach § 1617e BGB) nach § 1617b Abs 2 BGB **nur den früheren Mutternamen**. Einer Rückkehr der Mutter nach § 1355 Abs 5 S 2 BGB kann das Kind nach § 1617d BGB folgen.

48 Die Namensfolge des Kindes in zwischenzeitliche Namensänderungen der Mutter muss aber, dem System des Kindesnamensrechts entsprechend, unter dem **Vorbehalt des Persönlichkeitsschutzes für das ältere Kind** stehen – **§ 1617c Abs 1 BGB** ist **analog** anzuwenden. Wegen des Rückbezugs des Namenswechsels nach § 1617b Abs 2 BGB gelten aber folgende **Besonderheiten**:

49 Das Kontinuitätsinteresse des Kindes ist auf den bislang geführten Namen gerichtet, das Schutzbedürfnis entsteht in dem Zeitpunkt, zu dem ein aktueller Namenswechsel in Frage steht. Daraus folgt, dass auch hinsichtlich des im Stufensystem des § 1617c Abs 1 BGB maßgeblichen Kindesalters nicht auf „juristische" Namensänderungen in der Vergangenheit, sondern allein auf den **aktuellen Wechselzeitpunkt gemäß § 1617b Abs 2 BGB abzustellen ist.** Beispielsfall: Die Mutter ist nach Scheidung der Ehe mit dem Scheinvater zu ihrem Geburtsnamen zurückgekehrt, zu dieser Zeit war das Kind vier Jahre alt; im Kindesalter von fünfeinhalb Jahren wird die Nicht-Vaterschaft festgestellt. Hier erwirbt das Kind gemäß § 1617b Abs 2 BGB zunächst den Namen der Mutter zur Zeit seiner Geburt, dh es ändert sich noch nicht sein Name, wohl aber der Bezugspunkt (Rn 45). Dem späteren Namenswechsel der Mutter könnte das Kind nach § 1617c Abs 2 Nr 2 BGB folgen: Für die Notwendigkeit seiner Anschlusserklärung ist nicht auf den mütterlichen Namenswechsel, sondern auf die *jetzt* in Frage stehende Namensänderung des Kindes abzustellen – also bedarf es der Anschlusserklärung des jetzt fünfeinhalbjährigen Kindes.

50 Eine zweite Besonderheit besteht darin, dass – bei *mehreren* Namenswechseln der Mutter zwischen Geburt und Antrag nach § 1617b Abs 2 BGB – **Persönlichkeitsschutz des Kindes nur bezüglich aktueller Namenswechsel** angebracht ist, nicht aber bezüglich solcher Namensänderungen, die nur eine rechtliche Zwischenstufe für den jetzt zu übernehmenden Namen darstellen, also nur für eine „juristische Sekunde" erworben worden sind. **Beispielsfall**: Die Mutter hatte in der Ehe mit dem Scheinvater zunächst einen aus einer Vorehe „erheirateten Namen" fortgeführt; als das Kind fünf Jahre alt war, bestimmte sie mit dem Scheinvater einen Ehenamen; nach Scheidung der Ehe kehrte sie zu ihrem Geburtsnamen zurück; nunmehr wird die Nicht-Vaterschaft festgestellt. Hier genügt eine Anschlusserklärung des Kindes an den Wechsel in den Geburtsnamen der Mutter; nur wenn das Kind sich insoweit nicht anschließt, wird die Frage relevant, ob es sich gemäß § 1617c Abs 1 BGB der Namensänderung in den

Ehenamen anschließt. Die Namenskette ist – bezüglich der Notwendigkeit eines Kindesanschlusses – also „rückwärts zu lesen".

51 Soweit eine Anschlusserklärung des Kindes erforderlich ist, bleibt **fraglich, ob diese stets in einem Kindesantrag nach § 1617b Abs 2 BGB mitenthalten ist** (zur umgekehrten Fragestellung s Rn 41). Abs 2 S 3 verweist **für den Antrag** des Kindes auf das Schutzsystem des § 1617c Abs 1 BGB. Damit ist aber nur die Abwägung zwischen Namenskontinuität und Wechsel in den Mutternamen angesprochen; stehen seit Geburt bis jetzt mehrere Mutternamen zur Auswahl, bedarf es *nach* dem Antrag und grundsätzlichem Wechsel in den Mutternamen noch weiterer Anschlussentscheidungen. Ob diese im Antrag mitenthalten sind, kann nicht – anders als bei der umgekehrten Fragestellung Rn 41 – generell bejaht werden; vielmehr ist eine **Auslegung im Einzelfall** notwendig.

cc) Namenskürzung

52 § 1617b Abs 3 BGB iVm § 1617a Abs 2 und 4 BGB erlaubt es, den Mutternamen, den das Kind nach Abs 2 erhält, auf einen oder einige Namen zu kürzen, wenn der Muttername aus zwei oder mehr Namen besteht. Für die Erklärung gegenüber dem Standesamt und die Beteiligung des Kindes je nach Altersphasen siehe § 1617a Rn 21 und 22.

c) Erstreckung auf den Ehenamen des Kindes

53 Ist das – nicht notwendigerweise minderjährige (Rn 39) – Kind zur Zeit des Namenswechsels nach § 1617b Abs 2 BGB schon verheiratet und ist sein Name Ehename geworden, so wirkt die Änderung seines Geburtsnamens nur dann auf den Ehenamen über, wenn der Ehegatte sich seinerseits anschließt. Seit 1. 5. 2025 ist der Redaktionsfehler in Abs 2 S 3 beseitigt (vgl BT-Drucks 20/9041, 51) und die Norm verweist nun richtigerweise auf § 1617c Abs 1 Satz 2 und Abs 3 BGB. Zu Einzelheiten der Anschlusserklärung des Ehegatten s § 1617c Rn 51 f.

d) Spätere Änderungen des Kindesnamens

54 Hinsichtlich späterer Änderungen steht der nach § 1617b Abs 2 BGB erworbene Name einem Namen nach § 1617a Abs 1 BGB gleich (Rn 44, 46). Zu Änderungen des Kindesnamens kann es deshalb bei Namensänderungen der Mutter gemäß § 1617c Abs 2 Nr 2 BGB kommen oder wenn sie den Kindesvater heiratet und dessen Name Ehename wird (§ 1617c Abs 1 BGB). Der Vatername kann aber auch erteilt werden nach § 1617a Abs 3 BGB (§ 1617a Rn 34 und Rn 35) oder – nach Begründung gemeinsamer Sorge mit dem Vater – neubestimmt werden nach § 1617b Abs 1 BGB (Lipp/Wagenitz § 1617b Rn 33; ohne Umweg über § 1617b Abs 2 BGB: Rn 35). Eine Einbenennung in eine Stiefvaterehe nach § 1617e BGB ist ohnehin immer möglich.

§ 1617c
Name bei Namensänderung der Eltern

(1) Bestimmen die Eltern einen Ehenamen, nachdem das Kind das fünfte Lebensjahr vollendet hat, so erstreckt sich der Ehename auf den Geburtsnamen des Kindes nur dann, wenn es sich der Namensgebung anschließt. Ein in der Geschäftsfähigkeit beschränktes Kind, welches das 14. Lebensjahr vollendet hat, kann die Erklärung nur selbst abgeben; es bedarf hierzu der Zustimmung seines gesetzlichen Vertreters.

Die Erklärung ist gegenüber dem Standesamt abzugeben; sie muss öffentlich beglaubigt werden.

(2) Absatz 1 gilt entsprechend,

1. wenn sich der Ehename, der Geburtsname eines Kindes geworden ist, ändert oder

2. wenn sich in den Fällen der §§ 1617, 1617a und 1617b der Familienname eines Elternteils, der Geburtsname eines Kindes geworden ist, auf andere Weise als durch Eheschließung ändert.

(3) Eine Änderung des Geburtsnamens erstreckt sich auf den Ehenamen des Kindes nur dann, wenn sich auch der Ehegatte der Namensänderung anschließt; Absatz 1 Satz 3 gilt entsprechend.

Materialien: KindRG Art 1 Nr 7; LPartG Art 2 Nr 10; Art 18 Nr 13 Gesetz zur Bereinigung des Rechts der Lebenspartner vom 20. 11. 2015 (BGBl I 2010); EheGebNamRÄndG Art 1 Nr 5.

Schrifttum

S vor Vorbem zu §§ 1616–1625 sowie zu § 1618.

Systematische Übersicht

Alphabetische Übersicht

I. Einführung

1. Überblick

Thema der Vorschrift sind die **Auswirkungen, die eine spätere Änderung des elterlichen Bezugsnamens auf den Kindesnamen hat**. Dabei werden drei nach Absätzen getrennte Fragenkreise unterschieden: 1

- der **Übergang** bisher verschiedennamiger Eltern **zu einem Ehenamen, Abs 1**;
- die **Änderung des elterlichen Bezugsnamens, Abs 2**, handele es sich um den Ehenamen (Nr 1) oder einen elterlichen Individualnamen (Nr 2) und

– die Auswirkungen einer **Kindesnamensänderung auf einen Ehenamen des schon verheirateten Kindes**, der sich vom bisherigen Kindesnamen ableitet, **Abs 3**.

2. Entstehungsgeschichte

2 Die Vorschrift entspricht im Wesentlichen § 1616a BGB aF. Die letzten Änderungen waren durch die Einführung der Lebenspartnerschaft bedingt: Die Gleichstellung von Eheschließung und Lebenspartnerschaft erfolgte zunächst unvollständig durch das LPartG 2001 und sodann vervollständigend durch das Gesetz zur Bereinigung des Rechts der Lebenspartner (vom 20. 11. 2015, BGBl I 2010 in Kraft getreten 26. 11. 2015). Mit dieser bewussten Gleichstellung folgte der Gesetzgeber erfreulicherweise dem, was bereits – zumindest für Abs 2 Nr 1 – in der Literatur durch analoge Anwendung antizipiert worden war (BT-Drucks 18/5901, 22). Der Erwerb des Lebenspartnerschaftsnamens war bereits zuvor möglich nach einer Stiefkindadoption sowie einer Sukzessivadoption (§§ 9 Abs 7 LPartG, 1757 Abs 1 BGB). Er erfasste sodann auch den späteren Erwerb und Änderungen des Lebenspartnerschaftsnamens nach Adoption. Mit der Namensrechtsreform 2024 (EheGebNamRÄndG 2024) wurde § 1617c BGB um die Nennung der Lebenspartnerschaft bereinigt, da explizite Nennungen der Lebenspartnerschaft nach § 21 LPartG überflüssig geworden waren (BT-Drucks 20/9041, 52). Weitergehende Änderungen erfuhr § 1617c BGB im Zuge der Reform nicht.

3. Zielsetzung und Normbedeutung

3 Zwei **gegenläufige Wertungsgesichtspunkte** prägen die Ausgestaltung der Regelung: Einerseits will die Vorschrift die **(Wieder-)Herstellung familiärer Namenseinheit** trotz Namenswechsels einzelner Mitglieder ermöglichen; andererseits soll der „Nachfolgekandidat" (dh das Kind oder – in Abs 3 – dessen Ehegatte) davor geschützt werden, gegen seinen Willen seinen ihm bisher vertrauten Namen zu verlieren **(Persönlichkeitsschutz)**.

4 Obwohl die Vorschrift offensichtlichen Kompromisscharakter hat, ist sie nicht flexibel genug, um den Interessenkonflikten der Beteiligten angemessen Rechnung zu tragen. Auch wenn Optionen eingeräumt werden, so sind diese doch vom „Alles-oder-nichts-Prinzip" bestimmt: Namensfolge „ja" oder „nein", Namensgemeinsamkeit mit den Geschwistern „ja" oder „nein".

4. Systematischer Kontext

5 § 1617c BGB ist vielfältiges **Verweisungsziel** des bisherigen wie des 2024 reformierten Namensrechts und hat somit eine Schlüsselstellung im Normengefüge inne:

- Auf § 1617c Abs 1 BGB verweisen §§ 1617 Abs 4 S 5, 1617g Abs 4 BGB.

- Auf § 1617c Abs 1 S 2 BGB verweisen §§ 1617a Abs 4 S 3, 1617b Abs 1 S 3, 1617d Abs 2 S 1 Hs 2, 1617f Abs 2 S 4 Hs 2 BGB.

- Auf § 1617c Abs 1 S 2, Abs 3 BGB verweisen §§ 1617b Abs 2 S 3, 1617e Abs 5 S 2 BGB.

- Auf § 1617c Abs 1 S 2, 3 BGB verweist § 1617g Abs 2 S 4 BGB.

- Auf § 1617c Abs 2 Nr 2, Abs 3 BGB verweist § 1617i Abs 3 Hs 2 BGB.

- Auf § 1617c Abs 3 BGB verweist § 1617d Abs 3 S 3 BGB.

Zu den jeweiligen Folgen des Verweises s die Ausführungen an den jeweiligen Stellen.

II. Nachträgliche Ehenamensbestimmung durch die Eltern, Abs 1

1. Grundsätzliches

Der Fall, dass die Eltern einen Ehenamen erst bestimmen, nachdem das Kind bereits 6
einen Geburtsnamen (auf anderer Grundlage) erhalten hat, kann häufiger vorkommen, da die Bestimmung eines Ehenamens auch nach der Heirat unbefristet möglich ist (§ 1355 Abs 4 BGB). Die **Grundregel** des § 1617c Abs 1 BGB ergibt sich nur indirekt aus dem Gesetzeswortlaut: Dem gemeinsamen Ehenamen der Eltern folgt fortan auch der Kindesname; das Ziel der gesamtfamiliären Namenseinheit (§ 1355 Abs 1 S 1 BGB – trotz „können" statt „sollen" seit 1. 5. 2025, § 1616 BGB) wird doch noch verwirklicht. Soweit § 1617c BGB den Ehenamen betrifft, setzt sich die Vorrangigkeit des Ehenamens als Anknüpfungspunkt für das Kind aus § 1616 BGB in § 1617c Abs 1 BGB fort, andere Anknüpfungen werden grundsätzlich verdrängt – vorbehaltlich nur des Persönlichkeitsschutzes des Kindes. Dies gilt *auch* für einen nach § 1617e Abs 1 BGB erteilten Ehenamen aus einer Stiefelternehe: Er hat einem Ehenamen der Eltern, den diese nach Auflösung der Stiefelternehe bestimmen, gemäß § 1617c Abs 1 BGB zu weichen.

2. Tatbestand

a) Bisheriger Geburtsname des Kindes

Das Kind muss **schon einen Geburtsnamen erworben** haben (zur Bestimmung des Ehe- 7
namens nach der Geburt, aber vor deren Beurkundung s § 1616 Rn 13). Dessen **Grundlage** ist **gleichgültig**: Typischerweise wird es sich um einen Namen nach § 1617 BGB oder § 1617a BGB handeln, aber auch § 1617b Abs 1 BGB oder §§ 1617e Abs 1, 1617g, 1617h BGB kommen in Betracht. Die Rechtsfolge des Abs 1 setzt nicht voraus, dass der bisher geführte Kindesname anders lautet als der neu bestimmte Ehename. Hatte das Kind noch keinen Geburtsnamen, kommt ein unmittelbarer Erwerb des Ehenamens entsprechend § 1616 BGB in Betracht.

b) Nachträgliche Bestimmung eines Ehenamens durch die Eltern

Die Bestimmung eines Ehenamens muss **nach der Geburt** erfolgt sein (wenn schon 8
vorher: § 1616 BGB); *wie* es dazu gekommen ist, ist ohne Belang. Auch auf die sorgerechtlichen Verhältnisse kommt es nicht an. Erfasst sind bei der Geburt verheiratete Eltern, die jetzt erst einen Ehenamen wählen, ebenso wie solche Eltern, die jetzt erst heiraten und einen Ehenamen wählen.

Abs 1 ist aber auch anwendbar, wenn die (bisher nicht gemeinsam sorgeberechtig- 9
ten) Eltern nach der Geburt heiraten und wiederum erst einige Zeit später einen

Ehenamen wählen: Hier konnte der originär nach § 1617a BGB erworbene Kindesname zunächst nach § 1617b Abs 1 BGB neu bestimmt werden; unabhängig von der Wahrnehmung dieser Option verdrängt dann jedoch der Ehename nach § 1617c Abs 1 BGB den bisher geführten Namen, ein noch nicht ausgeübtes Bestimmungsrecht hat sich erledigt (vgl § 1617b Rn 6; unklar BT-Drucks 13/4899, 92; wie hier Grüneberg/Götz § 1617c Rn 2; Gernhuber/Coester-Waltjen § 55 Rn 26).

3. Rechtsfolge: Erstreckung des Ehenamens auf den Geburtsnamen des Kindes

a) Das noch nicht fünfjährige Kind

10 Das Kleinkind übernimmt den Ehenamen der Eltern **kraft Gesetzes** in dem Moment, in dem die Ehenamensbestimmung nach § 1355 Abs 1-3 BGB wirksam wird (auf den Elternwillen, auch für das Kind zu handeln, kommt es nicht an); der bisher geführte Kindesname geht verloren. Diese Wirkung tritt jedoch nur **ex nunc** ein, für die Vergangenheit bleibt es bei der bisherigen Namensführung (zu eventuell noch ausstehender Namensbestimmung nach § 1617 BGB s § 1617 Rn 4). Dennoch sollte die Namenserstreckung auch noch für das vor der Ehenamensbestimmung *verstorbene* Kind eintragungsfähig sein, wenn die Eltern dies wünschen – der Rechtsgedanke aus § 21 Abs 2 PStG für das totgeborene Kind gilt entsprechend (BeckOGK-BGB/Kienemund [1. 11. 2025] § 1617c Rn 16; MünchKommBGB/vSachsen Gessaphe § 1617c Rn 9; **aA** AG Lübeck 6. 2. 2002 – 3 III 5/02, StAZ 2002, 244; AG Gießen 29. 9. 2005 – 22 III 23/05, StAZ 2006, 55;). Grund für die automatische Miteinbeziehung des Kindes in die Namensgemeinschaft der Eltern ist die Erwartung, dass sich das Kind in den ersten Lebensjahren noch nicht mit seinem Familiennamen identifiziert hat, sondern vielmehr besonders intensiv mit den Eltern verbunden ist und mit der Außenwelt noch kein wesentlicher und eigenständiger Kontakt besteht (jurisPK-BGB/Hamdan § 1617c Rn 25; ähnlich BeckOGK-BGB/Kienemund [1. 11. 2025] § 1617c Rn 14).

11 Eine **Namenskombination** zwischen bisherigem und neuem Namen sieht das Gesetz **nicht** vor; sie ist hier wohl auch – selbst in Anbetracht der inflationären Doppelnamensmöglichkeiten seit der Namensrechtsreform 2024 (EheGebNamRÄndG 2024) – nicht angezeigt. Abs 1 erzeugt auch dann Wirkung, wenn der bisherige Kindesname und der Ehename **identisch** sind. Es tritt dann zwar keine Namensänderung ein, wohl aber eine Auswechslung der Ableitungsgrundlage: Bisher war diese der Individualname eines Elternteils (mit potenzieller Namensfolge nach § 1617c Abs 2 Nr 2 BGB), jetzt wird es der Ehename (mit potenzieller Namensfolge nur noch nach § 1617c Abs 2 Nr 1 BGB) (Erman/Döll § 1617c Rn 2a). Damit erhält der Kindesname einen wesentlich stabileren Bezugspunkt, was sich insbesondere nach Auflösung der Ehe auswirkt.

b) Das ältere Kind

aa) Grundsätze

12 Ab dem Alter von fünf Jahren *können* gewichtige Interessen des Kindes an der Kontinuität seines Namens einem nachfolgenden Wechsel in den Elternnamen entgegenstehen. Deshalb sieht das Gesetz keine automatische Namensfolge des Kindes mehr vor, vielmehr ist eine **Entscheidung über den Namensanschluss notwendig**. Diese Entscheidung ist grundsätzlich Sache des Kindes als Namensträger und höchstpersönlich Betroffener. Beim minderjährigen Kind obliegt allerdings die verantwortliche Abwä-

gung oder zumindest die Kontrolle seiner Erklärung dem gesetzlichen Vertreter. Effektiver Persönlichkeitsschutz setzt deshalb praktisch doch erst mit 14 Jahren ein.

Die Interessenlage kann bei jedem Kind einer Geschwistergruppe unterschiedlich sein, deshalb ist die Anschlussentscheidung nach Abs 1 von jedem Kind bzw **für jedes Kind persönlich** zu treffen **ohne Bindung an** den Grundsatz geschwisterlicher Namenseinheit (§ 1617 Abs 5 BGB). **Unterschiedliche Anschlussentscheidungen** können die Geschwisternamenseinheit mithin zerstören. 13

Eine **teleologische Reduktion** des Abs 1 erfolgt in den Fällen, in denen **bisheriger Kindesname und Ehename identisch** sind: Hier steht kein Namenswechsel an, sondern nur die Auswechselung der Ableitungsgrundlage für den Kindesnamen (soeben Rn 11). Es ist kein aus dem Persönlichkeitsrecht herrührendes schützenswertes Interesse des Kindes ersichtlich, seinen fortbestehenden Namen statt vom Ehenamen der Eltern weiterhin vom Individualnamen eines Elternteils abzuleiten: Deshalb besteht in diesen Fällen **auch beim älteren Kind keine Anschlussnotwendigkeit**, der Ehename wird automatisch neuer Bezugspunkt für den Kindesnamen (ebenso BeckOGK-BGB/Kienemund [1. 11. 2025] § 1617c Rn 19; BeckOK-BGB/Pöcker [1. 11. 2025] § 1617c Rn 4.1; Gaaz StAZ 2000, 357, 359; Gernhuber/Coester-Waltjen § 55 Rn 25 Fn 72; Fachausschuss Standesbeamte StAZ 2000, 344; **aA** Fachausschuss Standesbeamte StAZ 2002, 345). 14

Soweit die **Eltern als gesetzliche Vertreter** zur Entscheidung für das Kind oder zumindest zur Zustimmung berufen sind, handeln sie, wie auch bei der Namensbestimmung, in Wahrnehmung ihrer **Personensorge**. Im Fall des **Elterndissenses** ist keine gerichtliche Interventionsmöglichkeit vorgesehen – immerhin hat das Kind hier schon einen Geburtsnamen. Andererseits kann der Dissens nicht, wie bei § 1617b Abs 1 BGB, unaufgelöst bleiben: Dort besteht keine elterliche Namensgemeinsamkeit, auf dem Spiel steht nur die teilweise Gemeinsamkeit des Kindes mit dem einen oder dem anderen Elternteil. Hier geht es darum, ob das Kind einen vom gemeinsamen Elternnamen verschiedenen Namen trägt – diese Frage ist von „erheblicher Bedeutung“ für das Kind, sodass das FamG nach § 1628 BGB angerufen werden kann. 15

Hat ein Elternteil das **alleinige Sorgerecht**, so übt er die elterliche Kompetenz nach Abs 1 allein aus. Bei **kindeswohlwidrigem** Verhalten des Elternteils oder beider sorgeberechtigten Eltern ist eine *Ersetzung* ihrer Zustimmung nicht vorgesehen (für eine analoge Anwendung des § 1618 S 4 aF/nun § 1617e Abs 2 S 2 BGB vgl NK-BGB/Czeguhn/Schmitz § 1617c Rn 15). Kaum je wird das elterliche Verhalten die Gefährdungsgrenze des § 1666 Abs 1 BGB erreichen, denn die Anschlussverweigerung wahrt immerhin die Namenskontinuität des Kindes, die Bejahung die Namenseinheit der Familie (jurisPK-BGB/Hamdan § 1617c Rn 34). In Ausnahmefällen könnte jedoch an einen Entzug des elterlichen Vertretungsrechts gemäß §§ 1629 Abs 2 S 3 Hs 1, 1789 Abs 2 S 3 BGB gedacht werden (jurisPK-BGB/Hamdan § 1617c Rn 34), „wenn das Interesse des [Kindes] zu dem Interesse des [gesetzlichen Vertreters] in erheblichem Gegensatz steht“ (vgl § 1789 Abs 2 S 3 BGB). Dies sollte jedoch nicht schon bei jeder Meinungsverschiedenheit zwischen Elternteil und Kind angenommen werden, da sonst die elterliche Zustimmungsbefugnis nach Abs 1 in ihr Gegenteil verkehrt würde (vgl Coester FuR 1994, 1, 4). Nur besondere, schwere Interessenkonflikte im Einzelfall können einen Vertretungsentzug rechtfertigen. Die Frage, wer ggf statt des Elternteils die Entscheidung oder Zustimmung nach Abs 1 zu treffen hat (§ 1680 Abs 3 iVm Abs 1, 2 BGB; 16

vgl Staudinger/Coester [2020] § 1680 Rn 19 ff), sollte dabei vom FamG mitgeprüft und entschieden werden (BayObLG 2. 10. 1998 – 1 Z BR 91–98, NJW 1999, 293 f; Coester FuR 1994, 1, 4).

bb) Altersstufen (Anschlussmodell)

17 Die Entscheidungskompetenz für die Anschlussfrage ist nach **Altersstufen** gestaffelt. Welche Altersstufe im Einzelfall maßgeblich ist, bestimmt sich nach dem **Zeitpunkt der Anschlusserklärung**, da sich erst in diesem Moment die Namensänderung des Kindes realisiert (vgl Fachausschuss Standesbeamte StAZ 2005, 329 f; Grüneberg/Götz § 1617c Rn 3; BeckOGK-BGB/Kienemund [1. 11. 2025] § 1617c Rn 14).

18 Für das **fünf- und sechsjährige Kind** kann die Option für den Namensanschluss allein von seinem gesetzlichen Vertreter ausgeübt werden. Das Gleiche gilt bei einer darüber hinaus andauernden oder später eintretenden **Geschäftsunfähigkeit des Kindes** (Argument aus S 2; unrichtig Fachausschuss Standesbeamte StAZ 2006, 332: analoge Anwendung von § 2 NÄG).

19 Für das beschränkt geschäftsfähige **Kind zwischen sieben und 13 Jahren** besteht eine konkurrierende Erklärungszuständigkeit entsprechend den allgemeinen Grundsätzen. Der Anschluss kann also vom gesetzlichen Vertreter allein erklärt werden, aber auch vom Kind mit Zustimmung des gesetzlichen Vertreters, § 107 BGB (Schwab/Dutta, FamR Rn 737; BeckOGK-BGB/Kienemund [1. 11. 2025] § 1617c Rn 21; jurisPK-BGB/Hamdan § 1617c Rn 27; HWB/Wagenitz/Bornhofen § 1617c Rn 21; Engler FamRZ 1970, 118; **aA** Lipp/Wagenitz § 1617c Rn 10; Michalski FamRZ 1997, 977, 983). Diese Auffassung wird auch vom Vergleich mit §§ 1596 Abs 2 S 1 und dem künftigen 1600a Abs 3 BGB gestützt: Dort wird die Eigenerklärung des Kindes bis 14 Jahre ausdrücklich ausgeschlossen, in § 1617c Abs 1 BGB hingegen nicht. Gibt der gesetzliche Vertreter die Erklärung für das Kind ab, so muss diese Erklärung bis zum 14. Geburtstag des Kindes wirksam geworden sein, andernfalls gilt die folgende Altersstufe.

20 Das **Kind zwischen 14 und 17 Jahren** kann das Optionsrecht nur allein ausüben, Abs 1 S 2. Diese Regelung beruht auf dem früher üblichen Berufseintritt vieler Kinder mit 14 Jahren und auf der anderweitigen Tendenz des Gesetzes, dem Kind ab diesem Alter vorgezogene Teilmündigkeiten einzuräumen – die Strafmündigkeit (§ 19 StGB, § 1 Abs 2 JGG), die Religionsmündigkeit (§ 5 S 1 RelKEG) und die Beschwerdefähigkeit nach dem FamFG (§ 60 FamFG) (BT-Drucks 8/2134, 5). Allerdings bedarf auch das Kind in dieser Altersphase der Zustimmung seines gesetzlichen Vertreters. Im Gegensatz zur vorherigen Altersstufe stellt das Gesetz also nur sicher, dass der gesetzliche Vertreter den Namensanschluss *nicht gegen den Willen des Kindes* vollziehen kann und räumt dem Kind gleichsam ein **Vetorecht** ein (jurisPK-BGB/Hamdan § 1617c Rn 28). Es erscheint jedoch merkwürdig und verfehlt, dass die Eltern eine vom mindestens 14-jährigen Kind gewünschte Folge in den neu bestimmten Elternnamen verweigern, dh das Kind von der für sich selbst hergestellten Namenseinheit ausschließen können (uU nicht einmal geschwistereinheitlich). Eine gerichtliche Ersetzungsmöglichkeit entsprechend § 1617e Abs 2 S 2 BGB wäre sachgerecht gewesen. De lege lata ist ein Entzug des elterlichen Vertretungsrechts gemäß §§ 1629 Abs 2 S 3 HS 1, 1789 Abs 2 S 3, 4 BGB zu erwägen (s schon Rn 16). Die 14-Jahres-Altersgrenze des § 1617c BGB hat im Übrigen dem die Situation intergeschlechtlicher Per-

son regelnden Gesetzgeber für § 45b aF PStG (idF vor dem SBGG) Pate gestanden (BT-Drucks 19/4669, 8).

Ab **Vollendung des 18. Lebensjahres** übt das geschäftsfähige Kind sein Anschließungsrecht allein und uneingeschränkt aus. Stand für eine eigene, vorher abgegebene Anschlusserklärung des Kindes noch die elterliche Zustimmung aus, so kann diese jetzt vom Kind selbst erteilt werden, § 108 Abs 3 BGB. Zum volljährigen, aber *geschäftsunfähigen* Kind s Rn 18; ist das Kind nicht geschäftsunfähig, aber betreut, so steht dies seiner Entscheidungskompetenz auch dann nicht entgegen, wenn ein Einwilligungsvorbehalt nach § 1825 BGB angeordnet ist. 21

cc) Anschließungserklärung

Die Anschließungserklärung nach Abs 1 steht anderen namensrechtlichen Erklärungen der §§ 1616 ff BGB hinsichtlich Rechtsnatur, Inhalt, Form und Anfechtbarkeit grundsätzlich gleich (Einzelheiten deshalb § 1617 Rn 32 ff). Empfangszuständig (Abs 1 S 3 HS 1) ist in der Regel das Standesamt, das die Geburt beurkundet hat (§ 45 Abs 2 S 1 PStG; OLG Zweibrücken 21. 9. 1995 – 3 W 100/95, FamRZ 1996, 430 f); die Erklärung ist stets öffentlich zu beglaubigen (Abs 1 S 3 HS 2; vgl § 45 Abs 1 S 1 Nr 6 PStG). Dies gilt jedoch **nicht für die Zustimmung des gesetzlichen Vertreters**, § 182 Abs 2 BGB (Grüneberg/Götz § 1617c Rn 4; jurisPK-BGB/Hamdan § 1617c Rn 33; **aA** BeckOK-BGB/Pöcker [1. 11. 2025] § 1617c Rn 5); § 45 Abs 1 S 2 PStG, der vorsieht, dass die Zustimmung des gesetzlichen Vertreters auch von einem Standesbeamten beglaubigt werden kann, eröffnet nur eine Möglichkeit und begründet keinen Zwang zu dieser Form. Der Vertretung durch die Eltern steht § 181 BGB nicht entgegen (Erman/Döll § 1617c Rn 5). 22

Nach der elterlichen Ehenamensbestimmung besteht grundsätzlich **keine Erklärungsfrist** für das Kind (Lipp/Wagenitz § 1617c Rn 13; jurisPK-BGB/Hamdan § 1617c Rn 30). Das Kind kann also uU jahrelang mit dem Anschluss warten. Es kann eine von den Eltern blockierte Namensfolge auch nach Volljährigkeit doch noch durchsetzen. Der Anschlusserklärung steht nicht entgegen, wenn der Ehename inzwischen nicht mehr von beiden Eltern geführt wird (Tod eines Elternteils oder Ablegung des Ehenamens durch einen Elternteil nach Scheidung gemäß § 1355 Abs 5 S 2 BGB). Zweifelhaft erscheint die Anschlussmöglichkeit jedoch, wenn der Ehename von *keinem* Elternteil mehr geführt wird (bejahend HWB/Wagenitz/Bornhofen § 1617c Rn 31; Lipp/Wagenitz § 1617c Rn 13; ablehnend NK-BGB/Czeguhn/Schmitz § 1617c Rn 4; MünchKommBGB/vSachsen Gessaphe § 1617c Rn 13): Bei Tod beider Eltern ist ein berechtigtes Interesse des Kindes am postmortalen Anschluss zu bejahen, nicht hingegen, wenn beide Eltern nach Scheidung andere Namen angenommen haben – hier kann das Ziel des Abs 1 nicht mehr erreicht werden (zust BeckOK-BGB/Pöcker [1. 11. 2025] § 1617c Rn 4). 23

Die Anschlusserklärung wird **wirksam** mit Zugang beim zuständigen Standesamt (uU aber erst nach Zugang der elterlichen Zustimmung); die Eintragung im Geburtenregister ist lediglich deklaratorisch (OLG Zweibrücken 9. 12. 1998 – 3 W 222/98, FamRZ 1999, 1382, 1383 mwNw). 24

III. Änderung des elterlichen Bezugsnamens, Abs 2

1. Normkonzeption

25 In Abs 2 geht es nicht (wie in Abs 1) um einen Wechsel des Anknüpfungspunktes für den Kindesnamen, sondern – bei gleichbleibender Anknüpfung – um eine **inhaltliche Änderung des Bezugsnamens.** Im Einzelnen wird danach unterschieden, ob es sich dabei um einen **Ehenamen, § 1355 BGB** (Nr 1), oder um einen elterlichen **Individualnamen** (Nr 2) handelt.

26 Der **Ehename** ist der Name einer Personengemeinschaft, in die grundsätzlich auch die Kinder einbezogen sind (§§ 1616, 1617c Abs 1 BGB). Anknüpfungspunkt für den Kindesnamen ist dieser **„Gemeinschaftsname"** als solcher, der zu unterscheiden ist von den (latenten) Individualnamen der Beteiligten (deutlich in Abs 3). Über ihren *gemeinsamen* Namen können nur beide Eheleute disponieren, kein Teil allein und auch beide nicht mehr nach Auflösung der Gemeinschaft (jurisPK-BGB/Hamdan § 1617c Rn 35). Daraus ergibt sich eine gewisse Stabilisierung des Anknüpfungspunktes, denn **nur Änderungen des Gemeinschaftsnamens als solchen** können sich gemäß Nr 1 auf den Kindesnamen auswirken (HWB/Wagenitz/Bornhofen § 1617c Rn 44 ff).

27 Die Anknüpfung an einen elterlichen **Individualnamen** ist eine Hilfsanknüpfung bei verschiedennamigen Eltern, mit der jedenfalls teilweise Namenseinheit zwischen Eltern und Kind hergestellt werden soll. Um diese Einheit auch im Laufe der Zeit zu gewährleisten, muss der Kindesname Änderungen des elterlichen Bezugsnamens folgen können (Nr 2) – eine naturgemäß instabilere Bezugsgröße als ein Ehename. Allerdings sind mit Nr 2 die Reaktionsmöglichkeiten auf elterliche Namensänderungen auch eingegrenzt: Namensänderungen auf Seiten des Elternteils, von dem das Kind seinen Namen *nicht* ableitet, berühren den Kindesnamen nicht und keinerlei Namensänderung gibt den Eltern die Befugnis, die originäre Auswahl des Bezugsnamens nach §§ 1617, 1617a Abs 3, 1617b Abs 1, 1617g, 1617h BGB zu revidieren (kein Neubestimmungsrecht). Der Elternname ist auch dann der maßgebliche Bezugsname, wenn das Kind seinen Namen über § 1617 Abs 5 BGB erworben hat – der vermittelnde Geschwistername ist nicht seinerseits Anknüpfungspunkt, sondern verweist nur auf den maßgeblichen Elternnamen.

2. Änderung des Ehenamens, Nr 1

a) Ehename als Geburtsname des Kindes

28 Das Kind erwirbt einen **Ehenamen** als Geburtsnamen nach **§§ 1616, 1617c Abs 1 oder 1757 Abs 1 S 1 BGB**. In Betracht kommt aber auch der Erwerb nach ausländischem Recht, wenn nach einem Statutenwechsel gemäß Art 10 EGBGB deutsches Recht (und damit § 1617c BGB) anwendbar ist.

29 Weiterhin ist die Vorschrift einschlägig, wenn sich **nur ein Teil eines Doppelnamens** des Kindes von einem Ehenamen ableitet – etwa in den Fällen des § 1617e Abs 1 S 1 Nr 2 BGB oder § 1757 Abs 3 S 1 Nr 2 BGB. Von der potenziellen Namensfolge nach § 1617c Abs 2 Nr 1 BGB ist nur dieser Namensteil betroffen, der andere Teil bleibt konstant (vgl aber Rn 42).

Bei der **Einbenennung nach § 1617e Abs 1 BGB ist zu differenzieren**: § 1617c Abs 2 Nr 1 BGB ist **anwendbar**, wenn das Kind vom Namen des „anderen Elternteils" in den Ehenamen des erneut heiratendes Elternteils und des Stiefelternteils gewechselt ist und sich dieser Ehename später ändert. (Während § 1616a Abs 2 aF BGB noch vom „Ehenamen der Eltern" sprach, spricht das Gesetz jetzt nur noch vom „Ehenamen" generell – Lipp/Wagenitz § 1617c Rn 15, 20; Wagenitz FamRZ 1998, 1545, 1550.) Ist das Kind jedoch lediglich vom vorehelichen Namen des Sorgeberechtigten in dessen neuen „erheirateten" Namen gefolgt („nachziehende Einbenennung"), ist Abs 2 Nr 1 **nicht anwendbar, sondern Nr 2** (**anders** BGH 14. 1. 2004 – XII ZB 30/02, StAZ 2004, 131 f). 30

Kein „Ehename" iSd Vorschrift liegt vor, wenn das Kind seinen Namen nur von einem Elternteil ableitet, der Name in dessen Person aber ein Ehename ist oder war (insbesondere ein **„erheirateter" Name**). Dabei bleibt es gleich, ob es sich um einen Einzelnamen oder um einen unechten Doppelnamen handelte. Das Kind hat diesen Namen jedenfalls *nicht* als Gemeinschaftsnamen seiner Eltern (oder des Elternteils mit dem Stiefelternteil) erhalten, sondern als Individualnamen des Bezugselternteils. Daher ist nicht Abs 2 Nr 1, sondern Nr 2 einschlägig (Lipp/Wagenitz § 1617c Rn 27). 31

Ebenfalls unanwendbar ist Abs 2 Nr 1 schließlich in den Fällen, in denen das Kind einen aus beiden Elternnamen zusammengesetzten **Doppelnamen führt, der nicht Ehename** ist. Hier besteht keine Namensgemeinschaft der Eltern, an die angeknüpft wird; ihre unterschiedlichen Individualnamen finden sich erst im Kindesnamen zur Kombination vereinigt. Für jeden Namensteil bleibt deshalb iSd § 1617c Abs 2 Nr 2 BGB der jeweilige elterliche Bezugsname maßgeblich. 32

b) Änderung des Ehenamens

aa) Grundkonzeption

Es muss sich gerade der Ehename als „Gemeinschaftsname" geändert haben, das individuelle Ausscheren eines Beteiligten aus der Namensgemeinschaft (insbesondere gemäß § 1355 Abs 5 S 2 BGB) genügt nicht (dazu noch Rn 45). Im Einzelnen kommen folgende Fallgruppen in Betracht: 33

Unmittelbare Änderungen des Ehenamens können auf übergangsrechtlichen Vorschriften (Art 234 § 3 EGBGB; Art 7 § 1 FamNamRG 1994; Art 1 § 2 EheNÄG 1979; § 13a Abs 2 aF EheG), auf einer Neubestimmung des Ehenamens gemäß Art 10 Abs 2 EGBGB oder auf dem MindNamÄndG 1995 (BGBl 1997 II 1406) beruhen (Erman/Döll § 1617c Rn 12). Gleichzustellen ist der (eher seltene) Fall, dass geschiedene Eheleute einander wieder heiraten und dabei einen anderen Ehenamen wählen als in ihrer ersten Ehe: Da jedenfalls nach neuem Recht nicht mehr die „Ehe" Bezugspunkt des Kindesnamens ist, sondern der gemeinsame Name der Eltern, ist dieser Fall unter Abs 2 Nr 1 zu subsumieren (zum früheren Recht vgl OLG Frankfurt 25. 8. 1978 – 20 W 507/78, NJW 1978, 2301; Staudinger/Coester[12] § 1616 Rn 45 mwNw). Als Änderung iSd § 1617c Abs 2 Nr 1 BGB ist auch die **Aufgabe des Ehenamens** anzusehen, etwa wenn Eheleute mit im Ausland erworbenem Ehenamen nach Statutenwechsel zum deutschen Recht gemäß Art 10 Abs 2 EGBGB, § 1355 Abs 1 S 3 BGB getrennte Namensführung wählen. Art 10 Abs 5 S 2 EGBGB ordnet ausdrücklich die „sinngemäße" Anwendung des § 1617c BGB an – diese kann hier nur bedeuten, dass die Kinder nun den Namen des einen oder des anderen Elternteils erhalten können (OLG Frankfurt 15. 1. 2007 – 20 W 484/06, StAZ 2007, 146 f; für eine Lösung über § 1617 BGB 34

Fachausschuss Standesbeamte StAZ 2009, 115; für eine Situation, die keine sinngemäße Anwendung des § 1617c BGB gestattet s VG Ansbach 22. 8. 2014 – AN 4 K 14.00793, BeckRS 2014, 55733 Rn 10).

35 Zu **abgeleiteten Änderungen des Ehenamens** kann es kommen, wenn sich der Geburtsname des namengebenden Gatten ändert (etwa gemäß § 1757 Abs 3 S 1 Nr 2 BGB – s Fachausschuss Standesbeamte StAZ 2007, 282) (zu § 3 NÄG sogleich Rn 38 ff) und diese Änderung auf den Ehenamen nach oder entsprechend § 1617c Abs 3 BGB überwirkt, nachdem der andere Gatte zugestimmt hat.

36 **Kein Fall** des Abs 2 Nr 1 liegt bei den sog Scheidungshalbwaisen (besser, aber nicht gut: „Scheidungskindern") vor, deren Namensfolgebedürfnis vor dem 1. 5. 2025 nur über § 3 NÄG gelöst werden konnte und nun in § 1617d BGB einer sinnvollen zivilrechtlichen Regelung zugeführt wurde (§ 1617d Rn 7, 16).

37 Auch der Umgang mit Namensänderungen des überlebenden Ehegatten nach Beendigung der Ehe durch Tod ist kein Diskussionspunkt mehr im Rahmen des § 1617c BGB: Wenn nach dem bis 30. 4. 2025 geltenden Recht für die Namensänderung des überlebenden Ehegatten mit etwas Mühe (s Neubearbeitung 2020 § 1617c BGB Rn 36) die Anwendbarkeit des § 1617c Abs 2 Nr 1 BGB bejaht werden konnte, ist dieser „Umweg" nun nicht mehr erforderlich, da für die Namensänderung nach Beendigung der Ehe durch Tod nach der Namensrechtsreform 2024 (EheGebNamRÄndG 2024) § 1617d BGB zu Gebote steht.

bb) Öffentlich-rechtliche Änderungen des Ehenamens

38 Änderungen des Ehenamens können auf § 3 NÄG oder anderen öffentlich-rechtlichen Vorschriften beruhen (zB § 94 BVFG, § 1616 Rn 137; dazu BayObLG 7. 9. 1995 – 1 Z BR 138/94, StAZ 1996, 14). Allerdings finden sich hier Spezialregelungen für die Auswirkungen einer Namensänderung der Eltern auf die Kinder: Nach **§ 4 NÄG** (neugefasst durch das KindRG 1998, neu bekannt gemacht durch Gesetz vom 26. 3. 2001, BGBl I 738) erstreckt sich die Namensänderung auf das Kind, wenn es (1) unter elterlicher Sorge steht, (2) vor der Änderung den gleichen Namen wie die Eltern geführt hat und (3) in der Entscheidung „nichts anderes" bestimmt wird (vgl die Darstellungen bei Loos 120 ff). Wegen der Unbestimmtheit des letzteren Vorbehalts der Norm einen eigenen normativen Gehalt abzusprechen und sie lediglich als Verweisung auf die allgemeinen familienrechtlichen Anschlussregeln zu interpretieren, führte zu weit. Erstens gilt nach allgemeinem Verständnis das *Kindeswohl* als Maßstab der Verwaltungsentscheidung nach § 4 NÄG (vgl Nr 8 Abs 2 NamÄndVwV – „und sich die Namensänderung für das Kind nachteilig auswirken könnte."; Loos 109) – ein zwar ebenfalls nicht bestimmter, aber konkretisierungsfähiger Rechtsbegriff. Zweitens kann man § 4 NÄG nicht als schlichte Rezeption der familienrechtlichen Regeln über die Namenserstreckung auf Kinder verstehen. Zum Teil dient das Namensänderungsverfahren nach der Namensrechtsreform 2024 (EheGebNamRÄndG 2024) zwar in weitaus geringerem Maße, aber konstruktiv immer noch der Korrektur unbefriedigend empfundener Ergebnisse des bürgerlichen Rechts durch erweiterte Erstreckung im Einzelfall, andererseits ergibt sich aus der Einzelfallbezogenheit der Entscheidung und dem Vorbehalt des Kindeswohls, dass eine bürgerlich-rechtlich grundsätzlich mögliche Erstreckung auch ausgeschlossen werden kann. § 4 NÄG muss deshalb als **lex specialis** angesehen werden, was einen unvermittelten Rückgriff auf § 1617c BGB ausschließt (OLG München 14. 1.

2013 – 31 Wx 6/13, StAZ 2013, 193 = FamRZ 2013, 1989, Rn 9 [obiter]; OLG Hamm 30. 10. 2013 – I-15 W 63/13, 15 W 63/13, StAZ 2014, 236 = FamRZ 2014, 1034 = NZFam 2014, 226, Rn 17 ff; Wagenitz/Bornhofen § 1626a Rn 24; Fachausschuss Standesbeamte StAZ 2001, 21). Außerhalb des § 4 NÄG bleibt es auch für die Fälle behördlicher Namensänderung bei § 1617c Abs 2 Nr 1 BGB (OLG München 14. 1. 2013 – 31 Wx 6/13, StAZ 2013, 193 = FamRZ 2013, 1989 Rn 9).

Allerdings ist eine gewisse **Wechselwirkung** zwischen der verwaltungsrechtlichen Entscheidung und dem Familienrecht nicht zu verkennen. Das NÄG-Verfahren ist nach dem ersten EheRG wesentlich umstrukturiert und angepasst worden, vor allem im Sinne eines Zurücktretens der öffentlichen Ordnungsfunktion des Namens und einer Betonung der Namenseinheit der Familie (Brintzinger StAZ 1971, 59; Promberger StAZ 1978, 129 [krit]). Diese Tendenz hat sich bei den späteren Reformen noch verstärkt. Als Konsequenz müssen aber die Sicherungen des familienrechtlichen Namensrechts zum Schutze der Persönlichkeit des Kindes und des Ehegatten (§ 1617c Abs 1, 3 BGB) auch im Verwaltungsverfahren gelten (vgl Lipp/Wagenitz § 1617c Rn 18: wünschenswert). Spätestens ab Vollendung des 14. Lebensjahrs ist das Kind deshalb auf jeden Fall *anzuhören*, darüber hinaus sollte eine Folgeänderung seines Namens *nicht gegen seinen Willen* angeordnet werden können (anders wohl BVerwG 3. 2. 1984 – 7 C 40/83, StAZ 1984, 132). Zum Schutz des Ehegatten sieht Nr 8 Abs 1 S 3 NamÄndVwV vor, dass sich beim verheirateten Kind die Folgeänderung seines Namens *nur* auf den Geburtsnamen erstreckt. Diese – ohnehin nicht verbindliche – Regelung ist unvollständig: Stimmt der Ehegatte des Kindes einer Erstreckung auf den Ehenamen zu, müsste entsprechend § 1617c Abs 3 BGB auch eine Änderung dieses Namens aufgrund von § 4 NÄG möglich sein. 39

§ 4 NÄG sagt nichts über die Namensfolge bereits **volljähriger Kinder**. Weil der Ausschluss der Namensfolge in § 4 NÄG aus Gründen des Kindesschutzes motiviert ist, dieser bei Volljährigen aber entfällt, wäre auf eine grundsätzliche Folgemöglichkeit (durch Anschlussoption) entsprechend den einschlägigen familienrechtlichen Regelungen, insbesondere § 1617c Abs 2 Nr 1 BGB, zu schließen (so KG 22. 5. 2001 – 1 W 8744/00, FGPrax 2001, 193 ff). Andererseits ist aber auch der Grund für eine generelle Namensfolge der Kinder – die familiäre Lebensgemeinschaft zwischen Eltern und Kindern – regelmäßig entfallen. Demnach könnte als argumentum e contrario aus § 4 NÄG gefolgert werden, dass eine *Regelfolge* bei volljährigen Kindern *nicht* stattfinden soll (so AG Bielefeld 21. 5. 2004 – 3 III 148/03, StAZ 2004, 369 f), weil ein Anschließungsrecht über § 1617c Abs 2 Nr 1 BGB in diese öffentlich-rechtliche Wertung eingreifen würde. Insbesondere gäbe es keinen Ersatz für die in § 4 NÄG angelegte Ermessensentscheidung dahingehend, keine Folgeänderung stattfinden zu lassen (so AG Dortmund 3. 1. 2013 – 313 III 11/12, juris Rn 13). In diesem Sinne wäre es Sache des den Namen der Eltern ändernden Verwaltungsaktes, festzulegen, ob sich die Namensfolge (materiell-rechtlich: „der wichtige Grund" iSd § 3 NÄG) auch auf volljährige Kinder erstreckt, die für den Namensanschluss optieren (in letzterem Sinne BayObLG StAZ 1984, 339, 340 f; nach Loos 121 müssen die Kinder dem Antrag der Eltern beitreten oder einen eigenen Antrag nach § 2 NÄG stellen; s auch Fachausschuss Standesbeamte StAZ 2001, 21). Andere vertreten, dass das Kind für sich selbst eine Namensänderung nach § 3 NÄG herbeiführen muss (OLG Hamm 20. 11. 2013 – II-2 WF 190/13, 2 WF 190/13, FamRZ 2014, 1034 = NZFam 2014, 226, Rn 23 f sowie die Vorinstanz AG Dortmund 3. 1. 2013 – 313 III 11/12, BeckRS 2014, 3914, zust Zimmermann NZFam 2014, 229). Dass sich daraus Fälle ergeben können, in denen Namensgleichheit von Eltern und Kindern nicht erreicht werden kann, wird 40 hingenommen (OLG Hamm 30. 10. 2013 – I-15 W 63/13, FamRZ 2014, 1034 = NZFam 2014, 226, Rn 25; ähnlich AG Dortmund 3. 1. 2013 – 313 III 11/12, juris Rn 16). Diesen öffentlich-rechtlichen Lösungen ist nicht beizupflichten. Es erscheint angemessener, im Sinne der erstgenannten Ansicht die Entscheidung über die Namensfolge gemäß § 1617c BGB allein in die Hände des volljährigen Kindes zu legen (so nun auch Fachausschuss Standesbeamte StAZ 2013, 93 ff mit ausführlicher Begründung).

c) Rechtsfolge

41 Die Rechtsfolge einer Ehenamensänderung ergibt sich durch Verweis auf Abs 1: automatische Erstreckung auf das Kind bis zu fünf Jahren, danach Anschlussnotwendigkeit nach dem dortigen Altersstufenmodell. Diese ist auch für jüngere Kinder zu bejahen, wenn – wie beim Übergang vom Ehenamen zu getrennter Namensführung – eine Wahl getroffen werden muss.

3. Änderung des individuellen Bezugsnamens, Nr 2

42 Gemäß Abs 2 Nr 2 gilt Abs 1 entsprechend, wenn sich in den Fällen der §§ 1617, 1617a und 1617b BGB der Familienname eines Elternteils, der Geburtsname eines Kindes geworden ist (a]), auf andere Weise (b]) als durch Eheschließung (c]) ändert.

a) Familienname eines Elternteils als Geburtsname

43 Der Kindesname muss vom Individualnamen eines Elternteils abgeleitet sein; dabei ist unerheblich, ob der Elternteil seinerseits den Namen als Geburtsnamen oder als Ehenamen führt (BeckOGK-BGB/Kienemund [1.11.205] § 1617c Rn 39; BeckOK-BGB/Pöcker [1. 11. 2025] § 1617c Rn 11). Auf welcher Grundlage das Kind den Elternnamen erworben hat, ist ebenfalls gleichgültig. Die gesetzliche Aufzählung ist nicht abschließend (Wagenitz FamRZ 1998, 1545, 1550; BeckOGK-BGB/Kienemund [1. 11. 2025] § 1617c Rn 37; NK-BGB/Czeguhn/Schmitz § 1617c Rn 7). In Betracht kommen auch § 1757 Abs 1 S 1 BGB (Staudinger/Helms [2023] § 1757 Rn 40 ff), § 1617c Abs 1 oder 2 BGB (wenn der namensgebende Elternteil einer Namensänderung auf der Großelternebene gefolgt ist; vgl Grüneberg/Götz § 1617c Rn 7) sowie altrechtliche oder übergangsrechtliche Erwerbstatbestände (Art 7 FamNamRG 1994; Art 224 § 3 Abs 5 EGBGB) oder Erwerb nach ausländischem Recht vor dem Statutenwechsel zum deutschen Recht. Die Argumentation des BGH, die Gründe des kindlichen Namenserwerbs seien in Abs 2 Nr 2 „abschließend" aufgezählt (BGH 14. 1. 2004 – XII ZB 30/02, StAZ 2004, 131 f; ebenso Fachausschuss Standesbeamte StAZ 2000, 309), ist deshalb unzutreffend; sie kann deshalb auch die These nicht tragen, ein Namenserwerb nach § 1617e Abs 1 BGB sei von § 1617c Abs 2 Nr 2 BGB nicht erfasst. Von einem individuellen Bezugsnamen im Sinne dieser Vorschrift sollte man auch nach einer Einbenennung gemäß § 1617e Abs 1 BGB ausgehen, wenn diese (wie bei der „nachziehenden" Einbenennung, s § 1617e Rn 15) nur die Funktion hat, die Änderungssperre des § 1617c Abs 2 Nr 2 BGB bei Eheschließung zu überwinden.

44 Unwesentlich ist auch, ob das Kind vom Elternteil einen **Einzel- oder Doppelnamen** erworben hat.

b) Änderung des Bezugsnamens

45 Warum und auf welcher Grundlage es zur Namensänderung beim Bezugselternteil gekommen ist, spielt keine Rolle – der Elternteil kann Namensänderungen auf

Großelternebene gefolgt sein (§ 1617c Abs 1, 2 BGB), sein Name kann sich aber auch unmittelbar geändert haben (zB §§ 1617a Abs 3, 1757, 1617i Abs 1 S 1 Nr 2 lit a BGB). Beruht die Änderung allerdings auf einer Ehenamenswahl mit dem anderen Elternteil (§ 1355 Abs 1 BGB), ist § 1617c Abs 1 BGB vorrangig. Bei Wahl eines Ehenamens mit einem Dritten greift jedoch die Änderungssperre des Abs 2 Nr 2 ein. Auch eine *bloße Veränderung* des Namens fällt unter Nr 2, insbesondere die Erweiterung des bisherigen Einzelnamens zu einem Doppelnamen (§ 1355a BGB, § 1617d Abs 3 S 1 Nr 2 BGB, § 1617e Abs 3, Abs 4 S 1 Nr 2 BGB, § 1617i Abs 1 S 1 Nr 2 lit b BGB, § 1757 Abs 3 S 1 Nr 2, 1767 Abs 2 BGB) oder – umgekehrt – die Rückkehr zu einem Einzelnamen (Kürzung eines Doppelnamens nach § 1617i Abs 1 S 1 Nr 1 BGB, Ablegung des Begleitnamens nach § 1355a Abs 4 S 1 BGB, § 1355 Abs 5 S 2 und 3 BGB) oder auch nur die Änderung des Teils eines Doppelnamens (Lipp/Wagenitz § 1617c Rn 26; HWB/Wagenitz/Bornhofen § 1617c Rn 58; BeckOK-BGB/Pöcker [1. 11. 2025] § 1617c Rn 11). Die Auswirkungen öffentlich-rechtlicher Namensänderungen auf minderjährige Kinder unterliegen auch insoweit der Sonderregelung des § 4 NÄG (Rn 38 ff). Der *Tod des Bezugselternteils* löst hingegen keinen Namenswechsel des Kindes nach § 1617c Abs 2 Nr 2 BGB aus; vielmehr ist der Kindesname nunmehr (vorbehaltlich einer Heirat oder des NÄG) praktisch festgeschrieben.

c) Ausnahme: Namensänderung „durch Eheschließung"

aa) Grundkonzeption und konzeptionelle Kritik

Im Umkehrschluss aus Abs 2 Nr 2 ergibt sich, dass sich elterliche Namensänderungen „durch Eheschließung" **grundsätzlich nicht auf den Kindesnamen erstrecken**. Gemeint ist nur die Eheschließung mit einem *Dritten* (sonst § 1617c Abs 1 BGB). Der Sinn dieser Regelung erschließt sich im Übrigen erst aus dem historischen Rückblick: Nach dem patriarchalischen System der §§ 1355 aF, 1706 Abs 2 aF BGB war es selbstverständlich, dass die nichtehelichen Kinder dem heiratsbedingten Erwerb des Mannesnamens durch die Mutter nicht ohne weiteres folgten. Es sollte der Entscheidung des Ehemannes überlassen bleiben, durch „Einbenennung" des Stiefkindes den „moralischen Makel der unehelichen Geburt des Kindes abzuwenden" (so August Bebel, Reichstagssitzung v 1. 7. 1896, Stenogr Berichte Bd 146, 3093). 46

Dieses Gedankengut wirkt bis heute fort und erst durch dieses wird der Vorbehalt des Abs 2 Nr 2 erklärlich. Die Norm zielt nicht auf punktuellen (und insoweit unmotivierten) Schutz des kindlichen Kontinuitätsinteresses am Namen. Vielmehr wird das Prinzip der Nameseinheit in der Familie zugunsten – typischerweise – des Ehemannes der Mutter, dem eine Namensgleichheit mit seinen Stiefkindern und damit der Schein eines ehelichen Abstammungsverhältnisses nicht aufgedrängt werden soll, preisgegeben (vgl Dieckmann StAZ 1982, 273 f). Korrespondierend damit eröffnet § 1617e BGB die Möglichkeit, durch Einbenennung doch den „Namensnachzug des Kindes" zu gestatten – das Gesetz trifft die Entscheidung über die Namensfolge also nicht selbst, sondern legt sie in die Hände der Gatten der Stiefelternehe (bzw des volljährigen Kindes mit Zustimmung der Gatten der Stiefelternehe). Die konstruktive Verlagerung der Erteilungskompetenz in § 1617e BGB vom Stiefelternteil auf beide Ehegatten kaschiert diese Zusammenhänge nur, ohne den Wertungshintergrund zu verändern (nicht überzeugend der Rechtfertigungsversuch bei Lipp/Wagenitz § 1618 Rn 10; Wagenitz FamRZ 1998, 1545, 1552). 47

48 Bedenkt man, dass gesetzlicher Leitgedanke des § 1617c BGB die grundsätzliche Möglichkeit der Namensfolge und damit der (teil-)familiären Namenseinheit ist – eingeschränkt nur durch einen entgegenstehenden Willen des Kindes –, so überrascht und befremdet der punktuelle Persönlichkeitsschutz des Stiefelternteils in §§ 1617c Abs 2 Nr 2, 1617e BGB. Sonst nimmt das Gesetz wenig Rücksicht auf die namensrechtlichen Interessen Dritter: Diese müssen es hinnehmen, dass ihr zum Ehenamen bestimmter Geburtsname an einseitige Kinder des Gatten weitergegeben wird (§§ 1617, 1617a BGB), uU sogar an Ehebruchkinder (§ 1617b Abs 2 BGB; vgl auch Wagenitz FamRZ 1998, 1545, 1552). In diesen Fällen wird den Ehegatten des den Namen tradierenden Elternteils Namensgleichheit mit Kindern aufgedrängt, zu denen sie auch bei Anlegung nur sittlicher Maßstäbe kein positives Verhältnis haben müssen. Hingegen berührt es merkwürdig, wenn einer Person das Recht eingeräumt wird, eine andere Person zu heiraten, sich von ihren Kindern aber namensrechtlich zu distanzieren (krit auch NK-BGB/Czeguhn/Schmitz § 1617c Rn 7 Fn 12; BeckOK-BGB/Pöcker [1. 11. 2025] § 1617c Rn 12.1; Gernhuber/Coester-Waltjen § 55 Rn 31). Das geltende Recht trägt nicht nur überholtes Gedankengut unreflektiert fort, es steht auch im scharfen Widerspruch zu den zwar noch ausbaubedürftigen, aber doch schon erkennbaren Ansätzen, den Stiefelternteil sorgerechtlich und persönlich in die Familie einzubinden. Die Möglichkeit der namensmäßigen Distanzierung passt schlecht dazu, ganz abgesehen von der Systemwidrigkeit dieses Drittschutzes im Kindesnamensrecht. Seit der Möglichkeit der Weitergabe „erheirateter" Namen sogar an neue Ehepartner (§ 1355 Abs 2 S 1 Nr 2 BGB – dies kann auch ein früherer Ehebruchpartner sein) ist der Stiefelternschutz in Abs 2 Nr 2 vollends anachronistisch geworden.

bb) Tatbestandliche Konkretisierung

49 Auch auf der Grundlage des geltenden Rechts ergeben sich vom Gesetzeszweck her Eingrenzungen des Vorbehalts in Abs 2 Nr 2. Eine „Namensänderung durch Eheschließung" gibt es seit der Entscheidung des BVerfG vom 5. 3. 1991 (Vorbem 7 zu §§ 1616–1625) ohnehin nicht mehr, gemeint ist eine **Namensänderung infolge einer Ehenamensbestimmung**. Diese kann *bei*, uU aber auch erst Jahre *nach* der Eheschließung erfolgen (§ 1355 Abs 4 BGB). Eine *Namensänderung* hat sie nur zur Folge, wenn

- der Name des Dritten (Ehegatten) zum Ehenamen gewählt wird,
- der Geburtsname, den der Elternteil bisher nicht geführt hatte, zum Ehenamen gewählt wird oder
- einer dieser Namen bei der Ehedoppelnamensbildung herangezogen wird.

Wählen die Ehegatten den bislang nicht geführten Geburtsnamen des Elternteils, wird die Verfehltheit der gesetzlichen Konzeption besonders offenbar, weil das Kind einer Rückkehr seines Bezugselternteils in den Geburtsnamen *eigentlich* ohne weiteres folgen könnte und auch gefolgt wäre, wenn der Elternteil *vor* der Heirat zunächst den Geburtsnamen wieder angenommen hätte (Rechtfertigungsversuch bei Dieckmann StAZ 1982, 273). Wird mit dem Gesetz jedoch ein Ausschluss der Namensfolge nach § 1617c Abs 2 Nr 2 BGB bejaht und erfolgt auch keine Einbenennung nach § 1617e Abs 1 BGB, so muss der Vorbehalt doch auf eine **zeitliche Grenze** stoßen: Ist die Ehe mit dem Dritten wieder aufgelöst und führt der Elternteil seinen zum Ehenamen gewordenen Geburtsnamen weiter, *muss* das Kind sich dem Elternnamen nunmehr anschließen können, es kann nicht dauernd vom Geburtsnamen seines Elternteils getrennt bleiben. Der Dritte mag sich schützen durch Ablegung des Ehenamens nach § 1355 Abs 5 S 2 BGB (vgl Dieckmann StAZ 1982, 273).

d) Erklärung des Namensanschlusses

Für die **Erklärung des Namensanschlusses** durch das Kind und die **Rechtsfolgen** gilt 50
dasselbe wie bei Abs 2 Nr 1. Ist ein Namensanschluss des Kindes noch nicht erforderlich (Kind unter fünf Jahren), so hat der andere, nicht namensgebende Elternteil keine Einflussmöglichkeit auf die Namensänderung des Kindes (Fachausschuss Standesbeamte StAZ 2000, 276).

IV. Erstreckung der Namensfolge auf den Ehenamen des Kindes, Abs 3

1. Normbedeutung

Ist der Kindesname, dessen Änderung im Anschluss an eine Änderung des Bezugs- 51
namens in der Vorgeneration gemäß § 1617c Abs 1, 2 BGB in Frage steht, seinerseits schon als Ehename oder als Teil eines Ehedoppelnamens an die eheliche Gemeinschaft von Kind und seinem Ehegatten weitergegeben, so berührt eine Namensänderung über das Kind hinaus auch letzteren. Der dem Kind in § 1617c Abs 1 S 1, 2 BGB gewährte Persönlichkeitsschutz wird in Abs 3 deshalb auch auf den Ehegatten ausgedehnt; dieser ist mit verfügungsbefugt über den gemeinsamen Namen. Zu einer Änderung des von beiden Ehepartnern geführten Ehenamens kommt es deshalb nur, wenn sich auch der Gatte der Namensänderung anschließt.

Abs 3 betrifft nicht die Situation, dass das Kind zwar schon verheiratet ist oder in 52
registrierter Partnerschaft lebt, aber getrennte Namensführung besteht – dann ändert sich bei Namensanschluss des Kindes nur der Geburtsname des Kindes. Die Ehegatten können die Namensänderung aber zum Anlass nehmen, den neuen Namen des Kindes nun doch zum Ehenamen oder Teil eines Ehedoppelnamens zu bestimmen (Grüneberg/Götz § 1617c Rn 9).

2. Ehename und Individualname des Kindes

a) Disposition über den (latenten) Individualnamen

Aus Abs 3 folgt nicht, dass der Namensanschluss des Kindes an Namensänderungen 53
seiner Eltern gemäß Abs 1, 2 nach seiner Verheiratung und Ehenamenswahl nur noch gemeinsam mit seinem Ehegatten möglich wäre (so allerdings noch § 1617 Abs 4 S 1 aF BGB vor dem FamNamRG 1994, dazu Staudinger/Coester[12] § 1617 Rn 49). Zwar kann das Kind über den gemeinsam geführten Ehenamen allein nicht verfügen; hinter diesem existiert aber latent noch sein individueller Geburtsname fort, der nach Auflösung der Ehe ohne weiteres reaktiviert, dh als aktuell geführter Name gegen den bisherigen Ehenamen ausgetauscht oder ihm hinzugefügt werden kann (§ 1355 Abs 5 S 2 BGB). Mit *diesem* Namen kann das Kind der elterlichen Namensänderung individuell folgen, auch wenn sich dies auf seinen aktuell geführten (Ehe-) Namen (noch) nicht auswirkt. Das ist offenkundig, wenn das Kind und sein Ehegatte den **Namen des anderen Teils zum Ehenamen** gewählt hatten – der den Namen des anderen Teils übernehmende Gatte gibt seinen Geburtsnamen nicht vollständig und endgültig auf, sondern behält ihn als **„Reservenamen“** (zust BeckOK-BGB/Pöcker [1. 11.

2025] § 1617c Rn 16; BeckOGK-BGB/Kienemund [1. 11. 2025] § 1617c Rn 45). Führt er ihn als Begleitnamen aktuell fort, ist seine Namensfolge nach den Eltern mit diesem individuellen Namensteil ganz unproblematisch (Staudinger/Voppel [2024] § 1355 Rn 78 f). Aber auch mit seinem nicht geführten, latenten Geburtsnamen kann er sich schon bei bestehender Ehegemeinschaft einer elterlichen Namensänderung anschließen (Hepting FPR 2002, 115, 118). Ein erneutes Wahlrecht der Ehegatten gemäß § 1355 Abs 2 BGB erwächst daraus allerdings nicht (Grüneberg/Götz § 1617c Rn 9). Seine „Rückkehr zum Geburtsnamen" gemäß § 1355 Abs 5 S 2 BGB nach Eheauflösung bedeutet dann die (erstmalige) Führung des so, dh gemäß § 1617c Abs 1, 2 BGB geänderten Individualnamens.

54 Im Ergebnis das Gleiche gilt, wenn der **Kindesname zum Ehenamen** geworden ist, aber der Ehegatte sich der Namensänderung, der das Kind gemäß Abs 1, 2 mit seinem Namen gefolgt ist, nicht anschließt. Da der dann fortgeführte Ehename weder auf die Familie des einen noch des anderen Gatten verweist, sollte es dem Kind analog § 1355a BGB gestattet werden, dem Ehenamen seinen (geänderten) Geburtsnamen als Begleitnamen hinzuzufügen (vgl Fachausschuss Standesbeamte StAZ 2001, 371, 372).

b) Disposition über den Ehenamen

55 Nach dem Gesetzeswortlaut entscheidet allein der Ehegatte des Kindes über die Erstreckung der Namensänderung auf den Ehenamen. Dies ist kritisiert worden, weil über den Ehenamen nur beide Gatten gemeinsam disponieren könnten (Lipp/Wagenitz § 1617c Rn 32, 33; Wagenitz/Bornhofen § 1616a Rn 36; HWB/Wagenitz/Bornhofen § 1617c Rn 66, 67). Demgemäß sei eine zweifache Anschlusserklärung des Kindes erforderlich, einmal bezüglich seines individuellen Geburtsnamens, zum zweiten aber auch bezüglich des Ehenamens/Ehedoppelnamens. Die Anschlusserklärung nach Abs 1, 2 sei zwar *idR* so zu verstehen, dass sie sich auf Geburts- wie Ehenamen beziehe, sodass in zweiterer Hinsicht in der Tat nur noch die Erklärung des Ehegatten ausstehe. Für das Kind bestehe aber die Gefahr, dass der Gatte die Ehenamensänderung nunmehr allein in der Hand habe und diese erst nach Jahren, uU zur Unzeit auslösen könne. Das Kind könne deshalb grundsätzlich seine Anschlusserklärung auch auf seinen individuellen Geburtsnamen beschränken. Erst ausdrückliche Anschlusserklärungen *beider* Gatten bezüglich des Ehenamens könnten dann zu einer Änderung führen (Lipp/Wagenitz § 1617c Rn 32, 33).

56 Eine solche Konzeption scheint schlüssig, findet aber im Gesetz keine hinreichende Grundlage. Die (allerdings stets auch bei Abs 3 erforderliche) Anschlusserklärung des Kindes bezieht sich auf seinen Geburts- wie den daran anknüpfenden Ehenamen. Ein berechtigtes Interesse des Kindes, mit seinem Geburtsnamen der Namensänderung der Eltern zu folgen, nicht aber mit dem aktuell geführten Ehe(-doppel)-namen, ist nicht zu erkennen. Als „Reservename" steht der geänderte Elternname ohnehin zur Verfügung, wenn es zur Auflösung der Kindesehe kommen sollte – die Anschlusserklärung nach Abs 1, 2 ist unbefristet möglich. Die Abblockung des Ehegatten von einer individuell vollzogenen Namensfolge erscheint nicht legitim; will das Kind umgekehrt die sofortige gemeinsame Namensfolge gewährleisten und seine aktuelle Namensführung nicht der Disposition des Gatten überlassen, muss es die gemeinsame Abgabe der Anschlusserklärungen nach Abs 1, 2 sowie nach Abs 3 sicherstellen.

Im Ergebnis bleibt also der Namensanschluss des Kindes zwar auf seinen latenten Geburtsnamen beschränkt, wenn sich nicht auch der Ehegatte anschließt; das Kind kann diese Beschränkung jedoch nicht seinerseits erklären und damit eine Änderung auch des Ehenamens von vornherein ausschließen. Der Fehler des Gesetzes liegt in der mangelnden Befristung der Ehegattenerklärung nach Abs 3. 57

c) Namensanschluss des Schwiegerkindes nach Tod des namengebenden Ehegatten

Der Folgeanschluss des Ehegatten nach Abs 3 setzt eine Anschlusserklärung des namensgebenden Partners, also des „Kindes", an eine Namensänderung auf seiner Elternseite voraus – schließt sich das Kind nicht nach Abs 1, 2 an, fehlt die Basis für einen Folgeanschluss des Ehegatten. Anderes sollte gelten, wenn der Partner (= Kind) **verstorben** ist und dann in seiner Namenslinie eine Namensänderung stattfindet: Mit der Ehenamenswahl hatte sich der Ehegatte in dieser Linie eingereiht; nachdem nun die namensvermittelnde Person gestorben ist, muss der Ehegatte (= Schwiegerkind) an den Entwicklungen dieser Namenslinie eigenständig teilnehmen können (vgl Rn 51). Insoweit *genügt seine Anschlusserklärung* analog Abs 3. 58

3. Anschlusserklärung des Ehegatten und Folgen

Für die Anschlusserklärung des Ehegatten gilt mithin im Ergebnis hinsichtlich **Form und Empfangszuständigkeit** das Gleiche wie für das Kind selbst nach Abs 1 S 3 (Abs 3 HS 2). Zur Entgegennahme der Anschlusserklärung ist das Standesamt zuständig, das die Eheschließung zu beurkunden hat oder das Eheregister führt, in dem die Eheschließung beurkundet ist (§ 41 Abs 1 Nr 6, Abs 2 S 1 PStG). Die Beglaubigung kann gemäß § 41 Abs 1 PStG von jedem (auch dem örtlich unzuständigen) Standesbeamten vorgenommen werden. 59

Die Anschlusserklärung nach Abs 3 ist grundsätzlich **unbefristet** möglich. Eine zeitliche Grenze ergibt sich aus der Ehedauer: Die Anschlusserklärung ist nur möglich, solange die Ehe noch besteht. Nach Auflösung der Ehe kann ein Gatte nur noch über seinen Individualnamen (§ 1355 Abs 5 BGB), nicht aber mehr über den Namen der früheren Gemeinschaft verfügen (anders jedoch bei Tod des Gatten). 60

Die Folgeänderung des Ehenamens wird **wirksam**, wenn sowohl die Anschlusserklärung des Kindes (Abs 1, 2) wie auch die des Ehegatten (Abs 3) dem zuständigen Standesamt zugegangen sind. Tragen die Ehegatten einen echten Doppelnamen als Ehenamen (§ 1355 Abs 2 S 1 Nr 3 BGB), so ändert sich im Ehenamen nur der betroffene Ehenamensteil. Hatte der Gatte dem Ehenamen einen Begleitnamen hinzugefügt (§ 1355a BGB), so ändert sich in seinem unechten Doppelnamen nur der Ehenamensteil. Der alte Ehename kann jetzt hingegen nicht mehr als Begleitname des neuen Ehenamens aufgenommen werden. Die Änderung des Ehenamens kann weitere Folgeänderungen in der **Enkelgeneration** gemäß § 1617c Abs 2 Nr 1 BGB auslösen. 61

§ 1617d
Name nach Scheidung der Eltern oder Tod eines Elternteils

(1) Derjenige Elternteil, dessen Name nicht Ehename geworden ist, dem die elterliche Sorge für ein Kind nach der Scheidung der Eltern allein oder gemeinsam mit dem anderen Elternteil oder nach dem Tod des anderen Elternteils allein zusteht und der das Kind in seinen Haushalt aufgenommen hat, kann durch Erklärung gegenüber dem Standesamt dem Kind einen der folgenden Namen als Geburtsnamen erteilen:

1. **seinen gemäß § 1355 Absatz 5 Satz 2 Nummer 1 und 2 wieder angenommenen Namen oder**

2. **einen aus seinem wieder angenommenen Namen (Nummer 1) und dem von dem Kind zur Zeit der Erklärung geführten Geburtsnamen gebildeten Doppelnamen.**

§ 1617 Absatz 1 Satz 2 und Absatz 2 gilt entsprechend.

(2) Wenn das Kind das fünfte Lebensjahr vollendet hat, bedarf die Erteilung des Geburtsnamens nach Absatz 1 seiner Einwilligung; § 1617c Absatz 1 Satz 2 gilt entsprechend. Im Fall der Scheidung der Eltern bedarf die Erteilung des Geburtsnamens nach Absatz 1 auch der Einwilligung des anderen Elternteils, wenn das Kind dessen Namen führt oder diesem Elternteil die elterliche Sorge gemeinsam mit dem den Namen erteilenden Elternteil zusteht. Das Familiengericht kann die Einwilligung des anderen Elternteils ersetzen, wenn die Erteilung dem Wohl des Kindes dient.

(3) Ein volljähriges Kind, dessen einer Elternteil nach Scheidung der Eltern oder Tod des anderen Elternteils einen früheren Namen wieder angenommen hat (§ 1355 Absatz 5 Satz 2), kann durch Erklärung gegenüber dem Standesamt seinen Geburtsnamen neu bestimmen, indem es

1. **sich der Namensänderung dieses Elternteils anschließt oder**

2. **aus seinem bisherigen Geburtsnamen und dem von diesem Elternteil wieder angenommenen Familiennamen einen Doppelnamen bildet.**

Die Neubestimmung des Geburtsnamens bedarf der Einwilligung dieses Elternteils. § 1617c Absatz 3 gilt entsprechend.

(4) Die Erklärungen müssen öffentlich beglaubigt werden.

Materialien: EheGebNamRÄndG Art 1 Nr 6.

Schrifttum

S vor Vorbem zu §§ 1616–1625.

Systematische Übersicht

Alphabetische Übersicht

I. Einführung

1. Überblick

1 § 1617d BGB schafft **neue Namensänderungsmöglichkeiten** in Familien, die durch Scheidung und Tod Veränderung erfahren. Wie die meisten namensrechtlichen Normen entbehrt sie nicht der Komplexität: Die Norm eröffnet in zwei Szenarien – nämlich Beendigung der Elternehe durch Scheidung oder durch Tod – und jeweils für zwei Lebensphasen – nämlich Minderjährigkeit (§ 1617d Abs 1 BGB) und Volljährigkeit (§ 1617d Abs 3 BGB) des Kindes – Namensänderungsmöglichkeiten jeweils zwei mögliche Namensgestaltungen (vgl § 1617d Abs 1 S 1 Nr 1 und 2 sowie Abs 3 S 1 Nr 1 und 2 BGB). Hinzu treten Regelungen zu erforderlichen Einwilligungen (§ 1617d Abs 2, Abs 3 S 2 BGB) und zur Form (§ 1617d Abs 4 BGB). Die Norm enthält mithin acht verschiedene Pfade (mit weiteren Unterscheidungen bei den Zustimmungen je nach sorgerechtlicher Lage und Kindesalter).

2. Entstehungsgeschichte

a) Öffentlich-rechtliche Namensänderung nach § 3 NÄG

2 Obwohl die Problematik der „Scheidungshalbwaisen" seit Langem bekannt war, regelte das zivilrechtliche Namensrecht sie bis zum 30. 4. 2025 nicht, weder positiv noch – im Sinne eines Verbots der kindlichen Namensfolge – negativ (BVerwG 20. 2. 2002 – 6 C 18/01, StAZ 2002, 205, 207; Hepting StAZ 2002, 129, 138). Eine analoge Anwendung des § 1618 aF BGB (VG Göttingen 14. 11. 2014 – 4 A 123/13, InfAuslR 2015, 85 Rn 21) oder des § 1617c Abs 2 Nr 1 aF BGB (näher Erman/Döll § 1617d Rn 1 mwNw) schied aus.

3 Damit war der Anwendungsbereich der **öffentlich-rechtlichen Namensänderung nach § 3 NÄG** eröffnet (nahezu allgM, BVerwG 20. 2. 2002 – 6 C 18/01, StAZ 2002, 205, 207; Fallgruppen siehe bei Thomas StAZ 2010, 33, 37 f). Wenig überzeugend war es, dass hier für eine Standardproblematik die einzelfallbezogene Korrekturmöglichkeit des § 3 NÄG herangezogen wurde (zust Mertens [2018] 158), zumal das Zivilrecht, insbesondere bei Schaffung des § 1618 aF, für diese Fallgruppe gerade keine Namensänderungsmöglichkeit geschaffen hatte (BVerwG 20. 2. 2002 – 6 C 18/01 Rn 26 ff, StAZ 2002, 205 näher zur Gesetzgebungsgeschichte; VG Göttingen 14. 11. 2014 – 4 A 123/13, InfAuslR 2015, 85 Rn 21). Das Zivilrecht sah sich zu Recht dem Vorwurf der Systemwidrigkeit ausgesetzt (krit zur fehlenden Regelung und mit Vorschlag de lege ferenda Mertens [2018] 158 ff, 162).

4 Für die **Änderungsschwelle des „wichtigen Grundes" (§ 3 NÄG)** für eine Namensänderung hatte das BVerwG – in Abweichung von früherer Rechtsprechung – den Maßstab an die **Eingriffsgrenze des § 1618 S 4 aF BGB angeglichen** (Ersetzung der [typischerweise] väterlichen Einwilligung in einen Namenswechsel durch Einbenennung,

siehe ausführlich § 1617e Rn 48 ff). Dies wurde damit begründet, dass der vom Gesetzgeber mit § 1618 S 4 aF BGB verfolgte Zweck, den Interessen des nicht sorgeberechtigten Elternteils stärker Rechnung zu tragen, in gleicher Weise für die sogenannten Scheidungshalbwaisen gelte (VGH Hessen 21. 11. 2008 – 7 A 1017/08, StAZ 2010, 81 Rn 44). Demgemäß genügte es noch nicht, dass eine Namensangleichung von Mutter und Kind dem Kindeswohl „dienlich" oder „förderlich" war; die **Namensänderung** musste **erforderlich** sein, das heißt das Kindeswohl musste sie im Einzelfall „gebieten" (BVerwG 20. 2. 2002 – 6 C 18/01, StAZ 2002, 205, 207 ff; OVG NRW 30. 10. 2014 – 16 E 117/14, BeckRS 2014, 58162 Rn 7; VG Göttingen 14. 11. 2014 – 4 A 123/13, InfAuslR 2015, 85 Rn 21; OVG RhPf 6. 5. 2019 – 7 A 10074/19, juris Rn 36, FamRZ 2020, 176; ebenso Wittinger NJW 2002, 2371 ff; Schmitz/Bauer StAZ 2001, 99 ff; Hepting StAZ 2002, 129, 139; BeckOGK-BGB/Kienemund [1. 11. 2024] § 1618 Rn 54). Eltern- und Kindesinteressen sollten dabei gleichrangig sein (OVG NRW 30. 10. 2014 – 16 E 117/14, BeckRS 2014, 58162 Rn 7). Die fehlende Beziehung zum namensgebenden Elternteil (OVG NRW 30. 10. 2014 – 16 E 117/14, BeckRS 2014, 58162 Rn 10) und die „allgemeinen Belastungen", die mit einer Namensdifferenz einhergehen (VGH Hessen 21. 11. 2008 – 7 A 1017/08, StAZ 2010, 81), genügten nicht. Es wurde typischerweise gefordert, dass schwerwiegende Nachteile aufgrund der Namensverschiedenheit für das Kind zu befürchten sind oder die Namensänderung dem Kind zumindest so erhebliche Vorteile bringt, dass es nicht zumutbar erschien, das Namensband zum bislang namensgebenden Elternteil aufrecht zu erhalten (OVG NRW 30. 10. 2014 – 16 E 117/14, BeckRS 2014, 58162 Rn 7). Die Instanzgerichte folgten den Vorgaben des BVerwG und lehnten eine Namensfolge des Kindes deshalb im Regelfall ab (OVG Frankfurt/Oder 20. 11. 2003 – 4 A 277/02, BeckRS 2004, 20636; VG Stade 16. 7. 2003 – 1 A 688/03, BeckRS 2003, 22727; VG Oldenburg 13. 12. 2005 – 12 A 1047/05, BeckRS 2006, 20548; VG Hamburg 12. 1. 2005 – 11 K 2066/04, BeckRS 2005, 24368; VG Münster 20. 1. 2006 – 1 K 16/06, BeckRS 2006, 20690; VGH Hessen 21. 11. 2008 – 7 A 1017/08, StAZ 2010, 81 [es müssen ohne Namensänderung schwerwiegende Nachteile oder mit Namensänderung erhebliche Vorteile zu erwarten sein]; OVG NRW 30. 10. 2014 – 16 E 117/14, BeckRS 2014, 58162; ausnahmsweise bejahend VG Freiburg 23. 12. 2004 – 1 K 411/04, BeckRS 2005, 20270 [tiefgreifende Entfremdung zum Vater, Wunsch des nahezu volljährigen Kindes]). Die Praxis war mithin eher restriktiv und als Konsequenz dieser Rechtslage drohte *dauerhafte Namensverschiedenheit zum Kind* (zu Recht kritisch deshalb Schwerdtner NJW 2002, 735 ff; Ewers FamRZ 2003, 210; Pieper FuR 2003, 394 ff; Wagner-Kern 405).

b) § 1617d BGB im Gesetzgebungsverfahren zum EheGebNamRÄndG

5 Schon die AG Namensrecht wollte die Fälle der Scheidungshalbwaisen als Regelbeispiel für einen anerkennenswerten Grund für eine Namensänderung aufnehmen (AG Namensrecht, Eckpunkte zur Reform des Namensrechts [2020]). In der Fassung des Referentenentwurfs war § 1617d BGB grundsätzlich bereits angelegt, enthielt aber noch nicht die Möglichkeit zur Erteilung eines Doppelnamens bei minderjährigen Kindern und noch nicht die Namensänderungsmöglichkeit für volljährige Kinder. Ersteres trat mit dem Regierungsentwurf hinzu (BT-Drucks 20/9041, 10), zweiteres in der Rechtsausschussfassung (BT-Drucks 20/10997, 11).

3. Zielsetzung und Normbedeutung

6 § 1617d BGB eröffnet **neue Möglichkeiten der Namensänderung**, die vor 2025 nicht existierten und trägt somit zur Entlastung des öffentlich-rechtlichen Namensänderungsverfahrens nach § 3 NÄG, zum Rückgang der Namenskontinuität sowie zur

Komplexität des Namensrechts bei. Die quantitative Normbedeutung ist groß: Jährlich werden rund 130.000 Ehen geschieden, davon circa die Hälfte mit minderjährigen Kindern (https://www.destatis.de/DE/Themen/Gesellschaft-Umwelt/Bevoelkerung/Eheschliessungen-Ehescheidungen-Lebenspartnerschaften/_inhalt.html), sodass jährlich circa 110.000 minderjährige Kinder betroffen sind (https://www.destatis.de/DE/Themen/Gesellschaft-Umwelt/Bevoelkerung/Eheschliessungen-Ehescheidungen-Lebenspartnerschaften/Tabellen/ehescheidungen-kinder.html); mehr als 400.000 Ehen jährlich enden durch Tod (https://de.statista.com/infografik/20261/eheloesungen-in-deutschland/); in circa 75–80 % der Ehen wird ein Ehename bestimmt (https://www.famrz.de/pressemitteilungen/familiennamen-bei-der-heirat.html). Es ist begrüßenswert, dass § 1617d BGB somit im Hinblick auf die Scheidungskinder auf eine zum Alltag gewordene Bedürfnislage reagiert.

Der Bedarf nach einer zivilrechtlichen Namensänderungsmöglichkeit für die mit dem unerfreulichen, aber einprägsamen Begriff „Scheidungshalbwaisen“ belegten Kinder besteht seit Langem. Damit sind „minderjährige Kinder aus geschiedener Ehe, die den Ehenamen der Eltern als Geburtsnamen erhalten haben und nun bei einem Elternteil leben, der den Ehenamen abgelegt und seinen Geburtsnamen wieder angenommen hat“ (so Referentenentwurf zum EheGebNamRÄndG, S 2), gemeint. Da die Scheidung (oder der Tod) an sich nichts am Namen des Kindes ändert und da bei einer Ablegung (nicht: Änderung) des Ehenamens § 1617c Abs 2 Nr 1 BGB seinem Wortlaut nach nicht greift (und nicht analog angewandt werden kann, § 1617c Rn 36), kommt es also zunächst zu einer **Namensungleichheit** zwischen Kind und betreuendem Elternteil, die nicht nur in praktischen Alltagsdingen Probleme bereitet. § 1617d Abs 1 BGB trägt daher dem Bedürfnis minderjähriger Kinder – „Scheidungshalbwaisen“ und Halbwaisen – Rechnung, einem Elternteil, der nach Scheidung oder Tod seinen Namen geändert hat, „auf einfache Weise namensrechtlich folgen zu können“ (BT-Drucks 20/9041, 52). Es sei „nicht ersichtlich, weshalb das Kind an einen Ehenamen gebunden sein soll, wenn es im Haushalt eines Elternteils lebt, der diesen Ehenamen abgelegt hat“ (BT-Drucks 20/9041, 52) – zumal bereits die Einbenennung möglich ist (BT-Drucks 20/9041, 52). Auch die Namensänderung Volljähriger bei Beendigung der Elternehe durch Tod oder Scheidung und anschließendem Namenswechsel eines Elternteils kann zu einer solchen Ungleichheit führen und folglich ein ebensolches Bedürfnis auslösen. 7

Schützenswert ist aus Sicht des Gesetzgebers nur die **vollständige** Namensungleichheit, nicht auch die partielle – dies zeigt der fehlende Verweis auf § 1355 Abs 5 S 2 Nr 3 BGB ebenso wie die Formulierung „dessen Name nicht Ehename geworden ist“ in § 1617d Abs 1 S 1 BGB. 8

4. Systematischer Kontext

Die mit der Namensrechtsreform 2024 geschaffenen vielzähligen „der jeweiligen Lebens-situation des Kindes angepassten … **Möglichkeiten“ zur Namensänderung** „schließen sich nicht gegenseitig aus, sondern stehen gleichberechtigt nebeneinander“, sie können insbesondere „systematisch und schrittweise“ miteinander kombiniert werden (BT-Drucks 20/10997, 33). So ist § 1617d BGB etwa im Konnex mit § 1617c BGB zu sehen, dessen Änderungsmöglichkeiten er erweitert (BT-Drucks 20/9041, 52) – denn er erfasst die Fälle, in denen der Ehename nicht geändert (§ 1617c Abs 2 BGB), sondern abgelegt wird. § 1617d BGB ist ferner im Konnex mit § 1617e 9

Abs 1 BGB zu sehen und anwendbar auf Scheidungskinder, die in einer zweiten und später (ebenfalls) gescheiterten Ehe eines Elternteils mit einem Stiefelternteil einbenannt wurden (BT-Drucks 20/10997, 33); wobei eine schrittweise (§ 1617e Rn 102) Rückkehr (erst Rückbenennung nach § 1617e Abs 4 BGB, dann § 1617d Abs 1 oder 3 BGB) geboten ist. Gerade der Blick auf die Einbenennungsmöglichkeit lässt die Änderungsmöglichkeit für Scheidungskinder besonders plastisch hervortreten (siehe soeben Rn 7). §§ 1617d und 1617e BGB weisen begrüßenswerte Parallelen auf, insbesondere werden in beiden Konstellationen Namensbandbrüche durch die Möglichkeit zur Doppelnamensbildung abgemildert (§ 1617d Abs 1 S 1 Nr 2, Abs 3 S 1 Nr 2 BGB, § 1617e Abs 1 S 1 Nr 2, Abs 3 iVm Abs 1 S 1 Nr 2 BGB). Ferner kann § 1617d BGB mit einer vorangegangenen (Botthoff/Kiehn/von Bary/Botthoff § 1617d Rn 4) oder später nachfolgenden Änderung nach § 1617i BGB kombiniert werden.

II. Namenserteilung beim minderjährigen Kind

1. Voraussetzungen

a) Minderjähriges Kind

10 Die Gestaltungsmöglichkeiten des § 1617d Abs 1, 2, 4 BGB beziehen sich allein auf minderjährige Kinder. Maßgeblicher Zeitpunkt für die Minderjährigkeit ist der der Erteilungserklärung (Botthoff/Kiehn/von Bary/Botthoff § 1617d Rn 3).

b) Ehename als bisheriger Geburtsname des Kindes

11 § 1617d BGB geht von der Situation aus, dass ein Ehename Name des Kindes geworden ist. Er beschränkt sich also auf die Fälle des § 1616 und § 1617c Abs 1 BGB; die Situationen der §§ 1617, 1617a Abs 3 und 1617b BGB sind nicht erfasst (Erman/Döll § 1617d Rn 4; jurisPK-BGB/Hamdan § 1617d Rn 9). Diesen Namen muss das Kind im Zeitpunkt der Scheidung oder des Todesfalls tragen (Erman/Döll § 1617d Rn 4).

12 Wenn also kein Ehename bestand, insbesondere bei den sog **Trennungshalbwaisen,** schafft § 1617d BGB keine Abhilfe. Wie bislang kann in diesen Fällen nur über § 3 NÄG abgeholfen werden. Indes dürfte sich hier der Maßstab verschieben: Während die Rechtsprechung bis zum 30. 4. 2025 den Maßstab des § 1618 S 4 aF BGB, also Erforderlichkeit für das Kindeswohl, anwandte (OVG RhPf 6. 5. 2019 – 7 A 10074/19, juris Rn 36, BeckRS 2019, 14405; OVG NRW 4. 6. 2013, 16 E 343/12, juris Rn 31, BeckRS 2013, 51665; SaarlOVG 13. 12. 2018 – 2 A 867/17, juris Rn 10, BeckRS 2018, 32417), dürfte jetzt der Maßstab des § 1617d Abs 2 S 3 BGB in § 3 NÄG zu übernehmen sein, sodass reine Kindeswohldienlichkeit genügt (BeckOGK-BGB/Kienemund [1. 11. 2025] § 1617d Rn 41; jurisPK-BGB/Hamdan § 1617d Rn 9).

c) Name des Namenserteilenden ist nicht Ehename geworden

13 Weiter darf der Name des Namenserteilenden **weder Ehename geworden** (§ 1617d Abs 1 S 1 BGB) **noch** in den Ehenamen **eingeflossen** sein: Wurde ein Doppelname aus den Familiennamen beider Ehegatten zum Ehenamen bestimmt, bleibt auch nach Ablegen des Ehenamens zumindest Teilnamenseinheit zum Kind bestehen und, so die Gesetzesbegründung, ein Bedürfnis zur Namensangleichung bestünde dann nicht (BT-Drucks 20/9041, 52; BeckOK-BGB/Pöcker [1. 11. 2025] § 1617d Rn 3).

Folglich besteht kein Namenserteilungsrecht nach § 1617d Abs 1 BGB, wenn der Ehegatte, dessen Name Ehename geworden ist, nach der Scheidung oder dem Tod des anderen zu einem früheren Namen zurückkehrt – obschon auch in diesem Fall durch diese Rückkehr Namensungleichheit zwischen ihm und dem Kind entsteht. Dass für diese Fälle keine Möglichkeit für das Kind besteht, namensrechtlich zu folgen, überzeugt rechtspolitisch nicht (ähnlich Botthoff/Kiehn/von Bary/Botthoff § 1617d Rn 11). 14

d) Auflösung der Elternehe

Anlass für das Namenserteilungsrecht nach § 1617d Abs 1, 2, 4 BGB ist die **Auflösung der Elternehe** durch Scheidung der Eltern oder der Tod eines Elternteils. 15

aa) Scheidung der Eltern („Scheidungshalbwaisen")

Anlass für das Namenserteilungsrecht nach § 1617d Abs 1, 2, 4 BGB kann zunächst die Scheidung der Eltern sein. Gemeint ist die Scheidung im Inland (§§ 1564 ff BGB) oder die anerkennungsfähige Scheidung im Ausland (§§ 107, 109 FamFG; Art 30 ff, 64 ff Brüssel IIb-VO). Im Fall der Eheaufhebung sollte die Norm analog angewandt werden (Dutta FamRZ 2025, 77, 78; auf praktische Irrelevanz verweist BeckOGK-BGB/Kienemund [1. 11. 2025] § 1617d Rn 13); es ist kein Grund ersichtlich, diese Namensänderungsmöglichkeit im Fall einer Aufhebung restriktiver zu handhaben als im Fall einer Scheidung. Erfasst ist nicht die Feststellung des Nichtbestehens der Ehe (§ 121 Nr 3 FamFG). 16

bb) Tod des anderen Elternteils (Halbwaisen)

Der zweite Fall, der das Namenserteilungsrecht auslöst, ist der Tod eines Elternteils, nachweisbar regelmäßig durch eine Sterbeurkunde (§ 60 PStG) oder eine Todeserklärung (§ 23 VerschG) (Botthoff/Kiehn/von Bary/Botthoff § 1617d Rn 111). 17

c) Elterliche Sorge des Namenserteilenden

Dem namenserteilenden Elternteil muss die elterliche Sorge für ein Kind nach der Scheidung der Eltern allein oder gemeinsam mit dem anderen Elternteil oder nach dem Tod des anderen Elternteils allein zustehen (§ 1617d Abs 1 S 1 BGB) (BeckOK-BGB/Pöcker [1. 11. 2025] § 1617d Rn 3; Erman/Döll § 1617d Rn 6). Wie stets muss die alleinige oder gemeinsame Sorge nicht umfassend sein; es ist vielmehr ausreichend, dass sie *hinsichtlich der Namensbestimmung* besteht (Erman/Döll § 1617d Rn 6; jurisPK-BGB/Hamdan § 1617d Rn 10; BeckOGK-BGB/Kienemund [1. 11. 2025] § 1617d Rn 8). Maßgeblicher Zeitpunkt für das Bestehen der Alleinsorge oder der gemeinsamen Sorge ist der, der Abgabe der Erteilungserklärung (Botthoff/Kiehn/von Bary/Botthoff § 1617d Rn 17, 24). 18

f) Ablegung des Ehenamens durch den Namenserteilenden

Die Norm setzt ferner voraus, dass der namenserteilende Ehegatte seinen Ehenamen abgelegt und seinen Geburtsnamen (§ 1355 Abs 5 S 2 Nr 1, Abs 6 BGB) oder den **bis zur Bestimmung des Ehenamens geführten Namen** (§ 1355 Abs 5 S 2 Nr 2 BGB) **wieder angenommen** hat. Das Namenserteilungsrecht entsteht also nicht, wenn der Elternteil lediglich einen Begleitnamen vorangestellt oder angefügt hat (§ 1355 Abs 5 S 1 Nr 3 BGB), denn in diesem Fall bleibt eine partielle Namensverbundenheit zum Kind bestehen und ein Bedürfnis für eine Namensangleichung kann verneint werden (so BT-Drucks 20/9041, 53). 19

g) **Kausalität zwischen Ablegung und Namensungleichheit**

20 Es kommt regelmäßig *erst durch* die Ablegung des Ehenamens nach § 1355 Abs 5 S 2 Nr 1 und 2 BGB zu einer Durchtrennung des namensrechtlichen Bandes zwischen betreuendem/namenserteilendem Elternteil und Kind. Diese Kausalbeziehung ist jedoch nicht nur typisch, sondern sie ist konstitutiv für die Entstehung des Namenserteilungsrechts (so wohl auch Botthoff/Kiehn/von Bary/Botthoff § 1617d Rn 7). Davon geht auch die Gesetzesbegründung aus (BT-Drucks 20/9041, 52: „Nimmt ein Elternteil … an, … und *wird damit die namensrechtliche Verbindung zum Kind gelöst*" – Hervorhebung d Verf). Der enge Konnex zwischen Ablegung und Namensungleichheit wird auch durch den Nichtverweis auf § 1355 Abs 5 S 2 Nr 3 BGB (siehe soeben Rn 8) unterstrichen. Wenn also bereits zuvor aus einem anderen Grund Namensungleichheit zwischen Elternteil und Kind bestand (zB weil ein Name nach § 1617g Abs 1 Nr 1 BGB bestimmt wurde), greift die Norm nicht.

h) **Aufnahme des Kindes in den Haushalt des Namenserteilenden**

21 Der namenserteilende Elternteil muss das Kind in seinen Haushalt aufgenommen haben (§ 1617d Abs 1 S 1 BGB). Die Gesetzesbegründung setzt dafür voraus, dass „das Kind seinen **Lebensmittelpunkt** in dieser häuslichen Gemeinschaft [hat]" (BT-Drucks 20/9041, 52; ähnlich BeckOK-BGB/Pöcker [1. 11. 2025] § 1617d Rn 2: Mittelpunkt seiner Lebensführung) und verweist auf das zu § 1618 aF BGB entwickelte Verständnis (BT-Drucks 20/9041, 52). Die Aufnahme muss rechtmäßig sein, § 1617d BGB darf nicht an einen rechtswidrigen Zustand anknüpfen und diesen verfestigen (BeckOGK-BGB/Kienemund [1. 11. 2025] § 1617d Rn 16). Eine parallele Auslegung des Haushaltsaufnahmetatbestands in §§ 1617d und 1617e BGB ist sinnvoll. Die Parallelität ist naturgemäß dadurch eingeschränkt, dass es bei § 1617e BGB um den gemeinsamen Haushalt der Stiefeltern und hier um den (Einzel-)Haushalt des betreuenden Elternteils geht (Botthoff/Kiehn/von Bary/Botthoff § 1617d Rn 30). Gleichwohl kann für die Details auf die Ausführungen zu § 1617e Rn 27 ff verwiesen werden. Für die Haushaltsaufnahme bedarf es mehr als für die Obhut iSd § 1629 Abs 2 S 2 BGB (Botthoff/Kiehn/von Bary/Botthoff § 1617d Rn 31). In unproblematischen Fällen dürfte als Nachweis die Vorlage einer **Meldebescheinigung** genügen, aus der sich ergibt, dass namenserteilender Elternteil und Kind bei Abgabe der namenserteilenden Erklärung eine Wohnung teilen (Botthoff/Kiehn/von Bary/Botthoff § 1617d Rn 32; BeckOGK-BGB/Kienemund [1. 11. 2025] § 1617d Rn 17).

22 Beim **paritätischen Wechselmodell** hat das Kind seinen Lebensmittelpunkt bei beiden Eltern (BT-Drucks 20/9041, 52; krit Erman/Döll § 1617d Rn 7; Lettmaier NZFam 2023, 625, 629; BeckOGK-BGB/Kienemund [1. 11. 2025] § 1617d Rn 14). Anders verhält es sich beim asymmetrischen Wechselmodel iS erweiterten Umgangs (BeckOK-BGB/Pöcker [1. 11. 2025] § 1617d Rn 2, 2.1). Klare Maßstäbe, welche Betreuungsanteile für die Haushaltsaufnahme erforderlich sind, vermeiden Streit und die Einbeziehung des Familiengerichts (§ 49 PStG) (BeckOK-BGB/Pöcker [1. 11. 2025] § 1617d Rn 2.1). Die Haushaltsaufnahme muss „weiterhin" bestehen (BT-Drucks 20/10997, 33), also im Zeitpunkt der Ausübung des Namenserteilungsrechts noch gegeben sein.

i) **Kein Verbrauch**

23 Das Namenserteilungsrecht besteht einmalig. Nach der Ausübung sind Korrekturen – also insbesondere ein Wechsel von § 1617d Abs 1 Nr 1 zu Nr 2 BGB und umgekehrt sowie Modifikationen hinsichtlich Verkürzungen und Reihenfolge – nicht vorgesehen.

Der Fall, dass sich eine mehrfache Ausübung anbieten könnte, weil das Kind zunächst in den Haushalt des einen Elternteils, später in den Haushalt des anderen Elternteils aufgenommen wird (so Botthoff/Kiehn/von Bary/Botthoff § 1617d Rn 12), dürfte sich nicht stellen, da für die Anwendung von § 1617d BGB stets der Name eines Elternteils Ehename geworden sein muss und § 1617d Abs 1 BGB (rechtspolitisch wenig überzeugend, siehe Rn 14) den Elternteil für § 1617d Abs 1 BGB sperrt, dessen Name Ehename geworden oder in diesen eingeflossen ist. 24

j) Keine Voraussetzungen

Die folgenden Aspekte sind nicht Voraussetzung einer Namenserteilung nach § 1617d Abs 1 BGB. 25

aa) Frist

Die Namenserteilung ist an keine Frist – etwa ab dem Statusereignis oder der Haushaltsaufnahme – gebunden (BT-Drucks 20/10997, 33). Bei Vorliegen der Voraussetzungen kann das Namenserteilungsrecht **innerhalb der Minderjährigkeit jederzeit** ausgeübt werden. So ist insbesondere denkbar, dass der Wunsch zu einer Änderung nach § 1617d BGB erst nach dem Scheitern einer weiteren „zwischengeschalteten" (sic) Ehe (Stiefelternehe) entsteht – dies ist möglich, da dann zwar nicht das Scheitern der Stiefelternehe, aber das Scheitern der Elternehe Raum für die Anwendung von § 1617d BGB eröffnet (BT-Drucks 20/10997, 33). 26

bb) Geschwisternamensgleichheit

Die Namenserteilung nach § 1617d Abs 1 BGB setzt kein einheitliches Vorgehen gegenüber allen Geschwistern voraus (Botthoff/Kiehn/von Bary/Botthoff § 1617d Rn 3). Im Wege des § 1617d Abs 1 BGB kann also die Geschwisternamenseinheit durchbrochen werden. Diese Uneinheitlichkeit kann von den Beteiligten intendiert oder vom Gesetz vorgegeben sein (zB wenn das Haushaltsgemeinschaftserfordernis nicht für alle Kinder erfüllt ist) (Erman/Döll § 1617d Rn 2; von Bary ZRP 2023, 98, 99). 27

cc) Kindeswohlprüfung

Eine Kindeswohlprüfung ist nicht vorgesehen (krit Seitz, AfD, Plenarprotokoll 137. Sitzung der 20. LegPer, 17389 B). Diese Entscheidung ist indes folgerichtig, da diese Namensgebung Elternentscheidung bleiben sollte. Dass das mit dem EheGebNamRÄndG geschaffene System je nach „Beziehungsbiographie" der Eltern zulasten der Namenskontinuität sehr viele Namenswechsel eines Kindes ermöglichen kann, mag man (wie Herr Seitz) bedauern, aber es ist im geltenden Recht genau so angelegt und sollte nicht unter dem Mantel einer Kindeswohlprüfung zurückgenommen werden. 28

2. Namenserteilungserklärung und Zustimmungen

a) Erteilungsberechtigung

Die Erteilungsberechtigung hat derjenige Ehegatte, der die oben sub Rn 10–24 genannten Voraussetzungen erfüllt. 29

Wenn dieser Elternteil mit dem anderen Elternteil gemeinsam die Sorge innehat, bedarf es zur Erteilung grundsätzlich dessen Mitwirkung. Sperrt sich der andere Elternteil, kann die Entscheidungskompetenz nach § 1628 BGB übertragen werden (OLG 30

Frankfurt 5. 5. 2025 – 4 UF 181/24, ECLI:DE:OLGHE:2025:0505.4UF181.24.00, NZFam 2025, 811; jurisPK-BGB/Hamdan § 1617d Rn 11).

31 Wenn die Alleinsorge des namenserteilenden Elternteils wegen Geschäftsunfähigkeit ruht, kommt theoretisch die Ausübung durch den Vormund in Betracht; doch dürfte dies wegen des Haushaltsaufnahmeerfordernisses praktisch nur selten vorkommen (Botthoff/Kiehn/von Bary/Botthoff § 1617d Rn 32, 16, 23; BeckOGK-BGB/Kienemund [1. 11. 2025] § 1617d Rn 8).

b) Erteilungserklärung

32 Die Namenserteilung erfolgt durch Erklärung gegenüber dem Standesamt (§ 1617d Abs 1 S 1 BGB). Sie ist öffentlich zu beglaubigen (§§ 1617d Abs 4, 129 BGB); da dies auf alle namensrechtlichen Erklärungen zutrifft, wäre eine „vor die Klammer gezogene", allgemeine Regelung (vgl § 93c öst ABGB) günstig gewesen. Die Beglaubigung kann auch durch einen – nicht notwendigerweise zuständigen – Standesbeamten erfolgen.

33 Die Erteilungserklärung ist eine familienrechtliche Willenserklärung, die den §§ 104 ff BGB unterliegt und bedingungs- sowie befristungsfeindlich ist. Sie ist amtsempfangsbedürftig und dem Standesamt gegenüber abzugeben. Zuständig ist grundsätzlich das Standesamt, das das Geburtenregister führt, in welchem die Geburt des Kindes beurkundet ist (§ 45 Abs 1 S 1 Nr 7, Abs 2 S 1 PStG).

c) Erteilbare Namen

aa) Wieder angenommener Name (§ 1617d Abs 1 Nr 1 BGB iVm § 1355 Abs 5 S 2 Nr 1 und 2 BGB)

34 Der Elternteil kann dem Kind seinen wieder angenommenen Namen gemäß § 1355 Abs 5 S 2 Nr 1 BGB – seinen Geburtsnamen – „und" Nr 2 – den Namen, den er bis zur Bestimmung des Ehenamens geführt hat – als Geburtsnamen erteilen. Statt des „und" wäre ein „oder" treffender. Es gilt der Grundsatz der **Spiegelbildlichkeit** – der dem Kind nach § 1617d Abs 1 BGB erteilte Name soll den wieder angenommenen Namen des namenserteilenden Elternteils spiegeln (Botthoff/Kiehn/von Bary/Botthoff § 1617d Rn 34).

35 Wenn der wieder angenommene Name des Elternteils aus mehreren Namen besteht, kann er verkürzt werden (§§ 1617d Abs 1 S 2 iVm § 1617 Abs 2 BGB) (jurisPK-BGB/Hamdan § 1617d Rn 31 f). Dass sich der Verweis des § 1617d Abs 1 S 2 BGB auch auf Nr 1, nicht nur auf Nr 2 des Vorsatzes bezieht, zeigt ein Vergleich mit § 1617e Abs 1 S 2 BGB, der spezifisch nur die Ziffer mit der Doppelnamensgestaltung in Bezug nimmt, ebenso wie ein Vergleich mit § 1617g Abs 1 Nr 2 Hs 2 BGB, bei dem der Verweis isoliert in der Ziffer mit der Doppelnamensgestaltung enthalten ist.

bb) Doppelname (§ 1617d Abs 1 Nr 2 BGB)

36 Ferner kann der Elternteil dem Kind einen aus seinem wieder angenommenen Namen (§ 1617d Nr 1 iVm § 1355 Abs 5 S 2 Nr 1 oder 2 BGB) und dem von dem Kind zur Zeit der Erklärung geführten Geburtsnamen gebildeten Doppelnamen als Geburtsnamen erteilen. Mit dem Doppelnamen wird nun ermöglicht, dass das Kind ein namensrechtliches Band zu beiden Elternteilen hält. Auch hier gilt der Grundsatz der Spiegelbildlichkeit (Botthoff/Kiehn/von Bary/Botthoff § 1617d Rn 37). Wenn der

wieder angenommene Name des Elternteils aus mehreren Namen besteht, muss zur Vermeidung von Namensketten dieser in diesem Fall gemäß §§ 1617d Abs 1 S 2 iVm 1617 Abs 2 Nr 2 BGB verkürzt werden (BT-Drucks 20/9041, 53). Die Namen können, müssen aber nicht durch Bindestrich verbunden werden, es besteht eine Opt-out-Möglichkeit (§§ 1617d Abs 1 S 2 iVm 1617 Abs 1 S 2 BGB).

d) Zustimmungen

Es bedarf je nach Konstellation der Zustimmung des Kindes und/oder der des anderen Elternteils. Die Zustimmungen sind öffentlich zu beglaubigen (§ 1617d Abs 4 BGB); da dies auf alle namensrechtlichen Erklärungen zutrifft, wäre eine „vor die Klammer gezogene", allgemeine Regelung (vgl § 93c öst ABGB) günstig gewesen. 37

aa) Zustimmung des Kindes (§ 1617d Abs 2 S 1 BGB)

Die Norm enthält das übliche **Altersphasenmodell**: Bis zum fünften Geburtstag des Kindes geht man davon aus, dass die Identifikation mit dem Familiennamen noch so schwach ist, dass es zur automatischen Erstreckung ohne weitere Voraussetzungen kommen kann (jurisPK-BGB/Hamdan § 1617d Rn 17). Wenn das Kind das fünfte Lebensjahr vollendet hat, bedarf die Namenserteilung seiner Einwilligung (§ 1617d Abs 2 S 1 Hs 1 BGB). Für das Kind handelt zunächst – zwischen dem fünften und 14. Lebensjahr – der gesetzliche Vertreter. Ein in der Geschäftsfähigkeit beschränktes Kind, welches das 14. Lebensjahr vollendet hat, kann die Erklärung nur selbst abgeben; es bedarf hierzu der Zustimmung seines gesetzlichen Vertreters (§ 1617d Abs 2 S 1 Hs 2 iVm § 1617c Abs 1 S 2 BGB). 38

bb) Zustimmung des anderen Elternteils (§ 1617d Abs 2 S 2 BGB) oder Ersetzung durch das Familiengericht (§ 1617d Abs 2 S 3 BGB)

Im Fall der Scheidung der Eltern **bedarf** die Erteilung des Geburtsnamens nach Abs 1 auch der **Einwilligung** des anderen Elternteils, wenn das Kind **dessen Namen führt oder diesem Elternteil die elterliche Sorge gemeinsam** mit dem den Namen erteilenden Elternteil **zusteht** (§ 1617d Abs 2 S 2 BGB). Die Rechtfertigung für das Zustimmungserfordernis sieht die Gesetzesbegründung im Fall der gemeinsamen Sorge zu Recht in der gemeinsamen Elternverantwortung (BT-Drucks 20/9041, 53). Im Fall der Alleinsorge des namenserteilenden Elternteils sieht der Entwurf die Rechtfertigung im Fall des § 1617d Abs 1 S 1 Nr 1 BGB – Namenswechsel zum Namen des namenserteilenden Elternteils – grundsätzlich zu Recht in dem Interesse am Fortbestand des Namensbandes zwischen ihm und seinem Kind und im Fall des § 1617d Abs 1 S 1 Nr 2 BGB – Namenserweiterung um den Namen des namenserteilenden Elternteils zum Doppelnamen – ein „schützenswertes Interesse … [e]benso wie nach § 1618 BGB und § 1617e BGB-E" (BT-Drucks 20/9041, 53). Letzteres überzeugt indes nicht, da in der Konstellation des § 1617d Abs 1 S 1 Nr 2 BGB der Name des Elternteils, dessen Zustimmung gefordert wird, nicht entfällt, sondern sich bloß die „Nachbarschaft" des Namens des anderen Elternteils im Doppelnamen gefallen lassen muss (BeckOK-BGB/Pöcker [1. 11. 2025] § 1617d Rn 7). 39

Das Familiengericht kann die Einwilligung des anderen Elternteils ersetzen, wenn die Erteilung **dem Wohl des Kindes** dient (§ 1617d Abs 2 S 3 BGB) (s a Botthoff StAZ 2025, 101). Es ist gut, dass hier Maßstabsparallelität mit der Einwilligungsersetzung bei der Rückbenennung (§ 1617e Abs 2 S 2 BGB) und der Geschlechtsanpassung (§ 1617f Abs 2 S 3 BGB) besteht. Die Gesetzesbegründung erläutert, dass dies der 40

Fall ist, wenn „das Interesse des Kindes an der Namensänderung das Interesse an der Beibehaltung des bisherigen Namens überwiegt" (BT-Drucks 20/9041, 54). Gegen eine Ersetzung ist das Interesse des Kindes an Kontinuität und an einer unbelasteten Beziehung zum verweigernden Elternteil in die Abwägung einzustellen (BT-Drucks 20/9041, 54). Für eine Ersetzung kann (bei älteren Kindern in zunehmendem Maße) ein entsprechender Wille des Kindes angeführt werden (BT-Drucks 20/9041, 54). Ersetzungsförderlich wirkt es typischerweise, wenn ein Doppelname statt eines Austauschs angestrebt wird (BT-Drucks 20/9041, 54; ebenso Erman/Döll § 1617d Rn 10; krit BeckOK-BGB/Pöcker [1. 11. 2025] § 1617d Rn 9.1). Der Maßstab ähnelt dem der Ersetzung bei der Einbenennung mit dem Unterschied, dass der in Frage stehende neue Name kein „familienfremder" Name eines Dritten ist, sondern bereits zuvor zum Ehe- und damit zum Kindesnamen hätte gemacht werden können (BT-Drucks 20/9041, 54). Die Hürde für eine Ersetzung ist mithin niedriger als im Fall der Einbenennung. In aller Regel kindeswohldienlich dürfte die Erteilung sein, bei der der wieder angenommene Name des alleinsorgeberechtigten Elternteils lediglich zu einem Doppelnamen hinzugefügt werden soll (§ 1617d Abs 1 S 1 Nr 2 BGB) (BeckOK-BGB/Pöcker [1. 11. 2025] § 1617d Rn 9 ähnlich Erman/Döll § 1617d Rn 10).

41 Im Fall des **Todes** eines Elternteils bedarf es keiner Zustimmung – sein Sorgerecht erlischt naturgemäß ebenso wie das Interesse an einem fortbestehenden Namensband (BT-Drucks 20/9041, 54). Der Erhalt des namensrechtlichen Bandes zu anderen, lebenden Verwandten ist nicht vom Schutzzweck der Norm erfasst (BT-Drucks 20/9041, 54). Das Interesse des Kindes überwiegt (jurisPK-BGB/Hamdan § 1617d Rn 23). Die Gesetzesbegründung verweist hierfür auf die Rechtsprechung zur Einbenennungseinwilligungsersetzung, in der zur Begründung einerseits auf die dortige Gesetzesbegründung (BT-Drucks 13/4899, 92), andererseits darauf abgestellt wird, dass es sich bei der Einwilligung um eine höchstpersönliche Entscheidung des (verstorbenen) Elternteils handelt und Anlass für das Einwilligungserfordernis eine Auflösung des verfassungsrechtlich relevanten Spannungsverhältnisses zwischen dem Kindeswohl auf der einen und dem verbliebenen Elternrecht des nicht sorgeberechtigten Elternteils auf der anderen Seite ist (OLG Hamm 16. 8. 2007 – 15 W 107/07, FamRZ 2008, 147). Dies überzeugt auch für den vorliegenden Kontext.

III. Neubestimmung durch das volljährige Kind

42 Durch die Rechtsausschussfassung wurde die Namensänderungsmöglichkeit auf volljährige Kinder ausgedehnt (vgl die knappe Begründung in BT-Drucks 20/10997, 33, 36). Dies überzeugt, da das Interesse zur Wiederherstellung des Namensbandes mit einem Elternteil auch bei volljährigen Kindern in sehr ähnlicher Weise wie beim minderjährigen Kind bestehen kann.

1. Voraussetzungen

a) Volljähriges Kind

43 Die Gestaltungsmöglichkeiten des § 1617d Abs 3 BGB beziehen sich allein auf volljährige Kinder (§ 2 BGB). Maßgeblicher Zeitpunkt für die Volljährigkeit ist der der Erklärung (BeckOK-BGB/Pöcker [1. 11. 2025] § 1617d Rn 10). § 1617d Abs 3 BGB kann nicht nach dem Tode des Kindes genutzt werden, sondern setzt einen rechtsfähigen Namensträger voraus.

b) Auflösung der Elternehe

Auch hier bedarf es der Auflösung der Elternehe durch Scheidung der Eltern oder den Tod eines Elternteils oder – analog – durch Eheaufhebung (Rn 16). 44

c) Wiederannahme eines früheren Namens durch ein Elternteil

Voraussetzung ist, dass ein Elternteil nach der Scheidung der Eltern oder dem Tod des anderen Elternteils einen früheren Namen wieder angenommen hat (§ 1355 Abs 5 S 2 BGB). 45

Ein erster Unterschied zu § 1617d Abs 1 BGB besteht darin, dass es gleich ist, ob der **Ehegatte, dessen Name nicht Ehename geworden** ist (so bei Abs 1) oder der andere **Ehegatte, dessen Name Ehename geworden** ist, zu einem früheren Namen zurückkehrt (jurisPK-BGB/Hamdan § 1617d Rn 43; Dutta FamRZ 2025, 77, 78). In beiden Fällen besteht das Neubestimmungsrecht.

Dem Wortlaut nach erfasst der Tatbestand des § 1617d Abs 3 S 1 BGB also auch die letztgenannte Option nach **§ 1355 Abs 5 S 2 Nr 3 BGB** (anders als § 1617d Abs 1 S 1 BGB) (Dutta FamRZ 2025, 77, 78; so iE auch jurisPK-BGB/Hamdan § 1617d Rn 43). Dieser Verweis sollte indes so gelesen werden, dass er sich nur auf § 1355 Abs 5 S 2 Nr 1 oder 2 BGB – also auf die Wiederannahme des Geburtsnamens oder des Namens, den der Elternteil bis zur Bestimmung des Ehenamens geführt hat –, nicht auch auf die Voran- oder Hintanstellung eines Begleitnamens (§ 1355 Abs 5 S 2 Nr 3 BGB) erstreckt. Dies folgt aus der Formulierung „früheren Namen wieder angenommen" ebenso wie aus der Parallelität zu Abs 1; es ist kein sinnvoller Grund ersichtlich, in Abs 1 § 1355 Abs 5 S 2 Nr 3 BGB auszuklammern und in Abs 3 nicht (wohl ebenso Botthoff/Kiehn/von Bary/Botthoff § 1617d Rn 101). 46

d) Keine Frist

Eine Frist – etwa ab der Namenswiederannahme – ist nicht vorgesehen (BT-Drucks 20/10997, 33). Bei Vorliegen der Voraussetzungen kann das Namensneubestimmungsrecht bis zum Tode des volljährigen Kindes jederzeit ausgeübt werden. 47

e) Kein Verbrauch

Das Neubestimmungsrecht besteht einmalig; nach der Ausübung ist eine erneute Ausübung oder Korrektur nicht vorgesehen. Indes sperrt eine Ausübung in der Zeit der Minderjährigkeit nicht eine korrigierende Ausübung (andere Namensgestaltung) in der Zeit der Volljährigkeit (**aA** Botthoff/Kiehn/von Bary/Botthoff § 1617d Rn 96). 48

f) Keine Voraussetzungen

Die folgenden Aspekte sind nicht Voraussetzung einer Namensneubestimmung nach § 1617d Abs 3 BGB. 49

aa) Haushaltsaufnahme

Beim volljährigen Kind wird anders als beim minderjährigen (Rn 21 f) keine Haushaltsaufnahme gefordert. Dies überzeugt in der Sache. 50

bb) Auf Ehename basierender Name des Kindes

Besondere Anforderungen an den im Zeitpunkt der Scheidung oder des Todes vom Kind getragenen Namen formuliert die Norm nicht. Anders als im Fall des Abs 1 be- 51 darf es keiner Kausalität zwischen Wiederannahme nach § 1355 Abs 5 S 2 BGB und Namensungleichheit. Es ist daher nach dem Wortlaut der Norm möglich, dass das Kind, das ursprünglich einmal den Ehenamen als Geburtsnamen erhalten hatte (§§ 1616, 1617c Abs 1 BGB), zwischenzeitlich Namensänderungen erfahren hat.

cc) Geschwisternamensgleichheit

52 Auch die Neubestimmung nach § 1617d Abs 3 BGB fordert – wie die Namenserteilung nach § 1617d Abs 1 BGB (Rn 27) – kein einheitliches Vorgehen aller oder gegenüber allen Geschwistern (Botthoff/Kiehn/von Bary/Botthoff § 1617d Rn 93).

2. Namenserteilungserklärungen und Zustimmungen

a) Erteilungserklärung

53 Für die Erteilungserklärung gilt das oben (Rn 32 f) Gesagte.

b) Erteilbare Namen

54 Der Volljährige kann sich der Namensänderung dieses Elternteils anschließen (§ 1617d Abs 3 S 1 Nr 1 BGB) oder einen aus seinem bisherigen Geburtsnamen und dem von diesem Elternteil wieder angenommenen Familiennamen bestehenden Doppelnamen bilden (§ 1617d Abs 3 S 1 Nr 2 BGB).

55 Die Norm sieht nichts zu Bindestrichen (§ 1617 Abs 1 S 2 BGB) oder Namensverkürzungen (§ 1617 Abs 2 BGB) vor, sodass zum einen offenbleibt, ob ein Bindestrich gesetzt werden muss oder darf. Zum anderen – und dies dürfte schwerer wiegen – gibt es keinen Zwang zur Verkürzung bei Namensketten, so dass alsbald über § 1617d Abs 3 S 1 Nr 2 BGB Vierfach-, Achtfach- etc Namen entstehen könnten. Für eine analoge Anwendung von § 1617 Abs 1 S 2 und Abs 2 BGB spricht nicht nur das eben aufgezeigte Bedürfnis. Dafür spricht auch, dass § 1617d Abs 3 BGB erst in der Rechtsausschussfassung vom 10. 4. 2024 eingefügt und bereits am 12. 4. 2024 der Gesetzesentwurf im Bundestag beschlossen wurde – viel Zeit zur kritischen Prüfung und Korrektur blieb nicht. Auch verweist das Gesetz an den anderen Stellen der Geburtsdoppelnamen stets auf § 1617 Abs 1 S 2 und Abs 2 BGB (so in § 1617 Abs 4 S 5, 1617a Abs 3 S 2, § 1617d Abs 1 S 2, § 1617e Abs 1 S 2 BGB) oder bewusst auf Teile davon (so in § 1617g Abs 1 Nr 2 Hs 2, § 1617h Abs 1 S 2, § 1617i Abs 1 S 2 BGB). Es ist daher davon auszugehen, dass eine Auseinandersetzung mit Verkürzungen und Bindestrichen im Hinblick auf § 1617d Abs 3 BGB schlicht vergessen wurde. Daher sind **§ 1617 Abs 1 S 2 und Abs 2 BGB analog** anzuwenden (so iE auch BeckOGK-BGB/Kienemund [1. 11. 2025] § 1617d Rn 57 und jurisPK-BGB/Hamdan § 1617d Rn 42).

c) Zustimmung des namensprägenden Elternteils

56 Die Neubestimmung des Geburtsnamens bedarf der Einwilligung dieses, also des namensprägenden Elternteils, welches sich namensrechtlich nach Beendigung der Ehe vom Ehenamen distanziert und einen früheren Namen wieder annimmt (§ 1617d Abs 3 S 2 BGB) (so auch Dutta FamRZ 2025, 77, 78).

57 Dieses Einwilligungserfordernis überzeugt normativ nicht. Es ist kein Grund ersichtlich und es scheint systemwidrig, beim volljährigen Kind noch Interessen des künftigen Namensbezugselternteils zu schützen. Auch § 1617i BGB fordert keine Zustimmung betroffener Elternteile. Zumal ohne Ersetzungsmöglichkeit bedeutet dieses

Erfordernis eine deutliche Beschränkung des Namensänderungsrechts des volljährigen Kindes. Zu Recht ist diese beschränkte Namensmündigkeit Volljähriger als ungerechtfertigt und unreflektiert kritisiert worden (Dutta FamRZ 2025, 77; von Bary StAZ 2024, 225, 227).

Das Einwilligungserfordernis erlischt im Fall des Todes dieses Elternteils analog § 1617i Abs 1 S 3 BGB (Dutta FamRZ 2025, 77, 80). Die Einwilligung sollte als höchstpersönliche Erklärung angesehen werden, so dass im Fall der Geschäftsunfähigkeit das Einwilligungserfordernis entfällt (Dutta FamRZ 2025, 77, 80). 58

IV. Intertemporaler Anwendungsbereich

Da die von § 1617d BGB eröffneten Namenserteilungs- bzw Namensneubestimmungsmöglichkeiten unbefristet eröffnet sind (Rn 26 und Rn 47), stehen sie ab dem 1. 5. 2025 allen Namensträgern, die ihre Voraussetzungen erfüllen, offen; einer Übergangsvorschrift in Art 229 § 67 EGBGB bedurfte es daher nicht. 59

§ 1617e
Einbenennung, Rückbenennung

(1) Der Elternteil, dem die elterliche Sorge für ein Kind allein oder gemeinsam mit dem anderen Elternteil zusteht, und sein Ehegatte, der nicht Elternteil des Kindes ist, können dem Kind, das sie in ihren gemeinsamen Haushalt aufgenommen haben, durch Erklärung gegenüber dem Standesamt einen der folgenden Namen als Geburtsnamen erteilen (Einbenennung):

1. ihren Ehenamen oder

2. einen aus ihrem Ehenamen und dem von dem Kind zur Zeit der Erklärung geführten Geburtsnamen gebildeten Doppelnamen.

Im Fall des Satzes 1 Nummer 2 gilt § 1617 Absatz 1 Satz 2 und Absatz 2 Nummer 2 entsprechend.

(2) Die Einbenennung bedarf der Einwilligung des anderen Elternteils, wenn das Kind dessen Namen führt oder diesem Elternteil die elterliche Sorge gemeinsam mit dem einbenennenden Elternteil zusteht. Das Familiengericht kann die Einwilligung des anderen Elternteils ersetzen, wenn die Einbenennung dem Wohl des Kindes dient. Wenn das Kind das fünfte Lebensjahr vollendet hat, bedarf die Einbenennung auch seiner Einwilligung.

(3) Ein volljähriges Kind kann sich entsprechend Absatz 1, auch wenn es nicht im gemeinsamen Haushalt eines Elternteils und des Ehegatten dieses Elternteils lebt, mit deren Einwilligung durch Erklärung gegenüber dem Standesamt selbst einbenennen.

(4) Wird die Ehe zwischen dem Elternteil und seinem Ehegatten, der nicht Elternteil des Kindes ist, aufgelöst oder scheidet das Kind aus dem gemeinsamen Haushalt aus,

so können die Einbenennung durch Erklärung gegenüber dem Standesamt rückgängig machen (Rückbenennung):

1. jeder Elternteil, dem die elterliche Sorge für das Kind allein oder gemeinsam mit dem anderen Elternteil zusteht, sowie

2. das Kind selbst, sobald es volljährig ist.

In den Fällen des Satzes 1 Nummer 1 gilt Absatz 2 entsprechend.

(5) Die Erklärungen müssen öffentlich beglaubigt werden. § 1617c Absatz 1 Satz 2 und Absatz 3 gilt entsprechend.

Materialien: EheGebNamRÄndG Art 1 Nr 6.

Schrifttum

S vor Vorbem zu §§ 1616–1625.

Systematische Übersicht

Alphabetische Übersicht

I. Einführung

1. Überblick

1 § 1617e BGB regelt das Spannungsfeld zwischen der Namensidentität mit der neuen Stieffamilie und der Namenskontinuität mit dem anderen Elternteil (Erman/Döll § 1617e Rn 2). Er behält für Minderjährige die **Einbennungsmöglichkeit** des § 1618 aF BGB im Wesentlichen bei (§ 1617e Abs 1, 2 BGB) und erweitert sie um die **Selbsteinbenennung Volljähriger** (§ 1617e Abs 3 BGB) sowie die **Rückbenennung** minderjähriger und volljähriger Kinder (§ 1617e Abs 4 BGB). Über Selbsteinbenennung

und Rückbenennung hinaus erfuhr die Norm zum 1. 5. 2025 Änderungen beim Kindeswohlmaßstab und bei den Gestaltungsmöglichkeiten.

2. Entstehungsgeschichte

2 § 1617e BGB ist unter dieser Zählung gänzlich neu mit dem EheGebNamRÄndG zum 1. 5. 2025 in das BGB eingefügt worden. Doch inhaltlich innovativ ist die Norm nicht: Während der Regelungsgehalt der § 1617e Abs 3 und 4 BGB erst zum 1. 5. 2025 hinzu trat, hat der der § 1617e Abs 1, 2 und 5 BGB eine längere Geschichte:

3 Die **Fassung des § 1618 aF BGB** durch das **KindRG 1998** hatte den Normbereich teils eingeschränkt, teils erweitert (zur vorherigen Normgeschichte siehe Staudinger/Coester[12] § 1617e Rn 1–7): Die Erteilung des Vaternamens (§ 1618 Abs 1 S 1 Alt 2 aF BGB) ist ausgelagert worden in § 1617a Abs 2 aF BGB; die Einbenennung des nichtehelichen Kindes in die Familie von Mutter und Stiefvater (§ 1618 Abs 1 S 1 Alt 1 aF BGB) wurde – im Rahmen eines einheitlichen Kindschaftsrechts – erstreckt auf *alle* Stiefelternfamilien, insbesondere auf die Fälle einer **Neuheirat des geschiedenen Elternteils mit einem Dritten**. Für diese häufige Konstellation sah das Familienrecht bis 1998 keine Regelung vor, sodass den Unzuträglichkeiten über die Anwendung des öffentlich-rechtlichen NÄG im Verwaltungsrechtsweg mit der hohen Hürde des wichtigen Grundes für eine Namensänderung Rechnung getragen werden musste (vgl BVerwG 7. 1. 1994 – 6 C 34/92, FamRZ 1994, 439; BVerwG 13. 12. 1995 – 6 C 6/94, StAZ 1996, 237 ff; Barth StAZ 1997, 108). Die Neufassung des § 1618 aF BGB durch das KindRG 1998 hatte diesen Konfliktbereich mit anderen Einbenennungsfällen nicht nur einer einheitlichen familienrechtlichen Regelung unterworfen, sondern damit auch den öffentlich-rechtlichen Lösungsansatz mitsamt dem Verwaltungsrechtsweg verdrängt. Auf § 3 NÄG konnte daneben oder gar korrigierend nicht mehr zurückgegriffen werden, denn § 1618 aF BGB war lex specialis zu § 3 NÄG (ausf OVG Münster 23. 4. 1999 – 10 A 5687/98, FamRZ 2000, 698 f; VG Düsseldorf 9. 10. 1998 – 25 K 8115/96, NJW 1999, 1730, 1737 f; OLG Karlsruhe 16. 1. 2015 – 5 UF 202/14, FamRZ 2015, 1723 Rn 38; Beck FPR 2002, 138; Pieper FuR 2003, 394; vgl schon Barth StAZ 1997, 108 f; anders nur VG Koblenz 22. 6. 1999 – 2 K 3353/98, StAZ 2001, 113, 114 f; **abl** Schmitz/Bauer StAZ 2001, 99, 105 f). Eine weitere Neuregelung des KindRG 1998 griff ältere Reformvorschläge auf: Der Ehename der Stiefelternfamilie musste den bisherigen Geburtsnamen des Kindes nicht verdrängen, er konnte ihm **auch als Begleitname** hinzugefügt werden (S 2).

4 Die bis zum 30. 4. 2025 gültige Fassung des § 1618 aF BGB beruhte im Wesentlichen auf dem **KindRVerbG 2002**. Die mit diesem Gesetz eröffnete Möglichkeit der Einbenennung in eine Stiefelternehe auch bei gemeinsamem Sorgerecht der Eltern machte eine textliche Neugestaltung der Vorschrift erforderlich. Spätere Änderungen am Text blieben unwesentlich (eine Textänderung von 2004 hat ein Redaktionsversehen beseitigt; mit dem PStG 2007 wurde die Terminologie von dem Standesbeamten auf das Standesamt umgestellt).

5 Die Ausdehnung der Einbenennung auf den Lebenspartnerschaftsnamen hatte der Gesetzgeber nicht im Rahmen des BGB vorgenommen, sondern er hat mit dem **LPartG-Überarbeitungsgesetz 2005** dem § 1618 S 1 aF BGB ein weitgehend wortgleiches Pendant in § 9 Abs 5 aF LPartG an die Seite gestellt. Der einzige sachliche Unterschied bestand hinsichtlich der für die Erteilungserklärungen empfangszuständi-

gen Stelle; im Übrigen wurde pauschal auf § 1618 S 2–6 aF BGB verwiesen. Konsequenterweise war § 1618 aF BGB nicht von den Änderungen des Gesetzes zur Bereinigung des Rechts der Lebenspartner vom 20. 11. 2015 (BGBl I 2010, in Kraft getreten 26. 11. 2015), die etwa zu einer Änderung des § 1617c BGB geführt haben, betroffen. § 9 Abs 5 aF LPartG wurde indes angesichts von § 21 LPartG mit dem EheGebNamRÄndG 2024 aufgehoben (BT-Drucks 20/9041, 72).

§ 1618 aF BGB sah sich **grundsätzlicher Kritik** ausgesetzt: Der gesamte Ausgangspunkt wurde als rechtspolitisch verfehlt und systemwidrig angesehen, darüber hinaus war die Norm konzeptionell undurchdacht: Der Kindesname wurde – jedenfalls dem Gesetzeswortlaut nach – durch die „Einbenennung“ an den Ehenamen der Stiefelternehe angeknüpft und hierauf festgeschrieben. Diese Ehe ist aber keine verlässliche Grundlage – oft genug erweist sie sich für das Kind nur als Episode im Rahmen wechselnder Familienverhältnisse (vgl Staudinger/Helms [2023] § 1741 Rn 71 ff mwNw; Muscheler StAZ 2006, 189, 192 f). Irreversible rechtliche Verfestigungen vertragen sich damit nicht bzw führen zu schwerwiegenden Konflikten nach Auflösung der Stiefelternehe. Diese aus der Diskussion zur „Stiefkindadoption“ bekannte Problematik sollte nicht ohne Not in die namensrechtliche Einbenennung – traditionell die „kleine Schwester“ der Stiefkindadoption – übertragen werden. *Eine* mögliche Lösung hätte darin gelegen, die Sperre für kindliche Namensfolgen in § 1617c Abs 2 Nr 2 BGB abzuschaffen; § 1618 aF BGB hätte dann darauf beschränkt werden können, Kindern in Stiefelternfamilien generell die Möglichkeit zu eröffnen, den dort gewählten Ehenamen als (nach Auflösung der Ehe ablegbaren) Begleitnamen zu übernehmen. Diesen Weg ging der Gesetzgeber indes nicht. 6

Schon 2016 wurde daher in der 18. Legislaturperiode ein **Referentenentwurf** eines Gesetzes zur Reform des Scheinvaterregresses, **zur Rückbenennung** und zur Änderung des Internationalen Familienrechtsverfahrensgesetzes verbreitet. Ein neu einzuführender § 1618 Abs 2 BGB-E sah darin vor: 7

> „Das volljährige Kind kann durch Erklärung gegenüber dem Standesamt den bis zur Einbenennung geführten Namen wieder annehmen, wenn die der Einbenennung nach Abs 1 Satz 1 zu Grunde liegende Ehe aufgelöst wurde. Die Erklärung kann nur binnen eines Jahres nach Erreichen der Volljährigkeit oder binnen eines Jahres nach Auflösung der Ehe abgegeben werden.“

Ferner wurden die bislang in § 1618 S 5 und 6 aF BGB enthaltenen Regelungen von den vorherigen Regelungen gelöst und einem Abs 3 zugeführt, der nunmehr für Ein- und Rückbenennung (§ 1618 Abs 2 und 3 BGB-E) gleichermaßen gelten soll. Der Verweis von § 9 Abs 5 aF LPartG auf § 1618 aF BGB sollte entsprechend angepasst werden. Diese Rückbenennung hätte unter gewissen Voraussetzungen bereits damals die Namenskontinuität im Interesse der Stärkung der Autonomie (insbesondere) junger Erwachsener durchbrochen und einen kleinen Ausschnitt derjenigen Szenarien erfasst, in denen das Kind ein Bedürfnis nach Rückgängigmachung der Einbenennung empfindet. Die Möglichkeit zur Rückbenennung wäre an die Volljährigkeitsgrenze, die Voraussetzung der Auflösung der zur Einbenennung geführt habenden Ehe und an eine einjährige Frist nach Volljährigkeit oder Eheauflösung – je nachdem, welches Moment später eintritt – geknüpft gewesen. Der Vorschlag wurde als Regierungsentwurf im September 2016 (BR-Drucks 493/16) bzw November 2016

(BT-Drucks 18/10343) vorgelegt. Die Gesetzesänderung des § 1618 aF BGB wurden im Grundsatz einhellig begrüßt (zB Stellungnahmen DFGT, BRAK, djb, eaf, par GV). Kritik wurde geäußert am Ausschluss der Rückbenennungsmöglichkeit während der Minderjährigkeit des Kindes (DFGT, BRAK, par GV) sowie an der knappen einjährigen Frist (eaf). Der Entwurf scheiterte indes an der Diskontinuität mit dem Ende der 18. Legislaturperiode in 2017; was weniger an der Regelung zur Rückbenennung als an der zum Scheinvaterregress gelegen haben soll (Kienemund NZFam 2017, 1073, 1075).

8 Das **Kinderehenbekämpfungsgesetz 2017** strich die Voraussetzung, dass es sich um ein „unverheiratetes" Kind handeln muss.

9 Der heutige § 1617e BGB ist Produkt des **EheGebNamRÄndG 2025**. Der wohl bedeutendste Schritt war die Einführung der **Rückbenennung** und mithin die Abhilfe langjähriger Forderungen, die Füllung einer Lücke, die Herstellung von (weitgehender) Symmetrie zwischen Aufnahme und Ablegen des Einbenennungsnamens und daraus erwachsend zugleich ein Beitrag zur Wiederherstellung eines sinnvollen Verhältnisses von zivilrechtlichem Namensrecht und öffentlich-rechtlicher Änderungsmöglichkeit. Gegenüber der Namensänderung nach öffentlichem Recht ist der Weg über die neue zivilrechtliche Rückbenennung deutlich leichter möglich, er schafft zudem mehr Rechtssicherheit und Rechtsklarheit.

10 Im Gesetzgebungsverfahren zum EheGebNamRÄndG 2024 bestanden § 1617e Abs 1, 3 und (der heutige) Abs 5 BGB schon seit dem Referentenentwurf im Wesentlichen in der heutigen Fassung. Zwischen Referenten- und Regierungsentwurf wurde insbesondere der Kindeswohlmaßstab bei der Einwilligungsersetzung von Erforderlichkeit auf Dienlichkeit abgesenkt. § 1617e Abs 4 BGB trat erst mit der Rechtausschussfassung hinzu; zudem erfolgte eine terminologische Klarstellung („Name" wurde zu „Geburtsname" in § 1617e Abs 1 S 1 Nr 2 BGB). § 1617e BGB ist partiell Nachfolger des § 1618 aF BGB: So entspricht § 1617e Abs 1 BGB (erweitert um den Doppelnamen und die Legaldefinition von „Einbenennung") § 1618 S 1 aF BGB, § 1617e Abs 2 S 1 und 3 BGB entspricht § 1618 S 3 aF BGB, § 1617e Abs 2 S 2 BGB entspricht (mit abgesenktem Kindeswohlmaßstab) § 1618 S 4 aF BGB und § 1617e Abs 5 BGB entspricht § 1618 S 5 und 6 aF BGB. § 1617e Abs 3 und 4 BGB hingegen wurden neu geschaffen – § 1617e Abs 3 BGB war das Ergebnis langjähriger Forderungen (Rn 7) und § 1617e Abs 4 BGB eine Überraschung in letzter Minute.

3. Zielsetzung und Normbedeutung

11 Die Zielsetzung der Norm wurde überwiegend bereits in der Entstehungsgeschichte deutlich: Die Einbenennung dient der Namensintegration des Kindes in die Stieffamilie, der nach außen gerichteten Verlautbarung und der nach innen gerichteten Förderung der sozialen Integration des Kindes in die neue Familie mit dem Stiefelternteil. Die Selbsteinbennung Volljähriger passt nur eingeschränkt in diese Logik, aber naturgemäß kann auch ein volljähriges Kind das Bedürfnis nach Namensintegration in die Stieffamilie haben und ist insoweit schützenswert. Wie stets ist, wenn man den Namen des Einzelnen grundsätzlich autonomieorientiert und freiheitlich versteht, jede Möglichkeit zur autonomen Gestaltung begrüßenswert. Nur stehen dem freilich stets die Reduktion der Namenskontinuität und – bei der aktuellen kasuistischen Re-

gelungstechnik des Gesetzgebers – die Unübersichtlichkeit des Regelwerkes als Nachteile gegenüber.

Mit der Rückbenennung sollte endlich ein actus contrarius zur Einbenennung im Zivilrecht eingeführt werden. Dafür stritt nicht nur das Streben nach einem möglichst widerspruchsfreien zivilrechtlichen namensrechtlichen Normgefüge, sondern vor allem die für die Einzelnen mit dem Weg über § 3 NÄG verbundenen Härten. Die Namensänderungsoptionen des § 1617e BGB schwächen zwar die Namenskontinuität, stärken aber die Autonomie der Namensträger, die Anpassungsfähigkeit des Namens an sich wandelnde familiäre Gruppen im Verlauf einer Biographie und damit auch die Identifikationsfunktion des Namens. **12**

Die quantitative Normbedeutung ist deutlich geringer als die des § 1617d BGB, denn nur circa 6 % der minderjährigen Kinder leben mit einem Stiefelternteil zusammen (https://www.dji.de/ueber-uns/projekte/projekte/familiensurvey-3-welle/stieffamilien-in-deutschland/ergebnisse.html) und nur in einem Teil von diesen besteht ein Bedürfnis nach Einbenennung. Der Anteil derjenigen Stiefelternehen, die scheitern und in denen dann der Wunsch nach Rückbenennung entsteht, ist noch kleiner. **13**

II. Einbenennung

1. Einbenennung Minderjähriger

a) Begriff und Varianten

§ 1617e Abs 1 BGB ermöglicht die Namensintegration des Kindes in die eheliche Familie seines (zumindest mit-)sorgeberechtigten Elternteils mit einem Dritten („Stiefelternteil"). § 1617e Abs 1 S 1 BGB enthält erstmals eine **Legaldefinition** der Einbenennung, die indes angesichts der Vielzahl der in ihr enthaltenen Voraussetzungen etwas sperrig geraten ist (krit daher jurisPK-BGB/Hamdan § 1617e Rn 10). Verständlicher formuliert die Gesetzesbegründung der Namensrechtsreform 2024, es handele sich bei der Einbenennung um die „Neubestimmung des Geburtsnamens eines Kindes mit dem Ziel, dieses namentlich in die Familie eines Elternteils mit dessen (neuem) Ehegatten, der nicht Elternteil des Kindes ist, zu integrieren" (BT-Drucks 20/9041, 54). Da das Kind einem heiratsbedingten Namenswechsel seines sorgeberechtigten Elternteils nicht nach sonst üblichen Grundsätzen des § 1617c Abs 2 BGB folgt, muss diese Integration durch konstitutiven Akt, die sogenannte „Einbenennung" erfolgen. Die gesetzgeberische Intention für die Ermöglichung der Einbenennung liegt weniger in den neuen rechtlichen Verhältnissen (Wiederheirat) als vielmehr in den neuen **tatsächlichen Verhältnissen** (so auch BeckOK-BGB/Pöcker [1. 11. 2025] § 1617e Rn 1). Es sollen bspw Namenseinheit mit den etwaigen Halbgeschwistern hergestellt und faktische Probleme im Umgang mit der Schule und anderen Dritten vermieden werden (BeckOK-BGB/Pöcker [1. 11. 2025] § 1617e Rn 1; BT-Drucks 20/9041, 57). **14**

Es verbergen sich unter der Einbenennung **mehrere Varianten** mit dogmatisch unterschiedlicher Bedeutung: (1) Hat das **Kind bisher den Namen des wiederheiratenden Elternteils** getragen, räumt die Einbenennung nur die Namensfolgesperre des § 1617c Abs 2 Nr 2 BGB für heiratsbedingte Namenswechsel des Bezugselternteils aus dem Weg („nachziehende Einbenennung"). (2) Hat das **Kind bisher den Namen des anderen Elternteils** geführt, so bedeutet die Einbenennung einen *Wechsel des namens-* **15** *rechtlichen Bezugselternteils* – wie in § 1617a Abs 3 BGB, nur hier mit Zustimmung auch des Stiefelternteils und in umgekehrter Richtung, dh vom nichtsorgeberechtigten zum sorgeberechtigten Elternteil („erteilende Einbenennung"). (3) Hat das Kind bisher einen Doppelnamen beider Elternteile geführt, richtet sich der Effekt nach (1) oder (2) – je nachdem, welcher Teil des Altdoppelnamens bei der Schaffung des Neudoppelnamens entfällt. Die erste Variante entspricht § 1618 aF BGB, die zweite Variante stellt eine durch das KindRG 1998 neu eröffnete Möglichkeit dar (zu dieser Unterscheidung Hepting StAZ 2002, 129, 135; Zwissler FPR 2004, 64, 65).

16 Vor dem 1. 5. 2025 unterschied das Recht zwischen der substitutiven/ersetzenden und der additiven Einbenennung – ersterenfalls wurde dem Kind der Ehename der Stiefelternehe erteilt (§ 1618 S 1 aF BGB), zweiterenfalls wurde der Ehename der Stiefelternehe dem von dem Kind zur Zeit der Erklärung geführten Namen vorangestellt oder angefügt (§ 1618 S 2 aF BGB). Da die belastende Wirkung für den anderen Elternteil bei der additiven Einbenennung geringer ist als bei der substitutiven Einbenennung, hatten sich im Detail unterschiedliche Maßstäbe entwickelt (insbesondere bei der Einwilligungsersetzung, siehe Rn 50 ff). Das neue Recht seit 1. 5. 2025 unterscheidet nicht mehr in derselben Weise zwischen **substitutiver und additiver Einbenennung**, doch ähnelt die Unterscheidung zwischen § 1617e Abs 1 S 1 Nr 1 und 2 BGB dem noch in groben Zügen; indes mit dem Unterschied, dass es bei der Erteilung eines Doppelnamens zur Begrenzung von Namensketten letztlich doch zu einem Wegfall des Namens des anderen Elternteils kommen kann (§ 1617e Abs 1 S 1 Nr 2 iVm S 2 iVm § 1617 Abs 2 Nr 2 BGB). Förderhin können die für die substitutive Einbenennung entwickelten Maßstäbe noch dann Berücksichtigung finden, wenn der Name des anderen Elternteils wegfällt (sei es qua § 1617e Abs 1 S 1 Nr 1 oder Nr 2 BGB), und die für die additive Einbenennung entwickelten Maßstäbe dann, wenn der Name des anderen Elternteils im Doppelnamen erhalten bleibt (qua § 1617e Abs 1 S 1 Nr 2 BGB).

17 Auch die Gesetzesbegründung zur Reform von 2025 stellt klar, dass die Voraussetzungen der Einbenennung inhaltlich unverändert bleiben sollen (BT-Drucks 20/9041, 54).

b) Voraussetzungen

aa) Minderjähriges Kind

18 Da das Kind nach S 1 unter elterlicher Sorge stehen muss, muss es **minderjährig** sein (§§ 2, 1626 Abs 1 S 1 BGB). Dabei genügt es, wenn im Moment der Erteilungserklärung durch den Elternteil die Minderjährigkeit (und damit das Sorgerecht) noch besteht – das Volljährigwerden des Kindes vor seiner Zustimmung oder der Erklärung des Stiefelternteils schadet nicht. Auch die **pränatale** Einbenennung ist möglich, wird aber erst mit Geburt wirksam (Grüneberg/Götz § 1617e Rn 2; BeckOGK-BGB/Kienemund [1. 11. 2025] § 1617e Rn 23; Erman/Döll § 1617e Rn 7; jurisPK-BGB/Hamdan § 1617e Rn 17; Botthoff/Kiehn/von Bary/Botthoff § 1617e Rn 14). Nicht möglich ist indes die **postmortale** Einbenennung nach dem Tod des Kindes – der alleinige Zweck des § 1617e BGB – die Namensintegration des Kindes in die neue Familie – ist jetzt nicht mehr erreichbar (anders die Interessenlage bei § 1617a Abs 3 BGB); die Norm setzt einen rechtsfähigen Namensträger voraus (BeckOGK-BGB/Kienemund [1. 11. 2025] § 1617e Rn 23).

Die Voraussetzung, dass das Kind „unverheiratet" sein müsse, ist zum 22. 7. 2017 durch das **Kinderehenbekämpfungsgesetz** entfallen; es handelt sich um eine Folgeregelung zu dem Umstand, dass die Dispensmöglichkeit des § 1303 aF BGB für 16- und 17-jährige Eheschließungswillige entfallen ist. Da es somit keine verheirateten Kinder mehr geben könne, seien entsprechende Sonderregeln nicht mehr erforderlich (BT-Drucks 18/12086, 21). Die flächendeckende Abschaffung des Wortes „unverheiratet" durch den Gesetzgeber trägt freilich dem Umstand nicht Rechnung, dass es nach deutschem Sachrecht bei Verstoß gegen die Altersgrenze durch 16- und 17-jährige zu aufhebbaren, aber dennoch bis zur Aufhebung wirksamen Ehen kommen kann und dass es bei Ehen von Minderjährigen ausländischer Staatsangehörigkeit ebenfalls aufhebbare, aber wirksame Ehen von 16- und 17-jährigen geben kann (Art 13 Abs 3 Nr 2 EGBGB). 19

bb) Sorgerecht des Elternteils, der mit einem Dritten verheiratet ist

Das Kind muss unter der elterlichen Sorge des Elternteils stehen, der es in die Ehe mit einem Dritten (= Stiefelternteil) „eingebracht" hat. Dabei bleibt es nach der Neufassung durch das KindRVerbG 2002 gleich, ob der Elternteil das Sorgerecht allein innehat oder gemeinsam mit dem anderen Elternteil. 20

Wegen der Gleichstellung von Alleinsorge und gemeinsamer Sorge ist es unerheblich, ob diese jeweils in vollem Umfang oder nur **teilweise** besteht. Wesentlich ist nur, dass der mit dem Dritten verheiratete Elternteil *den* Teil der Sorge zumindest mit innehat, dem die Befugnis zur Namenserteilung zuzurechnen ist. Es genügt mithin die **tatsächliche Personensorge im Hinblick auf die Namenserteilung** (BeckOK-BGB/Pöcker [1. 11. 2025] § 1617e Rn 2; Schmiegelt Rpfleger 2022, 101, 101). Unerheblich ist des Weiteren die rechtliche Beziehung zwischen beiden Eltern (geschieden; niemals verheiratet) und die Grundlage des Sorgerechts (§§ 1626, 1626a Abs 1, 2 oder 3, 1671 BGB etc). Zum Tod des (mit-)sorgeberechtigten Elternteils siehe Rn 45, 106. 21

cc) Bisheriger Name des Kindes

Während eine frühere Fassung der Regelung verlangte, dass das Kind seinen Namen von der Mutter ableitet, enthält sich die geltende Fassung jeglicher Einschränkung. Es kommt deshalb **jeder Name** als bisheriger Geburtsname des Kindes in Betracht (so auch Botthoff/Kiehn/von Bary/Botthoff § 1617e Rn 23). Er kann von einem *Individualnamen* des einen oder des anderen Elternteils abgeleitet sein oder vom *Ehenamen* oder Lebenspartnerschaftsnamen der Eltern, es kann ein Einzel- oder ein Doppelname sein, es kann der ursprüngliche Geburtsname sein oder aus einer früheren Namenserteilung – auch einer früheren Einbenennung – stammen. 22

Es ist nicht einmal nötig, dass das Kind **überhaupt schon einen Namen** führt – hieran fehlt es stets bei der pränatalen Einbenennung (die freilich erst mit Geburt wirksam werden kann, siehe Rn 18) und möglicherweise bei Auslandsgeburten (vgl HWB/Wagenitz/Bornhofen § 1617e Rn 19; zust BeckOGK-BGB/Kienemund [1. 11. 2025] § 1617e Rn 24; BeckOK-BGB/Pöcker [1. 11. 2025] § 1617e Rn 3.2). 23

dd) Ehe von Elternteil und Stiefelternteil

Die Heirat des Elternteils mit einem Dritten kann vor oder nach der Kindesgeburt liegen. (Handelt es sich nicht um eine Ehe, sondern um eine LPart, gilt § 21 LPartG.) Die Ehe muss im Erteilungszeitpunkt grundsätzlich **schon und noch bestehen**, denn die 24

Erteilung erfolgt durch den Elternteil und seinen „Ehegatten“ (S 1). Eine Namenserteilung nach **Scheidung** (ohnehin eine kaum realistische Vorstellung) scheidet deshalb selbst dann aus, wenn beide ehemaligen Gatten noch den Ehenamen fortführen. Gleiches gilt für den Fall, dass der **Stiefelternteil verstorben** ist – die neue Familiengemeinschaft, in die das Kind namensmäßig integriert werden sollte, besteht dann nicht mehr (OLG Zweibrücken 16. 1. 2004 – 2 UF 180/03, 2 UF 181/03, StAZ 2004, 231, 232; MünchKommBGB/vSachsen Gessaphe § 1618 Rn 10; BeckOGK-BGB/Kienemund [1. 11. 2025] § 1617e Rn 12); freilich scheidet eine Einbenennung auch aus, wenn der leibliche Elternteil verstorben ist (BeckOGK-BGB/Kienemund [1. 11. 2025] § 1617e Rn 12). Einer Einbenennung bedarf es nach Auflösung der Stiefelternehe auch gar nicht mehr, wenn der Elternteil sein Kind namensrechtlich „nachziehen“ will: Die Folgesperre des § 1617c Abs 2 Nr 2 BGB ist gegenstandslos geworden, der Elternteil kann seinen „erheirateten Namen“ nach dieser Vorschrift weitergeben wie in anderen Konstellationen auch; denn hier war schon nach altem Recht prä 2025 eine Grenze des § 1617c Abs 2 Nr 2 BGB akzeptiert: Ist die Ehe mit dem Dritten wieder aufgelöst und führt der Elternteil seinen zum Ehenamen gewordenen Geburtsnamen weiter, *muss* das Kind sich dem Elternnamen nunmehr anschließen können, es kann nicht dauernd vom Geburtsnamen seines Elternteils getrennt bleiben. Eine „Ersetzung“ der Stiefelternerklärung analog § 1617e Abs 2 S 2 BGB scheidet deshalb in jedem Fall aus (OLG Zweibrücken 16. 1. 2004 – 2 UF 180/03, 1 UF 181/03, StAZ 2004, 231, 232). Ist hingegen der mit dem Stiefelternteil verheiratete **Elternteil verstorben**, so ist eine Einbenennung allein durch den Stiefelternteil nach § 1617e BGB von vornherein ausgeschlossen. Dennoch kann insoweit ein berechtigtes Interesse bestehen, wenn der Stiefelternteil Vormund wird oder das Kind im Einverständnis mit dem anderen Elternteil oder gemäß einer Anordnung nach § 1682 BGB weiter aufzieht. Statt einer Bemühung des NÄG könnte eine analoge Anwendung des § 1617e BGB in Betracht gezogen werden.

ee) Ehename in der Ehe von Stiefelternteil und Elternteil

25 Nur wenn sich Elternteil und Stiefelternteil zur Namenseinheit entschließen, erwächst dem Stiefelternteil ein Mitbestimmungsrecht über die Namensfolge des Kindes (S 1 mit § 1617c Abs 2 Nr 2 BGB), sonst folgt das Kind Namensänderungen seines Bezugselternteils ohne weiteres nach § 1617c Abs 2 Nr 2 BGB. Führen die Ehegatten ihre bisherigen Namen fort (§ 1355 Abs 1 S 3 BGB), kommt eine Erteilung des Stiefelternnamens nicht in Betracht (Grüneberg/Götz § 1617e Rn 3; BeckOGK-BGB/Kienemund [1. 11. 2025] § 1617e Rn 14), auch dann nicht, wenn das Kind ausnahmsweise nicht den gleichen Namen führt wie sein Elternteil (Gaaz FPR 2002, 125, 128). Typischerweise wird der Ehename vom **Namen des Stiefelternteils** abgeleitet sein; dies ist aber nicht Voraussetzung des § 1617e Abs 1 BGB. Haben Elternteil und Kind bisher unterschiedliche Namen geführt und wird nun der Name des Elternteils zum Ehenamen bestimmt, so folgt das Kind der Namensänderung nicht nach § 1617c Abs 2 Nr 2 BGB, es kann aber (in den Namen des eigenen Elternteils!) einbenannt werden (Fachausschuss Standesbeamte StAZ 2007, 213). Gleiches gilt, wenn der Geburtsname des Elternteils zum Ehenamen gewählt worden ist (§ 1355 Abs 2 S 1 Nr 1 BGB), vorher aber vom Elternteil und – daran anknüpfend, § 1617 Abs 1 BGB oder § 1617a Abs 1 BGB – vom Kind ein anderer („erheirateter“) Name geführt wurde.

26 Einer Namenserteilung nach § 1617e Abs 1 BGB steht nicht entgegen, dass ein Ehegatte dem Ehenamen einen **Begleitnamen** (§ 1355a BGB) hinzugefügt hat. Erteilbar ist dann aber nur der Ehename, nicht der um den Begleitnamen ergänzte Name.

ff) Aufnahme des Kindes in den gemeinsamen Haushalt

Mit diesem Erfordernis wollte der Gesetzgeber des KindRVerbG 2002 verdeutlichen, dass die Einbenennung lediglich die Funktion hat, die soziale Integration des Kindes in die neue Familie mit dem Stiefelternteil nach außen zu verlautbaren – nicht aber, nicht existente Familienbeziehungen vorzutäuschen. Ausgeschlossen ist die Einbenennung insbesondere dann, wenn das Kind bei gemeinsam sorgeberechtigten Eltern vom anderen Elternteil betreut wird, der nicht mit dem Stiefelternteil verheiratet ist (vgl BReg, Stellungnahme in BT-Drucks 14/2096, 10: Einbenennung etwa wegen klangvollen oder bekannten Namens des Stiefelternteils). Die Aufnahme in den Haushalt von Stiefelternteil und Elternteil ist aber auch Einbenennungsvoraussetzung, wenn letzterer alleinsorgeberechtigt ist (anders wohl Hk-BGB/Kemper § 1618 Rn 3). Die Aufnahme in den Haushalt muss rechtmäßig, also nicht unter Verletzung des Sorgerechts des anderen Elternteils erfolgen (BeckOGK-BGB/Kienemund [1. 11. 2025] § 1617e Rn 20; BeckOK-BGB/Pöcker [1. 11. 2025] § 1617e Rn 4.1; jurisPK-BGB/Hamdan § 1617e Rn 15). Die Obhut iSd § 1629 Abs 2 S 2 BGB genügt noch nicht (BeckOGK-BGB/Kienemund [1. 11. 2025] § 1617e Rn 18; Botthoff/Kiehn/von Bary/Botthoff § 1617e Rn 18). 27

Die Aufnahme in den gemeinsamen Haushalt der Eheleute wird dann zu bejahen sein, wenn **beide Ehegatten und das Kind in einer gemeinsamen Wohnung tatsächlich den Mittelpunkt ihrer Lebensführung** haben (BeckOK-BGB/Pöcker [1. 11. 2025] § 1617e Rn 4; jurisPK-BGB/Hamdan § 1617e Rn 15; BeckOGK-BGB/Kienemund [1. 11. 2025] § 1617e Rn 16). Partielle Drittbetreuung (Tagesmutter, Krippe uä) schadet nicht. Angesichts des Telos dieses Erfordernisses ist richtigerweise sein Vorliegen auch in dem Fall nicht verneint worden, in dem das Kind aufgrund von Erziehungsproblemen vorübergehend in einer Jugendhilfeeinrichtung untergebracht ist (AG Saarbrücken 12. 12. 2007 – 10 III E 77/07, StAZ 2010, 51, 51 f). Anders wird bei dauerhafter Unterbringung zu entscheiden sein (BeckOK-BGB/Pöcker [1. 11. 2025] § 1617e Rn 4.1; BeckOGK-BGB/Kienemund [1. 11. 2025] § 1617e Rn 19). Nach dem gesetzgeberischen Willen soll auch beim paritätischen Wechselmodell eine Aufnahme in den Haushalt – mithin dann in beide Haushalte – vorliegen (BT-Drucks 20/9041, 53). Leben Elternteil und Stiefelternteil getrennt (§ 1567 BGB), scheitert die Einbenennung – auch wenn der getrenntlebende Ehegatte der Einbenennung zustimmt – am Erfordernis des *gemeinsamen* Haushalts (OLG Zweibrücken 29. 6. 2011 – 3 W 51/11, StAZ 2012, 146; BeckOK-BGB/Pöcker [1. 11. 2025] § 1617e Rn 4; Erman/Döll § 1617e Rn 5). 28

Für den **Nachweis** des gemeinsamen Haushalts wird regelmäßig eine Meldebescheinigung (§ 18 BMG) vorzulegen sein (BeckOGK-BGB/Kienemund [1. 11. 2025] § 1617e Rn 21; jurisPK-BGB/Hamdan § 1617e Rn 16; Botthoff/Kiehn/von Bary/Botthoff § 1617e Rn 19); darüber (anlasslos) hinausgehende Prüfungs- und Nachforschungspflichten dürften sich mit der Rolle des Standesamts nicht vereinbaren lassen; anders indes, wenn sich Hinweise für Zweifel an der Haushaltsaufnahme ergeben (BeckOGK-BGB/Kienemund [1. 11. 2025] § 1617e Rn 21; Botthoff/Kiehn/von Bary/Botthoff § 1617e Rn 19). 29

gg) Nicht: Geschwisternamenseinheit

Die **Geschwisternamensbindung** (§ 1617 Abs 5 BGB) steht einer Einbenennung einzelner Geschwister von mehreren nicht entgegen (BeckOGK-BGB/Kienemund [1. 11. 2025] § 1617e Rn 69; BeckOK-BGB/Pöcker [1. 11. 2025] § 1617e Rn 3; Botthoff/Kiehn/von Bary/Botthoff § 1617e Rn 25). Die Eltern sind nicht zu einer einheitlichen Einbenennung aller Kinder verpflichtet. Eine dem Art 224 § 3 Abs 3 S 2 EGBGB entspre- 30 chende Bestimmung fehlt. § 1617e BGB ist folglich eine Quelle für Namensdivergenzen von Geschwistern (jurisPK-BGB/Hamdan § 1617e Rn 58; Erman/Döll § 1617e Rn 4).

c) Namenserteilung

aa) Erteilungsberechtigung von Elternteil und Stiefelternteil

31 Elternteil und Stiefelternteil erteilen dem Kind ihren Ehenamen **gemeinsam**. Dies scheint zunächst zwanglos aus der gemeinsamen Verfügungsbefugnis über den Ehenamen zu folgen, verdeckt aber die unterschiedlichen Grundlagen beider Erklärungen: Die Erteilung durch den Elternteil ist ein Akt der **Personensorge** wie alle anderen namensrechtlichen Bestimmungen der Eltern für ihre Kinder (BGH 29. 9. 1999 – XII ZB 139/99, StAZ 2000, 45; BeckOGK-BGB/Kienemund [1. 11. 2025] § 1617e Rn 34). Die bei gemeinsamem Sorgerecht mit dem anderen Elternteil notwendige Mitwirkung (nicht § 1687 Abs 1 S 2 BGB, da Frage von „erheblicher Bedeutung") wird durch dessen Einwilligung sichergestellt, Abs 2 S 1.

32 Der Stiefelternteil hingegen hat kein Sorgerecht, seine Erklärung bedeutet eine **persönlichkeitsrechtliche Disposition** über seinen Namen, sie ist der Sache nach eher *Zustimmung* zur Namenserteilung durch den Elternteil (BeckOGK-BGB/Kienemund [1. 11. 2025] § 1617e Rn 34; krit Botthoff/Kiehn/von Bary/Botthoff § 1617e Rn 33; vgl HWB/Wagenitz/Bornhofen § 1617e Rn 28, 29).

bb) Erteilungserklärungen

33 Zwar müssen **beide Ehegatten** die Namenserteilung erklären, aber **nicht in einem gemeinsamen Erklärungsakt** (BeckOGK-BGB/Kienemund [1. 11. 2025] § 1617e Rn 35). Alter und Interessenlage der Ehegatten können unterschiedlich sein und dementsprechende Differenzierungen rechtfertigen (Krömer StAZ 1999, 47). Im Fall der Geschäftsunfähigkeit ist zu differenzieren: Für den geschäftsunfähigen Stiefelternteil handelt der Betreuer, wenn sein Aufgabenkreis dies umfasst (Botthoff/Kiehn/von Bary/Botthoff § 1617e Rn 37; Erman/Döll § 1617e Rn 8). Ist der einbenennende Elternteil geschäftsunfähig, kann weder er selbst noch sein Betreuer die Einbenennung erklären (BeckOGK-BGB/Kienemund [1. 11. 2025] § 1617e Rn 9); es ist – wenn nicht, wie regelmäßig, die Sorge auf den anderen Elternteil übergegangen ist (§§ 1673 Abs 1, 1678 Abs 1, Abs 2 BGB) – ein Vormund oder Pfleger zu bestellen, der dann Vertreter des Kindes und nicht des geschäftsunfähigen Elternteils ist (Botthoff/Kiehn/von Bary/Botthoff § 1617e Rn 37; Erman/Döll § 1617e Rn 8).

34 Für die Erteilung als **Willenserklärung** gelten grundsätzlich die gleichen Regeln wie für elterliche Namensbestimmungen (siehe die Kommentierung zu § 1617 BGB). Ist der Elternteil geschäftsunfähig, ist eine Einbenennung erst möglich, wenn dieser Sorgeaspekt einem Vormund übertragen wurde, der dann die Erteilungserklärung abgibt (**aA** BeckOK-BGB/Pöcker [1. 11. 2025] § 1617e Rn 2). Bis zum Wirksamwerden sind die Erklärungen (ungeachtet interner Vereinbarungen) **widerruflich**, danach jedoch nicht mehr (BeckOGK-BGB/Kienemund [1. 11. 2025] § 1617e Rn 66; Hepting/Gaaz § 15c PStG Rn 11 ff); auch eine Anfechtung scheidet grundsätzlich aus.

cc) Gestaltungsmöglichkeiten

35 Elternteil und Stiefelternteil können dem Kind entweder ihren Ehenamen oder einen aus ihrem Ehenamen und dem von dem Kind zur Zeit der Erklärung geführten Geburtsnamen gebildeten Doppelnamen erteilen (§ 1617e Abs 1 S 1 Nr 1 und 2

BGB). Es handelt sich um einen echten Doppelnamen; die früher bestehende Möglichkeit zur Erteilung eines unechten Doppelnamens entfällt (BT-Drucks 20/9041, 55). Mit dem Doppelnamen wird nun ermöglicht, dass das Kind ein namensrechtliches Band auch zum anderen Elternteil aufrechterhält. Zur Verhinderung von Namensketten verweist § 1617e Abs 1 S 2 BGB auf § 1617 Abs 2 Nr 2 BGB.

Es soll angesichts des Zwecks der Namensintegration des Kindes in die Stieffamilie (zumal für neu hinzutretende Kinder der Stieffamilie § 1616 BGB gilt) nicht möglich sein, den Ehenamen der Stiefelternehe dem Kind verkürzt zu erteilen (BT-Drucks 20/9041, 54). 36

d) Zustimmungen

aa) Zustimmung des anderen Elternteils

Der Einwilligung des „anderen Elternteils", dh desjenigen, der nicht mit dem Kind zusammenlebt, bedarf es in zwei Fällen: (1) wenn das Kind bislang dessen Namen führt und (2) wenn die Eltern gemeinsames Sorgerecht haben. 37

(1) Einwilligungserfordernis qua partieller oder totaler Namensidentität

Die Einwilligungsberechtigung bei Namensgleichheit mit dem Kind räumt dem anderen Elternteil kein umfassendes Kontrollrecht ein, sondern schützt nur sein Interesse an fortbestehender Namensgemeinschaft mit dem Kind (BT-Drucks 13/4899, 92; Gaaz FPR 2002, 125, 129). Maßgeblicher Zeitpunkt für die erforderliche Namensidentität ist der der Einbenennung (BeckOGK-BGB/Kienemund [1. 11. 2025] § 1617e Rn 48; BeckOK-BGB/Pöcker [1. 11. 2025] § 1617e Rn 5; jurisPK-BGB/Hamdan § 1617e Rn 20; AG Lübeck 30. 7. 2002 – 3 III 68/02, StAZ 2003, 143). 38

In der ersten Variante ist das Zustimmungserfordernis teleologisch zu reduzieren, wenn das Kind einen Doppelnamen erhält und dabei der Name des anderen Elternteils nicht entfällt. Ein Recht des anderen Elternteils, seinen Namen nicht mit dem eines „Nachfolgers" in einem Doppelnamen wiederzufinden, gibt es nicht. 39

Ein über diese Voraussetzungen hinausgehendes, allgemeines Mitspracherecht kraft bloßer Elternstellung hat der andere Teil nicht (BT-Drucks 13/4899, 92; vgl auch EGMR NJW 2003, 1921, 1922 [weder Sorgerecht noch Namensgleichheit Vater-Kind]; krit Battes, in: FS Gaul [1997] 13, 16). 40

Es muss Gleichheit zwischen dem **aktuell geführten** Namen von Kind und anderem Elternteil bestehen (BeckOGK-BGB/Kienemund [1. 11. 2025] § 1617e Rn 48; Botthoff/Kiehn/von Bary/Botthoff § 1617e Rn 46). 41

Es ist nicht völlige Namensübereinstimmung erforderlich, **Teilgemeinsamkeit genügt** (BeckOGK-BGB/Kienemund [1. 11. 2025] § 1617e Rn 49; Botthoff/Kiehn/von Bary/Botthoff § 1617e Rn 45; HWB/Wagenitz/Bornhofen § 1617e Rn 46; Gaaz FPR 2002, 125, 129), etwa wenn ein Doppelname geführt wird (BT-Drucks 20/9041, 56; jurisPK-BGB/Hamdan § 1617e Rn 22) oder der andere Elternteil den fraglichen Namensteil noch als Begleitnamen trägt. Es genügt auch, wenn der andere Elternteil seinerseits den Namen, den auch das Kind führt, vom Betreuungselternteil als Ehenamen übernommen („erheiratet") hatte. 42

43 Hinreichende Namensidentität ist **nicht** (mehr) gegeben, wenn

- sich der andere Elternteil vom früheren Ehenamen, den das Kind nach § 1616 BGB übernommen hatte, abgewendet hat (§ 1355 Abs 5 S 2 Nr 1 BGB; vgl Fachausschuss Standesbeamte StAZ 2000, 23);
- sich der Name des anderen Elternteils, von dem sich der Kindesname ableitete, geändert und das Kind sich dieser Änderung nicht angeschlossen hat (§ 1617c Abs 1, 2 BGB);
- der andere Elternteil neu geheiratet und den Namen seines Gatten zum Ehenamen bestimmt hat; dass der bisherige, mit dem Kindesnamen übereinstimmende Elternname noch als „latenter" Name weiterexistiert, genügt nicht – § 1617e Abs 1 BGB stellt auf „geführte Namen" ab.

Andererseits steht der geforderten Namensgleichheit nicht entgegen, wenn der andere Elternteil zwischenzeitlich einen anderen Namen geführt hatte (zB in einer neuen Ehe), jetzt aber zum gemeinsamen Namen mit dem Kind zurückgekehrt ist (§ 1355 Abs 5 S 2 BGB); Namensgleichheitskontinuität ist mithin nicht erforderlich (Botthoff/Kiehn/von Bary/Botthoff § 1617e Rn 47; HWB/Wagenitz/Bornhofen § 1617e Rn 49).

(2) Einwilligungserfordernis qua Sorgerecht

44 Die Einwilligungsberechtigung bei gemeinsamem Sorgerecht folgt aus dem sorgerechtlichen Charakter der Namenserteilung und eröffnet dem anderen Elternteil unabhängig von Namensidentität mit dem Kind die Kontrolle über die Einbenennungsentscheidung. Für einen Dissens der Eltern gelten allerdings nicht die allgemeinen Regeln (§ 1628 BGB oder § 1671 BGB), die eine freie Kindeswohlabwägung des FamG vorsehen, sondern vielmehr § 1617e Abs 2 S 2 BGB als lex specialis.

(3) Kein Einwilligungserfordernis bei Tod

45 Ist der andere Elternteil schon verstorben so steht dies einer Namenserteilung nach § 1617e BGB nicht entgegen (BayObLG 25. 5. 1999 – 1 Z BR 208/98, StAZ 1999, 236 f; OLG Zweibrücken 5. 2. 1999 – 3 W 11/99, FamRZ 1999, 1371, 1372). Umstritten ist jedoch, ob die **Einwilligung des anderen Elternteils** dann **gegenstandslos geworden** ist (in diesem Sinne OLG Hamm 16. 8. 2007 – 15 W 107/07, StAZ 2008, 76, 77; BayObLG 7. 7. 2004 – 1 Z BR 067/04, StAZ 2004, 335, 336; BayObLG 5. 9. 2002 – 1 Z BR 91/02, BayObLGZ 2002, 288; OLG Stuttgart 26. 7. 2000 – 18 UF 268/00, StAZ 2001, 68; OLG Frankfurt 25. 6. 2001 – 20 W 201/2000, 20 W 201/00, StAZ 2001, 270; OLG Zweibrücken 1. 7. 1999 – 5 WF 46/99, FamRZ 2000, 696 f; AG Bremen 11. 1. 1999 – 48 III 115/98, StAZ 1999, 242 f; AG Limburg 29. 12. 1999 – 3 UR III 33/99, StAZ 2000, 81; AG Kiel 30. 8. 1999 – 50 F 374/99, StAZ 2000, 21 f; AG Lübeck 3. 11. 1999 – 3 III 85/99, StAZ 2000, 22; Sachse StAZ 2000, 22; Gaaz FPR 2002, 125, 131 f; Zwissler FPR 2004, 64, 66; BeckOGK-BGB/Kienemund [1. 11. 2025] § 1617e Rn 45; BeckOK-BGB/Pöcker [1. 11. 2025] § 1617e Rn 5; jurisPK-BGB/Hamdan § 1617e Rn 23; Grüneberg/Götz § 1617e Rn 7; **zweifelnd** Hepting StAZ 2002, 129, 139 f), ob das Einwilligungsrecht auf seine Angehörigen übergegangen ist oder ob es einer **gerichtlichen Ersetzung** entspr § 1617e Abs 2 S 2 BGB bedarf (so OLG Zweibrücken 5. 2. 1999 – 3 W 11/99, FamRZ 1999, 1372, 1373 f; OLG Hamm 13. 4. 2000 – 15 W 75/00, StAZ 2000, 213; HWB/Wagenitz/Bornhofen § 1617e Rn 68). Die erste Auffassung überzeugt, da das Schutzgut des Einwilligungserfordernisses, die aktuelle Namensübereinstimmung von Elternteil und Kind oder das Mitsorgerecht des anderen Elternteils, nicht mehr

besteht. Ein etwaiges Interesse des Verstorbenen an der Namensidentität über seinen Tod hinaus wird vom Gesetz nicht geschützt (OLG Hamm 16. 8. 2007 – 15 W 107/07, StAZ 2008, 76, 77). Deshalb kommt es auch nicht darauf an, ob sich die Willensrichtung des Verstorbenen noch ermitteln lässt (so aber OLG Zweibrücken 5. 2. 1999 – 3 W 11/99, FamRZ 1999, 1372, 1373 f), und für eine objektive Kontrolle der Namenserteilung im Lichte anderer Interessen (Abstammungsfamilie; Geschwister) bietet die Norm keinen Ansatzpunkt (ausf und sorgfältig OLG Zweibrücken 1. 7. 1999 – 5 WF 46/99, FamRZ 2000, 696, 697; siehe auch OLG Hamm 16. 8. 2007 – 15 W 107/07, StAZ 2008, 76, 77).

Anderes gilt bei **unbekanntem Aufenthalt** des anderen Elternteils – hier ist die Einwilligung nicht entbehrlich, vielmehr bedarf es ihrer Ersetzung (BeckOGK-BGB/Kienemund [1. 11. 2025] § 1617e Rn 45; BeckOK-BGB/Pöcker [1. 11. 2025] § 1617e Rn 5; OLG Hamm 3. 11. 1999 – 5 UF 360/99, FamRZ 2000, 695; AG Blomberg 27. 5. 2002 – 3 F 89/02, FamRZ 2002, 1736 f; Klüsener Rpfleger 2002, 233, 235), die aber wohl regelmäßig vorzunehmen wäre. 46

(4) Erklärung der Einwilligung

Die Einwilligung ist Wirksamkeitsvoraussetzung, muss aber nicht *vor* den Erteilungserklärungen nach Abs 1 abgegeben werden, sie kann diesen auch nachfolgen in Form einer Genehmigung (vgl BayObLG 25. 5. 1999 – 1 Z BR 208/98, StAZ 1999, 236, 237; Zwissler FPR 2004, 64, 67; Gaaz FPR 2002, 125, 130; BeckOGK-BGB/Kienemund [1. 11. 2025] § 1617e Rn 41; **aA** AG München 2. 6. 2000 – 721 UR III 341/99, StAZ 2000, 268). 47

Als **Willenserklärung** ist sie den Erteilungserklärungen generell gleichgestellt (so wohl auch Botthoff/Kiehn/von Bary/Botthoff § 1617e Rn 51 f). Es gelten deshalb die allgemeinen Grundsätze für namensrechtliche Willenserklärungen (§ 1617 Rn 32; zur Form siehe Fachausschuss Standesbeamte StAZ 2005, 212 [gerichtlicher Vergleich, § 127a BGB]; zur Einwilligung bei Betreuung des leiblichen Vaters Fachausschuss Standesbeamte Nr 4039, StAZ 2015, 350), insbesondere auch die Empfangszuständigkeit des Standesamts – die Einwilligung gegenüber dem sorgeberechtigten Elternteil genügt nicht (vgl § 1617a Rn 51). Die Einwilligung ist eine höchstpersönliche Erklärung, eine Generalvollmacht an den anderen Ehegatten macht die Erteilung der Einwilligung mithin nicht entbehrlich (Fachausschuss Standesbeamte StAZ 2013, 326; BeckOK-BGB/Pöcker [1. 11. 2025] § 1617e Rn 6.1; jurisPK-BGB/Hamdan § 1617e Rn 44; Erman/Döll § 1617e Rn 7). 48

bb) Gerichtliche Ersetzung der Einwilligung

Gemäß § 1617e Abs 2 S 2 BGB kann das Familiengericht die Einwilligung des anderen Elternteils ersetzen, wenn die Einbenennung dem Wohl des Kindes dient. 49

(1) Genese

Das Recht stellte vor dem 1. 5. 2025 eine höhere Hürde für die Ersetzung auf. Es forderte, dass die Namenserteilung **„zum Wohl des Kindes erforderlich"** ist. Diese Regelung verletzte nicht das „Recht auf Achtung des Familienlebens" aus Art 8 Abs 1 EMRK (EGMR 6. 12. 2001 – 31178/96, FamRZ 2002, 1017), stand aber unter Kritik und war keinesfalls selbstverständlich: Noch der Regierungsentwurf zum KindRG 1998 hatte die „Dienlichkeit" der Namenserteilung genügen lassen (BT-Drucks 13/4899, 8, 92) – hierauf nahm der jüngste Entwurf sieben Legislaturperioden später explizit Bezug (BT-Drucks 20/9041, 55). Mit der vom Rechtsausschuss im Zuge des KindRÄG eingefügten „Erforderlichkeit" sollte die Eingriffsschwelle merklich angehoben werden (BT-Drucks 13/8511, 74; und 11 [Rechtsausschuss]). Damit hatte der Gesetzgeber auch im 50 früheren Streit der Verwaltungsgerichte bei Stiefkindeinbenennungen Stellung bezogen: Das BVerwG wollte zumeist bloße Förderlichkeit oder Nützlichkeit der Namensänderung genügen lassen, während andere Verwaltungsgerichte auf ihrer Erforderlichkeit bestanden (vgl BVerwG 7. 1. 1994 – 6 C 34/92, FamRZ 1994, 439; BGH 8. 5. 1996 – IV ZR 112/95, FamRZ 1996, 937). Demgemäß ging – nach anfänglichen Unsicherheiten – die **Rspr** zu § 1618 aF BGB prä 2025 einhellig davon aus, dass mit dem Kriterium der „Erforderlichkeit" eine „bewusste Verschärfung der Voraussetzungen" für die Einwilligungsersetzung bezweckt ist (BGH 24. 10. 2001 – XII ZB 88/99, StAZ 2002, 123; BGH 9. 1. 2002 – XII ZB 166/99 StAZ 2003, 11; OLG Hamm 5. 5. 2004 – 10 UF 334/03, FamRZ 2004, 1748, 1749).

51 Eine Konkretisierung der Erforderlichkeitsgrenze auf allgemeiner Ebene, die über **tautologische Umschreibungen** der restriktiven Grundtendenz des Gesetzes hinausging, war nur schwer möglich. Unproblematisch war eine negative Abgrenzung: Dass eine Einbenennung im Interesse des Kindes „dienlich" oder „wünschenswert" wäre, genügte jedenfalls nicht (BGH 24. 10. 2001 – XII ZB 88/99, StAZ 2002, 123; BGH 9. 1. 2002 – XII ZB 166/99 StAZ 2003, 11; OLG Saarbrücken 20. 6. 2000 – 9 UF 2/00, ZfJ 2000, 437, 438; OLG Hamm 5. 5. 2004 – 10 UF 334/03, FamRZ 2004, 1748, 1749). Positive Umschreibungen der Ersetzungsschwelle fielen schwerer: Während der BGH sich zunächst auf die Formel „unabdingbar notwendig" festgelegt hatte und ihm bis heute Instanzgerichte folgen (BGH 24. 10. 2001 – XII ZB 88/99, StAZ 2002, 123; so schon OLG Celle 3. 2. 1999 – 15 UF 259/98, FamRZ 1999, 1374, 1375; OLG Celle 23. 4. 1999 – 18 UF 26/99, FamRZ 1999, 1377; OLG Jena 19. 10. 2000 – 1 WF 37/00, NJ 2001, 487; dem BGH folgend noch OLG Saarbrücken 20. 9. 2012 – 9 WF 52/12, StAZ 2013, 259 Rn 8; OLG Dresden 11. 4. 2014 – 22 UF 833/14, juris Rn 15, FamRZ 2014, 1853; OLG Saarbrücken 20. 9. 2012 – 9 WF 52/12, StAZ 2014, 240 = FamRZ 2014, 488 Rn 8; OLG Hamm 21. 8. 2013 – II-7 WF 60/13, StAZ 2014, 148 Rn 6; OLG Brandenburg, 10. 6. 2009 – 9 UF 110/08, juris Rn 13, BeckRS 2009, 18751; OLG Schleswig 23. 6. 2006 – 15 UF 31/06, Streit 2008, 94 Rn 18; OLG Köln 23. 1. 2006 – 4 UF 183/05, FamRZ 2006, 1872 Rn 6), wurde später vom BGH und zahlreichen anderen Gerichten ebenfalls sehr häufig davon gesprochen, nur eine ohne Einbenennung drohende „Kindeswohlgefährdung" rechtfertige eine Ersetzung; die Einbenennung müsse „unerlässlich" sein, „um Schaden vom Kind abzuwehren" (BGH 9. 1. 2002 – XII ZB 166/99, StAZ 2003, 11; BGH 30. 1. 2002 – BGH XII ZB 94/00, StAZ 2003, 39, 40; BGH 10. 3. 2005 – XII ZB 153/03, StAZ 2005, 295, 296; OLG Hamm 5. 5. 2004 – 10 UF 334/03, FamRZ 2004, 1748, 1749; AG Dippoldiswalde 28. 6. 2013 – 6 F 450/11, zit von OLG Dresden 11. 4. 2014 – 22 UF 833/14, Rn 7; OLG Brandenburg 23. 10. 2013 – 13 WF 202/13, FamRZ 2014, 570 Rn 11; OLG Hamm 10. 1. 2013 – II-3 UF 164/12, JAmt 2013, 215 Rn 9 [obiter]; OLG Hamm 30. 6. 2011 – 8 UF 126/11, juris Rn 5 [obiter], BeckRS 2011, 22786; OLG Hamm 23. 2. 2011 – 8 UF 238/10, juris Rn 5, m Anm Zwissler FamFR 2011, 264; OLG Celle 25. 1. 2011 – 21 UF 270/10, StAZ 2012, 108 Rn 2; OLG Koblenz 11. 6. 2008 – 9 UF 116/08, FamRZ 2009, 439 Rn 3). Man mag zweifeln, ob sich diese Formeln maßgeblich unterscheiden (das OLG Dresden 11. 4. 2014 – 22 UF 833/14, juris Rn 7 und 15, FamRZ 2014, 1853 scheint in beiden Formulierungen keinen großen Unterschied zu sehen; ebenso verhält es sich bei OLG Karlsruhe 24. 4. 2012 – 5 UF 199/11, StAZ 2013, 219 Rn 11 und 12 [aber **aA**, siehe sogleich] sowie OLG Rostock 12. 9. 2006 – 11 UF 43/06, MDR 2007, 592 Rn 11 und 14; die Fusionslösung bieten OLG Schleswig 30. 5. 2012 – 10 UF 276/11, SchlHA 2013, 85 Rn 22 und OLG Hamm 11. 1. 2008 – 10 UF 112/07, FamRZ 2008, 2148 Rn 10 an [beide: „für das Kindeswohl unabdingbar notwendig, also unerlässlich …, um konkret drohende Schäden vom Kindeswohl abzuwenden"]).

(2) Kindeswohldienlichkeit als Maßstab

Der Gesetzgeber hat nun die Anforderungen auf das einfach-positive Maß der **Kindeswohldienlichkeit** abgesenkt und damit die Einwilligungsersetzung erheblich erleichtert. Zudem wird die Problematik und Schärfe der Entscheidung durch die Möglichkeit der Doppelnamensbildung ebenso „entschärft" wie durch die Möglichkeit der Rückbenennung (BT-Drucks 20/9041, 55). Es ist gut, dass hier Maßstabsparallelität mit der Einwilligungsersetzung bei den Scheidungskindern (§ 1617d Abs 2 S 3 BGB) und der Geschlechtsanpassung (§ 1617f Abs 2 S 3 BGB) besteht. 52

Kindeswohldienlichkeit (s auch Botthoff StAZ 2025, 101) ist dann gegeben, „wenn das **Interesse** des Kindes an der Namensänderung das Interesse an der Beibehaltung des bisherigen Namens **überwiegt**" (BT-Drucks 20/9041, 55 f; zust BeckOGK-BGB/Kienemund [1. 11. 2025] § 1617e Rn 52; BeckOK-BGB/Pöcker [1. 11. 2025] § 1617e Rn 9; Erman/Döll § 1617e Rn 11; jurisPK-BGB/Hamdan § 1617e Rn 27). Einfaches Überwiegen genügt (OLG Karlsruhe 30. 5. 2025 – 5 WF 4/25, NJW 2025, 2260; BeckOGK-BGB/Kienemund [1. 11. 2025] § 1617e Rn 52; jurisPK-BGB/Hamdan § 1617e Rn 29). Da der Maßstab nun niedriger ist als vor der Namensrechtsreform 2025, sind fürderhin auch jedenfalls die bislang als kindeswohlerforderlich eingestuften Fälle als kindeswohldienlich erfasst (BeckOK-BGB/Pöcker [1. 11. 2025] § 1617e Rn 9; Erman/Döll § 1617e Rn 13). 53

Konkrete Vorgaben des EGMR gibt es nicht. In der Rechtssache *Petersen* hatte der EGMR einen Eingriff in Art 8 EMRK (sowie eine Verletzung von Art 14 EMRK) abgelehnt, da das nichtehelich geborene, nun einbenannte Kind niemals den Namen des beschwerdeführenden Vaters getragen hatte („the child's surname did, at no stage, constitute an outer sign of a bond between the applicant and his child"); wie die Prüfung des Art 8 EMRK sich fortsetzen würde, ist nicht abzusehen (EGMR 6. 12. 2001 Beschwerde-Nr 31178/96 – *Werner Petersen v Deutschland*). 54

(3) Kriterien der Kindeswohldienlichkeit im Einzelnen

Zur Entscheidungsfindung konstruktiver als abstrakte Maßstäbe könnten konkrete Kriterien innerhalb einer **Abwägungsentscheidung** (BeckOK-BGB/Pöcker [1. 11. 2025] § 1617e Rn 9.2) des Gerichts sein. Gründe für oder gegen eine Namenserteilung können beim anderen Elternteil, beim Kind oder in den familiären Verhältnissen der Stiefelternfamilie liegen. Wenig hilfreich dürfte es sein, über die Stabilität der Stiefelternehe zu spekulieren. Dass diese scheitern *kann*, sollte zwar im Auge behalten werden, konkrete Prognosen sind jedoch weder möglich noch angebracht. Bei der Gewichtung der Kriterien ist zu bedenken, dass innerhalb einer Kindeswohlprüfung Kindes- und Elterninteressen nicht gleichrangig sind (BeckOK-BGB/Pöcker [1. 11. 2025] § 1617e Rn 9.2). 55

(a) Verhältnis des anderen Elternteils zum Kind

Das Verhältnis des anderen Elternteils zum Kind ist ein wichtiges Beurteilungskriterium. Seine Position auch in namensrechtlicher Hinsicht scheint weniger schutzwürdig, wenn er sich **kindeswohlwidrig verhalten** hat (OLG Nürnberg 15. 4. 1999 – 11 WF 412/99, FamRZ 1999, 1379, 1380). So ist etwa zu berücksichtigen, ob der Elternteil die **Integration des Kindes in die Stieffamilie** – ob verschuldet oder nicht – behindert und verzögert (BeckOK-BGB/Pöcker [1. 11. 2025] § 1617e Rn 11). Die Sorge vor Vertiefung der Distanz zum anderen Elternteil kann berücksichtigt werden (BeckOK-BGB/Pöcker [1. 11. 2025] § 1617e Rn 13.1). 56

57 Die **Unterhaltszahlungen** können ebenfalls eine Rolle spielen (OLG Köln 13. 1. 1999 – 14 UF 220/98, FamRZ 1999, 734, 735; OLG Oldenburg 16. 11. 1999 – 11 UF 121/99, FamRZ 2000, 694; abschwächend OLG Koblenz 6. 9. 1999 – 9 WF 344/99, FamRZ 2000, 690; nicht beachtet hingegen vom OLG Celle 3. 2. 1999 – 15 UF 259/98, FamRZ 1999, 1374). Unterbliebene Zahlungen sind Indiz für mangelndes Elterninteresse und -verantwortung; anders nur bei mangelnder Leistungsfähigkeit (OLG Hamm 9. 2. 1999 – 2 UF 517/98, FamRZ 1999, 736). Korrekte Erfüllung der Unterhaltspflichten deutet andererseits auf wahrgenommene Elternverantwortung und damit auf ein schutzbedürftiges Eltern-Kind-Verhältnis hin (OLG Hamm 27. 4. 1999 – 2 UF 43/99, FamRZ 1999, 1380, 1381; OLG Oldenburg 15. 10. 1999 – 12 UF 177/99, FamRZ 2000, 692, 693; Oelkers/Kreutzfeldt FamRZ 2000, 645, 647 f). Die Bindungen zwischen Kind und anderem Elternteil sind aber auch darüberhinausgehend ein wesentlicher Faktor (BT-Drucks 13/8511, 74; Oelkers/Kreutzfeldt FamRZ 2000, 645, 647; **krit** Willutzki KindPrax 1999, 87).

58 Besteht **kein Eltern-Kind-Kontakt**, ist dies zwar nicht per se ein Ersetzungsgrund (BGH 24. 10. 2001 – XII ZB 88/99, StAZ 2002, 123 [gegen OLG Dresden 5. 5. 1999 – 22 UF 171/99, StAZ 2000, 19, 20]; BGH 9. 1. 2002 – XII ZB 166/99, StAZ 2003, 11; BGH 30. 1. 2002 – XII ZB 94/00, StAZ 2003, 39, 40; BGH 10. 3. 2005 – XII ZR 204/02, StAZ 2005, 295, 296; OLG Brandenburg 5. 9. 2002 – 9 UF 108/02, JAmt 2003, 194; **aA** Erman/Döll § 1617e Rn 13 – nach neuem Recht schon). Es wird dann jedoch wesentlich auf den **Grund der fehlenden Beziehungen** ankommen – bei *Desinteresse* des Vaters und nur vorgeschobenem Wunsch nach Namenseinheit wird eine Ersetzung nahe liegen (vgl OLG Oldenburg 25. 10. 1999 – 12 UF 136/99, FamRZ 2000, 693, 694; weder Unterhalt noch Umgang, stattdessen Adoptionsempfehlung an Stiefvater; ähnlich OLG Bremen 15. 12. 2000 – 4 UF 99/00, FamRZ 2001, 858), ebenso bei längerem *unbekanntem Aufenthalt* (AG Blomberg 27. 5. 2002 – 3 F 89/02, FamRZ 2002, 1736 [mit unpassender Parallele zum verstorbenen Elternteil]; OLG Karlsruhe 24. 4. 2012 – 5 UF 199/11, FamRZ 2013, 226). Bei Angst vor Gewalttätigkeit oder starker Ablehnung wird eine Ersetzung ebenfalls naheliegen (OLG Hamm 29. 12. 2015 – 4 UF 178/15, BeckRS 2016, 03119 Rn 29; BeckOK-BGB/Pöcker [1. 11. 2025] § 1617e Rn 11). Bei echtem Kontaktwunsch des Vaters sind fehlende Beziehungen hingegen kein Argument für eine Ersetzung (BGH 24. 10. 2001 – XII ZB 88/99, StAZ 2002, 123; BGH 30. 1. 2002 – XII ZB 94/00, StAZ 2003, 39, 40 [Bemühungen des Vaters um Umgang mit dem Kind]). Der Ausschluss der Umgangsbefugnis legt nicht ohne weiteres die Kindeswohldienlichkeit der Ersetzung nahe, zumal sich die Umgangssituation typischerweise schneller ändern kann als die namensrechtliche Situation (BeckOK-BGB/Pöcker [1. 11. 2025] § 1617e Rn 11.1; OLG Hamm 29. 12. 2015 – 4 UF 178/15, BeckRS 2016, 03119 Rn 38; OLG Koblenz 11. 6. 2008 – 9 UF 116/08, FamRZ 2009, 439). Beruhen die mangelnden Bindungen auf einer *Blockade-Strategie des Betreuungselternteils*, dürfen sie nicht zur Begründung einer Namenserteilung herangezogen werden (OLG Hamm 9. 2. 1999 – 2 UF 517/98, FamRZ 1999, 736; OLG Hamm 27. 4. 1999 – 2 UF 43/99, FamRZ 1999, 1380 f; OLG Oldenburg 25. 10. 1999 – 12 UF 136/99, FamRZ 2000, 693, 694; Oelkers/Kreutzfeldt FamRZ 2000, 645, 648; Willutzki KindPrax 2000, 76, 78; **anders** wohl OLG Dresden 5. 5. 1999 – 22 UF 171/99, FamRZ 1999, 1378 f). Keinesfalls ist das Einwilligungserfordernis allerdings der Ort, an dem Partnerkonflikte fortgesetzt oder vorweggenommen werden dürfen (problematisch deshalb OLG Nürnberg 15. 4. 1999 – 11 WF 412/99, FamRZ 1999, 1379, 1380: Der kontinuierliche Kampf des Vaters um das Sorgerecht wurde als Verunsicherung des Kindes gewertet, die Einbenennung soll dem Kind gegenüber Sicherheit verschaffen, „daß sein Platz dauerhaft in der neuen Familie sein wird"). Deshalb ist auch das Bestreben des sorgeberechtigten Elternteils, einen totalen Schlussstrich zur Vergangenheit zu ziehen (vgl OLG Oldenburg 18. 6. 1999 – 11 UF 26/99, FamRZ 1999, 1381, 1382), eher

kontraindikativ (BGH 9. 1. 2002 – XII ZB 166/99, StAZ 2003, 11, 12) – § 1671 Abs 1 BGB betont die fortdauernde beiderseitige Elternschaft (vgl OLG Oldenburg 15. 10. 1999 – 12 UF 177/99, FamRZ 2000, 692, 693). Die Ablehnung einer additiven Einbenennung durch den Betreuungselternteil kann Indiz für eine solche Motivation sein (BGH 10. 3. 2005 – XII ZB 153/03, StAZ 2005, 295, 297).

Hat der andere Elternteil **Zweifel an seiner Vaterschaft** und betreibt er möglicherweise sogar ein Vaterschaftsanfechtungsverfahren, so muss dies nicht unbedingt seine Abwendung vom Kind bedeuten (so aber tendenziell OLG Köln 13. 1. 1999 – 14 UF 220/98, FamRZ 1999, 734, 735). Das Interesse an Aufklärung ist legitim und steht einem Bekenntnis und der Zuwendung zum Kind nicht entgegen, wenn die Vaterschaft bestätigt wird. Es wird hier auf die Einstellung des Vaters im Einzelfall ankommen. 59

(b) Bindungen und Belastung des Kindes

Auf Seiten des Kindes werden neben den soeben genannten Aspekten des Verhältnisses zum Elternteil seine **Bindungen an den Stiefelternteil** sowie seine **Belastung durch die Namensverschiedenheit** in der Stiefelternfamilie eine Rolle spielen; dabei wird auch die bisherige *Dauer* der Stiefelternfamilie zu berücksichtigen sein (OLG Koblenz 6. 9. 1999 – 9 WF 344/99; OLG Düsseldorf 23. 8. 1999 – 3 UF 117/99, FamRZ 2000, 691, 692). Zweifelhaft erscheint, ob eine (bisher ohne Einbenennung) gelungene Integration des Kindes in die neue Familie als Argument *gegen* die Erforderlichkeit einer Ersetzung verwendet werden kann (so BGH 30. 1. 2002 – XII ZB 94/00, StAZ 2003, 39, 40 und OLG Dresden 11. 4. 2014 – 22 UF 833/13, ZKJ 2014, 337). Bloßes Unbehagen oder auch Hänseleien in der Schule rechtfertigen noch keine Namenserteilung (BGH 24. 10. 2001 – XII ZB 88/99, StAZ 2002, 123: der 15-jährige Sohn findet die Namensverschiedenheit „blöd", aber nicht ernsthaft belastend; OLG Hamm 9. 2. 1999 – 2 UF 517/98, FamRZ 1999, 736; OLG Oldenburg 18. 6. 1999 – 11 UF 26/99, FamRZ 1999, 1381, 1382: **aA** Erman/Döll § 1617e Rn 13 – nach neuem Recht genügt Hänseln). 60

Dabei wird das **reduzierte Gewicht familiärer Namenseinheit** zu berücksichtigen sein – Scheidung und Wiederverheiratung gehören zu den täglichen Erfahrungen auch im Schul- und Freundeskreis und stellen kein Stigma mehr dar (OLG Braunschweig 25. 11. 1998 – 1 UF 178/98, StAZ 2000, 16; OLG Düsseldorf 23. 8. 1999 – 3 UF 117/99, FamRZ 2000, 691 f; OLG Hamm 27. 4. 1999 – 2 UF 43/99, FamRZ 1999, 1380, 1381; OLG Hamm 5. 5. 2004 – 10 UF 334/03, FamRZ 2004, 1748, 1749; OLG Oldenburg 18. 6. 1999 – 11 UF 26/99, FamRZ 1999, 1381, 1382; BeckOK-BGB/Pöcker [1. 11. 2025] § 1617e Rn 10). Allerdings führt dieser Gesichtspunkt auch zu einer Reduzierung des Gewichts, das dem Namensband zwischen anderem Elternteil und Kind beizumessen ist (OLG Braunschweig 25. 11. 1998 – 1 UF 178/98, StAZ 2000, 16; OLG Düsseldorf 23. 8. 1999 – 3 UF 117/99, FamRZ 2000, 691 f; OLG Hamm 9. 2. 1999 – 2 UF 517/98, FamRZ 1999, 736; Oelkers/Kreutzfeldt FamRZ 2000, 645, 648). Der Gesichtspunkt der *Namenskontinuität* spricht regelmäßig gegen eine (jedenfalls gegen die substitutive) Einbenennung; anders, wenn das Kind bereits lange Zeit *faktisch* den Ehenamen aus der Stiefelternehe führt (OLG Koblenz 24. 9. 1999 – 13 UF 414/99, NJWE-FER 2000, 112). 61

Auch die **Namensgleichheit mit den Geschwistern** ist ein beachtlicher Gesichtspunkt (OLG Nürnberg 15. 4. 1999 – 11 WF 412/99, FamRZ 1999, 1379, 1380: allerdings nicht allein ausschlaggebend). Das gilt sowohl für die Vollgeschwister der Herkunftsfamilie (OLG Köln 13. 1. 1999 – 14 UF 220/98, FamRZ 1999, 734, 735) wie umgekehrt auch für die Halb- oder 62

Stiefgeschwister der neuen Familie (Oelkers/Kreutzfeldt FamRZ 1999, 645, 648). Doch muss eine isolierte Position in der Familie nicht allein oder vorrangig am Namen liegen (BeckOK-BGB/Pöcker [1. 11. 2025] § 1617e Rn 10).

63 Wie in anderen Sorgerechtsfragen muss auch – altersangemessen und mit steigendem Alter zunehmend – dem autonom gebildeten **Kindeswillen** ein (uU erhebliches) Gewicht eingeräumt werden, zumal der Name auch eine persönlichkeitsrechtliche Komponente hat (OLG Frankfurt 18. 12. 2019 – 1 UF 140/19 Rn 23; siehe auch OLG Karlsruhe 30. 5. 2025 – 5 WF 4/25, NJW 2025, 2260 m Anm Hamdan jurisPR-FamR 16/2025 Anm 3). Der Kindeswille kann nicht damit abgetan werden, dass er sich schon im Einwilligungsrecht des Kindes ausdrückt (so aber OLG Celle 3. 2. 1999 – 15 UF 259/98, FamRZ 1999, 1374, 1375; OLG Hamm 9. 2. 1999 – 2 UF 517/98, FamRZ 1999, 736; OLG Nürnberg 15. 4. 1999 – 11 WF 412/99, FamRZ 1999, 1379, 1380) – bis zum 14. Lebensjahr wird sich insoweit nur der gesetzliche Vertreter für das Kind erklärt haben. Allerdings ist zu berücksichtigen, dass das Kind häufig in einem schwierigen Loyalitätskonflikt zwischen leiblichem Elternteil und „neuer Familie" steht. Eine generelle Unbeachtlichkeit des Kindeswillens etwa unter zwölf Jahren (vgl OLG Oldenburg 18. 6. 1999 – 11 UF 26/99, StAZ 2000, 17, 18; Oelkers/Kreutzfeldt FamRZ 2000, 645, 648) wird man daraus aber nicht folgern können. Der geäußerte *Wille des Kindes* hat vielmehr das gleiche Gewicht im Rahmen (anderer) sorgerechtlicher Entscheidungen (vgl Staudinger/Coester [2020] § 1671 Rn 233 ff) – es kommt auf das *Alter* an, auf das *Verständnis* der Namensbedeutung (insoweit auch bei Heranwachsenden zweifelnd OLG Köln 18. 9. 2001 – 25 UF 126/01, FamRZ 2002, 637; OLG Stuttgart 28. 5. 2004 – 16 UF 35/04, StAZ 2005, 76, 77) und auf mögliche *Beeinflussung* durch den Betreuungselternteil (BGH 30. 1. 2002 – XII ZB 94/00, StAZ 2003, 39, 40; OLG Köln 18. 9. 2001 – 25 UF 126/01, FamRZ 2002, 637; OLG Hamm 5. 5. 2004 – 10 UF 334/03, FamRZ 2004, 1748, 1749). Gewichtige nachvollziehbare Gründe untermauern das Gewicht des Kindeswillens (vgl OLG Bremen 15. 12. 2000 – 4 UF 99/00, FamRZ 2001, 858; OLG Koblenz 24. 9. 1999 – 13 UF 414/99, FamRZ 2000, 692).

64 Ob das Kind den Namen der Stiefelternehe **bereits faktisch** führt, sollte keinen Einfluss haben (BeckOK-BGB/Pöcker [1. 11. 2025] § 1617e Rn 12; BGH 10. 3. 2005 – XII ZB 153/03, StAZ 2005, 295, 297).

65 Schließlich wird in die Abwägung einfließen müssen, ob der andere Elternteil eine Namenserteilung schlechthin ablehnt oder nur eine vollständig **substitutive Namenserteilung**. Wäre er mit einer Namenskombination einverstanden, bestehen Betreuungselternteil und Stiefelternteil jedoch auf einer substitutiven Namenserteilung, so kommt es gerade auf *deren* Erforderlichkeit im Vergleich zur (zugestandenen) additiven Einbenennung an. Da die familiengerichtliche Einwilligungsersetzung einen Eingriff in das Elternrecht des anderen Elternteils bedeutet, ist insgesamt der **Grundsatz der Verhältnismäßigkeit** zu beachten (OLG Frankfurt 29. 3. 1999 – 6 UF 86/99, FamRZ 1999, 1376, 1377). Es bedarf gewichtiger Gründe, warum das „mildere Mittel" der additiven Einbenennung zur Interessenwahrung des Kindes nicht ausreicht (BGH 24. 10. 2001 – XII ZB 88/99, StAZ 2002, 123; BGH 9. 1. 2002 – XII ZB 166/99, StAZ 2003, 11, 12; BGH 10. 3. 2005 – XII ZB 153/03, StAZ 2005, 295, 297; OLG Stuttgart 28. 5. 2004 – 16 UF 35/04, StAZ 2005, 76, 77; OLG Celle 3. 2. 1999 – 15 UF 259/98, FamRZ 1999, 1374, 1375; OLG Frankfurt 29. 3. 1999 – 6 UF 86/99, FamRZ 1999, 1376; OLG Rostock 12. 1. 2000 – 8 UF 402/99, FamRZ 2000, 695, 696; OLG Bremen 25. 2. 2010 – 4 UF 100/09, StAZ 2010, 332; Willutzki KindPrax 2000, 76, 78; BeckOGK-BGB/Kienemund [1. 11. 2025] § 1617e Rn 55; Grüneberg/Götz § 1617e Rn 8). Solche

Gründe sind jedenfalls kaum vorstellbar, wenn der Betreuungselternteil selbst den vom Ehegatten übernommenen Ehenamen mit einem Begleitnamen führt (OLG Celle 3. 2. 1999 – 15 UF 259/98, FamRZ 1999, 1374, 1375). Umgekehrt ist, wenn von dem Ehegatten nur ein Doppelname (vgl früher die additive Einbenennung, siehe Rn 16) angestrebt wird, die Ersetzungsschwelle niedriger (**aA** BeckOK-BGB/Pöcker [1. 11. 2025] § 1617e Rn 9.1) – sind die Integrationsinteressen des Kindes in concreto erheblich und überwiegen seine Kontinuitätsinteressen, wird es besonderer Gründe auf Seiten des anderen Elternteils bedürfen, warum diese Kompromisslösung seine berechtigten Interessen verletzt.

Es ist zu bedenken, dass das Kind grundsätzlich Interesse an **Namenskontinuität** hat 66 (BT-Drucks 20/9041, 56). Über das Kriterium der Kindeswohldienlichkeit kann mithin auch berücksichtigt werden, ob dem Kind **zu häufige Namensänderungen** zugemutet werden (BT-Drucks 20/9041, 55). Der Namenskontinuität zuträglich ist, wenn mit der Einbenennung ein **Doppelname** angestrebt wird (BT-Drucks 20/9041, 56, siehe Rn 65).

Insgesamt lässt sich also in jüngerer Zeit ein **Schwinden der Bedeutsamkeit zweier Antagonisten** verzeichnen: Die Namenskontinuität hat insbesondere durch die Namensrechtsreform 2024 und die Bedeutung der Namensidentität in der tatsächlichen Familie aufgrund des Wandels der gesellschaftlichen Verhältnisse erheblich an Bedeutung verloren. 67

(4) Ersetzungsverfahren

Die Kindeswohldienlichkeit ist positiv festzustellen, der antragstellende Elternteil 68 trägt die Darlegungs- und Beweislast. Das Ersetzungsverfahren ist eine **Kindschaftssache** nach § 23a Abs 1 Nr 1 GVG, §§ 111 Nr 2, 151 Nr 1 FamFG, auch wenn der andere Elternteil nicht sorgeberechtigt ist (dies bestätigend BT-Drucks 20/9041, 56). Es ist kein Fall von § 1628 BGB (siehe bereits Rn 44). Beteiligt (§ 7 FamFG) ist neben dem antragstellenden Elternteil (§ 7 Abs 1 FamFG) und dem Kind (§ 7 Abs 2 Nr 1 FamFG) – wegen der Betroffenheit in seinem verfassungsrechtlich geschützten Elternrecht (§ 7 Abs 2 Nr 1 FamFG) – richtigerweise auch der andere Elternteil, gleich ob er sorgeberechtigt ist oder ob das Kind nur seinen Namen führt, nicht aber der Stiefelternteil (Leeb/Werner RPfleger 2013, 241, 242). **Rechtsmittel**: Beschwerde gemäß § 58 Abs 1 FamFG sowie Rechtsbeschwerde zum BGH bei Zulassung, § 70 FamFG.

Zur sachlichen **Zuständigkeit** des FamG § 151 Nr 1 FamFG, zur örtlichen Zuständig- 69 keit §§ 152, 153 FamFG. Die funktionelle Zuständigkeit liegt beim Rechtspfleger (§ 3 Nr 2 lit a) RPflG) (OLG Celle 23. 4. 1999 – 18 UF 26/99, FamRZ 1999, 1377; OLG Frankfurt 29. 3. 1999 – 6 UF 86/99, FamRZ 1999, 1376; OLG Köln 13. 1. 1999 – 14 UF 220/98, FamRZ 1999, 734; OLG Köln 4. 3. 1999 – 14 UF 35/99, FamRZ 1999, 735; OLG Stuttgart 26. 3. 1999 – 18 UF 39/99, FamRZ 1999, 1375; Mayer JM 2016, 274 Fn 25; BeckOGK-BGB/Kienemund [1. 11. 2025] § 1617e Rn 56; **zu Recht krit** Willutzki KindPrax 2000, 76, 78; Heistermann FamRZ 2003, 279, 280; Entscheidung durch den Richter allerdings unschädlich, § 8 RPflG, OLG Dresden 5. 5. 1999 – 22 UF 171/99, FamRZ 1999, 1378), sofern nicht wegen der Sorgeberechtigung und Meinungsverschiedenheit beider Ehegatten der Richtervorbehalt greift (§ 14 Abs 1 Nr 5 RPflG, § 1628 BGB – OLG Zweibrücken 2. 10. 2024 – 2 WF 152/24 Rn 12, NZFam 2025, 616; Leeb/Werner RPfleger 2013, 241, 241 f; BeckOK-BGB/Pöcker [1. 11. 2025] § 1617e Rn 14).

70 Das **Verfahren** wird nur auf **Antrag** eingeleitet (BeckOGK-BGB/Kienemund [1. 11. 2025] § 1617e Rn 57; Lipp/Wagenitz § 1617e Rn 19) mit der Folge der §§ 23, 25 FamFG. Es handelt sich jedoch nicht um einen Sachantrag, an den das Gericht gebunden wäre (OLG Stuttgart 26. 3. 1999 – 18 UF 39/99, FamRZ 1999, 1375, 1376). Die Eltern sind **persönlich anzuhören** (§ 160 Abs 1 S 1 FamFG) (OLG Saarbrücken 5. 5. 2022 – 6 WF 54/22 FamRZ 2022, 1196), das Kind ebenso je nach Alter und/oder Entwicklung nach Maßgabe des § 159 Abs 1 und 2 FamFG (zum alten Recht OLG Celle 23. 4. 1999 – 18 UF 26/99, FamRZ 1999, 1377 f; OLG Frankfurt 29. 3. 1999 – 6 UF 86/99, FamRZ 1999, 1376; OLG Frankfurt 10. 3. 1999 – 5 UF 20/99, FamRZ 1999, 1379; OLG Hamm 5. 5. 2004 – 10 UF 334/03, FamRZ 2004, 1748, 1749; OLG Koblenz 9. 9. 1999 – 15 UF 467/99, StAZ 2000, 20; OLG Düsseldorf 23. 8. 1999 – 3 UF 117/99, FamRZ 2000, 691 f; OLG Bamberg 10. 8. 1999 – 7 UF 101/99, FamRZ 2000, 691; OLG Naumburg 28. 6. 1999 – 8 UF 150/99, FamRZ 2000, 690 [LS]; OLG Oldenburg 25. 10. 1999 – 12 UF 136/99, FamRZ 2000, 693; OLG Rostock 12. 1. 2000 – 8 UF 402/99, FamRZ 2000, 695; ausf Oelkers/Kreutzfeldt FamRZ 2000, 645, 646). Es ist gemäß § 36 Abs 1 S 2 FamFG auf eine **einvernehmliche Regelung** hinzuwirken (zur Situation unter § 52 aF FGG OLG Celle 23. 4. 1999 – 18 UF 26/99, FamRZ 1999, 1377 f; OLG Köln 13. 1. 1999 – 14 UF 220/98, FamRZ 1999, 734; OLG Köln 4. 3. 1999 – 14 UF 35/99, FamRZ 1999, 735); hier wird vor allem die *additive Einbenennung* als Kompromisslösung im Mittelpunkt stehen (vgl OLG Celle 3. 2. 1999 – 15 UF 259/98, FamRZ 1999, 1374, 1375; BeckOGK-BGB/Kienemund [1. 11. 2025] § 1617e Rn 60). Eine diesbezügliche Hinweispflicht des Gerichts wird idR aus § 36 FamFG folgen, kann aber im Einzelfall entbehrlich sein (vgl BGH 9. 1. 2002 – XII ZB 166/99, StAZ 2003, 11, 12: destruktive Haltung der Mutter). Eine Anhörung des Jugendamts ist nach § 162 Abs 1 S 1 FamFG erforderlich (zur alten Rechtslage unter dem FGG – nicht gesetzlich vorgeschrieben, aber sinnvoll – siehe OLG Celle 23. 4. 1999 – 18 UF 26/99, FamRZ 1999, 1377; weitergehend OLG Oldenburg 25. 10. 1999 – 12 UF 136/99, FamRZ 2000, 693, 694 [gebotene Anhörung analog § 49a aF FGG]). Die **Ermittlungen** richten sich nach § 26 FamFG, sie müssen umfassend und vor allem auf die Beziehungen des Kindes zum anderen Elternteil sowie in der Stiefelternfamilie gerichtet sein (OLG Frankfurt 10. 3. 1999 – 5 UF 20/99, FamRZ 1999, 1379). In konfliktreichen Fällen, insbesondere bei erkennbaren Loyalitätsproblemen, wird ein **Verfahrensbeistand** für das Kind (§ 158 FamFG) zu bestellen sein (für § 50 aF FGG vgl OLG Hamm 5. 5. 2004 – 10 UF 334/03, FamRZ 2004, 1748, 1749; OLG Rostock 12. 1. 2000 – 8 UF 402/99, FamRZ 2000, 695, 696; Oelkers/Kreutzfeldt FamRZ 2000, 645, 646; für § 158 FamFG Mayer JM 2016, 274; BeckOGK-BGB/Kienemund [1. 11. 2025] § 1617e Rn 59). Ein Sachverständigengutachten wird hingegen in aller Regel entbehrlich sein (vgl BGH 10. 3. 2005 – XII ZB 153/03, StAZ 2005, 295, 297; im Einzelfall anders OLG Hamm 5. 5. 2004 – 10 UF 334/03, FamRZ 2004, 1748, 1749), sofern nicht etwa konkrete gesundheitliche Beeinträchtigungen des Kindes angeführt werden (BeckOGK-BGB/Kienemund [1. 11. 2025] § 1617e Rn 59; BeckOK-BGB/Pöcker [1. 11. 2025] § 1617e Rn 15.2; OLG Schleswig 5. 6. 2012 – 10 UF 276/11, BeckRS 2012, 15012).

cc) Zustimmung des Kindes

71 Da die Namenserteilung mit einer Namensänderung des Kindes verbunden ist, sieht das Gesetz auch hier einen **Schutz des Kindes vor unerwünschtem Namensverlust** vor. Der Persönlichkeitsschutz ist allerdings nicht als Anschlusserklärung, sondern als Einwilligung, dh als Erteilungsvoraussetzung ausgestaltet. In dieser Funktion ist die Einwilligung zu unterscheiden vom *Kindeswillen* als Kriterium im Rahmen der gerichtlichen Interessenabwägung. Eine **Ersetzung** der Kindeseinwilligung ist **nicht** möglich (BeckOGK-BGB/Kienemund [1. 11. 2025] § 1617e Rn 40; BeckOK-BGB/Pöcker [1. 11. 2025] § 1617e Rn 8; jurisPK-BGB/Hamdan § 1617e Rn 40; Leeb/Weber FamRZ 2013, 241 246 mwNw).

Im Einzelnen verweist § 1617e Abs 5 S 2 BGB auf das **Modell des § 1617c BGB** mit seinen Altersstufen zur Erklärungskompetenz. Auch hinsichtlich sonstiger Modalitäten (Vertretung des Kindes, Eigenkompetenz, Form etc) gilt grundsätzlich dasselbe wie in § 1617c BGB (zur Form siehe ausdrücklich Abs 5; zur gemeinschaftlichen Vertretung bei gemeinsamer Sorge etwa OLG Hamm 3. 3. 2011 – 1 W 74/11, StAZ 2011, 181, 182; zur Vertretung bei Alleinsorge der Mutter OLG München 12. 2. 2015 – 31 Wx 7/15, StAZ 2015, 34). Der vertretungsberechtigte Elternteil kann seine eigene Erklärung und die des Kindes abgeben; es liegt kein Fall des § 181 BGB vor und es ist keine Ergänzungspflegerbestellung erforderlich (OLG München 12. 2. 2015 – 31 Wx 7/15 Rn 8, FamRZ 2015, 1039; BeckOGK-BGB/Kienemund [1. 11. 2025] § 1617e Rn 37; jurisPK-BGB/Hamdan § 1617e Rn 41). 72

Ist die Einwilligung des anderen Elternteils allerdings gemäß § 1617e Abs 2 S 2 BGB ersetzt worden, so bedarf es für die **Vertretung des Kindes** bei dessen Einwilligung auch bei gemeinsamem Sorgerecht der Eltern keiner gesonderten Entscheidung nach § 1628 BGB – die Ersetzungsentscheidung nach § 1617e Abs 2 S 2 BGB impliziert die alleinige Vertretungsbefugnis des Betreuungselternteils in der Einbenennungsfrage, die zusätzliche Belastung eines zweiten Verfahrens für die Beteiligten ist nicht gewollt und zusätzlicher Erkenntnisgewinn im Hinblick auf das Kindeswohl nicht zu erwarten (zutreffend Heistermann FamRZ 2003, 279, 280; BeckOGK-BGB/Kienemund [1. 11. 2025] § 1617e Rn 38; Fachausschuss Standesbeamte StAZ 2008, 87, 88). 73

e) Wirksamwerden der Namenserteilung

Die Namenserteilung wird wirksam, wenn alle erforderlichen Erklärungen und Einwilligungen formgerecht beim zuständigen Standesamt eingegangen sind. Eine bestimmte Reihenfolge des Eingangs ist nicht vorgeschrieben, insbesondere folgt aus dem Erfordernis einer „Einwilligung" gemäß § 1617e Abs 2 S 1, S 3 BGB nicht, dass diese iS von § 183 BGB *vor* den Erteilungserklärungen abgegeben sein müssten (allgM, so auch BeckOK-BGB/Pöcker [1. 11. 2025] § 1617e Rn 7; jurisPK-BGB/Hamdan § 1617e Rn 43; nach OLG Stuttgart 28. 5. 2004 – 16 UF 35/04, StAZ 2005, 76, 77 kann sogar die Einwilligungsersetzung vor Abgabe der Erteilungserklärungen erfolgen). Eine andere Sicht wäre formalistisch; mit der Bezeichnung als „Einwilligung" soll nur gesagt sein, dass vorher die Namenserteilung nicht wirksam werden kann. Die Zustimmung des anderen Elternteils und des Kindes kann also den Erteilungserklärungen auch nachfolgen. Die anschließende Beurkundung durch das Standesamt hat nur deklaratorische Bedeutung (OLG Zweibrücken 9. 12. 1998 – 3 W 222/98, FamRZ 1999, 1383, 1384 mwNw; BayObLG 7. 7. 2004 – 1 Z BR 67/04, StAZ 2004, 335; OLG Hamm 16. 8. 2007 – 15 W 107/07, StAZ 2008, 76, 77; BeckOGK-BGB/Kienemund [1. 11. 2025] § 1617e Rn 67). 74

f) Wirkung der Namenserteilung

aa) Grundsätze

Der Name des Kindes ändert sich mit **Wirkung für die Zukunft.** Inhaltlich bestimmt sich die Änderung nach der Art der Namenserteilung. Das Kind erwirbt den Namen als **Geburtsnamen**. Es ist eine entsprechende Folgebeurkundung in das Geburtenregister aufzunehmen (§ 27 Abs 3 Nr 1 iVm § 1 Abs 1 S 1 PStG; BeckOGK-BGB/Kienemund [1. 11. 2025] § 1617e Rn 68; BeckOK-BGB/Pöcker [1. 11. 2025] § 1617e Rn 21). 75

Die Namenserteilung gilt nur für das betroffene Kind, eine **Überwirkung auf andere Geschwister** entspr § 1617 Abs 5 BGB findet nicht statt (Rn 30). 76

Wird später der „Stiefvater“ als der rechtliche Vater des Kindes festgestellt, so entfallen wegen der Rückwirkung dieser Feststellung gleichzeitig die Einbenennungsvoraussetzungen – die Namenserteilung nach § 1617e BGB wird rückwirkend unwirksam, der Kindesname beurteilt sich nach allgemeinen Regeln je nach den rechtlichen Beziehungen der Eltern (Fachausschuss Standesbeamte StAZ 2005, 268).

bb) Spätere Änderungen

77 Bei weiteren Stiefelternehen – einschließlich solcher des anderen Elternteils (sog **gegenläufige Einbenennung**) – sind auch weitere **sukzessive Einbenennungen** möglich. Die Möglichkeit wiederholter Einbenennungen war nach früherem Recht äußerst umstritten, ist aber schon durch das KindRG 1998 zweifelsfrei eröffnet worden (vgl § 1618 S 2 Hs 2 aF BGB 1998–2025 BGB, der vorsah, dass in diesem Fall bei vorangegangener *additiver* Namenserteilung der erteilte Name entfällt und durch den neu erteilten Namen aus der Folgeehe ersetzt wird; daraus ergibt sich aber auch die Möglichkeit wiederholter *substitutiver* Namenserteilungen, vgl Fachausschuss Standesbeamte StAZ 2007, 213, 214). Die Formulierung von § 1617e BGB macht dies nicht mehr auf dieselbe Weise deutlich, aber die Gesetzesbegründung spricht explizit von „mehrfachen Einbenennungen“ (BT-Drucks 20/9041, 56).

78 Die Namenserteilung nach § 1617e Abs 1, 2 BGB ist grundsätzlich als solche nach der Erteilung **abgeschlossen und endgültig**. Sie kann nicht erneut ausgeübt werden, um etwa von einer Namensgestaltung nach Abs 1 S 1 Nr 1 zu einer Namensgestaltung nach Abs 1 S 1 Nr 2 zu schwenken.

79 Es kann jedoch – jeweils bei Vorliegen der entsprechenden Voraussetzungen – zur Änderung nach **anderen Namensänderungstatbeständen** kommen, insbesondere können eine Rückbenennung nach § 1617e Abs 4 BGB, ein Nachziehen bei Beendigung der Stiefelternehe nach § 1617d BGB, eine nachziehende Namensänderung nach § 1617c BGB oder eine freie Namenswahl nach Erreichen der Volljährigkeit nach § 1617i BGB in Betracht kommen.

80 Für die prä 1. 5. 2025 insbesondere für die Rückbenennung wichtige **öffentlich-rechtliche Namensänderung wegen Vorliegen eines wichtigen Grundes (§ 3 NÄG)**, deren restriktiver Einsatz und strukturelle Ungeeignetheit viel Kritik auf sich zog, bleibt folglich weniger Raum. Atypische Lücken der zivilrechtlichen Änderungstatbestände, die es mit dem öffentlichen Recht zu „stopfen“ gilt, sind – indes und nur – noch in atypisch gelagerten Einzelfällen denkbar.

2. Selbsteinbenennung Volljähriger

81 Gemäß § 1617e Abs 3 BGB kann ein volljähriges Kind sich nun erstmals entsprechend Abs 1, auch wenn es nicht im gemeinsamen Haushalt eines Elternteils und des Ehegatten dieses Elternteils lebt, mit deren Einwilligung durch Erklärung gegenüber dem Standesamt selbst einbenennen.

82 Die Selbsteinbenennungsmöglichkeit trat erst mit der Rechtsausschussfassung vom 10. 4. 2024 auf den Plan. Die Begründung erschöpft sich im Wesentlichen in einer Normtextparaphrase, wenn sie erklärt, dass Abs 3 die Möglichkeit der Einbenennung auf volljährige Kinder erweitere und damit auch volljährigen Kindern eine namensrechtliche Integration in eine Stieffamilie ermöglicht werde (BT-Drucks 20/10997,

36). Beim volljährigen Kind, das regelmäßig in zunehmendem Maße eine eigenständige Lebensstellung erlangt, scheint die Notwendigkeit einer – auch nach außen gezeigten – Namensintegration in die soziale Stiefelternfamilie weniger drängend als beim minderjährigen Kind und mithin die Legitimation der Norm schwächer. Als Erweiterung der Namensautonomie zur selbstbestimmten Entscheidung über den eigenen Namen ist die Regelung aber freilich zu begrüßen.

a) Voraussetzungen

Das Gesetz skizziert die Voraussetzungen nicht sehr deutlich, denn es spezifiziert **83**
nicht, wann das Selbsteinbenennungsrecht „entsprechend" Abs 1 besteht.

aa) Volljähriges Kind

Deutlich ist freilich, dass statt eines minderjährigen Kindes ein volljähriges (§ 2 **84**
BGB) zu fordern ist. Somit kann es auch nicht mehr auf sorgerechtliche Verhältnisse ankommen (Rn 18 ff). Die Selbsteinbenennungsmöglichkeit besteht bis zum Tode; postmortale Selbsteinbenennung ist nicht möglich.

bb) Ehe von Elternteil und Stiefelternteil

Aus der Formulierung „auch wenn es nicht im gemeinsamen Haushalt eines Eltern- **85**
teils und des Ehegatten dieses Elternteils lebt" und dem inhaltlichen Konnex mit Abs 1 wird deutlich, dass eine Ehe von Elternteil und Stiefelternteil bestehen muss. Ob diese nach oder vor Eintritt der Volljährigkeit geschlossen wird, ist nicht entscheidend. Die Ehe muss im Zeitpunkt der Selbsteinbenennung noch bestehen.

cc) Ehename in der Ehe von Stiefelternteil und Elternteil

Ferner muss in der Ehe von Stiefelternteil und Elternteil ein Ehename bestimmt **86**
worden sein (wie Rn 25).

dd) Zustimmungen

Die Regelung fordert – siehe Wortlaut „mit deren Einwilligung" – die Zustimmung **87**
sowohl des (wieder-)verheirateten Elternteils als auch des Stiefelternteils (ebenso Erman/Döll § 1617e Rn 15; BeckOGK-BGB/Kienemund [1. 11. 2025] § 1617e Rn 90; BeckOK-BGB/Pöcker [1. 11. 2025] § 1617e Rn 22). Dies erscheint in den meisten Fällen wenig sinnvoll.

Zum Zustimmungserfordernis des Elternteils: Es scheint systemwidrig, beim volljäh- **88**
rigen Kind noch Interessen des künftigen Namensbezugselternteils zu schützen. Zudem ist kein Ersetzungsverfahren vorgesehen, eine Selbsteinbenennung scheitert bei Verweigerung durch einen der beiden Zustimmungsberechtigten also stets. Zu Recht ist diese beschränkte Namensmündigkeit Volljähriger als ungerechtfertigt und unreflektiert kritisiert worden (Dutta FamRZ 2025, 77).

Das Zustimmungserfordernis des Stiefelternteils: Bei der Einbenennung des minder- **89**
jährigen Kindes bedarf es zwar nicht der Zustimmung, aber der Mitwirkung des Stiefelternteils und diese findet ihren Grund in seinem Persönlichkeitsrecht (Rn 32). Gerade bei der Selbsteinbenennung Volljähriger sind Konstellationen denkbar, in denen kaum Konnex zwischen Kind und Stiefelternehe besteht und das Persönlichkeitsrecht des Stiefelternteils schützenswert ist. Wenn das Kind beispielsweise bei Ehebeginn bereits lange volljährig ist, bereits eine ganz eigenständige Lebensstellung erlangt und kaum Bezüge zur Stiefelternehe hat, nie mit dem Stiefelternteil zusammenlebte, even-

tuell nur dessen Namen aus Gründen attraktiv findet, die mit der Person des Stiefelternteils nicht im Zusammenhang stehen, kann eine Selbsteinbenennung fernliegend erscheinen und eine Weigerung von Elternteil oder Stiefelternteil nachvollziehbar. Weniger überzeugend ist das Zustimmungserfordernis freilich dann, wenn der Name des Stiefelternteils nicht Ehename geworden oder in diesen eingeflossen ist.

90 Die Zustimmungserfordernisse erlöschen im Fall des Todes dieses (Stief-)Elternteils analog § 1617i Abs 1 S 3 BGB (Dutta FamRZ 2025, 77, 80; **aA** BeckOGK-BGB/Kienemund [1. 11. 2025] § 1617e Rn 91 [fehle in diesem Fall an der Voraussetzung der fortbestehenden Ehe]). Die Einwilligung sollte als höchstpersönliche Erklärung angesehen werden, so dass im Fall der Geschäftsunfähigkeit das Einwilligungserfordernis entfällt (Dutta FamRZ 2025, 77, 80).

ee) Keine Voraussetzungen

91 Aus der Formulierung „auch wenn es nicht im gemeinsamen **Haushalt** eines Elternteils und des Ehegatten dieses Elternteils lebt“ wird weiterhin deutlich, dass das Kind im stiefelterlichen Haushalt leben kann, aber nicht muss.

92 Ein einschränkendes Erfordernis des **Unverheiratetseins** des Kindes aus der Zweckbestimmung der Namensintegration in die Stieffamilie abzuleiten, erscheint zu weitgehend (**aA** BeckOK-BGB/Pöcker [1. 11. 2025] § 1617e Rn 22).

b) Rechtsfolgen

93 In Wirksamwerden und Wirkung entspricht die Selbsteinbenennung nach Abs 3 der Einbenennung nach Abs 1 (siehe daher Rn 74 ff).

III. Rückbenennung

94 § 1617e Abs 4 BGB führt die lange geforderte (Rn 7, 9) Rückbenennung zur Umkehr der Einbenennung des § 1617e Abs 1, 3 BGB ein. Auch die Rückbenennung ist **legaldefiniert**, ähnlich „sperrig“ wie die Einbenennung. In Kürze handelt es sich um die Rückgängigmachung der Einbenennung durch Erklärung gegenüber dem Standesamt (§ 1617e Abs 4 BGB). Anlass dafür geben also Fälle, in denen der nichtnamensgebende Elternteil neu geheiratet hat, das Kind per Einbenennung (allein oder auch) den Namen des Stiefelternteils erhalten hat und nun auch diese zweite Ehe scheitert und das Elternteil zu einem früheren Namen zurückkehrt.

1. Voraussetzungen

95 § 1617e Abs 4 S 1 BGB setzt naturgemäß eine Einbenennung voraus und statuiert sodann zwei alternative Szenarien, in denen eine Rückbenennung möglich ist.

a) Vorangegangene Einbenennung

96 Die Rückbenennung setzt eine vorangegangene Einbenennung nach § 1617e Abs 1 oder 3 BGB voraus.

b) Auflösung der Stiefelternehe

97 Die Rückbenennung ist zunächst möglich, wenn die Ehe zwischen dem Elternteil und seinem Ehegatten, der nicht Elternteil des Kindes ist, aufgelöst wird. Dies kann durch Scheidung oder durch Aufhebung (BeckOGK-BGB/Kienemund [1. 11. 2025] § 1617e Rn 96; so wohl auch jurisPK-BGB/Hamdan § 1617e Rn 60 f) ebenso wie durch Tod erfolgen.

c) Ausscheiden aus dem Haushalt

Die Rückbenennung ist ferner dann möglich, wenn das Kind aus dem gemeinsamen Haushalt ausscheidet. Es muss zuvor eine **Aufnahme in den gemeinsamen Haushalt** (Rn 27 ff) vorgelegen haben. Ausscheiden aus dem Haushalt tritt ein, wenn das Kind selbst den Haushalt verlässt oder wenn die Ehegatten der Stiefelternehe iSd§ 1567 BGB getrennt leben, mithin kein gemeinsamer Haushalt mehr besteht (BeckOGK-BGB/Kienemund [1. 11. 2025] § 1617e Rn 97; Erman/Döll § 1617e Rn 17; jurisPK-BGB/Hamdan § 1617e Rn 60). **98**

2. Erteilungsberechtigung

a) Sorgeberechtigtes Elternteil

Erteilungsberechtigt ist zunächst jeder Elternteil, dem die elterliche Sorge für das Kind allein oder gemeinsam mit dem anderen Elternteil zusteht (§ 1617e Abs 4 S 1 Nr 1 BGB). Bei gemeinsamer Sorge bedarf die Rückbenennung stets der Zustimmung des anderen Elternteils; Elterndissens kann in diesem Fall auch nicht durch Übertragung nach § 1628 BGB überwunden werden (Botthoff/Kiehn/von Bary/Botthoff § 1617e Rn 86). **99**

b) Volljähriges Kind

Erteilungsberechtigt, mithin selbstrückbenennungsberechtigt, ist das volljährige Kind (§ 1617e Abs 4 S 1 Nr 2 BGB). **100**

3. Erteilungserklärungen

Für die Namenserteilungserklärungen gelten die oben (Rn 33 f) dargelegten Grundsätze. **101**

Bei mehrfachen Einbenennungen – denkbar, wenn der Elternteil ein drittes oder viertes Mal heiratet – sind **mehrfache Rückbenennungen** möglich: In diesem Fall kann das Kind schrittweise zum gewünschten Geburtsnamen zurückkehren. Die mehrfachen Rückbenennungen können in einem Termin erfolgen (BT-Drucks 20/9041, 64). **102**

4. Inhalt der Rückbenennungserklärung

Das Gesetz gibt vor, dass Rückbenennung bedeutet, die Einbenennung „rückgängig [zu] machen", dh das Kind muss „zu dem Geburtsnamen zurückkehren, den es vor der Einbenennung geführt hat" (BT-Drucks 20/9041, 56). Die Gesetzesbegründung unterstreicht deutlich, dass „[d]arüber hinaus … keine weiteren Namenswahlmöglichkeiten eröffnet werden" sollen (BT-Drucks 20/9041, 56). **103**

Haben sukzessive Einbenennungen stattgefunden kann das Kind mit mehreren Rückbenennungserklärungen, die „in einem Termin erfolgen" können, „schrittweise zum gewünschten Geburtsnamen zurückkehren" (BT-Drucks 20/9041, 56). Auch kann die Rückbenennungserklärung mit weiteren Namensänderungserklärungen kom- **104** biniert werden (zB § 1617c BGB), um zum gewünschten Ergebnis zu gelangen (BT-Drucks 20/9041, 56).

105 Aufgrund der **strikten Symmetrie der Rückbenennung zur Einbenennung** sind indes Konstellationen denkbar, in denen es trotz Rückbenennung zu dauerhafter Namensverschiedenheit von Elternteil und Kind kommt. Wenn der Elternteil nach Scheidung der Stiefelternehe nach § 1355 Abs 5 S 2 Nr 1 BGB statt zu seinem vor der Stiefelternehe geführten Namen zu seinem Geburtsnamen zurückkehrt, hilft die Rückbenennung insoweit nicht (und auch nicht § 1617c BGB oder § 1617d BGB) (BeckOGK-BGB/Kienemund [1. 11. 2025] § 1617e Rn 98; Erman/Döll § 1617e Rn 16).

5. Zustimmungen

106 Nur im Fall der Rückbenennung eines noch minderjährigen Kindes bedarf es der Zustimmung eines Elternteils (BT-Drucks 20/9041, 57) und zwar „gilt Absatz 2 entsprechend". Danach bedarf die Namenserteilung „der Einwilligung des anderen Elternteils, wenn das Kind dessen Namen führt oder diesem Elternteil die elterliche Sorge gemeinsam mit dem einbenennenden Elternteil zusteht". Der „andere Elternteil" muss hier nicht der Elternteil sein, der nicht die Stiefelternehe eingeht, sondern ist hier immer derjenige Elternteil, der nicht Rückbenennung betreibt. Es bedarf also der Einwilligung des anderen Elternteils, wenn das Kind dessen Namen führt (nach den bei Rn 38 ff dargelegten Maßstäben) und wenn der andere Elternteil (allein oder gemeinsam) die elterliche Sorge innehat (nach den bei Rn 44 dargelegten Maßstäben). Im Fall des Todes des Elternteils entfällt das Zustimmungserfordernis (**aA** [Ersetzungsverfahren] Botthoff/Kiehn/von Bary/Botthoff § 1617e Rn 109).

107 Eine Einwilligung ist ebenfalls entsprechend Abs 2 S 2 ersetzbar (BT-Drucks 20/9041, 57), es gelten grundsätzlich die oben (Rn 49 ff) entwickelten Maßstäbe (**aA** BeckOK-BGB/Pöcker [1. 11. 2025] § 1617e Rn 27, 27.1, der die Kindeswohldienlichkeit der Rückbenennung im Regelfall bejahen möchte). Die Namenskontinuität hat dabei freilich weniger Gewicht (BeckOK-BGB/Pöcker [1. 11. 2025] § 1617e Rn 27.1). Das Verfahren zur Ersetzung ist ebenfalls Kindschaftssache (BT-Drucks 20/9041, 57), es gelten die oben (Rn 68 ff) dargestellten Grundsätze.

108 Für die Zustimmung des Kindes gilt Abs 2 S 3 entsprechend (BT-Drucks 20/9041, 57, siehe Rn 71 ff).

IV. Form, § 1617e Abs 5 S 1 BGB

109 § 1617e Abs 5 S 1 BGB fordert stets die öffentliche Beglaubigung (§ 129 BGB). Da dies auf alle namensrechtlichen Erklärungen zutrifft (sic BT-Drucks 20/9041, 63), wäre eine „vor die Klammer gezogene", allgemeine Regelung (vgl § 93c öst ABGB) günstig gewesen. Sie kann durch das Standesamt erfolgen, § 45 Abs 1 S 1 Nr 8 und 9 PStG); empfangszuständig ist regelmäßig das Standesamt, das die Geburt des Kindes beurkundet hat (§ 45 Abs 1 S 1 Nr 8, 9, Abs 2 PStG), bei Lebenspartnerschaften die nach Landesrecht zuständige Behörde (die noch immer nicht in allen Bundesländern bestimmt ist, **krit** Kaiser StAZ 2006, 65, 67).

V. Zusammenspiel mit § 1617c BGB, § 1617e Abs 5 S 2 BGB

§ 1617e Abs 5 S 2 BGB verweist auf § 1617c Abs 1 S 2 und Abs 3 BGB. Den frühe- **110**
ren Globalverweis der Einbenennungsvorschrift (§ 1618 S 6 aF BGB) auf § 1617c BGB hielt der Gesetzgeber für entbehrlich/überschießend (BT-Drucks 20/9041, 57). Ist das Kind bei der Ein- oder Rückbenennung bereits verheiratet, ändert sich der etwaige Ehename nur, wenn sich der Ehegatte gemäß § 1617e Abs 5 S 2 BGB iVm § 1617c Abs 3 BGB anschließt.

VI. Intertemporaler Anwendungsbereich

Für Einbenennungen Minderjähriger (§ 1617e Abs 1, 2 BGB) ab dem 1. 5. 2025 gilt **111**
§ 1617e BGB ohne weiteres. Auch für Selbsteinbenennungen Volljähriger (§ 1617e Abs 3 BGB) bedurfte es keiner besonderen Übergangsvorschrift, da das Selbsteinbenennungsrecht nicht fristgebunden ist. Für Rückbenennungen besteht indes durchaus ein Bedürfnis danach, dass „die Einbenennung“, die § 1617e Abs 4 BGB adressiert, nicht nur Einbenennungen nach den vorhergehenden Absätzen, sondern auch nach vorherigem Recht umfasst. Art 229 § 67 Abs 3 EGBGB sieht daher vor, dass § 1617e Abs 4 BGB auf Kinder anzuwenden ist, die vor dem 1. 5. 2025 nach § 1618 aF BGB oder vor dem 1. 7. 1970 nach § 1706 Abs 2 S 2 aF BGB in den jeweils geltenden Fassungen einbenannt wurden (Nr 1) oder vor dem 2. 10. 1990 nach § 65 des Familiengesetzbuchs der Deutschen Demokratischen Republik vom 20. 12. 1965 in der jeweils geltenden Fassung einbenannt wurden.

§ 1617f
Geschlechtsangepasste Form des Geburtsnamens nach sorbischer Tradition und ausländischen Rechtsordnungen

(1) Der Geburtsname eines Kindes kann durch Erklärung gegenüber dem Standesamt seinem Geschlecht angepasst werden, wenn

1. die Form der sorbischen Tradition entspricht und das Kind dem sorbischen Volk angehört,

2. die Anpassung in der Rechtsordnung eines anderen Staates vorgesehen ist und der Herkunft des Kindes entspricht oder

3. die Anpassung in der Rechtsordnung eines anderen Staates vorgesehen ist und der Name traditionell aus dem dortigen Sprachraum stammt.

(2) Die Erklärung nach Absatz 1 kann jeder Elternteil abgeben, dem die elterliche Sorge allein oder gemeinsam mit dem anderen Elternteil zusteht. Die Anpassung des Geburtsnamens bedarf der Einwilligung des anderen Elternteils, wenn das Kind dessen Namen führt oder diesem Elternteil die elterliche Sorge gemeinsam mit dem erklärenden Elternteil zusteht. Das Familiengericht kann die Einwilligung des anderen Elternteils ersetzen, wenn die Anpassung dem Wohl des Kindes dient. Wenn das Kind das fünfte Lebensjahr vollendet hat, bedarf die Anpassung auch seiner Einwilligung; § 1617c Absatz 1 Satz 2 gilt entsprechend.

(3) Ist das Kind volljährig, so kann es die Erklärung nach Absatz 1 selbst abgeben. Eine unverheiratete volljährige Frau, die dem sorbischen Volk angehört, kann eine Form des Geburtsnamens wählen oder zu einer solchen wechseln, die nach der sorbischen Tradition verheirateten Frauen vorbehalten ist. In den Fällen des Absatzes 1 Nummer 2 und 3 kann das volljährige Kind zu einer anderen Form des Geburtsnamens wechseln, wenn dies in der Rechtsordnung des anderen Staates vorgesehen ist.

(4) Die Erklärung nach Absatz 1 kann gegenüber dem Standesamt widerrufen werden. Für minderjährige Kinder gilt Absatz 2 entsprechend. Ist das minderjährige Kind volljährig geworden, so tritt sein Widerruf an die Stelle des Widerrufs des Sorgeberechtigten. Im Fall des Widerrufs ist eine erneute Erklärung nach Absatz 1 nicht zulässig.

(5) Nach der Beurkundung der Geburt abgegebene Erklärungen müssen öffentlich beglaubigt werden.

Materialien: EheGebNamRÄndG Art 1 Nr 6.

Schrifttum

S vor Vorbem zu §§ 1616–1625.

Systematische Übersicht

Alphabetische Übersicht

I. Einführung

1. Überblick

Die Norm regelt im Wesentlichen zwei unterschiedliche Fallgruppen mit jeweils zwei Unterszenarien, die wiederum jeweils in zwei geteilt werden können: Die Geschlechtsanpassung für Angehörige der sorbischen Minderheit in Deutschland (§ 1617f Abs 1 Nr 1 BGB) sowie die Geschlechtsanpassung für Personen mit Migrationshintergrund (§ 1617f Abs 1 Nr 2, 3 BGB, zum Begriff siehe Rn 4). In diesen zwei Fallgruppen ist die Geschlechtsanpassung für Minderjährige (§ 1617f Abs 1, 2 BGB) von der für Volljährige (§ 1617f Abs 1, 3 BGB) zu unterscheiden. In jedem Szenario gibt es zudem den positiven und den negativen Akt – die Geschlechtsanpassungserklärung und ihren Widerruf (§ 1617f Abs 4 BGB). Zudem verweist § 1757 Abs 4 BGB auch für den Fall der Adoption auf § 1617f BGB. 1

2. Entstehungsgeschichte

§ 1617f BGB wurde erst mit dem EheGebNamRÄndG 2024 in das BGB eingefügt und ist seit dem 1. 5. 2025 in Kraft. Im Referentenentwurf zum EheGebNamRÄndG 2024 war § 1617f BGB noch schlichter und anders gefasst; die Norm regelte primär den Fall der geschlechtsangepassten Form des Geburtsnamens des minderjährigen Kindes, „wenn dies der Herkunft der Familie oder der Tradition derjenigen Sprache entspricht, aus der der Name stammt", ferner den Wegfall der auf das Geschlecht hinweisenden Endung. Seine wesentliche Prägung erhielt § 1617f BGB mit dem Regierungsentwurf (BT-Drucks 20/9041, 11, 57 ff), wenngleich durch die Rechtsausschussfassung (BT-Drucks 20/10997, 13 f, 36) auch noch einmal Änderungen in Abs 3 erfolgten. 2

3. Zielsetzung und Normbedeutung

a) Schutz des sorbischen Volkes und von Personen mit Migrationshintergrund

Mit der Norm soll dem „Bedürfnis von Personen aus Kulturkreisen Rechnung getragen [werden], in denen Familiennamen nach dem Geschlecht abgewandelt werden, und die diesen Teil ihres kulturellen Erbes fortführen wollen" (BT-Drucks 20/9041, 57; siehe zum Gesamtkomplex Oeter Intangible Cultural Heritage in Need of Protection: The Case of Regional and Minority Languages, 2018, S 59). Unter kulturellem Erbe (von Personen) kann die Gesamtheit der kulturellen Güter, Werte und Traditionen, die einer Person aufgrund ihrer Herkunft, ihres familiären oder gesellschaftlichen Umfeldes, ihrer Sprache oder ihrer Zugehörigkeit zu einer bestimmten Gemeinschaft vermittelt werden und die sie in ihrer Identität prägen. 3

Geschützt werden von § 1617f BGB zwei sehr ungleiche Gruppen: In der ersten Fallgruppe (§ 1617f Abs 1 Nr 1 BGB) dient die Norm dem „besonderen Schutz, den Personen deutscher Staatsangehörigkeit, die dem sorbischen Volk … angehören, aufgrund des Rahmenübereinkommens zum Schutz nationaler Minderheiten vom 11. Mai 1995 genießen" (BT-Drucks 20/9041, 58). In der zweiten und dritten Fallgruppe (§ 1617f Abs 1 Nr 2 und 3 BGB) richtet sich die Norm an „Personen mit Migrationshintergrund" (BT-Drucks 20/9041, 58), ohne dass dies als Voraussetzung im Normtext so niedergelegt wäre. Geschlechtsangepasste Namensendungen gibt es insbesondere im slawischen Sprachraum und nach griechischer Tradition (BT-Drucks 20/9041, 46, 58). 4

Die Gruppe der Sorben dürfte in Deutschland rund 60.000 Personen umfassen (Rn 7), die Gruppe der Personen mit Migrationshintergrund ist ca 400 mal so groß, denn sie umfasst – je nach Definition und Betrachtungszeitpunkt – rund 24 Millionen Personen.

b) Die Sorben als eine der anerkannten nationalen Minderheiten

5 In Deutschland leben die dänische Minderheit, die friesische Volksgruppe, die deutschen Sinti und Roma sowie das sorbische Volk als die vier gesetzlich anerkannten nationalen Minderheiten. Drei davon – die dänische, friesische und sorbische Minderheit – schützt das reformierte Namensrecht in den §§ 1617f, 1617g und 1617h BGB. Bei den Sinti und Roma besteht offenbar kein Bedürfnis nach dem Schutz namensrechtlicher Traditionen (BeckOGK-BGB/Kienemund [1. 11. 2025] § 1617g Rn 2, § 1617h Rn 2). Das Sorbische, auch „Wendisch" genannt, ist das letzte in Deutschland fortlebende slawische Idiom und zählt zur westslawischen Sprachfamilie. Es existiert seit dem 18. Jahrhundert in zwei normierten Schriftformen – dem Obersorbischen und dem Niedersorbischen – und wird heute von rund 60.000 Menschen in der Lausitz gesprochen und geschrieben, nicht nur im Alltag, sondern auch in Bildung, Kultur, Kirche, Verwaltung und Medien. Seit 1948 erfährt die Minderheit staatliche Förderung, zunächst in Sachsen, später auch in der DDR, wo trotz institutioneller Stützung die Assimilation voranschritt. Nach 1990 entwickelte sich ein vielfältiges Vereinswesen, koordiniert von der „Domowina". Heute sichern die Verfassungen Sachsens und Brandenburgs sowie die Stiftung für das sorbische Volk den Schutz von Sprache, Kultur und Identität; in Brandenburg ist dieser Schutz sogar als Staatsziel verankert (siehe nur Förderpolitik des Bundes für das sorbische Volk – WD 10 – 018/08, 2008, S 3 f).

6 Für die nationalen Minderheiten sieht Art 11 Abs 1 des Rahmenübereinkommen zum Schutz nationaler Minderheiten (Straßburg, 1. 2. 1995) (vgl https://rm.coe.int/168007cdc3) (siehe auch Oeter, Conventions on the Protection of National Minorities, 2017, S 542; Oeter, Der Schutz nationaler Minderheiten im Völkerrecht, 2002, S 187) vor, dass sich die Vertragsparteien verpflichten, anzuerkennen, dass „jede Person, die einer nationalen Minderheit angehört, das Recht hat, ihren Familiennamen (Vaternamen) und ihre Vornamen in der Minderheitensprache zu führen, sowie das Recht auf amtliche Anerkennung dieser Namen, wie dies nach der Rechtsordnung der jeweiligen Vertragspartei vorgesehen ist". Art 11 Abs 1 ist insoweit eine Konkretisierung von Art 5 Abs 1 des Rahmenübereinkommens, wonach sich die Vertragsparteien verpflichten, „die Bedingungen zu fördern, die es Angehörigen nationaler Minderheiten ermöglichen, ihre Kultur zu pflegen und weiterzuentwickeln und die wesentlichen Bestandteile ihrer Identität, nämlich ihre Religion, ihre Sprache, ihre Traditionen und ihr kulturelles Erbe, zu bewahren". Für die Umsetzung von Art 11 des Rahmenübereinkommens sorgte bislang das MindNamÄndG (Gesetz zur Ausführung des Artikels 11 Abs 1 des Rahmenübereinkommens des Europarats vom 1. 2. 1995 zum Schutz nationaler Minderheiten), das indes nur die Übersetzung (begriffliche Übertragung), die Anpassung an die Aussprache (phonetische Übertragung) und die Wiederannahme eines früher geführten Namens (§ 1 Abs 1 MindNamÄndG), indes keine geschlechtsangepassten Namen zuließ. Dabei geht die Gesetzesbegründung des EheGebNamRÄndG 2024 davon aus, dass die Norm „keine Verpflichtung auferlegt, auch die namensrechtlichen Traditionen der nationalen Minderheiten abzubilden" und dies lediglich zur Gewährung „umfassenden" Schut-

zes erforderlich erscheint (BT-Drucks 20/9041, 45). § 1617f BGB ergänzt und erweitert das MindNamÄndG nunmehr deutlich.

Der Anteil der dänischen Minderheit in Deutschland wird auf ca 50.000 Personen geschätzt, der der Friesen und der der Sorben auf jeweils ca 60.000 Personen (siehe für die dänische Minderheit https://www.bpb.de/kurz-knapp/lexika/das-junge-politik-lexikon/339337/daenische-minderheit-in-deutschland/, https://www.schleswig-holstein.de/DE/fachinhalte/M/minderheiten/minderheiten_daenen; siehe für die friesische Minderheit https://www.hanisauland.de/wissen/lexikon/grosses-lexikon/f/friesische-volksgruppe und https://www.minderheitensekretariat.de/die-friesische-volksgruppe/; für die Sorben siehe etwa https://www.kulturrat.de/themen/heimat/heimat-identitaet/wer-sind-die-sorben/; siehe für Dänen und Friesen gemeinsam https://www.minderheiten-sekretariat.de/die-friesische-volksgruppe, aufgegriffen in BT-Drucks 20/9041, 30, 33). Diese zusammen schätzungsweise ca 170.000 Personen umfassenden Gruppen erscheinen relativ übersichtlich im Vergleich einerseits zu den ca 23–25 Millionen Personen in Deutschland mit Migrationshintergrund (siehe für verschiedene Zahlen der letzten Jahre etwa https://www.svr-migration.de/wp-content/uploads/2024/12/SVR-Kurzbuendig_Einwanderung_2024.pdf S 1 mwNw, https://de.statista.com/statistik/daten/studie/1496098/umfrage/bevoelkerungs-anteil-mit-migrationshintergrund-in-deutschland/, https://www.bamf.de/DE/Themen/Forschung/Veroeffentlichungen/Migrationsbericht2021/PersonenMigrationshintergrund/personenmigrationshintergrund-node.html) und andererseits zu den ca 84 Millionen Menschen, die in Deutschland leben. 7

c) Identifikationsstiftende und integrative Wirkung

§ 1617f BGB soll einerseits der **identifikationsstiftenden Wirkung** des Namens dienen 8
(BT-Drucks 20/9041, 57). Die Norm soll dem „Bedürfnis von Personen aus Kulturkreisen Rechnung [tragen], in denen Familiennamen nach dem Geschlecht abgewandelt werden, und die diesen Teil ihres kulturellen Erbes fortführen wollen" (BT-Drucks 20/9041, 57; siehe bereits Rn 3; zu Recht kritisch zur „Identitätspolitik durch Sonderprivatrecht" Dutta ZEuP 2025, 443). § 1617f BGB soll andererseits der **integrativen Wirkung** des Namens dienen (BT-Drucks 20/9041, 57). Dem wird die Norm in zweierlei Weise gerecht. Mit dem Ablegen einer geschlechtsangepassten Namensform (§ 1617f Abs 4 BGB) passt sich der Namensträger einerseits an die „Tradition der deutschen Mehrheitsgesellschaft" – wie die Gesetzesbegründung mit Härte formuliert – (BT-Drucks 20/9041, 58) an. Ob diese Formulierung, zudem ohne empirische Grundlage, geglückt ist, darf bezweifelt werden. Andererseits sollte nicht verkannt werden, dass auch die Wahrung von Traditionen, die von denen der „deutschen Mehrheitsgesellschaft" abweichen, integrativ wirken kann, weil dem Namensträger gerade nicht Fremdes aufgezwungen wird. In dieser zweiten Variante steht die integrative Wirkung freilich in unmittelbarer Nähe zur identifikationsstiftenden Wirkung. Nach dem vor dem 1. 5. 2025 geltenden Recht war es nicht möglich, den Geburtsnamen (oder den Ehenamen) gemäß der Tradition und Herkunft der Familie in geschlechtsangepasster Form zu führen; dies führte dazu, dass sich Personen mit einer „Namensendung in den Pass eintragen und ansprechen lassen [mussten], die nicht mit dem Geschlecht übereinstimmt[e], dem die Person angehört" (BT-Drucks 20/9041, 20).

§ 1617f BGB ist eine ambivalente Norm, die **Fort- und Rückschritt** in sich vereint. Mit 9
der Stärkung der identifikatorischen Kraft des Namens und der Stärkung der Autonomie des Einzelnen im Hinblick auf seine Namensgestaltung erscheint die Norm „modern" und „fortschrittlich". Doch der Inhalt der mit § 1617f BGB ermöglichten

Namensgestaltung hingegen ist, da er sich nach den Traditionen der nationalen Minderheiten und der ausländischen Rechtsordnungen richtet, typischerweise besonders traditionell, konservativ, je nach Sichtweise womöglich gar reaktionär im Hinblick auf Geschlechterrollen und Geschlechteridentitäten. Bereits die in vielen Namenstraditionen noch fest verankerte Geschlechterbinarität mag so wahrgenommen werden; die ebenfalls in einigen Namenstraditionen vorgesehene Unterscheidung zwischen verheirateten und unverheirateten Namensträgern ist es umso mehr. Die Gesetzesbegründung schreibt sich an anderer Stelle explizit auf die Fahnen, die Geschlechtergleichstellung ebenso wie die Beendigung aller Formen der Diskriminierung von Frauen und Mädchen zu fördern (BT-Drucks 20/9041, 27). Ob dem die Ermöglichung weiblicher Namensformen einschließlich der Unterscheidung nach dem Familienstand wirklich dient, mag bezweifelt werden. Stellt man auf die identifikationsstiftende Wirkung des Namens ab, ist zudem nicht recht klar, warum sich der Gesetzgeber bei den geschlechtsanpassten Namen sektoral auf Namenstraditionen von Minderheiten und in ausländischen Rechtsordnungen beschränkte und nicht allen Namensträgern, auch solchen in der deutschen Namenstradition, diese Möglichkeit zubilligt (Schwab FamRZ 2025, 401, 403 – Müller und Müllerin, Kant und Kantin, Lampe und Lampin). § 1617f BGB im Verbund mit §§ 1617g und 1617h BGB sind ferner insofern problematisch, als sie aus der großen Vielzahl der weltweit existenten **Namensgestaltungsoptionen** eine **selektive Öffnung** zulassen, deren Auswahl und Grenzziehung nicht gut nachvollziehbar ist (Helms Stellungnahme Rechtsausschuss 11. 12. 2023 S 2). Denn nun dürfen Adelsbezeichnungen (§ 1616 Rn 9, Rn 43) und Namen nach ausländischem Recht in einer dem Geschlecht angepassten Form geführt werden, aber keine inländischen Namen (Müllerin, Königin, Schwäbin, Köchin, Lindefrau – vgl nur Schwab FamRZ 2025, 401, 403; Hepting/Dutta Familie und Personenstand, Rn IV-312). Auch wenn für derlei Namensgestaltungen wohl zumeist kein gesteigertes Bedürfnis besteht und geschlechtsangepasste Namen ein Fremdkörper im deutschen Namensrecht sind und bleiben, erscheint eine logische, konsistente Grenzziehung schwierig.

4. Systematischer Kontext

10 § 1617f BGB ist im regelungssystematischen Kontext zunächst **mit § 1355b BGB** zu sehen, der stark parallel zu § 1617f BGB die geschlechtsangepasste Form des Ehenamens nach sorbischer Tradition und ausländischen Rechtsordnungen ermöglicht. Dabei weicht indes die Interessenlage des Kindes von der der Ehegatten ab. Auch § 1617f BGB muss sich am Kindeswohlprinzip messen lassen. Wählen die Eltern für das Kind einen geschlechtsangepassten Namen, so kann dies der Stabilität sozialer Identität dienen und damit kindeswohlförderlich sein. Dem Interesse des Kindes an Selbstbestimmung dient die Widerrufsmöglichkeit für das volljährig gewordene Kind (§ 1617f Abs 4 S 3 BGB). Nicht typischerweise kindeswohldienlich dürfte freilich die Namensdiskontinuität sein, die mit der Annahme einhergehen kann und mit der Ablegung einhergeht.

11 Sodann steht § 1617f BGB im regelungssystematischen Kontext **mit §§ 1617g und 1617h BGB**, die Parentonyme und mittelnamensäquivalente Konstruktionen ermöglichen; gemeinsam schützen §§ 1617f–1617h BGB so die Namenstraditionen nationaler Minderheiten und anderer Bevölkerungsgruppen. Dabei fällt indes auf, dass nur § 1617f BGB auch die – weitaus zahlreicheren – Personen mit Migrationshintergrund erfasst, die nicht den nationalen Minderheiten der Sorben, Dänen und Friesen ange-

hören. Es kommt also nur im Hinblick auf die in § 1617f BGB geregelte Geschlechtsanpassung zu einer Änderung. Dass von allen denkbaren ausländischen Namenstraditionen gerade die Mitteilung des eigenen Geschlechts ermöglicht wird, lässt sich wohl leichter rechtspolitisch als wertungsorientiert und mit der Binnenlogik des (Namens-)Rechts begründen. Die strukturellen und inhaltlichen Unterschiede zwischen § 1617f BGB einerseits und §§ 1617g und 1617h BGB andererseits – insbesondere die Unterschiede bei gerichtlicher Ersetzungsmöglichkeit und Widerruf – sind sicherlich zum Teil den divergierenden Inhalten geschuldet; gänzlich notwendigerweise daraus abzuleiten sind sie indes nicht (Kienemund NJW 2025, 1153, 1156; BeckOGK-BGB/Kienemund [1. 11. 2025] § 1617h Rn 3).

Ferner ist § 1617f BGB im regelungssystematischen Kontext mit neuen namensrechtlichen Normen zu sehen, die eine **Namensänderung ohne Statusereignis** (oder statusereignisähnliches Ereignis) ermöglichen (§§ 1617e Abs 4 S 1 Var 2, 1617i BGB; jurisPK-BGB/Hamdan § 1617f Rn 5). 12

Schließlich ist § 1617f BGB im regelungssystematischen Kontext mit der öffentlichrechtlichen Namensänderung nach **§ 3 NÄG** zu sehen: Wenn der Anwendungsbereich des § 1617f Abs 1 BGB eröffnet ist, dürfte die Norm Sperrwirkung entfalten und eine Namensänderung nach dem NÄG nicht möglich sein (Botthoff/Kiehn/von Bary/Botthoff § 1617f Rn 39). 13

II. Voraussetzungen der Geschlechtsanpassung des Namens

1. Führen eines Namens

Das Kind muss einen Namen führen. Dabei muss indes, wenn etwa das Kind unverheirateter Eltern mit der Geburt noch keinen Namen erhalten hat, sondern dies noch aussteht (§ 1617 BGB), kein Zweischritt (Namenserteilung nach § 1617 BGB, Geschlechtsanpassung nach § 1617f BGB) erfolgen, vielmehr kann das Kind direkt die geschlechtsangepasste Form des Geburtsnamens erhalten (Botthoff/Kiehn/von Bary/Botthoff § 1617f Rn 4). 14

2. Weibliches oder männliches Geschlecht des Kindes

Das Kind muss grundsätzlich dem weiblichen oder männlichen Geschlecht zugeordnet sein (zu intergeschlechtlichen Kindern siehe Rn 16). Maßgeblicher Zeitpunkt für die Zuordnung zu einem Geschlecht ist der Zeitpunkt des Wirksamwerdens der Erklärung (so BeckOGK-BGB/Kienemund [1. 11. 2025] § 1617f Rn 7; anders [Abgabe] Botthoff/Kiehn/von Bary/Botthoff § 1617f Rn 7). Diese Zuordnung prädeterminiert, welche Geschlechtsanpassung nach ausländischem Recht oder sorbischer Tradition offensteht. 15

§ 1617f BGB geht nicht explizit darauf ein, welche Anpassungsmöglichkeiten **transgeschlechtliche Personen**, die ihren Geschlechtseintrag ändern, sowie **intergeschlechtliche Personen**, deren Personenstandseintrag frei ist oder „divers“ lautet (§§ 21 Abs 1 Nr 1, 22 Abs 3 PStG), haben. Doch die Gesetzesbegründung macht deutlich, dass den Bedürfnissen dieser Gruppen Rechnung getragen werden sollte. Klar ist, dass bei einer Änderung des Geschlechtseintrags (§ 2 SBGG) oder einer nachträglichen Angabe des Geschlechtseintrags auch nach dem ersten und grundsätzlich einmaligen 16

Gebrauch des Geschlechtsanpassungsrechts dieses erneut ausgeübt werden kann (§ 27 Abs 3 Nr 4 PStG) (vgl BT-Drucks 20/9041, 58, 47, 62, jeweils zu anderen Normen, aber mit übertragbarer Ratio; BeckOGK-BGB/Kienemund [1. 11. 2025] § 1617f Rn 7). Fraglich ist, ob darüber hinaus eine Person, die nicht dem weiblichen oder männlichen Geschlecht zugeordnet ist (§§ 21 Abs 1 Nr 3, 22 Abs 3 PStG), eine Geschlechtsanpassung nach § 1617f Abs 1 BGB erfahren kann. Dies sollte im Interesse dieser Personengruppe bejaht werden (ablehnend Botthoff/Kiehn/von Bary/Botthoff § 1617f Rn 6).

3. Keine präexistente Geschlechtskonformität

17 Eine Namensanpassung nach § 1617f BGB kann nur stattfinden, wenn der Name nicht bereits ohnehin schon in der gewünschten geschlechtsangepassten, adäquaten Form besteht (Botthoff/Kiehn/von Bary/Botthoff § 1617f Rn 8 f). Dabei genügt es für die Anpassbarkeit des Namens, wenn der Name des Kindes zwar das Geschlecht des Kindes adäquat abbildet, aber nicht seinen Familienstand (verheiratet/unverheiratet) (**aA** wohl Botthoff/Kiehn/von Bary/Botthoff § 1617f Rn 9).

4. Tatbestand des § 1617f Abs 1 Nr 1 BGB – Sorbische Tradition und Zugehörigkeit zum Volk der Sorben

18 Nach § 1617f Abs 1 Nr 1 BGB kann der Geburtsname eines Kindes seinem Geschlecht angepasst werden, wenn „die Form der sorbischen Tradition entspricht und das Kind dem sorbischen Volk angehört". Die Entsprechung mit der sorbischen Namenstradition und die Zugehörigkeit zum sorbischen Volk müssen kumulativ vorliegen.

a) Sorbische Namenstradition

19 Die Geschlechtsanpassung hat sich inhaltlich nach der sorbischen Namenstradition zu richten. Die Begriffe „traditionell" und „Tradition", die vier Mal in der Norm verwendet werden, bleiben undefiniert, im Gesetzestext wie in der Gesetzesbegründung. Nach allgemeinem Sprachverständnis ist Tradition etwas, das im Hinblick auf Verhaltensweisen, Ideen, Kultur oÄ in der Geschichte, von Generation zu Generation innerhalb einer bestimmten Gruppe entwickelt und weitergegeben wurde und weiterhin Bestand hat. Kaum Probleme dürfte dabei die „sorbische Tradition" bereiten, da sie relativ gut dokumentiert ist, relativ klar abgrenzbar ist und schon relativ lange Bestand hat. Schwieriger dürfte die Wendung „und der Name traditionell aus dem dortigen Sprachraum stammt" sein (§ 1617f Abs 1 Nr 3 BGB) – siehe dazu Rn 32. Die Verifizierung einer entsprechenden sorbischen Namenstradition soll jedenfalls durch die Standesämter erfolgen, „etwa durch Anfragen bei wissenschaftlichen Institutionen oder (Minderheiten-)Verbänden" (BT-Drucks 20/9041, 46).

20 Die **sorbische Tradition** sieht vor, dass die Familiennamen weiblicher Namensträger durch Anhängen regional unterschiedlicher Endungen dem Geschlecht angepasst werden (-ec/-ejc/-ic/-oc/-ojc/-yc für Mädchen und ledige Frauen und -owa/-ina/-yna für verheiratete Frauen) (BT-Drucks 20/9041, 46). Die Gesetzesbegründung nennt für die sorbische Namenstradition das Beispiel von Herrn Kral und Frau Kralowa, deren Sohn den Namen Kral erhält und deren Tochter die geschlechts- (und familienstands-)angepasste Form „Kralec"/„Kraloc"/„Kralojk" für unverheiratete Frauen erhalten kann (BT-Drucks 20/9041, 58). Mit dem geschlechtsangepassten Namen für ein

minderjähriges Mädchen einhergeht, dass die für unverheiratete Frauen übliche Form gewählt wird.

b) Zugehörigkeit zum sorbischen Volk

Der Namensträger muss dem sorbischen Volk angehören. „Das Bekenntnis zum sorbischen Volkstum und zur sorbischen Kultur ist frei" (Einigungsvertrag – Protokollnotiz [Nr 14] zum Art 35, Ziffer 1). Der **Grundsatz der Bekenntnisfreiheit** – von der Gesetzesbegründung nicht ohne Redundanz als „fundamentales Grundprinzip" bezeichnet (BT-Drucks 20/10997, 33) – lässt sich auf Art 3 Abs 1 des Rahmenübereinkommens zum Schutz nationaler Minderheiten vom 1. 2. 1995 zurückführen, der vorsieht, dass „[j]ede Person, die einer nationalen Minderheit angehört, ... das Recht [hat], frei zu entscheiden, ob sie als solche behandelt werden möchte oder nicht". Eine willkürliche Entscheidung über die Zugehörigkeit zum sorbischen Volk soll naturgemäß nicht möglich sein. Vielmehr soll unter Umständen die Erfüllung objektiver Kriterien gefordert werden können, etwa das Leben in einem angestammten Siedlungsgebiet der Sorben (im Nordosten des Freistaats Sachsen und im Südosten von Brandenburg) oder das Tragen eines für das sorbische Volk typischen Namens (siehe für Beispiele Wenzel, Lausitzer Familiennamen slawischen Ursprungs, 2022). Dabei ist indes Zurückhaltung geboten, da die Zugehörigkeit eine „persönliche Entscheidung eines jeden Einzelnen [ist], die von Staats wegen **nicht registriert, überprüft oder bestritten** wird" (Sechster Bericht der Bundesrepublik Deutschland gem Artikel 25 Absatz 2 des Rahmenübereinkommens des Europarats zum Schutz nationaler Minderheiten, S 12, https://rm.coe.int/6th-sr-germany-de/1680adeb91; BT-Drucks 20/10997, 33). Da das Bekenntnis zum sorbischen Volk frei ist und lediglich zur Missbrauchsvermeidung die Anknüpfung des subjektiven Bekenntnisses an äußere, objektive Umstände gefordert wird, ist es folgerichtig, nicht in jedem Einzelfall positiv das Vorliegen von objektiven Umständen zu fordern, sondern die Kontrolle auf offensichtlichen Missbrauch oder Scherzerklärungen zu beschränken (jurisPK-BGB/Hamdan § 1617f Rn 9; BeckOK-BGB/Pöcker [1. 11. 2025] § 1617f Rn 3; **aA** wohl BeckOGK-BGB/Kienemund [1. 11. 2025] § 1617f Rn 9, § 1617g Rn 4, § 1617h Rn 4). 21

§ 1617g BGB verlangt, dass das **Kind** (nicht: die Eltern) der friesischen Volksgruppe angehört. Je nach Alter des Kindes wird es noch gar nicht in der Lage sein, seine Bekenntnisfreiheit auszuüben. Es ist daher sinnvoll, – in Abhängigkeit vom Alter des Kindes in abnehmendem Maße – (auch) auf das Selbstverständnis der Eltern abzustellen (so auch Kienemund NJW 2025, 1153, 1157). 22

5. Tatbestand des § 1617f Abs 1 Nr 2 BGB – Ausländisches Recht der Herkunft des Kindes

Nach § 1617f Abs 1 Nr 2 BGB kann der Geburtsname geschlechtsangepasst gestaltet werden, wenn „die Anpassung in der Rechtsordnung eines anderen Staates vorgesehen ist und der Herkunft des Kindes entspricht". Die Gesetzesbegründung möchte damit insbesondere Familien mit Migrationshintergrund erfassen (BT-Drucks 20/9041, 58). Die Kriterien müssen kumulativ vorliegen. 23

Wenn ein Namensträger die Voraussetzungen von Nr 2 (und/oder Nr 3) für mehr als eine Rechtsordnung erfüllt, dann sollte er ein **Wahlrecht** haben (für das öst Recht Gottschamel AnwBl 2015, 653 sub IV.3.). 24

a) Herkunftsentsprechung

25 Die Herkunft des Kindes (kritisch zum Begriff Herkunft: BeckOGK-BGB/Kienemund [1. 11. 2025] § 1617f Rn 10.1) richtet sich in erster Linie nach dem eigenen Bekenntnis, doch eine bloße (willkürliche) Behauptung ist nicht ausreichend, es bedarf vielmehr objektiver, für die Identität der Person maßgeblicher Kriterien (BT-Drucks 20/9041, 46). Insoweit lehnt sich die Gesetzesbegründung sprachlich deutlich an das an, was zur Zugehörigkeit zur sorbischen, dänischen und friesischen Volksgruppe entwickelt worden ist (Rn 18 f, 21).

26 Der Herkunftsbegriff (ebenso wie der der Tradition) ist ausweislich der Gesetzesbegründung an § 93a Abs 3 östABGB angelehnt (BT-Drucks 20/9041, 22), der vorsieht, dass eine Person bestimmen kann, „dass ihr Familienname dem Geschlecht angepasst wird, soweit dies der Herkunft der Person oder der Tradition der Sprache entspricht, aus der der Name stammt" und dass sie ebenfalls bestimmen kann, „dass eine auf das Geschlecht hinweisende Endung des Namens entfällt". Die Norm gilt für den Namen des (voll- oder minderjährigen) Kindes und der Ehegatten gleichermaßen (Schwimann/Neumayr/Ferrari § 93a ABGB Rn 4; Gottschamel AnwBl 2015, 653 sub II.; Rummel/Lukas/Weinhappel § 93a AGBG [1. 7. 2021] Rn 6; Kletečka/Schauer/Smutny [15. 4. 2024] § 93a AGBG Rn 7). Eine Orientierung am österreichischen Recht und dem Verständnis, die die Begriffe dort seit ihrer Einfügung durch das KindNamRÄG 2013 erfahren haben, liegt daher nahe.

27 Eine weite Auslegung des Herkunftsbegriffs scheint geboten, da die Norm dem Schutz des Einzelnen dient, für den der Name von großer sozialer Bedeutung sein kann (vgl für das öst Recht, Fenyves/Kerschner/Vonkilch/Jesser-Huss § 93a ABGB Rn 13; Gottschamel AnwBl 2015, 653 sub IV.1.). „Herkunft" sollte nicht auf die Herkunft im Sinne von Abstammung beschränkt sein (vgl für das öst Recht Gottschamel AnwBl 2015, 653 sub IV.1.). Häufig wird eine Festlegung auf genau eine Rechtsordnung nicht sinnvoll und trennscharf möglich sein. Hier ist eine großzügige Herangehensweise angebracht. Führt die herkunftsmäßige Bindung zu mehr als einem Staat, dessen Rechtsordnung die Geschlechtsanpassung gestattet, hat das Kind ein Wahlrecht (siehe bereits Rn 24). Während bei Ehegatten (§ 1355b BGB) auf das Beherrschen der Herkunftssprache (BT-Drucks 20/9041, 46) abgestellt werden kann, wird dies bei Kindern umso schwieriger sein, je jünger sie sind.

28 Eine unmittelbare Bindung des Kindes an das Ausland im Sinne von Staatsangehörigkeit, Geburt, längerem Aufenthalt ist nicht zu fordern. Vielmehr genügt ein über die Eltern oder andere nahe Angehörige vermittelter, abgeleiteter Bezug. Schon die Gesetzesbegründung erklärt, dass die „alleinsorgeberechtigte Mutter mit polnischem Migrationshintergrund" ihrem Sohn einen geschlechtsangepassten Nachnamen geben kann (BT-Drucks 20/9041, 58) – der Migrationshintergrund des Sohnes wird in dem Beispiel gar nicht eigens herausgearbeitet, sondern nur auf den der Mutter abgestellt.

29 Insgesamt wird man etwa auf die in der Familie gesprochene Sprache, auf die Staatsangehörigkeit naher oder ferner Vorfahren, auf deren Aufwachsen im Herkunftsland sowie auf einen ursprünglich dem Herkunftsland entstammenden Familiennamen abstellen können (BT-Drucks 20/9041, 46 f; jurisPK-BGB/Hamdan § 1617f Rn 12; Erman/Döll § 1617f Rn 3; **aA** [keine "Ableitung" von den Eltern] BeckOK-BGB/Pöcker [1. 11. 2025] § 1617f

Rn 7). Es genügt allgemein die familiäre Anbindung ins Ausland ebenso wie andere soziale Beziehungen im Rahmen von Partnerschaften oder Freundeskreisen sowie wirtschaftliche Beziehungen zu Personen aus Kulturkreisen mit entsprechender Tradition, sofern die Intensität dieser Beziehungen im Einzelfall ein gewisses Maß erreicht (Gegenbeispiel etwa zufällige Geschäftskontakte im slawischen Raum) (vgl für das öst Recht, Fenyves/Kerschner/Vonkilch/Jesser-Huss § 93a ABGB Rn 13; Gottschamel AnwBl 2015, 653 sub IV.1.; Rummel/Lukas/Weinhappel § 93a AGBG [1. 7. 2021] Rn 6; Kletečka/Schauer/Smutny [15. 4. 2024] § 93a AGBG Rn 7).

b) Ausländische Rechtsordnung

30 Die Anpassung muss in der Rechtsordnung eines anderen Staates vorgesehen sein. Die Gesetzesbegründung verweist etwa auf die Rechtsordnungen des slawischen Sprachraums (zB -ová nach tschechischem Recht, BT-Drucks 20/9041, 22) sowie auf das griechische Recht (zB „Kolidis" (Nominativ/Ehemann) zu „Kolidi" (Genitiv/Ehefrau) nach griechischem Recht, BT-Drucks 20/9041, 22). Die Voraussetzungen der ausländischen Rechtsordnung zu prüfen, obliegt dem **Standesamt** (Botthoff/Kiehn/von Bary/Botthoff § 1617f Rn 13). Dies ist problematisch, als eine hinreichende Prüfung oft die Einholung eines Sachverständigengutachtens erfordern wird, was dem Standesamt jedoch verwehrt ist (von Bary ZRP 2023, 98, 100; Dutta FamRZ 2023, 818, 819; Erman/Döll § 1617f Rn 4).

31 Zwar würde die Zielsetzung der Regelung keine allzu detailfreudige Prüfung der Voraussetzungen des ausländischen Rechts verlangen. Doch verweist die Gesetzesbegründung auf die bereits gegenwärtig geübte Praxis der Standesämter bei der Anwendung ausländischen Namensrechts sowie bei der Anwendung des Artikels 47 Abs 1 S 1 Nr 4 EGBGB (BT-Drucks 20/9041, 47). Dies lässt darauf schließen, dass Voraussetzungen und Rechtsfolgen des geschlechtsangepassten Namens nach dem ausländischen Recht präzise zu prüfen sind.

6. Tatbestand des § 1617f Abs 1 Nr 3 BGB – Ausländisches Recht der Herkunft des Namens

32 Nach § 1617f Abs 1 Nr 3 BGB kann der Geburtsname geschlechtsangepasst gestaltet werden, wenn „die Anpassung in der Rechtsordnung eines anderen Staates vorgesehen ist und der Name traditionell aus dem dortigen Sprachraum stammt". Die beiden Voraussetzungen müssen kumulativ vorliegen. Die Gesetzesbegründung geht davon aus, dass der Anwendungsbereich der Norm für Geburtsnamen gering bleiben wird, weil die meisten Fälle schon von § 1617f Abs 1 Nr 1 und Nr 2 BGB erfasst seien (BT-Drucks 20/9041, 58).

33 Wenn ein Namensträger die Voraussetzungen von Nr 3 (und/oder Nr 2) für mehr als eine Rechtsordnung erfüllt, dann sollte er ein **Wahlrecht** haben (für das öst Recht Gottschamel AnwBl 2015, 653 sub IV.3.; siehe bereits Rn 24).

34 Die Anpassung muss in der Rechtsordnung eines anderen Staates vorgesehen sein; siehe dazu bereits Rn 30.

35 Die Wendung „und der Name **traditionell aus dem dortigen Sprachraum** stammt" ist schwer auszulegen. Das Traditionsmerkmal ist nach sprachwissenschaftlichen Er-

kenntnissen zu prüfen (vgl für das öst Recht, Fenyves/Kerschner/Vonkilch/Jesser-Huss § 93a ABGB Rn 14; Gottschamel AnwBl 2015, 653 sub IV.2.). Ein Sprachraum ist ein geografisches Gebiet, in dem eine bestimmte Sprache oder Mundart gesprochen wird. Der Staat, dessen Rechtsordnung die Anpassung vorsieht, muss also ganz oder teilweise innerhalb des einschlägigen Sprachraums liegen. Der Hinweis, dass dies „traditionell" der Fall sein soll, bringt Unruhe in die Auslegung. „Traditionell" bedeutet nach allgemeinem Sprachgebrauch „einer Tradition entsprechend, auf ihr beruhend; herkömmlich", Tradition ist nach allgemeinem Sprachgebrauch etwas, das im Hinblick auf Verhaltensweisen, Ideen, Kultur oÄ in der Geschichte, von Generation zu Generation innerhalb einer bestimmten Gruppe entwickelt und weitergegeben wurde und weiterhin Bestand hat (siehe bereits Rn 19). Insofern stellt sich die Frage, wann die geographische Überschneidung zwischen Sprachraum und Rechtsordnung vorliegen muss – noch aktuell oder in der Vergangenheit – und ob die geographische Überschneidung zwischen Sprachraum und Rechtsordnung eine gewisse Dauer (um eine Tradition zu begründen) aufweisen muss. Die Gesetzesbegründung spricht mit Blick auf Nr 3 von „Namenstradition" (BT-Drucks 20/9041, 58), was wiederum eine leicht andere Bedeutung haben mag. Letztlich dürften derlei Detailbetrachtungen zu weit führen. Eine sprachlich präzise Anwendung dieser Voraussetzung wird wohl kaum möglich sein.

7. Kein Verbrauch

36 Die Geschlechtsanpassung kann grundsätzlich nur ein Mal erklärt werden. Wenn nach § 1617f Abs 1 Nr 2 und 3 BGB die Anpassung nach mehreren Rechtsordnungen möglich ist, kann nicht zunächst die Geschlechtsanpassung nach der einen, sodann die nach einer anderen Rechtsordnung erklärt werden.

37 Kein Fall des Verbrauchs liegt indes vor, wenn die Geschlechtsanpassung nach der einen Rechtsordnung während der Minderjährigkeit des Kindes erklärt wurde und sodann das volljährige Kind die Geschlechtsanpassung nach einer anderen Rechtsordnung erklärt.

38 Unverbraucht ist das Recht zur Geschlechtsanpassung ferner, wenn die namenstragende Person nach dem SBGG ihr Geschlecht geändert hat; in diesem Fall muss ihr ermöglicht werden, den Namen dem nun eingetragenen Geschlecht anzupassen (so auch Hepting/Dutta Familie und Personenstand, Rn IV-317, V-969).

39 Unverbraucht ist das Recht zur Geschlechtsanpassung auch dann, wenn sich der Geburtsname des Namensträgers ändert und der neue Geburtsname nun erneut an das Geschlecht anzupassen ist (BeckOGK-BGB/Kienemund [1. 11. 2025] § 1617f Rn 5).

8. Nicht: Geschwisternamensgleichheit

40 Die Geschlechtsanpassung nach § 1617f BGB kann die Geschwisternamenseinheit (§ 1617 Abs 5 BGB) durchbrechen; ein Gleichlauf mit den Geschwisternamen ist nicht erforderlich und eine Geschlechtsanpassung nach § 1617f BGB hat keine Folgen für die Namen der Geschwister (Botthoff/Kiehn/von Bary/Botthoff § 1617f Rn 15; Hepting/Dutta Familie und Personenstand, Rn IV-316; wohl auch BeckOGK-BGB/Kienemund [1. 11. 2025] § 1617f Rn 30).

9. Nicht: Frist

Die Geschlechtsanpassung nach § 1617f BGB ist zwischen Geburt und Tod nicht an bestimmte Fristen gebunden, sondern kann innerhalb der Zeiträume der Minder- und Volljährigkeit jederzeit ausgeübt werden. 41

III. Gestaltung der geschlechtsangepassten Form

Die konkrete Gestaltung der geschlechtsangepassten Form gibt nicht § 1617f BGB vor, sondern die sorbische Tradition (Nr 1) respektive das ausländische Recht (Nr 2 und 3) (Botthoff/Kiehn/von Bary/Botthoff § 1617f Rn 20). Die Geschlechtsanpassung des Namens wird häufig durch Anhängen einer spezifischen Endung oder durch Bildung einer femininen Wortform **(Femininmovierung)** erfolgen (BT-Drucks 20/9041, 57). Dass die Geschlechtsanpassung am Wortende steht, ist zwar typisch, aber nicht notwendig. 42

Eine Grenze dessen stellt das deutsche Recht indes für Adelsbezeichnungen auf: § 1617f BGB erfasst keine nach Artikel 109 Abs 3 S 2 der Weimarer Reichsverfassung zum Namensbestandteil gewordenen ehemaligen **Adelsbezeichnungen** (BT-Drucks 20/10997, 34; siehe RGZ 113, 107, 112 ff; vgl BGH 14. 11. 2018 – XII ZB 292/15, FamRZ 2019, 218 Rn 34, m Anm Dutta; Dutta FamRZ 2023, 817, 819; Schwab FamRZ 2025, 401, 403; **aA** [noch nicht ganz geklärt] jurisPK-BGB/Hamdan § 1617f Rn 13). 43

Im Fall des § 1617f Abs 1 Nr 2 BGB kann es aufgrund der Anknüpfung an die Herkunft des Kindes dazu kommen, dass der Name nicht dem Sprachraum der ausländischen Rechtsordnung entspricht. Dies kann problematisch sein, da dann ein Name an das Geschlecht anzupassen sein kann, nach dessen Sprachtradition dies nicht vorgesehen ist. Dann kann die Anpassung – typischerweise nach der Binnenlogik der jeweiligen Sprache und Namenstradition überwindbare – Schwierigkeiten bereiten, wenn der Name an sich noch nicht deutlich macht, ob er bereits in einer geschlechtsangepassten Form vorliegt und welche von mehreren Varianten geschlechtsangepasster Formen zu verwenden ist (vgl für das öst Recht Gottschamel AnwBl 2015, 653 sub IV.3.; Rummel/Lukas/Weinhappel § 93a AGBG [1. 7. 2021] Rn 6). 44

IV. Anpassungserklärung

1. Rechtsnatur, Empfangsbedürftigkeit und Form der Erklärung

Die Anpassungserklärung ist eine von anderen namensrechtlichen Erklärungen gedanklich zu trennende familienrechtliche Willenserklärung, die den §§ 104 ff BGB unterliegt und bedingungs- sowie befristungsfeindlich ist (Botthoff/Kiehn/von Bary/Botthoff § 1617f Rn 21; Hepting/Dutta Familie und Personenstand, Rn IV-315). Sie ist amtsempfangsbedürftig und dem Standesamt gegenüber abzugeben (allg M, vgl nur Erman/Döll § 1617f Rn 5; jurisPK-BGB/Hamdan § 1617f Rn 15). Sie muss sich auf genau den Namen beziehen, den das Kind wirklich erhalten hat; richtet sie sich auf einen anderen Namen, ist sie gegenstandslos (Hepting/Dutta Familie und Personenstand, Rn IV-314 f). Zuständig ist grundsätzlich das Standesamt, das das Geburtenregister führt, in welchem die Geburt des Kindes beurkundet ist (§ 45 Abs 1 S 1 Nr 10, Abs 2 S 1 PStG, vgl Botthoff/Kiehn/von Bary/Botthoff § 1617f Rn 23). 45

46 Wird die Erklärung nach der Geburt abgegeben, bedarf sie der öffentlichen Beglaubigung (§§ 1617f Abs 5, 129 BGB), wobei die Beglaubigung von jedem (auch dem für die Entgegennahme nicht zuständigen) Standesbeamten vorgenommen werden kann (vgl Botthoff/Kiehn/von Bary/Botthoff § 1617f Rn 24).

2. Anpassungserklärung zum Namen minderjähriger Kinder

a) Zeitpunkt

47 Eine Geschlechtsanpassung des Namens des minderjährigen Kindes ist jederzeit zwischen Geburt und Volljährigkeit möglich. Die Namensanpassung kann indes **nicht pränatal** wirksam werden, weil zum Wirksamwerden ein rechtsfähiges Kind, für das ein Sorgerecht besteht, existieren muss (Botthoff/Kiehn/von Bary/Botthof § 1617f Rn 5).

b) Erklärungsbefugnis

48 Gemäß § 1617f Abs 2 S 1 BGB kann die Erklärung nach Abs 1 **jeder sorgeberechtigte Elternteil** abgeben, mithin jeder Elternteil dem die elterliche Sorge in Gänze oder zumindest im Hinblick auf das Namensbestimmungsrecht (Botthoff/Kiehn/von Bary/Botthoff § 1617f Rn 17; Erman/Döll § 1617f Rn 5) allein oder gemeinsam mit dem anderen Elternteil zusteht. Maßgeblicher Zeitpunkt für die sorgerechtliche Lage ist (nicht der der Geburt, sondern) der der Erklärung zur Geschlechtsanpassung (BT-Drucks 20/9041, 59; jurisPK-BGB/Hamdan § 1617f Rn 15). Bei Alleinsorge kann der alleinsorgeberechtigte Elternteil die Erklärung abgeben und bedarf der Einwilligung des anderen nur, wenn das Kind dessen Namen trägt (siehe sogleich und Botthoff/Kiehn/von Bary/Botthoff § 1617f Rn 18). Bei gemeinsamer Sorge kann jeder Elternteil die Erklärung abgeben, bedarf aber stets der Einwilligung des anderen Elternteils (Botthoff/Kiehn/von Bary/Botthoff § 1617f Rn 19).

c) Einwilligungen

aa) Einwilligung des anderen Elternteils oder Einwilligungsersetzung

49 Gemäß § 1617f Abs 2 S 2 BGB bedarf die Anpassung des Geburtsnamens der Einwilligung des anderen Elternteils in zwei Fällen: i) wenn das Kind dessen Namen führt **(Namensidentität)** oder ii) die Eltern die **gemeinsame elterliche Sorge** innehaben. Ersteres überzeugt, da es das Interesse des anderen Elternteils am unveränderten Fortbestand des Namensbandes zwischen ihm und seinem Kind schützt – die Namenseinheit wird zwar nicht aufgehoben, aber reduziert (BT-Drucks 20/9041, 59). Sofern die Bindung an den Kulturkreis der Geschlechtsanpassung vorrangig über den anderen Elternteil vermittelt ist, kann je nach Konstellation die Geschlechtsanpassung die Bindung zu diesem – zulasten der Familie des anderen Elternteils – verstärken (BT-Drucks 20/9041, 59). Zweiteres überzeugt ebenfalls, denn es handelt sich um eine Angelegenheit von erheblicher Bedeutung für das Kind. Maßgeblicher Zeitpunkt für das Bestehen der gemeinsamen Sorge und die Namensidentität ist der Zeitpunkt der Erklärung.

50 Einer Einwilligung des anderen Elternteils bedarf es – obschon ein gegenläufiger Umkehrschlussaus § 1617h Abs 3 S 1 BGB denkbar wäre – nicht mehr, wenn dieser **verstorben** ist (**aA** Botthoff/Kiehn/von Bary/Botthoff § 1617f Rn 44). Ein hinreichend schützenswertes Interesse am Erhalt des Namensbandes zum Kind besteht in diesem Fall nicht mehr.

Die Einwilligung ist eine **familienrechtliche Willenserklärung**, die den §§ 104 ff BGB unterliegt, bedingungs- und befristungsfeindlich sowie amtsempfangsbedürftig ist. Zuständig ist das Standesamt, das das Geburtenregister führt, in dem die Geburt des Kindes beurkundet ist (§ 45 Abs 1 S 1 Nr 10, S 2, Abs 2 S 1 PStG). Bei Einwilligung nach der Beurkundung der Geburt ist öffentliche Beglaubigung erforderlich, die von jedem, auch von einem zuständigen Standesbeamten vorgenommen werden kann (§§ 1617f Abs 5, 129 BGB, § 45 Abs 1 S 1 PStG). **51**

Da die Feststellung die Geburt des Kindes voraussetzt, ist eine **pränatale Einwilligung** zwar möglich, sie kann aber noch nicht wirksam werden (Botthoff/Kiehn/von Bary/Botthoff § 1617f Rn 37). **52**

Eine Möglichkeit zur Überwindung eines **Elterndissenses** durch Übertragung gemäß § 1628 BGB besteht hier nicht, der einzige Weg führt über die **Einwilligungsersetzung** nach § 1617f Abs 2 S 3 BGB (Botthoff/Kiehn/von Bary/Botthoff § 1617f Rn 19): Gemäß § 1617f Abs 2 S 3 BGB kann das Familiengericht die Einwilligung des anderen Elternteils – anders als in § 1617g BGB – ersetzen, wenn die Anpassung dem Wohl des Kindes dient. Schwelle für die Ersetzung ist der **einfache positive Kindeswohlmaßstab** (s a Botthoff StAZ 2025, 101) – insofern besteht ein begrüßenswerter Gleichlauf mit den Ersetzungsmaßstäben des § 1617d Abs 2 S 3 BGB und des § 1617e Abs 2 S 2 BGB. **53**

Es bedarf einer umfassenden **Abwägung** der Gesamtumstände. Darin haben die Kindesbelange grundsätzlich Vorrang vor denen der Erwachsenen und die Einzelfallgerechtigkeit vor allgemeinen Regeln (Botthoff/Kiehn/von Bary/Botthoff § 1617f Rn 40). Die Namenskontinuität ist typischerweise in eher geringem Maße beeinträchtigt, da typischerweise nur ein kleinerer Teil des Namens von der Anpassung betroffen ist (BT-Drucks 20/9041, 59). Dies kann zutreffen, muss es aber freilich nicht (vgl etwa das Litauische mit relativ starken Eingriffen in die Namen, vgl BT-Drucks 20/9041, 45). Wie stets ist der Kindeswille, soweit er dem Kindeswohl entspricht, zu berücksichtigen. Etwaig drohende Alltagsdiskriminierungen je nach kulturellem und sozialem Umfeld sollten berücksichtigt werden (BT-Drucks 20/9041, 59), aber freilich in moderatem Maße auch evident drohende Beschädigungen der Bindungen zu einem Elternteil bei Durchführung oder Unterlassung der Geschlechtsanpassung. Ferner sind die Möglichkeiten der künftigen „Selbstvornahme“ durch das dann volljährige Kind (§ 1617f Abs 3 BGB) sowie der Korrektur durch das dann volljährige Kind (§ 1617f Abs 4 BGB) in die Abwägung einzustellen. **54**

Wie stets handelt es sich bei der Ersetzung um eine Kindschaftssache (§ 151 Nr 1 FamFG) (BT-Drucks 20/9041, 59). Die sachliche Zuständigkeit ergibt sich aus § 23a Abs 1 S 1 Nr 1 GVG, die örtliche aus § 152 FamFG und funktionell liegt die Zuständigkeit beim Richter (Botthoff/Kiehn/von Bary/Botthoff § 1617f Rn 46). **55**

bb) Einwilligung des Kindes

Es gilt für die Einwilligung des Kindes das übliche **Altersphasenmodell** mit Zäsuren zum fünften, 14. und 18. Geburtstag: Bis zum fünften Lebensjahr bedarf es keiner eigenen Einwilligung des Kindes, da man von einer noch zu schwachen Identifikation mit dem eigenen (Nach-)Namen ausgeht. Wenn das Kind das fünfte Lebensjahr vollendet hat, bedarf die Anpassung auch seiner Einwilligung (§ 1617f Abs 2 S 4 Hs 1 **56**

BGB), die zunächst von seinem gesetzlichen Vertreter abgegeben wird. Die Zustimmungserklärung ist formfrei möglich und kann an das Kind oder das Standesamt gerichtet sein (jurisPK-BGB/Hamdan § 1617f Rn 22). Gemäß § 1617f Abs 2 S 4 Hs 2 BGB gilt § 1617c Abs 1 S 2 BGB entsprechend mit der Folge, dass das beschränkt geschäftsfähige 14jährige Kind die Erklärung mit Zustimmung seines gesetzlichen Vertreters selbst abgeben kann (Anschlusserklärung).

3. Anpassungserklärung des volljährigen Kindes

a) Zielsetzung

57 Wenn das Kind die Volljährigkeit erreicht hat, kann es die Namensanpassungserklärung selbst abgeben (§ 1617f Abs 3 S 1 BGB). Hierin liegt eine **zusätzliche Namensänderungsmöglichkeit für Volljährige** (neben insbesondere § 1617i BGB, aber auch § 1617d Abs 3 BGB und § 1617e Abs 3 BGB) und eine sinnvolle Erweiterung der Namensanpassungsmöglichkeit des Abs 1. Die Bedeutung der Geschlechtsanpassung für den Einzelnen wird vom Gesetzgeber als gewichtiger angesehen als der „Schaden" durch die typischerweise nur geringfügige Beeinträchtigung der Namenskontinuität (BT-Drucks 20/9041, 59). Die Änderung nach § 1617f Abs 3 BGB tritt kumulativ zur Änderungsmöglichkeit nach § 1617i BGB (BeckOK-BGB/Pöcker [1. 11. 2025] § 1617f Rn 16).

b) Zeitpunkt

58 Eine Namensanpassung kann zwischen Volljährigkeit und Tod stattfinden. Eine postmortale Namensanpassung ist mangels rechtsfähigen Namensträgers nicht möglich (Botthoff/Kiehn/von Bary/Botthoff § 1617f Rn 5).

c) Kein Einwilligungserfordernis

59 Einwilligungen eines Elternteils sind im Fall der Geschlechtsanpassung des volljährigen Kindes nicht erforderlich (**aA** Dutta FamRZ 2025, 77, 79; wie hier Erman/Döll § 1617f Rn 7 und jurisPK-BGB/Hamdan § 1617f Rn 28). Zur Stütze dieser Position kann auf den insoweit schweigenden Wortlaut der Norm ebenso wie auf § 1617f Abs 4 S 2 BGB verwiesen werden, welcher für die Konstellation des Widerrufs explizit auf das Einwilligungsregime des § 1617f Abs 2 BGB verweist – hätte der Gesetzgeber für die Geschlechtsanpassungserklärung des volljährigen Kindes die Geltung des Einwilligungsregimes des § 1617f Abs 2 BGB gewollt, hätte er hierauf ebenso verweisen können, wie er es in § 1617f Abs 4 S 2 BGB tat. Zudem verweist § 1617f Abs 4 S 2 BGB explizit nur für Minderjährige auf das Einwilligungsregime des § 1617f Abs 2 BGB, was als weiterer Beleg dafür herangezogen werden kann, dass für Volljährige § 1617f Abs 2 BGB nicht maßgeblich sein soll. Der Verzicht auf das Einwilligungserfordernis überzeugt auch in der Sache. Die elterliche Sorge als Grund für die Einwilligung besteht freilich nach Volljährigkeit nicht mehr und das Schutzbedürfnis für den Erhalt des Namensbandes, welches die Einwilligungsbedürftigkeit beim Minderjährigen rechtfertigt, ist beim volljährigen Kind deutlich schwächer.

d) Änderungsmöglichkeit bei sorbischen Frauen

60 Eine unverheiratete volljährige Frau, die dem sorbischen Volk angehört, kann eine Form des Geburtsnamens wählen oder zu einer solchen wechseln, die nach der sorbischen Tradition verheirateten Frauen vorbehalten ist (§ 1617f Abs 3 S 2 BGB). Eine sorbische Frau kann also die Form für verheiratete Frauen wählen, obwohl sie unver-

heiratet ist. Der deutsche Gesetzgeber setzt sich mithin bewusst über die Binnenregeln der sorbischen Tradition hinweg. Die Gesetzesbegründung erläutert, diese modernisierende Fortentwicklung der sorbischen Tradition sei „von dem sorbischen Volk ausdrücklich gewünscht" (BT-Drucks 20/9041, 60). Der Grund könnte in der sozialen Stigmatisierung des Unverheiratetseins bei Frauen liegen. Dass der deutsche Gesetzgeber sich in diesen binnensorbischen Konflikt zwischen Tradition und Moderne „hineinziehen" lässt, ist freilich befremdlich. Wenn damit indes Sorbinnen vor negativen Reaktionen ihres sozialen Umfeldes bewahrt werden und wenn langfristig die Unterscheidung zwischen der unverheirateten und der verheirateten Form aufgrund „inflationärer" Verwendung der verheirateten Form an Bedeutung verliert, ist dies sicherlich kein Schaden.

Die auf den ersten Blick naturgemäß nach Art 3 Abs 1, 2 GG sehr problematische Adressierung allein von Frauen in § 1617 Abs 3 S 2 BGB (kritisch jurisPK-BGB/Hamdan § 1617f Rn 7; BeckOK-BGB/Pöcker [1. 11. 2025] § 1617f Rn 5.2) erklärt sich aus der tatsächlich bestehenden sorbischen Tradition, die eine familienstandsabhängige Form des Namens nur für Frauen vorsieht. Sollte sich eine Tradition herausbilden, die dies auch Männern eröffnet, ist diese Option des § 1617f Abs 3 S 2 BGB auf Männer zu erstrecken. Die Norm sollte so gelesen werden, dass sie Personen ohne Geschlechtseintrag sowie mit dem Geschlechtseintrag „Divers" ebenfalls offensteht. Zu Recht wurde die Verortung dieser Regelung als unübersichtlich kritisiert (jurisPK-BGB/Hamdan § 1617f Rn 7). 61

e) Änderungsmöglichkeit nach ausländischem Recht

Gemäß § 1617f Abs 3 S 3 BGB kann das volljährige Kind zu einer anderen Form des Geburtsnamens wechseln, wenn dies in der Rechtsordnung des anderen Staates vorgesehen ist. Die Regelung wurde erst in der Rechtsausschussfassung in den Entwurf eingefügt. Die Gesetzesbegründung konkretisiert: „wenn und soweit" dies in der jeweiligen Rechtsordnung vorgesehen ist und ohne dass es zu einer „Korrektur" des ausländischen Rechts käme (BT-Drucks 20/10997, 36). Es müssen also die **Voraussetzungen der Namensanpassung des ausländischen Rechts** erfüllt sein. 62

V. Rechtsfolgen

Rechtsfolge der wirksamen Geschlechtsanpassungserklärung ist die Eintragung des Geburtsnamens in der geschlechtsangepassten Form in die Personenstandsregister (BT-Drucks 20/9041, 58; jurisPK-BGB/Hamdan § 1617f Rn 29). 63

VI. Widerruf der Erklärung

Gemäß § 1617f Abs 4 S 1 BGB kann die Erklärung nach §§ 1617f Abs 1 und Abs 3 BGB gegenüber dem Standesamt widerrufen werden. Inhaltlich bedeutet Widerruf nur die Rückkehr zur vorherigen Fassung, nicht auch die anderweitige Gestaltung. Aus dogmatischer Perspektive betrachtet schafft Abs 4 Symmetrie – Annehmen und Ablegen der der geschlechtsangepassten Namensform stehen im Einklang miteinander. Aus normativer Perspektive fördert Abs 4 nicht nur den Einklang mit der „Tradition der deutschen Mehrheitsgesellschaft" und dient so der integrativen Zielsetzung der Norm (Rn 8). Vor allem berücksichtigt er das Bedürfnis des Einzelnen, bei Unzufriedenheit mit der elterlichen oder eigenen Entscheidung diese zu korrigieren. 64

Dass der Widerruf sich nicht nur auf die Konstellation der Geschlechtsanpassung während der Minderjährigkeit (§ 1617f Abs 1 BGB), sondern auch auf die der Geschlechtsanpassung durch das volljährige Kind (§ 1617f Abs 3 BGB) bezieht, ergibt sich nur mit etwas Mühe aus der Norm selbst – insbesondere aus der systematischen Struktur, die Abs 4 hinter Abs 3 platziert – doch umso deutlicher aus der Gesetzesbegründung, die eine explizite Klarstellung im Regelungstext schlicht für entbehrlich hielt (BT-Drucks 20/9041, 60).

65 Von allzu viel Unzufriedenheit scheint der Gesetzesgeber indes nicht auszugehen – im Hinblick auf den Erfüllungsaufwand ist die Gesetzesbegründung der Ansicht, dass die Erklärung über das Führen einer geschlechtsangepassten Form des Ehe- oder Geburtsnamens „in aller Regel“ gemeinsam mit der Erklärung über die Bestimmung des Ehe- oder Geburtsnamens erfolgt und eine solche Erklärung nur in „wenigen Einzelfälle[n]“ unabhängig von einer anderen Erklärung über die Namensbestimmung abgegeben wird und diese Fälle „zahlenmäßig so gering [sind], dass sie vernachlässigt werden können“ (BT-Drucks 20/9041, 30) – offenbar geht der Gesetzgeber kaum von Erklärungen über das Ablegen der geschlechtsangepassten Form aus.

66 Wurde ein Widerruf erklärt, ist eine erneute Erklärung nach § 1617f Abs 1 BGB nicht zulässig, mit **einmaligem Gebrauch** tritt **Verbrauch** ein (§ 1617f Abs 4 S 4 BGB). Doch es wird (nur) der Widerrufende von einer erneuten Erklärung nach Abs 1 ausgeschlossen – hat ein Elternteil die Erklärung widerrufen (auch: mit Zustimmung des Kindes) oder hat das Kind während seiner Minderjährigkeit als 14–17jähriger den Widerruf mit Zustimmung des gesetzlichen Vertreters erklärt, so kann das volljährige Kind die Geschlechtsanpassung nach Abs 1 erneut herbeiführen (BT-Drucks 20/9041, 60; jurisPK-BGB/Hamdan § 1617f Rn 41; BeckOGK-BGB/Kienemund [1. 11. 2025] § 1617f Rn 28; BeckOK-BGB/Pöcker [1. 11. 2025] § 1617f Rn 14; Erman/Döll § 1617f Rn 8).

67 Für minderjährige Kinder gilt Abs 2 entsprechend (§ 1617f Abs 4 S 2 BGB). Dies hat zur Folge, dass der widerrufende Elternteil sorgeberechtigt sein muss und es der Einwilligung des anderen Elternteils bedarf, wenn das Kind dessen Namen trägt oder der andere Elternteil ebenfalls sorgeberechtigt ist. Für die Details siehe sinngemäß die obigen Ausführungen zu Abs 2. Ist das minderjährige Kind volljährig geworden, so tritt sein Widerruf an die Stelle des Widerrufs des Sorgeberechtigten (§ 1617f Abs 4 S 3 BGB).

68 Der Widerruf ist eine **familienrechtliche Willenserklärung**, die den §§ 104 ff BGB unterliegt, bedingungs- und befristungsfeindlich und amtsempfangsbedürftig ist. Zuständig ist das Standesamt, das das Geburtenregister führt, in dem die Geburt des Kindes beurkundet ist (§ 45 Abs 1 S 1 Nr 10, S 2, Abs 2 S 1 PStG). Der Widerruf bedarf der öffentlichen Beglaubigung, die von jedem Standesbeamten (§§ 1617f Abs 5, 129 BGB, 45 Abs 1 S 1 PStG) vorgenommen werden kann.

69 Ungeregelt ließ der Gesetzgeber den Fall, dass der namensgebende Elternteil einen Namen in geschlechtsangepasster Form führt und ihn ohne die Geschlechtsanpassung an das Kind weitergeben möchte. In diesem Fall kann an eine entsprechende Anwendung von Art 47 Abs 1 S 1 Nr 4 EGBGB gedacht werden, dessen Nichtausübung zudem in Extremfällen kindeswohlwidrig sein kann (Hepting/Dutta Familie und Personenstand, Rn IV-318-320).

VII. Intertemporaler Anwendungsbereich

Die Gestaltungsmöglichkeiten des § 1617f BGB stehen ohne Frist oder Bindung an bestimmte Einsatzzeitpunkte zur Verfügung. Einer besonderen Übergangsvorschrift (wie etwa Art 229 § 67 Abs 4 EGBGB für §§ 1617g und 1617h BGB) bedurfte es daher nicht. 70

§ 1617g
Geburtsname nach friesischer Tradition

(1) Abweichend von § 1616 und ergänzend zu den in den §§ 1617 bis 1617b genannten Möglichkeiten kann zum Geburtsnamen eines minderjährigen Kindes, das der friesischen Volksgruppe angehört, bestimmt werden:

1. **ein gemäß der friesischen Tradition von einem Vornamen eines Elternteils abgeleiteter Name oder**

2. **ein nicht durch Bindestrich verbundener Doppelname, der sich aus einem Namen nach Nummer 1 und dem Familiennamen eines Elternteils zusammensetzt; § 1617 Absatz 2 Nummer 2 gilt entsprechend.**

(2) Im Fall des § 1616 können die gemeinsam sorgeberechtigten Eltern oder der alleinsorgeberechtigte Elternteil den Geburtsnamen des Kindes durch Erklärung gegenüber dem Standesamt, die öffentlich zu beglaubigen ist, nach Absatz 1 neu bestimmen. Die Bestimmung des Geburtsnamens durch einen Elternteil bedarf der Einwilligung des anderen Elternteils. Wenn das Kind das fünfte Lebensjahr vollendet hat, bedarf die Bestimmung auch seiner Einwilligung. Für die Einwilligung des Kindes gilt § 1617c Absatz 1 Satz 2 und 3 entsprechend.

(3) Der nach § 1617a Absatz 4 erforderlichen Einwilligung des anderen Elternteils bedarf es auch dann, wenn das Kind einen Namen erhalten soll, der sich von einem Vornamen dieses Elternteils ableitet. § 1617b Absatz 2 gilt auch, wenn ein von einem Vornamen dieses Mannes abgeleiteter Name Geburtsname des Kindes geworden ist.

(4) Ändert sich der Vorname des Elternteils, von dem der Geburtsname des Kindes abgeleitet wurde, gilt § 1617c Absatz 1 entsprechend.

(5) Für die Änderung einer geschlechtsspezifischen Endung des Geburtsnamens des Kindes gilt § 1617f entsprechend.

Materialien: EheGebNamRÄndG Art 1 Nr 6.

Schrifttum

S vor Vorbem zu §§ 1616–1625.

Systematische Übersicht

Alphabetische Übersicht

I. Einführung

1. Überblick

§ 1617g BGB eröffnet für die Angehörigen der **friesischen Volksgruppe** die Möglichkeit, den **Geburtsnamen eines minderjährigen Kindes nach der friesischen Tradition** in der Form, die ihr § 1617g BGB gegeben hat, zu bestimmen. Diese Möglichkeit tritt ergänzend neben die §§ 1616–1617b BGB. Hinzu treten für volljährige Kinder Änderungsmöglichkeiten nach § 1617i Abs 2 BGB: Im Einzelnen eröffnet § 1617g BGB eine zusätzliche Option bei der **erstmaligen Geburtsnamenbestimmung** durch die Eltern (und mithin keine jederzeitige oder später einsetzende Änderungsmöglichkeit wie etwa im Fall des § 1617f BGB). Eine **spätere Neubestimmung** des Geburtsnamens mit Hilfe des § 1617g BGB ist möglich für Kinder, die ex lege den Ehenamen als Geburtsnamen erhalten haben (§ 1616 BGB), und im Fall eines Neubestimmungsrechts nach § 1617b BGB (BeckOK-BGB/Pöcker [1. 11. 2025] § 1617g Rn 4, 5). Somit erfasst § 1617g BGB nur Minderjährige – aber diese in der gesamten Dauer ihrer Minderjährigkeit. § 1757 Abs 4 BGB verweist auch für den Fall der Adoption auf § 1617g BGB. Darüber hinaus ist in § 1617i Abs 2 S 2 BGB ein **einmaliges Neubestimmungsrecht** für **volljährige** Angehörige der friesischen Volksgruppe, ihren Namen nach § 1617g BGB zu bestimmen, enthalten. Damit trägt § 1617g BGB zur Zunahme an Namensänderungstatbeständen – zumal ohne Statusbezug – und somit zur fortschreitenden Verringerung der Namenskontinuität bei (krit BeckOK-BGB/Pöcker [1. 11. 2025] § 1617g Rn 1). 1

2. Entstehungsgeschichte

2 § 1617g BGB wurde mit dem EheGebNamRÄndG (BGBl 2024 I Nr 185) in das BGB eingefügt und ist seit dem 1. 5. 2025 in Kraft. Im Referentenentwurf zum EheGebNamRÄndG war § 1617g BGB noch nicht enthalten, er trat mit dem Regierungsentwurf hinzu (BT-Drucks 20/9041, 12, 60 ff) – aus Gleichbehandlungsgründen sollte neben der sorbischen auch die dänische und friesische Namenstradition gestärkt werden (Kienemund NJW 2025, 1153, 1156). Die Rechtsausschussfassung änderte lediglich geringfügig Satz 4 des § 1617g Abs 2 BGB (BT-Drucks 20/10997, 14, 36).

3. Zielsetzung und Normbedeutung

3 Vor dem EheGebNamRÄndG war es der friesischen Volksgruppe nicht möglich, ihre Namenstradition zu verwirklichen. Dem wollte der Gesetzgeber abhelfen (BT-Drucks 20/9041, 1, 20, 24, 61). Die friesische Volksgruppe zählt zu den vier in Deutschland anerkannten und besonders geschützten **nationalen Minderheiten** (s bereits § 1617f Rn 5, 6). Zum **Rahmenübereinkommen** zum Schutz nationaler Minderheiten vom 11. 5. 1995 s bereits § 1617f Rn 4, 6. Zum früheren Schutz der nationalen Minderheiten im Wege der beschränkten Möglichkeiten des **MindNamÄndG** s § 1617f Rn 6. Wie oft § 1617g BGB in der Praxis tatsächlich in Anspruch genommen wird, soll in einer Evaluation nach spätestens fünf Jahren untersucht werden (BT-Drucks 20/9041, 40).

4 Gegenstand der friesischen Namenstradition ist die Bildung sogenannter **Patronyme**, also die Erteilung eines vom Vornamen des Vaters abgeleiteten Geburtsnamens (BT-Drucks 20/9041, 20, 25). Während § 1617f BGB für die konkrete Namensgestaltung auf die Tradition der Sorben (und auf ausländische Rechtsordnungen) *verweist*, macht § 1617g BGB (wie § 1617h BGB) *selbst* Gestaltungsvorgaben. § 1617g BGB **usurpiert**, **petrifiziert** und **modifiziert** (letzteres jedenfalls im Hinblick auf die Matronyme, s dazu Rn 14) mithin die friesische Namenstradition. Die Gesetzesbegründung spricht stets von Matronym und Patronym. Eine Abmilderung dieser der strengen Geschlechterbinarität verhafteten Diktion wäre wünschenswert. Günstiger schiene daher der aus dem Norwegischen zu entlehnende Begriff des **Parentonyms**. Dies erscheint auch insofern gangbar, als das Gesetz selbst neutral von „Elternteilen“ spricht. Mit der Gestattung von Parentonymen öffnet § 1617g BGB langfristig den Weg zu einer Veränderung der Nachnamensstruktur mit einer stärkeren (wenngleich quantitativ sehr moderaten) **Prägung durch Vornamen**.

5 Für Konstellationen mit **trans- oder intergeschlechtlichen Kindern oder Elternteilen** scheint die Norm gewappnet. Insbesondere gibt es für den Fall einer Vornamensänderung des Parentonym-Bezugselternteils eine Nachzugsmöglichkeit für das Kind nach § 1617g Abs 4 BGB iVm § 1617c Abs 1 BGB und für den Fall einer Geschlechtsänderung des Kindes, die etwaige Anpassungen erforderlich macht, die Änderungsmöglichkeit nach § 1617g Abs 5 BGB iVm § 1617f BGB. Die binäre Unterteilung in Matronym und Patronym findet sich nur in der Gesetzesbegründung; das Gesetz selbst spricht von Elternteilen.

4. Systematischer Kontext

§ 1617g BGB ist zunächst im systematischen Kontext mit §§ 1617f, 1617h BGB zu sehen. Die größten strukturellen und inhaltlichen Parallelen weist er zu § 1617h BGB auf (BeckOGK-BGB/Kienemund [1. 11. 2025] § 1617g Rn 3), der die inhaltlich und geographisch benachbarte dänische Volksgruppe adressiert. Mit § 1617f BGB (und § 1617h BGB) teilt § 1617g BGB das Anliegen des Schutzes und der Stärkung der Namenstradition der nationalen Minderheiten. Er geht jedoch, wie § 1617h BGB, über § 1617f BGB hinaus: Während § 1617f BGB „nur" die Geschlechtsanpassung erlaubt, erlaubt § 1617g BGB auch die Bildung von Geburtsnamen nach einem von §§ 1616 ff BGB ganz abweichenden Schema. Zudem ist § 1617g BGB im systematischen Kontext mit §§ 1616–1617b BGB zu sehen, denn er erweitert für Angehörige der friesischen Volksgruppe die Geburtsnamensgestaltungsmöglichkeiten, die diese Normen eröffnen. 6

Für § 1617g besteht, und dies scheint verfassungsrechtlich problematisch, ebenso wenig wie für § 1617h BGB und anders als für §§ 1355b Abs 3 S 1, 1617f Abs 4 BGB keine Widerrufsmöglichkeit (Hepting/Dutta Familie und Personenstand, Rn IV-333; s auch BeckOGK-BGB/Kienemund [1. 11. 2025] § 1617g Rn 3). 7

II. Anwendungsbereich: Zugehörigkeit eines minderjährigen Kindes zur friesischen Volksgruppe

Der Anwendungsbereich der Norm ist eröffnet für minderjährige **Kinder**, die der friesischen Volksgruppe angehören. Die Norm richtet sich allein an das minderjährige Kind; maßgeblicher Zeitpunkt für das Vorliegen der Minderjährigkeit ist die Ausübung des Namensbestimmungsrechts (Botthoff/Kiehn/von Bary/Botthoff § 1617g Rn 18). Die Namensanpassung kann **nicht pränatal** wirksam werden, weil es eines rechtsfähigen Kindes bedarf, für das ein Sorgerecht besteht; sie kann indes pränatal abgegeben werden und entfaltet dann nach einer juristischen Sekunde der Namenslosigkeit Wirkung, sodass das Kind bereits im Geburtseintrag nach § 21 Abs 1 Nr 1 PStG mit dem Geburtsnamen nach § 1617g BGB einzutragen ist (Botthoff/Kiehn/von Bary/Botthoff § 1617g Rn 20). Eine postmortale Namensbestimmung nach § 1617g BGB ist mangels rechtsfähigen Namensträgers nicht möglich (Botthoff/Kiehn/von Bary/Botthoff § 1617g Rn 21). 8

Zur Zugehörigkeit zur friesischen Volksgruppe s grundsätzlich schon parallel für die sorbische Volksgruppe § 1617f Rn 21. Es gilt hier sinngemäß das im Hinblick auf die **Bekenntnisfreiheit** und das Erfordernis objektiver Anhaltspunkte zur Missbrauchsvermeidung zur sorbischen Volksgruppe Gesagte. Da das Bekenntnis zum friesischen Volk frei ist und lediglich zur Missbrauchsvermeidung die Anknüpfung des subjektiven Bekenntnisses an äußere, objektive Umstände gefordert wird, ist es folgerichtig, nicht in jedem Einzelfall positiv das Vorliegen von objektiven Umständen zu fordern, sondern die Kontrolle auf offensichtlichen Missbrauch oder Scherzerklärungen zu beschränken (jurisPK-BGB/Hamdan § 1617g Rn 7; **aA** wohl BeckOGK-BGB/Kienemund [1. 11. 2025] § 1617g Rn 4). 9

§ 1617g BGB verlangt, dass das **Kind** (nicht: die Eltern) der friesischen Volksgruppe angehört. Je nach Alter des Kindes wird es noch gar nicht in der Lage sein, seine 10

Bekenntnisfreiheit auszuüben. Es ist daher sinnvoll, – in Abhängigkeit vom Alter des Kindes in abnehmendem Maße – (auch) auf das Selbstverständnis der Eltern abzustellen (so auch Kienemund NJW 2025, 1153, 1157; BeckOGK-BGB/Kienemund [1. 11. 2025] § 1617g Rn 4).

11 Die friesische Volksgruppe lebt vornehmlich an der **schleswig-holsteinischen Westküste** im Nordwesten Schleswig-Holsteins (Nordfriesland) sowie im **nordwestlichen Niedersachsen** (insbesondere Ostfriesland) und in der **Gemeinde Saterland** im Landkreis Cloppenburg (https://www.aussiedlerbeauftragter.de/Webs/AUSB/DE/themen/minderheiten-sprachgruppen/friesische-volksgruppe/friesen-volksgruppe.html, s ferner https://www.minderheitensekretariat.de/die-friesische-volksgruppe/ und https://www.landtag.ltsh.de/parlament/friesen/). Die Gesetzesbegründung benennt sehr genau **Landkreis für Landkreis** das Siedlungsgebiet der friesischen Volksgruppe (BT-Drucks 20/9041, 61). Indes darf es freilich für die Bejahung der Zugehörigkeit zur friesischen Volksgruppe nicht erforderlich sein, dort wohnhaft zu sein (ebenso BeckOK-BGB/Pöcker [1. 11. 2025] § 1617g Rn 2.1; jurisPK-BGB/Hamdan § 1617g Rn 6) – es dürfte den Angehörigen der friesischen Volksgruppe durchaus zustehen, umzuziehen, ohne ihre Volksgruppenzugehörigkeit zu verlieren. Auch die Gesetzesbegründung nennt den Ort, an dem eine Person aufgewachsen ist, nur beispielhaft für einen objektiven Anknüpfungspunkt („etwa" – BT-Drucks 20/9041, 61). Es erscheint nicht gerechtfertigt, für die Prüfung der Zugehörigkeit zur Volksgruppe bei der friesischen Volksgruppe dem Wohnort eine größere Bedeutung zuzumessen als bei den sorbischen oder dänischen Volksgruppen.

12 Auch wenn es innerhalb der Siedungsgebiete der friesischen Volksgruppe regionale Unterschiede geben mag, ist **keine** weitere **Zersplitterung des Zugehörigkeitserfordernisses** in Nord-, Ost- und Saterfriesen und eine daraus folgende Aufteilung der sprachlichen Traditionen angebracht. Dies mögen zwar die umfassenden Ausführungen der Gesetzesbegründung zum Siedlungsgebiet nahelegen, doch enthält das Gesetz für eine solche Zersplitterung keinen direkten Anhaltspunkt und der Verzicht auf weitere Komplexitätserhöhung in diesen Regelungen erscheint allgemein begrüßenswert.

III. Gestaltungsmöglichkeiten

1. Parentonyme (§ 1617g Abs 1 Nr 1 BGB)

13 § 1617g Abs 1 Nr 1 BGB erlaubt es, dem Kind einen gem der friesischen Tradition von einem Vornamen eines Elternteils abgeleiteten Namen (Patronym/Matronym) zu geben. Patronyme (und fortan Matronyme) werden durch Anhängen einer Genitivendung gebildet; diese Endungen können etwa -en, -a, -ma, -sma, -inga -ena, -s oder -icke/-ikke sein; in Nordfriesland und im Niederdeutschen ist die Endung -sen (für Sohn) weit verbreitet, die nur für männliche Kinder verwendet werden kann (BT-Drucks 20/9041, 61; s auch BeckOGK-BGB/Pöcker [1. 11. 2025] § 1617g Rn 8). Der Vorname muss von dem Elternteil im Zeitpunkt der Bestimmung des Kindesnamens geführt werden (Botthoff/Kiehn/von Bary/Botthoff § 1617g Rn 28).

14 Die Gestaltungsmöglichkeiten umfassen nicht nur die Bildung des Geburtsnamens in Form eines Patronyms, sondern auch in Form eines **Matronyms**, also eines vom Vornamen der Mutter abgeleiteten Namens. Dies sieht die friesische Tradition bislang nicht vor, die Gesetzesbegründung spricht von einer „zeitgemäßen Interpretation“ (BT-Drucks 20/9041, 61; s auch BeckOGK-BGB/Pöcker [1. 11. 2025] § 1617g Rn 8). Diese Modifikation der friesischen Tradition unterstreicht die Ambivalenz von Regelungen wie §§ 1617f–h BGB, die einerseits mehr Autonomie ermöglichen wollen, andererseits aber damit zu ringen haben, dass der Inhalt der gelebten Autonomie typischerweise in Bezug auf Geschlechtergleichheit und Geschlechterverhältnisse heutigen Vorstellungen weiter Teile der Bevölkerung nicht mehr ganz entspricht (ähnlich BeckOK-BGB/Pöcker [1. 11. 2025] § 1617g Rn 3).

15 Trägt der Elternteil mehrere Vornamen, so folgt bereits aus dem Wortlaut, dass das Parentonym nur mit einem dieser Vornamen gebildet werden kann (BT-Drucks 20/9041, 61); eines Verweises auf § 1617 Abs 2 Nr 2 BGB bedurfte es also nicht.

16 Die Verifizierung der Übereinstimmung mit der friesischen Namenstradition erfolgt durch die Standesämter (BT-Drucks 20/9041 S 61; krit Erman/Döll § 1617g Rn 5).

2. Doppelname aus Familiennamen und Parentonym (§ 1617g Abs 1 Nr 2 BGB)

17 § 1617g Abs 1 Nr 2 BGB erlaubt es, dem Kind einen nicht durch Bindestrich verbundenen Doppelnamen, der sich aus einem Namen nach Nr 1 und dem Familiennamen eines Elternteils zusammensetzt (Doppelname mit Parentonym), zu geben.

18 Dabei müssen die beiden Elemente des Doppelnamens nicht zwingend von Vater und Mutter abgeleitet werden, sondern können auch von einer Seite allein stammen (sodass der Sohn von Brigitte und Carsten Müller „Müller-Carstensen“ genannt werden könnte). Dass dieser **einseitige Doppelbezug** möglich sein soll, stellt die Gesetzesbegründung an etwas versteckter Stelle im Kontext des § 1617i BGB klar (BT-Drucks 20/9041, 65). Indes sind Doppelnamen, die aus den **Parentonymen beider Elternteile** zusammengesetzt sind, nicht möglich (BT-Drucks 20/9041, 61). Warum dem so ist, erklärt die Gesetzesbegründung nicht. Wollte man den „Verlust“ des klassischen, über mehrere Generationen erhalten bleibenden „Nachnamens“ verhindern, dürfte es das reine Patronym/Matronym in Nr 1 nicht geben. Insofern erscheint es konsequent, einen beidseitigen Matronym-Patronym-Doppelnamen zuzulassen.

19 Zur Vermeidung von Namensketten verweist § 1617g Abs 1 Nr 2 Hs 2 BGB auf die **Kürzungsnorm** des § 1617 Abs 2 Nr 2 BGB, sodass, wenn der Familienname des Elternteils aus mehreren Namen besteht, in entsprechender Anwendung nur einer der Namen für die Bildung des Doppelnamens herangezogen werden darf.

20 § 1617g Abs 1 BGB gibt nicht die **Reihenfolge** von Familiennamen und Parentonym vor. Der Familienname kann dem Parentonym voran- oder nachgestellt sein (Erman/Döll § 1617g Rn 4; jurisPK-BGB/Hamdan § 1617g Rn 27). Dies zeigt der schweigende Wortlaut im Kontrast zu den Formulierungen in § 1617h BGB („an erster Stelle“, „an zweiter Stelle“, § 1617h Abs 1 S 1 Nr 1 und 2 BGB).

21 Das Gesetz untersagt explizit den **Bindestrich.** § 1617i Abs 4 BGB iVm § 1617i Abs 2 BGB unterstreicht dieses Verbot, indem es die Möglichkeit zur Annahme und Ablegung des Bindestrichs genau für die Fälle von § 1617g BGB und § 1617h BGB nach Erreichen der Volljährigkeit ausschließt. Dies überrascht angesichts der sonstigen Verbreitung der Wahlfreiheit zwischen Verwendung und Weglassen von Bindestrichen in §§ 1355 Abs 2 S 2, 1355a Abs 1 S 4, 1617 Abs 1 S 2, 1617i Abs 4 BGB. Eine entsprechende friesische Tradition kann nicht der Grund sein, denn bislang waren echte Kindesdoppelnamen noch nicht erlaubt, sodass sich eine Tradition zur Nichtverwendung von Bindestrichen nicht entwickelt haben kann (so auch BeckOK-BGB/Pöcker [1. 11. 2025] § 1617g Rn 3.1). Auch die Gesetzesbegründung beruft sich auch nicht auf eine entsprechende Tradition (anders als für die entsprechende Regelung bei der dänischen Minderheit – BT-Drucks 20/9041, 63).

IV. Besonderheiten je nach Konstellation der §§ 1616–1617b BGB

1. Eltern mit Ehenamen, §§ 1616, 1617g Abs 2 BGB

22 Besteht ein Ehename, würde also der Geburtsname ohne Rücksicht auf friesische Traditionen nach § 1616 BGB gebildet, so bestimmt § 1617g Abs 2 S 1 BGB, dass die gemeinsam sorgeberechtigten Eltern oder der alleinsorgeberechtigte Elternteil mit Zustimmung des anderen Elternteils (§ 1617g Abs 2 S 2 BGB), nachdem das Kind ex lege mit der Geburt den Ehenamen als Geburtsnamen erwirbt, den Namen **neu bestimmen** können. § 1617g BGB ändert nichts am Vorrang des Ehenamens, lockert aber die Starre des § 1616 BGB (Botthoff/Kiehn/von Bary/Botthoff § 1617g Rn 6).

23 Die **Erklärungsbefugnis** richtet sich also nach der Sorgesituation – gemeinsame Erklärungsbefugnis besteht bei gemeinsamer Sorge, alleinige Erklärungsbefugnis bei Alleinsorge eines Elternteils. Zuständig ist grundsätzlich das Standesamt, das das Geburtenregister führt, in welchem die Geburt des Kindes beurkundet ist (§ 45 Abs 1 S 1 Nr 2, Abs 1 S 2, Abs 2 S 1 PStG).

24 Die Erklärung erfolgt gegenüber dem Standesamt und ist öffentlich zu beglaubigen (§ 129 BGB). Sie ist eine familienrechtliche Willenserklärung, die den §§ 104 ff BGB unterliegt und bedingungs- sowie befristungsfeindlich ist.

25 Für die Konstellation des § 1616 BGB ist **keine Frist** vorgesehen. Die Erklärung über die Neubestimmung des Geburtsnamens nach § 1617g Abs 2 BGB kann also während der gesamten Zeit der Minderjährigkeit des Kindes ausgeübt werden (BeckOGK-BGB/Pöcker [1. 11. 2025] § 1617g Rn 12). Dies stützen auch § 1617g Abs 2 S 3 und 4 BGB, die die Einwilligungserfordernisse in den Altersspannen 0–5 Jahre, 5–14 Jahre und 14–17 Jahre des Kindes regeln.

26 Erforderlich ist bei alleiniger Erklärungsbefugnis des einen Elternteils die **Zustimmung des anderen Elternteils** (§ 1617g Abs 2 S 2 BGB); der Grund hierfür kann in der Veränderung des namensrechtlichen Bandes gesehen werden. Zur fehlenden Ersetzungsbefugnis s Rn 34. Einer Einwilligung des anderen Elternteils bedarf es – trotz des gegenläufigen Umkehrschlusses aus § 1617h Abs 3 S 1 BGB – nicht, wenn dieser **verstorben** ist. Ein hinreichend schützenswertes Interesse am Erhalt des Namensbandes zum Kind besteht in diesem Fall nicht mehr.

Für die Einwilligung des Kindes gilt das übliche **Altersphasenmodell** mit Zäsuren zum fünften, 14. und 18. Geburtstag: Vor dem fünften Geburtstag wird das Kind nicht beteiligt, weil man die Identifikation mit dem Familiennamen bis dahin noch für zu schwach hält. Wenn das Kind das fünfte Lebensjahr vollendet hat, bedarf die Anpassung auch seiner Einwilligung (§ 1617g Abs 2 S 3 BGB), die zunächst von seinem gesetzlichen Vertreter abgegeben wird. Die Zustimmungserklärung ist formfrei möglich und kann an das Kind oder das Standesamt gerichtet sein. Gem § 1617g Abs 2 S 4 BGB gelten § 1617c Abs 1 S 2 und 3 BGB entsprechend mit der Folge, dass das beschränkt geschäftsfähige 14jährige Kind die Erklärung mit Zustimmung seines gesetzlichen Vertreters selbst abgeben kann (Anschlusserklärung). 27

2. Eltern ohne Ehenamen und mit gemeinsamer Sorge, §§ 1617, 1617g BGB

§ 1617g BGB baut auf den Voraussetzungen des § 1617 BGB auf und erweitert die in der von § 1617 BGB erfassten Situation bestehenden Namensgestaltungsmöglichkeiten. Haben die Eltern keinen Ehenamen, aber die gemeinsame Sorge, würde also der Geburtsname ohne Rücksicht auf friesische Traditionen nach **§ 1617 BGB** bestimmt, gibt § 1617 BGB für den Fall der Namensgebung nach friesischer Tradition bereits die notwendigen Konsensanforderungen vor; eigenständige Regelungen enthält § 1617g BGB insoweit daher nicht. 28

3. Eltern ohne Ehenamen und ohne gemeinsame Sorge, §§ 1617a, 1617g BGB

Auch hier gilt: § 1617g BGB baut auf den Voraussetzungen des § 1617a BGB auf und erweitert die in der von § 1617a BGB erfassten Situation bestehenden Namensgestaltungsmöglichkeiten. Der Verweis ist so zu lesen, dass dem Kind nach friesischer Tradition nicht nur der Vorname des anderen Elternteils, sondern auch der des alleinsorgeberechtigten Elternteils als Geburtsname erteilt werden kann (BeckOGK-BGB/Kienemund [1. 11. 2025] § 1617g Rn 5). Haben die Eltern keinen Ehenamen und hat ein Elternteil die Alleinsorge, würde also der Geburtsname ohne Rücksicht auf friesische Traditionen nach § 1617a BGB bestimmt, so gelten im Fall der Namensgebung nach friesischer Tradition grundsätzlich die Konsenserfordernisse des § 1617a BGB. Die Rechtsausübung ist nicht fristgebunden und kann während der gesamten Minderjährigkeit des Kindes erfolgen (BeckOGK-BGB/Kienemund [1. 11. 2025] § 1617g Rn 6). Die Ausübung des Rechts aus § 1617g Abs 1 BGB schließt eine spätere Anwendung von § 1617b Abs 1 BGB nicht aus (Botthoff/Kiehn/von Bary/Botthoff § 1617g Rn 11). Hat der alleinsorgeberechtigte Elternteil sein Recht nach § 1617a Abs 2 oder 3 BGB ausgeübt, schließt dies eine spätere Namensbestimmung nach § 1617g Abs 1 BGB nicht aus (Botthoff/Kiehn/von Bary/Botthoff § 1617g Rn 12). 29

4. Nachträgliche Begründung der gemeinsamen Sorge, §§ 1617b Abs 1, 1617g BGB

Ebenso verhält es sich bei § 1617b Abs 1 BGB: § 1617g BGB baut auf den Voraussetzungen dieser Regelung auf und erweitert die in der von § 1617b Abs 1 BGB erfassten Situation bestehenden Namensgestaltungsmöglichkeiten. Wird eine gemeinsame Sorge der Eltern erst begründet, wenn das Kind bereits einen Namen führt, würde also ohne Rücksicht auf friesische Traditionen der Name nach § 1617b Abs 1 30

BGB neu bestimmt werden, so gilt im Fall der Namensgebung nach friesischer Tradition das aus § 1617b Abs 1 BGB folgende Konsensregime.

5. Scheinvaterschaft, §§ 1617b Abs 2, 1617g BGB

31 Dasselbe Bild zeigt sich schließlich bei § 1617b Abs 2 BGB: § 1617g BGB baut auf den Voraussetzungen dieser Regelung auf und erweitert die in der von § 1617b Abs 2 BGB erfassten Situation bestehenden Namensgestaltungsmöglichkeiten. Wird rechtskräftig festgestellt, dass ein Mann, dessen Familienname Geburtsname des Kindes geworden ist, nicht der Vater des Kindes ist – die Situation des § 1617b Abs 2, 3 BGB – so stellt § 1617g Abs 3 S 2 BGB klar, dass § 1617b Abs 2 BGB auch für den Fall gilt, in dem ein von einem Vornamen dieses Mannes abgeleiteter Name Geburtsname des Kindes geworden ist.

32 Wenn sich der Vorname des Elternteils, von dem der Geburtsname des Kindes abgeleitet wurde, ändert, gilt gem § 1617g Abs 4 BGB § 1617c Abs 1 BGB entsprechend. Die Gesetzesbegründung nennt das Beispiel von Hans, der seinen Vornamen in Tade ändert, sodass sich der Name des Kindes (ggf nach Anschlusserklärung) von Hansen zu Tadsen wandelt (BT-Drucks 20/9041, 62).

V. Einwilligungserfordernis bei Vornamensverwendung

33 § 1617g Abs 3 S 1 BGB legt fest, dass es der nach § 1617a Abs 4 BGB erforderlichen Einwilligung des anderen Elternteils auch dann bedarf, wenn das Kind einen Namen erhalten soll, der sich von einem Vornamen dieses Elternteils ableitet. Diese Regelung erstreckt sich nicht nur auf die Konstellation des § 1617a BGB, sondern gilt in allen erfassten Konstellationen – §§ 1616, 1617, 1617a, 1617b BGB –, wenn der Vorname des jeweiligen Elternteils zum Bezugspunkt eines Parentonyms werden soll.

VI. Vorgehen bei Elterndissens

34 Im Fall des Elterndissenses und des Fehlens der elterlichen Einwilligung nach § 1617g Abs 2 S 2 BGB oder § 1617g Abs 3 S 1 BGB stellt sich die Situation wie folgt dar: Eine **Ersetzungsbefugnis** (wie bei § 1617f Abs 2 S 3 BGB) enthält § 1617g BGB nicht. Die Gesetzesbegründung erklärt dies in einem ersten Schritt damit, dass es sich nicht „lediglich um eine moderate Namensanpassung, sondern um die Ersetzung eines Familiennamens durch einen – patronymisch [sic] gebildeten – anderen (zum Beispiel „Feddersen“ durch „Carstensen“) beziehungsweise um die Bildung eines neuen Doppelnamens“ handelt (BT-Drucks 20/9041, 62). Dieses Argument scheint nicht stimmig, denn auch bei den Ersetzungsbefugnissen nach § 1617d Abs 2 S 3 BGB und § 1617e Abs 2 S 2 BGB geht es um den „ganzen“ Namen und nicht nur um eine Endung. Auch der zweite Schritt der gesetzgeberischen Begründung überrascht: Angesichts des Umstands, dass das Kind bereits einen Geburtsnamen trüge, der auf der gemeinsamen Entscheidung der Eltern für einen Ehenamen beruht, werde von ihnen grundsätzlich verlangt werden können, dass eine Abänderung des Geburtsnamens ihres Kindes ebenfalls einvernehmlich erfolgt (BT-Drucks 20/9041, 62). Auch dies entbehrt der Stimmigkeit insofern als es – außer in den Fällen des § 1617b BGB – um die erstmalige Bestimmung des Geburtsnamens geht und nicht um eine Abänderung. Sodann führt der Gesetzesentwurf als Argument „das Persönlichkeitsrecht jedes

Elternteils am eigenen Namen" an, „so dass etwa der Vorname des Vaters (‚Johan') nicht gegen seinen Willen als Patronym (‚Johansen') zum Geburtsnamen des Kindes werden sollte" (BT-Drucks 20/9041, 62). Wenn man dem folgen möchte, so würde dies jedenfalls nur die Fälle betreffen, in denen der Vorname des Einwilligenden zum Ausgangspunkt des Geburtsnamens wird – aber hieran knüpft das Gesetz nicht an. Gleichwohl überzeugt die fehlende Ersetzungsbefugnis. Zwar stört der Kontrast zu § 1617f BGB, der eine Ersetzungsbefugnis vorsieht, jedoch ist § 1617g BGB im Konnex mit §§ 1617–1617b BGB zu sehen und für diese Konstellationen gibt es ebenfalls keine gerichtliche Ersetzungsbefugnis. Vielmehr sieht § 1617 Abs 4 BGB einen automatischen Doppelnamen mit anschließender gerichtlicher Übertragungsbefugnis vor; § 1617a Abs 3, 4 S 1 BGB sieht keine gerichtliche Ersetzungs- (oder Übertragungs-)Befugnis vor. Die Regelungsharmonie mit §§ 1617–1617b BGB ist wichtiger als die mit § 1617f BGB.

Der Gesetzesentwurf ist der Ansicht, für Elterndissens solle vielmehr **§ 1628 BGB gelten** (BT-Drucks 20/9041, 62). Dies überzeugt nicht, denn der allgemeine § 1628 BGB wird durch die spezielleren §§ 1616 ff BGB verdrängt (BeckOK-BGB/Pöcker [1. 11. 2025] § 1617g Rn 6, 6.2; krit auch BeckOGK-BGB/Kienemund [1. 11. 2025] § 1617g Rn 14). Ferner setzt § 1628 BGB gemeinsame Sorge voraus, kann also im Fall des § 1617g Abs 2 S 2 BGB nicht gelten (Erman/Döll § 1617g Rn 8). **35**

Im Fall des Elterndissenses ist mithin der Weg über § 1617g Abs 1–4 BGB (anders im Fall des § 1617g Abs 5 BGB iVm § 1617f Abs 2 BGB) versperrt bzw es bleibt allenfalls der Weg über § 3 NÄG oder § 1666 BGB. **36**

VII. Änderung des Elternvornamens

Ändert sich – etwa nach § 1757 Abs 3 S 1 Nr 1 BGB, §§ 3, 11 NÄG oder § 2 Abs 3 SBGG – der Vorname des Elternteils, von dem der Geburtsname des Kindes abgeleitet wurde, so ordnet § 1617g Abs 4 BGB an, dass § 1617c Abs 1 BGB entsprechend gilt. Eine automatische Änderung des Geburtsnamens des Kindes tritt folglich nur ein, wenn das Kind jünger als fünf Jahre ist. Danach bedarf es einer Anschlusserklärung, bei der für das Kind bis zum 14. Lebensjahr der gesetzliche Vertreter handelt und ab dem vollendeten 14. Lebensjahr das Kind selbst mit Zustimmung seines gesetzlichen Vertreters. Anderenfalls bleibt es bei dem vom vorherigen Vornamen abgeleiteten Parentonym. **37**

VIII. Zustimmung des Kindes

Es gilt für die Zustimmung des Kindes – die in der Konstellation des § 1616 BGB ebenso erforderlich ist (§ 1617g Abs 2 S 3 und 4 BGB iVm § 1617c Abs 1 S 2 und 3 BGB) wie im Fall der Vornamensänderung des Parentonymbezugselternteils (§ 1617g Abs 4 BGB iVm § 1617c Abs 1 BGB) – das übliche **Altersphasenmodell** mit Zäsuren zum fünften, 14. und 18. Geburtstag: Wenn das Kind das fünfte Lebensjahr vollendet hat, bedarf die Anpassung auch seiner Einwilligung (§ 1617g Abs 2 S 3 BGB), die zunächst von seinem gesetzlichen Vertreter abgegeben wird. Die Zustimmungserklärung ist formfrei möglich und kann an das Kind oder das Standesamt gerichtet sein. Gemäß § 1617g Abs 2 S 4 BGB gelten § 1617c Abs 1 S 2 und 3 BGB entsprechend mit der Folge, dass das beschränkt geschäftsfähige 14jährige Kind die **38**

Erklärung mit Zustimmung seines gesetzlichen Vertreters selbst abgeben kann (Anschlusserklärung).

IX. Geschlechtsanpassung

39 § 1617g Abs 5 BGB ordnet für die Änderung einer geschlechtsspezifischen Endung des Geburtsnamens des Kindes (wie zB das männliche -sen oder das weibliche -s zB in Carstensen und Carstens) die entsprechende Geltung von § 1617f BGB an, einschließlich der Wahlmöglichkeit durch Volljährige (§ 1617f Abs 3 BGB; BT-Drucks 20/9041, 62) und der Widerrufsmöglichkeit (§ 1617f Abs 4 BGB). Dies ermöglicht eine Art „kleine Lösung" für Angehörige der friesischen Volksgruppe (s BeckOK-BGB/Pöcker [1. 11. 2025] § 1617g Rn 5, 5.1 sowie das eben genannte Beispiel). Ferner ermöglicht § 1617g Abs 5 BGB iVm § 1617f BGB die Anpassung einer Endung nach Geschlechtseintragsänderung nach § 2 SBGG (BeckOGK-BGB/Kienemund [1. 11. 2025] § 1617g Rn 18).

X. Geschwisterbindung

40 Die Gestaltungsmöglichkeiten des § 1617g BGB stehen in einem problematischen Verhältnis zum Geschwisterbindungsprinzip des § 1617 Abs 5 BGB (s auch Botthoff/Kiehn/von Bary/Botthoff § 1617f Rn 4, 33 und BeckOGK-BGB/Kienemund [1. 11. 2025] § 1617g Rn 19). Grundsätzlich erscheint es angesichts der Ratio des Geschwisterbindungsprinzips sinnvoll, dass es auch für Angehörige der friesischen Volksgruppe gilt. Abgewichen werden sollte vom Geschwisterbindungsprinzip, wenn das erste Kind einen geschlechtsspezifischen Namen trägt und weitere Kinder daher drohen, einen geschlechtswidrigen Nachnamen zu erhalten. Für diese Konstellation steht § 1617g Abs 5 BGB iVm § 1617f BGB zur Verfügung. Im Fall der Neubestimmung des Geburtsnamens nach §§ 1616, 1617g Abs 2 BGB scheint es jedoch kein im Gesetz angelegtes Hindernis dafür zu geben, für jedes Kind einzeln zu entscheiden, ob, wann und welchen friesischen Namen es tragen soll. In der Situation der §§ 1617, 1617g BGB und in der der §§ 1617b (insbesondere Abs 1 S 3), 1617g BGB könnte man an eine überwölbende „Geltung" des § 1617 Abs 5 BGB denken. In der Situation der §§ 1617g, 1617a BGB fällt es schwer, einen normativen Pfad zu § 1617 Abs 5 BGB zu legen. Insgesamt lässt sich das Geschwisterbindungsprinzip des § 1617 Abs 5 BGB allenfalls partiell durch analoge Anwendung in § 1617g BGB „importieren". Dies würde zu einer unübersichtlichen und rechtsunsicheren Situation führen, so dass die Bindung von § 1617 Abs 5 BGB in den Fällen des § 1617g BGB insgesamt abgelehnt werden sollte und sich mithin aus dem Geschwisternamenseinheitsprinzip keine Beschränkungen für ein Vorgehen nach § 1617g BGB ergeben.

XI. Ergänzungen für Volljährige durch § 1617i Abs 2 BGB

1. Aufnahme

41 § 1617i Abs 2 S 2 BGB gewährt ein einmaliges Neubestimmungsrecht für volljährige Angehörige der friesischen Volksgruppe, ihren Namen nach § 1617g BGB zu bestimmen (zu Recht krit zur systematischen Verortung in § 1617i BGB BeckOK-BGB/Pöcker [1. 11. 2025] § 1617i Rn 4.1). Nach dem Wortlaut des § 1617i Abs 2 S 2 BGB ist keine Einwilligung des Elternteils, von dessen Vornamen nach friesischer Tradition der neu-

bestimmte Name abgeleitet wird (§ 1617g Abs 1 Nr 1 BGB) oder dessen Familienname nach friesischer Tradition Teil des neubestimmten Doppelnamens wird (§ 1617g Abs 1 Nr 2 BGB), erforderlich (krit und ausführlich Dutta FamRZ 2025, 77, 79).

2. Ablegung

§ 1617i Abs 2 S 1 BGB gestattet es – systematisch problematisch (BeckOK-BGB/Pöcker [1. 11. 2025] § 1617g Rn 7.3) – einem Kind, einen nach § 1617g BGB erhaltenen Namen abzulegen. § 1617i Abs 2 S 1 BGB ordnet hierfür die „sinngemäße Anwendung" von § 1617i Abs 1 BGB an. „Sinngemäße Anwendung" bedeutet aus Perspektive der Gesetzesbegründung zunächst, dass „die Person ihren Familiennamen vom Vornamen des jeweils anderen Elternteils ableiten kann" – also das Bezugselternteil des Matronyms und Patronyms ändert (BT-Drucks 20/9041, 65). Es bedeutet ferner, dass, wenn „sowohl die Vornamensableitung als auch der Familienname von nur einem Elternteil stammen" (Stefan Müller-Carstensen, s Rn 18), der Namensträger beide Namensbestandteile von der anderen Elternseite ableiten (Patronym/Matronym) bzw wählen (Familienname) kann (BT-Drucks 20/9041, 65). Ferner kann der Namensträger über § 1617i Abs 1 BGB unmittelbar bzw im Wege der sinngemäßen Anwendung über den „Umweg" des Abs 2 weitere von § 1617i BGB eröffnete Optionen nutzen und dabei statt des Parentonyms den Familiennamen des Parentonymbezugselternteils wählen (sodass Stefan Carstensen – Sohn von Carsten Müller und Inga Meyer – sich Stefan Meyer und Stefan Müller, Stefan Meyer-Müller und Müller-Meyer, Stefan Carstensen-Meyer und Meyer-Carstensen nennen könnte). Sinnvoller wäre eine vollständige Neubestimmung des Namens nach §§ 1616 ff BGB gewesen; zumal die Volljährigen der dänischen und friesischen Minderheit damit weniger Neugestaltungsmöglichkeiten haben als die Namensträger mit geschlechtsangepassten Namen (§§ 1617f Abs 4 S 1, 3, 1355b Abs 3 S 1 BGB) (für Verfassungswidrigkeit und zur konkreten Normenkontrolle ermutigend s Hepting/Dutta Familie und Personenstand Rn V-876). 42

§ 1617i Abs 2 BGB hat in der Ablegungsvariante eine gewisse logische Schwäche. Er setzt die Zugehörigkeit zur friesischen (oder dänischen) Volksgruppe voraus. Dabei wird indes ein häufiger Grund für die Ablegung des Namens darin liegen, dass sich der Namensträger **nicht mehr als zugehörig** zur friesischen (oder dänischen) Volksgruppe **empfindet**. Nach dem Grundsatz der Bekenntnisfreiheit (§ 1617f Rn 21) wäre er dann typischerweise nicht mehr Angehöriger der friesischen oder dänischen Volksgruppe und fiele daher nicht mehr in den Anwendungsbereich von § 1617g BGB oder § 1617h BGB. Dieses paradoxe Ergebnis sollte vermieden werden. Das subjektive Bekenntnis zur friesischen oder dänischen Volksgruppe sollte der Namensträger daher noch so lange beibehalten, bis er die Erklärung nach § 1617i Abs 2 BGB getätigt hat und erst danach zur vollen Gewissheit gelangen, dass er dieser Volksgruppe nicht mehr angehören möchte. 43

XII. Intertemporaler Anwendungsbereich

Gem Art 229 § 67 Abs 4 EGBGB gilt, dass der Geburtsname der vor dem 1. 5. 2025 geborenen minderjährigen Kinder, die der friesischen Volksgruppe angehören, nach § 1617g BGB neu bestimmt werden kann (s auch Janzen/Schulz FamRZ 2025, 835, 838). 44

§ 1617h
Geburtsname nach dänischer Tradition

(1) Abweichend von § 1616 und ergänzend zu den in den §§ 1617 bis 1617b genannten Möglichkeiten kann zum Geburtsnamen eines minderjährigen Kindes, das der dänischen Minderheit angehört, ein nicht durch Bindestrich verbundener Doppelname bestimmt werden, der sich zusammensetzt aus

1. dem Familiennamen eines nahen Angehörigen an erster Stelle des Doppelnamens und

2. dem Familiennamen eines Elternteils an zweiter Stelle des Doppelnamens.

§ 1617 Absatz 2 Nummer 2 gilt entsprechend.

(2) Im Fall des § 1616 können die gemeinsam sorgeberechtigten Eltern oder der alleinsorgeberechtigte Elternteil dem Geburtsnamen des Kindes durch Erklärung gegenüber dem Standesamt, die öffentlich zu beglaubigen ist, den Familiennamen eines nahen Angehörigen nach Absatz 1 voranstellen. § 1617g Absatz 2 Satz 2 bis 4 gilt entsprechend.

(3) Die Bestimmung nach Absatz 1 und die Voranstellung nach Absatz 2 bedürfen der Einwilligung des nahen Angehörigen, es sei denn, dieser ist bereits verstorben. Die Einwilligung ist gegenüber dem Standesamt zu erklären; sie muss öffentlich beglaubigt werden.

Materialien: EheGebNamRÄndG Art 1 Nr 6.

Schrifttum

S vor Vorbem zu §§ 1616–1625.

Systematische Übersicht

Alphabetische Übersicht

I. Einführung

1. Überblick

1 § 1617h BGB eröffnet für die Angehörigen der dänischen Minderheit die Möglichkeit, den **Geburtsnamen eines minderjährigen Kindes nach der dänischen Tradition** in der Form, die ihr § 1617h BGB gegeben hat, zu bestimmen. Diese Möglichkeit tritt ergänzend neben die §§ 1616–1617b BGB. Hinzu treten für volljährige Kinder Änderungsmöglichkeiten nach § 1617i Abs 2 BGB. Im Einzelnen eröffnet § 1617h BGB eine zusätzliche Option bei der erstmaligen Geburtsnamenbestimmung durch die Eltern (und mithin keine jederzeitige oder später einsetzende Änderungsmöglichkeit wie etwa im Fall des § 1617f BGB). Eine spätere Neubestimmung des Geburtsnamens mit Hilfe des § 1617h BGB ist möglich für Kinder, die ex lege den Ehenamen als Geburtsnamen erhalten haben (§ 1616 BGB), und im Fall eines Neubestimmungsrechts nach § 1617b BGB. Somit erfasst § 1617h BGB nur Minderjährige – aber diese in der gesamten Dauer ihrer Minderjährigkeit. Zudem verweist § 1757 Abs 4 BGB auch für den Fall der Adoption auf § 1617h BGB. Darüber hinaus ist in § 1617i Abs 2 S 2 BGB ein einmaliges Neubestimmungsrecht für volljährige Angehörige der dänischen Minderheit, ihren Namen nach § 1617h BGB zu bestimmen, enthalten. Damit trägt § 1617h BGB zur Zunahme an Namensänderungstatbeständen – zumal ohne Statusbezug – und somit zur fortschreitenden Verringerung der Namenskontinuität bei (krit BeckOK-BGB/Pöcker [1. 11. 2025] § 1617h Rn 1). Die Gestaltungsmöglichkeit des § 1617h BGB iVm § 1617a Abs 3 BGB kann ohne Frist jederzeit innerhalb der Minderjährigkeit des Kindes ausgeübt werden, die des § 1617h BGB iVm § 1617 BGB oder § 1617b BGB ist hingegen zeitlich an diese Gestaltungsmöglichkeiten gekoppelt (BeckOGK-BGB/Kienemund [1. 11. 2025] § 1617h Rn 6).

2. Entstehungsgeschichte

2 § 1617h BGB wurde mit dem EheGebNamRÄndG (BGBl 2024 I Nr 185) in das BGB eingefügt und ist seit dem 1. 5. 2025 in Kraft. Im Referentenentwurf zum EheGebNamRÄndG war § 1617h BGB noch nicht enthalten, er trat mit dem Regierungsentwurf hinzu (BT-Drucks 20/9041, 12 sowie 63 ff) – aus Gleichbehandlungsgründen sollten neben der sorbischen auch die dänische und friesische Namenstradition gestärkt werden (Kienemund NJW 2025, 1153, 1157). Die Rechtsausschussfassung führte eine textlich geringfügige, doch inhaltlich deutliche Erweiterung um verstorbene nahe Angehörige als Namensbezugspersonen ein (BT-Drucks 20/10997, 15, 36).

3. Zielsetzung und Normbedeutung

3 Vor dem EheGebNamRÄndG war es der dänischen Minderheit – wie auch der sorbischen und friesischen Volksgruppe – nicht möglich, ihre Namenstradition zu verwirklichen. Dem wollte der Gesetzgeber abhelfen (BT-Drucks 20/9041, 1, 20, 24, 61). Die dänische Minderheit zählt zu den vier in Deutschland anerkannten und besonders geschützten **nationalen Minderheiten** (s bereits § 1617f Rn 5 ff). Zum **Rahmenübereinkommen** zum Schutz nationaler Minderheiten vom 1. 2. 1995 s bereits § 1617f Rn 6. Zum früheren Schutz der nationalen Minderheiten im Wege der beschränkten Möglichkeiten des **MindNamÄndG** s § 1617f Rn 6. Wie oft § 1617h BGB in der Praxis tat-

sächlich in Anspruch genommen wird, soll in einer Evaluation nach spätestens fünf Jahren untersucht werden (BT-Drucks 20/9041, 40).

Anders als in den Fällen der §§ 1617f, 1617g BGB, in denen auf die ausländische oder sorbische Namenstradition verwiesen wird (§ 1617f BGB) oder in denen die friesische Namenstradition in das deutsche Recht inkorporiert wird (§ 1617g BGB), findet in § 1617h BGB eine gewisse **Traditions-Mimikry** statt: Der Name des nahen Angehörigen, der ohne Bindestrich dem Familiennamen eines Elternteils vorangestellt wird, hat ausgeschrieben das Erscheinungsbild der **skandinavischen Mittelnamen**. Dieser ist weder Vor- noch Nachname, sondern ein aliud dazu. Der deutsche Gesetzgeber erklärt deutlich, dass die Konstruktion des § 1617h Abs 1 BGB nur den äußeren Anschein eines Mittelnamens erwecken soll und dass es dabeibleibe, dass „der Name nur gemäß der Namensstruktur deutschen Rechts gebildet werden kann, nach der der Name sich aus einem oder mehreren Vornamen und einem Familiennamen zusammensetzt" (BT-Drucks 20/9041, 63). Der simulierte Mittelname wird aus deutscher Perspektive dem Familiennamen zugeschlagen und so die deutsche mit der dänischen Tradition verbunden (Hepting/Dutta Familie und Personenstand, Rn IV-323). Ein anderer – und bis 30. 4. 2025 jenseits von Fällen der Rechts- oder Namenswahl nach Art 10 und 48 EGBGB der einzige – Weg, um den Anschein eines skandinavischen Mittelnamens zu kreieren, ist die Vergabe eines zweiten Vornamens (BeckOK-BGB/Pöcker [1. 11. 2025] § 1617h Rn 3.1; BT-Drucks 20/9041, 20, 25). § 1617h BGB modifiziert nicht intentional – jedenfalls nicht über die gänzlich andere Namensstruktur hinaus – die Namenstradition der dänischen Minderheit; anders als im Fall der sorbischen (§ 1617f Abs 3 S 2 BGB – familienstandabhängige Endung) und im Fall der friesischen (§ 1617g Abs 1 Nr 1 BGB – Matronyme) Namenstradition. 4

Für § 1617h besteht keine Widerrufsmöglichkeit, ebenso wenig wie für § 1617g BGB und anders als für §§ 1355b Abs 3 S 1, 1617f Abs 4 BGB. Dies scheint aus Gleichheitsperspektive mit Blick auf Dänen und Friesen einerseits und Sorben sowie Personen mit ausländischem Hintergrund andererseits verfassungsrechtlich problematisch (Hepting/Dutta Familie und Personenstand, Rn IV-333, V-876). 5

4. Systematischer Kontext

Für den systematischen Kontext der Norm gelten die Ausführungen zu § 1617g BGB entsprechend (§ 1617g Rn 6). 6

II. Anwendungsbereich

1. Zugehörigkeit eines minderjährigen Kindes zur dänischen Minderheit

Der Anwendungsbereich der Norm erfasst minderjährige Kinder (§ 2 BGB), die der dänischen Minderheit angehören. Zum Begriff des minderjährigen Kindes s schon parallel § 1617g Rn 8. Zur Zugehörigkeit zur dänischen Minderheit s grundsätzlich schon parallel für die sorbische Volksgruppe § 1617f Rn 21 f. Es gilt hier sinngemäß das im Hinblick auf die **Bekenntnisfreiheit** und das Erfordernis objektiver Anhaltspunkte zur Missbrauchsvermeidung zur sorbischen Volksgruppe Gesagte (§ 1617f Rn 21 f). Da das Bekenntnis zum friesischen Volk frei ist und lediglich zur Missbrauchsvermeidung die Anknüpfung des subjektiven Bekenntnisses an äußere, ob- 7 jektive Umstände gefordert wird, ist es folgerichtig, nicht in jedem Einzelfall positiv das Vorliegen von objektiven Umständen zu fordern, sondern die Kontrolle auf **offensichtlichen Missbrauch oder Scherzerklärungen** zu beschränken (ebenso in §§ 1617f und 1617g BGB, s § 1617 f Rn 21 und § 1617g Rn 9; BeckOK-BGB/Pöcker [1. 11. 2025] § 1617h Rn 2; **aA** wohl BeckOGK-BGB/Kienemund [1. 11. 2025] § 1617h Rn 4).

8 § 1617h BGB verlangt, dass das **Kind** der dänischen Minderheit angehört. Je nach Alter des Kindes wird es noch gar nicht in der Lage sein, seine Bekenntnisfreiheit auszuüben. Es ist daher sinnvoll, – in Abhängigkeit vom Alter des Kindes in abnehmendem Maße – (auch) auf das Selbstverständnis der Eltern abzustellen (so auch Kienemund NJW 2025, 1153, 1157).

9 Die dänische Minderheit lebt unter anderem in der Grenzstadt Flensburg, den Kreisen Schleswig-Flensburg und Nordfriesland sowie im nördlichen Teil des Kreises Rendsburg-Eckernförde (BT-Drucks 20/9041, 63). Indes ist der Wohnort nur ein möglicher, kein notwendiger Anhaltspunkt; es darf für die Bejahung der Zugehörigkeit zur dänischen Minderheit nicht erforderlich sein, in den genannten Gebieten wohnhaft zu sein (BeckOK-BGB/Pöcker [1. 11. 2025] § 1617h Rn 2.1; ebenso für die sorbische und friesische Minderheit, s § 1617f Rn 21 und § 1617g Rn 11).

2. Erweiterungen zur Diskriminierungsverhinderung?

10 Die dänische Minderheit in Deutschland hat (auch) die deutsche Staatsangehörigkeit. Personen mit (nur) dänischer Staatsangehörigkeit, die auf deutschem Gebiet wohnen, zählen also nicht zur ihr. Wenn sie ihren gewöhnlichen Aufenthalt in Deutschland haben, unterliegen sie jedoch deutschem Namensrecht (Art 10 Abs 1 EGBGB). Innerhalb dessen können sie sich allein auf § 1617f Abs 1 Nr 2 und Nr 3 BGB berufen, nicht auch auf § 1617h BGB, weil sie nicht Angehörige der dänischen Minderheit sind. Dies führt zu dem absurden Ergebnis, dass die in Deutschland wohnhafte dänische Minderheit deutscher Staatsangehörigkeit in deutlich weiterem Maße ihre Namenstradition verwirklichen kann als die in Deutschland wohnhafte dänische Minderheit dänischer Staatsangehörigkeit. Da darin wohl eine problematische Schlechterstellung aufgrund der Staatsangehörigkeit zu sehen sein dürfte (vgl Art 18 AEUV, Art 3 GG), spricht viel dafür, § 1617h BGB auf **dänische Staatsangehörige analog anzuwenden**. Daraus mag indes noch ein Folgeproblem entstehen: Der Mittelname ist nicht nur Teil der dänischen Namenstradition, sondern auch der norwegischen (und zum Teil der schwedischen). Folglich könnte sich auch im Verhältnis zu **norwegischen Staatsangehörigen** mit gewöhnlichem Aufenthalt in Deutschland die Diskriminierungsfrage (Art 4 EWR-Abkommen) stellen (ähnlich ggf für schwedische Staatsangehörige nach Art 18 AEUV).

III. Gestaltungsmöglichkeiten

11 Zum Geburtsnamen des Kindes kann ein verbundener **Doppelname** bestimmt werden, der sich zusammensetzt aus dem Familiennamen eines nahen Angehörigen an erster Stelle des Doppelnamens und dem Familiennamen eines Elternteils an zweiter Stelle des Doppelnamens.

Für den Begriff des **„nahen Angehörigen“** nennt die Regierungsentwurfsbegründung zunächst als Regelbeispiele die Großeltern und Paten (BT-Drucks 20/9041, 63) und sodann konkretisierend und erweiternd in der Rechtsausschussfassungsbegründung, dass die „Verwandten (zum Beispiel Großeltern, Urgroßeltern) [und] Taufpaten oder andere nahestehende Personen“ erfasst sein sollen (BT-Drucks 20/10997, 33), folglich wohl auch Cousins/Cousinen und Onkel/Tanten (BeckOGK-BGB/Kienemund [1. 11. 2025] § 1617h Rn 8). Ferner dürften „Pflegekind, Pflegeeltern oder ein Lebensgefährte“ (BT-Drucks 20/10997, 33) erfasst sein, so wie auch „Nenn“-Onkel und -Tanten (BeckOGK-BGB/Kienemund [1. 11. 2025] § 1617h Rn 8). Obschon die Gesetzesbegründung dies explizit nur zu § 530 BGB äußert, wäre der Hinweis funktionslos, wenn er nicht auf § 1617h BGB transponierbar sein soll (Relevanzmaxime nach Paul Grice). Der Kreis der nahen Angehörigen ist also relativ weit auszulegen. Rechtliche (oder biologische) Verwandtschaft ist jedenfalls nicht erforderlich (BeckOK-BGB/Pöcker [1. 11. 2025] § 1617h Rn 3). Wer insgesamt „naher Angehöriger“ ist, ist nicht rein binnen-juristisch auszulegen (**aA** evtl Kienemund NJW 2025, 1153, 1157), sondern nach sprachwissenschaftlichen Kriterien zu bestimmen, weil es sich um einen „unbestimmten Rechtsbegriff [handelt], der im Lichte des Regelungszwecks der jeweiligen Norm auszulegen ist, hier also **im Lichte der dänischen Tradition**“ (BT-Drucks 20/10997, 33). Der nahe Angehörige kann auch bereits verstorben sein (§ 1617h Abs 3 BGB). 12

Anders als im Fall der Namensgebung nach friesischer Tradition (§ 1617g Rn 20) ist die **Reihenfolge** der Namen vorgegeben. Denn nur so kann der Name „im Ergebnis“ wie ein Name mit skandinavischem Mittelnamen wirken (BT-Drucks 20/9041, 63). 13

Ebenso wie im Fall der Namensgebung nach friesischer Tradition (§ 1617g Rn 21) ist die **Verwendung des Bindestrichs** untersagt. Die Gesetzesbegründung verweist darauf, dass dies der dänischen Tradition entspreche (BT-Drucks 20/9041, 63). 14

Zur Vermeidung von **Namensketten** verweist § 1617h Abs 1 S 2 BGB auf § 1617 Abs 2 Nr 2 BGB, so dass, wenn der Familienname des Elternteils aus mehreren Namen besteht, in entsprechender Anwendung nur einer der Namen für die Bildung des Doppelnamens herangezogen werden darf. 15

IV. Besonderheiten je nach Konstellation der §§ 1616–1617b BGB

Für den **Fall des § 1616 BGB** regelt § 1617h BGB – durch die Besonderheiten der Mittelnamens-Mimikry bedingt – selbständig, dass die gemeinsam sorgeberechtigten Eltern oder der alleinsorgeberechtigte Elternteil dem Geburtsnamen des Kindes durch Erklärung gegenüber dem Standesamt, die öffentlich zu beglaubigen ist, den Familiennamen eines nahen Angehörigen nach § 1617h Abs 1 BGB voranstellen können bzw kann. Ansonsten verweist § 1617h Abs 2 S 2 BGB auf **§ 1617g Abs 2 S 2–4 BGB**. Im Hinblick auf die Besonderheiten je nach der durch Bestehen/Nichtbestehen von Ehenamen und gemeinsamer Sorge geprägten Situation – einschließlich Erklärungsbefugnis, Zustimmungsbedürftigkeit seitens des anderen Elternteils, fehlender Ersetzungsbefugnis und Zustimmungsbedürftigkeit des Kindes – kann daher im Ausgangspunkt auf die Ausführungen zu § 1617g BGB (§ 1617g Rn 22 ff) verwiesen werden. 16

V. Zustimmung des nahen Angehörigen

17 Darüber hinaus enthält § 1617h Abs 3 BGB richtigerweise ein eigenständiges Zustimmungserfordernis für den nahen Angehörigen, dh die Bezugsperson des Mittelnamens: Sofern noch lebend bedarf die Namensgestaltung nach § 1617h Abs 1 und Abs 2 S 1 BGB der Einwilligung des namensgebenden nahen Angehörigen (§ 1617h Abs 3 S 1 BGB). Der Name ist für die eigene Identität wesentlich und drückt Zusammengehörigkeit aus; es besteht typischerweise bei der Namensbezugsperson ein legitimes Interesse am Schutz vor ungewollten namensrechtlichen Verbindungen (BT-Drucks 20/9041, 63). Kommen, wie es wohl häufig der Fall sein wird, mehrere (lebende) nahe Angehörige als Namensbezugsperson in Betracht, weil sie denselben Familiennamen tragen, so sollte die Angabe der Eltern, welche Person gemeint ist, für die Bestimmung des Zustimmungsbedürftigen ausschlaggebend sein. Die Einwilligung ist – so der Wortlaut der Regelung, – entbehrlich, wenn der Angehörige bereits verstorben ist. Denkbar ist eine Umgehung des Zustimmungserfordernisses, wenn mehrere nahe Angehörige, verstorbene und lebende, denselben Familiennamen tragen; die Gesetzesbegründung stellt sich dem zwar entgegen (BT-Drucks 20/10997, 36), doch ist nicht klar, wie Missbrauch nachgewiesen werden soll.

18 Die Einwilligung ist, wie alle namensrechtlichen Erklärungen, eine amtsempfangsbedürftige Willenserklärung, die bedingungs- und befristungsfeindlich ist, den §§ 104 ff BGB unterliegt und gegenüber dem zuständigen Standesamt zu erklären ist; sie muss öffentlich beglaubigt werden (§ 1617h Abs 3 S 2 BGB). Zuständig ist grundsätzlich das Standesamt, das das Geburtenregister führt, in welchem die Geburt des Kindes beurkundet ist; zwar nennt § 45 Abs 1 S 2 PStG den „nahen Angehörigen" nicht, doch dürfte diese Regelung sinngemäß anzuwenden sein (vgl § 45 Abs 1 S 1 Nr 2, Abs 1 S 2, Abs 2 S 1 PStG).

19 Wird die erforderliche Einwilligung nicht erteilt, gibt es keine Ersetzungsmöglichkeit; eine Namensbestimmung nach § 1617h BGB ist dann ausgeschlossen (so auch Erman/Döll § 1617h Rn 6).

VI. Geschwisterbindung

20 Die Gestaltungsmöglichkeit des § 1617h BGB unterliegt nicht dem Prinzip der Geschwisterbindung (so auch Botthoff/Kiehn/von Bary/Botthoff § 1617h Rn 5, 30; BeckOGK-BGB/Kienemund [1. 11. 2025] § 1617h Rn 17). Da der skandinavische Mittelname eine individuelle Verbindung zwischen dem Namensträger und der Namensbezugsperson aufzeigen oder schaffen soll, ist es nicht zweckdienlich, mehrere Geschwister an denselben „deutschen Mittelnamen" zu binden (s zur leicht anderen Situation in § 1617g BGB, § 1617g Rn 40). Ferner spricht dafür, dass sich die Zustimmung des Angehörigen auf das einzelne Kind und nicht auf mehrere Geschwister bezieht (BeckOGK-BGB/Kienemund [1. 11. 2025] § 1617h Rn 17).

VII. Ergänzungen für Volljährige durch § 1617i Abs 2 BGB

1. Aufnahme

21 § 1617i Abs 2 S 2 BGB gewährt ein einmaliges Neubestimmungsrecht für volljährige Angehörige der dänischen Minderheit, ihren Namen nach § 1617h BGB zu bestimmen (zu Recht krit zur systematischen Verortung in § 1617i BGB BeckOK-BGB/Pöcker [1. 11. 2025] § 1617i Rn 4.1). Nach dem Wortlaut des § 1617i Abs 2 S 2 BGB ist keine Einwilligung des Elternteils, dessen Familienname nach dänischer Tradition Teil des neubestimmten Doppelnamens werden soll (§ 1617h Abs 1 S 1 Nr 2 BGB), erforderlich (krit und ausführlich Dutta FamRZ 2025, 77, 79).

2. Ablegung

22 § 1617i Abs 2 S 1 BGB gestattet es – systematisch problematisch (BeckOK-BGB/Pöcker [1. 11. 2025] § 1617h Rn 7.1) – einem Kind, einen nach § 1617h BGB erhaltenen Namen abzulegen. § 1617i Abs 2 S 1 BGB ordnet hierfür die „sinngemäße Anwendung" von § 1617i Abs 1 BGB an. „Sinngemäße Anwendung" bedeutet aus Perspektive der Gesetzesbegründung zunächst, dass der Namensträger, wenn sowohl der Name des nahen Angehörigen als auch der Familienname des Elternteils aus nur einer elterlichen Linie stammen, entsprechend § 1617i Abs 1 BGB beide Namen durch solche aus der Linie des anderen Elternteils austauschen kann (BT-Drucks 20/9041, 65). Ferner kann der Namensträger den einen oder den anderen Teil des Doppelnamens nach § 1617i BGB ablegen. Wegen des Verweises in § 1617i Abs 2 S 1 BGB ist in diesem Fall die Einwilligung des betroffenen Elternteils nach § 1617i Abs 1 S 3 BGB erforderlich (krit und ausführlich Dutta FamRZ 2025, 77, 79). Zur paradoxen Situation des Verlassens des Anwendungsbereichs bei Verlust der Identifikation mit der dänischen Minderheit s die Ausführungen in § 1617g Rn 43.

VIII. Intertemporaler Anwendungsbereich

23 Gemäß Art 229 § 67 Abs 4 EGBGB gilt, dass der Geburtsname der vor dem 1. 5. 2025 geborenen minderjährigen Kinder, die der dänischen Minderheit angehören, nach § 1617h BGB neu bestimmt werden kann (s auch Janzen/Schulz FamRZ 2025, 835, 838).

§ 1617i
Neubestimmung des Familiennamens durch volljährige Personen

(1) Jede volljährige Person kann den Geburtsnamen, den sie als Minderjährige erworben hat, einmalig wie folgt neu bestimmen:

1. **wenn ihr Geburtsname aus mehreren Namen besteht: indem sie nur einen oder einige der Namen, aus denen der Name besteht, zu ihrem Geburtsnamen bestimmt,**

2. **wenn sie den Familiennamen nur eines Elternteils als Geburtsnamen erhalten hat: indem sie**

a) diesen durch den Familiennamen des anderen Elternteils ersetzt oder
b) diesem den Familiennamen des anderen Elternteils voranstellt oder anfügt.

In den Fällen des Satzes 1 Nummer 2 Buchstabe a gilt § 1617 Absatz 2 Nummer 1 entsprechend, in den Fällen des Satzes 1 Nummer 2 Buchstabe b gilt § 1617 Absatz 1 Satz 2 und Absatz 2 Nummer 2 entsprechend. Die Neubestimmung bedarf der Einwilligung desjenigen Elternteils, dessen Name zum neuen Geburtsnamen bestimmt oder dem bisherigen Geburtsnamen vorangestellt oder angefügt wird, es sei denn, der Elternteil ist bereits verstorben.

(2) Gehört eine volljährige Person der friesischen Volksgruppe oder der dänischen Minderheit an und hat sie einen Geburtsnamen nach § 1617g oder § 1617h erhalten, so gilt für die Neubestimmung des Geburtsnamens Absatz 1 sinngemäß. Hat eine volljährige Person, die der friesischen Volksgruppe oder der dänischen Minderheit angehört, keinen Geburtsnamen nach § 1617g oder § 1617h erhalten, so kann sie ihren Geburtsnamen entsprechend diesen Vorschriften einmalig neu bestimmen.

(3) Hinsichtlich der nach den Absätzen 1 und 2 wählbaren Namen ist auf den Zeitpunkt der Geburt oder der Annahme als Kind abzustellen; § 1617c Absatz 2 Nummer 2 und Absatz 3 gilt entsprechend.

(4) Führt eine volljährige Person einen Doppelnamen, so kann sie außer in den Fällen des Absatzes 2 bestimmen, dass

1. ein vorhandener Bindestrich wegfällt oder

2. ein Bindestrich hinzugefügt wird, wenn der Doppelname ohne einen Bindestrich gebildet wurde.

Ehegatten, die einen Ehenamen führen, können diese Erklärung nur gemeinsam abgeben.

(5) Die Erklärungen nach den Absätzen 1, 2 und 4 sind gegenüber dem Standesamt abzugeben und öffentlich zu beglaubigen.

Materialien: EheGebNamRÄndG Art 1 Nr 6.

Schrifttum

S vor Vorbem zu §§ 1616–1625.

Systematische Übersicht

Alphabetische Übersicht

I. Einführung

1. Überblick

1 Die Norm vereint unter ihrem Dach **drei sehr heterogene Szenarien**: Nach § 1617i Abs 1 BGB können Volljährige ihren Geburtsnamen, den sie als Minderjährige erhalten haben, neu bestimmen. § 1617i Abs 2 BGB betrifft die nationalen Minderheiten der Friesen und Dänen und ermöglicht volljährigen Angehörigen dieser Minder-

heiten die Ablegung oder Aufnahme von Namen, die ihrer Namenstradition entsprechen (§§ 1617g und 1617h BGB). Diese Namenswahl ist nach § 1617i Abs 3 BGB beschränkt auf die Namen im Zeitpunkt der Geburt oder der Annahme als Kind. Späteren Namensänderungen kann sich das Kind anschließen. § 1617i Abs 4 BGB regelt eine andere Situation. Er erfasst nicht nur Geburtsnamen, sondern Geburts- und Ehenamen, aber nur die Situation von Doppelnamen. Er gestattet es dem volljährigen Namensträger, einen vorhandenen Bindestrich zu entfernen oder einen fehlenden Bindestrich hinzuzufügen. Abschließend enthält § 1617i Abs 5 BGB noch die „übliche" Formvorschrift, dass alle Erklärungen gegenüber dem Standesamt abzugeben und öffentlich beglaubigen zu lassen sind. Das dogmatisch und rechtspolitisch intrikateste und qualitativ sehr gewichtige Szenario in § 1617i BGB ist damit die Neubestimmung nach § 1617i Abs 1, 3 BGB. Das zweite Szenario ist das der Bindestrichänderung – es ist von den drei Szenarien das quantitativ erheblichste, aber intellektuell-dogmatisch am wenigsten ansprechende. Das dritte Szenario bilden die Änderungsmöglichkeiten für volljährige Angehörige der friesischen und dänischen Volksgruppe, die sicherlich rechtlich äußerst intrikat sind, aber quantitativ im Vergleich zu anderen Namensänderungstatbeständen vernachlässigbar.

2. Entstehungsgeschichte

§ 1617i BGB wurde mit der Namensrechtsreform 2024 neu geschaffen. Die Norm hat **2** gewisse Ähnlichkeiten mit dem umfassenden, freien Namensbestimmungsrecht, das die AG Namensrecht 2020 in Anlehnung an das österreichische Namensänderungsrecht zur rechtspolitischen Diskussion gestellt hatte. Damals lautete der Vorschlag, ein **freies Recht** zur **Wahl eines Wunschnamens** alle zehn Jahre zu gewähren (Eckpunkte zur Reform des Namensrechts, 11. 2. 2020, These 5, https://www.bmi.bund.de/SharedDocs/downloads/DE/veroeffentlichungen/2020/eckpunkte-namensrecht.pdf?__blob=publicationFile&v=5). Dies wurde jedoch als zu ambitioniert abgelehnt (siehe nur Horn NZFam 2021, 764). Die nun eingeführte Regelung ist eine weitaus bescheidenere Variante.

Der Referentenentwurf enthielt die Regelung noch nicht. Der Regierungsentwurf **3** schlug sie im Wesentlichen in der heutigen Fassung vor (BT-Drucks 20/9041, 63 ff). Die Rechtsausschussfassung änderte nur noch geringfügig in § 1617i BGB den Abs 1 S 3, den Abs 3 Hs 2 und den Abs 4 S 2 BGB (BT-Drucks 20/10997, 16 f, 36 f) sowie in der Überschrift, in der der Begriff „Geburtsnamen" durch „Familiennamen" ersetzt wurde, weil § 1617i Abs 4 BGB nicht nur für Geburtsnamen, sondern für alle Doppelnamen und damit auch für Ehedoppelnamen gilt (BT-Drucks 20/10997, 36).

3. Zielsetzung und Normbedeutung

Die Regelung soll es „jeder volljährigen Person [ermöglichen], ihren Geburtsnamen **4** einmalig neu zu bestimmen und die von ihren Eltern getroffenen namensrechtliche Entscheidung an ihre tatsächlichen familiären Bindungen anzupassen". Sie berücksichtigt die „wachsende … Bedeutung des Namens für die **Identität und Selbstdarstellung** einer Person", sie stärkt die „**Autonomie** des volljährigen Namensträgers", möchte auf dessen selbstempfundene **Bindungen** zu den Elternteilen Rücksicht nehmen und dient der „weiteren **Liberalisierung** des Namensrechts" ebenso wie der **„Beseitigung von Wertungswidersprüchen"** (alle Wortlautzitate aus BT-Drucks 20/9041, 64; zu letzterem skeptisch BeckOK-BGB/Pöcker [1. 11. 2025] § 1617i Rn 1.1).

5 Die Regelung ist innovativ, ein **Novum** im deutschen Namensrecht. Denn sie ist völlig unabhängig von einem Statusereignis. Sie setzt im Wesentlichen allein das Erreichen der Volljährigkeit voraus. Zwar gibt es bereits ähnliche statusereignisunabhängige Namensänderungstatbestände – sowohl aus der Zeit vor dem 1. 5. 2025 wie etwa in § 1617b Abs 1 BGB für die nachträgliche Begründung gemeinsamer Sorge oder aus der Zeit seit dem 1. 5. 2025 in § 1617e Abs 4 BGB für den Fall des Auszugs eines Kindes aus dem (stief-)elterlichen Haushalt. Doch keine dieser Regelungen besitzt eine ähnliche Reichweite. § 1617i BGB treibt einen Paradigmenwechsel – weg von Statusereignissen, hin zur Maßgeblichkeit des Willens des Namensträgers – voran. Diese (mindestens) Zweipoligkeit des Namensrecht macht es freilich noch komplizierter und disparater (BeckOK-BGB/Pöcker [1. 11. 2025] § 1617i Rn 1.1), zumal in der stark kasuistischen Regelungstechnik des deutschen Gesetzgebers.

6 Die nun Gesetz gewordene Regelung setzt nicht den Gedanken eines freien Namensänderungsrechts in Anlehnung an das **österreichische Recht** um, das der AG Namensrecht 2020 vorschwebte (siehe Rn 2 und § 2 Abs 1 Nr 11, § 3 Abs 1 Nr 8 östNÄG). Für eine Namensänderung nach § 2 Abs 1 Nr 11 östNÄG genügt der Wunsch des Antragstellers, einen anderen Familiennamen oder Vornamen (§ 2 Abs 2 iVm Abs 1 Nr 11 öst NÄG) zu erhalten; es besteht innerhalb der von § 3 östNÄG gesetzten Schranken freie Namenswahl (Kutscher/Wildpert § 2 NÄG [30. 8. 2022] Rn 28). § 1617i BGB ist dem österreichischen Recht in wesentlichen Punkten unähnlich, da eben nicht frei „irgendein" Wunschname gewählt werden kann, da der Vorname nicht umfasst ist und da das Neubestimmungsrecht im Leben nur ein Mal ausgeübt werden kann.

7 Vielmehr orientiert sich § 1617i BGB am **französischen Recht.** Dieses war durch Gesetz Nr 2022-301 vom 2. 3. 2022 „relative au choix du nom issu de la filiation" geändert worden und enthält nun eine Regelung in Art 61-3-1 iVm Art 311-21 fr Code civil, die § 1617i Abs 1 BGB insoweit ähnelt, als sie ebenfalls eine einmalige, weitgehend voraussetzungslose Namensänderung durch den Volljährigen ermöglicht, bei welcher die Namen des Vaters, die Namen der Mutter oder ihre beiden Namen zusammen in einer gewählten Reihenfolge als Auswahlmöglichkeiten zur Verfügung stehen (siehe dazu Berdeaux Droit de la famille, Nr 5 vom Mai 2022, S 1 ff; Ferrand FamRZ 2023, 1428, 1431; Lamarche/Lemouland La semaine juridique, éd générale, Nr 14 vom 11. 4. 2022 S 465 ff; Montoux Dévolution La semaine juridique, notariale et immobilière, Nr 6 vom 10. 2. 2023 S 39 ff).

8 § 1617i Abs 1 BGB hat **Entlastungsfunktion**. Diese Entlastungsfunktion hat eine rechtspolitische Dimension für andere Namensänderungstatbestände, da § 1617i Abs 1 BGB in gewissem Maße eine Revidierbarkeit derjenigen Entscheidungen ermöglicht, die während der Minderjährigkeit maßgeblich oder allein von anderen für den Minderjährigen getroffen wurden (BT-Drucks 20/10997, 33 „korrigieren"). Der „zwangsläufigen Fremdbestimmung" durch die Eltern wird ein autonomer Akt des Namensträgers gegenübergestellt (Lettmaier Stellungnahme Rechtsausschuss 11. 12. 2023 S 11). Gerade weil die Namensrechtsreform 2024 die Namensänderungsmöglichkeiten in der Zeit der Minderjährigkeit des Kindes stark erweiterte (insbesondere durch §§ 1617d, 1617e BGB), wurde mit der Einfügung von § 1617i BGB einem wesentlichen Kritikpunkt gegenüber dem Referentenentwurf abgeholfen (Lettmaier Stellungnahme Rechtsausschuss 11. 12. 2023 S 11). Soweit § 1617i Abs 1 BGB es dem Na-

mensträger ermöglicht, einen Doppelnamen zu kürzen, kann die Norm auch im Kontext damit gesehen werden, dass die – nach der Namensrechtsreform 2024 äußerst zahlreich verfügbaren – Doppelnamensbildungen sich freilich oft der Kritik der Schwerfälligkeit im täglichen Leben (ähnl BT-Drucks 20/9041, 64) und mangelnder Ästhetik ausgesetzt sehen. Die Entlastungsfunktion hat zudem eine dogmatische Dimension, da sich die Existenz der von § 1617i Abs 1 BGB eröffneten Option mittelbar erleichternd auf die Kindeswohlmaßstäbe bei den Ersetzungstatbeständen (§ 1617d Abs 2 S 3 BGB, § 1617e Abs 2 S 2 BGB, § 1617e Abs 4 S 1 Nr 1, S 2 iVm Abs 2 S 2 BGB) und ggf auch bei der Übertragungsentscheidung (§ 1617 Abs 4 S 3 BGB) auswirken kann.

Trotz ihrer positiven Aspekte zieht die Norm auch **Kritik** auf sich. Das Grundanliegen – die Stärkung der Autonomie des Namensträgers – ist uneingeschränkt begrüßenswert, seine Umsetzung in § 1617i BGB hätte großzügiger ausfallen können (Hepting/Dutta Familie und Personenstand Rn V-874). Die mit ihr auf den ersten Blick gewährte große Freiheit fällt angesichts von Beschränkungen in wesentlichen Punkten (insbesondere zeitliche Beschränkung der wählbaren Namen [Rn 18 f] und Zustimmungserfordernis [Rn 35 f]) doch eher als kleine Freiheit aus. Die Benachteiligung von Kindern mit Eltern, die bei Geburt Ehenamen trugen (Rn 33) irritiert. Die Beschränkung auf ein jederzeitiges, aber nur einmaliges Neubestimmungsrecht verleiht der Ausübung des Neubestimmungsrechts eine Gravität, der es nicht bedurft hätte (siehe auch Rn 19). Auch die Gestaltungsgrenzen der Norm sind nicht ganz eingängig (siehe zur Doppelnamenreihenfolge Rn 30). Und freilich trägt § 1617i BGB, wie jede der mit der Namensrechtsreform geschaffenen Normen, weiter zu Komplexität, Unübersichtlichkeit und Normenfülle im Namensrecht bei. 9

4. Regelungssystematischer Kontext

§ 1617i BGB steht in einem dichten Netz weiterer Namensänderungsmöglichkeiten, die – in spezifischeren Konstellationen mit weiteren Voraussetzungen – Namensänderungen ermöglichen. Zunächst gehört § 1617i BGB nicht nur zu denjenigen Normen, die **Namensänderungsmöglichkeiten ohne Statusbezug** eröffnen (siehe auch § 1617b Abs 1 BGB, § 1617e Abs 4 BGB), sondern führt sie quasi an (siehe schon soeben Rn 5). 10

Sodann steht § 1617i BGB dabei im Zusammenhang mit den als unübersichtlich gerügten (BeckOGK-BGB/Kienemund [1. 11. 2025] § 1617i Rn 3) **Namensänderungsmöglichkeiten**, die nur oder auch **Volljährigen** eröffnet sind, nämlich § 1617b Abs 2 BGB (§ 1617b Rn 33), § 1617c BGB (§ 1617c Rn 18), § 1617d Abs 3 BGB, § 1617e Abs 3 BGB, § 1617e Abs 4 S 1 Nr 2 BGB, § 1617 f Abs 3 BGB und § 1767 Abs 3 BGB (siehe auch BT-Drucks 20/9041, 63). Die verschiedenen Namensänderungsmöglichkeiten stehen „gleichberechtigt nebeneinander“ und sollen bei „systematisch[em] und schrittweise[m]“ Einsatz „der jeweiligen Familiensituation angepasste Ergebnisse“ zeitigen (BT-Drucks 20/10997, 33). 11

Die **Bindestrichanpassungsmöglichkeit** des § 1617i Abs 4 BGB ist im Zusammenhang zu sehen mit allen Normen, die einen echten Doppelnamen (§ 1355 Abs 2 S 1 Nr 3 BGB, § 1617 Abs 1 S 1 Nr 2 BGB, § 1617 Abs 4 BGB, § 1617a Abs 3 BGB, § 1617b Abs 1 S 3 BGB iVm § 1617 Abs 1 S 1 Nr 2 BGB, § 1617d Abs 1 S 1 Nr 2 BGB, 12

§ 1617d Abs 3 S 1 Nr 2 BGB, § 1617e Abs 1 S 1 Nr 2 BGB, § 1617e Abs 3 iVm Abs 1 S 1 Nr 2 BGB) oder einen unechten Doppelnamen (§ 1355a Abs 1 BGB – Begleitname) (zur analogen Anwendung von § 1617i Abs 4 BGB Rn 49) mit und ohne Bindestrich erlauben.

13 Im Hinblick auf die **Sonderregeln für nationale Minderheiten und ausländische Namenstraditionen** (§§ 1617f, 1617g, 1617h BGB) ist für die friesische und dänische Minderheit zunächst auf die (bei §§ 1617g und 1617h BGB kommentierten) Sonderregeln in § 1617i Abs 2 BGB zu verweisen. Für Namensänderungsoptionen Volljähriger der sorbischen Minderheit und bei Anwendbarkeit ausländischer Namenstraditionen (§ 1617f Abs 3 BGB) gilt, dass die §§ 1617f und 1617i BGB gleichberechtigt nebeneinanderstehen sollen (BeckOK-BGB/Pöcker [1. 11. 2025] § 1617i Rn 7).

II. Neubestimmung des Geburtsnamens durch Volljährige

1. Voraussetzungen

14 § 1617i BGB ist, verglichen mit den anderen Namensänderungstatbeständen, voraussetzungsarm. Denn die Norm knüpft gerade nicht an eine spezifische Situation an, sondern soll breit angelegt eine Korrekturmöglichkeit für den Volljährigen eröffnen.

a) Volljähriger Namensträger

15 § 1617i BGB ist ab der Volljährigkeit (§ 2 BGB) des Namensträgers anwendbar. Auf welchen Tatbestand die Entstehung seines **Geburtsnamens** zurückgeht, ist grundsätzlich gleichgültig (Hepting/Dutta Familie und Personenstand Rn V-876; BeckOGK-BGB/Kienemund [1. 11. 2025] § 1617i Rn 5).

16 Ist oder war der Volljährige Gatte einer Ehe, in der ein **Ehename** bestimmt wurde, ist zu unterscheiden: Es steht der Neubestimmung des Namens nach § 1617i BGB nicht entgegen, wenn der Geburtsname des Namensträgers inzwischen ganz oder teilweise zum Ehenamen einer Ehe geworden ist (so auch jurisPK-BGB/Hamdan § 1617i Rn 27; BeckOK-BGB/Pöcker [1. 11. 2025] § 1617i Rn 8.1); vielmehr bedarf es in diesem Fall einer Anschließungserklärung des anderen Ehegatten (§ 1617i Abs 3 Hs 2 Var 2 BGB iVm § 1617c Abs 3 BGB). Es steht der Neubestimmung des Namens nach § 1617i BGB auch nicht entgegen, wenn in der Ehe ein anderer Name als der nun neu zu bestimmende Geburtsname des Namensträgers ganz oder teilweise Ehename geworden ist, denn er besteht latent fort (künftige Rückkehrmöglichkeit nach § 1355 Abs 5 S 2 BGB) (Hepting/Dutta Familie und Personenstand Rn V-876). Aber freilich liegt kein nach § 1617i BGB änderbarer Geburtsname mehr vor, wenn der Volljährige als Ehenamen den Namen des anderen Gatten erworben hat (BeckOGK-BGB/Kienemund [1. 11. 2025] § 1617i Rn 7).

17 Der Name muss **während der Minderjährigkeit „erworben"**, mithin vor Eintritt der Volljährigkeit wirksam geworden sein (Botthoff/Kiehn/von Bary/Botthoff § 1617i Rn 5). Den nach Eintritt der Volljährigkeit erworbene Namen erwirbt der Namensträger qua autonomer eigener Entscheidung; diese korrigierbar zu machen, ist nicht das Anliegen von § 1617i BGB (Rn 8). Eine Ausnahme bildet die Geschlechtsanpassung als Volljähriger nach § 1617f Abs 3 BGB, die eine spätere Neubestimmung nach § 1617i BGB nicht hindert. Das Neubestimmungsrecht erlischt mit dem Tod des Na-

mensträgers, eine postmortale Neubestimmung ist nicht möglich (Botthoff/Kiehn/von Bary/Botthoff § 1617i Rn 4, 31).

b) Kein Verbrauch

Die Norm stellt explizit klar, dass die Neubestimmungsmöglichkeit nur **„einmalig“** besteht (§ 1617i Abs 1 BGB). Die Einmaligkeit mag aus dem französischen Recht entlehnt sein (dort Art 61-3-1 CC Abs 1 S 2 fr Code civil; ausgenommen sind im französischen Recht indes Fälle, in denen ein „berechtigtes Interesse“ vorliegt, vgl Art 61 frz Code civil). 18

Die Härte dieser Einmaligkeitsvorgabe überzeugt nicht, auch wenn daneben § 3 NÄG weiterhin zur Verfügung steht. Freilich sollte ein ständiger Namenswechsel vermieden werden – schon im Interesse der Entlastung der Standesämter und der Wiedererkennbarkeit einer Person im Rechtsverkehr. Doch eine zeitlich begrenzte Sperre – wie etwa die Zehnjahresfrist des österreichischen Rechts (§ 3 Abs 1 Nr 8 öst NÄG) – hätte diese Funktion ebenfalls erfüllen können. Gerade da das Änderungsrecht auch auf persönliche Bindungen Rücksicht zu nehmen bestimmt ist, überzeugt es nicht unbedingt, eine Person, die ihr Neubestimmungsrecht als Achtzehnjähriger ausübte, lebenslang daran zu binden. Familiäre Bindungen können sich noch jenseits der Volljährigkeit erheblich wandeln. Auch im Kontrast zur jederzeitigen Änderbarkeit der Bindestrichverwendung (§ 1617i Abs 4 BGB, siehe Rn 52) irritiert die Einmaligkeit. 19

Zu Recht wird daher für eine teleologische Reduktion der „Einmaligkeit“ zumindest für den Fall plädiert, in dem ein volljähriger Namensträger zunächst seinen von Elternteil A abgeleiteten Namen durch den von Elternteil B ersetzt (§ 1617i Abs 1 Nr 2 **lit a)** BGB) und sodann später den von Elternteil A voranstellen oder anfügen möchte (§ 1617i Abs 1 Nr 2 **lit b)** BGB) (Botthoff/Kiehn/von Bary/Botthoff § 1617i Rn 8). 20

Ein Neubestimmungsversuch, der an der fehlenden elterlichen Zustimmung scheitert (Rn 35), verbraucht das Neubestimmungsrecht nicht. 21

c) Keine Frist

Eine Frist für die Ausübung des Neubestimmungsrecht besteht nicht, es kann jederzeit zwischen Volljährigkeit und Tod ausgeübt werden. 22

2. Namensneubestimmungserklärung und Zustimmungen

a) Neubestimmungsberechtigung

Neubestimmungsberechtigt ist der volljährige Namensträger allein. Es handelt sich um eine höchstpersönliche Erklärung, so dass im Fall der Geschäftsunfähigkeit kein gewillkürter oder gesetzlicher Vertreter für den Namensträger agieren und das Neubestimmungsrecht somit während der Geschäftsunfähigkeit nicht ausgeübt werden kann. 23

Ist der Namensträger verheiratet und ist sein Name Ehename, so bedarf es keiner gemeinsamen Erklärung (denn § 1617i Abs 4 S 2 BGB bezieht sich nur auf die Bindestricherklärung, nicht auf die Neubestimmung); allein, ob sich die Neubestimmung 24 auf den Ehenamen *erstreckt*, hängt von der Anschlusserklärung des anderen Ehegatten ab (§ 1617i Abs 3 Hs 2 BGB iVm § 1617c Abs 3 BGB).

b) Neubestimmungserklärung

25 Berechtigt zur Neubestimmung ist der Namensträger. Es handelt sich um eine höchstpersönliche Erklärung; entbehrt der Namensträger der Geschäftsfähigkeit, so kann kein gewillkürter oder gesetzlicher Vertreter für ihn handeln, das Neubestimmungsrecht ist nicht ausübbar.

26 Die Neubestimmungserklärung ist gegenüber dem Standesamt abzugeben und öffentlich zu beglaubigen (§ 1617i Abs 5 BGB). Die Erklärung kann von Standesbeamten beglaubigt werden (§ 45 Abs 1 S 1 Nr 11 PStG). Zuständig für die Entgegennahme ist das Standesamt, das das Geburtenregister, in dem die Geburt des Kindes beurkundet ist, führt (§ 45 Abs 2 S 1, Abs 1 S 1 Nr 11 PStG).

d) Bestimmbare Namen

aa) Verkürzung: Auswahl aus präexistenten Namen, § 1617i Abs 1 S 1 Nr 1 BGB

27 Der Namensträger kann, wenn sein Geburtsname **aus mehreren Namen besteht**, **einen oder einige der Namen**, aus denen der Name besteht, zu seinem Geburtsnamen bestimmen (§ 1617i Abs 1 S 1 Nr 1 BGB). Mit „einige" (statt: „zwei") fehlt die Beschränkung des § 1617 Abs 2 Nr 2 BGB auf zwei Namen, so dass aus einem Vierfachnamen drei ausgewählt werden könnten (Botthoff/Kiehn/von Bary/Botthoff § 1617i Rn 10).

bb) Wechsel des Namensbezugselternteils, § 1617i Abs 1 S 1 Nr 2 lit a) BGB

28 Der Namensträger kann ferner, wenn er den Familiennamen nur eines Elternteils als Geburtsnamen erhalten hat, diesen durch den Familiennamen des anderen Elternteils ersetzen (§ 1617i Abs 1 S 1 Nr 2 lit a) BGB). Dabei können, wenn der Name des neuen Namensbezugselternteils aus mehreren Namen besteht, anstelle des gesamten Namens auch nur einer oder einige der Namen, aus denen der Name besteht, zum Geburtsnamen des Kindes bestimmt werden (§ 1617i Abs 1 S 2 BGB iVm § 1617 Abs 2 Nr 1 BGB). Erfasst ist vom Wortlaut nicht der Fall, dass der Name nur eines Ehegatten Ehename geworden ist und dieser sodann an das Kind weitergegeben wurde – denn dann ist es ja gerade nicht der Familienname *nur eines* Elternteils (krit und zur Frage der analogen Anwendung von § 1617i Abs 1 Nr 2 BGB Rn 33).

cc) Doppelnamensbildung, § 1617i Abs 1 S 1 Nr 2 lit b) BGB

29 Der Namensträger kann schließlich, wenn er den Familiennamen nur eines Elternteils als Geburtsnamen erhalten hat – wobei es erneut nicht um nur einseitig geprägte Ehenamen geht (siehe soeben Rn 28 sowie Rn 33) –, diesem den Familiennamen des anderen Elternteils voranstellen oder anfügen (§ 1617i Abs 1 S 1 Nr 2 lit b) BGB). (Obgleich der Gesetzgeber hier wenig überzeugend die Begleitnamensdiktion des § 1355a verwendet, ist ein Doppelname gemeint – auch wenn daneben § 3 NÄG weiterhin zur Verfügung steht – BeckOGK-BGB/Kienemund [1. 11. 2025] § 1617i Rn 14). Der Doppelname kann mit oder ohne Bindestrich gebildet werden; der neue Name enthält grundsätzlich einen Bindestrich, sofern nicht dagegen votiert wird (§ 1617i Abs 1 S 2 iVm § 1617 Abs 1 S 2 BGB); wobei freilich die Bindestrichentscheidung revidierbar ist (§ 1617i Abs 4 BGB; **aA** Botthoff/Kiehn/von Bary/Botthoff § 1617i Rn 18). Sofern der Name eines Elternteils aus mehreren Namen besteht, darf nur ei-

ner der Namen, aus denen der Name besteht, für die Bildung des Doppelnamens herangezogen werden (§ 1617i Abs 1 S 2 iVm § 1617 Abs 2 Nr 2 BGB).

dd) Nicht: Neusortierung

Es ist nicht einsichtig, weshalb es nicht möglich ist, nach § 1617i BGB **innerhalb eines Doppelnamens die Reihenfolge zu tauschen**, wenn die Norm es doch gestattet, Doppelnamen zu bilden (§ 1617i Abs 1 S 1 Nr 2 lit b) BGB), Doppelnamen auflösen (§ 1617i Abs 1 S 1 Nr 1 BGB) und in diesen Doppelnamen den Bindestrich hinzuzufügen oder wegzulassen (§ 1617i Abs 4 BGB). Eine Tauschmöglichkeit erschiene als eine sinnvolle Ergänzung, zumal gerade unglückliche Doppelnamenreihenfolgen belastend wirken können und so ein nachvollziehbares Bedürfnis des Namensträgers nach einem Reihenfolgentausch bestehen kann. Zudem steht die fehlende Neusortierungsmöglichkeit in einem inhaltlichen Widerspruch zu § 45a PStG, der ebendies für Vornamen ermöglicht (Hepting/Dutta Familie und Personenstand Rn V-879; schon Lettmaier FamRZ 2020, 1, 10 hatte das Umstellungsrecht in einem Atemzug mit dem Ablegerecht gefordert). 30

ee) Relevanter Zeitpunkt

(1) Geburt oder Adoption als relevanter Zeitpunkt, § 1617i Abs 3 Hs 1 BGB

Hinsichtlich der wählbaren Namen ist auf den Zeitpunkt der Geburt oder der Adoption abzustellen (§ 1617i Abs 3 Hs 1 BGB). Der Namensträger kann also grundsätzlich nur denjenigen Namen des anderen Elternteils (hinzu-)wählen, den dieser im Zeitpunkt der Geburt des Kindes geführt hat (Lettmaier Stellungnahme Rechtsausschuss 11. 12. 2023 S 11). Ratio des Gesetzgebers dahinter ist, dass dem volljährigen Kind „[d]ieselben Wahlrechte, die den Eltern oder einem Elternteil eingeräumt waren", zu Gebote stehen sollen (BT-Drucks 20/9041, 65; ähnl BT-Drucks 20/10997, 33). Führten die Eltern also bei Geburt einen Ehenamen (und gehörten keiner nationalen Minderheit nach §§ 1617g, 1617h BGB an), so hatten sie keine Wahlmöglichkeiten – Geburtsname des Kindes wird der Ehename (Situation § 1616 BGB). Führten die Eltern keinen Ehenamen (Situation der § 1617 BGB, § 1617a BGB), so stehen die Namen beider Elternteile als wählbare Namen zur Verfügung. § 1617i Abs 3 Hs 1 iVm Abs 1 BGB wirkt insofern vereinfachend gegenüber den §§ 1617, 1617a BGB, als er die sorgerechtliche Situation im Zeitpunkt der Geburt ausblendet. 31

(2) Integration späterer Änderungen, §§ 1617i Abs 3 Hs 2 iVm 1617c Abs 2 Nr 2, Abs 3 BGB

Das Kind soll „[a]n zwischenzeitlich erfolgten Namensänderungen seiner Eltern … teilnehmen können" (BT-Drucks 20/9041, 65) (§§ 1617i Abs 3 Hs 2 iVm 1617c Abs 2 Nr 2 BGB). Qua Verweis auf § 1617c Abs 2 Nr 2 BGB sind freilich nicht alle späteren Namensänderungen der Eltern ab Geburt erfasst, sondern die Fälle, in denen sich „der Familienname eines Elternteils, der Geburtsname eines Kindes geworden ist, *auf andere Weise als durch Eheschließung* ändert" (Hervorhebung d Verf). Umfasst sind insbesondere öffentlich-rechtliche Namensänderungen (§ 3 NÄG) und Namensänderungen bei Adoption (§ 1757 BGB) (BeckOK-BGB/Pöcker [1. 11. 2025] § 1617i Rn 6, 6.1; jurisPK-BGB/Hamdan § 1617i Rn 25; BT-Drucks 20/9041, 65). Die Änderung qua Eheschließung ist also gerade nicht erfasst und eine analoge Anwendung kommt, da die Frage in den Stellungnahmen zum Referentenentwurf und in der Anhörung thematisiert wurde, mangels planwidriger Regelungslücke wohl kaum in Betracht (jurisPK-BGB/Hamdan § 1617i Rn 25). Das Bedürfnis kann indes durch andere Änderungstat- 32 bestände gestillt werden: Das volljährige Kind kann seinem Elternteil namensrechtlich folgen, wenn dieser einen Ehenamen begründet (§ 1617c Abs 1 BGB) und auch, wenn dieser nach Ehescheidung den Ehenamen wieder ablegt (§§ 1617d Abs 3, 1355 Abs 5 S 2 BGB).

(3) Wählbarkeit vorehelicher Namen oder des Begleitnamens?

33 Es folgt aus § 1617i Abs 3 Hs 1 BGB, dass das Kind bei Volljährigkeit keine Wahlmöglichkeiten hat, wenn die Eltern **im Zeitpunkt der Kindesgeburt einen gemeinsamen Ehenamen führen** („Müller") **und** diesen auch weiterhin **behalten**. Das Kind kann dann insbesondere nicht den Geburtsnamen desjenigen Elternteils, dessen Name nicht Ehename wurde („Schmidt"), wählen. Dies gilt auch dann, wenn dieser Elternteil dem Ehenamen seinen Geburtsnamen als Begleitnamen vorangestellt oder angefügt hatte („Müller-Schmidt"), denn der Begleitname wird von § 1617i BGB nicht erfasst. In diesem Fall erscheint das Ergebnis besonders unglücklich, da aus Perspektive des Kindes der Geburtsname des nicht ehenamensprägenden Elternteils über den Begleitnamen durchaus präsent und mit diesem Elternteil verbunden ist. Der Volljährige bleibe **im Ehenamen gefangen** (Hepting/Dutta Familie und Personenstand Rn V-880). Kinder verheirateter Eltern der jetzigen Volljährigengenerationen haben somit aktuell typischerweise weniger Wahlmöglichkeiten als Kinder unverheirateter Eltern (Dies mag sich in der kommenden Zeit verändern, wenn (echte) Ehedoppelnamen zunehmen, aus denen das Kind wählen kann.). Legen hingegen die Ehegatten einen Ehenamen erst kurz nach der Geburt statt (kurz) vor der Geburt fest (§ 1617c Abs 1 BGB), hat das volljährige Kind qua § 1617i Abs 1 BGB Zugriff auch auf den früheren Namen des Elternteils, dessen Name nicht Ehename wurde; es erscheint widersinnig, dass die zeitliche Zufälligkeit derartige Wirkungen zeitigt (Botthoff/Kiehn/von Bary/Botthoff § 1617i Rn 22). Insgesamt kann die Beschränkung des § 1617i Abs 3 BGB auf den Zeitpunkt der Geburt mithin irritierende, abzulehnende Ergebnisse erzeugen. Es hätte nahe gelegen, das Kind über § 1617i BGB auch einen früheren Namen eines Elternteils wählen zu lassen (krit auch Dutta FamRZ 2025, 77, 81; Hepting/Dutta Familie und Personenstand Rn V-880; von Bary StAZ 2024, 225, 228). Daher wird in der Konstellation, in der der Name nur eines Ehegatten Ehename geworden ist und nur dieser qua zeitlicher Fixierung des § 1617i Abs 3 Hs 1 BGB wählbar ist, für eine **analoge Anwendung von § 1617i Abs 1 S 1 Nr 2 BGB** plädiert (so etwa jurisPK-BGB/Hamdan § 1617i Rn 17; Erman/Döll § 1617i Rn 2).

34 Hat sich das nicht ehenamensbestimmende Elternteil indes nach der Scheidung wieder seinem Geburtsnamen zugewandt, so kann das volljährige Kind dem im Wege des § 1617d Abs 3 S 1 BGB ersetzend oder hinzufügend folgen; § 1617i BGB bedarf es in dieser Konstellation nicht.

d) Zustimmung

35 Die Neubestimmung bedarf der Einwilligung desjenigen Elternteils, dessen Name zum neuen Geburtsnamen bestimmt oder dem bisherigen Geburtsnamen vorangestellt oder angefügt wird, es sei denn, der Elternteil ist bereits verstorben (§ 1617i Abs 1 S 3 BGB).

36 Dies überzeugt nicht. Zu Recht ist diese **beschränkte Namensmündigkeit Volljähriger** als ungerechtfertigt und unreflektiert kritisiert worden (Dutta FamRZ 2025, 77; Hepting/Dutta Familie und Personenstand Rn V-882; Schmitz FamRZ 2024, 1329, 1334; für Verfas-

sungswidrigkeit BeckOK-BGB/Pöcker [1. 11. 2025] § 1617i Rn 9). Der knappe Verweis in der Gesetzesbegründung auf eine in der lex lata getroffene, in § 1617a BGB manifestierte „Grundentscheidung", dass eine Einwilligung der Wahrung des Persönlichkeitsrechts des Elternteils an seinem Namen diene (BT-Drucks 20/9041, 65), geht fehl. Denn die rechtliche Elternstellung an sich kann bereits Eingriffe in das Persönlichkeitsrecht des Elternteils rechtfertigen (Lettmaier Stellungnahme Rechtsausschuss 11. 12. 2023, 11) – wer Elternteil ist, muss hinnehmen, dass das Kind den eigenen Namen trägt. Auch das französische Vorbild (Art 61-3-1 iVm Art 311-21 fr Code civil) kennt kein Zustimmungserfordernis.

Immerhin ist das Zustimmungserfordernis auf den **Elternteil des aufzunehmenden oder hinzuzufügenden Namens beschränkt** und umfasst nicht auch den Elternteil, dessen Name abgelegt werden soll. Wer den Namen eines verhassten Elternteils gegen dessen Willen ablegen möchte (sofern § 1617i Abs 1, 3 BGB diese Gestaltung erlaubt), muss nicht bis zu dessen Tod warten. 37

Es ist **kein Ersetzungsverfahren** (anders als in § 1617d Abs 2 S 3, § 1617e Abs 2 S 2, § 1617e Abs 4 S 1 Nr 1, S 2 iVm Abs 2 S 2 BGB) vorgesehen, so dass der zustimmungsberechtigte Elternteil mit seiner Verweigerung der Zustimmung die Namensänderung zum Scheitern bringt. 38

Das Einwilligungserfordernis entfällt im Fall des **Todes** (§ 1617i Abs 1 S 3 letzter Hs BGB). Das Zustimmungserfordernis wirft noch weitere Folgefragen auf, die die Norm nicht aus sich heraus klar beantwortet. Wenn der Elternteil zu Lebzeiten die Zustimmung verweigerte, so sollte seine Weigerung nach dem Tode nicht fortwirken, sondern das Zustimmungserfordernis, dem Wortlaut entsprechend, entfallen. Vorangegangene Verweigerungen verbrauchen das Neubestimmungsrecht also nicht. Freilich lässt die Gesetzesbegründung eine andere Deutung zu, wenn sie die Gesetzesformulierung so motiviert: „Damit die Möglichkeit, den Familiennamen dieses Elternteils zu wählen, nicht *daran* scheitert, dass er seine Einwilligung wegen Versterbens nicht mehr erteilen kann, wird *für solche Fälle* auf das Einwilligungserfordernis verzichtet" (BT-Drucks 20/10997, 36, Hervorhebung d Verf). Der weite Wortlaut, der gerade keine Kausalität zwischen Tod und Nichterteilung der Zustimmung fordert, setzt sich indes gegen diese Formulierung in der Gesetzesbegründung durch. 39

Ist der Zustimmungsberechtigte **geschäftsunfähig**, sollte, da es sich um ein höchstpersönliches Rechtsgeschäft handelt und eine Vertretung durch den gesetzlichen oder gewillkürten Vertreter folglich nicht möglich ist, das Einwilligungserfordernis entfallen. 40

Wenn der Zustimmungsberechtigte den Namen, zu dem das Kind wechseln möchte, **aktuell nicht mehr führt**, sondern aufgrund weiterer Entwicklungen zu einem anderen Namen gewechselt ist, sollte das Einwilligungserfordernis ebenfalls entfallen. Den Persönlichkeitsrechtsschutz auf einen abgelegten Namen zu erstrecken, ginge zu weit (auch wenn denkbar ist, dass der Elternteil – zB nach einer weiteren Ehe – zu dem abgelegten Namen zurückkehrt). 41

Die Zustimmungserklärung ist **gegenüber dem Standesamt** abzugeben und **öffentlich zu beglaubigen** (§ 1617i Abs 5 BGB, § 129 BGB). Die Erklärung kann von Stan- 42 desbeamten beglaubigt werden (§ 45 Abs 1 S 1 Nr 11, Abs 1 S 2 PStG). Zuständig für die Entgegennahme ist das Standesamt, das das Geburtenregister, in dem die Geburt des Kindes beurkundet ist, führt (§ 45 Abs 2 S 1, Abs 1 S 1 Nr 11, Abs 1 S 2 PStG).

3. Wirksamwerden und Wirkung

43 Die Namensneubestimmung wird wirksam, sobald die Namensneubestimmungserklärung sowie eine etwaig erforderliche Zustimmung formwirksam beim zuständigen Standesamt zugegangen sind (Botthoff/Kiehn/von Bary/Botthoff § 1617i Rn 64). Die Neubestimmung entfaltet Wirkung ex nunc (Botthoff/Kiehn/von Bary/Botthoff § 1617i Rn 65). Sie ist als Folgebeurkundung zum Geburtseintrag aufzunehmen (§ 27 Abs 3 Nr 1 PStG) (Botthoff/Kiehn/von Bary/Botthoff § 1617i Rn 66).

4. Erstreckung der Namensneubestimmung auf den Ehenamen

44 Wenn die volljährige Person, die ihr Neubestimmungsrecht nach § 1617i BGB ausübt, verheiratet ist und in dieser Ehe ihr Name ganz oder teilweise Ehename wurde, stellt sich die Frage, wie sich die Namensneubestimmung nach Abs 1 und 2 auf den Ehenamen auswirkt. Nach dem erst in der Rechtsausschussfassung eingefügten Verweis (vgl BT-Drucks 20/10997, 36) **erstreckt** sich eine Änderung des Geburtsnamens auf den Ehenamen nur dann, wenn sich auch der Ehegatte der Namensänderung anschließt (§ 1617i Abs 3 Hs 2 BGB iVm § 1617c Abs 3 BGB). Die Anschlusserklärung ist nicht fristgebunden (jurisPK-BGB/Hamdan § 1617i Rn 27), kann also jederzeit und somit auch in großem zeitlichem Abstand erfolgen. Sie wirkt ex nunc.

45 Die Anschlusserklärung ist eine höchstpersönliche Erklärung; während der Geschäftsunfähigkeit des Ehegatten kann sie nicht von dessen gewillkürtem oder gesetzlichem Vertreter ausgeübt werden.

46 Die Anschlusserklärung ist gegenüber dem Standesamt abzugeben; sie muss öffentlich beglaubigt werden (§ 1617i Abs 3 Hs 2 BGB iVm § 1617c Abs 3 iVm Abs 1 S 3 BGB, § 129 BGB). Die Erklärung kann von Standesbeamten beglaubigt werden (§ 45 Abs 1 S 1 Nr 11, Abs 1 S 2 PStG). Zuständig für die Entgegennahme der Anschlusserklärung ist das Standesamt, das das Geburtenregister, in dem die Geburt des Kindes beurkundet ist, führt (§ 45 Abs 2 S 1, Abs 1 S 1 Nr 11, Abs 1 S 2 PStG).

III. Neubestimmung des Geburtsnamens durch Volljährige Angehörige der friesischen und dänischen Minderheit (§ 1617i Abs 2 BGB)

47 Die Vorschrift des § 1617i Abs 2 BGB wird im systematischen Kontext der §§ 1617f und 1617g BGB besprochen (§ 1617f Rn 12, 57 und § 1617g Rn 1, 21, 41 ff).

IV. Bindestrichmodifikationen (§ 1617i Abs 4 BGB)

48 Gemäß § 1617i Abs 4 S 1 BGB kann ein volljähriger Doppelnamensträger bestimmen, dass ein vorhandener Bindestrich entfällt (§ 1617i Abs 4 S 1 Nr 1 BGB) oder ein bislang nicht vorhandener Bindestrich hinzugefügt wird (§ 1617i Abs 4 S 1 Nr 2 BGB). § 1617i Abs 4 BGB gilt nicht nur für **Geburtsdoppelnamen**, sondern auch für

Ehedoppelnamen (siehe auch BT-Drucks 20/10997, 37). Die Norm sollte auf Namen aus unselbstständigen Namensbestandteilen sowie auf andere Mehrfachnamen analog angewandt werden (Hepting/Dutta Familie und Personenstand Rn V-885).

Fraglich ist, ob § 1617i Abs 4 BGB den **Begleitnamen** (§ 1355a BGB) erfasst, ob also auch der Bindestrich im Begleitnamen (§ 1355a Abs 1 S 4 BGB) nach § 1617i Abs 4 BGB hinzugefügt oder abgelegt werden kann. Der Wortlaut der Norm – „Doppelname" – spricht dagegen, denn der Begleitname ist in der Diktion des Gesetzes kein Doppelname, sondern eben Begleitname. Nur „echte" Doppelnamen werden vom Gesetz als Doppelnamen bezeichnet, nicht auch unechte. Dafür sprechen indes der Telos und die Binnenkohärenz der namensrechtlichen Vorschriften: Es ist kein vernünftiger Grund ersichtlich, warum Personen mit echtem Doppelnamen ihren Bindestrich voraussetzungslos und wiederholt ablegen und hinzufügen können und Personen mit Begleitnamen nicht. Dies erscheint umso absurder, als sich der Begleitname zum echten Doppelnamen wandeln kann, etwa wenn ein Ehegatte mit Begleitname nach einer Scheidung seinen Namen nicht ändert und ihn zum Ehenamen einer neuen Ehe macht. Derselbe Name wäre also einige Zeit später bindestrichflexibel. Es wird daher eine **analoge Anwendung des § 1617i Abs 4 BGB auf den Begleitnamen** befürwortet. 49

Da die **friesischen und dänischen Doppelnamen** nicht mit Bindestrich gebildet werden dürfen (§§ 1617g Abs 1 Nr 2, 1617h Abs 1 S 1 BGB), nimmt § 1617i Abs 4 S 1 BGB sie aus seinem Anwendungsbereich aus. 50

Führen **Ehegatten** einen Ehenamen, können sie die Erklärungen zur Aufnahme oder Ablegung eines Bindestrichs nur gemeinsam abgeben (§ 1617i Abs 4 S 2 BGB). Gleichzeitigkeit ist nicht erforderlich (Botthoff/Kiehn/von Bary/Botthoff § 1617i Rn 20). Eine Ersetzungs- oder Übertragungsmöglichkeit bei verweigerter Mitwirkung des anderen Ehegatten ist nicht vorgesehen. Aus § 1353 Abs 1 S 2 BGB wird sich in besonders gelagerten Fällen eine Pflicht zur Mitwirkung ableiten lassen, deren Missachtung freilich nur im Innenverhältnis eine Pflichtverletzung darstellt und die keine namensrechtlichen Wirkungen zeitigt. 51

Die Bindestrichaufnahme und -ablegung ist **mehrmals** (BT-Drucks 20/9041, 65; BT-Drucks 20/10997, 2, 34), theoretisch beliebig oft möglich. Dem Gesetzgeber schwebte etwa der Fall vor, dass ein Namensträger vorübergehend den Bindestrich ablegt, während er für vorübergehende Zeit in einem Land des romanischen Kulturkreises – in dem Bindestriche unüblich sind – lebt (BT-Drucks 20/10997, 34, 65; krit BeckOK-BGB/Pöcker [1. 11. 2025] § 1617i Rn 5.1). Wenn der Namensträger übermäßig häufig den Bindestrich ablegt oder hinzufügt und dies nicht anders als obstruktiv, querulantisch oder sachfremd gewertet werden kann (der „tägliche" Gang zum Standesamt), sollte eine Sperre wegen Rechtsmissbrauchs eingreifen können. 52

Die Erklärungen zur Aufnahme oder Ablegung eines Bindestrichs sind gegenüber dem Standesamt abzugeben und öffentlich zu beglaubigen (§ 1617i Abs 5 BGB, § 129 BGB). 53

V. Intertemporaler Anwendungsbereich

54 § 1617i BGB steht seit dem 1. 5. 2025 allen Namensträgern offen, unabhängig davon, ob der Entstehung des zu ändernden Namens das alte oder neue Recht zugrunde lag. Einer besonderen Übergangsvorschrift in Art 229 § 67 EGBGB bedurfte es daher nicht.

§ 1618
Pflicht zu Beistand und Rücksicht

Eltern und Kinder sind einander Beistand und Rücksicht schuldig.

Materialien: BT-Drucks 8/2788; BT-Drucks 8/2936; SorgeRG Art 1; EheGebNamRÄndG Art 1 Nr 8.

Schrifttum

Belchaus, Elterliches Sorgerecht (1980)
Coester, Das Kindeswohl als Rechtsbegriff (1983)
ders, Fünfzehn Jahre Beistand und Rücksicht im deutschen Kindschaftsrecht, in: FS Schnyder (1995) 101
Coester-Waltjen, Neuregelung der elterlichen Sorge, in: Juristinnenbund, Neues elterliches Sorgerecht (1977) 67
dies, Statusrechtliche Folgen der Stärkung der Rechte der nichtehelichen Väter, FamRZ 2013, 1693
Diederichsen, Die Neuregelung des Rechts der elterlichen Sorge, NJW 1980, 1
Eidenmüller, Der Auskunftsanspruch des Kindes gegen seine Mutter auf Benennung des leiblichen Vaters, JuS 1998, 789
van Els, § 1618a – eine zeitgemäße Ausformulierung des Fünften Gebots, DAVorm 1991, 123
Frank, Zur Verpflichtung einer Mutter, die Identität des Vaters preiszugeben, FamRZ 2017, 161
Fröschle, Der Auskunftsanspruch des Scheinvaters nach dem Beschluss des BVerfG v 24. 2. 2015, FamRZ 2015, 1858
Gernhuber, „Eltern und Kinder sind einander Beistand und Rücksicht schuldig" – Ein Beitrag zu § 1618a BGB, in: FS Müller-Freienfels (1986) 159
Hegnauer, Grundriss des Kindesrechts und des übrigen Verwandtschaftsrechts (5. Aufl 1999)
ders, „Eltern und Kinder sind einander Beistand und Rücksicht schuldig", ZBlJugR 1980, 685
ders, Großeltern und Enkel im schweizerischen Recht, in: FS Schnyder (1995) 421
Knöpfel, Beistand und Rücksicht zwischen Eltern und Kindern (§ 1618a BGB), FamRZ 1985, 554
Lüderitz, §§ 1611, 1618a BGB: Plädoyer für eine Kooperation zwischen Eltern und Kindern, in: FS Gaul (1997) 411
Ludyga, Pflicht zur Pflege, FPR 2012, 54
Nebe, Unterhaltsverbände im Familien- und Sozialrecht. Neue Grenzlinien zwischen familiären Beistandspflichten und dem sozialhilferechtlichen Nachranggrundsatz, SDSRV Nr 62, 29–58 (2012)
Rotax, Zum Recht des Kindes auf Information über seine leiblichen Eltern und zum Recht der Eltern auf Information über tatsächliche Mutter- bzw Vaterschaft, ZFE 2007, 9
Sarres, Solidarität, Rücksichtnahme, Garantenpflichten in Ehe und Familie – Ausgewählte Loyalitätspflichten von der Eheschließung bis zur Scheidung, ZFE 2011, 256
Scherpe, Anmerkung zu BVerfG Beschl. v 24. 2. 2015 (1 BvR 472/14) – Auskunfts-

anspruch des Scheinvaters gegen Kindesmutter, FamRZ 2015, 729
D Schwab, Beistand und Rücksicht. Zu den Außenwirkungen einer Rechtsmaxime, in: FS Schnyder (1995) 647
ders, Familiäre Solidarität, FamRZ 1997, 521
ders, Anmerkung zu BGH Beschl. v 25. 3. 2014 (X ZR 94/12) – Vorsorgevollmacht und Selbstbestimmung, FamRZ 2014, 888
Stefula, Zu den allgemeinen familiären Beistandspflichten, ÖJZ 2005, 609
Wellenhofer, Zur Reform des Scheinvaterregresses, FamRZ 2016, 1717
Wohlgemuth, Scheinvaterregress und Verfahren, FuR 2016, 325

Systematische Übersicht

Alphabetische Übersicht

I. Grundsätzliches

1. Entstehungsgeschichte und Vorbilder

Die Vorschrift wurde eingefügt durch das SorgeRG 1979 (BGBl 1979 I 1061). Sie ist erst durch den BT-Rechtsausschuss in den Gesetzesentwurf aufgenommen worden als Reaktion auf eine breite Kritik an der angeblichen Tendenz der Reform zur forcierten Emanzipation der Kinder von den Eltern und zur Auflösung der Familiengemeinschaft in wechselseitige Rechtsansprüche (vgl Bosch, in: FS Schiedermair [1976] 78; Scheuner ZBlJugR 1973, 197 ff; Strätz FamRZ 1975, 541 ff). Die Norm sollte demgegenüber klarstellend auf die Gegenseitigkeit von Rechten und Pflichten und auf den Gemeinschaftsbezug des Eltern-Kind-Verhältnisses hinweisen (BT-Drucks 8/2788, 36; Belchaus Rn 1; Gernhuber/Coester-Waltjen § 55 Rn 66; Finger JA 1981, 642; Luthin FamRZ 1979, 987). Mit dem EheGebNamRÄndG (BGBl 2024 I Nr 185) wurde zum 1. 5. 2025 aus dem ehemaligen § 1618a BGB der heutige § 1618 BGB. Es handelte sich um eine rein numerische Anpassung „ohne inhaltliche Änderung“ (BT-Drucks 20/9041, 65). 1

Die Vorschrift hat **Vorbilder in ausländischen Rechten**. Sie lehnt sich bewusst an Art 272 schweizerisches ZGB an: „Eltern und Kinder sind einander allen Beistand, alle Rücksicht und Achtung schuldig, die das Wohl der Gemeinschaft erfordert“ (Fassung vom 25. 6. 1976, in Kraft seit 1. 1. 1978, früher Art 271 schweizerisches ZGB aF). Da § 1618 BGB in Anlehnung an Art 272 schweizerisches ZGB formuliert worden ist (entsprechende Empfehlungen bei Bosch, in: FS Schiedermair [1976] 78; Strätz FamRZ 1975, 550; vgl Coester-Waltjen 73), ist das schweizerische Recht legitime Auslegungshilfe für das Verständnis der Regelung (Jayme FamRZ 1981, 225; vgl Aubin RabelsZ 34 [1970] 459 Fn 3; zum schweizerischen Recht s Hegnauer, Grundriss § 18; Stehli, in: Kren/ 2

Kostkiewicz/Wolf/Amstutz/Fankhauser, ZGB [4. Aufl 2021]; Tuor/Schnyder/Schmid/Jungo/Hürlimann-Kaup, Das schweizerische Zivilgesetzbuch, Art 272).

Eine ähnliche Vorschrift findet sich auch im österreichischen Recht (§ 137 Abs 2 ABGB; s Schuchter FamRZ 1979, 882) sowie im französischen Recht (Art 371 Cc – „L'enfant, à tout âge, doit honneur et respect à ses père et mère"). Auch dem FGB der DDR war der Gemeinschafts- und Solidaritätsgedanke integriert (Präambel Abs 1 S 2, § 46 Abs 2 FGB). Schließlich finden sich in der UN-Kinderkonvention von 1989 Anklänge im Sinne des Normtextes (Art 29 Abs 1 c UN-KRK; BGBl 1992 II 122).

2. Zweck und Bedeutung

3 Beistand und Rücksicht im Verhältnis von Eltern und Kindern sind eine sittlich-moralische Selbstverständlichkeit (Hegnauer ZBlJugR 1980, 689), sie sind besondere Ausprägung einer allgemeingültigen sozialethischen Forderung (Hegnauer ZBlJugR 1980, 689 sowie Grundriss § 18 II 1). Die in § 1618 BGB normierte **familiäre Solidarität** ist Grundlage der Ausgestaltung des gesamten Eltern-Kind-Verhältnisses (BSG 28. 8. 2018 – B 8 SO 9/17 R, NZS 2019, 423 Rn 17; BGH 13. 10. 2016 – 3 StR 248/16, FamRZ 2017, 406 Rn 3; s Grüneberg/Götz § 1618 Rn 1). Die Transformation sittlicher zu rechtlicher Verantwortung in diesem Sonderverhältnis hatte zum Ziel, die partnerschaftlichen Beziehungen innerhalb der Familie zu stärken durch Betonung der **Gegenseitigkeit von Rechten und Pflichten** und der besonderen **Verantwortung füreinander** (vgl BT-Drucks 8/2788, 36; Diederichsen NJW 1980, 2; Gernhuber, in: FS Müller-Freienfels [1986] 159, 167 [„partnerschaftliche Familie"]; mit „Demokratie" in der Familie [so Fieseler ZfF 1979, 193] hat dies jedoch nichts zu tun, krit Diederichsen NJW 1980, 2). Anspruchs- und Herrschaftsdenken wird damit eine ausdrückliche Absage erteilt, das Eltern-Kind-Verhältnis ist „Einbahnverkehr" weder in der einen noch in der anderen Richtung (Coester-Waltjen 73). Den Eltern tritt das Kind als grundsätzlich gleichberechtigte und gleich zu achtende Persönlichkeit gegenüber; umgekehrt hat die entsprechende In-Pflicht-Nahme des Kindes den Eltern gegenüber nichts mit Ausnutzung kindlicher Schwäche und Unmündigkeit zu tun, sondern ist Folge seiner Anerkennung als verantwortliches Subjekt (Coester-Waltjen 73). Naturgemäß wächst das Kind allerdings (alters- und reifeabhängig) erst langsam in seine Pflichtenrolle hinein.

4 Die Stärkung der familiären Binnenbeziehungen soll sich nach Auffassung des BT-Rechtsausschusses auch positiv auf die **Familienautonomie** auswirken und Gefährdungen der Familie als Institution entgegenwirken (BT-Drucks 8/2788, 43). Soweit § 1618 BGB eine rechtliche Solidaritätsgemeinschaft begründet, genügt dies auch bei volljährigen Kindern (vgl Rn 23), um den Familienschutz des Art 6 Abs 1 GG zu evozieren (VerfGH Rheinland-Pfalz 22. 6. 2004 – VGH B 2/04, NJW 2005, 410, 413).

5 Als die Regelung von Einzelbeziehungen überlagerndes und durchwirkendes Solidaritätsgebot (Hanisch FamRZ 1975, 7; vgl Rn 3, 13) dient § 1618 BGB der **Vervollständigung der positiv-rechtlichen Regelungsmaterie** (BT-Drucks 8/2788, 36; Holtgrave JZ 1979, 666); die Bestimmung bringt generalklauselartig zum Ausdruck, was als Grundgedanke einer Vielzahl von Einzelvorschriften (einschließlich Unterhaltsrecht, Pflichtteilsrecht) zugrunde liegt (näher Rn 13, 14).

Als **Generalklausel des Kindschaftsrechts** tritt die Vorschrift damit neben die eherechtliche Generalklausel des **§ 1353 BGB** (BT-Drucks 8/2788, 43; DIEDERICHSEN NJW 1980, 2; krit GERNHUBER, in: FS Müller-Freienfels [1986] 174 ff). Wie dieser kommt auch § 1618 BGB eine **Leitbildfunktion** zu, die über einzelne gesetzliche Positivierungen hinaus innerhalb der Rechtsordnung umfassenden Geltungsanspruch erhebt: Sie erstreckt sich nicht nur auf familienrechtliche Beziehungen, sondern auf das gesamte rechtliche wie zwischenmenschliche Verhältnis von Eltern und Kindern (HEGNAUER ZBlJugR 1980, 686 f; BGH 19. 1. 2022 – XII ZB 183/21, juris Rn 17; SG Düsseldorf 30. 5. 2023 – S 6 U 284/20, juris Rn 3). 6

3. Allgemeine Normeinschätzungen

Im deutschen Schrifttum hat die Vorschrift sehr gemischte Aufnahme gefunden. Euphorischer Begrüßung als lange fehlende, „goldene Regel" des Kindschaftsrechts (BOSCH FamRZ 1980, 739, 748; zustimmend VAN ELS DAVorm 1991, 123, 127; „Leitbild für die ideale Familie" – jurisPK-BGB/SCHWER § 1618 Rn 1) und entsprechenden Bemühungen um eine extensive Sinnentfaltung (zB KNÖPFEL FamRZ 1985, 554 ff) standen und stehen zT klare Ablehnungen (JAUERNIG/BUDZIKIEWICZ § 1618 Rn 1 [„… erwünschte Zusammenhalt der Kleinfamilie durch eine ges[etzliche] Pflichtengrundlage bis zum Tode verrechtlicht"; ebenso MUSCHELER/SCHNEIDER, FamR Rn 651]; WEBER FamRZ 1996, 1254, 1255) oder skeptische Analysen gegenüber, die die Vorschrift als zwar wohlgemeint, aber undurchdacht einstuften (JAYME FamRZ 1981, 221, 226) und als letztlich im Wesentlichen überflüssig (GERNHUBER, in: FS Müller-Freienfels [1986] 159 ff [§ 1618a BGB gehöre zu den Normen, die „plötzlich da sind, obwohl sie zuvor kaum oder gar nicht vermißt wurden"]). 7

Die Reaktion der Rechtsprechung war zunächst spärlich; nach inzwischen über vierzigjähriger Existenz hat sich die Norm jedoch einen gewissen Stellenwert im Bewusstsein und Argumentationshaushalt der Praxis erobert – teils unterstützend zu anderweitigen Begründungswegen (vgl SCHWAB, in: FS Schnyder [1995] 647, 650: „Garnitur"; vgl auch vorstehend GERNHUBER), teils aber auch als entscheidungsleitende Rechtswertung (SCHWAB, in: FS Schnyder [1995] 647, 650; Einzelheiten: Rn 35 ff). Dennoch dominiert nach wie vor Zurückhaltung im Umgang mit § 1618 BGB; nichts spricht dafür, dass es künftig zu einer „forcierten Anwendung" kommen wird, vor der anfangs zT gewarnt wurde (GERNHUBER, FamR [3. Aufl 1980] § 46 IV 3; BOSCH FamRZ 1980, 748). 8

Grundsätzliche Kritik an der Vorschrift (Rn 7) erscheint **ungerechtfertigt**. Dass der Norminhalt vage sei und die Konsequenzen noch nicht ausgelotet seien (vgl JAYME FamRZ 1981, 226; WEBER FamRZ 1996, 1254, 1255), hat § 1618 BGB mit anderen Generalklauseln (§§ 138, 242, 1353 BGB) gemein: Immerhin ist die Norm entfaltungsfähig und entfaltungswürdig (BOSCH FamRZ 1980, 748). Auch die gefürchtete „Verrechtlichung" des familiären Bereichs, insbesondere zwischen Eltern und volljährigen Kindern, ist bisher nicht zu beobachten. Zum einen können Anerkennung als *Rechtsgemeinschaft* und Verrechtlichung nicht schlechthin gleichgesetzt werden (zutreffend SCHNYDER, Die Gemeinschaft der Eltern und Kinder, in: Das neue Kindesrecht [Bern 1978] 35 ff, 38 f). Zum andern ist – mit LÜDERITZ (in: FS Gaul [1997] 411, 419, 423) – auch eine umgekehrte Sichtweise denkbar: In einer wertheterogenen Gesellschaft bedürfen ethische Minima rechtlicher Bekräftigung und es liegt „im Interesse der Gesellschaft, durch Verdeutlichung von Rechtspflichten die Familie selbst zur Bewältigung ihrer Pro- 9 bleme anzuhalten und Eltern wie Kindern eine Verantwortung für ihre Beziehung zuzuweisen" (Lüderitz 423).

§ 1618 BGB hat, wie viele andere auf der familialen Solidarität fußende Vorschriften, Teil an der Paradoxie, dass die Solidarität ihren Inhalt verändert, sobald durch eine Rechtspflicht (näher Rn 11 ff) Leistungen eingefordert werden, sodass gegenseitiges Vertrauen, Respekt und Bereitschaft zur Zuwendung gerade nicht mehr im konkreten Fall, sondern nur noch typisiert als Ratio der Norm Voraussetzungen sind. Doch die eher trennende Wirkung erzwungener Solidarität betrifft nur etwaige Beistandspflichten; erzwungene Rücksicht bei individueller Rechtsverfolgung (auch durch rückgriffsberechtigte öffentliche Leistungsträger) setzt rücksichtsloses Verhalten voraus, das schon vorher die Solidarität zerstört hat.

Der Unterschied zwischen der auf lebenslange, enge Gemeinschaft angelegten Ehe (§ 1353 BGB, ähnlich § 2 LPartG) und dem Eltern-Kind-Verhältnis, das auf die allmähliche Ablösung der Kinder bis hin zu deren eigener Familiengründung angelegt ist (vgl Gernhuber/Coester-Waltjen § 58 Rn 44), spricht lediglich gegen vorschnelle Parallelen zwischen beiden Generalklauseln. Das Gesetz geht aber zu Recht vom Fortbestand der existentiellen Eltern-Kind-Beziehung auch nach „gelungener Ablösung" aus (vgl auch BVerfG 5. 2. 1981 – 2 BvR 646/80, BVerfGE 57, 170, 178; grundlegend auch Gernhuber FamRZ 1973, 236 ff). Wird das **Maß** der nach § 1618 BGB geschuldeten Solidarität **maßgeschneidert aus dem Einzelfall heraus konkretisiert** (BGH 2. 8. 2018 – 4 StR 169/17, FamRZ 2018, 144 Rn 14), wie es Sinn und Zweck der Generalklausel entspricht, so zwingt die Vorschrift nicht zusammen, was naturgemäß nicht (mehr) zusammengehört (gegen Jauernig/Budzikiewicz § 1618a Rn 1). Die tatsächliche Ausgestaltung des Eltern-Kind-Verhältnisses – wie etwa Lebensumstände der Betroffenen, ihr Zusammenleben, ihr Alter, ihre Gesundheit und ihre sonstigen Verhältnisse – prägt das jeweils geschuldete Maß an Solidarität (BGH 2. 8. 2018 – 4 StR 169/17, FamRZ 2018, 144 Rn 14; LSG Schl-H 12. 12. 2014 – L 3 AL 53/12 Rn 34; Grüneberg/Götz § 1618 Rn 5).

4. Normative Wirkung

a) Beistand und Rücksicht als Rechtspflichten

10 Obwohl in der Begründung des BT-Rechtsausschusses von einer **lex imperfecta** die Rede ist und davon, dass § 1618 BGB „nur Leitlinien" aufzeige, jedoch keine unmittelbaren Rechtsfolgen enthalte (BT-Drucks 8/2788, 36, 43), wird heute kaum noch angezweifelt, dass die Vorschrift **echte Rechtspflichten** begründet (LG Passau 26. 11. 1987 – 1 S 231/87, NJW 1988, 144, 145; OVG Saarlouis 14. 7. 2020 – 2 A 189/19, juris Rn 19; BGH 19. 1. 2022 – XII ZB 183/21 Rn 17; MünchKommBGB/vSachsen Gessaphe § 1618a Rn 2; Grüneberg/Götz § 1618 Rn 2; Erman/Döll § 1618 Rn 2; jurisPK-BGB/Schwer § 1618 Rn 1; BeckOGK-BGB/Kienemund [1. 11. 2025] § 1618 Rn 3, 14; Schwab, FamR Rn 5747; Diederichsen NJW 1980, 1 f; Knöpfel FamRZ 1985, 554 ff, 559, 561; Lüderitz, in: FS Gaul [1997] 411, 419 f; Zettel DRiZ 1981, 1211 f; **aA** BFH 10. 5. 2017 – II R 37/15, FamRZ 2017, 1358 Rn 24; für die Schweiz Stehli, in: Kren/Kostkiewicz/Wolf/Amstutz/Fankhauser, ZGB [4. Aufl 2021] Art 272 ZGB Rn 8; Hegnauer ZBlJugR 1985; Schuchter FamRZ 1979, 882 [Österreich]). Rechtliche Durchsetzbarkeit ist kein Wesensmerkmal von Rechtsgeboten – zu Einschränkungen der Durchsetzbarkeit der Pflichten aus § 1618 BGB s etwa Rn 40. Auch die Parallelnormen der §§ 1353 BGB, 2 LPartG statuieren unstreitig Rechtspflichten (Staudinger/Voppel [2024] § 1353 Rn 18 mwNw; Grüneberg/Siede § 2 LPartG Rn 1) und der Wortlaut des § 1618

BGB („sind … schuldig") ist insoweit eindeutig. Die Pflichten sind nicht vertraglich disponibel (für Österreich s Mokrejs-Weinhappel in: Rummel/Lukas/Geroldinger, ABGB § 137 [4. Aufl, Stand 1. 5. 2022, rdb.at] Rn 3).

b) Konkrete Rechtswirkungen und Sanktionen

aa) Meinungsstand

Nach wie vor umstritten ist, ob sich aus § 1618 BGB konkrete Folgerungen, insbe- 11
sondere **Ansprüche** herleiten lassen und ob diese ggf sogar rechtlich durchsetzbar sind. Nach den Vorstellungen des BT-Rechtsausschusses handelt es sich bei § 1618 BGB um eine „nicht sanktionsbewehrte" Vorschrift, deren Verletzung ohne „unmittelbare Rechtsfolgen" bleibe (BT-Drucks 8/2788, 43, 36). Bedeutung solle § 1618 BGB entfalten bei der Ausfüllung von Regelungslücken und der Interpretation anderweitiger Vorschriften. Die offenbare Richtigkeit und Harmonie des Norminhalts haben gründlichere Überlegungen über die Rechtsfolgen wohl verzichtbar erscheinen lassen (krit Jayme FamRZ 1981, 226). Es finden sich weder Differenzierungen zwischen Leistungs- und Sekundäransprüchen noch zwischen Beistands- und Rücksichtspflichten – bei Letzteren kommt eine unmittelbar rechtsbegrenzende Wirkung eher in Betracht als etwa ein Antrag auf positive Beistandsleistung.

Während im Schrifttum weitgehende Einigkeit über den *mittelbaren Einfluss* der Vorschrift auf die Interpretation und richterliche Rechtsfortbildung des Rechts besteht, divergieren die Auffassungen bezüglich einer *unmittelbaren Rechtswirkung* der Norm: (1) Leistungsansprüche werden zT abgelehnt, entweder weil die Allgemeinheit des Norminhalts sie nicht zulässt (Weber FamRZ 1996, 1254, 1255; ebenso OLG Zweibrücken 19. 10. 1989 – 7 U 182/89, NJW 1990, 719, 720; AG Rastatt 16. 3. 1995 – 1 C 597/94, FamRZ 1996, 1299, 1300) oder wegen des „höchstpersönlichen und gänzlich unvertretbaren Charakters" der Pflichten (Schuchter FamRZ 1979, 882 für Österreich). (2) Andere hingegen halten „wirkliche Ansprüche" weder vom Wortlaut noch vom Sinn der Vorschrift her für ausgeschlossen (Diederichsen NJW 1980, 2; Schwab, in: FS Schnyder [1995] 647, 649 [zurückhaltender FamR Rn 510]; Muscheler/Schneider, FamR Rn 653; Eidenmüller JuS 1998, 789, 790; Zettel DRiZ 1981, 212; ebenso LG Münster 26. 8. 1998 – 1 S 414/89, NJW 1999, 726, 727 f; anders Gernhuber, in: FS Müller-Freienfels [1986] 159 ff, 188 f), wobei unter anderem wiederum auf den Normwortlaut hingewiesen wird (die Frage ist offengelassen in BGH 7. 10. 1997 – VI ZR 144/96, NJW 1998, 307, 309). Unter den Vertretern der zweiten Auffassung besteht aber wiederum Meinungsverschiedenheit über Sanktionen und Durchsetzbarkeit etwaiger Pflichten aus § 1618 BGB (näher Rn 17, 18, 51).

bb) Theoretische Wirkungsmöglichkeiten und konkrete Rechtswirkungen

In der **Fragestellung** ist streng zu unterscheiden, welche Rechtswirkungen § 1618 12
BGB *rechtstheoretisch haben kann* und welche Wirkungen diese Bestimmung im Gefüge des objektiven Rechts in einer gegebenen Situation *wirklich entfaltet*. Der rechtstheoretische Wirkungskreis der Norm ist konzeptionsbedingt recht weit zu ziehen; über konkrete Rechtswirkungen lassen sich generelle Aussagen nur sehr begrenzt treffen: Wie erst der Lebenssachverhalt ein Urteil über den *Bestand* einer Beistands- oder Rücksichtspflicht erlaubt (Rn 31), so sind die *Folgen einer Pflichtverletzung* auch vom jeweiligen normativen und sachlichen Zusammenhang abhängig. Die Normkonkretisierung im Lichte des Einzelfalls ist also nicht auf den Inhalt der wechselseitigen Beistands- und Rücksichtspflichten beschränkt, sondern ist darüber hinaus auf die Frage zu erstrecken, ob sich die festgestellten Pflichten zu gerichtlich

durchsetzbaren, uU sogar vollstreckbaren Ansprüchen einer Seite verdichtet haben (vgl Schwab, in: FS Schnyder [1995] 647, 649: Die Norm „schwebt zunächst als latentes ‚soft-law' über den Familien, um je nach Handhabung im Einzelfall zu ‚hard-law' konkretisiert zu werden").

Rechtstheoretisch kann § 1618 BGB im Wesentlichen **drei Funktionen** entfalten:

13 **(1) Gesetzlicher Wertmaßstab bei der Interpretation, Ergänzung und Fortbildung anderweitiger Rechtsvorschriften** (vgl Rn 11; vgl Schwab, in: FS Schnyder [1995] 647, 650: „Argumentationshilfe"; BGH 13. 10. 2016 – 3 StR 248/16, FamRZ 2017, 406 Rn 3). Insoweit gewinnt die Vorschrift wesentliche Bedeutung vor allem bei der Konkretisierung *unbestimmter Rechtsbegriffe.* So kann bei der Beurteilung des „Kindeswohls" im Rahmen der §§ 1626 ff BGB (insbesondere §§ 1666, 1671, 1696 BGB) die geübte oder nicht geübte Solidarität eines Elternteils eine Rolle spielen (vgl OLG Karlsruhe 2. 6. 1989 – 5 Wx 1/89, FamRZ 1989, 1322 f; OLG Köln 5. 1. 1996 – 16 Wx 5/96, FamRZ 1996, 1027; vgl Staudinger/Coester [2020] § 1671 Rn 202, 207 f). Gegenseitige Beistands- und Rücksichtspflicht beeinflusst weiterhin die rechtliche Konkretisierung dessen, was unter „angemessenem Unterhalt" oder Berufsausbildung zu verstehen ist, was „besondere Gründe" etwa iSd § 1612 Abs 2 S 2 BGB ausmacht (dazu Rn 67, 68) oder was unter einer „schweren Verfehlung" iSd § 1611 Abs 1 BGB zu verstehen ist (dazu Rn 69). Auch unbestimmte Rechtsbegriffe außerhalb des Familienrechts kommen in Betracht – etwa die „Billigkeit" iSd § 253 Abs 2 BGB (vgl BGH 18. 6. 1973 – III ZR 207/71, NJW 1973, 1654, 1655 [zu § 847 BGB aF]; OLG Karlsruhe 8. 10. 1976 – 10 U 18/76, VersR 1977, 232 f; vgl noch Rn 64), die Sittenwidrigkeit von Familienbürgschaften (Rn 70 ff) oder letztwilligen Verfügungen gem § 138 BGB (vgl das LG in OLG Hamm 11. 1. 2005 – 15 W 391/03, FamRZ 2005, 1928, 1929) oder der Familienbegriff des Art 6 Abs 1 GG bei aufenthaltsrechtlichen Fragen (Rn 20).

14 Bei der *Lückenfüllung und Fortbildung* des Rechts im Rahmen der rechtspolitischen Rechtfertigung richterrechtlicher Grundsätze fungiert § 1618 BGB als **Wertmaßstab** (vgl BVerfG 18. 1. 1988 – 1 BvR 1589/87, FamRZ 1989, 147; BVerfG 6. 5. 1997 – 1 BvR 409/90, FamRZ 1997, 869, 870; vgl Rn 20, 72). Wichtige Beispiele sind der Auskunftsanspruch des Kindes gegen seine Mutter bezüglich seines biologischen Vaters (Rn 47 ff) oder der Ausbau veraltet-einseitig konzipierter Vorschriften im Lichte des Gegenseitigkeitsprinzips (Rn 34).

15 **(2) Begrenzung subjektiver Rechte**. Hier liegt das Wirkungsfeld speziell des *Rücksichtsgebots* (Rn 61 ff). Dabei beeinflusst § 1618 BGB die Durchsetzbarkeit bestehender Ansprüche unmittelbar, der Umweg über § 242 BGB (Rechtsmissbrauch) ist überflüssig.

16 **(3) Begründung oder Modifizierung von Rechten**. Eine anspruchsbegründende Wirkung kann nicht generell ausgeschlossen werden (vgl Rn 8, 9). Ähnlich wie beim Schrumpfen verwaltungsrechtlichen Ermessens „auf null" kann sich das Normgebot des § 1618 BGB im Einzelfall derart verdichten, dass nur ein bestimmtes, gerichtlich durchsetzbares Verhalten als normgemäß erscheint (LG Münster 26. 8. 1998 – 1 S 414/89, NJW 1999, 726, 727; Eidenmüller JuS 1998, 789, 792). Aber auch als Grundlage eines *regelmäßig* bestehenden Anspruches ist § 1618 BGB konzeptionell tauglich (s aber Rn 19).

cc) Sanktionen und Durchsetzung

Obwohl die Gebote des § 1618 BGB vom Gesetzgeber bewusst nicht mit Sanktionen ausgestattet worden sind (Rn 10), können sie doch **mittelbar** zu solchen führen, wenn die Vorschrift im Rahmen anderer, sanktionsbewehrter Normen den entscheidungsleitenden Maßstab liefert (etwa im Rahmen der §§ 138, 253 Abs 2, 826, 1666, 1696 BGB; vgl Rn 13; Lüderitz, in: FS Gaul [1997] 411, 420). Dies gilt nicht nur im Verhältnis der Familienmitglieder zueinander, sondern auch, soweit *Außenstehende* das innerfamiliäre Beistands- und Rücksichtsverhältnis zu beachten haben (dazu Rn 58 ff, 70 ff). 17

Die gesetzgeberische Entscheidung verbietet es, darüber hinausgehend Gebotsverletzungen gem § 1618 BGB stets und grundsätzlich mit **Schadensersatzansprüchen** der anderen Familienmitglieder zu ahnden, etwa über §§ 280, 823 Abs 2 BGB (Schwab/Dutta, FamR Rn 747). Anderes muss jedoch (gegen Schwab/Dutta, FamR Rn 747) gelten, wenn sich das Normgebot des § 1618 BGB ausnahmsweise zu einem gerichtlich durchsetzbaren Anspruch verdichtet hat (Rn 16), etwa auf Auskunft über die Einkommensverhältnisse an das Amt für Ausbildungsförderung (vgl OLG Karlsruhe 26. 6. 1978 – 16 WF 20/78, FamRZ 1979, 170 [dort noch gestützt auf § 242 BGB]): Bei dessen Nicht- oder Zu-spät-Erfüllung ist ein Schadensersatzanspruch wegen Verzugs (§§ 280 Abs 2, 286 BGB) nicht ausgeschlossen (so OLG Karlsruhe 26. 6. 1978 – 16 WF 20/78, FamRZ 1979, 170; zust Jauernig/Budzikiewicz § 1618a Rn 2). Auch kann sich aus § 1618 BGB eine gesteigerte Aufklärungs- und Beratungspflicht bei Rechtsgeschäften zwischen Eltern und Kind ergeben, deren Verletzung zur Schadenersatzpflicht gem §§ 280 Abs 1, 311 Abs 2, 241 Abs 2, BGB führen kann (**aA** wohl Schwab/Dutta, FamR Rn 747).

Gerichtlicher Antrag auf Erfüllung und Durchsetzung der Entscheidung im **Vollstreckungswege** kommen nur in Betracht, wenn nach § 1618 BGB ein bestimmtes Verhalten gefordert werden kann und nach einer Gesamtabwägung aller Interessen und der grundsätzlichen Familienautonomie die Interessen des Berechtigten so schwer wiegen, dass staatliche Durchsetzungshilfe angemessen erscheint. Bei Vollstreckungsmaßnahmen ist noch gesondert zu prüfen, ob die Vollstreckungssperre des § 120 Abs 3 FamFG entgegensteht (zum Ganzen exemplarisch Rn 51). 18

dd) Grenzen und Gefahren

In unmittelbar rechtsbegründender Funktion (Rn 16) wird § 1618 BGB in der Praxis nur in Ausnahmefällen bedeutsam werden. Mit dieser Vorschrift sollte das positive Recht vervollständigt, nicht aber in Frage gestellt werden. In erster Linie bleibt die Vorschrift Appell und Interpretationshilfe; weder die Wiederbelebung überholter Rechtsinstitute (Gernhuber/Coester-Waltjen § 55 Rn 67) noch die Juridifizierung von bewusst Nichtgeregeltem (zB Geschwisterunterhalt) noch schließlich die Aufweichung geformten Rechts (Hegnauer ZBlJugR 1980, 689; vgl BGH 7. 10. 1997 – VI ZR 144/96, NJW 1998, 307, 309 [zu § 1619 BGB]; OLG Oldenburg 17. 7. 1990 – 1 W 74/90, FamRZ 1992, 351 f) entspricht zweckgerechter Normanwendung. Obwohl die bisherige Gerichtspraxis Augenmaß bewiesen hat (Rn 8), sollten diese – vor allem bei Einführung der Norm beschworenen – Gefahren einer „forcierten Anwendung" des § 1618 BGB (Gernhuber, FamR [3. Aufl 1980] § 46 IV 3) bewusst bleiben. 19

5. Wertungsgesichtspunkt im gesamten Rechtsbereich

20 Insbesondere in seiner Funktion als Wertmaßstab kann § 1618 BGB auch *außerhalb des bürgerlichen Rechts* Wirkung entfalten (BGH 13. 10. 2016 – 3 StR 248/16, FamRZ 2017, 406 Rn 3).

Im **öffentlichen Recht** ist vor allem an das *Steuer- und Sozialrecht* zu denken (zur Entgeltlichkeit von Betreuung und Pflege s Rn 35, 55; VG Halle [Saale] 5. 9. 2018 – 7 A 55/17, juris Rn 21 aE; s auch SG Osnabrück 20. 2. 2020 – S 19 U 90/18, juris Rn 26 und ThürOLG 3. 3. 2021 – 2 U 1192/19, juris Rn 78 – keine Wie-Beschäftigung wegen Eltern-Kind-Verhältnis, § 1618 BGB). Im *Schulrecht* genügt die fortdauernde Solidaritätsgemeinschaft gem § 1618 BGB, um ein Benachrichtigungsrecht der Schule gegenüber den Eltern auch volljähriger Schüler zu rechtfertigen (VerfGH Rheinland-Pfalz 22. 6. 2004 – VGH B 2/04, NJW 2005, 410, 413). Auch im *Aufenthaltsrecht* ist § 1618 BGB herangezogen worden bei der Frage, ob der Ausweisung von Ausländern nach Volljährigenadoption durch deutsche „Eltern" Art 6 Abs 1 GG entgegensteht (entsprechende Fragestellung bei Ausweisung von leiblichen Kindern von pflegebedürftigen Ausländern, VGH Baden-Württemberg 9. 2. 2004 – 11 S 1131/03, s dazu sogleich). Die Bedeutung von „Familie" im Sinne dieses Grundrechts für die Beziehungen zwischen erwachsenen Kindern und Eltern ist (nach anfänglichen Kontroversen, vgl BVerwG 10. 7. 1984 – 1 C 52/18, FamRZ 1984, 1011, 1012; VGH München 26. 2. 1982 – 10 B 81 A/2690, NVwZ 1982, 387 f) vom BVerfG im Lichte des § 1618 BGB verdeutlicht worden (BVerfG 18. 4. 1999 – 2 BvR 1169/14, FamRZ 1989, 715, 717): Die in dieser Vorschrift normierte Beistands- und Rücksichtsgemeinschaft währe grundsätzlich lebenslang, gelte also auch für volljährige Kinder und ihre Eltern (vgl Rn 23). Sie verändere jedoch Inhalt und Intensität je nach den konkreten Lebensverhältnissen der Beteiligten: Von der umfassenden *Lebensgemeinschaft* der Eltern mit kleineren Kindern über die *Hausgemeinschaft* mit heranwachsenden Kindern bis zur *Begegnungsgemeinschaft* erwachsener, getrennt lebender Angehöriger. Mit der Intensität der Beziehung lockere sich auch der rechtlich gebotene Schutz: Die Begegnungsgemeinschaft zwischen Eltern und erwachsenen Kindern fordere keine ständige räumliche Nähe, sie könne auch verwirklicht werden, wenn die Beteiligten in verschiedenen Ländern wohnten.

Damit ist jedoch nur die Regelbeziehung zwischen erwachsenen Kindern und Eltern beschrieben; wenn das Kind die persönliche Pflege seiner bedürftigen Eltern übernimmt, kann sich die Beziehung wieder zu einer *echten Beistandsgemeinschaft* verdichten, die auch den Familienschutz des Art 6 Abs 1 GG beanspruchen kann (VGH Baden-Württemberg 9. 2. 2004 – 11 S 1131/03): Dabei müssen sich das pflegewillige Adoptivkind und der Elternteil nicht entgegenhalten lassen, die Pflege könne auch von Professionellen geleistet werden; auch muss die Pflege nicht notwendig innerhalb einer Hausgemeinschaft erbracht werden (BVerfG 14. 12. 1989 – 2 BvR 377/88, FamRZ 1990, 363 f [Adoptivsohn pflegt im Altersheim lebende Mutter]; vgl VGH Baden-Württemberg 9. 10. 1985 – 11 S 3029/84, FamRZ 1986, 494 ff [ohne Zitat des damaligen § 1618a BGB]). Sind mehrere Kinder vorhanden, so hat der pflegebedürftige Elternteil allerdings kein freies Auswahlrecht: Sein Interesse am ausgewählten (ausweisungsbedrohten) Kind ist gegen das öffentliche Interesse an der Ausweisung abzuwägen (VGH Baden-Württemberg 9. 2. 2004 – 11 S 1131/03).

Im **Strafrecht** kann § 1618 BGB die Grundsätze über die *Garantenpflicht* beeinflussen (Bosch FamRZ 1980, 741; Diederichsen NJW 1980, 2 Fn 24; BeckOGK-BGB/Kienemund [1. 11. 2025] § 1618 Rn 60 f). Uneinheitlich wird beurteilt, ob für das Entstehen der Garantenpflicht das formale Band des Eltern-Kind-Verhältnisses ausreicht oder eine „effektive Familiengemeinschaft" mit faktischem Zusammenleben erforderlich ist (so BGH 13. 10. 2016 – 3 StR 248/16, FamRZ 2017, 406 Rn 3; BGH 29. 9. 2021 – 2 StR 491/20, juris Rn 13). Eine Rechtspflicht zum Handeln sieht der BGH nur im Eltern-Kind-Verhältnis mit Blick auf §§ 1618, 1619 BGB bereits aufgrund der Verwandtschaft in aufsteigender Linie als naheliegend an, nicht jedoch schon im Geschwisterverhältnis (BGH 2. 8. 2017 – 4 StR 169/17, NStZ 2018, 34, 35; BGH 31. 3. 2021 – 2 StR 109/20, juris Rn 24 ff). Das strafrechtliche Schrifttum zitiert zur Begründung einer Garantenpflicht inzwischen häufiger auch § 1618 BGB (s nur Lackner/Kühl/Heger/Heger § 13 StGB Rn 8; Schönke/Schröder/Bosch § 13 StGB Rn 18; MünchKommStGB/Freund/Rostalski § 13 Rn 176; Kindhäuser/Neumann/Paeffgen/Saliger/Gaede § 13 StGB Rn 61; keine Erwähnung bei BeckOK-StGB/Heuchemer [1. 11. 2025] § 13). Eine Garantenstellung wurde etwa – indes nur obiter – für den Vater bejaht, der seine Ehefrau mit der Drohung, die gemeinsame volljährige Tochter zu entlassen, zum Verzicht auf Unterhalt zu bewegen sucht (LG Düsseldorf 26. 8. 2008 – 21 Ns 32/07, FamRZ 2008, 2067 Rn 38). 21

Auch **im Strafprozessrecht** kann § 1618 BGB Bedeutung zukommen (BVerfG 5. 2. 1981 – 2 BvR 646/80, BVerfGE 57, 170, 178: Briefkontrolle gem § 119 Abs 3 StPO bei Briefverkehr des volljährigen, in Untersuchungshaft sitzenden Sohnes mit seinen Eltern). 22

II. Persönlicher Anwendungsbereich

Die Vorschrift gilt für **alle Kinder** unabhängig von ihrer **Minder- oder Volljährigkeit** („Zusammenhalt der Kleinfamilie ... bis zum Tode verrechtlicht" – Jauernig/Budzikiewicz § 1618a Rn 1) und unabhängig vom Bestand einer Hausgemeinschaft mit den Eltern (arg e silentio im Vergleich zu § 1619 BGB; BT-Drucks 8/2788, 43; BVerfG 14. 12. 1989 – 2 BvR 377/88, NJW 1990, 895, 896; Grüneberg/Götz § 1618 Rn 1; jurisPK-BGB/Schwer § 1618 Rn 3; Holzhauer FamRZ 1982, 111; BSG 28. 8. 2018 – B 8 SO 9/17 R, NZS 2019, 423 Rn 17; HessLSG 26. 1. 2021 – L 3 U 53/16 Rn 29; für Österreich s Fischer-Czermak in Kletečka/Schauer, ABGB-ON1.06 § 137 [Stand 15. 2. 2025, rdb.at] Rn 4; Mokrejs-Weinhappel in: Rummel/Lukas/Geroldinger, ABGB § 137 [4. Aufl, Stand 1. 5. 2022, rdb.at] Rn 3). Ein Eltern-Kind-Verhältnis im Sinne der Vorschrift besteht auch **unabhängig von den Sorgerechtsverhältnissen** (vgl BVerfG 15. 6. 1971 – 1 BvR 192/70, BVerfGE 31, 194, 206; BeckOGK-BGB/Kienemund [1. 11. 2025] § 1618 Rn 7; für die Schweiz Hegnauer, Grundriss § 18 I; für Österreich s Fischer-Czermak in Kletečka/Schauer, ABGB-ON1.06 § 137 [Stand 15. 2. 2025, rdb.at] Rn 7; Mokrejs-Weinhappel in: Rummel/Lukas/Geroldinger, ABGB § 137 [4. Aufl, Stand 1. 5. 2022, rdb.at] Rn 3) sowie von den Unterhaltsverhältnissen (für Österreich s Fischer-Czermak in Kletečka/Schauer, ABGB-ON1.06 § 137 [Stand 15. 2. 2025, rdb.at] Rn 7) und genießt den Familienschutz der Verfassung(Rn 4, 20; BVerfG 31. 3. 2021 – 1 BvR 413/20, juris Rn 17). Maßgeblich ist allein der Bestand eines **rechtlichen Eltern-Kind-Verhältnisses**, das nicht notwendig auf Blutsabstammung beruhen muss (Adoption; dazu Rn 20). Es genügt für die Entstehung eines Auskunftsanspruchs gegen die Mutter (Rn 47 ff) auch, wenn einmal (kurz) ein rechtliches Eltern-Kind-Verhältnis bestand, das durch Adoption erloschen (§ 1755 BGB) ist (BGH 19. 1. 2022 – XII ZB 183/21 FamRZ 2022, 633 Rn 28 ff). Das rein **biologische Abstammungsverhältnis** ohne darauf aufbauende rechtliche Eltern-Kind-Beziehung reicht nicht für die Anwendbarkeit des § 1618 BGB, hier verbleibt 23 das Näheverhältnis im moralischen und psychologischen Bereich (zB Kindeseltern nach Adoption durch Dritte; biologischer Vater eines rechtlich einem anderen Manne zugeordneten Kindes) (ebenso SOERGEL/ZECCA-JOBST § 1618a Rn 2). Die bloße Anfechtungsmöglichkeit nach § 1600 Abs 1 Nr 2, Abs 2, 3 BGB ändert daran nichts. Ist der nur-biologische Vater allerdings eine „enge Bezugsperson" des Kindes iSd § 1685 Abs 2 BGB, so muss dies als Basis für wechselseitige Solidarität gem § 1618 BGB genügen.

24 Gleichgültig sind der familienrechtliche Status und die Lebensform der Eltern (miteinander verheiratet oder ledig, geschieden, mit Dritten verheiratet, zusammenlebend oder alleinstehend). Die Solidaritätspflichten des § 1618 BGB bestehen zwischen dem Kind und jedem einzelnen Elternteil, sie können aber auch gegenüber der Gemeinschaft der Eltern besondere Prägung erhalten. Unmittelbar im Verhältnis zwischen **Schwiegereltern** und -kindern gilt die Norm indes nicht (jurisPK-BGB/SCHWER § 1618 Rn 3).

25 Spätestens mit dem KindRG 1998 (BGBl 1997 I 2942) gilt die Vorschrift grundsätzlich auch für **Pflegekinder und Pflegeeltern** (ebenso NK-BGB/CZEGUHN § 1618a Rn 3; **aA** MünchKommBGB/vSACHSEN GESSAPHE § 1618a Rn 4; jurisPK-BGB/SCHWER § 1618 Rn 3; BeckOGK-BGB/Kienemund [1. 11. 2025] § 1618 Rn 6; SOERGEL/ZECCA-JOBST § 1618a Rn 2 [stattdessen § 242 BGB anwendbar]). Zwar besteht hier kein vollwertiges Eltern-Kind-Verhältnis (BVerfG 12. 10. 1988 – 1 BvR 818/88, BVerfGE 79, 51, 60; BVerfG 18. 5. 1993 – 1 BvR 338/90, NJW 1994, 183; vgl BSG 28. 2. 1991 – 4 RA 76/90, BSGE 68, 171, 176), die rechtliche Ausgestaltung der tatsächlichen Familienbeziehung in § 1688 BGB (vgl auch §§ 1685 Abs 2, 1632 Abs 4 BGB) genügt aber als Grundlage für das rechtliche Solidaritätsverhältnis des § 1618 BGB.

Stiefkinder können dem **nicht generell** gleichgestellt werden (BeckOK-BGB/PÖCKER [1. 11. 2025] § 1618 Rn 2.1; BeckOGK-BGB/Kienemund [1. 11. 2025] § 1618 Rn 6; falsch jedenfalls die Gegenauffassung von LSG Rheinland-Pfalz 26. 7. 2001 – L 1 AL 6/00, NZS 2002, 166, 167 mit Zitat „§ 1754 BGB"): Schwägerschaft (§ 1590 Abs 1 BGB) löst die Solidaritätspflichten nach § 1618 BGB ebenso wenig aus wie rein tatsächliche psychologische Eltern-Kind-Beziehungen (COESTER, in: FS Schnyder [1995] 101, 105; für die Schweiz s BK/HEGNAUER Art 272 ZGB Rn 6). Entsprechendes gilt für Stief-Lebenspartner. *Anderes* gilt jedoch, wenn dem Stiefelternteil das „kleine Sorgerecht" gem § 1687b Abs 1, 2 BGB zusteht oder er nach dessen Erlöschen als „enge Bezugsperson" iSd § 1685 Abs 2 BGB einzustufen ist (NK-BGB/CZEGUHN § 1618a Rn 4; **aA** MUSCHELER/SCHNEIDER, FamR Rn 652; MünchKommBGB/vSACHSEN GESSAPHE § 1618a Rn 7). § 1618 BGB ist gleichermaßen anwendbar, wenn dem Stiefelternteil nach einer gerichtlichen Anordnung gem § 1682 BGB die Sorgebefugnisse des § 1688 Abs 1, 2 BGB zustehen (§ 1688 Abs 4 BGB).

26 Die Vorschrift gilt auch für das Verhältnis zwischen **Großeltern und Enkeln** (für die Schweiz HEGNAUER, Grundriss § 18 I; HEGNAUER, in: FS Schnyder [1995] 421 ff, 425 ff; **aA** MünchKommBGB/vSACHSEN GESSAPHE § 1618a Rn 4; BeckOK-BGB/PÖCKER [1. 11. 2025] § 1618 Rn 2.1; jurisPK-BGB/SCHWER § 1618 Rn 3; BeckOGK-BGB/Kienemund [1. 11. 2025] § 1618 Rn 6). Das Solidaritätsgebot besteht nicht nur mittelbar als Pflicht der Eltern in der einen wie in der anderen Richtung (als „Kinder" bzw als Eltern), gegenseitigen Kontakt zu ermöglichen; sie besteht auch unmittelbar für die Großeltern den Kindern ihrer Kinder, für die Enkel den Eltern ihrer Eltern gegenüber (anders die hM, vgl NK-BGB/CZE-

GUHN § 1618a Rn 2; MünchKommBGB/vSACHSEN GESSAPHE § 1618a Rn 4). Nicht präjudiziell ist die Frage, ob die Großeltern-Enkel-Beziehung unter Art 6 Abs 1 GG fällt (vgl dazu BVerfG 6. 5. 1975 – 1 BvR 332/72, BVerfGE 39, 316, 326; BVerfG 10. 11. 1981 – 1 BvR 894/78, FamRZ 1982, 244, 246; bejahend HÄBERLE, Verfassungsschutz der Familie [1984] 26 Fn 83; bejahend nun auch BVerfG 24. 6. 2014 – 1 BvR 2926/13, NZFam 2014, 734).

§ 1618 BGB begründet auch eine Solidaritätspflicht der **Geschwister untereinander**, 27
jedenfalls solange sie in Hausgemeinschaft miteinander leben (MünchKommBGB/vSACHSEN GESSAPHE § 1618a Rn 4 [mittelbar]; BeckOK-BGB/PÖCKER [1. 11. 2025] § 1618 Rn 2.1 [mittelbar]; jurisPK-BGB/SCHWER § 1618 Rn 3; BeckOGK-BGB/Kienemund [1. 11. 2025] § 1618 Rn 8 [mittelbar]; für die Schweiz s BGer 9. 11. 1950 – BGE 76 II 265, 272; HEGNAUER, Grundriss § 18 I; AG Arnsberg 21. 2. 1996 – 3 C 49/96, FamRZ 1996, 1435 Rn 2 [Bruder verweigert Schwester Kontakt zur alten Mutter]; im Fall des LG Dessau-Roßlau 20. 11. 2012 – 1 T 326/12, juris Rn 9 hingegen scheint das Gericht die Pflichtenbindung im Verhältnis Schwester-Mutter zu sehen; **aA** GERNHUBER, in: FS Müller-Freienfels [1986] 159 ff, 171 f, 173; KNÖPFEL FamRZ 1985, 554, 559; MUSCHELER/SCHNEIDER, FamR Rn 652; NK-BGB/CZEGUHN § 1618a Rn 2; ERMAN/DÖLL § 1618 Rn 3), je nach Fallkonstellation auch darüber hinaus (s LG Dessau-Roßlau 20. 11. 2012 – 1 T 326/12, juris Rn 9 für die Frage, ob die eine Schwester der anderen Zugang zu ihrem Haus gewähren muss, wenn sie die dort wohnende gemeinsame Mutter besuchen möchte; auch im ähnlich gelagerten Fall des AG Arnsberg 21. 2. 1996 – 3 C 49/96, FamRZ 1996, 1435 Rn 2 [s soeben] handelte es sich um volljährige Geschwister [vgl Geburtsjahr der Mutter]). Dies folgt aus dem durch § 1618 BGB betonten Gemeinschaftsaspekt (Rn 33) und der (zumindest teilweisen) gemeinsamen Abstammung von den Eltern.

Für verheiratete **Eltern untereinander** gilt nicht § 1618 BGB, sondern Eherecht (vor 28
allem §§ 1353, 1360 BGB; unrichtig AG Dieburg 4. 11. 1986 – 20 C 906/86, FamRZ 1987, 516 ff; krit dazu COESTER, in: FS Schnyder [1995] 101 ff, 104 f; wie im Text auch GERNHUBER, in: FS Müller-Freienfels [1986] 159 ff, 171; BK/HEGNAUER Art 272 ZGB Rn 13 f) oder Lebenspartnerschaftsrecht (§ 2 LPartG). Sind die Eltern weder durch Ehe noch durch Lebenspartnerschaft rechtlich miteinander verbunden, **gilt allerdings auch für ihr Innenverhältnis *als Eltern* § 1618 BGB** (MUSCHELER/SCHNEIDER, FamR Rn 652; **anders** GERNHUBER/COESTER-WALTJEN § 58 Rn 21, die von einer aus Art 6 Abs 2 GG folgenden „Verantwortungsgemeinschaft" der Eltern ausgeht). Als bereichsspezifische gesetzliche Konkretisierungen können §§ 1684 Abs 2, 1686 oder 1687a BGB (mit seinen impliziten Abstimmungs- und Kooperationspflichten) angesehen werden.

III. Norminhalt im Einzelnen

1. Allgemeines

„Beistand" und „Rücksicht" sind idealtypisch unterscheidbare Erscheinungsformen 29
von **Solidarität** (vgl übergreifend SCHWAB FamRZ 1997, 521 ff): *Beistand* meint aktive Solidarität durch Hilfe, Unterstützung im weitesten Sinne, *Rücksicht* eher Selbstbeschränkung bei eigener Rechts- oder Freiheitsentfaltung, Schonung des Interessenbereichs anderer – *auch* in Bezug auf den vom anderen zu fordernden Beistand. Die Übergänge sind jedoch fließend (Beistand durch Unterlassen etwa einer Strafanzeige, Rücksicht durch Kauf eines Kopfhörers für die Stereoanlage); die Abgrenzung und Einordnung ist iE unerheblich.

30 Eltern und Kinder schulden einander diejenige gegenseitige Hilfe und Rücksicht, „deren der eine bedarf und zu der der andere im Stande ist" (Hegnauer ZBlJugR 1980, 685), und zwar in allen rechtlichen und faktischen Zusammenhängen (Rn 6). Pflichten auf Kindesseite sind auch vom gesetzlichen Vertreter zu erfüllen (etwa Rücksicht bei Anspruchsdurchsetzung; Hegnauer, Grundriss § 18 I). Erst die **Abwägung der wechselseitig geschuldeten Solidarität** ergibt, ob und wer vom anderen etwas fordern kann – Beistands- und (gegenläufige) Rücksichtspflicht heben sich keineswegs immer gegenseitig auf (so aber Weber FamRZ 1996, 1254, 1255; zur „Opfergrenze" der Solidaritätspflicht Rn 35).

31 Die Beistands- und Rücksichtspflichten stehen nicht generell (wenngleich konkretisierungsbedürftig) fest, sondern bestimmen sich bezüglich „Ob", Art und Ausmaß nach den Beziehungen der Beteiligten und der **konkreten Situation im Einzelfall**. Man muss bei § 1618 BGB in Rechnung stellen, dass die Eltern-Kind-Beziehungen je nach den Umständen höchst unterschiedlicher Art sein können – vom Kleinkind in der elterlichen Pflege bis hin zum erwachsenen, verheirateten, möglicherweise fernab von seinen Eltern wohnenden Kind, das seine Eltern schon lange nicht mehr gesehen hat, oder dem Kind eines ihm persönlich unbekannten oder entfremdeten Elternteils. Ein Rest an bedeutungsvoller Beziehung bleibt jedoch lebenslang bestehen. Die nach der Lebenssituation unterschiedlichen Beziehungen sind Tatbestandselemente des § 1618 BGB, sie bestimmen den Pflichtengehalt der Vorschrift (vgl BT-Drucks 8/2788, 43; BayObLG 19. 5. 1999 – 1 Z BR 188/98, EzFamR aktuell 1999, 261, 264). In gleicher Weise wird der Norminhalt beeinflusst durch **kollidierende Pflichtenkreise**, in denen die Beteiligten möglicherweise stehen (zB Verpflichtungen des „Kindes" gegenüber eigenem Ehegatten und eigenen Kindern, vgl Rn 23, 39; BGH 20. 12. 1983 – 1 StR 746/83, FamRZ 1984, 883).

32 Die im Folgenden für konkrete Themenkreise aufgeführten Beispiele können deshalb immer nur *mögliche Pflichten* bezeichnen, stets unter dem Vorbehalt des Einzelfalls. Dabei können Konkretisierungen der *ehelichen* Beistands- und Rücksichtspflicht gem § 1353 Abs 1 S 2 BGB zum Vergleich herangezogen werden, stets aber nur unter Beachtung des konzeptionellen Unterschieds beider Gemeinschaften (Rn 9).

2. Gemeinschaft und Gegenseitigkeit

33 Hinter der Beistands- und Rücksichtspflicht des § 1618 BGB stehen zwei grundsätzliche Leitgedanken des Gesetzes. Der erste betrifft die Betonung des **Gemeinschaftsaspekts** bei der Beurteilung von Rechten und Pflichten innerhalb der Familie. Die individualistische und auf subjektive Rechte konzentrierte Konzeption des BGB hat die Wirklichkeit des Familienlebens seit jeher nur unzureichend nachgezeichnet (vgl Schwab FamRZ 1995, 513 ff mwNw); angesichts des weiteren Ausbaus der Individualrechte von Ehegatten und Kindern ist frühzeitig davor gewarnt worden, die Familie zu einer Arena wechselseitiger Rechtsansprüche werden zu lassen. Zwar erwähnt auch § 1618 BGB, im Gegensatz zu Art 272 schweizerisches ZGB („... alle Rücksicht und Achtung schuldig, die das wohl der Gemeinschaft erfordert"), den Gemeinschaftsaspekt nicht (vgl Schwab, in: FS Schnyder [1995] 647, 648; Gernhuber, in: FS Müller-Freienfels [1986] 159 ff, 161; Coester, in: FS Schnyder [1995] 101 ff, 102; zum schweizerischen Recht s Schnyder, Das neue Kindesrecht 35 ff, 39 f; Hegnauer ZBlJugR 1980, 685, 689; Tuor/Schnyder/Schmid/Jungo/Hürlimann-Kaup, in: Das schweizerische Zivilgesetzbuch [15. Aufl 2023] 312), er ist aber im Postulat wechselseitiger Solidarität notwendig mit umfasst. Maßgeblich ist die konkrete Situation der Gemeinschaft (Stehli, in: Kren/Kostkiewicz/Wolf/Amstutz/Fankhauser, ZGB [4. Aufl 2021] Art 272 ZGB Rn 7). Der Gemeinschaftsaspekt erlaubt die Erstreckung der Norm auch auf das Geschwisterverhältnis (Rn 27) und bezeichnet den Kompromissvorbehalt, unter dem alle Einzelansprüche innerhalb der Familiengemeinschaft stehen müssen.

Sehr deutlich wird im Normtext hingegen der zweite Leitgedanke, das **Gegenseitigkeitsprinzip** (vgl Rn 1; s auch SG Osnabrück 20. 2. 2020 – S 19 U 90/18 Rn 26; OLG Brandenburg 1. 12. 2021 – 13 UF 166/20 Rn 55). Es folgt aus der grundsätzlich gleichwertigen Rechtssubjektivität aller Familienmitglieder (Rn 3) und steht einer einseitigen Lasten- oder Rechtezuweisung entgegen. Insoweit sind das deutsche und das schweizerische Recht moderner und sachgerechter als anderweitige Vorschriften, die – offenbar noch von traditionellem Autoritätsdenken geprägt – einseitig nur vom Kind Achtung (Österreich: § 137 Abs 2 ABGB; UN-Kinderrechtskonvention: Art 29 Abs 1 c UN-KRK) oder gar umfassende Solidarität verlangen (Frankreich: Art 371 Cc). Das Gegenseitigkeitsprinzip erlaubt vor allem den Ausbau überkommener, einseitig konzipierter Vorschriften wie § 1619 BGB (Dienstpflicht in der Hausgemeinschaft, vgl Coester FamRZ 1985, 656 sowie § 1619 Rn 16) oder § 1664 BGB: Die Haftungsbeschränkung muss grundsätzlich auch dem Kind gegenüber den Eltern zugutekommen (§ 1619 Rn 36 mwNw; Staudinger/Heilmann [2020] § 1664 Rn 13; krit Gernhuber, in: FS Müller-Freienfels [1986] 159 ff, 173 Fn 53). Entsprechendes ist zum Umgangsrecht gem § 1634 BGB aF gefordert worden (Staudinger/Coester[12] § 1618a Rn 36–38; Staudinger/Peschel-Gutzeit[12] § 1634 Rn 23 ff, 48; Gernhuber/Coester-Waltjen [4. Aufl 1994] § 66 I 2) und hat jetzt in dem mit dem Elternrecht korrespondierenden Kindesrecht auf Umgang (§ 1684 Abs 1 BGB) seinen Niederschlag gefunden. Allerdings basiert das Gegenseitigkeitsprinzip auf strikter grundsätzlicher Parität; es korrigiert gleichermaßen auch Einseitigkeiten zu Lasten der Eltern, etwa im Umgangsrecht (vgl § 1684 Abs 1 HS 1 u 2 BGB, dazu Rn 44) oder im Unterhaltsrecht (vgl Lüderitz, in: FS Gaul [1997] 411, dazu Rn 69). 34

3. Beistand

a) Beistandsformen und -grenzen im Allgemeinen

Beistand – Hilfe oder Unterstützung durch aktives Handeln (Erman/Döll § 1618 Rn 5), Hilfe und Unterstützung in „Lebenslagen, die der Hilfsbedürftige wegen ihrer besonderen Art alleine nicht oder nur schwer meistern kann" (VG Halle [Saale] 5. 9. 2018 – 7 A 55/17, juris Rn 22; LSG Sachsen 12. 7. 2021 – L 8 SO 29/21 B ER, juris Rn 43) – kann in jeder denkbaren und benötigten Weise geschuldet sein: materiell, sachlich, psychisch, durch kleinere Dienstleistungen (anschaulich Mokrejs-Weinhappel in: Rummel/Lukas/Geroldinger, ABGB § 137 [4. Aufl, Stand 1. 5. 2022, rdb.at] Rn 3 zu Rasenmähen, Schneeräumen usw), Auskünfte oder in anderer bzw gemischter Form. Neben positivierten Sonderregelungen (zB elterliche Sorge, §§ 1626, 1627 BGB, oder Unterhaltspflichten, §§ 1601 ff BGB) tritt § 1618 BGB zurück, kann allerdings auch dort noch als Auslegungshilfe unterstützende Bedeutung entfalten (zu Auskunftspflichten im Unterhaltsrecht Brüne FamRZ 1983, 657, 658) oder zur Lückenfüllung herangezogen werden (zum Unterhaltsrecht s Rn 65 ff). 35

Grenzen der Pflicht aus § 1618 BGB ergeben sich schon aus dem Begriff „Beistand" sowie dem familiären Kontext: Es handelt sich um fremdnützige Hilfe über den individuellen Lebenskreis des Verpflichteten hinaus, basierend auf der engen familiären Beziehung. Absorbiert die notwendige Hilfe substantielle Teile der Arbeitskraft und Zeit des Beistehenden (vgl VG Halle [Saale] 5. 9. 2018 – 7 A 55/17, juris Rn 23), so übersteigt das die von § 1618 BGB angesonnene **„Opfergrenze"** familiärer Solidarität; dennoch geleistete Hilfe erfolgt nicht auf der Grundlage von § 1618 BGB, sondern möglicherweise auf dienst- oder arbeitsvertraglicher Grundlage (LSG Rheinland-Pfalz 26. 7. 2001 – L 1 AL 6/00, NZS 2002, 166, 167; LSG Schl-H 12. 12. 2014 – L 3 AL 53/12, juris Rn 34 aE; s für den Maßstab bei Eltern eines behinderten Kindes SächsLSG 13. 7. 2022 – L 8 S0 48/21, juris Rn 52; zur entsprechenden Problematik bei § 1619 BGB s § 1619 Rn 33 ff, 64 ff).

36 Als **materielle Beistandsleistung** kommen kleinere finanzielle und sachliche Unterstützungen (über die gesetzliche Pflicht zur Leistung von Unterhalt hinaus) in Betracht – nicht aber in Korrektur gesetzlich festgelegter Pflichtabgrenzungen (Rn 19), doch mit der Wirkung der Entlastung der Gemeinschaft ob des Vorrangs vor der staatlichen Fürsorgepflicht (für die Schweiz s Stehli, in: Kren/Kostkiewicz/Wolf/Amstutz/Fankhauser, ZGB [4. Aufl 2021] Art 272 ZGB Rn 2 und BGer 8. 6. 1993 – BGE 119 Ia 134). So kann sich – zumindest theoretisch – eine Pflicht zur Tragung besonderer, von der gesetzlichen Unterhaltspflicht nicht mehr umfassten Studienkosten aus § 1618 BGB ergeben (s als Beispiel KG 18. 9. 2012 – 17 WF 232/12, MDR 2013, 602 Rn 5: betr Studiengebühren für ein vollständig im Ausland absolviertes Studium, Anspruch verneint). Soweit es um die anspruchsbegründende Rolle von § 1618 BGB in Bezug auf Unterhaltskosten geht, bedarf § 1618 BGB der Abstimmung mit §§ 1619, 1620, 1624 BGB. Diesen Vorschriften liegt eine gesetzliche Konzeption zu Grunde, nach der jenseits der gegenseitigen Unterhaltspflicht zwar noch eine Dienstpflicht des hausangehörigen Kindes besteht (näher Rn 31), aber keine Pflicht zu Vermögensleistungen des Kindes (vgl § 1620 BGB) (OLG Frankfurt 29. 8. 2018 – 2 UF 66/18, FamRZ 2019, 457 Rn 35) oder der Eltern (§ 1624 Rn 1, 3) – solche Leistungen werden als freiwillige behandelt. Hieraus folgt, dass eine *Verdichtung zum Rechtsanspruch* bei materiellen Beistandsleistungen *ausgeschlossen* ist. Zu erwägen ist, ob im Ausnahmefall eine Pflicht eines Elternteils ergeben kann, freiwillig ohne Rechtspflicht geleistete Zahlungen, die er in der Vergangenheit geleistet hat, eine Zeit lang fortzusetzen, sofern das Kind im berechtigten Vertrauen hierauf disponiert hat und sich die Dispositionen nicht sofort und ohne erhebliche Nachteile rückgängig machen lassen (offen gelassen bei OLG Brandenburg 8. 11. 2016 – 10 UF 107/15, NZFam 2017, 808 Rn 37).

36a Das eben Gesagte gilt auch für Unterhaltsleistungen zwischen **Geschwistern**. Die Bedeutung des § 1618 BGB erschöpft sich insoweit darin, dass eine sittliche Beistandspflicht (die einen Bereicherungsanspruch gem § 814 BGB ausschlösse) uU zur (unvollkommenen) rechtlichen erhoben wird (Rn 3). Eine derartige Pflicht charakterisiert die kindliche Vermögenszuwendung im Auslegungsverfahren nach § 1620 BGB und ist deren *causa* iSd § 812 BGB (unter Ausschluss des Schenkungsrechts, vgl § 1620 Rn 5, 10). Auch kann sich aus § 1618 BGB die Pflicht des volljährigen Kindes ergeben, seinen Anspruch auf rückständigen Unterhalt gegen den einen Elternteil für den Zeitraum, währenddessen es von dem anderen Elternteil betreut wurde und Barmittel erhielt (soweit der Anspruch also mit dem familienrechtlichen Ausgleichsanspruch des anderen Elternteils kongruent ist), an den anderen Elternteil abzutreten (OLG Brandenburg 26. 1. 2016 – 10 UF 92/14, FamRZ 2016, 1462 Rn 56).

Im **physisch-tatsächlichen Bereich** können Pflichten zur Nothilfe bestehen (vgl BGH 6. 12. 1962 – VII ZR 164/61, BGHZ 38, 302 [Sohn hilft angegriffenem Vater]; zur strafrechtlichen Garantenpflicht Rn 21) oder positive Fürsorge- und Schutzpflichten (vgl OLG Karlsruhe 8. 10. 1976 – 10 U 18/76, VersR 1977, 232; s auch Rn 41). Eine Beistandspflicht der Mutter zur Begleitung des Kindes auf Klassenfahrt gibt es grundsätzlich nicht (VG Halle [Saale] 5. 9. 2018 – 7 A 55/17, juris Rn 20 ff). Zu Recht abgelehnt (Götz FamRZ 2016, 1136 – „Hattrick") wird der Ansatz, den Anspruch auf Herausgabe von **Kindeszubehör** auf § 1618 BGB zu stützen (Wohlgemuth FamRZ 2016, 1135; überzeugend zur Anspruchsgrundlage für den Herausgabeanspruch Götz FamRZ 2016, 519). 37

Eine **Aufnahme des Kindes in die Hausgemeinschaft** greift vom Bereich des materiellen über in den psychischen Beistand. Sie ist bei minderjährigen Kindern generell geschuldet als Ausfluss der elterlichen Sorgepflicht (§§ 1626, 1627, 1631 BGB); den nichtsorgeberechtigten Elternteil trifft eine Aufnahmepflicht gegenüber dem „übergelaufenen Kind", wenn er sich in erforderlicher und zumutbarer Weise, aber erfolglos bemüht hat, das Kind zur Rückkehr zum Sorgeberechtigten zu bewegen (Staudinger/Salgo [2020] § 1632 Rn 14; Hegnauer ZBlJugR 1980, 685, 686; zust Erman/Döll § 1618 Rn 11). Das Gleiche kann sinngemäß für Großeltern in Bezug auf ihre Enkel gelten (Hegnauer, in: FS Schnyder [1995] 421 ff, 427, 431). Gegenüber einem volljährigen Kind kann die Aufnahme geschuldet sein bei einem Flüchtling oder Strafentlassenen oder bei einem durch Drogen oder Sekteneinfluss desorientierten Kind (zust Erman/Döll § 1618 Rn 11). Jenseits solcher besonderen Umstände besteht keine generelle Pflicht von Eltern, ihre volljährigen Kinder, die das Haus verlassen haben, wieder aufzunehmen (AG Gladbeck 19. 12. 1990 – 11 C 349/90, FamRZ 1991, 980; AG Moers 12. 7. 1991 – 6 C 438/91, FamRZ 1992, 103). Ebenso besteht keine grundsätzliche Pflicht der Eltern, ihre volljährigen Kinder auf Dauer im Haus wohnen zu lassen (LG Frankfurt/Main 1. 6. 1993 – 2/11 S 517/92, FamRZ 1993, 978 [Räumungsklage bei Zerwürfnis]). Wohl aber wird man von den Eltern (als Rücksichtspflicht) verlangen können, dass sie ihr volljähriges Kind nicht abrupt „vor die Tür setzen", sondern ihm eine Räumungsfrist gewähren und ihm bei der von ihnen gewünschten Verselbständigung behilflich sind (AG Gladbeck 19. 12. 1990 – 11 C 349/90, FamRZ 1991, 980; Finger WoM 1999, 8 ff). 38

Problematisch ist eine **Aufnahmepflicht des Kindes gegenüber seinen alt gewordenen, möglicherweise pflegebedürftigen Eltern**. Sicher bietet § 1618 BGB insoweit nicht schlechthin eine Anspruchsgrundlage oder verändert radikal den früheren Wertungshorizont. Andererseits muss die Interessenabwägung im Lichte der Vorschrift erneut überprüft werden, handelt es sich doch um eine der fundamentalsten Beistandssituationen im Eltern-Kind-Verhältnis überhaupt und einen neuralgischen Punkt unserer sozialen Ordnung. Die Situationsabhängigkeit des Normgebotes von § 1618 BGB (Rn 31) ist hier besonders offenkundig: Auf der Elternseite sind die materielle und psychologische Angewiesenheit auf Aufnahme, Zuwendungs- und Pflegebedürftigkeit, soziale Verträglichkeit und bisheriges Verhalten gegenüber dem Kind (Umgang, Unterhalt) zu berücksichtigen; auf der Seite des Kindes die Wohnraumsituation, anderweitige Belastungen durch eigene Kinder, Schwiegereltern, Beruf und vieles andere. Der Aspekt der materiellen Belastung wird durch die Pflegeversicherung seit 1996 nicht mehr entschärft (§ 77 Abs 1 S 1 HS 2 SGB XI – keine Verträge über die häusliche Pflege zwischen Pflegkasse und Verwandten oder Verschwägerten des Pflegebedürftigen bis zum dritten Grad sowie mit Personen, die mit dem Pflegebedürftigen in häuslicher Gemeinschaft leben; die Regelung wird als verfassungsgemäß an- 39 gesehen – vgl BVerfG 26. 3. 2014 – 1 BvR 1133/12, FamRZ 2014, 911 Rn 21 [unter ausdrücklicher Berufung auf § 1618a BGB aF und § 1353 BGB], hierzu Beyer NDV 2015, 147; BSG 18. 2. 2016 – B 3 P 5/14 R, BSGE 120, 271 Rn 26; s auch BSG 23. 3. 1999 – B 2 U 15/98, ZfS 1999, 143 [die ihren querschnittsgelähmten Sohn pflegende Mutter verliert ihren Leistungsanspruch, Verweis auf Sozialhilfe]; das Kind, das wegen der Pflege seiner Eltern die Ausbildung vernachlässigt, verliert seinen BAföG-Anspruch – OVG Sachsen 20. 9. 2019 – 3 A 832/18; OVG Saarlouis 14. 7. 2020 – 2 A 189/19, juris Rn 19). Der Gesetzgeber war der Ansicht, dass von den durch § 77 Abs 1 S 1 HS 2 SGB XI ausgeschlossenen Personen Pflegeleistungen aufgrund gesetzlicher Verpflichtung nach § 1618 BGB und § 1353 BGB oder aufgrund moralischer Verpflichtung unentgeltlich erbracht werden (BT-Drucks 12/5262, 112; s BSG 18. 2. 2016 – B 3 P 5/14 R, BSGE 120, 271 Rn 26). Hinzu kommen die persönliche Beanspruchung und die gesamtfamiliäre Belastung. Am positiven Ende der Skala aller Möglichkeiten (vorhandene Einliegerwohnung, keine nennenswerte Pflegebelastung, intaktes persönliches Verhältnis) wird man im Lichte des § 1618 BGB eine Verdichtung des *persönlichen Beistands* zur Aufnahmepflicht bejahen müssen (vgl Diederichsen NJW 1980, 2; ähnlich für das österreichische Recht [„in Ausnahmefällen"] Fischer-Czermak in Kletečka/Schauer, ABGB-ON1.06 § 137 [Stand 15. 2. 2025, rdb.at] Rn 6; **aA** [keine Aufnahmepflicht] Mokrejs-Weinhappel in: Rummel/Lukas/Geroldinger, ABGB § 137 [4. Aufl, Stand 1. 5. 2022, rdb.at] Rn 8); im Übrigen ist nach der Aufgabe des Anreiz- und Unterstützungssystems der Pflegeversicherung eine Rechtspflicht zur Aufnahme im Rahmen des § 1618 BGB idR nicht begründbar (anders, aber zu weitgehend BSG 25. 10. 1989 – 2 RU 4/89, SozR 2200 § 539 Nr 134; BSG 23. 3. 1999 – B 2 U 15/98, ZfS 1999, 143). Das gilt vor allem auch bei Dissens des verheirateten Kindes mit seinem Ehegatten. Zwar verbietet § 1353 Abs 1 S 2 BGB dem Ehegatten, sich der Solidarität seines Partners dessen Eltern gegenüber grundlos entgegenzustellen. Tut er es dennoch, kann das Kind seiner Beistandspflicht nur unter Gefährdung seiner Ehe (und uU der Beziehung zu seinen eigenen Kindern) nachkommen. In diesem Fall verhindert die den *Eltern* dem Kind gegenüber obliegende *Rücksicht* die Entstehung einer Beistands- im Sinne einer Aufnahmepflicht: Die eigene Familie ist für das Kind von grundlegenderer Bedeutung als die Beziehung zu seinen Eltern (Gernhuber, in: FS Müller-Freienfels [1986] 159 ff, 183 f; Grüneberg/Götz § 1618 Rn 5; Erman/Döll § 1618 Rn 10).

Auch wenn demnach eine Aufnahme der Eltern im Haushalt des Kindes nicht geschuldet ist, bleibt aber doch regelmäßig die Pflicht zur organisatorischen Hilfe und Verwaltung bei einer institutionellen Unterbringung (Gernhuber, in: FS Müller-Freienfels [1986] 176, 183 ff).

40 *Besteht* ausnahmsweise eine Aufnahmepflicht (und eine Pflicht zur Erbringung von Pflegeleistungen), so ist sie **direktem Rechtszwang jedoch nicht zugänglich** (entsprechend § 120 Abs 3 FamFG; wie hier BFH 10. 5. 2017 – II R 37/15, FamRZ 2017, 1358 Rn 24; **aA** MünchKommBGB/vSachsen Gessaphe § 1618a Rn 14). Bei ihrer Verletzung sind aber mittelbare Konsequenzen nicht ausgeschlossen – etwa im Rahmen der Beurteilung, ob die Enterbung eines Abkömmlings sittenwidrig ist (§ 138 BGB; vgl BGH 3. 12. 1982 – 2 StR 550/82, NJW 1983, 764) oder bei der Frage nach Beistandspflichten der Eltern gegenüber dem Kind (§ 1618 BGB), möglicherweise auch im Rahmen einer condictio ob rem (§ 812 Abs 1 S 2 Alt 2 BGB) bezüglich elterlicher Zuwendungen (zB Überschreibung des geräumigen Familienwohnhauses auf das Kind in der Erwartung, dort später auch wohnen zu können).

Unter die Beistandspflicht können auch **Dienstleistungen oder sonstige Hilfstätigkeiten** für den anderen fallen: Pflege, Hilfe in Haus und Garten (BGer 2. 3. 1944 – BGE 70 II 21, 28 f; HEGNAUER, Grundriss § 18 II 2), Nachhilfeunterricht durch ältere Geschwister (GRÜNEBERG/GÖTZ § 1618 Rn 3). Insbesondere hier können auch die Grenzen einer Beistandspflicht aus § 1618 BGB bedeutsam werden (Rn 35). § 1619 BGB ist insoweit jedoch vorrangige Sondernorm: Besteht ein Anspruch auf Mitarbeit nach dieser Vorschrift nicht, etwa wegen anderweitiger Vollzeittätigkeit des Kindes, dann kann auch über § 1618 BGB nicht generell ein weitergehender Anspruch begründet werden (BGH 7. 10. 1997 – VI ZR 144/96, NJW 1998, 307, 309; zur Kritik im Rahmen des § 1619 BGB s § 1619 Rn 34). Allerdings bedeutet es nicht stets eine „Aufweichung geformten Rechts" (Rn 19), wenn § 1618 BGB Wirkungsmöglichkeiten außerhalb des Tatbestands von § 1619 BGB eröffnet werden: Letztere Vorschrift mag im Einzelfall eine generelle Dienstpflicht verneinen, nicht aber eine auf konkreter Bedürftigkeit beruhende (und auch somit schwächer ausgestaltete) Beistandspflicht des nicht hausangehörigen Kindes; auch das voll erwerbstätige Hauskind kann im Einzelfall notwendige Hilfsdienste schulden (BGH 7. 10. 1997 – VI ZR 144/96, NJW 1998, 307, 309: nur eben nicht generell und grundsätzlich). Gleichermaßen bedeutet die Herausnahme persönlicher Pflege der Eltern aus dem Pflichtenkreis des § 1619 BGB (nicht „Hauswesen" oder „Geschäft", vgl § 1619 Rn 29 ff) nicht, dass eine solche Pflicht des Hauskindes nicht aus anderen Gründen, also § 1618 BGB, bestehen könnte (zum Fall der ärztlichen Behandlung der Eltern durch das Kind s Rn 55). 41

Unter die hier erörterten Hilfstätigkeiten gehören auch **Hilfe im Rechts- und Behördenverkehr** und **Auskünfte** insbesondere Dritten gegenüber bei Antragstellungen und Bewerbungen (vgl OLG Karlsruhe 26. 6. 1978 – 16 WF 20/78, FamRZ 1979, 170). So wurde etwa die Verpflichtung einer Mutter, die Rechtsanwältin ist, ihren Sohn ohne Honorar in einem Gerichtsverfahren zu vertreten, aus § 1618 BGB hergeleitet (OVG Saarland 21. 2. 2011 – 1 UF 273/10, FamRZ 2011, 1162 Rn 17). Hierher ist auch die Frage zu verorten, ob das Kind von seiner Mutter die Benennung seines biologischen Vaters verlangen kann (dazu ausführlich Rn 47 ff). Bei Rechtsgeschäften zwischen Eltern und Kind kann § 1618 BGB zu gesteigerten Nebenpflichten gem § 241 Abs 2 BGB führen (Rn 17). 42

Auch **psychischer Beistand** kann geschuldet sein, etwa bei Not, Krankheit, ungewollter Schwangerschaft, Drogensucht oder Entlassung aus Strafvollzug. Zudem besteht eine Pflicht zur Benachrichtigung von Arzt, Notdienst, Feuerwehr usw (ERMAN/DÖLL § 1618 Rn 8). Regelmäßig anzunehmen ist eine Pflicht zur Abhaltung von Selbstmord oder Straftaten. 43

Auch die **grundsätzliche Bereitschaft zu persönlichem Kontakt** gehört schwerpunktmäßig in diesen Bereich. Dem gleichzustellen ist die Bereitschaft zur **familienüblichen Kommunikation** (informieren, zuhören, miteinander reden; vgl DRUEY, Information in der Familie, in: FS Schnyder [1995] 141 ff; LÜDERITZ, in: FS Gaul [1997] 411, 421). Diese Pflichten folgen aus der existentiellen Bedeutung von Eltern und Kindern füreinander (vgl BGE 76 II 272), unbeschadet der Unmöglichkeit ihrer unmittelbaren Erzwingung (DRUEY, Information in der Familie, in: FS Schnyder [1995] 157 f). Im Verhältnis zwischen minderjährigem Kind und seinen Eltern ist die Kontaktpflicht im *Umgangsrecht des § 1684 BGB* ausgestaltet; inwieweit die Eltern dem Kind Umgang mit anderen Verwandten zu ermöglichen haben, regelt § 1685 Abs 1 BGB, bezüglich sonstiger „Näheper- 44 sonen" ist § 1685 Abs 2 BGB einschlägig. Eines Rückgriffs auf § 1618 BGB bedarf es neben diesen Regelungen seit dem KindRG 1998 grundsätzlich nicht. Eine Ausnahme besteht, wenn beide Seiten den Umgang wollen, aber von einem anderen Kind (AG Arnsberg 21. 2. 1996 – 3 C 49/96, FamRZ 1996, 1435) oder vom anderen Elternteil daran gehindert werden. § 1618 BGB ist des Weiteren auch nicht ausgeschlossen, soweit gesetzgeberische Wertungen nicht verändert, sondern nur – bei Regelungslücken – ergänzt werden. Insoweit finden sich für § 1618 BGB vor allem drei Ansatzpunkte: § 1684 Abs 1 BGB verfehlt in unverständlicher Weise das Gegenseitigkeitsprinzip (Rn 34) – dem wechselseitigen Recht auf Umgang entspricht nach dem Gesetzeswortlaut eine Pflicht nur der Eltern. Die Umgangspflicht des Kindes ist (wie auch bei volljährigen Kindern) aus § 1618 BGB herzuleiten (anders [keine Umgangspflicht] Staudinger/Dürbeck [2023] § 1684 Rn 60). Umgekehrt fehlen in § 1685 Abs 1 BGB die *Pflicht* von Großeltern und Geschwistern zum Kontakt sowie eine entsprechende Berechtigung und Verpflichtung des Kindes – auch hier kann § 1618 BGB ergänzend herangezogen werden (vgl Rn 26, 27; rechtfertigend hingegen Staudinger/Dürbeck [2023] § 1685 Rn 9, 10 [treuhänderische Bindung des Großelternrechts]). Schließlich *kann* es zum von den Eltern geschuldeten Beistand gehören, dem Kind Kontakt mit anderen als den in § 1685 BGB genannten Personen zu ermöglichen (vgl OLG Bamberg 29. 1. 1999 – 2 UF 282/98, FamRZ 1999, 810 [faktischer Lebensgefährte; ohne Erörterung des § 1618 BGB]; vgl Otto FamRZ 2000, 44 f).

45 Das lebenslange Solidaritätsverhältnis von Eltern und Kindern impliziert auch gewisse Beistandspflichten über den **Tod der einen oder anderen Seite** hinaus. Das *Pflichtteilsrecht* (§§ 2303 ff BGB) ist positivierte Ausprägung dieses Gedankens (BVerfG 19. 4. 2005 – 1 BvR 1644/00, 1 BvR 188/03, NJW 2005, 1561, 1564 mit Zitat des damaligen § 1618a BGB, heute § 1618 BGB); § 2333 BGB (Pflichtteilsentziehung) enthält eine Interessenabwägung, die durch § 1618 BGB nicht relativiert werden kann (vgl BGH 1. 3. 1974 – IV ZR 58/72, NJW 1974, 1084). Gleiches gilt für das gesetzlich festgelegte Verhältnis von Testierfreiheit und Verpflichtung gegenüber Kind oder Eltern (in Ausnahmefällen interveniert die Rechtsprechung über § 138 BGB, vgl Lange/Kuchinke § 35 IV mwNw).

46 Als nachwirkende Beistandspflicht aus § 1618 BGB kann auch die den Angehörigen obliegende **Totenfürsorge** (Staudinger/Lettmaier [2020] § 1626 Rn 146, 237) verstanden werden (**aA** Gernhuber, in: FS Müller-Freienfels [1986] 159 ff, 185 Fn 77); dazu gehört idR auch die dauernde Grabpflege (BGer 9. 3. 1928 – BGE 54 II 90). Hinsichtlich der Beerdigungskosten können, falls die primär verpflichteten Erben (§ 1968 BGB) ausfallen, §§ 1615 Abs 2, 1615n BGB als positiv-rechtliche Ausprägung des Solidaritätsgebots verstanden werden, aus § 1618 BGB wird eine weitergehende Beistandspflicht hinsichtlich der Kostentragung regelmäßig nicht zu folgern sein.

b) Auskunftsansprüche über die genetische Verwandtschaft

47 Besondere Bedeutung § 1618 BGB erlangte beim Auskunftsanspruch des Kindes gegen seine Mutter über die Person seines Vaters (BGH 19. 1. 2022 – XII ZB 183/21, juris Rn 13 ff; OLG Frankfurt 13. 7. 2021 – 6 WF 92/21, juris Rn 8; OLG Celle 27. 7. 2022 – 21 UF 37/21, juris Rn 35). Diese Ansprüche lassen sich auch in dem aus dem allgemeinen Persönlichkeitsrecht abgeleiteten Recht des Kindes auf eigene Abstammung verwurzelt ansehen (näher s auch Staudinger/Hager [2021] § 823 Rn C 244a ff; Coester-Waltjen FF 2017, 224).

Die Problematik stellt sich auch beim Auskunftsanspruch des Adoptivkindes gegen seine Adoptiveltern (Lessing RpflStud 2001, 72 ff, 97 ff, 99) und in anderen Konstellationen: Der Auskunftsanspruch muss sich nicht auf den Erzeuger, sondern kann sich auch auf weitere Familienangehörige beziehen, so zB auf die **Großeltern** (s ausführlich für eine typische Fallkonstellation AG Lüdinghausen 6. 7. 2012 – 14 F 76/12, FamRZ 2013, 633 Rn 8 ff). Auch kann sich – bei Feststehen der Personen, die die Eltern des Kindes sind – ein Auskunftsanspruch in Bezug auf die elterliche und somit die eigene Identität gegenüber den Eltern ergeben, wenn über Identität und Staatsangehörigkeit der Eltern Unklarheit herrscht (VG Oldenburg 28. 9. 2009 – 11 A 2669/08, juris Rn 36 ff – Flüchtlinge, die aus dem Libanon angereist sind).

Beim Auskunftsanspruch betreffend die genetische Abstammung, insbesondere die Person des Erzeugers (s rechtsvergleichend zu diesem Thema Frank FamRZ 2017, 161) – der praktisch wichtigsten Fallgruppe, die am detailliertesten ausgeformt ist und deren Grundsätze auch für die anderen Fallgruppen Orientierungshilfe geben können – sind verschiedene Fallgestaltungen zu unterscheiden: (1) Anspruch des heranwachsenden oder schon volljährigen Kindes gegen die Mutter; (2) Anspruch des Kleinkindes gegen die Mutter, geltend gemacht durch seinen gesetzlichen Vertreter; (3) Anspruch des Kindes miteinander verheirateter Eltern bezüglich der Frage, ob sein rechtlicher Vater (Ehemann) auch sein Erzeuger sei; (4) Anspruch des rechtlichen Vaters gegen das Kind auf Einwilligung in Vaterschaftstest. Darüber hinaus sind der Anspruch des Kindes auf Information über die Person der Mutter (5) sowie Fallkonstellationen zu betrachten, in denen Anspruchsgegner oder Anspruchsteller des Auskunftsanspruchs nicht Teil der rechtlichen Familie sind (6). Auch der letztlich nicht zu § 1618 BGB gehörige Auskunftsanspruch des Scheinvaters ist hier zu nennen (7).

aa) Anspruch des heranwachsenden oder volljährigen Kindes gegen die Mutter auf Auskunft über die Person des genetischen Vaters

Noch vor Anerkennung des verfassungsrechtlichen Rechts des Kindes auf Kenntnis seiner genetischen Herkunft (BVerfG 31. 1. 1989 – 1 BvL 17/87, NJW 1989, 891; das umstrittene Recht umgekehrt der Eltern auf Kenntnis ihres Nachwuchses [vgl dazu Gernhuber/Coester-Waltjen § 52 Rn 24 mwNw; Muscheler/Schneider, FamR Rn 634] kann § 1618 BGB ebenfalls berühren [Rn 54a]) ist im Lichte von § 1618 BGB kontrovers diskutiert worden, ob die Mutter dem Kind auf dessen Nachfrage hin durch Auskunftserteilung Beistand leisten muss. Neben den ideellen Interessen des Kindes an seiner genetischen Identität sowie möglicherweise an persönlichem Kontakt stehen auch handfeste materielle Interessen (Unterhalt, Erbansprüche). Der Streitstand ist zusammengefasst in einer ersten Entscheidung des AG Passau (AG Passau 15. 7. 1987 – 11 C 724/87, FamRZ 1987, 1309 ff; bestätigend LG Passau 26. 11. 1987 – 1 S 231/87, NJW 1988, 144), das den Auskunftsanspruch eines zwanzigjährigen Kindes gegen seine Mutter bejahte. Schon ein Jahr vor seiner grundsätzlichen Entscheidung zum Recht des Kindes auf Kenntnis seiner Abstammung hat das BVerfG dieses Urteil gebilligt und dabei das **Recht** jedenfalls **des Kindes** nicht miteinander verheirateter Eltern auf Kenntnis seines Vaters **dem Persönlichkeitsrecht der Mutter** auf Wahrung ihrer Privatsphäre **grundsätzlich übergeordnet** (BVerfG 18. 1. 1988 – 1 BvR 1589/87, FamRZ 1989, 147 [Kammerbeschluss]; zur Reaktion des Schrifttums vSethe, Die Durchsetzung des Rechts auf Kenntnis der eigenen Abstammung [Diss Münster 1995] 100 ff; Weber FamRZ 1996, 1254 ff). Wie die übrige Rechtsprechung folgte das LG Münster getreu dieser Linie (ebenfalls gestützt auf den damaligen § 1618a BGB, heute § 1618 BGB) in einem Fall, in dem eine Mutter ihrer dreißigjährigen 48

Tochter die Auskunft verweigerte unter Hinweis darauf, dass sie im fraglichen Zeitraum mit vier Männern verkehrt habe und deren nunmehr geordnete Lebensverhältnisse nicht stören wolle (LG Münster 21. 2. 1990 – 1 S 414/89, FamRZ 1990, 1031 ff). In Aufhebung dieses Urteils vollzog das BVerfG überraschend eine Kehrtwende (BVerfG 6. 5. 1997 – BvR 409/90, FamRZ 1997, 869 ff; zur Genese dieser Rechtsprechung instruktiv Frank FamRZ 2017, 161): Zwar sei die Herleitung eines Auskunftsanspruchs aus § 1618 BGB nicht grundsätzlich zu beanstanden (dagegen Frank/Helms FamRZ 1997, 1258, 1263), die Persönlichkeitsrechte von Mutter und Kind bedürften jedoch einer umfassenden, offenen Abwägung, von einer grundsätzlichen Höherwertigkeit der Kindesinteressen dürfe nicht ausgegangen werden (krit zur Argumentation des BVerfG Muscheler/Bloch FPR 2002, 339, 350; Eidenmüller JuS 1998, 789, 791 f; Niemeyer FuR 1998, 41 f; Starck JZ 1997, 779, 780; unrichtige Interpretation bei Hufen, in: FS BVerfG [2001] 105, 112). Auch im Lichte dieser Grundsätze entschied das LG Münster erneut zu Gunsten der klagenden Tochter (LG Münster 26. 8. 1998 – 1 S 414/89, NJW 1999, 726 ff; Verfassungsbeschwerde dagegen vom BVerfG nicht angenommen, Beschluss vom 20. 12. 1998 – 1 BvR 1774/98; s auch LG Bremen 10. 3. 1998 – 1 S 518/97, FamRZ 1998, 1039; zur Vollstreckbarkeit des Anspruchs s Rn 51; zur Entwicklung von Rechtsprechung und Schrifttum ausf Helms, Die Feststellung der biologischen Abstammung [1999] 151 ff). Es ist davon auszugehen, dass die Rechtsprechung des BVerfG zur mangelnden Rechtsgrundlage des Auskunftsanspruchs beim Scheinvaterregress (BVerfG 24. 2. 2015 – 1 BvR 472/14, BVerfGE 138, 377, Rn 54d) die hiesige Situation nicht berührt, da mit § 1618 BGB eine hinreichende Rechtsgrundlage gegeben ist (so auch die Einschätzung bei DIJuF-Rechtsgutachten JAmt 2015, 244).

49 Nach diesem Stand der Rechtsprechung kann im Einzelfall der gem § 1618 BGB geschuldete Beistand zu einer Auskunftspflicht über den Kindesvater führen, deren Erfüllung das Kind gerichtlich durchsetzen kann (Coester, in: FS Schnyder [1995] 101 ff, 105 f; Eidenmüller JuS 1998, 789, 791; OLG Koblenz 28. 6. 2017 – 9 UF 191/17; BeckOGK-BGB/Kienemund [1. 11. 2025] § 1618 Rn 23; **aA** OLG Zweibrücken 19. 10. 1989 – 7 U 182/89, NJW 1990, 719, 720; AG Rastatt 16. 3. 1995 – 1 C 597/94, FamRZ 1996, 1299, 1300 [ohne erkennbaren Gewinn § 242 BGB statt § 1618 BGB anwendend]; Helms Die Feststellung der biologischen Abstammung [1999] 160 f; Frank/Helms FamRZ 1997, 1258 ff; Koch FamRZ 1990, 569 ff; Moritz Jura 1990, 134; Weber FamRZ 1996, 1254, 1255). Vorausgesetzt ist allerdings, dass die Mutter dem Kind beistehen *kann*, dh die Person des Vaters bezeichnen kann (Beweislast beim Kind, OLG Köln 30. 3. 1994 – 26 U 56/92, FamRZ 1994, 1197 f; LG Münster 26. 8. 1998 – 1 S 414/89, NJW 1999, 726, 727; Eidenmüller JuS 1998, 789, 792). Kein Einwand ist hingegen Mehrverkehr – hier sind dem Kind alle der Mutter bekannten Männer zu benennen (LG Münster 26. 8. 1998 – 1 S 414/89, NJW 1999, 726, 727; Eidenmüller JuS 1998, 789, 792). Die Interessen der (potenziellen) Väter und deren inzwischen gegründeten Familien spielen im Rahmen der Abwägung nach § 1618 BGB keine Rolle (LG Münster 21. 2. 1990 – 1 S 414/89, FamRZ 1990, 1031, 1033 f; LG Münster 26. 8. 1998 – 1 S 414/89, NJW 1999, 726, 728 [anders möglicherweise in Ausnahmefällen]; Muscheler/Bloch FPR 2002, 339, 349 unter Hinweis auf § 372a ZPO, s nun primär § 178 FamFG). Auch ein Geheimhaltungsversprechen der Mutter gegenüber dem bzw den Betroffenen kann sie nicht von ihrer Pflicht gegenüber dem Kind befreien (anders offenbar LG Münster 26. 8. 1998 – 1 S 414/89, NJW 1999, 726, 728).

50 Die Umstände des Falles *können* ausnahmsweise aber auch den Persönlichkeitsschutz der Mutter als vorrangig erscheinen lassen. Es kommt auf eine offene Einzelfallabwägung an (Lakkis FamRZ 2006, 454, 460; MünchKommBGB/vSachsen Gessaphe § 1618a Rn 17; Eidenmüller JuS 1998, 789, 791; Muscheler/Bloch FPR 2002, 339, 349; tendenziell auch Gernhuber/Coester-Waltjen § 52 Rn 18, 19). Überwiegendes Mutterinteresse wurde beispielsweise anerkannt, wenn die Mutter andernfalls frühere Prostitution offenlegen müsste (AG Schwetzingen 14. 11. 1991 – 4 C 464/91, DAVorm 1992, 88) oder wenn sie ihre Arbeitsstelle verlieren würde, während Unterhaltsansprüche gegen den Vater voraussichtlich nicht realisierbar wären (OLG Hamm 22. 3. 1991 – 29 U 166/90, FamRZ 1991, 1229 [Vater ist psychisch kranker Patient in einer Einrichtung, in der die Mutter beruflich tätig ist]). Auch Vergewaltigung oder inzestuöse Beziehungen wären ein tauglicher Einwand gegen das Auskunftsbegehren (Eidenmüller JuS 1998, 789, 792 Fn 33). Allerdings muss insoweit eine „andeutungsweise Glaubhaftmachung" (Helms [Rn 48] 155) genügen, um den intendierten Persönlichkeitsschutz der Mutter nicht zu konterkarieren (Helms [Rn 48] 155).

Wenn ein Auskunftsanspruch des Kindes zu bejahen ist, dann ist dieser – entgegen **51** verbreiteter Auffassung – auch **vollstreckbar** (OLG Hamm 16. 1. 2001 – 14 W 129/99, NJW 2001, 1870, 1871 [in Aufhebung der insoweit ablehnenden Entscheidung des LG Münster 29. 7. 1999 – 5 T 198/99, NJW 1999, 3787, s dazu Rn 48]; MünchKommBGB/vSachsen Gessaphe § 1618a Rn 20; BeckOGK-BGB/Kienemund [1. 11. 2025] § 1618 Rn 25; Frank FamRZ 2017, 161, 162; grundlegend Brückner, Die Vollstreckbarkeit des Auskunftsanspruchs des Kindes gegen seine Mutter auf Nennung des leiblichen Vaters [2003; rechtsvergleichend]; Gernhuber/Coester-Waltjen § 55 Rn 67; Eidenmüller JuS 1998, 789, 792; Lorenz JuS 1995, 569, 571 f, 575; **aA** LG Landau 13. 4. 1989 – 2 O 44/89, DAVorm 1989, 634, 636; AG Schwetzingen 14. 11. 1991 – 4 C 464/91, DAVorm 1992, 88, 91 [sittlich anstößig]; Helms [Rn 48] 157 Fn 117 mit umfassenden Nachweisen). Der Gedanke des § 120 Abs 3 FamFG steht nicht entgegen, weil die maßgebliche Abwägung mit dem Persönlichkeitsschutz der Mutter bereits im Rahmen § 1618 BGB stattgefunden hat (Coester, in: FS Schnyder [1995] 101 ff, 106 Fn 23; Eidenmüller JuS 1998, 789, 792: „gefundenes Ergebnis sollte vollstreckungsrechtlich nicht konterkariert werden" [diese Befürchtung belegt eindrucksvoll LG Münster 29. 7. 1999 – 5 T 198/99, NJW 1999, 3787, dazu vorstehend]). Auch ein Zeugnisverweigerungsrecht der Mutter gem § 383 Abs 1 Nr 2, 3 ZPO kann dem Kind nicht entgegengehalten werden, es entfaltet seine Bedeutung erst im späteren Vaterschaftsverfahren (Eidenmüller JuS 1998, 789, 795). Gibt die Mutter Auskunft über die Person des biologischen Vaters, so ist diese Auskunft grundsätzlich unabhängig von ihrer Richtigkeit als Erfüllung des Anspruchs zu werten (anders nur bei offensichtlicher Unrichtigkeit), sodass der Auskunftsanspruch erlischt (OLG Koblenz 28. 6. 2017 – 9 UF 191/17, juris Rn 11 – der Richtigkeitsgewähr dient der Anspruch auf eidesstattliche Versicherung und die daran anknüpfende Strafandrohung).

bb) Entsprechender Auskunftsanspruch des kleineren Kindes

Die Interessenwahrung des minderjährigen Kindes gehört zu den Sorgepflichten der **52** Eltern (§§ 1626 ff BGB), hier also der Mutter (§ 1626a Abs 3 BGB); § 1618 BGB kann allenfalls zur Verdeutlichung dieser Pflichten herangezogen werden (Gernhuber/Coester-Waltjen § 52 Rn 21, 22 wendet nur § 1626 BGB an). Ob und wann eine Information des Kindes geboten ist, wird hier vorrangig von materiellen Gesichtspunkten abhängen – die Suche nach den genetischen Wurzeln beginnt regelmäßig erst mit der Pubertät (Coester, in: FS Schnyder [1995] 101 ff, 107 f; Eidenmüller JuS 1998, 789, 793). Information zu Unzeit kann uU die Kindesentwicklung eher stören als fördern (Gernhuber/Coester-Waltjen § 52 Rn 22; Zenz StAZ 1974, 281; Moritz Jura 1990, 134, 138 f). Danach liegt die Auskunftserteilung in erster Linie in der mütterlichen Sorgeverantwortung. Die Maßgeblichkeit der mütterlichen Entscheidung (auch in Abwägung gegen ihre eigenen Interessen) hat durch das KindRG 1998 erhebliche rechtliche Stärkung erhalten: Abschaffung der Amtspflegschaft, freiwillige Ausgestaltung der Beistandschaft (§§ 1712 Abs 1, 1715 BGB), keine Entziehungsmöglichkeit des Vertretungsrechts (§ 1629 Abs 2 S 3 HS 2 BGB mit § 1796 BGB). Zwar betreffen diese Regelungen nicht das Innenverhältnis zum Kind, sie legen aber nahe, dass – unbeschadet einer Auskunftspflicht im Innenverhältnis gem § 1618 BGB – die Nichtverfolgung der Vaterschaft *regelmäßig* kein Grund sein darf für Eingriffe in das mütterliche Sorgerecht nach § 1666 BGB (Gernhuber/Coester-Waltjen § 52 Rn 22; Staudinger/Coester [2020] § 1666 Rn 119, 198; im Einzelfall ebenso AG Fürth 4. 1. 2001 – 205 F 1185/00, FamRZ 2001, 1089, 1090; weniger zurückhaltend Koch FamRZ 1990, 569, 572; Eidenmüller JuS 1998, 789, 794). Anderes mag gelten bei schwerwiegenden Kindesinteressen (wirtschaftliche Not) und Fehlen besonderer Geheimhaltungsinteressen der Mutter (Coester, in: FS Schnyder [1995] 101 ff, 108).

53 Handelt bei der gerichtlichen Durchsetzung der **gesetzliche Vertreter** für das Kind, so stellt sich die Problematik in besonderem Licht dar. Sie hat seit Abschaffung der Amtspflegschaft des Jugendamtes allerdings erheblich an Bedeutung verloren; sie setzt voraus, dass der Mutter generell oder speziell zu diesem Zweck das Vertretungsrecht gem § 1666 BGB entzogen worden ist. Gerichtlichen Anträgen des Kindes, vertreten durch das Jugendamt nach altem Recht, ist die Rechtsprechung mit Zurückhaltung begegnet (OLG Hamm 22. 3. 1991 – 29 U 166/90, FamRZ 1991, 1229 f; OLG Zweibrücken 19. 10. 1989 – 7 U 182/89, NJW 1990, 719 f; vgl Coester, in: FS Schnyder [1995] 101 ff, 106 ff; Eidenmüller JuS 1998, 789, 793; vgl auch BGH 11. 11. 1981 – IVb ZB 783/81, NJW 1982, 381, 382 f [kein eigenständiges Auskunftsrecht des JugA]; **aA** [Auskunftsanspruch bejahend] AG Gemünden 2. 8. 1989 – C 181/89, FamRZ 1990, 200 f; AG Duisburg 21. 8. 1992 – 27 C 73/92, DAVorm 1992, 1129 f). Die Argumente haben für künftige Auskunftsbegehren durch einen Vormund oder Pfleger ihr Gewicht behalten: Für das kleinere Kind ist die Suche nach den genetischen Wurzeln noch nicht so bedeutungsvoll, insoweit kann man seine eigene Willensbildung abwarten; familienfremde Kindesvertreter sind nicht gleichermaßen wie das Kind rücksichtsgebunden – einseitige Interessendurchsetzung des Kindes kann dessen persönliche Beziehungen zur Mutter gefährden; gerichtliche Anträge *gegen* den Willen des minderjährigen Kindes (LG Landau 13. 4. 1989 – 2 O 44/89, DAVorm 1989, 634, 635) wären deshalb besonders unglücklich (zum Ganzen Coester, in: FS Schnyder [1995] 101 ff, 107 f; Eidenmüller JuS 1998, 789, 793 f; Moritz Jura 1990, 134, 138 f). Ein im Einzelfall nach § 1618 BGB bestehender Auskunftsanspruch des Kindes ist zwar nicht in strengem Sinne höchstpersönlich, sondern in Ausnahmefällen (vgl Rn 52) auch durch Dritte erhebbar (nicht allerdings abtretbar, Weber FamRZ 1996, 1254, 1262; Eidenmüller JuS 1998, 789, 794 f); im Vergleich zu eigenen Auskunftsbegehren des Kindes ist aber deutlich größere Zurückhaltung geboten (kritisch DIJuF-Rechtsgutachten JAmt 2015, 246).

cc) Auskunftsanspruch des Kindes miteinander verheirateter Eltern

54 Zweifel des Kindes, ob der Ehemann seiner Mutter auch wirklich sein biologischer Vater ist, lösen grundsätzlich keine „Beistandspflicht" seiner Mutter im Sinne einer Auskunftspflicht aus (Coester, in: FS Schnyder [1995] 101 ff, 108 f), erst recht nicht schikanöses „Störfeuer" des Kindes. Allerdings gibt § 1600 Abs 2, 3 BGB die Grenze vor, bis zu der Familien- und Eheschutz die Abstammungsklärung blockiert. Fehlt eine „sozial-familiäre Beziehung" zum Ehemann der Mutter, setzt die Ehe auch dem Auskunftsanspruch des Kindes keine eigenständige Grenze.

dd) Anspruch des rechtlichen Vaters gegen das Kind auf Einwilligung in Vaterschaftstest

Im Zusammenhang mit der Diskussion um „heimliche Vaterschaftstests" (dazu BVerfG 13. 2. 2007 – 1 BvR 421/05, NJW 2007, 753, s in Folge die Schaffung des § 1598a BGB) ist vereinzelt vertreten worden, der rechtliche Vater habe aus § 1618 BGB einen Anspruch auf Einwilligung in die Vornahme eines außergerichtlichen DNA-Tests (Muscheler ZErb 2005, 103; Muscheler FPR 2005, 185, 186; einen entsprechenden Anspruch gegen die Mutter will Muscheler aus einem zwischen den Eltern bestehenden gesetzlichen Schuldverhältnis herleiten). Die ganz hM folgte dem nicht, sondern ging von Freiwilligkeit und freier Widerruflichkeit einer entsprechenden Einwilligung (bei Kind wie Mutter) aus (zB OLG Köln 6. 5. 2004 – 14 UF 235/03, FamRZ 2004, 1987; OLG Zweibrücken 7. 10. 2004 – 2 WF 159/04, FamRZ 2005, 735; Schwonberg JAmt 2005, 269). Die Ausführungen des BVerfG (13. 2. 2007 – 1 BvR 421/05, NJW 2007, 753 Rn 75, 77 und 88) deuteten darauf hin, dass dem (isolierten) Feststellungsinteresse des Vaters (als Teil seines Persönlichkeitsrechts) keine gleichwertigen Interessen von Kind oder Mutter entgegenstehen. Inzwischen ist diese Konstellation gesetzlich geregelt. Der rechtliche Vater kann vom rechtlichen Kind verlangen, dass dieses in eine genetische Abstammungsuntersuchung einwilligt und die Entnahme einer für die Untersuchung geeigneten genetischen Probe duldet, § 1598a Abs 1 S 1 Nr 1 Var 2 BGB; ein besonderes Interesse muss er grundsätzlich nicht darlegen. **54a**

ee) Anspruch des Kindes gegen den Vater zur Auskunft über die genetische Mutter

Wenngleich weitaus häufiger die Person des Vaters unklar ist, so kann zuweilen auch die Person der Mutter unklar sein (Coester-Waltjen FF, 2017, 224, 228; für ein Beispiel s AG Schöneberg 22. 2. 2018 – 87 F 245/17, FamRZ 2018, 1096). Die Fälle sind der Auskunft über die Person des Vaters im Grundsatz vergleichbar. Auch hier muss ein Elternteil Informationen aus seiner Intimsphäre – mit wem er Geschlechtsverkehr hatte – preisgeben (insofern Begründung bei AG Schöneberg 22. 2. 2018 – 87 F 245/17, FamRZ 2018, 1096 Rn 20, dass keinerlei schutzwürdige Interessen erkennbar seien, weil feststehe, dass „nur eine Frau als Mutter des Kindes in Betracht kommt", nicht gänzlich überzeugend). **54b**

ff) Weitere Ansprüche außerhalb der rechtlichen Kernfamilie

Weder aus § 1618 BGB noch aus sonstigen Normen des einfachen Rechts oder des Verfassungsrechts kann ein Anspruch des Kindes gegen seinen mutmaßlichen genetischen, nicht rechtlichen Vater auf Duldung einer Abstammungsuntersuchung abgeleitet werden (BVerfG 19. 4. 2016 – 1 BvR 3309/13; BVerfGE 141, 186 m Anm Keuter FF 2019, 398; Heiderhoff NJW 2016, 1918; J C Scherpe FamRZ 2016, 1824). Der AK Abstammungsrecht schlägt zu Recht eine deutliche Ausweitung der lex lata vor: „Jeder soll ein Recht darauf haben, seine genetische Abstammung ‚statusunabhängig' gerichtlich klären zu lassen, ohne dadurch zugleich die Zuordnung zu seinen rechtlichen Eltern verändern zu müssen" (Abschlussbericht 2017 S 31). Auch schon der djt 2016 hatte sich für einen isolierten statusfolgenlosen Abstammungsklärungsanspruch ausgesprochen (Beschlüsse der familienrechtlichen Abteilung 2016, Nr 8). Der Diskussionsteilentwurf des BMJV vom 12. 3. 2019 zu einer Reform des Abstammungsrechts schlug mit § 1600g BGB-E einen solchen Anspruch vor. Beim minderjährigen Kind soll der Auskunftsanspruch gegen den mutmaßlichen genetischen Vater durch die Statusverfahren gesperrt sein; beim volljährigen Kind nicht (§ 1600g Abs 1 Nr 4 BGB-E). Auch der Mann soll einen Auskunftsanspruch gegen sein mutmaßliches genetisches Kind ha- **54c** ben (§ 1600g Abs 1 Nr 6 BGB-E – ohne Vorrang eines statusverändernden Verfahrens) und das Kind gegen die nur genetische Mutter (§ 1600g Abs 1 Nr 5 BGB-E; nicht aber die genetische Mutter gegen das nur genetische Kind). Der Diskussionsentwurf eines Gesetzes zur Reform des Abstammungsrechts des BMJV vom 9. 12. 2024 sah wiederum vor, den bisherigen Abstammungsaufklärungsanspruch des § 1598a BGB durch ein gerichtliches Verfahren auf Feststellung der genetischen Abstammung zu ersetzen und in § 1589 BGB-E zu regeln; auch durch diese Vorschrift sollte der Kreis der Personen, gegen die sich das Verfahren richten kann und die ein solches Verfahren anstrengen können, erweitert werden. Der Regierungsentwurf eines Gesetzes zur Umsetzung des Urteils des Bundesverfassungsgerichts zur Vaterschaftsanfechtung vom 29. 10. 2025 (BT-Drucks 21/2997) sieht keine dementsprechende Regelung vor.

gg) Anspruch des Scheinvaters gegen die Mutter auf Auskunft über die Person des genetischen Vaters

54d Der Anspruch des Scheinvaters gegen die Mutter auf Mitteilung der Person des genetischen Vaters zum Zwecke der Geltendmachung von Unterhaltsregress wurde von der Rechtsprechung in § 242 BGB verortet, nicht in § 1618 BGB (vgl nur BGH 9. 11. 2011 – XII ZR 136/09, BGHZ 191, 259). Das BVerfG ist dem entgegengetreten (BVerfG 24. 2. 2015 – 1 BvR 472/14, BVerfGE 138, 377, hierzu Fröschle FamRZ 2015, 1858; Scherpe FamRZ 2015, 729) und entschied, eine solche Auskunftspflicht zur Durchsetzung des Regressanspruchs aus § 1607 Abs 3 BGB könne generell nicht aus § 242 BGB hergeleitet werden, weil hierfür gesetzliche Anknüpfungspunkte erforderlich wären; der Gesetzgeber müsse tätig werden und dabei dem Persönlichkeitsrecht der Mutter Rechnung tragen. Der Entwurf eines Gesetzes zur Reform des Scheinvaterregresses, zur Rückbenennung und zur Änderung des Internationalen Familienrechtsverfahrensgesetzes von 2016 (BR-Drucks 493/16; BT-Drucks 18/10343) hatte eine Regelung eines Auskunftsanspruchs in § 1607 Abs 4 BGB-E vorgesehen (s zum Entwurf Wellenhofer FamRZ 2016, 1717 und Frank FamRZ 2017, 161), doch der Entwurf reifte nicht zum verabschiedeten Gesetz.

c) Beistandsfolgen

55 Beistandsleistungen im Rahmen des § 1618 BGB werden grundsätzlich **unentgeltlich** erbracht (Rechtsgedanke aus §§ 1619, 1620 BGB; vgl BGer 2. 3. 1944 – BGE 70 II 21, 28 f [volljähriger Sohn pflegt Haus, Garten und die gebrechliche Mutter selbst – keine Forderung gegen die Erben]; Hegnauer, Grundriss § 18 II 2). Dies gilt grundsätzlich auch im Bereich der Pflegeversicherung (BSG 23. 3. 1999 – B 2 U 15/98 R, ZfS 1999, 143). Auch die Kosten des Umgangs mit dem Kind (als gesetzliche Sonderform des „Beistands", Rn 44) sind deshalb vom umgangsberechtigten Elternteil zu tragen und können nicht vom unterhaltsrechtlich maßgeblichen Einkommen abgezogen werden (mit Verweis auf den damaligen § 1618a BGB s BGH 9. 11. 1994 – XII ZR 206/93, FamRZ 1995, 215; KG 11. 12. 1997 – 19 UF 272/97, FamRZ 1998, 1386, 1387).

Allerdings ist stets zu fragen, ob sich die Beistandspflicht auf die Beistandsleistung als solche beschränkte oder ob sie gerade auch deren Unentgeltlichkeit mit umfasste: Behandelt ein Kind als Arzt seine Eltern, so mag die Behandlung als solche nach § 1618 BGB geschuldet sein (Eilfall, besonderes Vertrauensverhältnis; dazu Gernhuber, in: FS Müller-Freienfels [1986] 159 ff, 188 Fn 87), nicht aber – mangels insoweit bestehender Bedürftigkeit – die *vergütungslose* Behandlung bei versicherten oder vermögenden Eltern (zum Sachverhalt, allerdings unter dem Aspekt des § 1619 BGB, LG Offenburg 7. 3. 1950 – I S 24/49, DRZ 1950, 253; LG Lübeck 4. 10. 1950 – I S 669/50, VersR 1951, 9; vgl § 1619 Rn 29). Die Vergütungspflichtigkeit von Beistandsleistungen kann sich auch aus Sondervorschriften ergeben, im Vormundschafts- und Betreuungsrecht zB aus §§ 1835 Abs 4, 1908i Abs 1 S 1 BGB (LG Kaiserslautern 10. 9. 1993 – 1 T 120/93, BtPrax 1994, 34; LG Koblenz 10. 1. 1996 – 2 T 734/95, FamRZ 1996, 622, 623; LG Göttingen 23. 6. 1995 – 6 T 99/95, NdsRpfl 1995, 270 f [Aufwandsentschädigung]; LG Wuppertal 27. 4. 1995 – 6 T 318/95, JurBüro 1995, 603 f; LG Münster 19. 1. 1995 – 5 T 60/95, FamRZ 1996, 248 f; **aA** LG Ingolstadt 2. 2. 1994 – 1 T 137/94, Rpfleger 1994, 354). Selbst eine vertragliche Vergütungsregelung zwischen den Beteiligten verhindert nicht unbedingt die Einstufung der Leistung als „Beistand“ iSd § 1618 BGB (zur ehelichen Beistandspflicht s BGH 26. 7. 2001 – III ZR 172/00, NJW 2001, 3541, 3543).

Das Bestehen einer familienrechtlichen Beistandspflicht wirkt sich aus bei der An- **56**
wendung von §§ 612 Abs 1, 632 Abs 1 BGB; es erlaubt Analogien zu §§ 685 Abs 2, 1360b, 1620 BGB (zu ersterer Vorschrift s BGH 6. 12. 1962 – VII ZR 164/61, BGHZ 38, 302, 305 f: Sohn hilft angegriffenem Vater, wird selbst verletzt, Rückgriff der Krankenkasse gegen den Vater verneint). Im Bereich der GoA ist allerdings zu beachten, dass etwa der zur Nothilfe eilende Sohn gem § 1618 BGB *auch* ein eigenes Geschäft führt, zu dem er dem Geschäftsherrn (Vater) verpflichtet ist. Helfen sich Eltern bzw Kinder bei Rechtsangelegenheiten, so macht die Beistandspflicht nach § 1618 BGB die Rechtssache des anderen Teils zur (auch) eigenen, sodass die Beschränkungen des RDG nicht eingreifen (zu § 1353 Abs 1 S 2 BGB s BGH 26. 7. 2001 – III ZR 172/00, NJW 2001, 3541, 3543; abgesehen davon dürfte es sich um erlaubte unentgeltliche Rechtsdienstleistung iSd § 6 Abs 1 RDG handeln).

Zur Erfüllung einer Beistandspflicht gewährte materielle Leistungen unterfallen **57**
nicht dem Schenkungsrecht (vgl BGer 17. 12. 1957 – BGE 83 II 533, 536 f; Hegnauer, Grundriss § 18 II 2; Stehli, in: Kren/Kostkiewicz/Wolf/Amstutz/Fankhauser, ZGB [4. Aufl 2021] Art 272 ZGB Rn 2). Das zur Erfüllung einer Beistandspflicht Geleistete kann – soweit die sittliche Pflicht reicht – bereicherungsrechtlich nicht zurückgefordert werden (§ 814 BGB, für die Schweiz vgl Art 63 Abs 2 OR und Stehli, in: Kren/Kostkiewicz/Wolf/Amstutz/Fankhauser, ZGB [4. Aufl 2021] Art 272 ZGB Rn 3). Erbrechtlich scheidet ein Pflichtteilsergänzungsanspruch (§ 2325 BGB) von vornherein aus (nicht erst über § 2330 BGB). Allerdings kommt eine Ausgleichspflicht analog §§ 2057a Abs 2 S 2, 2316 Abs 1 S 1 BGB in Betracht.

d) Außenschutz des Beistandsverhältnisses

Unabhängig von einer im Innenverhältnis bestehenden, möglicherweise sogar durch- **58**
setzbaren Rechtspflicht zu persönlichem Kontakt hat das Recht doch dem Umstand Rechnung zu tragen, dass Eltern und Kinder normaler- und natürlicherweise ein Bedürfnis nach persönlichem Umgang und gegenseitigem Beistand haben. Die Ausgestaltung dieses Näheverhältnisses als Rechtsverhältnis durch § 1618 BGB erleichtert dessen **Absicherung und Schutz gegenüber der Außenwelt**: Die interne Pflicht zum Beistand wird Dritten gegenüber zum **Beistandsrecht**.

Dieses Recht wird bedeutsam, wenn beide Seiten im Eltern-Kind-Verhältnis Um- **59**
gang und Beistand ausüben wollen, von Dritten dabei jedoch gestört oder davon abgehalten werden: Der Sohn will den kranken Vater besuchen und pflegen, ihm wird

aber von der Stiefmutter der Zugang verwehrt (KG 15. 6. 1988 – 24 W 2148/88, FamRZ 1988, 1044 ff; ähnlich AG Arnsberg 21. 2. 1996 – 3 C 49/96, FamRZ 1996, 1435 f [Bruder verhindert Kontakt der Schwester mit alter Mutter]). Hier ebnet § 1618 BGB den Weg für die Anerkennung eines **absolut geschützten Beistandsverhältnisses**, dessen Störungen durch Unterlassungs- und Beseitigungsansprüche nach §§ 823 Abs 1 („sonstiges Recht"), 1004 BGB abgewehrt werden können (KG 15. 6. 1988 – 24 W 2148/88, FamRZ 1988, 1044 ff; AG Arnsberg 21. 2. 1996 – 3 C 49/96, FamRZ 1996, 1435 f; NK-BGB/Czeguhn/Schmitz § 1618a Rn 10; Lessmann JZ 1989, 39 ff hätte einen Begründungsweg über das „allgemeine Persönlichkeitsrecht" [mit § 1618 BGB] vorgezogen). Auch in anderen Konstellationen kann das Beistandsverhältnis Dritten entgegengehalten werden, etwa dem Mieter im Haus des erwachsenen Sohnes, der seine pflegebedürftige Mutter aufnehmen möchte und deshalb dem Mieter kündigt: Der allgemeine Mieterschutz tritt gegenüber dem familiären Beistandsverhältnis zurück (LG Arnsberg 17. 4. 1989 – 5 WuM 1990, 19 f).

60 Auch **öffentlichen Instanzen** gegenüber kann das Beistandsverhältnis Respektierung verlangen, etwa bei der Ausweisung ausländischer Kinder (Rn 20) oder als Kommunikationsbeziehung zwischen dem volljährigen Kind in Untersuchungshaft und Eltern (BVerfG 5. 2. 1981 – 2 BvR 646/80, BVerfGE 57, 170, 178: keine Unterbindung des Briefverkehrs selbst bei groben Beleidigungen des Richters und der Staatsanwälte).

4. Rücksicht

a) Bedeutung im Allgemeinen

61 Rücksicht wird geschuldet bei eigener Freiheitsentfaltung und Rechtsdurchsetzung – in einem Ausmaß, das von der Enge der persönlichen und sozialen Beziehungen abhängig ist (Rn 31). Die Rücksichtspflicht umschließt die Respektierung der Interessen, der Anschauungen, der Gefühle und der Eigenart des anderen (Stehli, in: Kren/Kostkiewicz/Wolf/Amstutz/Fankhauser, ZGB [4. Aufl 2021] Art 272 ZGB Rn 5). Auch die **Achtung** – Anerkennung der Persönlichkeit des anderen (Stehli, in: Kren/Kostkiewicz/Wolf/Amstutz/Fankhauser, ZGB [4. Aufl 2021] Art 272 ZGB Rn 6) – ist umfasst; insoweit besteht kein sachlicher Unterschied zum Schweizer Recht, das die „Achtung" in den Normtatbestand aufgenommen hat (vgl Coester, in: FS Schnyder [1995] 101). Achtung schulden – wie seit jeher betont – die Kinder den Eltern (im unterhaltsrechtlichen Zusammenhang s Rn 69), aber im Lichte des Gegenseitigkeitsprinzips (Rn 34) auch die Eltern ihren Kindern, bei minderjährigen Kindern im Rahmen ihrer elterlichen Sorgerechtsausübung. Sonderausformungen enthalten insoweit §§ 1626 Abs 2, 1631a BGB. Im Bereich des Umgangs konkretisiert § 1684 Abs 2 BGB (mit § 1626 Abs 3 S 1 BGB) die Rücksicht, die ein Elternteil dem Kind im Hinblick auf dessen Beziehungen zum anderen Elternteil schuldet. Ähnliche Rücksicht schulden gem § 1618 BGB beide Eltern dem Kontaktbedürfnis des Kindes zu anderen Personen, insbesondere zu den nach § 1685 BGB Umgangsberechtigten (vgl § 1626 Abs 3 S 2 BGB), aber nicht nur zu diesen (Rn 44). Wechselseitige Rücksicht schulden sich Eltern und Kinder schließlich bei der Ausübung ihrer Umgangsrechte – rücksichtslose Anspruchsdurchsetzung scheitert an § 1618 BGB. Für den Extremfall der Gewaltanwendung gegen das Kind ist dieser Gedanke in § 90 Abs 2 S 1 FamFG positiviert (Näheres bei Staudinger/Dürbeck [2023] § 1684 Rn 297).

62 Rücksicht ist vorrangig zu üben **im Rahmen der familiären Lebensgemeinschaft**: Zurückstecken eigener Wünsche bei Familienentscheidungen (Urlaubsreise, Umzug);

schonende Entfaltung eigener Interessen (Radio, Parties); Toleranz gegenüber Eigenarten und Anschauungen einzelner Familienmitglieder. Unmittelbare Rechtssanktionen kommen insoweit naturgemäß allerdings nicht in Betracht.

Die aufgrund der gegenseitigen Sonderbeziehung geschuldete Loyalität prägt auch das **Verhalten nach außen**: Geschuldet ist Diskretion in persönlichen, internen Angelegenheiten und Zurückhaltung bei Strafanzeigen (vgl BGer 9. 11. 1950 – BGE 76 II 265; Hegnauer ZBlJugR 1980, 687). Bei Straftaten eines Ehegatten gegenüber den Kindern kann es zu Konflikten zwischen ehelicher und elterlicher Solidarität kommen (vgl BGH 20. 12. 1983 – 1 StR 746/83, FamRZ 1984, 883; zweifelhaft eine Pflicht, im Strafverfahren vom Zeugnisverweigerungsrecht Gebrauch zu machen, ablehnend BGE 72 II 238; Hegnauer ZBlJugR 1980, 687). 63

Zentrale Bedeutung entfaltet das Rücksichtsgebot bei der **Rechtsdurchsetzung gegen Familienmitglieder** (zum Umgangsrecht Rn 61). Verzicht auf sie kann im Einzelfall geboten sein (vgl Hegnauer ZBlJugR 1980, 687, 688). Bei Schädigungen begrenzt § 1664 BGB schon die Haftung selbst (Rn 34). Soweit dies nicht der Fall ist, kann die Durchsetzung dennoch je nach Schuldgrad und persönlichen wie wirtschaftlichen Familienverhältnissen ausgeschlossen sein (OLG Karlsruhe 8. 10. 1976 – 10 U 18/76, VersR 1977, 232, 233). Dies gilt insbesondere für Schmerzensgeldansprüche, falls das Rücksichtsgebot nicht schon über die „Billigkeit" des § 253 Abs 2 BGB deren Entstehung verhindert (BGH 18. 6. 1973 – III ZR 207/71, NJW 1973, 1654, 1655; OLG Karlsruhe 8. 10. 1976 – 10 U 18/76, VersR 1977, 232, 233). Sind Eltern und Kinder auch in einer *Wohnungseigentümergemeinschaft* miteinander verbunden, so gelten für sie insoweit grundsätzlich die allgemeinen Rechtsstrukturen des WEG; aus § 1618 BGB kann aber im Einzelfall eine gegenüber den sonstigen Miteigentümern gesteigerte Rücksichtspflicht folgen (BayObLG 3. 12. 1992 – 2 Z BR 104/92, NJW-RR 1993, 336 f [in concreto abgelehnt]; BayOLG 27. 5. 1993 – 2 Z BR 24/93, NJW-RR 1993, 1361 ff). 64

b) Insbesondere Unterhaltsrecht

Das Unterhaltsrecht ist als solches gesetzliche Ausformung familienrechtlicher Solidaritätspflichten (BGH 29. 6. 1977 – IV ZR 48/76, FamRZ 1977, 629 ff; AG Büdingen 21. 11. 2016 – 51 F 782/17, juris Rn 12; Brühl FamRZ 1982, 985 ff; Lüderitz, in: FS Gaul [1997] 411, 429; Schwab FamRZ 1971, 1 ff). Der geschuldete „Beistand" ist in Form der Unterhaltspflicht im Gesetz genau und erschöpfend normiert; für die Entwicklung weiterer Unterhaltspflichten aus § 1618 BGB bleibt daneben kein Raum. Die Beistandspflicht aus § 1618 BGB ist auch nicht identisch mit den aus § 242 BGB folgenden Obliegenheiten des Unterhaltsschuldners, bei deren Missachtung der Unterhaltsschuldner so gestellt wird, als habe er sich ordnungsgemäß verhalten (AG Büdingen 21. 11. 2016 – 51 F 782/17, juris Rn 12). Die Vorschrift bietet sich insbesondere zur Entfaltung der im Unterhaltsrecht gebotenen „Rücksicht" an, sei es im Rahmen oder sei es neben auch diesen Aspekt ansprechenden Gesetzesvorschriften. So muss das Kind eine Einkommens- und damit Unterhaltsreduzierung auf Elternseite hinnehmen, wenn sie durch gewichtige Interessen des Unterhaltspflichtigen gerechtfertigt wird – etwa Wechsel in eine sicherere und weniger belastende Arbeitsstelle (OLG Karlsruhe 19. 10. 1992 – 2 WF 130/92, FamRZ 1993, 836 f) oder vorübergehende Fortbildungsmaßnahmen (OLG Bamberg 21. 7. 1999 – 2 WF 108/99, FamRZ 2000, 307 f). Auch ist es verpflichtet, nach Möglichkeit eine erschwingliche Wohnung auszuwählen (s AG Ludwigslust 23. 9. 2005 – 5 F 147/04, Rn 38). Die Pflicht des volljährigen Kindes, seinen Anspruch auf rückständigen 65

Unterhalt gegen den einen Elternteil an den anderen abzutreten (OLG Brandenburg 26. 1. 2016 – 10 UF 92/14, FamRZ 2016, 1462 Rn 56), ist als Fall des Beistands einzuordnen (Rn 36a).

66 Weiterhin nimmt beispielsweise bei der **Ausbildungsfinanzierung** die „Angemessenheit" des § 1610 Abs 2 BGB die gebotene wechselseitige Rücksicht zwischen Eltern und Kindern, aber auch zwischen Geschwistern bei begrenztem Gesamtbudget in sich auf (Brühl FamRZ 1982, 985, 986; s Born FamRZ 2017, 785). So, wie sich die Eltern in ihren eigenen Konsumwünschen zugunsten der Ausbildungsinteressen der Kinder einschränken müssen, müssen auch diese ggf in ihren Ausbildungswünschen zurückstecken oder Mehrkosten verursachende Änderungen des Ausbildungsgangs mit den Eltern beraten (OLG Frankfurt 26. 10. 1983 – 1 WF 26/83, FamRZ 1984, 193). Dies gilt insbesondere bei Zweitausbildungen, bei der Zumutbarkeit und Planungssicherheit für die Eltern ein besonderes Gewicht haben (BGH 7. 6. 1989 – Ivb ZR 51/88, FamRZ 1989, 853; BGH 30. 11. 1994 – XII ZR 215/93, FamRZ 1995, 416, 417; OLG München 7. 6. 1989 – 12 UF 640/89, FamRZ 1989, 1221, 1222; Lüderitz, in: FS Gaul [1997] 411, 422 f; vgl aber OLG Düsseldorf EzFamR aktuell 1999, 265, 267 [Nichtinformation nicht stets ein Unterhaltsausschlussgrund]). Für das Kind kann sich aus § 1618 BGB die Obliegenheit ergeben, zur Reduzierung von Fahrtkosten während des Bezugs von Ausbildungsunterhalt den Wohnort zu wechseln (OLG Frankfurt 17. 9. 2014 – 5 UF 195/14 Rn 4 m Anm Viefhues jurisPR-FamR 20/2015 Anm 1). Stets müssen die Kinder ihre Ausbildung zügig, fleißig und zielgerichtet betreiben und als notwendig erkannte Wechsel nicht ohne Not hinauszögern (OLG Frankfurt 4. 10. 1996 – 6 WF 187/96, FamRZ 1997, 694; AG Kassel 22. 9. 2004 – 512 F 1490/04 UE, 512 F 1490/04, juris Rn 60; OLG Brandenburg 23. 8. 2004 – 9 WF 157/04, JAmt 2004, 504).

67 Die Pflicht zur gegenseitigen Rücksichtnahme prägt auch das **Bestimmungsrecht der Eltern nach § 1612 Abs 2 S 1 BGB** bzw die „besonderen Gründe", die das FamG zu einer abweichenden Regelung berechtigen, denn § 1612 BGB leitet sich aus § 1618 BGB ab (jurisPK-BGB/Viefhues § 1612 Rn 217). Diese Vorschrift wird überwiegend verstanden als Sicherstellung der Rücksicht, die das volljährige, aber ausbildungsbedürftige Kind den unterhaltspflichtigen Eltern schuldet (vgl Gernhuber FamRZ 1983, 1076 ff). Jedoch schulden auch in umgekehrter Richtung die Eltern dem Kind Rücksicht, wie § 1612 Abs 2 S 1 BGB seit dem KindUG 1998 ausdrücklich klarstellt (vgl BayObLG 19. 5. 1999 – 1 Z BR 188/98, FamRZ 2000, 976; KG 31. 3. 2005 – 19 UF 10/05, FamRZ 2006, 60; MünchKommBGB/vSachsen Gessaphe § 1618 Rn 11). Wichtigster Konfliktfall ist insoweit der vom Kind gewünschte **Auszug aus dem Elternhaus** (mit Barunterhalt der Eltern), während die Eltern die ihnen günstigere Unterhaltsgewährung in Natur bestimmen (jurisPK-BGB/Viefhues § 1612 Rn 215). Hier ist vorauszuschicken, dass – entgegen mancher Auffassung vor allem in der Rechtsprechung (BGH 3. 12. 1980 – Ivb ZR 537/80, FamRZ 1981, 250, 252 mwNw; BayObLG 8. 2. 1977 – BReg 1 Z 145/76, BayObLGZ 1977, 22; BayObLG 19. 5. 1999 – 1 Z BR 188/98, FamRZ 2000, 976) – die Unterhaltsbedürftigkeit des Kindes nicht dazu ausgenutzt werden darf, das volljährige Kind verlängerten Erziehungsinteressen der Eltern zu unterwerfen; die korrespondierende Loyalitätspflicht des Kindes konkretisiert **§ 1611 BGB** (s dazu Rn 69; Gernhuber FamRZ 1983, 1977; Schwerdtner NJW 1977, 1720; Schwerdtner JZ 1981, 399; Wiesner FamRZ 1977, 28 ff; Zenz ZRP 1977, 195 ff). Im Übrigen ist der Auszug aus dem Elternhaus und der damit entstehende finanzielle Mehrbedarf von den Eltern nur bei „besonderen Gründen" zu tragen (§ 1612 Abs 2 S 2 BGB), normales Emanzipationsstreben oder intime Partnerbeziehungen des Kindes fordern erhöhten „Unterhaltsbeistand" der Eltern noch

nicht heraus (OLG Köln 11. 5. 1982 – 4 WF 67/82, FamRZ 1982, 834; OLG Frankfurt 9. 9. 1983 – 1 UF 178/83, FamRZ 1983, 1156; vgl auch SCHÜTZ NJW 1992, 1086, 1087). Dies gilt insbesondere bei noch schulpflichtigen Kindern; aus Rücksicht auf die wirtschaftlichen Interessen der Unterhaltspflichtigen müssen sie sich auch bei persönlichen Spannungen und mit einer ungeliebten Stiefmutter arrangieren (BayObLG 23. 9. 1987 – BReg 1 Z 35/87, FamRZ 1987, 1298, 1299, 1301).

„Besondere Gründe“ können hingegen vorliegen in **Scheidungsfamilien**, wenn das Kind bei einem Elternteil aufgewachsen ist und der andere, bislang barunterhaltspflichtige Teil das inzwischen volljährige (und möglicherweise in eigener Wohnung lebende) Kind auffordert, bei ihm zu wohnen (also Naturalunterhalt zu empfangen) und hier zu studieren: Liegt umstandsbedingt eine Entfremdung zwischen Kind und Elternteil vor, so kann es die nunmehr dem Kind gegenüber geschuldete Rücksicht verbieten, es aus seinen bisherigen sozialen Beziehungen zu reißen oder die Aufgabe inzwischen erlangter Selbständigkeit zu erzwingen. Dann muss statt Naturalunterhalt weiter Geld gezahlt werden (BGH 26. 10. 1983 – IVb ZR 14/82, FamRZ 1984, 37, 39; BayObLG 20. 7. 1989 – 1a Z 3/89, FamRZ 1989, 1222, 1224; BayObLG 19. 5. 1999 – 1 Z BR 188/98, EZFamR aktuell 1999, 261 ff; OLG Hamm 13. 1. 1999 – 6 UF 187/98, FamRZ 2000, 255 f [LS]; OLG Schleswig 17. 5. 1990 – 3 W 23/90, NJW-RR 1991, 710 f). 68

Erhält das Kind Naturalunterhalt, kann sich aus § 1618 BGB auch seine Pflicht ergeben, in der Weise auf die Eltern Rücksicht zu nehmen, dass ein Minimum dessen beachtet wird, was für ein gedeihliches Zusammenlegen erforderlich ist (zB Beachtung von Essens- und Aufstehzeiten) (jurisPK-BGB/VIEFHUES § 1612 Rn 259).

Besondere Ausgestaltung hat das wechselseitige unterhaltsrechtliche Solidaritätsverhältnis auch in **§ 1611 Abs 1 BGB** gefunden: Illoyalität des Berechtigten führt zu Unterhaltseinschränkung. Die vom Gesetz vorgeschriebene Interessenabwägung („schwere Verfehlung gegen den Unterhaltspflichtigen“) wird von § 1618 BGB in generell-abstraktem Kontext (wechselseitiger „Beistand und Rücksicht“) wiederholt, sodass auch hier § 1618 BGB bestenfalls argumentative Hilfsfunktion entfalten könnte (GERNHUBER, in: FS Müller-Freienfels [1986] 159 ff, 179). In einem jüngeren Rechtsprechungsstrang stellt der BGH darauf ab, ob die Verletzung der Pflichten aus § 1618 BGB eine schwere Verfehlung gem § 1611 Abs 1 S 1 Alt 3 BGB darstellt (BGH 12. 2. 2014 – XII ZB 607/12, FamRZ 2014, 541 Rn 14; BGH 15. 9. 2010 – XII ZR 148/09, FamRZ 2010, 1888 Rn 32). 69

Kontroversen haben sich bei der Frage ergeben, ob das Unterhaltsverlangen eines volljährigen Kindes mit *strikter Kontaktverweigerung* gegenüber dem Unterhaltspflichtigen vereinbar ist oder zur Einschränkung des Unterhaltsanspruchs nach § 1611 BGB führt. Eine entsprechende Fragestellung ergibt sich beim Elternunterhalt, wenn der Elternteil sich um das seinerzeit minderjährige Kind nicht gekümmert hatte (BGH 19. 5. 2004 – XII ZR 304/02, NJW 2004, 3109 f). Die einschlägigen Gerichtsurteile ziehen zT § 1618 BGB zur Begründung heran, zT wird allein mit § 1611 BGB argumentiert – das Ergebnis ist dadurch nicht vorgezeichnet (mit Zitierung des § 1618a aF BGB für eine Unterhaltsbeschränkung s BGH 19. 5. 2004 – XII ZR 304/02, NJW 2004, 3109, 3110; OLG Bamberg 17. 12. 1991 – 7 UF 81/91, FamRZ 1992, 717 ff; dagegen OLG München 11. 12. 1991 – 12 UF 949/91, FamRZ 1992, 595, 597; ohne Bezug auf den damaligen § 1618a BGB für eine Beschränkung gem § 1611 BGB s OLG Frankfurt 21. 12. 1989 – 1 UF 179/89, FamRZ 1990, 789; dagegen BGH 25. 1. 1995 – XII ZR 240/93, FamRZ 1995, 475, 476; OLG Celle 9. 2. 1993 – 18 UF 159/92, FamRZ 1993, 1235 ff; AG Königswinter 15. 7. 1992 – 8 F 98/91, FamRZ 1993, 466 ff; zurückhaltend auch OLG Frankfurt 2. 3. 1993 – 4 WF 24/93, FamRZ 1993, 1241 f; aus der Literatur eine Einschränkung befürwortend Lüderitz, in: FS Gaul [1997] 411, 419 ff; Schütz FamRZ 1992, 1338 f; **ablehnend** Breiholdt NJW 1993, 305 f; Ewers FamRZ 1992, 720; Lossen FuR 1993, 108 f; Meder FuR 1995, 23 ff). Dennoch kann § 1618 BGB den Blick für die Wechselseitigkeit der Solidaritätspflichten auch im Unterhaltsrecht schärfen und zur Konkretisierung des Begriffs der „schweren Verfehlung" beitragen. Dies gilt insbesondere für den hier interessierenden Zusammenhang zwischen Unterhalt und persönlichem Kontakt (zur grundsätzlich zu fordernden Kontaktbereitschaft s Rn 44). So verkehrt es einerseits wäre, aus § 1618 BGB ein direktes Do-ut-des-Verhältnis herzuleiten („ohne Kontakt kein Unterhalt", dazu Coester, in: FS Schnyder [1995] 101 ff, 111 f), so verhängnisvoll wäre es andererseits, durch eine zu enge Auslegung der „schweren Verfehlung" kindliches Anspruchsdenken zu bestärken, wonach man unbedenklich die Forderung von Unterhaltsleistungen kombinieren könne mit strikter Ablehnung, oft sogar Verachtung des verpflichteten Elternteils (vgl obige Rspr; nachdrücklich Lüderitz, in: FS Gaul [1997] 411 ff; s auch Born MDR 2015, 613, 614 f). § 1618 BGB fordert nicht unbedingt *persönlichen* Kontakt oder gar liebevolle Zuwendung, wohl aber ein Verhalten, das grundsätzliche Akzeptanz und Achtung des Unterhaltspflichtigen erkennen lässt. Wird dies verweigert, fehlt es an der Basis für jegliche wechselseitige Solidaritätspflicht, einschließlich des Unterhalts.

c) Außenwirkung des Rücksichtsverhältnisses

70 Wie das Beistandsverhältnis (Rn 58 ff), so kann das Rücksichtsverhältnis zwischen Eltern und Kindern einen auch von Dritten zu achtenden Schutzraum darstellen, dessen Verletzung zu Abwehransprüchen oder zu sonstigen Rechtsnachteilen führen kann (vgl OLG Hamm 11. 1. 2005 – 15 W 391/03, FamRZ 2005, 1928, 1929: Testament von Großeltern, das das Verhältnis Kind-Enkel belastet). Als Beispiel ist die Rechtsprechung des BGH (9. Senat) zur **Bürgschaft volljähriger Kinder** anzuführen: In zwei Ausgangsentscheidungen (BGH 24. 2. 1994 – IX ZR 93/93, FamRZ 1994, 688 ff und 692 ff) bezeichnet es das Gericht als grob rücksichtslos und dem Leitbild des § 1618 BGB widersprechend, wenn Eltern natürliche Loyalität ihrer zwar erwachsenen, aber noch jungen und vermögenslosen Kinder ausnutzen und sie in ihre eigenen Kreditverbindlichkeiten verstricken. Die die Sittenwidrigkeit begründenden Umstände stellen dann gleichsam einen Pflichtverstoß gem § 1618 BGB dar (Staudinger/Fischinger [2024] § 138 Rn 411). Der Bürgschaftsvertrag der Kinder mit der Bank ist davon zwar nicht unmittelbar berührt. Nach Auffassung des BGH muss sich die Bank das gegen § 1618 BGB verstoßende Verhalten der Eltern aber zurechnen lassen; sie handelt ihrerseits sittenwidrig (§ 138 Abs 1 BGB), wenn ihr „die sittlich und rechtlich zu missbilligende Einflussnahme des Hauptschuldners (Eltern) auf den Bürgen (Kinder) bekannt war oder sie sich einer solchen Erkenntnis bewusst verschlossen hat" (BGH 24. 2. 1994 – IX ZR 93/93, FamRZ 1994, 691). Demgemäß müssen auch private Dritte das interne Rücksichtsverhältnis zwischen Eltern und Kindern achten bzw dürfen interne Pflichtverletzungen der einen Seite nicht wirtschaftlich für sich ausnutzen (so später auch BGH 10. 10. 1996 – IX ZR 333/95, NJW 1997, 52, 53 f). Die naheliegende Parallele zu § 1353 BGB bei Ehegattenbürgschaften wurde nicht gezogen, weil dort – anders als im Eltern-Kind-Verhältnis – eine umfassende Lebens-, Vermögens- und Risikogemeinschaft bestehe (BGH 26. 4. 1994 – XI ZR 184/93, ZIP 1994, 773, 774 ff; BGH 5. 1. 1995 – IX ZR 85/94, ZIP 1995, 203, 204).

Die Argumentation des BGH ist auch von denen kritisiert worden, die den Entscheidungen iE zustimmten (vgl Tiedtke JZ 1994, 908, 909; Tiedtke ZIP 1995, 521, 529; Schwab, in: FS Schnyder [1995] 649 ff, 655; Coester, in: FS Schnyder [1995] 101 ff, 114 f; ähnlich auch Gernhuber JZ 1995, 1086, 1092 f; zustimmend Riehm JuS 2000, 241, 243). Der BGH will dem Pflichtverstoß der Eltern gewissermaßen Außenwirkung verleihen und ihn – im Hinblick auf ihre Kenntnis oder Kennenmüssen – auch der Bank zurechnen. Richtigerweise kommt es auf rücksichtsloses Verhalten der Eltern gem § 1618 BGB aber gar nicht an. Auch wenn die Bank unmittelbar an die Kinder herangetreten und diese zur Bürgschaft für ihre Eltern bewegt hätte, wäre Sittenwidrigkeit zu bejahen gewesen. Nicht die Beteiligung der Bank an fremder Rücksichtslosigkeit ist wesentlich, vielmehr handelt sie selbst rücksichtslos und sittenwidrig iSv § 138 Abs 1 BGB, wenn sie sich als Dritter unter Ausnutzung eines persönlichen Näheverhältnisses Vorteile versprechen lässt, die nur aus Loyalität des Bürgen gegenüber dem Kreditnehmer motiviert sind und nicht aus unbefangener Interessen- und Risikoabwägung (Tiedtke JZ 1994, 908, 909; Schwab, in: FS Schnyder [1995] 647 ff, 655; Coester, in: FS Schnyder [1995] 101 ff, 114 f; schon die von der Rechtsprechung sonst noch hervorgehobenen Kriterien der krassen finanziellen Überforderung des Bürgen und praktischen Nutzlosigkeit der Bürgschaft für die Bank sind in diesem Lichte nicht mehr zwingend notwendig, vgl Gernhuber JZ 1995, 1086, 1093). Daraus wird gleichzeitig deutlich, dass der Ansatz des BGH über § 1618 BGB zu eng war. Die maßgeblichen Kriterien der Sittenwidrigkeit sind nicht auf Eltern und Kinder beschränkt und setzen auch nicht unbedingt eine Verdichtung des „Näheverhältnisses“ zum Rechtsverhältnis voraus (Schwab, in: FS Schnyder [1995] 647 ff, 656; MünchKomm-BGB/vSachsen Gessaphe § 1618a Rn 24). Folgerichtig wird heute das Nahestehen als maßgeblich angesehen (vgl MünchKommBGB/Habersack § 765 Rn 24 mwNw); § 1618 BGB konkretisiert nur dessen spezifische Ausgestaltung im Eltern-Kind-Verhältnis. Die Rechtsprechung des BGH zur Angehörigenbürgschaft verleiht diesem Verhältnis auch Außenwirkung gegenüber der Bank. 71

Dennoch war der Begründungsansatz über § 1618 BGB kein Irrweg (so aber Tiedtke ZIP 1994, 773, 774 ff). Nachdem das BVerfG die Zivilgerichte auf die Beachtung „struktureller Unterlegenheit“, auch in Folge familiärer Loyalität, verpflichtet hatte (BVerfG 19. 10. 1993 – 1 BvR 567/89, 1 BvR 1044/89, NJW 1994, 36 ff; ebenso BVerfG 2. 5. 1996 – 1 BvR 696/96, WM 1996, 948, 949), bot sich bei Kinderbürgschaften § 1618 BGB als zivilrechtsdogmatische Argumentationsstütze geradezu an. Auch wenn sich die Norm als nicht letztlich entscheidend herausgestellt hat, so hat sie doch die **Schutzbedürftigkeit eines familiären Näheverhältnisses paradigmatisch verdeutlicht** und geholfen, den Weg zu allgemein-maßgeblichen Kriterien zu bahnen. Hier wie etwa auch beim inzwischen positivierten Umgangsrecht des Kindes (Rn 44) hat die Norm ihre Bedeutung als „Rechtswertung“ im Prozess der Rechtsfortbildung bewiesen (vgl Rn 14); dass man sie in concreto nicht mehr braucht, ist ihr Verdienst, nicht Zeichen ihrer Überflüssigkeit. 72

§ 1619
Dienstleistungen in Haus und Geschäft

Das Kind ist, solange es dem elterlichen Hausstand angehört und von den Eltern erzogen oder unterhalten wird, verpflichtet, in einer seinen Kräften und seiner Lebensstellung entsprechenden Weise den Eltern in ihrem Hauswesen und Geschäft Dienste zu leisten.

Materialien: E I § 1499; E II § 1597; E III § 1595; Mot IV 715; Prot I 7527; Prot II, Bd 4, 535. NEhelG Art 1 Nr 20.

Schrifttum

Böhme, Arbeitsverhältnisse zwischen Familienangehörigen (Diss München 1968)
Böttcher-Beinert, Die Aufnahme von Kindern in das Familienunternehmen (1965)
Bydlinski, Lohn- und Kondiktionsansprüche aus zweckverfehlenden Arbeitsleistungen, in: FS Wilburg (1965) 45
Canaris, Atypische faktische Arbeitsverhältnisse, BB 1967, 165
Enderlein, Die Dienstpflicht des Hauskindes als Folge seiner Unterhaltsgemeinschaft mit den Eltern, AcP 200 (2000) 565
Fenn, Die Bedeutung verwandtschaftlicher Beziehungen für die Pfändung des „Arbeitseinkommens“ nach § 850h Abs 2 ZPO, AcP 167 (1967) 148
ders, Die juristische Qualifikation der Mitarbeit bei Angehörigen und ihre Bedeutung für die Vergütung, FamRZ 1968, 291
ders, Arbeitsverträge mit Familienangehörigen, DB 1974, 1062, 1112
ders, Die Mitarbeit in den Diensten Familienangehöriger (1970; dazu Klunzinger FamRZ 1972, 70)
Gernhuber, Anmerkung zu OLG Nürnberg vom 24. 11. 1959, FamRZ 1960, 121
Günther, Das Rechtsverhältnis zwischen Bauer und mitarbeitendem Sohn (1966)
Kropholler, Die Rechtsnatur der Familienmitarbeit und die Ersatzpflicht bei Verletzung oder Tötung des mitarbeitenden Familienangehörigen, FamRZ 1969, 241
Krüger, Die Mitarbeit des mündigen Kindes auf dem elterlichen Hof im deutschen und französischen Recht, RdL 1966, 118
Leuze/Ott, Arbeitsverhältnisse zwischen Familienangehörigen, FamRZ 1965, 15
Motsch, Rechtsvergleichende Betrachtungen zur Mitarbeit von Familienangehörigen in Deutschland und Italien, FamRZ 1966, 220
Neumann, Gesellschaftsverträge zwischen dem Bauern und seinem Sohn (1965)
Paulick, Arbeitsverhältnisse zwischen Eltern und Kindern im Steuerrecht, FamRZ 1955, 317
Riedlinger, Minderjährige in der Familienkommanditgesellschaft (1971)
Schmeiduch, Arbeitsverhältnisse zwischen Eltern und Kindern in der neueren Rechtsprechung (Diss Köln 1965)
Torp, Das Rechtsverhältnis zwischen Eltern und ihren Kindern – Dienstleistungspflicht, Aussteuer und Ausstattung (Diss Kiel 2000)
Weimar, Die Dienstleistungspflicht der Kinder im elterlichen Haushalt und Betrieb, FamRZ 1955, 158.

Systematische Übersicht

Alphabetische Übersicht

I. Allgemeines

1 Durch Art 1 Nr 20 NEhelG ist der ehemalige § 1617 BGB zum jetzigen § 1619 BGB geworden, der Wortlaut der Vorschrift blieb unverändert.

1. Inhaltliche Grundzüge

2 Wie die Vorschrift des § 1618 BGB gilt § 1619 BGB grundsätzlich für **alle Kinder**, unabhängig vom Status der Eltern (vgl Rn 17), der eigenen Minderjährigkeit und Ledigkeit. Im Gegensatz zu § 1618 BGB folgt aus § 1619 BGB jedoch ohne weiteres ein **Rechtsanspruch der Eltern** gegen ihre Kinder (zu § 1618 BGB insoweit § 1618 Rn 11 ff), wenn die zusätzlichen und einengenden Tatbestandsvoraussetzungen dieser Vorschrift vorliegen:

(1) *Hausgemeinschaft* von Eltern und Kindern (Rn 17 ff) und

(2) elterliche *Erziehungsbefugnis* oder (alternativ) *Unterhaltsgewährung* (Rn 25 ff).

3 Der Dienstanspruch der Eltern ist **höchstpersönlich**; er ist nicht übertragbar oder vererblich (BGH FamRZ 1961, 117; MünchKommBGB/vSachsen Gessaphe § 1619 Rn 13) und gem § 194 Abs 2 BGB der Verjährung nicht unterworfen. Er ist gerichtet auf *unentgeltliche* Dienstleistung (Rn 48), die aber erbrechtlich der *Ausgleichung* gem § 2057a BGB unterliegt (§ 2057a Abs 2 S 2 BGB). Pflicht-Mitarbeit des Kindes nach § 1619 BGB ist **familienrechtlicher Natur**, sie ist nicht „abhängige Arbeit" in arbeits-, sozialversicherungs- oder steuerrechtlichem Sinn (Schaub/Linck, Arbeitsrechts-Handbuch, § 29 Rn 13), und auch nicht „Kinderarbeit" iSv Art 32 UN-Kinderrechtekonvention oder Art 4 Abs 2 EMRK (MünchKommBGB/vSachsen Gessaphe § 1619 Rn 3). Zuständig für Streitigkeiten sind folgerichtig die ordentlichen Gerichte; die Abgrenzung zwischen familienrechtlicher oder vertraglicher Mitarbeit kann aber auch in arbeits-, sozial- und steuerrechtlichen Verfahren eine zentrale Rolle spielen (vgl Rn 62). Innerhalb des Familienrechts handelt es sich um einen elterlichen Anspruch eigener Art, *nicht* um die besondere Ausprägung eines Unterhaltsanspruchs gegen das Kind (BGH 24. 6. 1969 – VI ZR 53/67, NJW 1969, 2005, 2006 f [im Rahmen von § 35 Abs 2 LuftVG]). Damit ist nicht ausgeschlossen, dass das Kind im Einzelfall den Eltern Dienste erbringt als Teil des ihnen nach § 1601 ff BGB geschuldeten Unterhalts (Erman/Döll § 1619 Rn 10; Fenn AcP 1967, 171 ff; Kropholler FamRZ 1969, 251; vgl auch BAG 4. 5. 1977 – 5 AZR 151/76, NJW

1978, 343; zum darüber hinausgehenden Ansatz von Kilian s Rn 11). Zum Anspruch des *Kindes gegen die Eltern* analog § 1619 BGB s Rn 20.

§ 1619 BGB ist *zwingendes Recht* insoweit, als auf die kindlichen Dienste nicht wirksam vertraglich verzichtet werden kann. Praktisch wird dieses Ergebnis jedoch erzielt, wenn Eltern und Kinder *zulässigerweise* die Dienstleistung des Kindes auf eine arbeits-, dienst- oder gesellschaftsvertragliche Grundlage stellen – letztere verdrängt die familienrechtliche Grundlage des § 1619 BGB auch für den Bereich der sonst gesetzlich geschuldeten Dienste (Rn 62 ff). Aber auch sonst brauchen die Eltern die Dienste des Kindes nicht in Anspruch zu nehmen und bestimmen im Übrigen weitgehend selbst deren Ausmaß und Inhalt (Rn 37). Beim volljährigen Kind ist der Dienstanspruch „besonders schwach und unvollständig" (BGH 25. 10. 1977 – VI ZR 220/75, FamRZ 1978, 22, 24; vgl BGH 7. 12. 1971 – VI ZR 153/70, FamRZ 1972, 87, 88: „unvollkommene Verpflichtung"), weil das anspruchsbegründende Tatbestandsmerkmal der Hauszugehörigkeit zur Disposition des Kindes steht (vgl aber Rn 10). Auch im Verhältnis zu Drittverletzern des Kindes genießt der Dienstanspruch keinen vollwertigen deliktischen Schutz: Dieser ist nach hM abhängig vom Schaden beim *Kind* und dessen fehlendem eigenen Ersatzanspruch (vgl aber Rn 55). 4

2. Normbedeutung

a) Praktische Bedeutung

Für die unmittelbaren Leistungsbeziehungen zwischen Eltern und Kindern, also familienrechtlich, hat § 1619 BGB **praktisch keine Bedeutung**. „Ob" und Modalitäten der Dienstleistungen beruhen auf familiärer Verständigung, beim minderjährigen Kind auf sorgerechtlichen Weisungen (Rn 37), beim Volljährigen idR auf vertraglichem oder sonstigem Konsens über Grund und Ausgleich der Dienste. Rechtsstreitigkeiten zwischen Eltern und Kindern über die primäre Leistungspflicht sind „kaum bekanntgeworden" (BGH 7. 12. 1971 – VI ZR 152/70, FamRZ 1972, 87, 88; vgl Gernhuber/Coester-Waltjen § 56 Rn 1; Entsprechendes gilt für die Einschaltung des FamG nach § 1631 Abs 3 bei minderjährigen Kindern, vgl Rn 41). 5

Bedeutungslos ist § 1619 BGB auch für das **Ausgleichsproblem bei enttäuschten Vergütungserwartungen**, die die Gerichte häufiger beschäftigen (Rn 51 ff): Hier war die *Erwartung*, nicht § 1619 BGB entscheidendes Motiv für die Dienste des volljährigen Kindes und seinen Verbleib im Hause; die gleiche Problematik begegnet bei Mitarbeit von Verlobten oder Lebensgefährten, für die keine gesetzliche Pflicht zur Mitarbeit besteht. 6

Die wesentliche bürgerlich-rechtliche Bedeutung des § 1619 BGB liegt im **Schadensersatzrecht**: Die Dienste des getöteten oder verletzten Kindes sind Schadensposten bei den Eltern (§ 845 BGB); bei Tötung oder Verletzung eines Elternteils können nach § 1619 BGB geschuldete Dienste den Ersatzanspruch der übrigen Familienmitglieder mindern (Rn 58). 7

Daneben ist die Abgrenzung familienhafter und schuldvertraglicher Arbeit von **zentraler Bedeutung** für das **Arbeits-, Steuer- und Sozialversicherungsrecht** (Rn 62 ff).

b) Funktionale Bedeutung der Dienstleistungen im Eltern-Kind-Verhältnis

8 Die Heranziehung des Kindes zur Mitarbeit kann aus der Sicht der Eltern **drei** idealtypisch unterscheidbare **Funktionen** erfüllen, die im Einzelfall jedoch oft ineinander übergehen: (1) *Erziehungsfunktion* bei kleineren oder heranwachsenden Kindern; (2) *Entlastung* bei der Organisation und Verwaltung des gemeinsamen Hauswesens (Stichwort: Aufgabenteilung); (3) *Nutzung* der kindlichen Arbeitskraft für den Erwerb der Eltern und damit auch des Familienunterhalts.

c) Rechtsdogmatische Einordnung und rechtspolitische Bewertung

9 Über den **Grund der Dienstpflicht** des Hauskindes ist man sich nicht einig. Nach ihm zu fragen besteht Veranlassung, denn die Vorschrift wird verbreitet und wohl auch in der Bevölkerung als nicht mehr zeitgemäß empfunden (so bereits LÜDERITZ [27. Aufl 1999] Rn 784: „mehr historische Reminiszenz als eine aktuelle Rechtspflicht"). Die **Parallelvorschrift** des § 1356 Abs 2 aF im Eherecht ist im Rahmen der *Eherechtsreform* von 1976 gefallen (BOSCH FamRZ 1980, 741 bezeichnet die Beibehaltung des § 1619 BGB demgegenüber als „Kuriosität", steht dieser Bestimmung aber wohl nicht gänzlich ablehnend gegenüber, vgl BOSCH in: FS Schiedermair [1976] 73). Der BGH rechtfertigt die Beibehaltung der Vorschrift des § 1619 BGB damit, dass sie mit der Gleichberechtigung von Mann und Frau nichts zu tun habe und dass die Würde und Selbstbestimmung des Kindes nicht verletzt seien: Das volljährige Kind könne die Dienstpflicht durch Verlassen des elterlichen Haushalts jederzeit beenden; allerdings mache erst diese Entschlussfreiheit § 1619 BGB heute noch tragbar (BGH 27. 10. 1959 – VI ZR 159/58, FamRZ 1960, 101; BGH 7. 12. 1971 – VI ZR 153/70, FamRZ 1972, 87, 88; BGH 25. 10. 1977 – VI ZR 220/75, FamRZ 1978, 22, 24; BGH 6. 1. 1990 – VI ZR 37/90, FamRZ 1991, 298, 299; KROPHOLLER FamRZ 1969, 248; vgl schon Mot IV 716).

10 Eine positive Begründung der Dienstpflicht ist damit nicht gegeben. Im Übrigen bleibt die Persönlichkeit des minderjährigen Kindes außer Acht, und auch beim volljährigen Kind besteht die Entschlussfreiheit, ggf das Haus zu verlassen, keineswegs immer so uneingeschränkt, wie sie der BGH postuliert. Bindungen aus Herkommen und Sitte können (vor allem im ländlichen Bereich) bestehen (vgl ENDERLEIN AcP 200 [2000] 565, 579), beim Volljährigen in Ausbildung können die Eltern über § 1612 Abs 2 S 1 BGB sogar einen unmittelbaren Konnex zwischen Hausverbleib (mit Dienstpflicht!) und Unterhaltsgewährung herstellen (als legitimer Entscheidungsaspekt hervorgehoben in OLG Karlsruhe 4. 8. 1976 – 3 W 38/76, FamRZ 1976, 641, 642; vgl auch SOERGEL/ZECCA-JOBST § 1619 Rn 3; BOSCH in: FS Schiedermair [1976] 73).

11 Die innere Rechtfertigung des § 1619 BGB wird – soweit Äußerungen vorliegen – jeweils in einem einheitlichen Grundprinzip gesucht: Entweder in den **Blutsbanden** zwischen den Beteiligten (RAG JW 1937, 3188; OLG Nürnberg 24. 11. 1959 – 2 U 136/59, FamRZ 1960, 119, 120 m abl Anm GERNHUBER) oder im **Ausgleich der Vorteile, die dem Kind aus der Zugehörigkeit zum Hausstand der Eltern erwachsen** (DETHLOFF FamR § 12 Rn 33); für COESTER-WALTJEN ist die Dienstpflicht „Folge der Hausgemeinschaft von Personen, die in einem **komplexen familienrechtlichen Rechtsverhältnis** miteinander verbunden sind" (GERNHUBER/COESTER-WALTJEN § 56 Rn 2; FENN 131 f). KILIAN schließlich fordert ein gänzlich neues Verständnis der Vorschrift: Die Umqualifizierung der „Dienste" der Ehefrau nach § 1356 Abs 2 aF in Unterhaltsleistungen (BGH 9. 7. 1968 – GSZ 2/67, BGHZ 50, 304 [GS]) müsse – bei Achtung der Kindespersönlichkeit und partnerschaftlichem Familienverständnis – auch für das Kind gelten; Grundlage des

§ 1619 BGB sei die **„Unterhaltsfamilie"** im Sinne einer gegenseitigen teilschuldnerischen Unterhaltsverpflichtung aller Familienmitglieder (Kilian Anm zu BGH 24. 6. 1969 – VI ZR 53/67, NJW 1969, 2005 f; vgl in diesem Sinne § 12 Abs 1 S 1 FGB aF der DDR; Konsequenz: Dienste sind Unterhaltsleistung, fallen nicht unter § 845 BGB, sondern unter § 844 Abs 2 BGB und sind ohne weiteres von den Tatbeständen der Gefährdungshaftung erfasst). Ähnlich der Ansatz von Enderlein (AcP 200 [2000] 565 ff), der eine „Unterhaltsgemeinschaft" von Eltern und Kindern in Anlehnung an den „Familienunterhalt" gem § 1360 BGB im Eherecht postuliert (zustimmend Staudinger/Röthel/Croon-Gestefeld [2023] § 845 Rn 8; ähnlich Rauscher, FamR Rn 989).

Einigkeit besteht nur insoweit, als die Dienstpflicht nicht Ausfluss des elterlichen Sorge- oder auch nur Erziehungsrechts sei (Fenn 131) und auch **nicht Gegenleistung** iS der §§ 320 ff BGB **für den elterlichen Unterhalt** (RAG JW 1934, 1062; RG 18. 5. 1920 – III 46/20, RGZ 99, 112, 115; BGH 27. 10. 1959 – VI ZR 159/58, FamRZ 1960, 101; BGH 22. 2. 1973 – VI ZR 15/72, FamRZ 1973, 298, 299; MünchKommBGB/vSachsen Gessaphe § 1619 Rn 1; Fenn 127 f; Soergel/Zecca-Jobst § 1619 Rn 1; missverständlich Odersky Rn 3; s noch Rn 14). 12

Jeder Erklärungsversuch enthält ein richtiges Element, falsch ist nur seine jeweilige Absolutsetzung. § 1619 BGB entzieht sich angesichts der verschiedenen Funktionen kindlicher Mitarbeit (Rn 8) und der gleichermaßen erfassten, jedoch höchst verschiedenen Lebenssachverhalte einer einheitlichen Deutung – worauf schon die alternative Fassung des Tatbestandes hinweist. Beim **minderjährigen Kind** steht die *Erziehungsfunktion* im Vordergrund, neben sie tritt beim Heranwachsenden die *Entlastungsfunktion*. In ersterer Hinsicht ist Grundlage angeordneter Mitarbeit das elterliche Erziehungsrecht – allerdings ist § 1619 BGB insoweit überflüssig (zu Mitarbeitsweisungen erziehungsberechtigter Nichteltern siehe Rn 19). Hinsichtlich der Entlastungsfunktion ist § 1619 BGB deutlich eine **Sonderausprägung des Grundgedankens aus § 1618 BGB**: „Hausgemeinschaft der Kernfamilie unter verantwortlicher Leitung der Eltern" ist hier ratio legis (vgl Rn 11; Lüderitz Rn 788; NK-BGB/Czeguhn/Schmitz § 1619 Rn 1; Schwab/Dutta, FamR Rn 750; Rauscher, FamR Rn 939; LG Berlin 18. 3. 1983 – 83 T 73/83, FamRZ 1983, 943, 945: Mitarbeit als Ausdruck „gegenseitiger Hilfe und Verantwortung"). Nach Normierung des § 1618 BGB erscheint § 1619 BGB aber auch unter diesem Aspekt als nicht (mehr) notwendig (Gernhuber/Coester-Waltjen § 56 Rn 1; die Realisierung ist ohnehin eine sorgerechtliche Frage, vgl Rn 37). Ob neben den vorerwähnten Funktionen bei minderjährigen, also noch in der Entwicklung ihrer grundlegenden Persönlichkeit begriffenen Kindern der *Nutzung kindlicher Arbeitskraft* (3. Funktion, Rn 8) legitimer Stellenwert zukommt, könnte hingegen bezweifelt werden. Allerdings trifft Jugendliche ab 15 Jahren (§ 5 JArbSchG) nach richtiger Auffassung eine Obliegenheit entweder zur Ausbildung oder zur Erwerbstätigkeit (zB OLG Koblenz 24. 11. 2003 – 13 UF 522/03, JAmt 2004, 153; AG Bad Liebenwerda 23. 8. 2004 – 9 WF 157/04, MDR 2005, 340; Staudinger/Klinkhammer [2022] § 1602 Rn 109, 165). Tun sie weder das eine noch das andere, so scheint es legitim, wenn die Eltern (statt den Unterhalt durch Anrechnung eines fiktiven Einkommens zu kürzen) die Arbeitskraft des Jugendlichen nutzen (als) „Beitrag zum eigenen Unterhalt" (vgl BayObLG 27. 2. 2003 – Verg 25/02, BayObLGZ 3, 44 ff; Bosch in: FS Schiedermair [1976] 73). 13

Beim **volljährigen Kind** scheidet der Erziehungsaspekt aus, es bleibt die *Entlastungsfunktion* der Mitarbeit des hausangehörigen Kindes. Ob die Eltern die Dienste des Kindes legitimerweise auch zugunsten des eigenen *Erwerbs* (und damit auch des Fa- 14 milienunterhalts) *nutzen* können, ist – in Fortführung der vorstehenden Argumentation zu minderjährigen Jugendlichen (Rn 13) – „erst recht" zu bejahen. Das Gesetz selbst sieht einen wesentlichen Zusammenhang zwischen Unterhaltsgewährung und Dienstpflicht (richtig deshalb BGH 17. 5. 1961 – IV ZR 11/61, FamRZ 1962, 154; BGH 7. 10. 1997 – VI ZR 144/96, JZ 1998, 362, 364: „Zusammenspiel von unentgeltlicher Arbeitsleistung und Unterhaltsgewährung im familiären Bezug"), bloße Hausangehörigkeit und verwandtschaftliche Bande genügen allein nicht (wohl aber uU für benötigten Beistand gem § 1618 BGB). Welcher Art dieser Zusammenhang ist, erschließt sich besser, wenn man zwei Grundsituationen idealtypisch unterscheidet:

1. Fall: Das Kind bleibt nach Volljährigkeit im Haus und wird unterhalten – soll es mitarbeiten? Hier überschreitet die Unterhaltung Volljähriger durch ihre Eltern die „normale Opfergrenze" von Eltern; die Nutzung der Arbeitskraft Erwachsener ist nicht anstößig, sondern in dieser Situation für diese selbst sogar sittliches Gebot. § 1619 BGB transformiert dieses Gebot lediglich in Rechtspflichten bzw – auf Seiten der Eltern – in Rechtsansprüche (beim Ausbildungsunterhalt, §§ 1610 Abs 2, 1612 Abs 2 S 1 BGB ergeben sich jedoch enge Grenzen aus der den Eltern gebotenen Rücksicht auf Ausbildung und Persönlichkeit des Kindes, vgl Rn 34 und § 1618 Rn 41 ff). Die Gesamtschau des familiären Gefüges als „Unterhaltsfamilie" oder als „Unterhaltsgemeinschaft" (Rn 11) verdeutlicht diese Konzeption.

15 **2. Fall: Das Kind soll mitarbeiten und verbleibt deshalb im Elternhaus.** Hier mildert nicht die Kindesmitarbeit die vorgegebene Last der Hauszugehörigkeit und Unterhaltsgewährung; vielmehr gilt das primäre Interesse, vor allem auch der Eltern, den Diensten des volljährigen Kindes; Hausgemeinschaft und Teilhabe am Familienunterhalt sind nur Konsequenz einer Grundentscheidung über die (Weiter-)Arbeit des Kindes. Diese Fälle passen nicht zum Regelungssachverhalt des § 1619 BGB. Sie fallen schon rechtlich aus dem Rahmen dieser Bestimmung heraus, wenn die Dienstleistung auf vertragliche Grundlage gestellt wird (Rn 62 ff). Aber auch sonst, wenn nur einseitige Versprechen oder erkennbare Ausgleichserwartungen die Arbeit des Kindes motivieren, verzeichnet ihre Subsumtion unter den familienrechtlichen § 1619 BGB (Rn 52) eigentlich die Situation. Sie zielt auch gar nicht auf familienrechtliche Konsequenzen zwischen den Beteiligten (die kaum je praktisch werden, Rn 5), sondern insbesondere auf deliktische Schadensersatzpflichten Dritter nach § 845 BGB (möglicherweise auch § 844 Abs 2 BGB, Rn 55). Konflikte zwischen den Beteiligten selbst (oder ihren Rechtsnachfolgern) wegen *fehlgeschlagener Vergütungserwartungen* berühren nicht familienrechtliche, sondern schuld- oder erbrechtliche Ausgleichsprobleme (Rn 51 ff). Insoweit mag die schadensersatzrechtlich motivierte Subsumtion dieser Fälle unter § 1619 BGB zwar unbefriedigend sein, familienrechtlich aber als letztlich unschädlich hingehen (Spannungen im Steuer- und Sozialversicherungsrecht dürfen allerdings nicht übersehen werden).

16 **Fazit**: Grundgedanke und Fassung des § 1619 BGB beruhen auf überholtem Rechts- und Familienverständnis; ein berechtigter Kern ist der Vorschrift aber auch heute nicht abzusprechen. De lege ferenda sollte sie dennoch gestrichen werden: Der familienrechtliche Gehalt ist hinreichend in § 1618 BGB ausgedrückt (Gernhuber/Coester-Waltjen § 56 Rn 1); im Übrigen bietet § 1619 BGB nur die (falsche) Arena für die Austragung ganz anders und unterschiedlich strukturierter Konflikte: die Reichweite der Schadensersatzpflicht bei mittelbar Geschädigten (Rn 55 ff) oder die Abwehr von

missbräuchlichen Privatrechtsgestaltungen im Steuer- und Sozialrecht (deutlich BFH 21. 1. 1999 – IV R 1/98, DStZ 1999, 756, 757; Rn 65). § 1619 BGB läuft so Gefahr, für unterschiedliche rechtspolitische Zwecke instrumentalisiert zu werden (extensive Interpretation zur Abwehr steuerlicher Absetzbarkeit der Zahlungen an das Kind; restriktive Interpretation zur Begrenzung deliktischer Schadensersatzpflicht gem § 845 BGB [deutliches Unbehagen bei Gernhuber JZ 1998, 365 f; Gernhuber/Coester-Waltjen § 56 Rn 6; vgl Rn 34]). Umgekehrt wirkt die fallentscheidende Bedeutung des § 1619 BGB in Schadenersatz- oder Steuerprozessen gekünstelt und sachfremd, die tragenden rechtspolitischen Erwägungen bleiben im Hintergrund. Die Aufhebung von § 1619 BGB würde die Notwendigkeit, aber auch die Chance zu Reformen auf diesen Konfliktfeldern eröffnen.

II. Voraussetzungen

1. Zugehörigkeit zum elterlichen Hausstand

a) Eltern als Anspruchsberechtigte

Die in Hausgemeinschaft zusammenlebenden Personen müssen zueinander in einem **rechtlichen Eltern-Kind-Verhältnis** stehen. Nur soweit dies der Fall ist, ist das Kind nach § 1619 BGB zu Dienstleistungen verpflichtet. Gleich steht, ob die Eltern miteinander verheiratet sind oder nicht oder ob sie zusammenleben (jeder Elternteil kann einen Hausstand haben). Sorgeberechtigung ist nicht unbedingt erforderlich (Rn 25 ff). Auch **Adoptiveltern** können Dienstberechtigte im Sinne der Vorschrift sein (vgl § 1754 BGB; Soergel/Zecca-Jobst § 1619 Rn 2). Entsprechend den Ausführungen zu § 1618 BGB (§ 1618 Rn 26) sind – sofern sie erziehungsberechtigt sind oder Unterhalt gewähren – **auch Großeltern** grundsätzlich dienstberechtigt (**anders** die hM, MünchKommBGB/vSachsen Gessaphe § 1619 Rn 8; Soergel/Zecca-Jobst § 1619 Rn 2). Lebt das Kind im Haushalt des **Vormunds**, ist § 1619 BGB entsprechend anwendbar (§ 1791 S 2 Hs 2 BGB). 17

Keine Dienstpflicht nach § 1619 BGB besteht hingegen gegenüber **anderen Verwandten**, auch wenn das Kind in deren Haushalt lebt (zB Onkel – Neffe, RAG JW 1937, 3188; s aber Rn 19), oder gegenüber **Pflegeeltern** (Soergel/Zecca-Jobst § 1619 Rn 2). Ferner besteht dem Grundsatz nach keine Dienstpflicht gegenüber **Stiefeltern**, da diese zum Kind in keiner rechtlichen Eltern-Kind-Beziehung stehen (OLG Nürnberg 24. 11. 1959 – 2 U 136/59, FamRZ 1960, 119 f m Anm Gernhuber; Erman/Döll § 1619 Rn 2; MünchKommBGB/vSachsen Gessaphe § 1619 Rn 8; Soergel/Zecca-Jobst § 1619 Rn 2; Fenn 135 f; vertragliche Vereinbarungen zwischen Stiefeltern und Kind bleiben unbenommen). Dies gilt grundsätzlich auch dann, wenn das Kind in **Hausgemeinschaft mit einem Elternteil und einem Stiefelternteil** lebt (vorbehaltlich Rn 19). Der Elternteil kann zwar den nur ihm höchstpersönlich zustehenden, familienrechtlichen Dienstleistungsanspruch nicht seinem Ehegatten oder Lebenspartner abtreten, er kann aber die *Ausübung seines Rechtes* dem Stiefelternteil überlassen (übersehen von BGH 6. 12. 1983 – VI ZR 2/82, FamRZ 1984, 462, 463 zu III 3 – eine schadensersatzrechtlich motivierte Entscheidung). Dabei ist jedoch darauf zu achten, dass der Zweck der Dienstleistungen des Kindes im Hauswesen oder Geschäft gerade in der Unterstützung des rechtlichen Elternteils liegt (BGH 11. 7. 1967 – VI ZR 36/66, FamRZ 1967, 618, 620; Fenn 136 mwNw). 18

Soweit nach Vorstehendem **nicht dienstleistungsberechtigte Personen jedoch erziehungsbefugt** sind, etwa aufgrund eines „kleinen Sorgerechts" gem § 1687b Abs 1, 2 BGB 19 oder § 9 Abs 1, 2 LPartG (Stiefelternteil) oder gem § 1688 BGB (Pflegeeltern; Stiefelternteil gem §§ 1688 Abs 4, 1682 BGB) können sie das Kind *aus erzieherischen Gründen* (auf sorgerechtlicher Grundlage) zur Mitarbeit anhalten – dies dann durchaus auch zur eigenen Unterstützung (vgl Rn 18, 8). Außerdem wird, wenn die übrigen Voraussetzungen des § 1619 BGB vorliegen, gegenüber diesen Personen doch eine *sittliche Pflicht* des Kindes angenommen, durch Mitarbeit zu helfen (bereicherungsrechtliche Konsequenz: § 814 BGB; Gernhuber FamRZ 1960, 121).

20 Eine **Dienstpflicht der Eltern gegenüber dem Kind**, in dessen Haushalt sie leben und von dem sie unterhalten werden, sieht der Normtatbestand (historisch verständlich) nicht vor, sie wird deshalb überwiegend verneint (vgl OLG Bamberg 3. 1. 1984 – 5 U 126/83, FamRZ 1985, 308).

Mit dem von § 1618 BGB betonten Gegenseitigkeitsprinzip (§ 1618 Rn 34) ist dies nicht zu vereinbaren, § 1619 BGB ist deshalb analog anzuwenden (Coester FamRZ 1985, 956; Gernhuber/Coester-Waltjen § 56 Rn 2; Rauscher, FamR Rn 938; Enderlein AcP 200 [2000] 565, 576; **aA** MünchKommBGB/vSachsen Gessaphe § 1619 Rn 9; BeckOK-BGB/Pöcker [1. 11. 2025] § 1619 Rn 2). So erhält auch der junge Hofübernehmer, wenn seine mithelfenden Eltern getötet werden (Sachverhalt in OLG Bamberg 3. 1. 1984 – 5 U 126/83, FamRZ 1985, 308; vgl Rn 58), Schadensersatz nach § 845 in gleicher Weise wie wenn den Eltern der mithelfende Sohn getötet würde (zum *Arbeitsvertrag* zwischen Sohn und Vater s BFH 21. 1. 1999 – IV R 15/98, DStZ 1999, 756 f).

b) Zugehörigkeit zum Hausstand

21 Zugehörigkeit zum Hausstand ist im Allgemeinen begründet, wenn das Kind in der Wohnung seiner Eltern den **„Mittelpunkt seiner Lebensbeziehungen"** hat (MünchKommBGB/vSachsen Gessaphe § 1619 Rn 5; Soergel/Zecca-Jobst § 1619 Rn 3; Fenn 137 ff; s historisch Torp 33; LAG Mecklenburg-Vorpommern 20. 7. 2021 – 2 Sa 326/20, juris Rn 66; OLG Nürnberg 4. 7. 1990 – 4 U 1553/90, juris Rn 14). Dies kann nur nach Lage des einzelnen Falles entschieden werden. Wesentliche Kriterien der Beurteilung sind die Benutzung der Wohnung zum Aufenthalt, zum Schlafen wie auch die Einnahme der Mahlzeiten (RG 3. 11. 1933 – III 61/33, RGZ 142, 178, 181; RAGE 7, 143, 145). Nicht entscheidend für die Zugehörigkeit zum elterlichen Hausstand ist die Selbständigkeit, die das Kind inzwischen erlangt hat, seine Volljährigkeit oder eine etwaige Heirat (RAG JW 1930, 440; JW 1937, 1388; BGH 21. 1. 1958 – VI ZR 6/57, FamRZ 1958, 173; BGH 7. 12. 1971 – VI ZR 153/70, FamRZ 1972, 87, 88). Der Wohnsitz, §§ 7 ff BGB, ist nicht entscheidend (Soergel/Zecca-Jobst § 1619 Rn 3). Weder stets erforderlich noch allein ausreichend ist dauerndes Wohnen bei den Eltern. So wird die Hausangehörigkeit des Kindes nicht schon dadurch ausgeschlossen, dass das Kind zB an einem anderen Ort studiert, sich auf Reisen befindet, seine Wehrpflicht erfüllt (OLG Zweibrücken VersR 1981, 542: selbst bei 6-monatiger, freiwilliger Verlängerung) oder vorübergehend bei anderen Aufnahme gefunden hat, sofern hierdurch die Beziehung zum Elternhaus nicht für längere Zeit völlig unterbrochen wird (OLG Celle 10. 8. 1989 – 5 U 97/88, NJW-RR 1990, 1478, 1479: Bauernsohn wohnt ausbildungsbedingt im Nachbarort, hilft aber am Wochenende und gelegentlich in der Woche bei den Eltern aus und ist dort auch polizeilich gemeldet = Bindung zum Elternhaus ist gelockert, aber nicht gelöst; vgl Fenn 138 f). Ist das hausangehörige Kind periodisch abwesend, so besteht eine Dienstpflicht nach § 1619 BGB nur für diejenige Zeit, die es jeweils im elterlichen Hause anwesend ist (OLG Celle 10. 8. 1989 – 5 U 97/88, NJW-RR 1990, 1478, 1479).

Neben dieser „grundsätzlichen Zugehörigkeit" zum Hausstand ist eine solche aber auch dann zu bejahen, wenn und solange sich das Kind bei den Eltern oder einem Elternteil derart aufhält, dass es dort (wenn auch nur vorübergehend) „lebt" und nicht nur „zu Besuch" ist. So etwa beim volljährigen, schon ausgezogenen Kind, das einen Wohnungswechsel für einige Monate im Elternhaus überbrückt. Oder beim minderjährigen Kind getrenntlebender, aber **gemeinsam sorgeberechtigter Eltern**: Dieses gehört grundsätzlich zum **Hausstand des Betreuungselternteils** (vgl § 1687 Abs 1 S 2 BGB), aber während längerer Aufenthalte beim anderen Elternteil (auch) zu dessen Hausstand. Beim nur **umgangsberechtigten Elternteil** sollte das Gleiche gelten: Periodische, kurzfristige Besuche begründen keine Hauszugehörigkeit, wohl aber längere Aufenthalte etwa während der Ferien oder bei vorübergehender Ausübungsüberlassung des Sorgerechts (vgl Gernhuber/Coester-Waltjen § 56 Rn 3). 22

Die Zugehörigkeit zum Hausstand wird vor allem dann **beendet**, wenn das Kind einen *eigenen Hausstand* außerhalb des der Eltern gründet (RAG JW 1937, 1388; OLG Stuttgart 5. 7. 1989 – 9 U 52/89, VersR 1990, 902) oder dauerhaft anderweitig untergebracht wird (vgl BayObLGZ 13, 19, 21). Erbringt das Kind vom eigenen Hausstand aus regelmäßig Hilfsdienste im Haushalt der Eltern, so fallen diese auch dann nicht unter § 1619 BGB, wenn das Kind bei diesen Gelegenheiten dort isst, badet und vereinzelt sogar übernachtet (OLG Nürnberg 4. 7. 1990 – 4 U 1553/90, VersR 1992, 188 f [täglich 2-stündige Pflege der Eltern; kein Anspruch der Eltern aus § 845 BGB gegen Verletzer]). 23

Anspruch der Eltern auf fortbestehende Zugehörigkeit zu ihrem Hausstand besteht nach § 1619 BGB nicht; bei minderjährigen Kindern ergibt sich eine entsprechende *Weisungsbefugnis* jedoch aus dem Sorgerecht der Eltern (§ 1631 Abs 1 BGB), bei volljährigen Kindern in der Ausbildung können die Eltern über § 1612 Abs 2 S 1 BGB mittelbaren Druck ausüben (vgl Rn 10). 24

2. Erziehung oder Unterhaltungsgewährung

a) Erziehung

Dem Erziehungsrecht der Eltern unterliegen nur minderjährige Kinder. Das Erziehungsrecht ist Ausfluss der *tatsächlichen Personensorge*, auf die elterliche Sorge insgesamt oder die Vertretungsmacht nach außen kommt es nicht an (§ 1631 Abs 1 BGB; §1673 Abs 2 S 2 BGB; MünchKommBGB/vSachsen Gessaphe § 1619 Rn 11). Mitsorge im Rahmen gemeinsamen Sorgerechts genügt (vgl Rn 22), ebenso Sorgebefugnisse nach § 1687 Abs 1 S 4 BGB bei längerem Aufenthalt beim „Besuchselternteil". 25

Haben die Eltern Erziehungsbefugnis, so wird – ohne Rücksicht auf Unterhaltsgewährung – die Dienstpflicht des Kindes auch bezüglich solcher Mitarbeit ausgelöst, die nicht rein pädagogisch motiviert ist, sondern der Entlastung bei der gemeinsamen Haushaltsführung dient (Rn 8). In Ausnahmefällen kann auch eine Mitarbeit zum Zwecke des elterlichen Erwerbs geschuldet sein (Rn 13).

Haben die mit ihren Kindern zusammenlebenden Eltern keine Erziehungsbefugnis, so besteht (vorbehaltlich Rn 26) keine Dienstleistungspflicht des Kindes nach § 1619 BGB.

b) Unterhaltsgewährung

26 Auch nicht erziehungsberechtigten Eltern können Dienste nach § 1619 BGB geschuldet sein, wenn sie dem Kind Unterhalt gewähren. In dieser Alternative findet § 1619 BGB sowohl auf minderjährige wie auch auf volljährige Kinder Anwendung. Die Pflicht besteht nur gegenüber demjenigen Elternteil, der Unterhalt gewährt.

Dabei ist nicht von Bedeutung, ob dem Kind der Unterhalt aufgrund einer gesetzlichen oder vertraglichen Verpflichtung oder freiwillig gewährt wird (Mot IV 715 f; BGH LM Nr 1 zu § 33 VVG; MünchKommBGB/vSachsen Gessaphe § 1619 Rn 12; Soergel/Zecca-Jobst § 1619 Rn 6; Fenn 140 mwNw). Insbesondere kommt es auch nicht darauf an, ob das Kind des Unterhalts *bedarf* – entscheidend ist, dass es **tatsächlich Unterhalt empfängt**. Deshalb ist auch dasjenige Hauskind dienstpflichtig, das eigene Einkünfte hat, diese aber zu anderen Zwecken verwendet und sich von den Eltern unterhalten lässt (OLG München 19. 10. 1993 – 5 U 3388/93, OLGR München 1994, 122; OLG Saarbrücken 14. 3. 1980 – 3 U 107/78, VersR 1981, 542; OLG Saarbrücken 23. 10. 1987 – 3 U 176/85, FamRZ 1989, 180 f; FG Rh-Pfalz 27. 1. 1988 – 1 K 141/87, EFG 1988, 223; Gernhuber JZ 1998, 365; MünchKommBGB/vSachsen Gessaphe § 1619 Rn 12). Die demgegenüber vom BGH postulierte „familiäre Abhängigkeit" des Kindes vom Unterhalt, weil es noch keine selbständigen Einkünfte habe (BGH 7. 10. 1997 – VI ZR 144/96, JZ 1998, 362, 364; ähnl LG Köln 1. 3. 1989 – 20 O 436/88, ZfSch 1990, 187 f; krit Coester-Waltjen LM § 1619 BGB Nr 8), gehört nicht zum Tatbestand des § 1619 BGB – dieser erfasst bewusst auch den nicht geschuldeten, aber doch gezahlten Unterhalt (vgl Mot IV 715 f).

27 Auch muss der Unterhalt **nicht in voller Höhe** von den Eltern geleistet werden und **nicht einmal „im Wesentlichen"** (so aber die hM, vgl OLG Celle 31. 1. 1996 – 3 U 24/95, NZV 1997, 233; OLG Nürnberg 4. 7. 1990 – 4 U 1553/90, VersR 1992, 188, 189; LG Kiel 10. 11. 1988 – 13 O 96/88, FamRZ 1989, 1172; LG Paderborn 17. 3. 1983 – 2 O 521/82, ZfS 1983, 261; LG Trier Schadens-Praxis 1999, 341 f). Die Leistungen der Eltern müssen nur so „wesentlich" und regelmäßig sein, dass überhaupt von „Unterhalt" die Rede sein kann. Im Übrigen ist es möglich, dass ein (erwerbstätiges) Kind auch noch zu Hause mitarbeitet und dafür **Teilunterhalt** erhält bzw – in umgekehrter Sicht – für Zuschüsse der Eltern zum Unterhalt (auch in natura) auch entsprechend mitarbeitet. Dies ist, zumindest in der Landwirtschaft, seit jeher üblich und entspricht moderner Tendenz zur „Job-Kombination" (OLG Celle 10. 8. 1989 – 5 U 97/88, NJW-RR 1990, 1478, 1479 f; Gernhuber JZ 1998, 365 f; Grunsky EWiR 1998, 263, 264; Coester-Waltjen LM § 1619 BGB Nr 8; MünchKommBGB/vSachsen Gessaphe § 1619 Rn 12 – alle in Kritik zu BGH 7. 10. 1997 – VI ZR 144/96, JZ 1998, 362 ff, der iE der hM folgt). Auch schadenersatzrechtliche Gesichtspunkte (bei Verletzung oder Tötung des Kindes) stehen nicht entgegen – der Ausfallschaden ist insgesamt gleich, wenn jemand seinen Einsatz aufspaltet oder an *einem* Arbeitsplatz erbringt (OLG München 19. 10. 1993 – 5 U 3388/93, OLGR München 1994, 122; OLG Saarbrücken 23. 10. 1987 – 3 U 176/85, FamRZ 1989, 180 f; Gernhuber JZ 1998, 365 f; Grunsky EWiR 1998, 263, 264; Coester-Waltjen LM § 1619 BGB Nr 8). Unbeachtlich ist schließlich das Wertverhältnis zwischen Unterhalt und Diensten des Kindes (RAG JW 1933, 2408; RG 8. 11. 1939 – VI 17/39, RGZ 162, 116; BGH 27. 10. 1959 – VI ZR 159/59, FamRZ 1960, 101; MünchKommBGB/vSachsen Gessaphe § 1619 Rn 12).

III. Inhalt und Umfang

1. Begriff und Art der geschuldeten Dienste

„Dienstleistung“ bedeutet die Entfaltung körperlicher (zB im Haushalt, RG LZ 1924, 740) oder geistiger Tätigkeit. Zur Gewährung von Vermögensleistungen an die Eltern verpflichtet § 1619 BGB das hausangehörige Kind nicht (dazu § 1618 Rn 36). Im Übrigen besteht keine Einschränkung bezüglich Art und Inhalt der geschuldeten Dienste: Geschuldet ist *Mitarbeit*, die im Hauswesen oder Geschäft der Eltern erforderlich ist, dem Kind zuzumuten ist und von den Eltern verlangt wird. Auch sogenannte „höhere“ Dienste, dh solche, die nur auf Grund besonderer Qualifikation des Kindes erbracht werden können, fallen grundsätzlich in den Rahmen der Vorschrift (RG 8. 11. 1939 – VI 17/39, RGZ 162, 116, 119; MünchKommBGB/vSachsen Gessaphe § 1619 Rn 19; Stellung und Qualifikation des Kindes können aber bei der Abgrenzung eine Rolle spielen, ob die Dienste auf *vertraglicher* Grundlage erbracht werden, Rn 65). Unerheblich ist schließlich, ob es sich um regelmäßig zu erfüllende Pflichten oder um einen außergewöhnlichen Arbeitseinsatz in einer bestimmten Bedarfssituation handelt (Rn 32). 28

2. Hauswesen und Geschäft

Hauswesen und Geschäft bezeichnen den sachlichen Rahmen und die Grenzen der Dienstleistungspflicht des Kindes. 29

Mit **Hauswesen** ist der organisatorisch-räumliche Bereich angesprochen, der die Basis des familiären Zusammenlebens bildet. Dabei ist die räumliche Begrenzung nicht zu eng zu verstehen, zum „Hauswesen“ gehören auch Arbeiten im Garten oder auf dem sonstigen Grundstück, auch der Bau eines Hauses wurde noch hierher gerechnet (OLG Nürnberg 24. 11. 1959 – 2 U 136/59, FamRZ 1960, 119, 120; anders offenbar LG Freiburg 5. 8. 1980 – 9 S 116/80, FamRZ 1984, 76). *Nicht* zum Hauswesen gehören nach richtiger Auffassung Dienste *an der Person* der Eltern wie etwa die ärztliche Behandlung der Eltern durch ein hausangehöriges Kind (MünchKommBGB/vSachsen Gessaphe § 1619 Rn 20; **aA** Schmeiduch 36 f; Soergel/Zecca-Jobst § 1619 Rn 7). Derartige Behandlung kann im Rahmen des § 1618 BGB geboten sein, auch dort jedoch nicht notwendigerweise unentgeltlich (§ 1618 Rn 55).

„Geschäft“ der Eltern ist jede selbständige Erwerbstätigkeit, auch in der Landwirtschaft und in freien Berufen (BGH 3. 5. 1967 – IV ZR 33/66, FamRZ 1967, 449 f [zur Ehegatten-Mitarbeit]; MünchKommBGB/vSachsen Gessaphe § 1619 Rn 20; Fenn 145 ff). Leisten die Eltern *abhängige Arbeit*, müssen die Kinder grundsätzlich nicht mitarbeiten, da ihre Mithilfe nicht den Eltern, sondern dem Arbeitgeber zugutekommen würde (BGH 3. 5. 1967 – IV ZR 33/66, FamRZ 1967, 449 f). Jedoch sind auch bei abhängiger Arbeit Fallgestaltungen denkbar, in denen Mithilfe oder ein Einspringen des Kindes unmittelbar dem dienstberechtigten Elternteil zugutekommt, so insbesondere bei erfolgsbezogenem Entgelt (Zeitungsausträger, Vertreter, Heimarbeiter; s Fenn 147 f, zust MünchKommBGB/vSachsen Gessaphe § 1619 Rn 20; noch großzügiger Klunzinger FamRZ 1972, 71). 30

Nach hM braucht das Geschäft, für welches die Arbeit des Kindes erbracht wird, nicht ausschließlich dem Dienstberechtigten zu gehören. Es genügt, wenn letzterer 31

Mitgesellschafter in einer **Personengesellschaft** ist (RG JW 1909, 502; BGH 11. 7. 1967 – VI ZR 36/66, FamRZ 1967, 618, 620 fingiert deshalb eine Innengesellschaft zwischen Mutter und Stiefvater, um der Mutter einer getöteten nichtehelichen Tochter zu einem Schadensersatzanspruch aus § 845 BGB zu verhelfen; vgl auch OLG Stuttgart 24. 1. 1962 – 4 U 148/61, VersR 1962, 651, 652). Unerheblich ist, dass der Ertrag der kindlichen Mitarbeit dabei *auch* anderen Gesellschaftern zugutekommt (**aA** PrOVG JW 1932, 1422; ArbG Radolfzell 4. 6. 1962 – Ca 558/61, ARSt 1964, 183; Fenn 152 ff [mwNw sozialgerichtlicher Rspr]).

3. Umfang

32 Der Umfang der vom Kind zu leistenden Mitarbeit richtet sich einerseits nach dem *Bedarf* auf Elternseite, andererseits nach der *Leistungsfähigkeit* des Kindes (BGH 2. 5. 1972 – VI ZR 80/70, NJW 1972, 1716, 1718).

a) Elterlicher Bedarf

Der Bedarf an Mitarbeit im Haushalt, auf dem landwirtschaftlichen Hof oder im Geschäft richtet sich nach den **konkreten Umständen im Einzelfall** (Soergel/Zecca-Jobst § 1619 Rn 7). Nicht nur regelmäßiger, sondern auch vorübergehend besonderer Bedarf etwa durch Unfall, Krankheit der Eltern begründet die Mitarbeitspflicht des Kindes (BGH FamRZ 1961, 117 f); bei beiderseitiger Berufstätigkeit der Eltern kann von den Kindern mehr Mitarbeit verlangt werden (Entlastungsfunktion!) als bei alleiniger Haushaltsführung durch einen Elternteil (BGH 2. 5. 1972 – VI ZR 80/70, NJW 1972, 1716; BSG 30. 3. 1977 – 5 RKn 20/76, BSGE 43, 236 ff; LSG Bremen 14. 3. 1985 – L 1 Kr 5/84).

b) Kräfte und Lebensstellung des Kindes

33 Die Dienstpflicht des Kindes besteht nur im Rahmen seiner Kräfte und seiner Lebensstellung, es handelt sich um ein negatives Tatbestandsmerkmal, nicht um ein bloßes Rücksichtsgebot an die Eltern.

Die Dienstpflicht besteht für männliche wie weibliche Kinder gleichermaßen (BGH 12. 6. 1973 – VI ZR 26/72, FamRZ 1973, 535, 536). Sie kann uU die *volle Arbeitskraft* des Kindes in Anspruch nehmen, auf Gegenleistungen oder den Wert des Unterhaltes kommt es (mangels jeder wertmäßigen Vergleichbarkeit, Fenn 129) nicht an (BGH 27. 10. 1959 – VI ZR 159/58, FamRZ 1960, 101; BGH 7. 12. 1971 – VI ZR 153/70, FamRZ 1972, 87; BGH 6. 11. 1990 – VI ZR 37/90, FamRZ 1991, 298, 299; Rn 27). Es ist Rücksicht auf die körperliche Konstitution des Kindes zu nehmen (vgl OLG Hamm 22. 6. 2015 – II-4 UF 16/15, FamRZ 2015, 1909 Rn 24 zu Holz hacken und [nicht nachgewiesen] Zementsäcke schleppen). Die Dienstpflicht kann in Not- oder Drucksituationen gesteigert sein (Rn 32). Jedoch setzen die **Ausbildung des Kindes sowie seine beruflichen und persönlichen Interessen seiner Inanspruchnahme** je nach den Umständen im Einzelfall Grenzen (OLG Frankfurt 2. 7. 2015 – 12 U 170/13, juris Rn 43). Die Pflicht der Eltern, in Angelegenheiten der Ausbildung und des Berufs auf Eignung und Neigung des Kindes Rücksicht zu nehmen, § 1631a S 1 BGB, verdrängt ihre Berechtigung aus § 1619 BGB. Die für Schule oder Studium angemessene Hausarbeit wie auch Erholung des Kindes dürfen durch Dienstpflichten nicht beeinträchtigt werden; vor Prüfungen dürfte die Dienstpflicht häufig sogar ganz entfallen (OLG Celle 7. 10. 2004 – 14 U 27/04, NZV 2006, 95, 96: 10 Wochenstunden im landwirtschaftlichen Nebenerwerbsbetrieb des Vaters für Gymnasiasten in der 11. Klasse; OLG Frankfurt 2. 7. 2015 – 12 U 170/13, juris Rn 43 – bei Kindern zwischen 12 und 14 Jahren werktäglich eine halbe, wochenends eine Stunde Mitarbeit im Haushalt; zu diesen Entscheidungen auch

Rn 38). Aber beispielsweise das Abräumen des Esstisches ist für ein 13-jähriges Kind durchaus zumutbar (OLG Hamm 22. 6. 2015 – II-4 UF 16/15, FamRZ 2015, 1909 Rn 24).

Die Dienstpflicht kann auch **neben anderweitiger Erwerbstätigkeit** bestehen. Sie ist hier durch die Verfügbarkeit, Leistungsfähigkeit und zumutbare Belastbarkeit des Kindes eingeschränkt, bei Empfang nur von Teilunterhalt (Rn 27) entsprechend reduziert (zum Arbeitsverhältnis mit den Eltern s Rn 62). Nicht überzeugend ist aber der pauschale Grundsatz, dass bei einem „vollerwerbstätigen" Kind jede Dienstpflicht nach § 1619 BGB ausscheide (so BGH 7. 10. 1997 – VI ZR 144/96, JZ 1998, 362, 364; OLG Saarbrücken 1. 6. 2017 – 4 U 122/16, ZfSch 2017, 620 Rn 73). Dies passt weder zu heutigen Arbeitszeiten und Erwerbsverhalten (vgl Rn 27; Coester-Waltjen LM § 1619 BGB Nr 8) noch zum tatsächlichen Unterhaltsempfang durch das Kind (zur Kritik vgl Nachw Rn 27 sowie Gernhuber/Coester-Waltjen § 56 Rn 3; Rauscher, FamR Rn 940; BeckOK-BGB/Pöcker [1. 11. 2025] § 1619 Rn 4.1; NK-BGB/Czeguhn/Schmitz § 1619 Rn 4; übertrieben jedoch – aus steuerpolitischen Gründen – FG Rh-Pfalz 4. 3. 1988 – 6 K 363/85, das eine 10–13-stündige Dienstpflicht pro Woche auch beim vollerwerbstätigen Kind annimmt). 34

Die **„Lebensstellung" des Kindes** zielt nicht auf antiquiertes Standesdenken, sondern bezeichnet die erreichte Selbständigkeit und Stellung in der beruflichen und persönlichen Entwicklung (MünchKommBGB/vSachsen Gessaphe § 1619 Rn 21). Insofern kann vom Kind im Haushalt oder Geschäft der Eltern keine Tätigkeit verlangt werden, die zu einer Schädigung seines (späteren) beruflichen Ansehens führen kann. Die Lebensstellung wird auch durch regionale und kulturelle Besonderheiten geprägt (LG Berlin 18. 3. 1983 – 83 T 73/83, FamRZ 1983, 943, 945; vgl Rn 69). 35

4. Haftung des Kindes

Eine durchsetzbare Schadenersatzpflicht des Kindes für nicht erbrachte Mithilfe scheidet im Hinblick auf § 120 Abs 3 FamFG aus (Schwab/Dutta FamR Rn 749), soweit nicht dadurch Folgeschäden am Eigentum der Eltern entstanden sind. Schädigt das Kind jedoch im Rahmen seiner Diensttätigkeit nach § 1619 BGB die Eltern, so kommt seine Haftung auf Schadensersatz nach §§ 823 ff BGB oder aus § 280 Abs 1 BGB (wegen Verletzung eines gesetzlichen Schuldverhältnisses; anders Canaris BB 1967, 168; NK-BGB/Czeguhn/Schmitz § 1619 Rn 7) in Betracht. Jedoch haftet das Kind – nach hM analog §§ 1359, 1664 Abs 1 BGB – nur für die *eigenübliche Sorgfalt* (§ 1618 Rn 34; für die hM Erman/Döll § 1619 Rn 8; MünchKommBGB/vSachsen Gessaphe § 1619 Rn 16; Gernhuber/Coester-Waltjen § 56 Rn 4; Schlüter, FamR Rn 341; NK-BGB/Czeguhn/Schmitz § 1619 Rn 7; offengelassen in BGH 8. 3. 1979 – III ZR 130/77, NJW 1979, 1600, 1601). 36

IV. Realisierung des Anspruchs

1. Elterliche Weisungen

Die Dienstpflicht des Kindes wird konkretisiert durch Weisungen, dh einseitige, rechtsgestaltende Gebote der Eltern (Erman/Döll § 1619 Rn 9; MünchKommBGB/vSachsen Gessaphe § 1619 Rn 14; Dölle II § 90 III 3; Rauscher, FamR Rn 941; gegen ein Weisungsrecht Enderlein AcP 200 [2000] 565, 581 f [allerdings inkonsequent: Konsenspflicht des Kindes, 581, und Folgepflicht bei dennoch erteilten Weisungen, 602]). Dieses Weisungsrecht folgt unmittelbar aus der Dienstberechtigung nach § 1619 BGB, bei erziehungsberechtigten 37

Eltern geht sie allerdings untrennbar in deren sorgerechtlicher Weisungsbefugnis auf – dies auch deshalb, weil beim minderjährigen Kind die Erziehungs- und Entlastungsfunktion seiner Mitarbeit praktisch nicht zu trennen sind. *Nur* aus § 1619 BGB folgt das elterliche Weisungsrecht, wenn die Dienstberechtigung auf Unterhaltsgewährung beruht.

38 Keinen Einbruch in die elterliche Bestimmungszuständigkeit bedeuten gerichtliche Konkretisierungen angemessener Mitarbeit (vgl BGH 12. 6. 1973 – VI ZR 26/71, FamRZ 1973, 535, 536: ab 14 Jahren 7 Stunden wöchentlich Mithilfe im Haushalt; s auch Rn 33), da sie nur notwendige Berechnungsgrößen in Schadensersatzprozessen darstellen.

39 Anordnungen der Eltern, die die Dienstpflicht nach § 1619 BGB überschreiten, sind *unverbindlich* und brauchen vom Kind nicht befolgt zu werden (Erman/Döll § 1619 Rn 9; MünchKommBGB/vSachsen Gessaphe § 1619 Rn 14). Dies gilt unabhängig davon, ob sich die Anordnung auch auf das Erziehungsrecht der Eltern stützt, vorbehaltlich des schwer vorstellbaren Falles, dass die über § 1619 BGB hinausgehende Anordnung sorgerechtlich gerechtfertigt ist (zum Kindesschutz Rn 43 f).

40 *Mitarbeit* des Kindes *ohne Weisungen der Eltern* erfolgt ebenfalls grundsätzlich im Rahmen des gesetzlichen Rechtsverhältnisses aus § 1619 BGB, sie ist nicht Geschäftsführung ohne Auftrag (anders möglicherweise bei Diensten, die nach Art, Umfang oä nicht dem Tatbestand des § 1619 BGB zuzurechnen sind).

2. Durchsetzung

41 Gegenüber **minderjährigen**, der Erziehung der Eltern unterstehenden Kindern setzen die Eltern ihre Weisungen wie sonstige sorgerechtliche Anordnungen durch (Staudinger/Salgo [2020] § 1631 Rn 93 ff). Erforderlichenfalls hat das FamG hierbei die Eltern auf Antrag zu unterstützen, § 1631 Abs 3 BGB. Eine Beschränkung auf „erzieherische Mitarbeit" ist jedoch ebenso wenig möglich wie bei der unmittelbaren Durchsetzung durch die Eltern: Zwischen den Funktionen der Dienstpflicht (Rn 8) besteht eine untrennbare Gemengelage (Rn 37).

42 Gegenüber **volljährigen Kindern** und solchen minderjährigen Kindern, die nur wegen Unterhaltsgewährung dienstverpflichtet sind, scheidet eine unmittelbare Durchsetzung durch die Eltern aus. Bei minderjährigen Kindern muss die Einwirkung über den Erziehungsberechtigten gesucht, bei volljährigen Kindern die Leistung der geschuldeten Dienste durch Antrag bei Gericht eingefordert werden. Allerdings ist ein auf solchen Antrag hin ergehender Beschluss analog § 120 Abs 3 FamFG nicht vollstreckbar (Erman/Döll § 1619 Rn 10; MünchKommBGB/vSachsen Gessaphe § 1619 Rn 15; Gernhuber/Coester-Waltjen § 56 Rn 4; unstreitig). Streitig ist hingegen, ob die Eltern insofern Selbsthilfe üben können, als sie den Kindesunterhalt zurückbehalten oder kürzen. Die hM lehnt dieses Vorgehen ab: Jeder Zwang sei – entsprechend dem Rechtsgedanken aus § 120 Abs 3 FamFG – verboten, die Zurückbehaltung des Unterhalts anstößig (zu letzterem Fenn 128 f; im Übrigen MünchKommBGB/vSachsen Gessaphe § 1619 Rn 15 [indes: gestattet Kürzung, keinen völligen Entzug]; Soergel/Zecca-Jobst § 1619 Rn 25 unter Berufung auf die Wertung des § 1611 Abs 1 BGB; Enderlein AcP 200 [2000] 565, 581 f; NK-BGB/Czeguhn/Schmitz § 1619 Rn 6; Schmeiduch 41 f Fn 205). Diese Sensibilität beim volljährigen Kind überzeugt nicht, da doch beim minderjährigen (wehrloseren) Kind

Taschengeldkürzung oder -streichung (neben anderen Druckmaßnahmen) als zulässig angesehen werden. Mangels unmittelbarer Gegenseitigkeit kann die Dienstleistung zwar in der Tat nicht durch *Zurückbehaltung* des gesamten (gesetzlich geschuldeten) Unterhaltes erzwungen werden. Bejaht man jedoch eine schwächere, legitime Beziehung zwischen Unterhalt und Dienstleistung (Rn 14), so erweist sich die Auffassung von Dölle (Bd II § 90 III 3) als zutreffend, der eine „knappe Bemessung" des Unterhalts bei Nichterbringung der geschuldeten Dienste für zulässig hält (ähnlich MünchKommBGB/vSachsen Gessaphe § 1619 Rn 15; dagegen ausdrücklich Schmeiduch 41 f Fn 205). *Freiwillige* Unterhaltsleistungen der Eltern können darüber hinaus ohne Einschränkung zurückbehalten werden.

3. Kindesschutz

Dem **volljährigen Kind** ist sein Schutz gegen ungerechtfertigte oder gar missbräuchliche Ausnutzung seiner Arbeitskraft selbst überlassen. Es kann durch Verlassen des elterlichen Haushalts die Dienstpflicht gegenüber den Eltern beenden (vgl aber Rn 10); es kann aber auch darauf dringen, dass seine Dienstleistung schuldrechtlich geregelt und damit dem Normbereich des § 1619 BGB entzogen wird (Mot IV 716; BGH 27. 10. 1959 – VI ZR 159/58 FamRZ 1960, 101; MünchKommBGB/vSachsen Gessaphe § 1619 Rn 23; vgl Rn 62 ff). 43

Bei **minderjährigen Kindern** wird das FamG zunächst seine Unterstützung im Rahmen des § 1631 Abs 3 BGB versagen, wenn das Arbeitsverlangen der Eltern ungerechtfertigt ist. Dass die Kinder ungerechtfertigten Anordnungen der Eltern außerdem ohnehin nicht folgen müssen (Rn 39), nützt ihnen in der Praxis nicht viel, da das FamG im Übrigen erst bei Vorliegen der Voraussetzungen des § **1666 BGB** eingreift (KG OLGE 10, 1 f; MünchKommBGB/vSachsen Gessaphe § 1619 Rn 22; Gernhuber/Coester-Waltjen § 56 Rn 4). Hierbei wird eine praktisch bedeutsame Lücke im Kindesschutz offenbar: Wer schützt das 12/13-jährige Schulkind davor, beim Hausbau des Vaters monatelang 3–4 Stunden täglich mithelfen zu müssen? (Sachverhalt bei LG Freiburg 5. 8. 1980 – 9 S 116/80, FamRZ 1984, 76). Diese Schwäche im Kindesschutz sollte durch großzügigere Zubilligung *bereicherungsrechtlicher Ansprüche* gemildert werden (gegen LG Freiburg 5. 8. 1980 – 9 S 116/80, FamRZ 1984, 76; besonders gelagert der Fall in OLG Nürnberg 24. 11. 1959 – 2 U 136/59, FamRZ 1960, 119). 44

Neben den zivilrechtlichen Kindesschutz tritt – obwohl arbeits- und sozialversicherungsrechtliche Vorschriften grundsätzlich keine Anwendung finden – der **öffentlich-rechtliche Schutz** nach dem *Berufsbildungsgesetz* vom 23. 3. 2005 (zuletzt geändert durch G v 28. 10. 2025, wenn das Kind durch die Eltern ausgebildet wird; durch das *JArbSchG* vom 12. 4. 1976 (zuletzt geändert durch G v 23. 10. 2024), das allerdings nicht gilt für geringfügige Hilfeleistungen in der Familie sowie für die Beschäftigung durch die Personensorgeberechtigten im Haushalt (für die Landwirtschaft vgl allerdings § 2 Abs 1 Nr 3 KindArbSchV; Schaub NJW 1976, 826; OLG Celle 7. 10. 2004 – 14 U 27/04, NJOZ 2004, 4584 [maximal 10 Wochenstunden für 17-jährigen Gymnasiasten]). Auch Schutzvorschriften des *Heimarbeitsgesetzes* vom 14. 3. 1951 (zuletzt geändert durch G v 23. 10. 2024) finden auf die familienrechtliche Mitarbeit Anwendung (zB §§ 12 ff; Schaub/Vogelsang, Arbeitsrechtshandbuch [19. Aufl 2021] § 9 Rn 21). Andere Schutzgesetze wie das Mutterschutzgesetz sowie das Bundesurlaubsgesetz verweigern sich dem nur familienrechtlich Dienstpflichtigen, ihre Schutznormen wirken aber auf das Zivil- 45 recht ein bei der Bestimmung der Leistungsfähigkeit des Kindes (Rn 33 ff) sowie bei der gebotenen Rücksichtnahme der Eltern, § 1618 BGB (Fenn 481 ff).

V. Wirtschaftliche Folgen

1. Erträge

46 Der Ertrag aus Dienstleistungen des Kindes im Rahmen des § 1619 BGB gebührt den dienstberechtigten Eltern ohne Rücksicht auf die Wertrelation zum von ihnen geleisteten Unterhalt (BGH 27. 10. 1959 – VI ZR 159/58, FamRZ 1960, 101; MünchKommBGB/vSachsen Gessaphe § 1619 Rn 24; vgl Erman/Döll § 1619 Rn 11). Arbeitet das Kind im Geschäft mit, das nur einem der beiden dienstberechtigten Eltern gehört, so stehen die Erträge auch nur diesem zu (zur Problematik von Personengesellschaften, an denen der dienstberechtigte Elternteil nur beteiligt ist, Rn 31). Der Ertrag geht unmittelbar in das Eigentum der Eltern über oder ist vom Kind herauszugeben und auf die Eltern zu übertragen (Mot IV 716; MünchKommBGB/vSachsen Gessaphe § 1619 Rn 24).

47 Was ein Kind jedoch *außerhalb* des Rahmens des § 1619 BGB durch Verwertung seiner Arbeit erwirbt, gebührt ihm selbst. Hierunter fallen sowohl die Erträge aus schuldvertraglichen Dienstleistungen für die Eltern (Rn 62 ff) als auch das Entgelt für Dienste für dritte Personen außerhalb des Hauses, zu deren Leistung das Kind auf Grund der Erziehungsbefugnis seiner Eltern angehalten worden war (zur Verwaltung und Verwendung dieser Einkünfte §§ 1626 Abs 1, 1638, 1649 Abs 1 S 2 BGB).

2. Entgelt

a) Grundsatz der Unentgeltlichkeit

48 Das Kind hat seine Dienste nach § 1619 BGB **unentgeltlich** zu erbringen (Rn 3; RG 7. 11. 1907 – IV 116/07, RGZ 67, 55, 58; RG 18. 5. 1920 – III 46/20, RGZ 99, 112, 115). Insbesondere ist der elterliche Unterhalt nicht als „Gegenleistung“ für die kindlichen Dienste anzusehen, unbeschadet des konzeptionellen Sinnzusammenhangs elterlicher und kindlicher Leistungen (Rn 11 f, 14; vgl Enderlein AcP 200 [2000] 564, 582). Aus letzterem folgt, dass „Unentgeltlichkeit“ hier nicht im Sinne des Schenkungsrechts (§ 516 Abs 1 BGB) zu verstehen ist, sondern eher wie bei „ehebezogenen Zuwendungen“ (dazu Gernhuber/Coester-Waltjen § 19 Rn 59 ff) – nur dass Leistung und Zweck hier gesetzlich vorgegeben sind (s noch Rn 49). Zu beachten ist jedoch, dass bei Vereinbarung eines echten schuldrechtlichen Dienst- oder Arbeitsvertrages das von den Eltern geschuldete Arbeitsentgelt teilweise auch in der Form von Unterhaltsleistungen (Naturallohn) erbracht werden kann.

b) Freiwillige Vergütungen

49 Freiwillige (also auch nicht schuldvertraglich geschuldete) Zuwendungen der Eltern an das Kind unterfallen nicht dem Schenkungsrecht, wenn sie sich auf ein angemessenes Taschengeld beschränken und somit als Teil des elterlichen Unterhalts zu qualifizieren sind (MünchKommBGB/vSachsen Gessaphe § 1619 Rn 25; Dölle II § 90 III 5). Deshalb besteht auch keine Erstattungspflicht der Landeskasse, wenn ein Schöffe während seiner terminbedingten Abwesenheit von seinen Hauskindern im Geschäft vertreten wird und dafür Entgelt bezahlt (KG 26. 11. 1991 – 1 W 5804/88, Rpfleger 1992, 106). Aber auch über ein Taschengeld hinausgehende Zuwendungen an das Kind

sind keine Schenkung, solange sie in angemessenem Wertverhältnis zu den geleisteten Diensten liegen – diese sind dann *causa* der Zuwendungen und schließen deren Unentgeltlichkeit aus (MünchKommBGB/vSachsen Gessaphe § 1619 Rn 25; **aA** Dölle II § 90 III 5). Bei leistungsgerechter Bezahlung von Pflichtarbeit, insbesondere aber auch weitergehender Arbeit liegt jedoch ein starkes Indiz für ein Dienst- oder Arbeitsverhältnis vor (vgl MünchKommBGB/vSachsen Gessaphe § 1619 Rn 25). Nur wenn und soweit die Zuwendungen den Wert der Kindesdienste übersteigen, liegt eine Schenkung vor (MünchKommBGB/vSachsen Gessaphe § 1619 Rn 25; **aA** Fenn 219: nie Schenkungsrecht, Dienstleistung stets causa).

c) Ausgleichserwartungen des Kindes

aa) Allgemeines

Aufgrund der familiären Beziehungen nehmen insbesondere volljährige Kinder zuweilen keine externe Beschäftigung auf, sondern arbeiten bei den Eltern über längere Zeiträume, oft auch weit über das nach § 1619 BGB geschuldete Maß hinaus, aber unentgeltlich oder gegen ein unverhältnismäßig geringes Entgelt in der mehr oder weniger offenen Erwartung, dafür irgendwann einen bestimmten Ausgleich zu erhalten. Derartige Erwartungen sind typischerweise gerichtet auf Erhalt einer Ausstattung, Geschäfts- oder Hofübernahme oder Erbschaft. 50

Diese Erwartungen sind häufig unverbindlich, weil eine entsprechende Vereinbarung mit den Dienstberechtigten nicht vorliegt oder nicht wirksam getroffen werden konnte (vgl §§ 311b Abs 1, 4, 518, 2302, 2276 BGB). Im Einzelfall kann das elterliche Versprechen einer Beihilfe zur Existenz aber als *Ausstattungsversprechen* wirksam sein (BGH 11. 6. 1965 – VI ZR 282/63, FamRZ 1965, 430, 431): Ein solches Versprechen ist formfrei innerhalb des den Vermögensverhältnissen der Eltern entsprechenden Maßes, § 1624 Abs 1 BGB; aber auch ein darüber hinausgehendes Versprechen wurde vom BGH nicht als unentgeltlich eingestuft, sondern als Gegenleistung für die jahrelange Mitarbeit des Sohnes (nicht in diesem Fall, aber häufig scheitern Ausstattungsversprechen an § 311b Abs 1 BGB). Für die Verpflichtung der Eltern aus einem gültigen Ausstattungsversprechen haftet nach Aufhebung des § 419 BGB (vgl BGH 11. 6. 1965 – VI ZR 282/63, FamRZ 1965, 430, 431) auch der Hofübernehmer nur, wenn das Kind nach §§ 1 ff AnfG anfechten konnte.

bb) Enttäuschte Erwartungen

Verwirklichen sich die Erwartungen des Kindes nicht, hat es seine Arbeitskraft uU jahrelang nutzlos investiert. Der nach § 2057a BGB vorgesehene erbrechtliche Ausgleich löst das Problem nicht (MünchKommBGB/vSachsen Gessaphe § 1619 Rn 26): Auf durch bestimmte Zwecke motivierte Arbeitsleistungen ist die Norm nicht zugeschnitten, sie gewährt nur einen Ausgleich im Verhältnis zu miterbenden Abkömmlingen (nicht also dem überlebenden Elternteil) und versagt schließlich gänzlich bei Fehlschlag der Vergütungserwartung schon zu Lebzeiten der Eltern (zur Frage, *wann* eine Erbschaftserwartung fehlschlägt, vgl LG Freiburg 5. 8. 1980 – 9 S 116/80, FamRZ 1984, 76 [nicht schon bei Scheidung der Eltern und Verfeindung mit dem nichtsorgeberechtigten Elternteil, dem gegenüber die Dienste geleistet wurden]; BAG 30. 8. 1973 – 5 AZR 122/73, AP Nr 28 zu § 612 BGB [noch nicht bei erheblichen lebzeitigen Verfügungen des Elternteils, sondern nur dann, wenn Verfügungen ohne sachliche Gründe erfolgen und dem späteren Ausgleich voraussichtlich die Grundlage entziehen]). 51

52 Hat das mitarbeitende Kind nur insgeheim auf einen späteren Ausgleich *gehofft*, so trägt es das *Risiko* des späteren Fehlschlags seiner Erwartungen. Haben der oder die Dienstberechtigten die Erwartungen des Kindes jedoch erkannt, mussten sie sie erkennen oder haben sie mit dem Kind gar darüber gesprochen, ohne dass hieraus eine gültige vertragliche Verpflichtung resultierte, und haben sie dennoch die Dienste des Kindes über einen längeren Zeitraum hingenommen, so müssen nach allgemeiner Meinung bei Fehlschlag der Vergütungserwartung diese Dienste gerechterweise anderweitig ausgeglichen werden. Über den Weg des Ausgleichs besteht jedoch Streit, dessen Bedeutung sich nicht auf dogmatische Fragen beschränkt.

Ausgangspunkt ist die Auffassung der Rechtsprechung, wonach eine spätere Entschädigung für (zunächst) unentgeltliche Dienstleistungen des Kindes sowohl im Rahmen einer familienrechtlichen Mitarbeit nach § 1619 BGB wie auch im Rahmen eines Dienst- oder Werkvertrages vorgesehen werden kann (BGH 23. 2. 1965 – VI ZR 281/63, NJW 1965, 1224; vgl Rn 65). Rechtspolitischer Beweggrund für diese Haltung ist die Erkenntnis, dass § 1619 auf solche Fälle nicht zugeschnitten ist, in denen die „Dienste" nicht Folge der Hausangehörigkeit (mit Unterhalt) sind, sondern letztere vielmehr Folge einer anderweitig motivierten Entscheidung sind, für die Eltern zu arbeiten (Rn 15). So wie ausdrückliche Vereinbarungen das wechselseitige Ausgleichsmodell des § 1619 BGB verdrängen (Rn 4, 62 ff), so tut dies auch eine stillschweigende, von den Eltern aber zumindest erkannte Zwecksetzung (für eine Kombination von § 1619 BGB als Rechtsgrundlage der Dienste mit einem „angestaffelten" Fernzweck iS des § 812 Abs 1 S 2 Alt 2 BGB hingegen Enderlein AcP 200 [2000] 565, 583 ff mwNw).

53 Die ältere Rechtsprechung hat – ohne zwischen Vertrag und Zwecksetzung zu unterscheiden – stets Bereicherungsansprüche des Kindes nach **§ 812 Abs 1 S 2, Alt 2 BGB** (condictio causa data, causa non secuta) zugestanden (RG JW 1903 Beil 142; RG WarnR 1942, 228; OLG Breslau JW 1929, 1297, 1298; BGH 27. 10. 1959 – VI ZR 159/58, FamRZ 1960, 101, 102; aus dem Schrifttum MünchKommBGB/vSachsen Gessaphe § 1619 Rn 30; Fenn 229 ff).

Ebenfalls nicht auf den vorerwähnten Unterschied abstellend, will eine insbesondere auch vom *BAG* getragene Gegenmeinung den Ausgleich stets durch eine Anwendung des **§ 612 Abs 2 BGB** herstellen, auch dann, wenn keine vertragliche Vereinbarung getroffen wurde, sondern nur erkannte oder erkennbare Erwartungen des dienstleistenden Kindes vorlagen (BAG 15. 3. 1960 – 5 AZR 409/58, AP Nr 13 zu § 612 BGB m zust Anm Hueck; BAG 18. 1. 1964 – 5 AZR 261/63, AP Nr 22 zu § 612 BGB; BAG 14. 7. 1966 – 5 AZR 2/66, AP Nr 24 zu § 612 BGB m zust Anm Diederichsen [anders wohl BAG 19. 2. 1970 – 5 AZR 241/69, AP Nr 26 zu § 612 BGB]; Schaub/Vogelsang, Arbeitsrechts-Handbuch § 67 Rn 16 ff; Bydlinski, in: FS Wilburg [1965] 45 ff, 66 ff [auch zum österreichischen Recht]; Hanau AcP 165 [1965] 263 ff, 274 ff).

Der 6. Senat des BGH hat sich dem teilweise angeschlossen (unveröff Urt BGH 10. 3. 1964 – VI ZR 230/62; BGH 23. 2. 1965 – VI ZR 281/63, NJW 1965, 1224) und differenziert: Bei einer (auch stillschweigenden) gültigen schuldvertraglichen Grundlage der Dienstleistungen erfolgt der Ausgleich über § 612 Abs 1, 2 BGB; fehlte hingegen eine schuldvertragliche Einigung (so bei erkannten oder auch nur erkennbaren Erwartungen) oder war sie aus irgendeinem Grunde unwirksam, erfolgt der Ausgleich weiterhin nach § 812 Abs 1 S 2, Alt 2 BGB (vgl auch BGH 15. 4. 1965 – II ZR 73/62, FamRZ 1966, 25; BGH 9. 2. 1967 – III ZR 188/64, FamRZ 1967, 214, 215; BGH 22. 2. 1973 – VI ZR 15/72, FamRZ 1973,

298, 299; zust Erman/Döll § 1619 Rn 12; differenzierend Soergel/Zecca-Jobst § 1619 Rn 11 ff, insbes Rn 13; Schlüter, FamR Rn 342; Günther 82 ff; Enderlein AcP 200 [2000] 565, 587).

Von den weiteren Stimmen sind hervorzuheben Canaris (BB 1967, 165 ff), der bei fehlender oder nichtiger Einigung der Beteiligten über Arbeitsleistung und Entschädigung statt der Ausgleichsordnung der §§ 812 ff BGB die des „faktischen Arbeitsverhältnisses" anwenden will mit dem Ergebnis, dass das Kind einen Anspruch auf angemessenen Lohn erhält. Gernhuber (FamR [3. Aufl 1980] § 47 I 8) schließlich hält alle Lösungsansätze für letztlich unbefriedigend und diagnostiziert werdendes Richterrecht (ausformuliert zu einem Normentwurf bei Burckhardt, Der Ausgleich für Mitarbeit eines Ehegatten in Beruf oder Geschäft des anderen [§ 1356 Abs 2 BGB] [1971] 436).

Stellungnahme: Der ausnahmslose Lösungsansatz über § 612 BGB ist zu Recht kriti- 54
siert worden. Diese Bestimmung setzt eine vertragliche Grundlage voraus, die in vielen einschlägigen Fällen aber fehlte (Canaris BB 1967, 165); dies verleitet die Gerichte zur bloßen Fiktion vertraglicher Abreden (Beuthien Anm zu BAG 30. 8. 1973 – 5 AZR 122/73, AP Nr 28 zu § 612 BGB; Fenn FamRZ 1968, 295 ff). Außerdem missachtet dieser Ansatz den familienrechtlichen Charakter der Mitarbeit und eine etwaige Schutzwürdigkeit des Leistungsempfängers, er führt oft zu horrenden Nachzahlungspflichten (Fenn 228 f; Fenn FamRZ 1968, 294 ff; Kropholler FamRZ 1969, 244 f, 249 f). Andererseits ist dem 6. Senat des BGH darin Recht zu geben, dass für den Bereicherungsausgleich dann kein Raum ist, wenn eine gültige schuldvertragliche Grundlage der Dienstleistungen vorliegt und nur die Vergütung, so wie sie versprochen wurde, nicht erbracht worden ist: Hier ist § 612 BGB zum Ausgleich heranzuziehen. Fehlt hingegen eine gültige vertragliche Grundlage der durch eine zumindest erkennbare Vergütungserwartung motivierten Dienstleistungen des Kindes, ist die Heranziehung dieser Bestimmung verfehlt. Aber auch der bereicherungsrechtliche Lösungsansatz ist unbefriedigend, er leidet an den bekannten Schwächen des Bereicherungsanspruchs, gemildert allenfalls durch § 820 (BAG 15. 3. 1960 – 5 AZR 409/58, AP Nr 13 zu § 612 BGB m Anm Hueck; Bosch FamRZ 1966, 27; Canaris BB 1967, 165, 167; vgl dagegen Fenn 231 ff), und ist vor allem – worauf Canaris hinweist – bei rechtsgrundlosen Arbeitsleistungen längst als typologisch unpassend erkannt worden. Die Ersetzung des bereicherungsrechtlichen Ausgleiches durch die Lehren vom „faktischen Arbeitsverhältnis" ist deshalb unabweisbar; in der sich als Konsequenz ergebenden Verpflichtung zur Zahlung eines „angemessenen Lohns" lassen sich alle familiären und einzelfallbezogenen Umstände befriedigend berücksichtigen (ebenso Rauscher, FamR Rn 943).

VI. Drittschädigungen

Wird ein nach § 1619 BGB dienstpflichtiges Kind durch Verschulden Dritter getötet 55
oder verletzt, so können die Eltern nach § 845 BGB Schadensersatz für die entgehenden Dienste des Kindes verlangen. Als Anspruchsgrundlage kommt auch § 844 Abs 2 BGB in Betracht, wenn die Dienste des Kindes im Einzelfall Teil des von ihm gewährten Unterhaltes an die Eltern waren (MünchKommBGB/vSachsen Gessaphe § 1619 Rn 17; Gernhuber/Coester-Waltjen § 56 Rn 9 ff; wer die Dienste nach § 1619 BGB generell unterhaltsrechtlich qualifiziert [Rn 11], kommt konsequent zur *alleinigen* Maßgeblichkeit von § 844 Abs 2 BGB – § 845 BGB wird zur „‚normativen Ruine' ohne Anwendungsbereich", so Ch Huber, zit von Staudinger/Röthel/Croon-Gestefeld [2023] § 845 Rn 8; Enderlein AcP 200 [2000] 565, 574 ff; Kilian NJW 1969, 2005, 2006; s historisch Torp 83 ff; s, indes ohne konkreten Be-

zug auf § 845 BGB oder § 844 Abs 2 BGB, OLG München 10. 3. 2021 – 10 U 176/20, juris Rn 70, NJOZ 2021, 937; OLG München 16. 2. 2022 – 10 U 6245/20, juris Rn 37, BeckRS 2022, 3890). Eine derartige Schadensersatzverpflichtung des Schädigers besteht hingegen nicht, wenn das Kind seine Dienste nicht auf Grund des § 1619 BGB, sondern auf schuld- oder gesellschaftsvertraglicher Grundlage erbracht hat (dazu Rn 62 ff). Die Anknüpfung des § 845 BGB an gesetzliche Dienstpflichten ist antiquiert und sachlich nicht mehr haltbar (vgl Rn 16, 20); dieses deliktrechtliche Problem kann aber nicht im Familienrecht gelöst werden. Der BGH versteht die Schadensersatzpflicht nach § 845 BGB als gesetzlich geregelten Fall der Schadensverlagerung: Aufgrund der unentgeltlichen Dienstleistung des Kindes wirkt sich der im Arbeitsausfall bestehende Schaden nicht bei diesem selbst, sondern bei seinen Eltern aus (BGH 25. 10. 1977 – VI ZR 220/75, FamRZ 1978, 22, 23 f; BGH 7. 10. 1997 – VI ZR 144/96, FamRZ 1998, 101, 102 f; OLG Nürnberg 7. 11. 2022 – 5 U 2610/21, juris Rn 26, NJW-RR 2023, 594; KG 23. 8. 2023 – 25 U 141/19, juris Rn 50, BeckRS 2023, 43051). Auszugehen sei jedoch vom *Grundsatz der Schadenseinheit*, § 845 BGB ermögliche nicht eine doppelte Geltendmachung des Ausfallschadens durch Kind und Eltern. Habe das Kind einen eigenen Schadensersatzanspruch aus §§ 842, 843 BGB, komme daneben ein Ersatzanspruch der Eltern aus § 845 BGB nicht in Betracht. Das Gleiche gelte, wenn ein Ausfallschaden deshalb gar nicht entstanden sei, weil das Kind verletzungsbedingt in eine andere Berufstätigkeit übergewechselt sei. Der Ersatzanspruch der Eltern ist damit nur abgeleiteter Natur und abhängig vom Kindesanspruch. Er wird *verdrängt* vom eigenen Anspruch des Kindes aus §§ 842, 843 BGB, sobald dieses in eine anderweitige Erwerbstätigkeit gewechselt ist oder gewechselt wäre bei hypothetischem Verlauf der Dinge (Rn 57); er wird auch von vornherein eingeschränkt, wenn das Kind seine Arbeitskraft teils zu Erwerbszwecken und teils für die Familienarbeit eingesetzt hatte; fällt es aus, verteilt sich der Schaden teils auf das Kind, teils auf die Eltern – beide Ansprüche können kumuliert werden (Rn 27 mwNw; zum Ganzen auch Staudinger/Röthel/Croon-Gestefeld [2023] § 845 Rn 35 ff; Enderlein AcP 200 [2000] 565, 589 ff).

56 Nach hM setzt der Ersatzanspruch aus § 845 BGB (nicht der aus § 844 Abs 2 BGB) voraus, dass die Dienstpflicht des Kindes schon im Zeitpunkt der Verletzung bestanden haben muss (OLG München 9. 4. 1965 – 10 U 1559/64, NJW 1965, 1439; MünchKommBGB/vSachsen Gessaphe § 1619 Rn 17). Mangels eines einsehbaren Grundes für eine unterschiedliche Behandlung der Ersatzpflichten aus § 844 Abs 2 BGB und § 845 BGB ist jedoch auch § 845 BGB iS der ersteren Vorschrift zu lesen (Gernhuber/Coester-Waltjen § 56 Rn 9).

57 Besteht eine Ersatzpflicht wegen entgangener Dienste, so richtet sich die *Schadenshöhe* nach dem Umfang der gem § 1619 BGB *geschuldeten* Dienste – überobligationsmäßige Mehrarbeit des Kindes bleibt schadensrechtlich außer Betracht (OLG Celle 7. 10. 2004 – 14 U 27/04, NZV 2006, 95, 96). Des Weiteren ist nach § 287 ZPO zu schätzen, wann die Dienstleistung des Kindes *voraussichtlich geendet* hätte (die Rechtsprechung geht – in Ermangelung sonstiger Gesichtspunkte – vom 25. Lebensjahr aus, OLG Celle 29. 2. 1968 – 5 U 190/67, FamRZ 1969, 218 f; OLG Karlsruhe 6. 6. 1956 – 1 U 160/55, VersR 1957, 271). § 287 ZPO ist unmittelbar anwendbar, die Klage aus § 845 BGB fällt nicht unter § 266 Abs 1 HS 1 Nr 4 FamFG und somit in die Zuständigkeit der allgemeinen Zivilgerichte (MünchKommFamFG/Erbarth § 266 Rn 304). Hatte das Hauskind noch in Ausbildung gestanden, so kann heutzutage nicht mehr davon ausgegangen werden, dass es auch nach Abschluss der Ausbildung im Elternhaus geblieben wäre oder jeden-

falls familienrechtlich-unentgeltlich weitergearbeitet hätte: Üblicherweise wäre eine weitere Mitarbeit auf arbeits- oder gesellschaftsvertragliche Basis gestellt worden. Die Ersatzpflicht nach § 845 BGB endet deshalb regelmäßig mit dem hypothetischen Abschluss der Ausbildung (OLG Celle 10. 8. 1989 – 5 U 97/88, NJW-RR 1990, 1478, 1479; vgl LG Köln 1. 3. 1990 – 20 O 436/88, ZfSch 1990, 187; OLG Jena 3. 12. 2008 – 2 U 157/08, ZfSch 2010, 79). Letztlich ausschlaggebend ist aber hier wie stets die sorgfältige Einzelfallprüfung, „wie lange das erwachsene Hauskind bereit gewesen wäre, sich künftighin auf ‚bloß' familienrechtlicher Grundlage einzusetzen" (BGH 6. 11. 1990 – VI ZR 37/90, FamRZ 1991, 298, 299; zust OLG Jena 3. 12. 2008 – 2 U 157/08, ZfSch 2010, 79).

Soweit Schadenersatz nach § 845 BGB wegen Tötung des Hauskindes geschuldet wird, müssen sich die Eltern im Wege der Vorteilsausgleichung den Entfall der Unterhaltsleistungen anrechnen lassen (BGH 11. 7. 1961 – VI ZR 2/61, VersR 1961, 856; OLG Karlsruhe 13. 3. 1967 – 10 U 128/86, FamRZ 1988, 1051 f; ausführlich, auch zum eingeschränkten Vorteilsausgleich Staudinger/Röthel/Croon-Gestefeld [2023] § 845 Rn 26 ff).

Bei **Verletzung oder Tötung eines Elternteils** haben entweder dieser selbst (§§ 842, 843 **58** BGB) oder der überlebende Ehegatte und die Kinder (§ 844 Abs 2 BGB) einen Schadensersatzanspruch wegen entgangener Unterhaltsleistungen (zu einem – überwiegend abgelehnten – Anspruch aus § 845 BGB wegen entgangener Dienste s Rn 20). Bei Berechnung dieses Schadensersatzanspruches (Kosten einer Ersatzkraft) berücksichtigt die Rechtsprechung in schadensminderndem Sinne eine regulär bestehende Dienstpflicht der Kinder nach § 1619 BGB (zur unfallbedingten Mehrarbeit s Rn 59): Der Aufwand beispielsweise für eine Haushaltshilfe mindert sich etwa um 7 Stunden wöchentlich, wenn das 14-jährige Hauskind zur unentgeltlichen Mithilfe in diesem Rahmen nach § 1619 BGB verpflichtet ist (zu diesem Beispiel BGH 12. 6. 1973 – VI ZR 26/72, FamRZ 1973, 535, 536; vgl auch BGH 13. 6. 1972 – X ZR 45/69, NJW 1972, 1716, 1718; BGH 6. 12. 1983 – VI ZR 2/82, FamRZ 1984, 462, 463; auf die *tatsächliche* Mithilfe kommt es auch hier nicht an [vgl Rn 57], LSG Nordrhein-Westfalen 26. 1. 2005 – L 8 RA 5/01, BeckRS 2005, 159149 Rn 41; ähnlich OLG Oldenburg 14. 8. 2009 – 6 U 118/09, ZfSch 2010, 495: ab dem 12. Lebensjahr 1 Stunde täglich = 7 Stunden wöchentlich). Diese *schadensmindernde Anrechnung der Kindesdienste* ist problematisch; sie enthält erstens einen Eingriff in das Bestimmungsrecht der Eltern, ob und inwieweit sie die Kinder überhaupt zur Mitarbeit heranziehen wollen, und zweitens bedeutet eine pädagogisch ernstgenommene Erziehung der Kinder zur Mitarbeit keineswegs eine zeitlich entsprechende Entlastung des dienstberechtigten Elternteils (Stichworte: *Miteinander* arbeiten, anleiten und ausgleichen durch anderweitige Zeitzuwendung); aus Unbehagen über die schadensmindernde Anrechnung ist wohl auch die (falsche) Äußerung vom BGH (6. 12. 1983 – VI ZR 2/82, FamRZ 1984, 462, 463; vgl Rn 18) begründet.

Eine bei Schädigung der Eltern uU notwendig werdende *Mehrarbeit der Kinder* nach **59** § 1619 BGB (Rn 32) mindert hingegen nicht deren nach §§ 842, 843 BGB geltend zu machenden Schaden (analog § 843 Abs 4 BGB; Gernhuber/Coester-Waltjen § 56 Rn 11–13 empfiehlt, sicherheitshalber die Mehrarbeit der Kinder auf vertragliche Grundlage zu stellen).

VII. Gläubigerschutz

Die auf „faule Schuldner" zugeschnittene Vorschrift des § 850h Abs 2 ZPO (BGH **60** 8. 3. 1979 – III ZR 130/77, NJW 1979, 1601; Thomas/Putzo/Seiler ZPO § 850h Rn 1a) schützt grundsätzlich auch die Gläubiger des auf der Grundlage des § 1619 BGB mitarbeitenden Kindes (BGH 8. 3. 1979 – III ZR 130/77, NJW 1979, 1601; BAG 4. 5. 1977 – 5 AZR 151/76, NJW 1978, 343; LAG Frankfurt 9. 2. 1965 – 5 Sa 170/64, AP Nr 11 zu § 850h ZPO; BSG 10. 2. 1965 – 3 RK 61/60, NJW 1965, 2075; MünchKommBGB/vSachsen Gessaphe § 1619 Rn 32; Gernhuber/Coester-Waltjen § 56 Rn 8; Enderlein AcP 200 [2000] 565, 600 f; Fenn 496; Fenn AcP 167 [1967] 151 ff; Fenn FamRZ 1968, 291, 299 f; Fenn Anm zu BAG 7. 6. 1973 – 5 AZR 577/72, FamRZ 1973, 628; Menken DB 1993, 161 ff [Ehegattenmitarbeit]; Stein/Jonas/Würdinger ZPO § 850h Rn 27). § 850h Abs 2 ZPO fingiert zugunsten der Gläubiger einen Lohnanspruch des ohne Entgelt oder unterbezahlt arbeitenden Kindes gegen seine Eltern, der gepfändet werden kann (**aA** Grunsky, in: FS F Baur [1981] 407 ff: widerlegliche Vermutung). Unentgeltlich ist die Dienstleistung des Kindes auch, wenn sie in Erwartung (aber ohne vertragliche Zusage) künftiger Entschädigung erbracht wird (Schaub/Koch, Arbeitsrechts-Handbuch § 87 Rn 11). Höchst umstritten ist jedoch, ob bei der Frage, ob die Dienste des Kindes „nach Art und Umfang üblicherweise vergütet werden" (§ 850h Abs 2 S 1 ZPO), die verwandtschaftlichen Beziehungen zwischen den Beteiligten zu berücksichtigen sind. Werden sie berücksichtigt (so Erman/Döll § 1619 Rn 21), wird eine Vergütung häufig üblicherweise nicht geschuldet sein, sodass § 850h Abs 2 ZPO weitgehend leerläuft. Werden die verwandtschaftlichen Beziehungen deshalb nicht berücksichtigt (so BAG 4. 5. 1977 – 5 AZR 151/76, NJW 1978, 343 = AP Nr 16 zu § 850h ZPO im Anschluss an Fenn 496 f; Fenn AcP 167 [1967] 151 ff; Fenn FamRZ 1968, 299 ff; Enderlein AcP 200 [2000] 565, 601), wird jedoch das Unentgeltlichkeitsprinzip des § 1619 BGB ausgehöhlt. Eine Mittelmeinung will deshalb die verwandtschaftlichen Beziehungen nur bei Festsetzung der *Höhe* der fiktiv geschuldeten Vergütung berücksichtigen (BGH 15. 3. 1979 – III ZR 140/77, NJW 1979, 1602; BAG 4. 5. 1977 – 5 AZR 151/76, NJW 1978, 343; LAG Frankfurt 9. 2. 1965 – 5 Sa 170/64, AP Nr 11 zu § 850h ZPO; LAG Mainz 13. 10. 1959 – 1 Sa 239/59, AP Nr 6 zu § 850h ZPO; MünchKommBGB/vSachsen Gessaphe § 1619 Rn 32). Angesichts des klaren Gesetzeswortlauts in § 850h Abs 2 S 2 ZPO ist eine Berücksichtigung der verwandtschaftlichen Beziehungen schon beim „Ob" der üblichen Vergütungspflicht (erstgenannte Auffassung) nicht zu umgehen. Angesichts des Umstands, dass heutzutage die familienhafte Mitarbeit gegenüber schuldvertraglicher Regelung der Dienste eines volljährigen Kindes mehr und mehr zurücktritt, ist die Beeinträchtigung der Normwirkung des § 850h Abs 2 ZPO hinnehmbar. Im Ergebnis wird eine Pfändung fingierten Einkommens nach § 850h Abs 2 ZPO in der Regel nur insoweit möglich sein, als die Dienste des Kindes seine Pflicht nach § 1619 BGB übersteigen (andeutend BGH 14. 12. 1960 – IV ZR 161/60, LM Nr 14 zu § 66 BEG 1956; LAG Bremen 27. 2. 1963 – 1 Sa 137/62, AP Nr 9 zu § 850h ZPO; Bosch FamRZ 1958, 84; Gernhuber/Coester-Waltjen § 56 Rn 8; BeckOK-BGB/Pöcker [1. 11. 2025] § 1619 Rn 12; NK-BGB/Czeguhn/Schmitz § 1619 Rn 14).

61 Bei **kollusivem Zusammenwirken** von Eltern und Kind zum Schaden der Gläubiger ist neben § 850h Abs 2 ZPO ein Schadensersatzanspruch nach § 826 BGB nicht grundsätzlich ausgeschlossen (BGH 30. 10. 1973 – VI ZR 27/71, LM Nr 29 zu § 826 [Gd] BGB; zurückhaltend jedoch BAG 7. 6. 1973 – 5 AZR 577/72, FamRZ 1973, 626 f [nicht sittenwidrig]; grundsätzlich ablehnend Fenn FamRZ 1973, 629).

VIII. Dienst-, arbeits- oder gesellschaftsvertragliche Grundlage der Dienstleistungen

1. Grundsätze und Wirkungen dienst- oder arbeitsvertraglicher Grundlage

§ 1619 BGB schließt nicht die Möglichkeit aus, dass die Eltern mit ihrem (minderjährigen oder volljährigen) Kind einen Dienst-, Arbeits- oder Gesellschaftsvertrag über dessen Dienstleistung schließen (BVerfG 16. 2. 1965 – 1 BvL 20/64, FamRZ 1965, 194; BGH 27. 10. 1959 – VI ZR 159/58, FamRZ 1960, 101; BGH 22. 2. 1973 – VI ZR 15/72, FamRZ 1973, 298, 299; BGH 6. 11. 1990 – VI ZR 37/90, FamRZ 1991, 298, 299; OLG Jena 3. 12. 2008 – 2 U 157/08, ZfSch 2010, 79; Rn 4). Auch soweit es sich um Dienste handelt, die sonst nach § 1619 BGB geschuldet wären, werden diese fortan auf schuldvertraglicher Grundlage erbracht (der BGH spricht von „Ersetzung" [BGH 22. 2. 1973 – VI ZR 15/72, FamRZ 1973, 298, 299] oder „Umwandlung" [BGH 23. 2. 1965 – VI ZR 281/63, FamRZ 1965, 317] der Rechtsgrundlage). Es können auch zunächst auf familienrechtlicher Grundlage erbrachte Dienstleistungen für die Zukunft auf eine schuldrechtliche Grundlage gestellt werden (RAG JW 1933, 720; RAG JW 1933, 2408; RAG JW 1937, 1598 und 2650; Soergel/Zecca-Jobst § 1619 Rn 19). Es steht grundsätzlich in der **freien Entscheidung von Eltern und Kindern**, ob sie die Mitarbeit auf vertragliche Grundlage stellen wollen (BGH 22. 2. 1973 – VI ZR 15/72, NJW 1973, 700, 701; anders – aus steuerrechtspolitischen Gründen – die Finanzgerichte, s Rn 65). Dabei geht die Praxis davon aus, dass die Beteiligten vor einer Entweder-Oder-Alternative stehen – eine Aufspaltung in einen familienrechtlich geschuldeten und einen freiwillig oder auf schuldvertraglicher Grundlage berbrachten Teil der Dienstleistungen soll ausgeschlossen sein. Das Beschäftigungsverhältnis könne nur „ganzheitlich" beurteilt und als solches dem Familienrecht oder dem Vertragsrecht unterstellt werden (BGH 7. 12. 1971 – VI ZR 153/70, FamRZ 1972, 87, 88; BGH 6. 11. 1990 – VI ZR 37/90, FamRZ 1991, 298, 300; BFH 12. 10. 1988 – X R 2/86, NJW 1989, 2150; BFH 9. 12. 1993 – IV R 14/92, NJW 1994, 3374, 3375; OLG Köln 13. 12. 1989 – 13 U 191/98, VersR 1991, 1292 f; OLG Jena 3. 12. 2008 – 2 U 157/08, ZfSch 2010, 79). Dies vermag ebenso wenig zu überzeugen wie die Ablehnung teilweiser Unterhaltsgewährung als Grundlage (teilweiser) Dienstpflicht (Rn 27, 34): Ein Kind, das neben arbeitsvertraglicher Vergütung auch noch zusätzlich Unterhalt empfängt, kann auch noch zu zusätzlicher familienrechtlicher Mithilfe verpflichtet sein; umgekehrt kann ein familienrechtlich mithelfendes Kind einzelne, besondere Funktionen auf eine vertragliche, entgeltliche Basis stellen (gegen BFH 9. 12. 1993 – IV R 14/92, NJW 1994, 3374, 3375 [Tochter übernimmt Waschen und Bügeln der Wäsche aus der elterlichen Arztpraxis]; wie hier Fenn 182 mwNw). 62

Die Einstufung der Kindesmitarbeit als familienrechtliche oder vertragliche hat **erhebliche Konsequenzen**: Sie ist maßgeblich für den Bestand eines Schadensersatzanspruches der Eltern aus §§ 845 oder 844 Abs 2 BGB, für das Eingreifen arbeitsrechtlicher Gesetze und Grundsätze und entsprechend für die Zuständigkeit der Arbeitsgerichte anstelle der ordentlichen Gerichte, für den Bestand einer Sozialversicherungspflicht und für die steuerrechtliche Beurteilung. Eine vertragliche Regelung der Dienstleistungspflicht geht auch § 2057a BGB vor. Die Anknüpfung all dieser Rechtsfragen an die höchst unklare und unzeitgemäße Grenzlinie zwischen familienrechtlicher Dienstpflicht und vertraglicher Regelung ist äußerst unglücklich; sie führt zu einer Instrumentalisierung des § 1619 BGB für familienrechtsfremde Zwecke und zu für den Bürger kaum nachvollziehbarer, das Hauptproblem der Fälle nicht adressierender Rechtsprechung (Rn 16). 63

2. Abgrenzung familienhafter Mitarbeit zum Dienst- oder Arbeitsvertrag

64 Die Abgrenzung zwischen familienrechtlichen und dienst- oder arbeitsvertraglich geschuldeten Diensten ist aus vorgenannten Gründen (Rn 63) eine *wichtige*, aber außerordentlich schwer zu vollziehende Aufgabe (dazu ausführlich STAUDINGER/RÖTHEL/CROON-GESTEFELD [2023] § 845 Rn 13 ff; historisch hierzu TORP 40 ff). Dies auch deshalb, weil nicht jede Vereinbarung zwischen Eltern und Kind zum Schuld- oder Gesellschaftsrecht führt: Es kann sich auch um eine „einvernehmliche Ausgestaltung der in § 1619 BGB gesetzlich begründeten Mitarbeitspflicht" handeln (SCHWAB/DUTTA, FamR Rn 753). Ausgangspunkt ist die rechtstatsächliche Erkenntnis, dass familienrechtliche Mitarbeit bei volljährigen Kindern modernem Rechtsdenken nicht mehr entspricht und deshalb – auch im landwirtschaftlichen Bereich – selten geworden ist (LAG Mecklenburg-Vorpommern 20. 7. 2021 – 2 Sa 326/20, juris Rn 65, BeckRS 2021, 30688). Während die Rechtsprechung früher von einer *Vermutung* zugunsten familienrechtlicher Mitarbeit ausgegangen ist, die nur bei Vorliegen „besonderer Umstände" zugunsten eines Arbeitsvertrages entkräftet werden konnte (zuletzt noch BGH 11. 6. 1965 – VI ZR 282/63, FamRZ 1965, 430), geht man von einer derartigen Vermutung heute allgemein nicht mehr aus (BGH 22. 2. 1973 – VI ZR 15/72, FamRZ 1973, 298, 299; BGH 6. 11. 1990 – VI ZR 37/90, FamRZ 1991, 298, 299; OLG Saarbrücken 14. 3. 1980 – 3 U 107/78, VersR 1981, 542; in Frage gestellt schon in BGH 7. 12. 1971 – VI ZR 153/70, FamRZ 1972, 87, 88; gegen die Vermutung zuvor schon BFH 17. 2. 1955 – IV 520/53 U, AP Nr 1 zu § 611 BGB – Arbeitsverhältnis zwischen Eltern und Kindern; BSG 5. 4. 1956 – 3 RK 65/55, AP Nr 2 zu § 611 BGB – Arbeitsverhältnis zwischen Eltern und Kindern [beide m Anm HUECK]; OLG Jena 3. 12. 2008 – 2 U 157/08, ZfSch 2010, 79; vgl auch MünchKommBGB/vSACHSEN GESSAPHE § 1619 Rn 34; SOERGEL/ZECCA-JOBST § 1619 Rn 20; BÖHME 100 ff; FENN 415 ff, 427 ff; GÜNTHER 53; LEUZE/OTT FamRZ 1965, 16). Ob umgekehrt heute von einer Vermutung ausgegangen werden kann, dass volljährige Kinder nur auf vertraglicher Basis zur Weiterarbeit auf dem Hof oder im Geschäft bereit sind (OLG Celle 10. 8. 1990 – 5 U 97/88, NJW-RR 1990, 1478, 1489), erscheint ebenfalls noch ungesichert (vgl BGH 7. 12. 1971 – VI ZR 153/70, FamRZ 1972, 87, 88; SCHLÜTER, FamR Rn 342). Stattdessen ist die Abgrenzung unvoreingenommen aus **sämtlichen Umständen des Einzelfalles** zu gewinnen (BGH 6. 11. 1990 – VI ZR 37/90, FamRZ 1991, 298, 299; OLG Jena 3. 12. 2008 – 2 U 157/08, ZfSch 2010, 79; LAG Mecklenburg-Vorpommern 20. 7. 2021 – 2 Sa 326/20, juris Rn 65, BeckRS 2021, 30688; MünchKommBGB/vSACHSEN GESSAPHE § 1619 Rn 34). Maßgeblich für die Auslegung ist dabei die tatsächlich bestehende – nicht die äußerlich vorgetäuschte – Willensrichtung der Beteiligten (BGH 7. 12. 1971 – VI ZR 153/70, FamRZ 1972, 87, 88; BGH 6. 11. 1990 – VI ZR 37/90, FamRZ 1991, 298, 300). Vorgetäuscht werden kann ein entgeltlicher Vertrag aus steuerlichen Gründen (vgl Rn 65), umgekehrt aber auch familienrechtliche Mitarbeit zu Lasten von Kindesgläubigern oder Kindesschädigern (§ 845 BGB).

65 In Rechtsprechung und Schrifttum werden eine Vielzahl von Kriterien auf ihre Indizwirkung für ein echtes Dienst- oder Arbeitsverhältnis hin erörtert. **Ältere Stellungnahmen** (vor 1972) sind insoweit jedoch mit Vorsicht zu behandeln: Sie erfolgten häufig unter dem Gesichtspunkt, ob das betreffende Kriterium „besondere Umstände" ausmachen könnte, die die bis dahin angenommene Vermutung zugunsten familienrechtlicher Verhältnisse außer Kraft setzen. In einer offenen Einzelfallwürdigung gebührt den Kriterien jedoch anderer Stellenwert (deshalb Zurückverweisung zur erneuten Prüfung in BGH 22. 2. 1973 – VI ZR 15/72, FamRZ 1973, 298).

Sehr eingeschränkt ist auch die bürgerlich-rechtliche Verwendbarkeit der **finanzgerichtlichen Rechtsprechung**. Um der zwischen Angehörigen naheliegenden Missbrauchsgefahr zu begegnen und die steuerliche Anerkennungsfähigkeit von entgeltlichen Verträgen zu begrenzen, wird hier deutlich eine familienrechtliche Qualifikation der Mitarbeit favorisiert. Zwar wird die vertragliche Freiheit, die familienrechtlich geschuldete Mitarbeit auf entgeltlich-vertraglicher Basis zu erbringen, im Grundsatz ebenfalls anerkannt (BFH 21. 2. 1999 – IV R 15/98, DStZ 1999, 756; anders noch FG Saarland 27. 1. 1988 – 1 K 141/87, EFG 1988, 223). Hiergegen soll aber – wie nach inzwischen aufgegebener BGH-Rechtsprechung (Rn 64) – eine Vermutung sprechen; diese gilt nur als widerlegt, wenn der Vertrag „sowohl nach seinem Inhalt als auch nach seiner tatsächlichen Durchführung dem entspricht, was zwischen Fremden üblich ist“ (BFH 21. 2. 1999 – IV R 15/98, DStZ 1999, 756; ähnl schon BFH 29. 11. 1978 – II R 107/77, NJW 1979, 672; BFH 17. 3. 1988 – IV R 188/85, NJW 1989, 319; BFH 9. 12. 1993 – IV R 14/92, NJW 1994, 3374), wobei allerdings ein gewisser Vereinbarungsspielraum eingeräumt wird (BFH 7. 5. 1996 – IX R 69/94, BFHE 180, 377). Bei geringfügigen oder familientypischen Hilfsdiensten der Kinder wird die steuerliche Anerkennung gezahlter Entgelte deshalb regelmäßig verneint (zB Rasen mähen, Schnee fegen [Nds FG 19. 3. 1990 – VI 8/89]; Telefondienste [BFH 17. 3. 1988 – IV R 188/85, NJW 1989, 319; BFH 9. 12. 1993 – IV R 14/92, NJW 1994, 3374]).

Als **Kriterien im Rahmen der stets notwendigen Einzelfallprüfung** sprechen insoweit **für ein Dienst- oder Arbeitsverhältnis**: 66

(1) Die Eingliederung des Kindes nach Art eines Arbeitnehmers in den Betrieb (BSG 5. 4. 1956 – 3 RK 65/55, AP Nr 2 zu § 611 BGB – Arbeitsverhältnis zwischen Eltern und Kindern – [G Hueck] = BB 1956, 856 m Anm Jorks BB 1957, 79; LAG Mecklenburg-Vorpommern 20. 7. 2021 – 2 Sa 326/20, juris Rn 65, BeckRS 2021, 30688) sowie die steuerliche und sozialversicherungsrechtliche Behandlung des Kindes wie ein Arbeitnehmer (BSG 5. 4. 1956 – 3 RK 65/55, AP Nr 2 zu § 611 BGB – Arbeitsverhältnis zwischen Eltern und Kindern; BFH 17. 2. 1955 – IV 520/53 U, AP Nr 1 zu § 611 BGB – Arbeitsverhältnis zwischen Eltern und Kindern – m Anm G Hueck; BGH 25. 10. 1977 – VI ZR 220/75, FamRZ 1978, 22, 23 [allein noch nicht genügend jedoch Beitragszahlungen an die Berufsgenossenschaft in der Unfallversicherung], aber BFH 21. 1. 1999 – IV R 15/98, DStZ 1999, 756, 757 [immerhin Indiz]; MünchKommBGB/vSachsen Gessaphe § 1619 Rn 35; Fenn 445; zurückhaltender Gernhuber/Coester-Waltjen § 56 Rn 6).

(2) Die Gewährung eines periodischen Entgelts, dessen Höhe dem ortsüblichen oder dem tariflichen Lohn nahekommt (BSG 5. 4. 1956 – 3 RK 65/55, 29. 3. 1962 – 3 RK 85/59, 29. 3. 1962 – 3 RK 33/59, AP Nr 2, 3, 4 zu § 611 BGB – Arbeitsverhältnis zwischen Eltern und Kindern; BGH 25. 10. 1977 – VI ZR 220/75, FamRZ 1978, 22, 23; LAG Mecklenburg-Vorpommern 20. 7. 2021 – 2 Sa 326/20, juris Rn 65, BeckRS 2021, 30688; ähnlich BSG 1. 9. 2022 – B 12 KR 7/22 BH, juris Rn 10, BeckRS 2022, 29500; s aMünchKommBGB/vSachsen Gessaphe § 1619 Rn 35; Soergel/Zecca-Jobst § 1619 Rn 20; Fenn 443 ff; Gernhuber/Coester-Waltjen § 56 Rn 6 [Arbeitsvertrag]).

(3) Auch die Leistung sog höherer Dienste *kann* ein Indiz für vertragliche Regelung der Leistungsbeziehungen sein (OLG Celle HRR 1939 Nr 824 [zu letzterem jedoch FG Berlin FamRZ 1976, 286]). Auch ein hoher Wert der Kindesmitarbeit, insbesondere im Verhältnis zu den elterlichen Unterhaltsleistungen, schließt ein familienrecht-

liches Dienstverhältnis nicht aus (BGH 27. 10. 1959 – VI ZR 159/58, FamRZ 1960, 101; Rn 27), *kann* aber für ein Arbeitsverhältnis sprechen (BGH 3. 11. 1967 – IV ZR 135/66, RzW 1968, 128 f).

(4) Der Einsatz des Kindes anstelle einer fremden bezahlten Arbeitskraft (nicht maßgeblich: Dölle II § 90 III; Fenn 438 ff; wenig aussagefähig: MünchKommBGB/vSachsen Gessaphe § 1619 Rn 35; Soergel/Zecca-Jobst § 1619 Rn 21; bedeutungsvoll: BFH 21.1.199 – IV R 15/98, DStZ 1999, 756, 757; BFH 27. 11. 1989 – GrS 1/88, BFHE 158, 563; LAG Köln 22. 12. 1987 – 4 Sa 1165/87; Günther 109 f).

(5) Die Begründung eines förmlichen Lehrverhältnisses zwischen Kind und Eltern sowie die Weiterarbeit des Kindes nach fertiger Ausbildung (vgl Rn 57).

(6) Die Verheiratung des Kindes (RAG JW 1933, 2408; Fenn 436 ff; **aA** Gernhuber/Coester-Waltjen § 56 Rn 6).

(7) Arbeitsleistung gegen Ausstattungsversprechen (BGH 11. 6. 1965 – VI ZR 282/63, FamRZ 1965, 430).

(8) Die erwartete Übernahme des Betriebes der Eltern (vgl Rn 50 ff). Hier ist zu unterscheiden: Es *kann* ein Arbeitsvertrag geschlossen sein mit Vereinbarung einer atypischen Gegenleistung (BGH 23. 2. 1965 – VI ZR 281/63, FamRZ 1965, 317, 318; Canaris BB 1967, 166), es kann sich jedoch auch um familienrechtliche Mitarbeit handeln in der bloßen „Aussicht“, später den Hof oder den Betrieb zu übernehmen oder im Erbwege bedacht zu werden (BSG 29. 3. 1962 – 3 K 83, 85/59, NJW 1962, 2077 f; BGH 23. 2. 1965 – VI ZR 281/63, FamRZ 1965, 317, 318; BGH 11. 6. 1965 – VI ZR 282/63, FamRZ 1965, 430; BGH 7. 12. 1971 – VI ZR 153/70, FamRZ 1972, 87).

(9) Die Fiktion eines geschuldeten Entgelts nach § 850h Abs 2 S 1 ZPO (Rn 60) sagt *nichts* über den wirklichen Bestand einer vertraglich geschuldeten Gegenleistung (BGH 21. 1. 1958 – VI ZR 6/57, FamRZ 1958, 173).

3. Gesellschaftsverträge

67 Gesellschaftsverträge zwischen Eltern und Kindern sind seltener als zwischen Ehegatten, jedoch nicht ausgeschlossen (BGH 20. 12. 1952 – II ZR 44/52, RdA 1953, 352; OGH BrZ MDR 1949, 469 f; LAG Bremen 29. 3. 1957 – II Sa 5/57, RdA 1958, 77; MünchKommBGB/vSachsen Gessaphe § 1619 Rn 33; für bäuerliche Betriebe: Günther 91 ff, 120). Ein Gesellschaftsverhältnis ist gekennzeichnet durch den gemeinsamen Zweck der Tätigkeit (OGH BrZ MDR 1949, 469), die Gemeinsamkeit der erzielten Einnahmen und die grundsätzliche Gleichordnung von Eltern und Kind als Gesellschafter (BGH 15. 4. 1965 – II ZR 73/62, FamRZ 1966, 25; BGH 3. 11. 1967 – IV ZR 135/66, RzW 1968, 128 f; BGH 20. 3. 1972 – II ZR 98/69, FamRZ 1972, 558 f; OLG Stuttgart 5. 7. 1989 – 9 U 52/89, VersR 1990, 902, 903). Auch hier kommt es für die Einstufung auf alle *Umstände des Einzelfalles* an, allerdings ist die Rechtsprechung zurückhaltend: Die Lebenserfahrung spreche für den Angestelltenstatus des Kindes (BGH 3. 11. 1967 – IV ZR 135/66, RzW 1968, 128 f), ein Gesellschaftsverhältnis sei nur bei besonderen Umständen anzunehmen (vgl die vorstehenden BGH-Zitate). So wurde für nicht ausreichend erachtet die Mithilfe des Kindes beim Hausbau (BGH 15. 4. 1965 – II ZR 73/62, FamRZ 1966, 25), die leitende Stellung des

Kindes als designierter Unternehmenserbe (BGH 3. 11. 1967 – IV ZR 135/66, RzW 1968, 128) oder die Eigentumsgemeinschaft an einem Grundstück (BGH 20. 3. 1972 – II ZR 98/69, FamRZ 1972, 558). Andererseits reicht es aus, wenn das auch anderweitig erwerbstätige Kind sein gesamtes Einkommen in den elterlichen Betrieb investiert und dort mitarbeitet (OLG Stuttgart 5. 7. 1989 – 9 U 52/89, VersR 1990, 902, 903).

IX. Auslandsbezüge

1. Internationales Privatrecht

Als Ausfluss der Eltern-Kind-Beziehung bestimmt das *Kindschaftsstatut* (Art 15 ff KSÜ, subsidiär Art 21 EGBGB) über Bestand und Umfang der Dienstpflicht, also das Recht am gewöhnlichen Aufenthalt des Kindes. Dies gilt auch, wenn sich die Dienstpflicht als *Vorfrage* im Rahmen zB eines Deliktprozesses stellt. Ist nach Art 4 ff Rom II-VO deutsches Deliktsrecht anwendbar, ist die für § 845 BGB wesentliche Dienstpflicht also dem Recht des Kindesaufenthalts zu entnehmen (vgl BGH 30. 9. 1986 – VI ZR 274/85, NJW-RR 1987, 147; Hohloch JuS 1996, 172). Kennt dieses eine familienrechtliche Dienstpflicht nicht, würde es aber den Eltern deliktsrechtlich Schadensersatz gewähren, so ist durch *Angleichung* beider Rechtsordnungen zu helfen (OLG Köln 8. 3. 1994 – 3 U 75/89, FamRZ 1995, 1200, 1202; Hohloch JuS 1996, 171 f; MünchKommBGB/vSachsen Gessaphe § 1619 Rn 36). 68

2. Sonstiges

Auch bei Maßgeblichkeit des § 1619 BGB können bei Zugehörigkeit der Beteiligten zu einem ausländischen Kulturkreis dortige Vorstellungen über die Mitarbeitspflicht in den Normtatbestand („Lebensstellung“) einfließen (LG Berlin 18. 3. 1983 – 83 T 73/83, FamRZ 1983, 943, 945 [türkische Familie]). 69

§ 1620
Aufwendungen des Kindes für den elterlichen Haushalt

Macht ein dem elterlichen Hausstand angehörendes volljähriges Kind zur Bestreitung der Kosten des Haushalts aus seinem Vermögen eine Aufwendung oder überlässt es den Eltern zu diesem Zwecke etwas aus seinem Vermögen, so ist im Zweifel anzunehmen, dass die Absicht fehlt, Ersatz zu verlangen.

Materialien: E II § 1513 rev 1598; E III § 1596; Prot II Bd 4, 538, 541; NEhelG Art 1 Nr 20.

Systematische Übersicht

I. Grundsatz

1 § 1620 BGB (§ 1618 BGB aF, im Wortlaut unverändert seit BGB-Entstehung, aber durch das NEhelG 1969 zu § 1620 BGB verschoben) ist eine **gesetzliche Auslegungsregel**, die bei Zweifeln über die Rückzahlbarkeit kindlicher Vermögensleistungen für den elterlichen Haushalt eingreift. Bei volljährigen Kindern geht das Gesetz davon aus, dass derartige Aufwendungen des Kindes im Zweifel nur dem Ausgleich der Vorteile dienen sollen, die dem Kind aus der Zugehörigkeit zum elterlichen Hausstand zufließen (Gernhuber/Coester-Waltjen § 56 Rn 16; vgl MünchKommBGB/vSachsen Gessaphe § 1620 Rn 1; Dölle II § 90 IV 2; jurisPK-BGB/Schwer § 1620 Rn 1). Bei freiwilligen **Unterhaltsleistungen** gilt die **Spezialnorm des § 685 Abs 2 BGB**, auf die Abgrenzung kommt es wegen der inhaltlichen Übereinstimmung der Vorschriften jedoch nicht an (vgl auch § 1360b BGB).

II. Voraussetzungen

2 Das Kind muss *volljährig* sein und dem **elterlichen Hausstand angehören** (der Begriff entspricht dem in § 1619 BGB verwendeten Konzept, siehe nur Erman/Döll § 1620 Rn 3, siehe daher § 1619 Rn 17–24). Ferner muss es geschäftsfähig sein (Soergel/Zecca-Jobst § 1620 Rn 2).

3 Aufwendungen, also freiwillige Opfer aus dem Vermögen des Kindes, sind neben Erspartem und Kapitaleinkünften auch solche, die das Kind aus seinem Arbeitseinkommen oder sonstigen Einkommen bestreitet (MünchKommBGB/vSachsen Gessaphe § 1620 Rn 2; Soergel/Zecca-Jobst § 1620 Rn 3; Gernhuber/Coester-Waltjen § 56 Rn 16 Fn 40; jurisPK-BGB/Schwer § 1620 Rn 3). Die „Aufwendung" kann auch in der Eingehung einer Verpflichtung bestehen – entweder gegenüber Dritten (Bürgschaft, Schuldversprechen zur Deckung von Haushaltsschulden der Eltern) oder gegenüber den Eltern selbst (Verpflichtung zu Kostgeld, Rn 5). *Dienste*, auch wenn sie Vermögenswert haben, fallen hingegen *nicht* unter den Normtatbestand; sie sind von § 1619 BGB erfasst (zB der Malermeister streicht die Wände im Haus seiner Eltern; vgl MünchKommBGB/vSachsen Gessaphe § 1620 Rn 3; Dölle II § 90 IV 1; jurisPK-BGB/Schwer § 1620 Rn 3; Soergel/Zecca-Jobst § 1620 Rn 3).

4 Die Aufwendung muss gerade der **Bestreitung von Haushaltskosten** dienen. Hierunter fallen nicht Aufwendungen für das elterliche Geschäft (MünchKommBGB/vSachsen Gessaphe § 1620 Rn 2; jurisPK-BGB/Schwer § 1620 Rn 5) oder für persönliche Bedürfnisse der Eltern einschließlich persönlicher, nicht haushaltsbezogener Schulden der Eltern (RG 30. 6. 1910 – VI 400/09, RGZ 74, 139, 140; jurisPK-BGB/Schwer § 1620 Rn 5; Erman/Döll § 1620 Rn 3). Auch Verwendungen der Kindeseinkünfte durch die *Eltern* im Rahmen des § 1649 Abs 2 BGB fallen nicht unter § 1620 BGB; es handelt sich nicht um Aufwendungen des Kindes, sondern um ein „familienrechtliches Verwendungsrecht" der Eltern, das *causa* des Verbrauchs ist (vgl Zöllner FamRZ 1959, 393, 394). Bei Überschreitung des Verwendungsrechts bestehen ohne weiteres Bereicherungsansprüche des Kindes (Staudinger/Heilmann [2020] § 1649 Rn 41 f).

III. Wirkung

Die Vorschrift greift in die gesetzliche oder privatautonome Regelung der vermögensrechtlichen Beziehungen zwischen den Beteiligten nicht ein, diese geht stets vor. Ein Wirkungsfeld ist § 1620 BGB erst eröffnet, wenn eine Ersatzpflicht der Eltern insbesondere aus Vertrag, GoA oder ungerechtfertigter Bereicherung zweifelhaft ist. Das Gesetz stellt keine Vermutung der Unentgeltlichkeit auf, gegen die sich das Kind durch ausdrückliche Rückforderungsvorbehalte bei seiner Leistung zu wehren hätte (RG HRR 1933 Nr 1423; MünchKommBGB/vSachsen Gessaphe § 1620 Rn 4; jurisPK-BGB/Schwer § 1620 Rn 6). 5

Kein Zweifel über die fehlende Freigebigkeit des Kindes besteht bei Vorliegen **entgeltlicher Verträge** oder bei **irrtümlichen Zahlungen** des Kindes auf Schuld (zB vermeintlich geschuldete Unterhaltsleistungen): Hier steht § 1620 BGB Bereicherungsansprüchen des Kindes nicht entgegen (MünchKommBGB/vSachsen Gessaphe § 1620 Rn 4; Gernhuber/Coester-Waltjen § 56 Rn 17; jurisPK-BGB/Schwer § 1620 Rn 7; Erman/Döll § 1620 Rn 2; Soergel/Zecca-Jobst § 1620 Rn 4). § 1620 BGB greift aber auch dann nicht ein, wenn das Fehlen einer elterlichen Ersatzpflicht schon aus anderen Gründen feststeht: So bei Leistung gesetzlich geschuldeten Unterhalts, bei Leistung geschuldeten Beistands (§ 1618 BGB, vgl Rn 10) oder bei Zahlung des vertraglich vereinbarten Kostgeldes.

Zweifel über die Rückforderungsabsicht des Kindes können nur dort entstehen, wo außerhalb des gesetzlich Geschuldeten geleistet wird. Die Zweifel können sich hier auf das Bestehen vertraglicher Beziehungen überhaupt oder auf den Inhalt einer im Grundsatz unstreitigen vertraglichen Einigung beziehen. Allgemeinen Grundsätzen entsprechend greift die Auslegungsregel des § 1620 BGB erst dann ein, wenn die Auslegung anhand aller Umstände des Einzelfalles zu keinem Ergebnis geführt hat. Auch Indizien für den unerklärten, aber bei Leistung vorhandenen Willen des Kindes gehen der Auslegungsregel des § 1620 BGB vor. So mag der Charakter einer Leistung als „laufende Aufwendung" für deren Unentgeltlichkeit, eine aus dem Rahmen fallend hohe Aufwendung hingegen für einen Ersatzwillen des Kindes sprechen (MünchKommBGB/vSachsen Gessaphe § 1620 Rn 4; Grüneberg/Götz § 1620 Rn 1; Soergel/Zecca-Jobst § 1620 Rn 4; Gernhuber/Coester-Waltjen § 56 Rn 17). Bei verbleibenden Zweifeln gilt: 6

Innerhalb einer feststehenden vertraglichen Einigung wirkt die Regel des § 1620 BGB zugunsten der unentgeltlichen oder die Eltern weniger belastenden Vertragsvariante (Gernhuber/Coester-Waltjen § 56 Rn 16): Ein gewährtes Darlehen ist im Zweifel zinslos (Soergel/Zecca-Jobst § 1620 Rn 4); auf vertraglicher Grundlage hingegebenes Geld ist im Zweifel Kostgeld und nicht Darlehen. 7

Bestehen Zweifel, ob überhaupt ein (entgeltlicher) Vertrag geschlossen worden ist, ist der Gegenstand als schenkweise geleistet anzusehen (zB die vom Kind installierte Stereoanlage ist den Eltern geschenkt und nicht verkauft). 8

Macht das Kind Aufwendungen für den Haushalt, die unter den Tatbestand der Geschäftsführung ohne Auftrag fallen (und nicht Unterhalt sind, § 685 Abs 2 BGB), so 9 wird die Auslegungsregel des § 1620 BGB im Rahmen von § 685 Abs 1 BGB wirksam.

10 Leistungen, bei denen weder eine gesetzliche oder vertragliche Verpflichtung noch Geschäftsführung ohne Auftrag im Spiel ist, sind nach allgemeiner Auffassung als *Schenkungsangebot* des Kindes zu qualifizieren, bei Annahme durch die Eltern also auf der Grundlage eines Schenkungsvertrages erbracht (MünchKommBGB/vSachsen Gessaphe § 1620 Rn 5; Gernhuber/Coester-Waltjen § 56 Rn 16; jurisPK-BGB/Schwer § 1620 Rn 9). Der Klärung bedarf allerdings das Verhältnis von § 1620 BGB zu § 1618 BGB: „Beistand" iS letzterer Bestimmung können auch materielle Leistungen sein, die grundsätzlich unentgeltlich zu erbringen sind (§ 1618 Rn 55). Insofern könnte daran gedacht werden, *jede* freiwillige Leistung des volljährigen Kindes als „Beistand" iS des § 1618 BGB zu verstehen. Dies wäre jedoch verkehrt: Geschuldeter Beistand nach § 1618 BGB setzt Bedürftigkeit auf der anderen Seite voraus – liegt diese vor, erfolgen die notwendigen Leistungen des Kindes auf Grund einer Rechtspflicht (Rn 5); Absichten des Kindes bezüglich einer etwaigen Rückforderung sind unbeachtlich. Allerdings ist keineswegs jede Haushaltsaufwendung des Kindes Reaktion auf eine entsprechende Bedürftigkeit der Eltern; soweit sie das Maß des nach § 1618 BGB geschuldeten Beistands übersteigen, bleibt es bei der Tendenz zum Schenkungsrecht gem § 1620 BGB. Zur Auslegung des ungeschriebenen Tatbestandsmerkmals „Bedürftigkeit" im Rahmen des § 1618 BGB ist zu beachten, dass die Einstufung zugunsten dieser Vorschrift den familienrechtlichen Beziehungen der Beteiligten besser gerecht wird als das Schenkungsrecht (vgl zB Form-, Widerrufs- oder Steuerprobleme; wie es überhaupt sinnvoller gewesen wäre, die gem § 1620 BGB als unentgeltlich vermuteten Leistungen des Kindes nicht als *donandi causa*, sondern auf einer familienrechtlichen, *„arteigenen causa"* entsprechend § 1624 BGB beruhend anzusehen, vgl § 1624 Rn 1).

IV. Internationales Privatrecht

11 Internationalprivatrechtlich ist § 1620 BGB als Bestandteil des deutschen materiellen Kindschaftsrechts anzusehen, maßgeblich ist folglich Art 21 EGBGB (Staudinger/Henrich [2022] Art 21 EGBGB Rn 75) resp das KSÜ (wohl Art 3 lit g, vgl Rauscher/Lugani Art 3 KSÜ Rn 12).

§§ 1621–1623

(weggefallen)

1 Von der Kommentierung wird abgesehen und auf die Hinweise von Staudinger/Lugani [2020] §§ 1621–1623 verwiesen.

§ 1624
Ausstattung aus dem Elternvermögen

(1) Was einem Kind mit Rücksicht auf seine Verheiratung, auf seine Begründung einer Lebenspartnerschaft oder auf die Erlangung einer selbständigen Lebensstellung zur Begründung oder zur Erhaltung der Wirtschaft oder der Lebensstellung von dem Vater oder der Mutter zugewendet wird (Ausstattung), gilt, auch wenn eine Verpflichtung nicht besteht, nur insoweit als Schenkung, als die Ausstattung das den Umständen, insbesondere den Vermögensverhältnissen des Vaters oder der Mutter, entsprechende Maß übersteigt.

(2) Die Verpflichtung des Ausstattenden zur Gewährleistung wegen eines Mangels im Recht oder wegen eines Fehlers der Sache bestimmt sich, auch soweit die Ausstattung nicht als Schenkung gilt, nach den für die Gewährleistungspflicht des Schenkers geltenden Vorschriften.

Materialien: E I § 1500 Abs 1, 3; E II § 1519 rev 1604; E III § 1602; Prot I 7592 ff, 8684, 8863; Mot IV 716 ff; Prot II Bd 4, 317 ff; Art 18 Gesetz zur Bereinigung des Rechts der Lebenspartner vom 20. 11. 2015 – BGBl I 2010.

Schrifttum

Everts, Vorweggenommene Erbfolge, Ausgleichung, Anrechnung und der BGH – zugleich ein Plädoyer für die Ausstattung, MittBayNot 2011, 107
Fröhler, Erbausgleichung und Pflichtteilsanrechnung aufgrund Schenkung bzw Ausstattung, BWNotZ 2010, 94
Grziwotz, Der undankbare, verfassungsrechtlich geschützte Sohn. Ein Zwischenruf, ZEV 2011, 21
Haymann, Zur Grenzziehung zwischen Schenkung und entgeltlichem Geschäft, JherJB 56 (1910) 86
Jakob, Die Ausstattung (§ 1624 BGB) – ein familienrechtliches Instrument moderner Vermögensgestaltung?, AcP 207 (2007) 198
Kerscher/Tanck, Zuwendungen an Kinder zur Existenzgründung: Die „Ausstattung" als ausgleichspflichtiger Voremfang, ZEV 1997, 354
Knodel, Die Ausstattung, eine zeitgemäße Gestaltungsmöglichkeit?, ZErb 2006, 225
Oertmann, Entgeltliche Geschäfte (1912)
Sailer, Die Ausstattung als Rechtsgrund von Überlassungsverträgen, NotBZ 2002, 81
Schulze, Nicht erzwingbare Leistungsforderungen im Zivilrecht, JuS 2011, 193
Simon, Die lebzeitige Vermögensübertragung und ihre Bezüge zum Pflichtteilsrecht, JuS 2012, 214
Torp, Das Rechtsverhältnis zwischen Eltern und ihren Kindern – Dienstleistungspflicht, Aussteuer und Ausstattung (Diss Kiel 2000)
Volmer, Schenkungen durch den Betreuer – ein Einfallstor für Bevormundung?, FamRZ 2025, 82.

Zum älteren Schrifttum vgl Staudinger/Gotthardt (11. Aufl 1966).

Systematische Übersicht

Alphabetische Übersicht

I. Allgemeines

1. Übersicht

1 Auch Zuwendungen zwischen Eltern und Kindern unterliegen den allgemeinen gesetzlichen und privatautonomen Regeln, erfolgen sie unentgeltlich, so sind sie Schenkungen (vgl § 1620 BGB). Unter der **Legaldefinition „Ausstattung"** trifft das Gesetz in § 1624 BGB, der so bereits im BGB von 1896 enthalten war und durch das SMG 2001 lediglich orthographisch angepasst wurde jedoch eine **Sonderregelung für bestimmte Zuwendungen** der Eltern an die Kinder, nämlich solche Zuwendungen, die mit Rücksicht auf eine bestimmte Bedürfnislage des Kindes als Ausfluss fortbestehender Elternverantwortung, gewissermaßen als materielle Starthilfe zum letzten Schritt in die Selbständigkeit als Endziel der elterlichen Aufgabe gegenüber ihren Kindern anzusehen sind. Zu derartigen Zuwendungen besteht zwar keine Rechtspflicht (Rn 3); werden sie aber freiwillig gegeben, so erfolgen sie nicht rechtsgrundlos (§ 812 BGB) und auch nicht donandi causa (§§ 516 ff BGB), sondern in engem Korrespondenzverhältnis zum Eltern-Kind-Verhältnis – es handelt sich um eine **familienrechtliche causa sui generis** (OLG Düsseldorf 6. 4. 2018 – 7 U 34/17, FamRZ 2018, 1788 Rn 51; LSG Baden-Württemberg 26. 7. 2011 – L 13 AS 824/09, juris Rn 52), vergleichbar den ehebezogenen („unbenannten") Zuwendungen unter Ehegatten (vgl Jakob AcP 207 [2007] 198, 200; Sailer NotBZ 2002, 81; Kerscher/Tanck ZEV 1997, 354; „arteigene causa", Gernhuber/Coester-Waltjen § 57 Rn 7). Rechtlich obsolet geworden sind heute die früher in diesem Zusammenhang verwendeten Begriffe „Aussteuer" (Rn 3) und „Mitgift" (Rn 8). Im Ausschluss des Schenkungsrechts liegt auch die wesentliche *Rechtsfolge* des § 1624 BGB (näher Rn 27 ff).

2 Die Ausstattung kann durch unmittelbare Hingabe oder Gewährung der zugewendeten Vermögensvorteile vollzogen werden, Kausalvertrag (Ausstattungsversprechen) und Erfüllung können jedoch auch zeitlich auseinanderfallen (zum Ausstattungsversprechen Rn 14 ff).

2. Keine Rechtspflicht zur Ausstattung

3 Der **Aussteueranspruch** nach §§ 1620–1623 aF (nur für Töchter) war nach umstrittener Ansicht bereits ab 1. 4. 1953 außer Kraft gem Art 3 Abs 2 iVm 177 Abs 1 GG und ist durch das *Gleichberechtigungsgesetz* von 1957 zum 1. 7. 1958 **beseitigt** worden, er war mit dem gewandelten Rollenverständnis von Mann und Frau in Familie und Beruf nicht mehr vereinbar. Ein Rechtsanspruch auf Ausstattung kann auch nicht auf dem Umweg über das Unterhaltsrecht gerettet werden: Was an Unterhalt geschuldet wird, bestimmen die §§ 1601 ff BGB *abschließend*, eine Beschränkung auf Töchter verstößt gegen das GleichberG.

4 Gestritten wird darüber, ob die Ausstattung im Rahmen des § 1624 BGB wenigstens einer **sittlichen Pflicht der Eltern** entspricht (bejahend Erman/Döll § 1624 Rn 8; Dölle II § 90 V 2; abl Gernhuber/Coester-Waltjen § 56 Rn 7 [nur sittliche Idee]; BFH 3. 6. 1987 – III R 141/86, BB 1987, 2081, 2082; Henrich § 18 IV 3 b; nur in besonderen Fällen: Hess FG 25. 11. 1976 – I 191/76, FamRZ 1978, 272). Abstrakte Erörterungen hierüber erscheinen jedoch nicht weiterführend und müßig, maßgeblich kann nur die konkrete Interessenabwägung im jeweiligen Problemzusammenhang sein (ebenso Jakob AcP 207 [2007] 198, 205 f, 217):

Entweder die Abwägung des familienrechtlichen Zuwendungsgrundes gegen die Fiskalinteressen im Rahmen von § 33 EStG (zweitere überwiegen grundsätzlich, keine Absetzbarkeit BFH 3. 6. 1987 – III R 141/86, BB 1987, 2081 [mangels sittlicher Pflicht; besonders gelagerte Ausnahmefälle vorbehalten]; vgl KNODEL ZErb 2006, 225 f) oder gegen die Interessen der Gläubiger der illiquide gewordenen Eltern im Rahmen von §§ 134 Abs 1, 138 InsO und § 4 Abs 1 AnfG (hier müssen – parallel zu anderen Zuwendungen innerhalb der Familie – die Gläubigerinteressen überwiegen, LG Tübingen 24. 5. 2015 – 1 O 2/05, ZInsO 2005, 781 [Anm MALITZ] mit umfass Nachw zum Streitstand; ebenso JAKOB AcP 207 [2007] IV. 4. mit ausführlicher Diskussion; SOERGEL/ZECCA-JOBST § 1624 Rn 17; MünchKommBGB/vSACHSEN GESSAPHE § 1624 Rn 16; **aA** ERMAN/DÖLL § 1624 Rn 12). Erst die Einzelfallabwägung erlaubt auch die Bejahung oder Ablehnung einer „sittlichen Pflicht" der zuwendenden Eltern, wenn diese im Rahmen von BGB-Vorschriften eine Rolle spielt – etwa in § 1375 Abs 2 Nr 1 BGB (ebenso JAKOB AcP 207 [2007] 198, 205 f; anders [eine sittliche Pflicht bei Ausstattungen generell bejahend] MünchKommBGB/vSACHSEN GESSAPHE § 1624 Rn 13; MünchKommBGB/KOCH § 1375 Rn 55; GERNHUBER/COESTER-WALTJEN § 57 Rn 7; STAUDINGER/THIELE [2017] § 1375 Rn 26).

3. Güterrecht, Erbrecht

5 Die **güterrechtliche** Behandlung auf Seiten des **Ausstattungsempfängers** ist geregelt in §§ 1374 Abs 2 (Zurechnung zum Anfangsvermögen in der Zugewinngemeinschaft, mithin ist die Ausstattung zugewinnausgleichsneutral), 1418 Abs 2 S 2 (Vorbehaltsgut in der Gütergemeinschaft), 1477 Abs 2 S 2, 1502 Abs 2 S 2 BGB (Auseinandersetzung der Gütergemeinschaft). Auf Seiten der die **Ausstattung gewährenden Eltern** sind einschlägig § 1375 Abs 2 Nr 1 BGB (dazu Rn 4), bei der Gütergemeinschaft §§ 1444, 1466, 1499 Nr 3 BGB (Belastung im Innenverhältnis); im Rahmen des § 1426 BGB kann eine Ausstattung als zur ordnungsgemäßen Verwaltung des Gesamtgutes erforderlich gelten.

6 **Erbrechtlich** unterliegt die Ausstattung der Ausgleichung nach § 2050 Abs 1 BGB (dazu KERSCHER/TANCK ZEV 1997, 354 ff; JAKOB AcP 207 [2007] 198, 206 ff; die Ausstattungsbegriffe des § 1624 BGB und § 2050 BGB entsprechen sich – BGH 27. 6. 2018 – IV ZR 222/16, FamRZ 2018, 1363 Rn 34; OLG Düsseldorf 6. 4. 2018 – 7 U 34/17, FamRZ 2018, 1788 Rn 51), bei der Pflichtteilsberechnung ist sie nach §§ 2315, 2316 BGB anzurechnen (STAUDINGER/OTTE [2021] § 2315 Rn 12; SOERGEL/ZECCA-JOBST § 1624 Rn 15; SAILER NotBZ 2002, 13 f). S im Übrigen auch Rn 12, 27.

II. Voraussetzungen

1. Parteien der Ausstattung

a) Eltern und Kinder

7 § 1624 BGB gilt nur im Verhältnis zwischen Personen, die in einem rechtlichen Eltern-Kind-Verhältnis stehen. Dabei ist unerheblich, ob das Kind voll- oder minderjährig ist, ob es dem elterlichen Sorgerecht untersteht und ob es dem elterlichen Hausstand angehört.

Nach dem klaren Wortlaut nicht unter den Tatbestand der Vorschrift fallen somit Neffen/Nichten, Geschwister, Stiefkinder. Die ebenso klar vom Wortlaut vorgegebene Nichtanwendung der Vorschrift auf Enkel (hM; OLG Zweibrücken 18. 12. 1997 – 5 UF 166/95 [zu II. 3. b) cc)]; OLG Frankfurt 27. 7. 2016 – 7 U 49/15 Rn 77; BGH 27. 6. 2018 – IV ZR 222/16, FamRZ 2018, 1363 Rn 33; BeckOGK/Kienemund [1. 11. 2024] § 1624 Rn 6; Volmer FamRZ 2025, 82, 87 Fn 72) erscheint hingegen im Lichte der §§ 1601, 1618 BGB (Rn 26) als zu engherzig (ebenso NK-BGB/Czeguhn/Schmitz § 1624 Rn 2).

b) Beteiligung Dritter

Dritte Personen können am Ausstattungsverhältnis weder als Ausstattungsgeber noch als Ausstattungsempfänger beteiligt sein. Drittempfänger idS ist auch das Schwiegerkind (übersehen von LG Mannheim 18. 3. 1970 – 5 S 139/69, NJW 1970, 2111), obwohl es bei Zuwendungen anlässlich der Eheschließung/Lebenspartnerschaftsbegründung idR von der Ausstattung profitiert. Folgende Konstruktionsmöglichkeiten sind zu unterscheiden: (1) Verhandeln die Eltern mit Kind und Schwiegerkind über die Ausstattung, so ergibt idR die *Auslegung*, dass rechtlicher Zuwendungsempfänger nur das eigene Kind sein sollte (KG 30.10.62 – 6 U 1003/62, FamRZ 1963, 449, 451; LG Mannheim 18. 3. 1970 – 5 S 139/69, NJW 1970, 2111); (2) Wird nur mit dem Schwiegerkind verhandelt, so kann dieses als *Stellvertreter* des Kindes/Ausstattungsempfängers anzusehen sein; (3) Bei Abschluss des Zuwendungsvertrages mit dem Schwiegerkind kann die Zuwendung doch gem § 328 BGB dem eigenen rechtlichen Kind gelten (vgl BGH 2. 10. 1991 – XII ZR 145/90, FamRZ 1992, 161, 162; AG Stuttgart 25. 2. 1998 – 23 F 1157/97, FamRZ 1999, 655 f; Gernhuber/Coester-Waltjen § 57 Rn 5); (4) Bei Abschluss des Zuwendungsvertrages mit dem eigenen rechtlichen Kind ist eine Begünstigung des Schwiegerkindes gem § 328 BGB ebenfalls unschädlich (RG 12. 12. 1907 – IV 221/07, RGZ 67, 204, 206). 8

Soweit *auch* das Schwiegerkind Zuwendungsempfänger ist, wendet der BGH insoweit nicht Schenkungsrecht, sondern die Grundsätze über „unbenannte Zuwendungen" entsprechend an (BGH 12. 4. 1995 – XII ZR 58/94, FamRZ 1995, 1060, 1061; BGH 4. 2. 1998 – XII ZR 160/96, FamRZ 1998, 669 f; zur „unbenannten Zuwendung" s Löhnig FamRZ 2003, 1521 ff; zur Rückabwicklung bei Scheitern der Ehe/Lebenspartnerschaft s Rn 24).

2. Gegenstand der Ausstattung

Gegenstand der Ausstattung kann jeder denkbare Vermögenswert sein, der vom Vermögen der Eltern in das des Kindes fließt (BGH 1. 7. 1987 – IVb ZR 70/86, NJW 1987, 2816, 2817). Gegenleistungen des Kindes stehen der Annahme einer Ausstattung nicht grundsätzlich entgegen, solange ihr Wert hinter dem Zugewendeten zurückbleibt (vgl Jakob AcP 207 [2007] 198, 220 f; s auch Rn 13). Vom Begriff erfasst sind sogar zweckbezogene Zuwendungen aus dem Kindesvermögen selbst (vgl § 1625 BGB; Rauscher, FamR Rn 949; Gernhuber/Coester-Waltjen § 57 Rn 4). Geldleistungen können in Form einer einmaligen **Kapitalzuwendung** erfolgen (unbeschadet einer etwaigen ratenweisen Auszahlung) oder in Form laufender Zahlungen (RG 12. 12. 1907 – IV 221/07, RGZ 67, 204, 207; RG JW 1920, 237), die auch die Form einer Rente annehmen können (RG 23. 5. 1906 – IV 569/05, RGZ 63, 323 ff; RG 12. 12. 1907 – IV 221/07, RGZ 67, 204, 207; RG 12. 3. 1912 – VII 436/11, RGZ 79, 61 ff; RG JW 1907, 332; RG Recht 1922 Nr 46, 47; zur Form Rn 26). Auch bei nicht rückzahlbaren Kapitalzuwendungen ist es nicht ausgeschlossen, dass diese (für die Lebenszeit des Ausstattenden) verzinst werden (RG WarnR 1917 Nr 58). Geld kann fernerhin auch gewährt werden durch **Tilgung von Schulden** des Kindes oder dessen Ehegatten (RG JW 1912, 913), durch die Gewährung von Sicherheiten im 9

Wege der Verpfändung von Sparbüchern (LG Kaiserslautern 19. 3. 2021 – 3 O 795/17, juris Rn 49, RNotZ 2021, 276), durch **Verzicht auf eine Forderung** (OLG Hamburg Recht 1911 Nr 753), durch Gewährung eines (zinslosen oder verzinslichen) **Darlehens** (BGB-RGRK/Wenz § 1624 Rn 6) oder Eröffnung eines Bankkontos (RG JW 1922, 1443 f) bzw Abschluss eines Lebensversicherungsvertrages zugunsten des Kindes (OLG Düsseldorf 13. 1. 2004 – 4 U 104/03, I-4 U 104/03, NJW-RR 2004, 1082) oder durch die Übernahme einer Bürgschaft (OLG Karlsruhe 27. 4. 2011 – 6 U 137/09, FamRZ 2012, 901 = ZEV 2011, 531).

10 Die Ausstattung kann auch in der Leistung von **beweglichen oder unbeweglichen Sachen** bestehen oder in der Übertragung von Sachgesamtheiten (Bauernhof, Geschäft, OLG Stuttgart 30. 6. 2004 – 8 W 495/03, FamRZ 2005, 62; zu Formfragen Rn 26). Auch die Einräumung von **Nutzungsrechten**, insbesondere an einem Grundstück, kommt in Betracht, etwa in der Form der Gewährung freier Wohnung (RG Recht 1906 Nr 2634; LZ 1917, 801; RG WarnR 1920 Nr 98; WarnR 1935 Nr 3; LG Mannheim 18. 3. 1970 – 5 S 139/69, NJW 1970, 2111 f [in diesem Fall besteht kein Mietvertrag]; **aA** LG Kaiserslautern 4. 9. 2018 – 3 O 133/18, ZErb 2020, 36, 38 – kostenfreie Wohnraumüberlassung kein tauglicher Gegenstand einer Ausstattung), freier Praxisräume (OLG Düsseldorf 6. 4. 2018 – 7 U 34/17, FamRZ 2018, 1788 Rn 59) oder durch Abschluss eines Mietvertrages (LG Berlin GrundE 1933, 1066: kündbar aus wichtigem Grund). Auch soweit kein Mietvertrag besteht, ist § 544 BGB entsprechend anzuwenden, die Kündigung also nach 30 Jahren möglich (RG 30. 3. 1928 – III 504/26, RGZ 121, 11, 13). Weiterhin kann die Ausstattung bestehen in der Bestellung von Grundpfandrechten, der Übertragung von Wertpapieren, Forderungen oder anderer Rechte; sie ist schließlich auch in der Weise möglich, dass das Kind als stiller Teilhaber in das elterliche Geschäft aufgenommen wird (RG JW 1938, 2971) oder als Gesellschafter in eine BGB-Gesellschaft (OLG Celle 6. 7. 1961 – 10 U 28/61, NdsRpfl 1962, 203; keine Ausstattung allerdings, wenn mit der Gesellschafterstellung keine materiellen Vorteile verbunden sind, OLG Hamburg 20. 12. 1977 – 12 U 111/77, MDR 1978, 670). **Nicht** Ausstattung sollen hingegen unentgeltliche **Arbeitsleistungen** der Eltern sein, soweit sie deren Vermögen nicht mindern (etwa durch Unterlassung anderweitigen Erwerbs oder durch Verzicht auf eigentlich geschuldeten Arbeitslohn; BGH 1. 7. 1987 – IVb ZR 70/86, NJW 1987, 2816, 2817; krit Gernhuber/Coester-Waltjen § 57 Rn 6; vgl auch BGH 2. 10. 1991 – XII ZR 145/90, FamRZ 1992, 161, 162 [„ähnlich einer Ausstattung"]).

3. Anlass und Zweck der Ausstattung

11 Die Ausstattung muss aus einem bestimmten *Anlass* und zu einem bestimmten *Zweck* gegeben werden.

a) Anlass

Anlass der Ausstattung ist die **Verheiratung** oder **Existenzgründung** des Kindes. Dabei ist nicht erforderlich, dass die Ausstattung zu *Beginn* dieser Ereignisse gegeben wird. Einerseits kann sie sich auf erst *geplante* Ereignisse beziehen (BayLSG 25. 2. 2005 – L 8 AL 376/04, BeckRS 2009, 53888), sie kann aber auch erst später erfolgen, solange sie nur **„mit Rücksicht"** darauf gegeben wird (RG JW 1904, 426; RG WarnR 1917 Nr 58; RG HRR 1929 Nr 608; LG Detmold 17. 9. 2024 – 2 O 136/20, ErbR 2025, 429 Rn 60; MünchKommBGB/vSachsen Gessaphe § 1624 Rn 5; Soergel/Zecca-Jobst § 1624 Rn 4; Dölle II § 90 V 1; Gernhuber/Coester-Waltjen § 57 Rn 2). Die Ausstattung kann deshalb auch der Vergrößerung eines schon bestehenden Geschäftes dienen (RG JW 1910, 237). Die zeitliche Nähe zur Heirat oder Existenzgründung erleichtert aber die Argumentation zugunsten einer

„Ausstattung“ iS des § 1624 BGB (Jakob AcP 207 [2007] 198, 221). Möglich ist in Erweiterung dieser explizit genannten Gründe auch die finanzielle Hilfe zwecks Begründung und Erhaltung der wirtschaftlichen Selbständigkeit (OLG Karlsruhe 27. 4. 2011 – 6 U 137/09, FamRZ 2012, 901 = ZEV 2011, 531 Rn 22).

b) Zweck

Der Zweck der Ausstattung wird durch die **Absicht des Leistenden** bestimmt (nach AG Stuttgart 25. 2. 1998 – 23 F 1157/97, FamRZ 1999, 655, 656 ist eine entspr Absicht im Zweifel anzunehmen), nicht durch die von den Parteien gewählte Bezeichnung (OLG Koblenz 24. 4. 2023 – 12 U 602/22, FamRZ 2023, 1672, 1674); ob die Leistung zu diesem Zweck objektiv erforderlich ist, spielt keine Rolle (RG WarnR 1938 Nr 22; OLG Düsseldorf 13. 1. 2004 – 4 U 104/03, I-4 U 104/03, NJW-RR 2004, 1082; FG Rheinland-Pfalz 31. 1. 2013 – 5 K 2009/10, juris Rn 66; allgM). Ob ein Ausstattungszweck mit der Leistung verfolgt wird, ist durch Auslegung zu ermitteln (OLG Düsseldorf 6. 4. 2018 – 7 U 34/17, FamRZ 2018, 1788 Rn 51). Die Ausstattung muss „zur Begründung oder zur Erhaltung der Wirtschaft oder der Lebensstellung“ des Kindes dienen, eine Festlegung der *konkreten* Verwendung (Studium, Existenzgründung, Führerschein oä) ist nicht erforderlich (OLG Düsseldorf 13. 1. 2004 – 4 U 104/03, I-4 U 104/03, NJW-RR 2004, 1082). Zuwendungen zum Ausgleich einer konkreten Notlage erfüllen diese Voraussetzung nicht (OLG Hamburg HansGZ 1917 B 247; MünchKommBGB/vSachsen Gessaphe § 1624 Rn 5; Soergel/Zecca-Jobst § 1624 Rn 5). Ebenfalls nicht genügend ist die Absicht der Eltern, das Kind vermögensmäßig mit den übrigen Kindern gleichzustellen (BGH 26. 5. 1965 – IV ZR 139/64, FamRZ 1965, 502; LG Detmold 17. 9. 2024 – 2 O 136/20, ErbR 2025, 429 Rn 63). Gegen das Vorliegen einer Ausstattung spricht ferner, wenn das Kind bereits verheiratet ist und über eine eigenständige Lebensstellung verfügt (OLG Köln 10. 11. 2021 – 26 UF 92/20, juris Rn 43). Als **Nebenzweck** hingegen schaden diese Zuwendungsabsichten nicht, wenn nur die Zuwendung als **bestimmendes Motiv** den gesetzlichen Zwecken dient (LG Detmold 17. 9. 2024 – 2 O 136/20, ErbR 2025, 429 Rn 61; BGH 26. 5. 1965 – IV ZR 139/64, FamRZ 1965, 502; OLG Celle 6. 7. 1961 – 10 U 28/61, NdsRpfl 1962, 203; FG Rheinland-Pfalz 31. 1. 2013 – 5 K 2009/10, juris Rn 66; Gernhuber/Coester-Waltjen § 57 Rn 3); gleichermaßen unbeachtlich sind in diesem Fall auch andere Motive des Zuwendenden, wie etwa die Vorwegnahme der Erbfolge (LG Detmold 17. 9. 2024 – 2 O 136/20, ErbR 2025, 429 Rn 61; OLG Stuttgart 30. 6. 2004 – 8 W 495/03, FamRZ 2005, 62), die Ersparung von Steuern (RG HRR 1929 Nr 608; OLG Karlsruhe 27. 4. 2011 – 6 U 137/09, FamRZ 2012, 901 = ZEV 2011, 531 Rn 22; wohl auch FG Rheinland-Pfalz 31. 1. 2013 – 5 K 2009/10, juris Rn 66, DStRE 2014, 773) oder eigene architektonische Ambitionen (OLG Frankfurt 16. 1. 2025 – 10 U 162/23, ZErb 2025, 270, juris Rn 28 m Anm Stritter). Es kommt im Einzelfall immer darauf an, was Haupt- und was Nebenzweck der elterlichen Zuwendung ist (Jakob AcP 207 [2007] 198, 218 f) – ist die Begünstigung des Kindes nur Mittel oder Folge einer im Wesentlichen anders motivierten Transaktion, liegt im Verhältnis zum Kind keine Ausstattung iS des § 1624 BGB vor, sondern eine Schenkung (BayObLG 6. 6. 2003 – 3 Z BR 88/03, Rpfleger 2003, 649, 650 [Zweck: Erhaltung des ererbten Anwesens für die Familie]). 12

Zu *Zweckverfehlungen* siehe Rn 19 ff.

4. Angemessenes Maß

Die Ausstattung ist nur dann und insoweit dem Schenkungsrecht entzogen, als sie das angemessene Maß nicht überschreitet (s für ein Beispiel einer das angemessene Maß 13 überschreitenden Schenkung OLG München 23. 11. 2016 – 3 U 796/16, juris Rn 74). Manche Eltern mögen ihren Kindern mehr zuwenden (zu Übermaßausstattungen s Rn 29), aber die „sittliche Idee", die der Ausstattung zugrunde liegt (GERNHUBER/COESTER-WALTJEN § 57 Rn 7; vgl Rn 4), dh die lebenslange Solidarität von Eltern gegenüber ihren Kindern, trägt die Zuwendung nur, soweit die Proportionen von Zuwendung und Selbsterhalt gewahrt bleiben. Maßstab der Angemessenheit sind insbesondere die Vermögensverhältnisse der Eltern, aber auch die sonstigen Umstände des Einzelfalles. Insbesondere ist zu fragen, ob die Eltern wegen der Zuwendung an das Kind gewichtige Einschnitte in ihrem Lebensstandard oder ihrer Versorgungslage hinnehmen müssen – dann verlässt die Ausstattung die familienrechtliche Basis und wird (insoweit) Schenkung (BeckOK-BGB/PÖCKER [1. 11. 2025] § 1624 Rn 5; NK-BGB/CZEGUHN/SCHMITZ § 1624 Rn 6). Zu den beachtlichen Kriterien kann auch der Umstand gehören, ob und in welchem Umfang die Eltern ihren Unterhaltsverpflichtungen gegenüber dem Kind nachgekommen sind (Hess FG 25. 11. 1976 – I 191/76, FamRZ 1978, 272). Bei einer Hofübergabe gibt die angemessene Versorgung und Sicherung des Altbauern den Maßstab (OLG Stuttgart 30. 6. 2004 – 8 W 495/03, FamRZ 2005, 62; BÖHMER MittBayNot 2005, 232, 233). Auch sonst können *Gegenleistungen*, die das Kind im Zusammenhang mit der Gewährung der Ausstattung verspricht (zB Wohnrechte, Zinszahlungen), bei der Beurteilung der Angemessenheit eine Rolle spielen (vgl JAKOB AcP 207 [2007] 198, 220 f; s auch Rn 9; OLG Frankfurt 10. 9. 2007 – 20 W 69/07, FamRZ 2008, 544 Rn 17). Nicht maßgeblich ist hingegen die Frage, wieviel dem Kind als hypothetischer Erbteil zugestanden hätte (OLG Stuttgart 6. 5. 1997 – 8 W 196/97, BWNotZ 1997, 148; BeckOK-BGB/PÖCKER [1. 11. 2025] § 1624 Rn 5.1).

Maßgeblicher Zeitpunkt für die Angemessenheit der Ausstattung ist der Moment der Zuwendung, beim Versprechen künftiger Zuwendungen der Zeitpunkt des Versprechens (RG 13. 7. 1933 – IV 139/33, RGZ 141, 358 f; BeckOK-BGB/PÖCKER [1. 11. 2025] § 1624 Rn 5).

III. Insbesondere Ausstattungsversprechen

14 Verpflichten sich die Eltern schon vor Leistung des Vermögensgegenstandes schuldrechtlich zur Gewährung der Ausstattung, liegt ein „Ausstattungsversprechen" vor (Vertrag sui generis) (s historisch TORP162 ff). Auch wenn man wie hier der Meinung ist, dass in diesem Fall die Ausstattung bereits in der Begründung der Verpflichtung liegt und die spätere Leistung nur Erfüllung einer Schuld ist (Rn 2; GERNHUBER/COESTER-WALTJEN § 57 Rn 6), so ergeben sich aus der Zweistufigkeit des Ausstattungsvorgangs doch einige Besonderheiten.

1. Begründung der Ausstattungsverpflichtung

15 Auch das Ausstattungsversprechen kann vor, bei oder nach der Heirat oder Existenzgründung des Kindes abgegeben werden (MünchKommBGB/vSACHSEN GESSAPHE § 1624 Rn 8). Als Angebot eines **Ausstattungsvertrages** bedarf es der Annahme durch das Kind (zur **Form** Rn 26; ist der Elternteil Betreuer für das Vermögen des Kindes, s § 1625 Rn 2). Wird die Ausstattung **minderjährigen Kindern** versprochen, so können diese nach § 107 BGB die Annahme allein erklären. Einer Vertretung durch die Eltern steht § 181 BGB nicht entgegen, da und soweit die Ausstattung rechtlich lediglich vorteil-

haft ist (OLG Düsseldorf 13. 1. 2004 – 4 U 104/03, NJW-RR 2004, 1082; vgl STAUDINGER/SCHILKEN [2024] § 181 Rn 32).

Der rechtsgeschäftliche Verpflichtungswille der Eltern kann im Einzelfall fraglich sein, er ist nicht anzunehmen, wenn das anlassgebende Ereignis (zB Eheschluss) noch nicht konkret in Aussicht steht (KG 30. 10. 1962 – 6 U 1003/62, FamRZ 1963, 449, 451). Auch kann das Versprechen unter einer *Bedingung* abgegeben werden: Insbesondere laufende Zahlungen werden idR unter der konkludenten Bedingung fortbestehender Leistungsfähigkeit beim Versprechenden und fortbestehender Bedürftigkeit beim Empfänger abgegeben sein (RG JW 1916, 588; GERNHUBER/COESTER-WALTJEN § 57 Rn 6); denkbar ist eine derartige Bedingung aber auch bei der Zusage einmaliger Kapitalzahlungen (RG 13. 7. 1933 – IV 139/33, RGZ 141, 358, 360). Weiterhin kann das Versprechen aufschiebend bedingt sein durch den wirklichen Eintritt des Ausstattungsfalles (fehlt diese Bedingung, gelten Rn 19 ff) oder unter der auflösenden Bedingung der Ehescheidung oder -trennung (auch diese Bedingung wird eher bei laufenden Zahlungsverpflichtungen anzunehmen sein, vgl GERNHUBER/COESTER-WALTJEN § 57 Rn 8).

2. Wirkungen des Ausstattungsversprechens

Ein wirksames Ausstattungsversprechen begründet einen **gerichtlich durchsetzbaren Anspruch** des Kindes. Dieser Anspruch ist idR übertragbar (es sei denn, aus dem zugewendeten Gegenstand, etwa freier Wohnung, ergibt sich anderes) und pfändbar (selbst bei rechtsgeschäftlichen Übertragungsverboten, § 851 Abs 2 ZPO, § 399 BGB; RG Recht 1923 Nr 1020; vgl MünchKommBGB/vSACHSEN GESSAPHE § 1624 Rn 10; SOERGEL/ZECCA-JOBST § 1624 Rn 11). 16

Der Anspruch auf die versprochene Ausstattung wird, wenn nichts anderes vereinbart ist, nicht mit dem Tod des Versprechenden hinfällig (BGH 26. 5. 1965 – IV ZR 139/64, FamRZ 1965, 502; SOERGEL/ZECCA-JOBST § 1624 Rn 11) – dies gilt selbst dann, wenn das Ausstattungsversprechen auch den Zweck hatte, das Kind seinen Geschwistern gleichzustellen: Dieser Gleichstellungszweck ist durch die Ausgleichungspflicht der Geschwister nach § 2050 BGB nicht „erledigt" (BGH 26. 5. 1965 – IV ZR 139/64, FamRZ 1965, 502). 17

Hat sich der Versprechende zu laufenden Zahlungen verpflichtet, liegt ein Dauerschuldverhältnis vor, das gem § 314 BGB aus wichtigem Grunde (Scheidung, Bedürftigkeit des Versprechenden) kündbar ist (sofern nicht ein rechtsgeschäftlicher Bedingungszusammenhang hergestellt ist, Rn 15). Die im BGB mehrfach normierte Schwäche unentgeltlicher Erwerbstitel ist auch in diesem Zusammenhang zu beachten. 18

IV. Zweckverfehlungen

Unter diesem Stichwort werden üblicherweise Fälle behandelt, in denen die Ehe des Kindes, im Hinblick auf die die Ausstattung gewährt oder versprochen worden ist, nicht zustande kommt oder scheitert. Zwar ist die Ehe nicht Zweck, sondern nur Anlass der Ausstattung (Zweck ist die Ermöglichung oder Erleichterung der durch sie notwendig werdenden Haushaltsgründung); dennoch kann man von Zweckverfehlungen sprechen, wenn die Ehe als Grundlage des zu gründenden Haushalts entfällt. 19

Die Behandlung dieser Fälle richtet sich nach verschiedenen Variablen, insbesondere danach, ob die Ausstattung schon ausgezahlt oder versprochen ist, ob das Kind die bezweckten Aufwendungen (Haushalts- oder Existenzgründung) schon gemacht hat oder nicht und schließlich danach, ob die anlassgebende Ehe überhaupt nicht zustande gekommen ist oder erst später scheitert. Für Ansprüche gegen das Kind (zum Schwiegerkind: Rn 24) gilt im Einzelnen:

1. Schon valutierte Ausstattung

20 Ist es zur Heirat und Haushaltsgründung gekommen (Heirat ohne Haushaltsgründung, insbesondere bei einer Scheinehe, genügt nicht), interessiert der spätere Eheverlauf grundsätzlich nicht: Weder Trennung noch Scheidung, mögen sie auch kurz nach dem Eheschluss eintreten, begründen ein Rückforderungsrecht der Eltern (RG WarnR 1920 Nr 98; OLG Celle 17. 9. 1959 – 7 W 67/59, NdsRpfl 1959, 247; Gernhuber/Coester-Waltjen § 57 Rn 8; einschränkend MünchKommBGB/vSachsen Gessaphe § 1624 Rn 9; undeutlich LG Mannheim 18. 3. 1970 – 5 S 139/69, NJW 1970, 2111, 2112; zu auflösenden Bedingungen Rn 15, zur Kündbarkeit aus wichtigem Grund bei laufenden Verpflichtungen Rn 18). Angesichts der grundsätzlichen ex-nunc-Wirkung der Eheaufhebung muss für diese das Gleiche gelten.

Kommt es hingegen gar nicht zur Ehe, wird ein Ausstattungsversprechen unwirksam (Ausfall aufschiebender Bedingung, Rn 15), eine bereits erfolgte Leistung kann zurückverlangt werden (RG SeuffA 77 Nr 7; Gernhuber/Coester-Waltjen § 57 Rn 8; Rauscher, FamR Rn 951; zur Rechtsgrundlage der Rückforderung: Rn 23 f).

2. Noch nicht erfüllte Ausstattungsversprechen

21 Zerschlägt sich die geplante Heirat oder ist die Ehe inzwischen schon wieder geschieden, besteht keine Auszahlungspflicht (KG 30. 10. 1962 – 6 U 1003/62, FamRZ 1963, 449, 451 f; Soergel/Zecca-Jobst § 1624 Rn 12; MünchKommBGB/vSachsen Gessaphe § 1624 Rn 9). Schwieriger ist bei Trennung zu entscheiden, da hier die Zweckverfehlung noch nicht feststeht. Bei noch ausstehender Begründung des gemeinsamen Haushalts besteht ein einstweiliges Leistungsverweigerungsrecht des Versprechenden (ähnlich Gernhuber/Coester-Waltjen § 57 Rn 8). Ist der eheliche Haushalt im Vertrauen auf das Ausstattungsversprechen schon gegründet und will das Kind die eheliche Lebensgemeinschaft wiederherstellen, sollte eine Auszahlungspflicht angenommen werden. Keinesfalls jedoch steht die Ausstattung in einer Zweckrelation zur Beziehungsharmonie und kann mit Hinweis schon auf bloße Differenzen der Partner verweigert werden.

22 Eine spätere Haushaltsgründung des endgültig wieder alleinstehenden Kindes löst die Auszahlungsverpflichtung nicht aus. Schließt das Kind nach gescheiterter erster Ehe eine zweite Ehe, so rückt diese Ehe nicht ohne weiteres in den Rahmen des ursprünglichen Ausstattungsversprechens ein (KG OLG 12, 322).

3. Rechtsgrundlage von Rückforderungs- oder Leistungsverweigerungsrechten

23 Die erörterten Zweckverfehlungen begründen kein Anfechtungsrecht des Versprechensgebers nach § 119 BGB, da insoweit in seiner Person nur ein Motivirrtum vor-

gelegen hat; auch ein Irrtum über wesentliche Eigenschaften des Kindespartners berechtigt nicht zur Anfechtung (OLG München OLGE 32, 11; Soergel/Zecca-Jobst § 1624 Rn 13). Eine Anfechtung wegen arglistiger Täuschung bleibt möglich (RG LZ 1923, 318; zu Schadensersatzansprüchen in diesem Fall RG 25. 9. 2016 – VI 130/16, RGZ 88, 406).

Zuweilen wurden Rückforderungs- oder Leistungsverweigerungsrechte, soweit sie nach den vorstehenden Erörterungen bestehen, auf § 812 Abs 1 S 2 2. Alt BGB **(condictio ob rem)** gestützt (RG SeuffA 77 Nr 7). Die herrschende Gegenauffassung will stattdessen die Grundsätze des **Wegfalls der Geschäftsgrundlage**, § 313 BGB, anwenden (Larenz/Canaris, Schuldrecht II/2 § 68 II 2 a; Esser/Weyers, Schuldrecht II § 49 II; Soergel/Zecca-Jobst § 1624 Rn 12; Gernhuber/Coester-Waltjen § 57 Rn 9–11; Rauscher, FamR Rn 951; Jakob AcP 207 [2007] 198, 204 Fn 19; Söllner AcP 163 [1964] 33; MünchKommBGB/vSachsen Gessaphe § 1624 Rn 9; LSG Baden-Württemberg 26. 7. 2011 – L 13 AS 824/09, juris Rn 54, anders indes Rn 52 aE). Dieser Auffassung ist der Vorzug zu geben, da in den hier zu erörternden Fällen *mit familienrechtlichem Rechtsgrund* geleistet worden ist, aus einer gewissen *Erwartung* heraus, die Geschäftsgrundlage des rechtlich anerkannten Rechtsgeschäftes war. Das Gleiche gilt im Wesentlichen für die Rückforderung **ehebezogener Zuwendungen** (auch) **an das Schwiegerkind** (vgl Rn 8): Die Rückabwicklung erfolgt überwiegend wegen „Wegfalls der Geschäftsgrundlage“ (BGH 12. 4. 1995 – XII ZR 58/94, NJW 1995, 1889 ff; BGH 19. 1. 1999 – X ZR 60/97, NJW 1999, 1623, 1624 f; anders OLG Frankfurt 13. 12. 2004 – 15 U 47/04, FamRZ 2005, 1833 [condictio ob rem]; vgl Darstellung bei Schwab/Borth, Handbuch des Scheidungsrechts Kap IX Rn 92 ff). 24

V. Wirkungen

Liegen die tatbestandlichen Voraussetzungen des § 1624 BGB vor, so gilt die Ausstattung (insoweit) **nicht als Schenkung** iS der §§ 516 ff BGB. Eine Ausnahme bestimmt das Gesetz in § 1624 Abs 2 BGB für die Sach- und Rechtsmängelhaftung der Eltern (§§ 523, 524 BGB). Der grundsätzliche Ausschluss des Schenkungsrechts gilt jedoch zunächst nur für das Innenverhältnis Eltern-Kind, in sonstigen Zusammenhängen, insbesondere im Verhältnis zu Dritten, kann die Ausstattung durchaus als „unentgeltliche Zuwendung“ oder gar als „Schenkung“ einzustufen sein (s schon Rn 5–7; darüber hinaus dürfte die Entscheidung des BGH zu „unbenannten Zuwendungen“ im Rahmen des § 822 BGB [BGH 23. 9. 1999 – X ZR 114/96, NJW 2000, 134, 137] wohl auch auf die Ausstattung zu erstrecken sein [so iE auch NK-BGB/Czeguhn/Schmitz § 1624 Rn 10; **aA** Rauscher, FamR Rn 950]; entspr für §§ 2325/2327 NK-BGB/Bock § 2325 Rn 13 ff; ähnliche Fragestellung auch bei §§ 1375 Abs 2 S 1, 2113 Abs 2 S 1 BGB; zur InsO und zum AnfG s Rn 4). 25

Zur Ausstattung im Eltern-Kind-Verhältnis im Einzelnen:

1. Form

Das Ausstattungsversprechen unterliegt **nicht der Form des § 518 BGB** (RG 11. 1. 1906 – IV 329/05, RGZ 62, 273, 275; RG 23. 5. 1906 – IV 569/05, RGZ 63, 323; RG 12. 12. 1907 – IV 221/07, RGZ 67, 204; OLG München OLGE 26, 246 ff; KG 30. 10. 1962 – 6 U 1003/62, FamRZ 1963, 449, 451). Eine Formbedürftigkeit kann sich jedoch **aus anderen Gründen** vom Gegenstand des Ausstattungsversprechens her ergeben: § 311b Abs 1 BGB bei Grundstücken (zur Umdeutung in einen lebenslangen Nießbrauch RG 6. 4. 1925 – V 353/24, RGZ 110, 392) oder § 761 BGB bei Leibrentenversprechen (dazu ausführlich Gernhuber/Coester-Waltjen 26

§ 57 Rn 13–15). Letztere Vorschrift greift bei Ausstattungsversprechen jedoch kaum ein, da auch laufende Zahlungen im Rahmen einer Ausstattung kaum je auf Lebenszeit des Kindes versprochen werden und außerdem der regelmäßig anzunehmende Vorbehalt fortbestehender Leistungsfähigkeit und Bedürftigkeit (Rn 15) die Entstehung eines für die Leibrente erforderlichen Stammrechtes verhindert (MünchKommBGB/vSachsen Gessaphe § 1624 Rn 7).

2. Sonstiges Schenkungsrecht

27 Die **Nichtgeltung des Schenkungsrechts** bedeutet insbesondere: Keine Notbedarfseinrede, § 519 BGB (bei laufenden Zahlungen jedoch Rn 15, 18); keine Rückforderung wegen Verarmung, § 528 BGB (sofern nicht eine diesbezügliche auflösende Bedingung vereinbart ist, Rn 15) – angemessene Ausstattungen sind deshalb auch „sozialhilfefest" (Jakob AcP 207 [2007] IV. 1. Fn 17), mangels eines Rückzahlungsanspruchs der Eltern bei Verarmung kann ein solcher auch nicht auf den Träger der Sozialhilfe übergehen; kein Widerruf wegen groben Undanks, §§ 530 ff BGB (OLG Düsseldorf 13. 1. 2004 – 4 U 104/13, I-4 U 104/03, NJW-RR 2004, 1082, 1083) und keine Geltung des § 520 BGB (Tod des Schenkers, vgl Rn 17). Streitig ist die Möglichkeit, die Ausstattung mit einer Auflage zu verbinden (für möglich gehalten von RG JW 1929, 2594). Eine direkte Geltung der §§ 525–527 BGB ist nach § 1624 BGB ausgeschlossen, privatautonome Vereinbarungen im Rahmen des Ausstattungsversprechens bleiben jedoch unbenommen (MünchKommBGB/vSachsen Gessaphe § 1624 Rn 11).

Auch soweit in anderen Zusammenhängen Schenkungen eine Rolle spielen, fallen Ausstattungen idR nicht unter diesen Begriff, sodass §§ 1375 Abs 2 S 1, 2113 Abs 2 S 1, 2287, 2325, 2327 BGB nicht auf sie anwendbar sind (für Ausnahmen bei besonderen Konstellationen, insbesondere bei § 2325 BGB, ausführlich Jakob AcP 207 [2007] 198, 206 ff). Aufgrund der Nichtgeltung der §§ 528, 530, 2325, 2287 BGB ist die Ausstattung zu Recht als behaltensfest bezeichnet worden (LSG Baden-Württemberg 26. 7. 2011 – L 13 AS 824/09, juris Rn 52 mwNw; OLG Karlsruhe 27. 4. 2011 – 6 U 137/09, FamRZ 2012, 901 = ZEV 2011, 531 Rn 21 mwNw).

28 Die **Geltung des Schenkungsrechts für Sach- und Rechtsmängel (§ 1624 Abs 2 BGB)** beschränkt sich auf diese Thematik, für die Haftung der Eltern für Vorsatz und Fahrlässigkeit sowie für ihre Verpflichtung zur Entrichtung von Verzugszinsen gelten die allgemeinen Grundsätze im Eltern-Kind-Verhältnis (§ 1664 BGB), nicht §§ 521, 522 BGB.

3. Übermäßige Ausstattung

29 Überschreitet eine Ausstattung das angemessene Maß, gilt nicht § 1624 BGB. Anderes kann auch nicht, jedenfalls nicht zu Lasten Dritter, zwischen Eltern und Kind vereinbart werden (Jakob AcP 207 [2007] 198, 203 Fn 17). § 1624 BGB fingiert andererseits nicht eine Schenkung (wie das Wort „gilt" im Normtext nahelegen könnte); die Übermaßausstattung ist nur dann Schenkung, wenn sie eines anderen Rechtsgrundes entbehrt (so können möglicherweise langjährige unentgeltliche Dienste des Kindes *causa* eines Ausstattungsversprechens sein, auch soweit dieses das angemessene Maß des § 1624 BGB übersteigt, BGH 11. 6. 1965 – VI ZR 282/63, FamRZ 1965, 430, 431; **aA** wohl Soergel/Zecca-Jobst § 1624 Rn 10). Der Eheschluss selbst kann jedoch niemals Gegen-

leistung einer Übermaßausstattung sein (vgl GERNHUBER/COESTER-WALTJEN § 57 Rn 17; anders wohl BGB-RGRK/WENZ § 1624 Rn 7).

Ist eine übermäßige Ausstattung als Schenkung zu qualifizieren, so ist sie dies *nur* bezüglich des überschießenden Teils. Insoweit bedarf ein Schenkungsversprechen der Form des § 518 BGB; fehlt es an der Form, so ist das Ausstattungsversprechen teilnichtig, sein Gesamtschicksal beurteilt sich nach § 139 BGB. Im Zweifel wird danach von der Gültigkeit des Ausstattungsversprechens in dem § 1624 BGB entsprechenden Umfang ausgegangen (KG 30. 10. 1962 – 6 U 1003/62, FamRZ 1963, 449, 451 [sowie die dort zitierte Vorentscheidung des BGH]; GERNHUBER/COESTER-WALTJEN § 57 Rn 7; ERMAN/DÖLL § 1624 Rn 13; **aA** wohl SOERGEL/ZECCA-JOBST § 1624 Rn 10). **30**

Die Beweislast für einen das angemessene Maß überschreitenden Umfang der Ausstattung trägt derjenige, der das Übermaß behauptet (RG Gruchot 56 [1912] 1003; RG 23. 6. 1933 – II 95/33, RGZ 141, 277, 278 f; zum maßgeblichen Beurteilungszeitpunkt Rn 13). **31**

§ 1625
Ausstattung aus dem Kindesvermögen

Gewährt der Vater einem Kind, dessen Vermögen kraft elterlicher Sorge, Vormundschaft oder Betreuung seiner Verwaltung unterliegt, eine Ausstattung, so ist im Zweifel anzunehmen, dass er sie aus diesem Vermögen gewährt. Diese Vorschrift findet auf die Mutter entsprechende Anwendung.

Materialien: E I § 1500 Abs 2; E II § 1520 rev 1605; E III § 1603; Prot I 7592, 8646, 8863; Mot IV 720 f; Prot II Bd 4, 323; BT-Drucks 11/4528, 107.

Schrifttum

S Vorbem zu § 1616–1625.

1 Unterliegt das Vermögen eines Kindes kraft Gesetzes der Verwaltung der Eltern oder eines Elternteils und wird dem Kind von den verwaltenden Eltern oder dem verwaltenden Elternteil eine Ausstattung gewährt, so kann es zweifelhaft sein, ob diese aus dem Vermögen der Eltern oder aus dem des Kindes gewährt wurde. Zur Beseitigung dieses Zweifels greift die **Auslegungsregel** des § 1625 BGB ein – es liegt also keine „Ausstattung" iSv § 1624 BGB vor. Die Norm begünstigt die Eltern, deren Vermögen im Zweifel nicht betroffen ist. Die Norm erleichtert die Rechnungslegung (§ 1698 BGB) der Eltern (DODEGGE/ROTH/A ROTH § 1625 Rn 89; jurisPK-BGB/BULLMANN § 1625 Rn 6).

2 Die antiquierte Regelungstechnik, eine Regelung primär an einen Elternteil gemäß der traditionellen Rollenverteilung zu adressieren (S 1) und für den anderen Elternteil die entsprechende Geltung anzuordnen (S 2), war bereits in der ursprünglichen

Fassung der Norm von 1896 enthalten und findet sich ferner bspw noch in § 1615l Abs 4 iVm Abs 2 S 2 BGB. § 1625 BGB spielt in der Praxis keine nennenswerte Rolle; zu Rechtsprechung hat sie kaum Anlass gegeben (auf juris findet sich allein OLG Stuttgart 6. 5. 1997 – 8 W 196/97, BWNotZ 1997, 147; denn zu OLG Hamm 10. 12. 2002 – 7 WF 253/02, MDR 2003, 458 ist § 1625 BGB irrig genannt [statt § 1629 BGB]).

3 Die Begriffe der **„Ausstattung“** und der **persönliche Anwendungsbereich** sind die gleichen wie in § 1624 BGB (§ 1624 Rn 7–10). Die Vorschrift findet nur Anwendung auf die **elterliche Vermögensverwaltung kraft Gesetzes**. Dies kann der Fall sein bei Inhaberschaft der Vermögenssorge (§§ 1626 Abs 1 S 2, 1638 ff BGB) oder der Betreuung für ein volljähriges Kind (§§ 1814 Abs 3 Nr 1, 1821 Abs 1 S 1, 1823 BGB). Vormundschaft oder Pflegschaft der Eltern für ihr eigenes Kind ist nicht möglich, die Bezugnahme der Norm auf die Vormundschaft ist folglich gegenstandslos (MünchKommBGB/vSachsen Gessaphe § 1625 Rn 1; BeckOK-BGB/Pöcker [1. 11. 2025] § 1625 Rn 1; Soergel/Zecca-Jobst § 1625 Rn 1; jurisPK-BGB/Bullmann § 1625 Rn 3; Erman/Döll § 1625 Rn 1). Als Betreuer bedürfen die Eltern für die Ausstattung der Genehmigung des Betreuungsgerichts (§ 1908 BGB; vgl § 1624 Rn 5).

4 § 1625 BGB findet keine Anwendung, wenn das Kind den Eltern sein Vermögen **freiwillig zur Verwaltung überlassen** hat: Hier bestimmt sich die Verwendungs- und Anwendungsbefugnis der Eltern nach dem rechtlichen Innenverhältnis zum Kind, zB Vertrag oder GoA (MünchKommBGB/vSachsen Gessaphe § 1625 Rn 1; BeckOK-BGB/Pöcker [1. 11. 2025] § 1625 Rn 1; Soergel/Zecca-Jobst § 1625 Rn 1; jurisPK-BGB/Bullmann § 1625 Rn 3; Erman/Döll § 1625 Rn 2).

5 Übersteigt die dem Kind gewährte Ausstattung sein der Verwaltung der Eltern unterliegendes Vermögen, so findet § 1625 BGB Anwendung, soweit das Kindesvermögen reicht; im Übrigen kann § 1624 BGB vorliegen (zust BeckOK-BGB/Pöcker [1. 11. 2025] § 1625 Rn 2; Soergel/Zecca-Jobst § 1625 Rn 2).

6 In internationalprivatrechtlicher Hinsicht ist die Vorschrift so eng mit dem materiellen Kindschaftsrecht verflochten, dass ihre Anwendung in Fällen mit Auslandsbezug idR nur dann in Betracht kommt, wenn gem KSÜ oder gem Art 21 EGBGB deutsches Kindschaftsrecht anzuwenden ist (vgl Coester-Waltjen, Internationales Beweisrecht [1983] 441 ff, 461).

Sachregister

Die fetten Zahlen beziehen sich auf die Paragraphen, die mageren Zahlen auf die Randnummern.

J. von Staudingers Kommentar zum Bürgerlichen Gesetzbuch mit Einführungsgesetz und Nebengesetzen

Übersicht vom 15. 5. 2026

Die Übersicht informiert über die Erscheinungsjahre der Neubearbeitungen der Kommentierungen (= Gesamtwerk STAUDINGER).

Die Übersicht ist zugleich ein Vorschlag für das Aufstellen des „Gesamtwerk STAUDINGER" (insbesondere für solche Bände, die nur eine Sachbezeichnung haben). Es wird empfohlen, die Austauschbände chronologisch neben den überholten Bänden einzusortieren, um bei Querverweisungen auf diese schnell Zugriff zu haben. Bei Platzmangel sollten die ausgetauschten Bände an anderem Ort in gleicher Reihenfolge verwahrt werden.

	Neubearbeitungen				
Buch 1. Allgemeiner Teil					
Einl BGB; §§ 1–14; VerschG	2004	2013	2018	2024	
§§ 21–79a	2005	2019	2023		
§§ 80–89	2017				
§§ 90–124; 130–133	2012	2017	2021		
§§ 125–129; BeurkG	2012	2017	2023		
§§ 134–138	2003	2011	2017	2021	2024
§§ 139–163	2003	2010	2015	2020	2025
§§ 164–240a	2004	2009	2014	2019	2024
Buch 2. Recht der Schuldverhältnisse					
§§ 241–243	2005	2009	2015	2019	2024
§§ 244–248; PrKG	2016	2021	2024		
§§ 249–254	2005	2017	2021		
§§ 255–304	2004	2009	2014	2019	2025
§§ 305–310; UKlaG	2006	2013	2019	2022	2025
Anh zu §§ 305–310			2019	2022	2025
§§ 311, 311a–c	2012	2018	2023		
§§ 312–312m	2012	2019	2024		
§§ 313, 314	*2028*				
§§ 315–326	2004	2009	2015	2020	2026
§§ 327–327u	2023				
§§ 328–345	2009	2015	2020		
§§ 346–354	2012	2022			
§§ 358–360	2016	2021			
§§ 362–396	2006	2011	2016	2022	2026
§§ 397–432	2005	2012	2017	2022	
§§ 433–480	2004	2013			
§§ 433–448			2023		
§§ 449–473; 480–487			2024		
Wiener UN-Kaufrecht (CISG)	1999	2005	2013	2018	2025
§§ 488–490; 607–609	2010	2015	2025		
§§ 491–512	2004	2012			
§§ 516–534	2005	2013	2021	2026	
§§ 535–556g	2011	2014	2018	2021	2024
§§ 557–580a; Anh AGG	2011	2014	2018	2021	2024
Leasing	2004	2014	2018	2023	
§§ 581–606	2005	2013	2018	2024	
§§ 607–610 (siehe §§ 488–490; 607–609)	./.				
§§ 611–613	2011	2016	2020	2022	2025
§§ 613a–619a	2011	2016	2019	2022	2025
§§ 620–630	2012	2016	2019	2022	2025
§§ 630a–630h	2021				
§§ 631–650h; §§ 650p–650t	2024				
§§ 650i–650o; §§ 650u–650v	2025				
§§ 651a–651y	2003	2011	2016	2024	
§§ 652–655; 656a–656d	2021				
§§ 655a–656; 657–661a	2020				
§§ 662–675b	2017				
§§ 675c–676c	2012	2020			
§§ 677–704	2015	2020	2025		
§§ 705–740	2003				
§§ 741–764	2002	2008	2015	2021	
§§ 765–778	2013	2020	2025		
§§ 779–811	2002	2009	2015		
§§ 779–782				2020	2026
§§ 809–811				2023	
§§ 812–822	1999	2007			
§§ 823 A–D	2017				
§§ 823 E–I, 824, 825	2009	2021			
§§ 826–829; ProdHaftG	2003	2009	2014	2018	2021
§§ 830–838	2002	2008	2012	2018	2022
§§ 839, 839a	2007	2013	2020		
§§ 840–853	2007	2015	2023		
AGG	2018	2020			
UmweltHR	2002	2010	2017		
Buch 3. Sachenrecht					
§§ 854–882	2000	2007	2012	2018	2025
§§ 883–888	2002	2008	2013	2020	2026
§§ 889–902	2019	2025			

§§ 903–924	2002	2009	2016	2020	2025
§§ 925–984; Anh §§ 929 ff	2004	2011	2017	2020	
§§ 985–1011	1999	2006	2013	2019	2023
ErbbauRG	2021	2026			
§§ 1018–1112	2025				
§§ 1113–1203	2002	2009	2015	2019	
§§ 1204–1296; §§ 1–84 SchiffsRG	2002	2009	2019		
§§ 1–17 WEG	2018	2023			
§§ 18–49 WEG	2018	2023			

Buch 4. Familienrecht

§§ 1297–1352	2007	2012	2015	2018	2023
LPartG	2010				
§§ 1353–1362	2007	2012	2018	2024	
§§ 1363–1407	2017				
§§ 1408–1563	2018	2023			
§§ 1564–1568b	2004	2010	2018	2024	
§§ 1569–1586b	2014				
§§ 1587–1588; VAHRG	2004				
§§ 1589–1600d	2000	2004	2011		
§§ 1601–1615n	2000	2018	2022		
§§ 1616–1625	2007	2015	2020	2026	
§§ 1626–1633; §§ 1–11 RKEG	2007	2015	2020		
§§ 1638–1683	2004	2009	2016	2020	
§§ 1684–1717	2006	2014	2018	2023	
§§ 1741–1772	2007	2019	2023		
§§ 1773–1895	2004	2014	2020		
§§ 1896–1921	2006	2013	2017		

Buch 5. Erbrecht

§§ 1922–1966	2000	2008	2017		
§§ 1967–2063	2002	2010	2016	2020	
§§ 2018–2063					2025
§§ 2064–2196	2003	2013	2019		
§§ 2087–2196				2026	
§§ 2197–2228	2003	2012	2016	2021	
§§ 2229–2302	2022				
§§ 2303–2345	2015	2021			
§§ 2346–2385	2010	2016			
§§ 2346–2352			2022		
§§ 2353–2370			2023		

EGBGB

Einl EGBGB; Art 1, 2, 50–218	2005	2013	2018	2025	
Art 219–232	2016				
Art 233–248	2016				

EGBGB/Internationales Privatrecht

Einl IPR	2012	2019	2024		
Art 3–6	2013				
Art 3–4		2019	2025		
Art 7–12, 47, 48	2007	2013	2019	2024	
IntGesR	1998	2024			
Art 13–17b	2003	2010			
Art 18; Vorbem A + B zu Art 19	2003				
Haager Unterhaltsprotokoll (HUP)		2016	2021		
Vorbem C–H zu Art 19	2009				
EU-VO u Übk z Schutz v Kindern		2018			
IntVerfREhe 2	2016				
IntVerfREhe (Brüssel IIb-VO)	2015	2023			
Art 19–24	2008	2014	2019	2022	
Art 25, 26	2000	2007			
Art 1–10 Rom I-VO	2011	2016	2021		
Art 11–29 Rom I-VO; Art 46b, c; IntVertrVerfR	2011	2016	2021		
Art 1–3; 10–14 Rom II-VO	2023				
Art 38–42	2001				
IntWirtschR	2006	2010	2015	2019	2023
Art 43–46	2015				

Eckpfeiler des Zivilrechts	2014	2018	2020	2022	2024

Demnächst erscheinen

§§ 839, 839a				2026	
UmweltHR				2026	

Verlag Dr. Otto Schmidt und Walter de Gruyter Verlag OHG
Genthiner Str. 13, 10785 Berlin, Telefon (030) 2 60 05-0, E-Mail staudinger@degruyterbrill.com

FSC
www.fsc.org
MIX
Papier | Fördert gute Waldnutzung
FSC® C083411

Kolibri 360 GmbH
Ferdinand-Jühlke-Straße 7
99095 Erfurt, Deutschland
produktsicherheit@kolibri360.de